Studien zur Geschichte und Politik

Czempiel / Schweitzer

Weltpolitik der USA nach 1945

Einführung und Dokumente

Ernst-Otto Czempiel
Carl-Christoph Schweitzer

Weltpolitik der USA nach 1945

Einführung und Dokumente

Schriftenreihe der Bundeszentrale für politische Bildung · Bonn
Band 210

1984
ISBN 3-923423-14-4

Herausgeber:
Bundeszentrale für politische Bildung · Bonn

Redaktion:
Gernot Dallinger und Rüdiger Thomas

Gesamtherstellung:
Druck- und Verlags-Gesellschaft mbH · Darmstadt

Eine Buchhandelsausgabe besorgt:
Leske Verlag + Budrich GmbH · Opladen

Inhalt

Vorwort 7
Einleitung 9
Verzeichnis der Dokumente 15

I. 1945–1950: Genese des Kalten Krieges 23

Einführung 23
1. Illusionspolitik in Jalta und Ernüchterung in Potsdam 24
2. Der zentrale Stellenwert gegenseitiger Bedrohungsvorstellungen 30
3. Eindämmungspolitik: Die US-Priorität Europa, nicht Asien 35
4. Traditioneller Sonderfall: Lateinamerika 40

Dokumente 1–10 43

II. 1950–1955: Am Rande des dritten Weltkrieges? 65

Einführung 65
1. Die Haltung der USA zu Berlin 1948 als Beispiel einer „Idealpolitik"? 66
2. Der Stellenwert des Koreakrieges für den Prozeß eskalierter westlicher Bedrohungsvorstellungen im Spiegel von NSC-Richtlinien 68
3. Das Problem von Kontinuität und Wandel in der US-Außenpolitik nach dem Regierungswechsel 1953: Roll-back statt Eindämmung? 79
4. Geographische Nebenschauplätze: Nahost, Lateinamerika und Vietnam 86

Dokumente 11–27 92

III. 1955–1960: Auf dem Weg zum atomaren Patt 155

Einführung 155
1. Militärisches Gleichgewicht oder Übergewicht? 156
2. Sowjetische Drohpolitik und Suche nach einem Modus vivendi 159
3. Weltpolitische Schwerpunkte im Spiegel von NSC-Richtlinien 164

Dokumente 28–39 170

IV. 1961–1970: Von der Konfrontation zur Koexistenz 243

Einführung 243
1. Die Entwicklung der amerikanisch-sowjetischen Beziehungen 247
2. Die Europa-Politik 253
3. Die USA in Vietnam 258
4. Die USA und die Dritte Welt 260

Dokumente 40–48 264

V. 1970–1980: Von der Koexistenz zur Kooperation 303

Einführung 303
1. Weltpolitik im Dreieck 305
2. Die Nixon-Doktrin 313
3. Engagement in Nahost 316
4. Die Renaissance der Macht 319

Dokumente 49–62 322

VI. Die achtziger Jahre – Zurück zur Konfrontation? 383

Einführung 383
1. Aufrüstung und Re-Konfrontation 385
2. Die neue Weltpolitik 390

Dokumente 63–65 394

Anhang 405

Zeittafel 407
Auswahlbibliographie 437
Register 463
Die Autoren 477

Vorwort

Die Vereinigten Staaten von Amerika zählen zu den wichtigsten Akteuren der Weltpolitik: Als Führungsmacht des westlichen Bündnissystems haben sie für die Entwicklung der Beziehungen zwischen Ost und West eine besondere Verantwortung, wobei dem Verhältnis zur Sowjetunion eine ausschlaggebende Bedeutung zukommt. Auch die Gestaltung der Beziehungen zwischen den Industriestaaten und den Ländern der Dritten Welt, der Versuch, divergierende Interessen im Nord-Süd-Konflikt einvernehmlich zu regeln sowie Krisenregionen politisch zu stabilisieren, hängt in hohem Maß von den Zielsetzungen und Initiativen der amerikanischen Außenpolitik ab. Für die Bundesrepublik Deutschland haben die USA neben ihrer globalen weltpolitischen Rolle ein spezifisches Gewicht: Aus der dominierenden westlichen Besatzungsmacht im geteilten Nachkriegsdeutschland sind die USA zum bedeutendsten Partner im westlichen Bündnis geworden, der innerhalb der militärischen und politischen Allianz der NATO einen entscheidenden Beitrag zu unserer Sicherheit leistet.

Im Zusammenhang der aktuellen Auseinandersetzung über Probleme der Friedens- und Sicherheitspolitik sowie die Entwicklung der Beziehungen zwischen den beiden deutschen Staaten ist das Verhältnis der Bundesrepublik Deutschland zu den Vereinigten Staaten von Amerika ein zentrales Diskussionsthema geworden. Einerseits wird die herausragende Rolle der USA für die Entwicklung und Konsolidierung der Bundesrepublik Deutschland unterstrichen, andererseits wird die kritische Frage nach einer vermeintlich problematischen Abhängigkeit der deutschen Politik von den USA und einer Einschränkung nationaler Handlungsspielräume in der bundesdeutschen Außenpolitik aufgeworfen, die in Teilen der bundesdeutschen Öffentlichkeit zu einem kritisch-distanzierten Amerika-Bild, wenn nicht zu einem emotional bestimmten, undifferenzierten Antiamerikanismus geführt hat.

Mit der vorliegenden Veröffentlichung wird der Versuch unternommen, durch eine fundierte Darstellung der Außenpolitik der USA nach 1945 Grundlagen für eine sachgerechte Orientierung zu diesem wichtigen Komplex unserer politischen Diskussion bereitzustellen. Da es nicht möglich ist, das Thema in diesem Rahmen in allen Aspekten umfassend darzustellen, liegt der Schwerpunkt auf Entwicklung und Verlauf des Ost-West-Konflikts einschließlich der deutschen Frage, andere Bereiche der amerikanischen Außenpolitik werden vor allem dann berücksichtigt, wenn sie für die Gestaltung der Ost-West-Beziehungen bedeutsam geworden sind.

Die beiden Autoren haben in diesem Buch mit der Verbindung von kommentierenden Einführungen und der Auswahl wichtiger Dokumente einen neuen Weg bei der Darstellung des Themas beschritten. Sie geben dem Benutzer damit die Möglichkeit für ein selbständiges Studium wichtiger Quellen zur amerikanischen Außenpolitik, bieten gleichzeitig aber auch Interpretationshilfen an, die das Verständnis für weltpolitische Konfliktkonstellationen und Entwicklungsprozesse erleichtern sollen.

Für den Zeitraum von 1945 bis 1960 werden in dieser Veröffentlichung zahlreiche Geheimdokumente, insbesondere Richtlinien des Nationalen Sicherheitsrates der USA, die erst in den letzten Jahren für Forschungszwecke freigegeben worden sind, erstmalig publiziert. Dadurch werden wichtige Einblicke in Motive und Hintergründe der amerikanischen Weltpolitik vermittelt, die in dieser Form bisher nicht möglich waren.

Die Bundeszentrale für politische Bildung hofft, daß diese „Dokumentargeschichte" der amerikanischen Außenpolitik einen Beitrag zu einem realistischen und konstruktiven Verständnis der USA leistet und ihre Aufgabe als Orientierungshilfe in der politischen Diskussion erfüllt.

Das Direktorium der Bundeszentrale für politische Bildung

Franklin Schultheiß Horst Dahlhaus Dr. Gerd Langguth

Einleitung

1984 blicken die USA auf 35 Jahre der Führung des westlichen Bündnisses zurück. Unter amerikanischer Anleitung wurde die NATO 1949 gegründet, als Kernstück des zweiten Entwurfs der amerikanischen Weltpolitik nach 1945. Der erste Entwurf hatte zu den Vereinten Nationen geführt, beruhte auf der Hoffnung, daß die Kriegsallianz auch die Friedensallianz sein werde. Als diese Hoffnung im Kalten Krieg zerstob, vertrauten die USA die Sicherheit der westlichen Welt und ihre Führungsposition der Nordatlantischen Verteidigungsallianz an; sie ist bis heute das Kernstück der Atlantischen Gemeinschaft geblieben.

35 Jahre der Weltführung und der Führung des Westens durch die USA – Anlaß und Zeitraum sind groß genug, um eine Zwischenbilanz zu versuchen. Wie ist die amerikanische Weltpolitik seit dem Ende des Zweiten Weltkrieges verlaufen, wie hat sie den Konflikt mit der Sowjetunion bestritten, welchen Wandel hat sie selbst erfahren? Die Zeitspanne umfaßt mehr als eine (statistische) Generation; in den USA hat die Führungselite mehrfach gewechselt; in der Bundesrepublik Deutschland ist eine neue Generation herangewachsen, deren Amerikabild sich meist nur auf eigene, durch Massenmedien vermittelte Eindrücke von aktuellen Vorgängen zu stützen vermag. Aber auch der Politiker, selbst der Wissenschaftler ist darauf angewiesen, verläßlicher informiert zu werden, als individuelle Erfahrung und gesunder Menschenverstand es vermögen. Zwar nimmt die Fülle der Informationen ständig zu, um so schwerer indes fällt die Evaluation. Die pralle Aktualität schiebt jede Gegenwart rasch in die Vergangenheit ab, ohne Zeit zur Verarbeitung und Einordnung zu lassen. Geschichtsverlust ist die Folge und mit ihm Orientierungsverlust.

Dieses Defizit wollen die Herausgeber mit dem Band, der ausführliche Einführungen mit Dokumentationen verbindet, mindern. Der Band soll eine umfassendere Perspektive auf die Außenpolitik der USA eröffnen, soll es ermöglichen, sich gründlicher mit ihr zu befassen. Ihr aktueller Verlauf wird mitbestimmt von ihrer Entwicklungsgeschichte und ihren Strukturen; von den Interessen der amerikanischen Gesellschaft, wie sie diese als Anforderung an das politische System heranträgt; von der Organisation des außenpolitischen Entscheidungsprozesses, besonders der Bürokratie, und schließlich auch von den individuellen Dispositionen der Entscheidungsträger. Generell wird man sagen können, daß die amerikanische Außenpolitik jeder Administration fortschreibt, was ihre Vorgänger zu verwirklichen suchten – wenn auch mit der eigenen Feder und unter sich oft verändernden internationalen wie nationalen Rahmenbedingungen.

Was als Außenpolitik der USA landläufig verstanden wird, besteht also aus Kontinuität und Wandel – aus einer relativ invariablen Struktur, die sich aus den verwirklichten Entscheidungen in der Vergangenheit gebildet hat, und den Prozessen, die von ihr bedingt werden und die sie doch auch gleichzeitig beeinflussen. Die amerikanische Weltpolitik der Gegenwart, insbesondere ihre Politik im Ost-West-Konflikt, kann nur verstanden werden, wenn man sie als verändernde und anpassende Fortsetzung der Außenpolitik seit 1945 begreift. Was sich gleich nach dem Ende des Zweiten Weltkrieges herausbildete, hält bis heute an: die Auseinandersetzung der USA und des liberalen Westens mit der Sowjetunion und dem Kommunismus.

Für die Darstellung der amerikanischen Weltpolitik gegenüber der Sowjetunion ergibt sich die Schwierigkeit, daß sie die Entwicklung eines Konfliktes zwischen grundsätzlich antagonistischen Systemen zu beschreiben hat, an dem ihre Autoren auf der Seite des Westens selbst teilnehmen. Damit entfällt der Anspruch auf parteilose Objektivität (die es in den Sozialwissenschaften nicht gibt und nicht geben kann), und es ergibt sich die Notwendigkeit, die erkenntnisleitenden Interessen, die in Darstellung und Analyse eingegangen sind, wenigstens zu umreißen. Diese Interessen richten sich auf die Bewahrung der liberalen Demokratie des Westens, auf ihre Verbesserung und Vertiefung, und auf die – interventionsfreie – Ausbreitung ihrer Organisationsprinzipien über die ganze Welt. Diese Interessen sind insofern richtungsgleich mit den Zielen, die die USA wie der Westen insgesamt im Ost-West-Konflikt verfolgen, richten sich aber nicht auf deren Durchsetzung oder Rechtfertigung, sondern auf Analyse und Erklärung: Auch wenn sie deren Werte und Ziele teilt, unterscheidet sich Politikwissenschaft von der Politik dadurch, daß sie nicht gewinnen, sondern aufklären will. Nur auf diese Weise dient sie auch der Politik, weil sie ihr nur so Einsichten in die Bedingungen vermitteln kann, unter denen diese Politik selbst steht und die sie ständig schafft. Engagement und Kritik behindern sich nicht gegenseitig, sondern verstärken sich.

Wie haben die USA die Auseinandersetzung mit der Sowjetunion geführt, wie sind sie davon betroffen worden? Zum ersten Mal in ihrer Geschichte sehen sie sich einem Gegner gegenüber, der das Territorium der USA selbst angreifen kann. Sind sie ihrer defensiven, auf die Verteidigung und Bewahrung der Prinzipien von Freiheit und Selbstbestimmung ausgerichteten Politik treu geblieben, oder hat sich ihre Außenpolitik unter der zunehmenden Bedrohung verändert? Wie sind die USA mit dem Problem fertig geworden, daß sich die Sowjetunion von einer fast ausschließlich konventionell gerüsteten Kontinentalmacht zu einer Supermacht entwickelt hat, die auf dem nuklear-strategischen Gebiet die Parität, auf dem eurostrategischen Gebiet die Superiorität erreicht hat, den Ausbau ihrer Seestreitkräfte zügig vorantreibt und, vor allem, auch politisch die gleichrangige Mitbestimmung über die Weltpolitik, die politische Parität also, zu reklamieren beginnt? Kurz: Ist die amerikanische Außenpolitik trotz der Wandlungen des internationalen Systems in den vergangenen 35 Jahren sich und ihren Grundwerten treu geblieben oder hat sie sich verändert?

Das Verständnis dieser Probleme möchte der Band mit seinen Einführungen und Dokumenten ermöglichen und erleichtern. Die Einführungen versuchen, die Ziele, die Mittel und die Instrumente dieser Außenpolitik zu skizzieren – ihre Kontinuität und ihre Veränderungen an den Wegscheiden der Nachkriegszeit, wobei in den ersten drei Kapiteln stärker problemorientiert an ausgewählten Beispielen vorgegangen wird, in den folgenden drei Kapiteln stärker entwicklungsgeschichtlich. Diese Differenzierung erklärt sich nicht nur aus den bewußt gewählten unterschiedlichen Ansätzen der beiden Autoren beziehungsweise Herausgeber, sondern auch aus dem Umstand, daß für die ersten sechs Jahre nach dem Ende des Zweiten Weltkrieges bereits sehr gründliche fortlaufende Aktendokumentationen amtlicher Art vorliegen, die „Foreign Relations of the United States“ (FRUS). Hinzu kamen hier einzelne Aktenbestände, die unter dem Freedom of Information Act von 1975 freigegeben worden sind, insbesondere von Akten des Nationalen Sicherheitsrates, des obersten Beratungs- und Entscheidungsgremiums für die amerikanische Außen- und Verteidigungspolitik, aber auch des CIA, des Weißen Hauses, des Pentagon und des Außenministeriums. Bei solchen Freigaben wurden allerdings an bestimmten Stellen aus Gründen einer nach wie vor bestehenden Geheimhaltungsbedürftigkeit oder des Personenschutzes ausländischer Staatsmänner Passagen unkenntlich gemacht. Auf die Quellenproblematik wird C.-C. Schweitzer im Zusammenhang mit Dokument 14 nochmals gesondert eingehen, da er solche Dokumente hier – abgesehen von einer Vorveröffentlichung 1983 – erstmals im deutschsprachigen Raum vorlegt. Wenn auch bei seiner Auswahl zusätzliche Kürzungen vorgenommen werden mußten, so steht der hohe Wert dieser bisher unbekannten, ursprünglich allein für das exekutive Innenverhältnis bestimmten Akten gewiß außer Frage. Vor Inkrafttreten des Freedom of Information Act kam es zu einer Veröffentlichung von Geheimakten bekanntlich nur auf „unauthorisierte“ Weise mit den sogenannten „Pentagon-Papieren“ zur Vietnam-Politik der USA.

Die anderen hier veröffentlichten Dokumente: Entscheidungen, Verträge, Reden, amtliche Verlautbarungen aller Art, Kongreßprotokolle usw. sind eher nach Graden der Repräsentativität ausgewählt worden. Sie sollen jeweils einen unmittelbaren Blick auf den Vorgang selbst ermöglichen, dem sie zugeordnet sind, und darüber hinaus den direkten, wenn natürlich auch noch begrenzten Zugriff auf wichtige Quellen generell ermöglichen.

Ein derartiger Versuch, die amerikanische Außenpolitik seit 1945 anzugehen, ist nicht unproblematisch. Einführende Kurzdarstellungen mit ausgewählten Quellen zu verbinden, heißt, einen Mittelweg zwischen einer Darstellung und einer Dokumentation zu beschreiten. Andererseits schien gerade dieses Unternehmen reizvoll zu sein, weil es Überblick und Einblick gleichzeitig vermittelt. Mehr konnte nicht beabsichtigt sein. Der Band will mit seinen Einführungen über Grundprobleme und Grundentscheidungen der amerikanischen Außenpolitik informieren und in Form ausgewählter Quellen Originalbestandteile dieser Außenpolitik vorführen.

Selbst dabei mußten zusätzliche Beschränkungen vorgenommen werden. Die US-Weltpolitik nach 1945, vor allem aber nach 1960, stellt ein riesiges und ständig wachsendes Konglomerat von Aktionen dar, durch die die USA mit fast allen Ländern der Welt in Beziehung treten. Aus diesem Komplex haben die Herausgeber die Beziehungen der USA zur Sowjetunion mit dem sich nach 1945 schnell entwickelnden Ost-West-Konflikt als Selektionskriterium für Einführungen und Dokumente ausgewählt. Dementsprechend steht die amerikanische Politik im Ost-West-Konflikt im Vordergrund. Von den amerikanischen Beziehungen zur industrialisierten und zur Dritten Welt wurden nur diejenigen berücksichtigt, die einen direkten oder indirekten Bezug zum Konflikt mit der Sowjetunion aufweisen: Europa, Asien, Nahost und Lateinamerika wurden als Aktionsfelder der amerikanischen Außenpolitik dementsprechend mehr behandelt als Afrika, wo die USA ohnehin erst relativ spät auftraten. Vollständigkeit konnte in keinem Fall angestrebt werden; der Grad der Selektivität nimmt, im Gegenteil, mit der Zeit zu.

Schon an dieser Stelle sei einführend darauf hingewiesen, daß die Lateinamerikapolitik der USA oft prinzipiell nach anderen Gesichtspunkten geführt worden ist und immer noch geführt wird als die Europa- oder oft auch Asienpolitik, womit die drei großen geographischen Schwerpunkte der Außenpolitik der USA angedeutet sind: Die USA sind eine vom Ursprung her „europäische Macht", von ihrer Ausdehnung sowie dem Trend der neuesten Einwanderungswelle her jedoch auch eine nach Süd- und Mittelamerika hin ausgerichtete und durch ihre pazifische Gegenküste, wie etwa auch durch ihren fünfzigsten Unionsstaat Hawaii, eine „asiatische Macht". Tatsächlich spielten bis zum Zweiten Weltkrieg nur diese drei geographischen Bereiche in der Außenpolitik Washingtons eine entscheidende Rolle.

Die Einteilung des Bandes folgt im großen und ganzen dem Zeitverlauf, wobei die in den Kapiteln sich ausdrückenden Periodisierungen, problematisch wie solche immer sein müssen, den in der Literatur durchaus gängigen Einteilungen weitgehend folgen.

Idee und Initiative zu diesem Band gingen von C.-C. Schweitzer aus. Er ist für die Kapitel I bis III und die dazugehörigen Dokumente, E.-O. Czempiel für die Kapitel IV bis VI und deren Dokumente verantwortlich. Zeittafel und Auswahlbibliographie wurden von Rudolf Witzel, wissenschaftlicher Mitarbeiter an der Abteilung Internationale Politik der Universität Frankfurt, das Register von

Martin Krumme, Mitarbeiter am Seminar für Politikwissenschaft der Universität Bonn, angefertigt.

Soweit zu den Dokumenten keine deutschen Quellen nachgewiesen sind, handelt es sich um neu in Auftrag gegebene Übersetzungen. Diese besorgten Christine und Detlev Karsten, Annemarie Kilpert und Rudolf Witzel. Für die freundliche Überlassung der deutschen Übersetzung einzelner Dokumente danken wir dem Verlag für internationale Politik (Bonn), dem Verlag für Wissenschaft und Politik (Köln), dem S. Fischer Verlag (Frankfurt), dem Alfred Metzner Verlag (Frankfurt) sowie dem R. Oldenbourg Verlag (München).

Der Band wäre nicht zustande gekommen, wenn nicht die Bundeszentrale für politische Bildung die Herausgabe übernommen hätte. Insbesondere Rüdiger Thomas wissen sich beide Herausgeber zu Dank verpflichtet. Dies gilt auch für die Robert-Bosch-Stiftung, die in großzügiger Weise die Kosten für notwendig gewordene Übersetzungen, besonders im Hinblick auf die hier erstmals vorgestellten Dokumente, übernommen hat.

Frankfurt am Main/Bonn, im Dezember 1983

E.-O. Czempiel

C.-C. Schweitzer

Verzeichnis der Dokumente

I. 1945–1950: Genese des Kalten Krieges

D 1: Erklärung über die befreiten Gebiete Europas

Aus dem Kommuniqué „Declaration on Liberated Europe“ der Regierungschefs der drei alliierten Mächte auf der Konferenz von Jalta, Februar 1945 43

D 2: Die Potsdamer Konferenz Juli/August 1945 – Diskussion über den Deutschlandbegriff (18. Juli 1945) 44

D 3: Sowjetische Bedrohungsvorstellungen 1945

Gespräche des präsidentiellen Sonderberaters Harry Hopkins mit Marschall Stalin in Moskau am 26./27. Mai 1945 46

D 4: Protest gegen Wahlbehinderungen in Polen 1947

Der Botschafter in der Sowjetunion [Smith] an den Minister für Auswärtige Angelegenheiten [Molotow], Moskau, 5. Januar 1947 48

D 5: Das „lange Telegramm“ von George F. Kennan

Drahtbericht des Botschaftsrats (Chargé) Kennan aus Moskau vom 22. Februar 1946 50

D 6 a–b: Truman-Doktrin und US-Truppenstationierung in Europa 52

D 6 a: Botschaft Präsident Trumans an den Kongreß vom 12. März 1947 52

D 6 b: Resolution des US-Senates vom 4. April 1951 54

D 7: China-Weißbuch 1949

Außenminister Achesons Übersendungsschreiben an den Präsidenten zum Weißbuch über die Beziehungen zu China vom 30. Juli 1949 55

D 8: Kein Landkrieg auf dem asiatischen Festland

Aussage des Vorsitzenden der Vereinigten Stabschefs, General Omar N. Bradley, vor einem Untersuchungsausschuß des US-Kongresses über die militärische Situation im Fernen Osten vom 15. Mai 1951 57

D 9 a–b: Die OAS und die Verteidigung der Demokratie in Amerika 59

D 9 a: Satzung der Organisation der Amerikanischen Staaten, 1948 59

D 9 b: Erklärung und Entschließung über die Erhaltung und Verteidigung der Demokratie in Amerika, 1948 62

D 10: Die USA zur Entkolonialisierung im Zweiten Weltkrieg
Gesprächsprotokoll: Präsident Roosevelt und Marschall Stalin auf der Konferenz von Teheran über Indochina am 30. November 1943 63

II. 1950–1955: Am Rande des dritten Weltkrieges?

D 11 a–d: Zur Berlin-Blockade 1948 92
D 11 a: Der Politische Berater der Vereinigten Staaten für Deutschland [Murphy] an den Außenminister [kurz vor Beginn der Blockade] 92
D 11 b: Der Politische Berater der Vereinigten Staaten für Deutschland [Murphy] an den Außenminister [nach Beginn der Blockade] 93
D 11 c: Presseerklärung von Außenminister Marshall am 30. Juni 1948 94
D 11 d: Note der Vereinigten Staaten an die Sowjetunion vom 6. Juli 1948 über die Lage in Berlin 94
D 12 a–b: Die Südkorea-Politik der USA 1948 und 1950 96
D 12 a: Bericht des Nationalen Sicherheitsrates über die Haltung der Vereinigten Staaten zu Korea (2. April 1948) 96
D 12 b: Erklärung des Präsidenten Truman vom 27. Juni 1950 98
D 13 a–b: Zur Sicherheitspolitik der USA 1950 99
D 13 a: Einschätzung der Nationalen Sicherheitslage 99
D 13 b: Entwurfstudie des Politischen Planungsstabes des Außenministeriums an den NSC vom 10. November 1950 100
D 14: Zur Sicherheitspolitik der USA 1952
Entwurf einer Sicherheitsrichtlinie als Statement of Policy vorgeschlagen vom NSC am 16. September 1952 102
D 15: Der Baruch-Plan zur Kontrolle der Atomenergie
Rede des US-Delegationsleiters Bernard M. Baruch vor der Atomenergie-Kommission der UN am 14. Juni 1946 109
D 16: Vorschläge über die Internationale Kontrolle der Atomenergie
Rede Präsident Eisenhowers vor der Vollversammlung der Vereinten Nationen am 8. Dezember 1953 111
D 17: Sicherheitsvertrag zwischen den Vereinigten Staaten und Japan (8. September 1951) 114
D 18 a–f: Zur Wiederbewaffnung der Bundesrepublik Deutschland 115
D 18 a: Bericht des Verteidigungsministers Johnson an den Nationalen Sicherheitsrat (8. Juni 1950) 115

D 18 b: Zwei Notizen Präsident Trumans für Außenminister Acheson (16. Juni 1950) 116

D 18 c: Der Außenminister an das Amt des Hochkommissars der Vereinigten Staaten für Deutschland in Frankfurt (21. Juni 1950) 117

D 18 d: Bericht des Hochkommissars der Vereinigten Staaten für Deutschland, McCloy, an den Außenminister (18. August 1950) 118

D 18 e: Bericht des Außenministers an den Nationalen Sicherheitsrat (3. Juli 1950) 119

D 18 f: Gesprächsnotiz des Außenministers (31. Juli 1950) 120

D 19: Zur US-Sicherheitspolitik am Ende der Truman-Ära
Bericht des Außenministers, des Verteidigungsministers und des Direktors des Amtes für gegenseitige Sicherheit an den NSC vom 19. Januar 1953 121

D 20: Das Sowjetbild des Außenministers Dulles
Aussage von John Foster Dulles, außenpolitischer Berater Präsident Eisenhowers für Kommunismus, Eindämmung und weltweite Strategie (15. Januar 1953) 125

D 21: Die Wahlkampfplattform der Republikanischen Partei 1952 126

D 22: Grundlagen für eine Verständigung mit der UdSSR 129

D 23: Außenminister Dulles zur neuen Ostpolitik der USA
Rede vor dem Council on Foreign Relations, New York, 12. Januar 1954 131

D 24 a–c: Berlin- und Europa-Politik 1953/54 133

D 24 a: Entwurf einer Politikrichtlinie des NSC vom 1. Dezember 1953 betreffend die Politik der Vereinigten Staaten und Katalog von Maßnahmen zur Abwehr einer möglicherweise von den Sowjets oder einem ihrer Satelliten ausgehenden Aktion gegen Berlin 133

D 24 b: Entwurf einer Politikrichtlinie des NSC zur Politik gegenüber den sowjetischen Satelliten in Osteuropa, vorgelegt vom Planungsausschuß am 11. Dezember 1953 135

D 24 c: Politikrichtlinie des NSC vom 25. September 1954 zur kurzfristigen Europa-Politik der Vereinigten Staaten 143

D 25: Die Nahostpolitik der USA 1954
Richtlinie des NSC betreffend Ziele und Politik der Vereinigten Staaten im Nahen Osten vom 23. Juli 1954 146

D 26: Die USA und die Krise in Guatemala 1954
Rundfunk- und Fernsehansprache von Außenminister Dulles über den internationalen Kommunismus in Guatemala vom 30. Juni 1954 151

D 27: Die „Dominotheorie" Präsident Eisenhowers 1954 154

III. 1955–1960: Auf dem Weg zum atomaren Patt

D 28 a–d: Einschätzungen des militärischen Patts 1955–1957 170

D 28 a: Sowjetische Möglichkeiten und wahrscheinliche Vorgehensweisen in den sechziger Jahren – National Intelligence Estimate (Entwurf) vom 17. Mai 1955 170

D 28 b: Basic National Security Policy – Richtlinienentwurf vom 8. Februar 1956 172

D 28 c: Entwurf eines Memorandums der Vereinigten Stabschefs vom 12./13. Oktober 1956 174

D 28 d: Memorandum für die Chefs der drei Teilstreitkräfte vom 6. November 1957 176

D 29: Zur nationalen Sicherheitspolitik 1954

Richtlinienentwurf des Planungsausschusses gerichtet an den Nationalen Sicherheitsrat, Dezember 1954 177

D 30 a–b: Präsident Eisenhower auf der Gipfelkonferenz in Genf 1955 184

D 30 a: Die Eröffnungsansprache Eisenhowers vom 18. Juli 1955 184

D 30 b: Vorschläge Eisenhowers zu Fragen der Abrüstung und Rüstungskontrolle vom 21. Juli 1955 186

D 31 a–c: Militärische Verdünnungs- und Inspektionszonen sowie Umrüstungspläne Mitte der fünfziger Jahre 187

D 31 a: Rundfunk- und Fernsehrede des Außenministers J. F. Dulles vom 22. Juli 1957 187

D 31 b: Protokoll einer Sitzung des NSC vom 1. Mai 1958 189

D 31 c: Aus der NSC-Richtlinie 5602/1, März 1956 191

D 32 a–c: Die USA und die Suezkrise 1956 sowie die Konsequenzen für die spätere Nahostpolitik 193

D 32 a: Ergebnisprotokolle von Besprechungen Präsident Eisenhowers am 30. Oktober und 1. November 1956 (NSC) 193

D 32 b: Rundfunk- und Fernsehansprache Präsident Eisenhowers am 31. Oktober 1956 195

D 32 c: Politikrichtlinie des NSC zur langfristigen Nahostpolitik 1958 195

D 33 a–d: Die Osteuropa-Politik der USA 1956 201

D 33 a: NSC-Richtlinie vom März 1956 201

D 33 b: Rundfunk- und Fernsehansprache Präsident Eisenhowers vom 31. Oktober 1956 206

D 33 c: Brief Präsident Eisenhowers an Ministerpräsident Bulganin vom 4. November 1956 207
D 33 d: NSC-Richtlinie vom November 1956 208

D 34: Die Berlin-Krise vom November 1958
Note der Regierung der Vereinigten Staaten von Amerika vom 31. Dezember 1958 an die Regierung der Sowjetunion zur Lage in Berlin 210

D 35 a–b: Deutschland- und Berlinpolitik 1957 und 1959 212
D 35 a: NSC-Richtlinienentwurf vom 13. Dezember 1957 212
D 35 b: Zwei Protokolle über Besprechungen bei Präsident Eisenhower am 6. März 1959 219

D 36: Afrikapolitik 1958–1960
NSC-Richtlinie vom 26. August 1958 227

D 37 a–d: Kubapolitik 1959/60 230
D 37 a: Pressemitteilung des State Department vom 15. Januar 1959 230
D 37 b: Pressemitteilung des State Department vom 27. Oktober 1959 231
D 37 c: Pressemitteilung des Weißen Hauses vom 26. Januar 1960 232
D 37 d: Memorandum von Außenminister Herter an den Präsidenten vom 5. November 1959 233

D 38: Nationale Sicherheitspolitik 1959 235

D 39 a–c: Präsident Eisenhower zu Problemen der Rüstungspolitik 1959–1961 240
D 39 a: Protokoll einer Sitzung bei Präsident Eisenhower am 20. Januar 1959 240
D 39 b: Protokoll einer Sitzung bei Präsident Eisenhower am 8. Dezember 1960 240
D 39 c: Aus der Abschiedsbotschaft des Präsidenten Eisenhower an das amerikanische Volk am 17. Januar 1961 241

IV. 1961–1970: Von der Konfrontation zur Koexistenz

D 40: Kennedys „Strategie des Friedens“
Botschaft des Präsidenten John F. Kennedy an den Kongreß vom 28. März 1961 264

D 41: Streitkräftevergleich USA–UdSSR, Stand 1960 268

D 42: Historische Veränderungen der militärischen Stärke 1963–1973 270

D 43: Kennedys Programm für eine „vollständige Abrüstung in einer friedlichen Welt“

Programm der Vereinigten Staaten für eine allgemeine und vollständige Abrüstung in einer friedlichen Welt, als Resolutionsentwurf der UN-Vollversammlung unterbreitet am 25. September 1961 270

D 44: Kennedys „Friedensrede“ 1963

Rede des Präsidenten John F. Kennedy vor der Universität Washington am 10. Juni 1963 über neue Friedensbemühungen der Vereinigten Staaten 277

D 45: Auf dem Wege zu einer Strategie der „flexiblen Antwort“

Erklärung des Verteidigungsministers Robert S. McNamara vor dem Senatsausschuß für die Streitkräfte am 1. Februar 1968 über das Verteidigungsprogramm der Vereinigten Staaten 284

D 46: Kennedys Programm zum Abbau von Handelsschranken

Botschaft des Präsidenten John F. Kennedy an den Kongreß vom 25. Januar 1962 zum Außenhandelsprogramm 286

D 47: Der Auftakt zum Vietnamkrieg: Tonkin Gulf Resolution 1964 297

D 48: Johnsons Resignation 1968

Rundfunk- und Fernsehansprache des Präsidenten Lyndon B. Johnson am 31. März 1968 zum Vietnamkonflikt 299

V. 1970–1980: Von der Koexistenz zur Kooperation

D 49: Nixons Ziel einer „Ära der Verhandlungen“ 1970

Bericht des Präsidenten Richard M. Nixon an den Kongreß vom 18. Februar 1970 322

D 50: Beginn einer antagonistischen Kooperation zwischen Washington und Moskau 1972

Grundsatzerklärung über die amerikanisch-sowjetischen Beziehungen, am 29. Mai 1972 in Moskau anläßlich des Besuchs von Präsident Nixon in der Sowjetunion unterzeichnet 327

D 51: Abkommen zur Verhinderung eines Atomkrieges 1973

Abkommen zwischen den Vereinigten Staaten und der Sowjetunion vom 22. Juli 1973 zur Verhinderung eines Atomkrieges 330

D 52: Ausweitung des Osthandels 1972

Rede des Handelsministers Peter G. Peterson vor der Handelskammer von Kalifornien in San Francisco am 3. Oktober 1972 zu dem Thema „Der amerikanisch-sowjetische Handel – Was bringt er für uns?“ 332

D 53: Grundzüge der neuen Menschenrechtspolitik Carters 1977

Rede des Präsidenten Jimmy Carter am 17. März 1977 vor Ständigen Vertretern der Mitgliedstaaten bei den Vereinten Nationen in New York 336

D 54: Die Nixon-Doktrin 1971

Bericht des Präsidenten Richard M. Nixon an den Kongreß vom 25. Februar 1971 über die amerikanische Außenpolitik 338

D 55: Erneute Spannungen mit Westeuropa 1973

Bericht des Präsidenten Richard M. Nixon an den Kongreß vom 3. Mai 1973 347

D 56: Nixons Aufkündigung der Goldkonvertibilität 1971

Rundfunk- und Fernsehansprache des Präsidenten Richard M. Nixon am 15. August 1971 zur Wirtschafts- und Währungspolitik 350

D 57: Das Kriegsvollmachtengesetz von 1973 355

D 58: Der Rogersplan zur Lösung des Nahost-Konflikts 1969

Erklärung des Außenministers William P. Rogers vor der Galaxy Conference on Adult Education in Washington am 9. Dezember 1969 zum Frieden im Nahen Osten 360

D 59: Committee on the Present Danger: Was hat die Sowjetunion vor? (4. April 1977) 362

D 60: Neue Wege in der Dritte-Welt-Politik unter Carter?

Rede des Außenministers Cyrus Vance vor der Jahresversammlung der US- Junior Chamber of Commerce in Atlantic City am 20. Juni 1978 368

D 61: Die Wende in der US-Ostpolitik unter Carter

Rede des Präsidenten Jimmy Carter vor Absolventen der Marineakademie in Annapolis (Maryland) am 7. Juni 1978 über das Verhältnis zur Sowjetunion 372

D 62: Carters Antwort auf den sowjetischen Einmarsch in Afghanistan 1980

Botschaft des Präsidenten Jimmy Carter vom 23. Januar 1980 an den Kongreß über die Lage der Nation 377

VI. Die achtziger Jahre – Zurück zur Konfrontation?

D 63: Abkehr von der Détentepolitik unter Reagan

Jahresbericht des Verteidigungsministers Caspar W. Weinberger vom 8. Januar 1982 394

D 64: Die Konzeption der neuen Ostpolitik Reagans

Erklärung des Außenministers George P. Shultz vor dem Außenpolitischen Ausschuß des Senats am 15. Juni 1983 396

D 65: Reagans Friedensplan für den Nahen Osten 1982

Rundfunk- und Fernsehrede des Präsidenten Ronald Reagan am 1. September 1982 401

I.

1945–1950
Genese des Kalten Krieges

Einführung

Es kann heute kaum ein Zweifel daran bestehen, daß die US-Administration in den letzten Kriegsjahren, vor allem dann kurz vor Kriegsende 1945 unter Führung des schon schwerkranken Franklin Delano Roosevelt, das große Ziel einer mit der Sowjetunion gemeinsam zu verwirklichenden Friedenssicherung verfolgte. Sie sollte einen neuen Weltkrieg unmöglich machen und darüber hinaus die Festigung und Ausdehnung eines maximal liberalisierten Welthandels fördern, nicht zuletzt natürlich im Interesse der USA als kapitalistischer Wirtschaftsmacht Nummer eins. Roosevelt sprach in dieser Zeit die Hoffnung auf eine solche Friedenssicherung zumindest für die „nächsten 50 Jahre" aus. Als Instrument zur Verwirklichung solcher Ziele sollten vor allem die Vereinten Nationen und ihr angeschlossene multilaterale Organe dienen. Für sie wollte der amerikanische Präsident die Sowjetunion unter allen Umständen vertraglich gewinnen. Aber auch der im Frühjahr 1945 noch ausstehende „Endsieg" über die letzte der drei Achsenmächte, das heißt über Japan, sollte mit Hilfe der Sowjetunion gesichert werden.

Präsident Roosevelt erlebte nicht mehr die Gründung der Vereinten Nationen am 26. Juni 1945, aber die Erklärung seines Nachfolgers Truman entsprach sicher ganz seinen jahrelang verfolgten Plänen, eine neue Weltordnung zu institutionalisieren: „Sie haben zwischen dem Sieg in Europa und dem vollständigen Sieg über Japan in diesem verheerendsten aller Kriege einen Sieg über den Krieg selbst davongetragen. Es war die Hoffnung auf ein solches Statut, die in den dunkelsten Tagen des Krieges den Mut der niedergeworfenen Völker aufrechterhielt; . . . Es ist richtig, daß manche Staaten aus diesem Konflikt mächtig und gut ausgerüstet hervorgegangen sind; aber sie haben kein Recht zur Beherrschung der Welt. Es ist vielmehr die Pflicht dieser mächtigen Staaten, die verantwortliche Führung auf dem Wege zum Weltfrieden zu übernehmen. Darum haben wir hier beschlossen, daß Macht und Kraft nicht zur Kriegführung benutzt werden, sondern dazu dienen sollen, die Welt friedlich und frei von jeder Kriegsfurcht zu erhalten. Durch ihr eigenes Beispiel sollten die starken Nationen auf dem Wege zur internationalen Gerechtigkeit als Führer wirken."[1]

Im nachhinein erscheint es erstaunlich, daß Roosevelt aufgrund von Einschätzungen führender US-Militärs Anfang 1945 noch mit einer länger andauernden Endphase des Krieges in Fernost rechnete, obwohl die Erprobung einer ersten Atombombe unmittelbar bevorstand. Selbst Fachleute konnten sich offenbar den Anbruch des Atomzeitalters in seinen vollen Dimensionen damals noch nicht vorstellen. Hinzu kam im Zweiten Weltkrieg sicherlich auf amerikanischer Seite die Neigung – im Gegensatz zum britischen Kriegspremier Churchill – die Planung des militärischen Endsieges zu sehr getrennt von den Auswirkungen einer bestimmten Form dieses Sieges auf mögliche „Friedensordnungen" im Nachkriegseuropa ebenso wie im Nachkriegsasien zu sehen. Das Engagement der UdSSR auf seiten der Westmächte in der Endphase des Zweiten Weltkrieges gegen Japan zum Beispiel war Washington offensichtlich wichtiger als das dadurch herbeigeführte Risiko eines Mitspracherechtes Moskaus bei der Neuregelung der Verhältnisse im Fernen Osten.

1. Illusionspolitik in Jalta und Ernüchterung in Potsdam

Die auf der Konferenz von Jalta im Februar 1945 von der Sowjetunion geheim gegebene Zusicherung, ein Vierteljahr nach Beendigung des Krieges gegen Hitlers Großdeutschland noch in den Krieg gegen das Japanische Kaiserreich einzutreten – ein Versprechen im übrigen, das auf den Tag genau eingehalten wurde, wenngleich es eben wegen des Abwurfs der ersten beiden Atombomben

1 Zit. nach Keesing's Archiv der Gegenwart (im folgenden zitiert: Keesing), 27. 6. 1945, S. 298; vgl. A. M. Schlesinger (Ed.), The Dynamics of World Power. A Documentary History of the United States Foreign Policy 1945–1973, Bd. V, New York 1973, S. 80 f.

militärisch im engeren Sinne nicht mehr zum Tragen zu kommen „brauchte" –, war mit dafür verantwortlich, daß die amerikanische Führung 1945 in Jalta und später in Potsdam eine Reihe bedeutsamer Zugeständnisse an Moskau machte: so etwa eine Quote von drei Stimmen in der Generalversammlung der UN für die Sowjetunion, die als einziger Mitgliedsstaat dort über mehr als eine Stimme verfügt, was allerdings wegen der gerade auch von den USA durchgesetzten Vetobestimmungen für jedes ständige Mitglied in dem wichtigeren Sicherheitsrat nicht sehr zum Tragen kam; die Vorabregelungen zugunsten Moskaus in Ostpreußen oder die im Fernen Osten veränderten Einflußzonen ebenfalls zugunsten Moskaus und zu Lasten Dritter, das heißt in diesem Falle zu Lasten des damals mit den USA verbündeten China unter Generalissimo Tschiang Kaischek.

Die zunächst von der US-Regierung vor der eigenen Öffentlichkeit und damit auch vor der Legislative teilweise geheimgehaltenen Vereinbarungen von Jalta berührten auch grundsätzliche Aspekte des US-Verfassungssystems. Es kennzeichnet dieses System in einem einzigartigen Maße, daß die *legislative Gewalt* – hier vor allem der Senat – ein Mitspracherecht im Bereich der „auswärtigen Gewalt" beanspruchen kann. Eine solche Feststellung bezieht sich in erster Linie auf die verfassungsmäßig verankerte Ratifikationskompetenz des Senats im Hinblick auf internationale Verträge und hier auf die Möglichkeit, daß der Senat mit einer Sperrminorität von einem Drittel plus einer Stimme solche Verträge aller Art mit auswärtigen Staaten, die im Namen des Präsidenten von der Exekutive abgeschlossen und unterzeichnet wurden, zu Fall bringen kann. Die Pariser Vorortverträge von 1919 waren das berühmteste Beispiel. Aber auch in den achtziger Jahren wurde die SALT-II-Politik Präsident Carters durch die sichere Erwartung behindert, daß das Abkommen den Senat nicht passieren würde. Die Erfahrungen vor allem Präsident Wilsons nach dem Ersten Weltkrieg veranlaßten Präsidenten wie Roosevelt und Truman Ende des Zweiten Weltkrieges und danach dazu, die in der US-Verfassung bis heute bestehende Lücke hinsichtlich einer Präzisierung, was unter einem Vertrag überhaupt zu verstehen sei, mit sogenannten „executive agreements" auszufüllen, das heißt entsprechende Vereinbarungen mit auswärtigen Staaten am Senat vorbei und ohne dessen Mitwirkung in Kraft treten zu lassen.

Einer ähnlichen verfassungsrechtlichen „Unterlaufenstaktik" bedienten sich Präsidenten nach 1945 im Hinblick auf eine präsidentielle Kriegsführung ohne die von der Verfassung vorgeschriebene vorherige Kriegserklärung durch den Kongreß. In diesem Bereich wurde die Verfassungslücke 1973 durch den sogenannten War Powers Act geschlossen. Die „Führung" eines Krieges ohne Kriegserklärung des Kongresses – wie in Korea oder Vietnam – ist seither nur noch zeitlich begrenzt möglich. Indirekt kann im übrigen der Kongreß, das heißt hier wiederum der Senat, auch auf die Außen- und Verteidigungspolitik des Landes durch seine Mitwirkung an der Personalhoheit bei der Ernennung von

Bundesbeamten und damit auch von Angehörigen des Auswärtigen Dienstes einwirken. Der Fall einer im Senat 1983 zunächst monatelang verweigerten Zustimmung zur Benennung von K. Adelman zum neuen Direktor der Rüstungskontroll- und Abrüstungsbehörde war das allerneueste Beispiel von Bedeutung. Ansonsten aber bleibt dem Kongreß in seiner Gesamtheit „nur" das klassischste aller westlich-demokratischen Kontrollinstrumente der Legislative gegenüber der Exekutive, das heißt die Verweigerung von Etatmitteln für die Führung der Außen- und Verteidigungspolitik. In Zeiten nationaler Euphorie hat sich dieses Fallbeil häufig als stumpf erwiesen, wie etwa die Jahre 1964 und danach im Vietnamkrieg zeigten. Öfter aber „greift" es in sehr einschneidender Weise, wie denn auch eine andere Besonderheit des US-Systems immer wieder gegriffen hat: daß nämlich der Kongreß bei seinen regelmäßigen Haushaltsbewilligungen durch das Einfügen von sogenannten „riders" (Reitern), bei Einzeletatposten, die keinerlei präsidentiellem Veto unterliegen, der Exekutive Vorgaben in jedem Bereich der Politik aufoktroyieren kann und das auch immer wieder im Hinblick auf die Außen- und Verteidigungspolitik getan hat[2].

Zu oberflächlich ist die Ansicht, daß es Washington in Jalta – um zur substantiellen Seite dieser Konferenz zurückzukommen – letztlich um eine Aufteilung der Welt in zwei große Einflußsphären der beiden sich herauskristallisierenden Supermächte, USA und Sowjetunion, gegangen sei. Ein solches Denken in Interessensphären und ihren Abgrenzungen, speziell auf Ost- und Südosteuropa bezogen, hatte allerdings der große Realpolitiker Churchill in bilateralen britisch-sowjetischen Gesprächen mit Stalin 1944 an den Tag gelegt, war damit aber bei der US-Administration nicht auf Gegenliebe gestoßen. Gegen die immer wieder geäußerte Auffassung, die USA und die Sowjetunion hätten in Jalta die Welt unter sich aufgeteilt – eine Auffassung, der vor allem der zunächst „vor der Tür" stehende und von den großen Drei auf der Krim stehengelassene Charles de Gaulle im Namen Frankreichs Vorschub geleistet hat –, spricht allein schon die Tatsache, daß den USA sehr viel an Stalins Unterschrift unter die so schicksalsschwere „Erklärung über die befreiten Gebiete Europas" (D 1) lag.

Dieses Dokument kann auch heute noch gar nicht genau genug zur Kenntnis genommen werden, zeigt es doch, daß „der Westen" den Völkern Südost- und Osteuropas, vor allem den Polen, die Möglichkeit garantieren wollte, frei von Pressionen direkt oder indirekt intervenierender Mächte über die von ihnen mehrheitlich gewünschte Regierungsform selbst zu entscheiden. Hier ging es nicht nur um das von Churchill überlieferte Diktum, er müsse im britischen Unterhaus in Sachen Polen, um dessen staatlicher Existenzsicherung willen Großbritannien 1939 in den Zweiten Weltkrieg eingetreten sei, zumindestens sagen können, daß „freie Wahlen" dort anstünden. Wie die amerikanischen

2 Besonders gut aus der Vielzahl neuerer Studien zum legislativen Einfluß: T. M. Frank/ E. Weisband, Foreign Policy by Congress, Oxford 1979.

Quellen ausweisen, insbesondere die sogenannten Positionspapiere für die Konferenz von Jalta, standen für Washington zwar „allgemeine wirtschaftliche Interessen", „die baldige Rückkehr zu einem multilateralen Handel sowie die Herbeiführung einer wirtschaftlichen Stabilität und Prosperität für Europa" im Vordergrund. Auch hieß es hier, es sei schon jetzt „klar, daß die Sowjetunion einen herausragenden (predominant) politischen Einfluß über die in Frage kommenden Gebiete ausüben werde" und die USA sich wahrscheinlich einer „solchen politischen Konfiguration . . . nicht widersetzen würden" (wollten). Dennoch würden die USA ihren „Einfluß in diesem Teil der Welt nicht eliminiert" zu sehen wünschen. Dies könne, so die Berater Roosevelts, nur vermieden werden, wenn ein Minimum an Wettbewerbsfähigkeit im Hinblick auf Handel und Investitionen sowie an Zugang zu „Informationen" in dieser Region erhalten blieben.

In allen solchen Überlegungen klangen schon die zwei Jahre später rein taktischen (oder ernstgemeinten?) Versuche Washingtons an, die Marshallplanhilfe auch auf Südost- und Osteuropa auszudehnen. Die Hinnahme eines dominierenden sowjetischen Einflusses in Südost- und Osteuropa war eine Sache, die Errichtung von „Diktaturen" und „Terrorherrschaften", wie sie vom damaligen Staatssekretär im Außenministerium, dem späteren Außenminister Dean Acheson, schon im November 1945 in diesem Teil der Welt angeprangert wurden, eine andere. Zusätzlich ging es daher dem Westen, vor allem Washington, bei dieser Jalta-Erklärung darum, das Selbstbestimmungsrecht verletzende Machtergreifungen der sich mit Hilfe der Roten Armee etablierenden Minderheitskommunisten und damit die Expansion eines sowjetischen Imperiums in Südost- und Osteuropa zu verhindern[3]. Auf jeden Fall stellt die „Erklärung über die befreiten Gebiete Europas" einen geradezu klassischen Beleg für einen in der US-Diplomatiegeschichte lange vor 1945 häufiger anzutreffenden und beklagten Mangel an Sinn für Realpolitik dar und läßt ahnen, wie die politisch-ideologische und die politisch-militärische Landkarte in diesem Teil Europas heute aussehen könnte, wenn die drei Unterzeichnerstaaten in Jalta unter Begriffen wie „freie Wahlen" und „demokratische Einrichtungen" dasselbe verstanden hätten, und wenn insbesondere die Sowjetunion gewillt gewesen wäre, sich an Geist und Buchstaben dieser völkerrechtlich durchaus verbindlichen, wenn auch nicht in Vertragsform gegossenen Erklärung zu halten. An ihr läßt sich aber noch ein weiteres traditionelles Syndrom von Determinanten der US-Außenpolitik ausmachen, eine Neigung – tief im Denken der Nation verwurzelt und konstant bis heute durch ihre Führer der beiden großen innenpolitischen Gruppierungen zum Ausdruck gebracht – *die Grundwerte* der eigenen, seit zwei Jahrhunderten erprobten Verfassung für den Maßstab einer

3 Siehe: Foreign Relations of the United States. Diplomatic Papers. The Conferences at Malta and Yalta, Washington 1955, S. 97 ff. und 217 ff. (Die Serie wird im folgenden zitiert: FRUS).

sinnvollen, guten Ordnung im Zusammenleben von Gruppen und Völkern auf dieser Erde zu halten und dementsprechend diese Grundwerte und andere damit zusammenhängende Sichtweisen politischen Handelns nicht nur zur Grundlage der eigenen Außenpolitik zu machen, sondern darin auch einen der wichtigsten Exportartikel für die gesamte übrige Welt zu sehen, auf welcher „zivilisatorischen" Stufe auch immer einzelne Staaten stehen mochten und von welcher völlig unterschiedlichen, zum Teil viel älteren endogenen Kultur sie bestimmt wurden.

Für uns Europäer führt aber dennoch kein Weg an der Erkenntnis vorbei, daß wir – einschließlich der Franzosen mit ihrer großen Revolution von 1789 und der Engländer mit ihren Revolutionen en miniature – dem Geist und den Buchstaben der US-Verfassung viel verdanken. Genau hier ist denn auch bis heute der Kernbestand unverbrüchlicher Gemeinsamkeiten zwischen den USA und den westlichen Demokratien in Europa angesiedelt: Unverletzlichkeit der Person, rechtliches Gehör, unabhängige Justiz, ein System von checks und balances zwischen den einzelnen Verfassungsorganen, Transparenz und Kontrolle politischer Entscheidungsprozesse, „Herrschaft des Volkes für das Volk durch das Volk" (dies jetzt idealtypisch gesehen) – das sind nur einige Stichworte für solche Gemeinsamkeiten einer westlich-demokratischen Verfassungsordnung. So erklärt sich denn auch, um es wieder anders zu formulieren, ein gewisser missionarischer Zug der US-Außenpolitik bis in unsere Zeit: in positiver Sicht eine moral- und idealpolitische Verankerung und Zielsetzung dieser Politik, in negativer aber auch häufig das, was man den englischen Imperialisten (im engeren Sinne von Empire-Erbauern) lange Zeit als „cant", als ideologische Heuchelei zur Verschleierung anderer, das heißt Eigeninteressen nachgesagt hat. Als Beispiel für die erste Variante mag die bislang geheime Richtlinie Carters (NSC 30 vom 17. 2. 1978) zu seiner Menschenrechtspolitik gelten: „Ein wesentliches Ziel der US-Außenpolitik besteht darin, die Einhaltung der Menschenrechte in der ganzen Welt zu fördern. Diese Politik soll global angewandt werden, aber mit aller notwendigen Rücksichtnahme auf die kulturellen, politischen und historischen Charakteristiken jeder Nation und auf die anderen grundlegenden US-Interessen gegenüber der jeweils zur Diskussion stehenden Nation . . . Länder mit einem guten oder entscheidend verbesserten Abschneiden [in diesen Fragen] . . . sollen bei der Zuweisung von amerikanischer Auslandshilfe besonders bedacht werden . . ., solchen mit einem schlechten oder sich verschlechternden Abschneiden sollen weniger günstige Bedingungen eingeräumt werden."

Im innenpolitischen Bereich liegen schließlich auch die Wurzeln für einen stark legalistischen „approach" im außenpolitischen Handeln der USA, also ein für den historischen Betrachter oft naiv anmutendes Vertrauen in die Macht legalistischer, allein durch bilaterale und multilaterale Dokumente abgesicherte Absichtserklärungen befreundeter oder sich befehdender Mächte, ohne daß sich die außenpolitische Führung der USA dabei immer über die vorhandene oder nicht vorhandene Machtbasis im klaren gewesen war. Kein Geringerer als der heutige Kritiker der Reaganschen Außen- und Militärpolitik, George F. Kennan, hat diese moral- und idealpolitischen und legalistischen Ansätze in der US-Außenpolitik in einer scharfsinnigen Analyse schon vor Jahrzehnten als das Gegenteil von Realpolitik gegeißelt. Genau hier setzte denn auch gegen Ende des Krieges die sogenannte realistische Schule unter den außenpolitischen Theoretikern der USA ein[4].

Für uns Deutsche sollte dann die *Potsdamer Konferenz* vom Sommer 1945 zur entscheidenden Schicksalswende der Nachkriegszeit werden. Auch nach bald 40 Jahren ist es ebenso faszinierend wie wichtig, sich mit den schon seit 1955 zugänglichen Protokollen über die Aussprachen der damals – immer noch drei – Großen zu befassen. Inzwischen hatte Harry Spencer Truman die Nachfolge des verstorbenen Roosevelt angetreten, während der Konferenz trat Attlee an die Stelle des abgewählten britischen Kriegshelden Churchill. Die territorialen Regelungen für Polen und Deutschland schälten sich in Potsdam neben anderen wichtigen Kontroversen (wie Reparationen usw.), die in der Fachliteratur hinreichend problematisiert worden sind, als die entscheidenden Konfliktherde zwischen Ost und West heraus, wobei die sogenannte Oder-Neiße-Linie gewissermaßen zum Scharnier zwischen beiden Problembereichen wurde[5]. Zur Potsdamer Konferenz wird hier nur ein kurzer Auszug gebracht, weil diese Probleme, auch in Quellensammlungen, schon extensiv behandelt worden sind (D 2).

Zweifellos haben wir es bei den Regelungen und Nicht-Regelungen von Potsdam mit den entscheidenden Elementen der Genese des dann bald ausbrechenden sogenannten Kalten Krieges zwischen den in Ost und West so systemkonträren Kriegsalliierten zu tun. Die sogenannte revisionistische Schule der amerikanischen Zeithistoriker und Politologen hat in den sechziger Jahren unter anderem den Ablauf dieser Potsdamer Konferenz zur Untermauerung ihrer Grundthese herangezogen, daß die USA letztlich sogar die größere Verantwortung für das Ausbrechen des Kalten Krieges trügen, weil sie gegenüber der sowjetischen Seite

---

4 Als Väter der realistischen Schule in den USA können der Politologe Hans Morgenthau (nicht der Finanzminister Roosevelts Henry M.) und der protestantische Theologe Reinhold Niebuhr gelten. G. F. Kennans relativ frühes Werk: Amerikas Außenpolitik 1900–1950, Stuttgart 1952, ist auch heute noch beachtenswert.

5 Protokolle in deutscher Sprache herausgegeben und kommentiert: A. Fischer, Teheran, Yalta, Potsdam. Die sowjetischen Protokolle von den Kriegskonferenzen der „Großen Drei", Köln ³1973; zu Potsdam insgesamt immer noch grundlegend: F. Faust, Das Potsdamer Abkommen und seine völkerrechtliche Bedeutung, Frankfurt ⁴1969; zur Genese des Oder-Neiße-Konfliktes siehe u. a.: H. Lehmann, Der Oder-Neiße-Konflikt, München 1979; vgl. auch: H.-A. Jacobsen/C. C. Schweitzer/J. Sulek (Hrsg.), Bundesrepublik Deutschland – Volksrepublik Polen. Bilanz der Beziehungen, Probleme und Perspektiven ihrer Normalisierung, Frankfurt/Warschau 1979.

direkt und indirekt die zum Beginn dieser Konferenz erstmalig erfolgreich gezündete Atombombe als Druckmittel ins Spiel gebracht hätten[6]. Gewiß hat dieser technologisch revolutionäre Akt in den internen Überlegungen der US-Delegation eine Rolle gespielt und von daher sozusagen auch die Atmosphäre der Konferenz beeinflußt, was aus Erzählungen einschlägiger Memoirenschreiber hervorgeht. Regelrechte „Drohgebärden" lassen sich aber aus den Akten bislang nicht nachweisen, schon gar nicht Kausalzusammenhänge zwischen angeblichen Drohgebärden und tatsächlichen Konzessionen der Sowjetunion.

Im Gegenteil, abgesehen von der in letzten Einzelheiten auch heute noch nicht genau geklärten Reparationskontroverse hat die Sowjetunion ihre Ziele, soweit sich diese ohne Kenntnis der sowjetischen Akten bislang vermuten lassen, mehr oder weniger durchsetzen können. Auch die in diesem Zusammenhang von der revisionistischen Schule ins Spiel gebrachte Aufkündigung des Lende-lease-Hilfsprogrammes der USA für die Sowjetunion eignet sich wenig für Erklärungsversuche im Hinblick auf die Entstehung des Kalten Krieges. Hingegen war die Frage nach dem künftigen politisch-ideologischen Schicksal *Polens* schon vor der Potsdamer Konferenz in den Mittelpunkt schlechthin der Beziehungen zwischen Washington und Moskau gerückt und kann daher auch heute als geradezu exemplarisch für die so schnell nach 1945 eintretende Verschlechterung des Gesamtverhältnisses zwischen der Ostmacht und den beiden Westmächten kausal herangezogen werden. Einen guten Beleg für diese Feststellung bieten die Auszüge aus den amerikanischen Protokollen über die Gespräche zwischen Trumans (vorher Roosevelts) Sonderbeauftragten Harry Hopkins und Stalin in Moskau Ende Mai 1945 (D 3).

2. Der zentrale Stellenwert gegenseitiger Bedrohungsvorstellungen

An diesen Auszügen läßt sich nun aber exemplarisch die zentrale Bedeutung des Phänomens sogenannter *Bedrohungsvorstellungen* für die Verursachung und gegebenenfalls auch Verschärfung von bilateralen oder multilateralen internationalen Konflikten generell herausarbeiten. Unter Bedrohungsvorstellungen verstehen wir wahrgenommene *Drohabsichten* plus wahrgenommenem oder

---

6 Siehe G. Alperovitz, Atomic Diplomacy, Hiroshima and Potsdam, New York 1965, sowie W. A. Williams, The Tragedy of American Diplomacy, Cleveland ³1971. Die Autoren dieser revisionistischen Schule, die auch in der bundesrepublikanischen Literatur häufig kritiklos rezipiert wurden, konnten für den von ihnen untersuchten Zeitraum und für ihre in den fünfziger und zum Teil sechziger Jahren entwickelten Theorien, vor allem über den Kalten Krieg, noch nicht auf die amtlichen FRUS-Quellen zurückgreifen. Infofern muß die Sekundärliteratur jener Jahre kritisch hinterfragt werden. – Zum Forschungsstand grundsätzlich: R. S. Kirkendall (Ed.), The Truman Period as a Research Field, University of Miss. Press 1974.

unterstelltem Potential zur Verwirklichung solcher Absichten bei einem Staat, einer Staatengruppe A gegenüber einem Staat, einer Staatengruppe B. Empirisch gesehen sind mindestens drei Möglichkeiten gegeben beziehungsweise vorfindbar: Die Bedrohungsvorstellungen von A gegenüber B beruhen auf nachweisbaren Tatsachen, sind also berechtigt, *oder* sie beruhen auf Fehlwahrnehmungen bzw. absichtlich falsch dargestellten Faktoren *oder* es handelt sich schließlich um eine Mischung von teils richtigen, teils falschen Wahrnehmungen und Behauptungen. In jedem Fall ist das Ergebnis dasselbe: Bedrohungsvorstellungen bei A gegenüber B führen zu Abwehrmaßnahmen von A gegenüber B und rufen dann umgekehrt bei B gegenüber A Bedrohungsvorstellungen hervor oder verstärken gegebenenfalls schon vorhandene und bewirken bei B Abwehrmaßnahmen gegenüber A. Die Folge ist eine gegenseitige Eskalation von Bedrohungsvorstellungen und Abwehrmaßnahmen; sie gibt tatsächlich eine Art Gesamtraster für die verschiedenen Phasen des Kalten Krieges nach 1947 ab.

Im Sinne eines solchen Schemas kann man aufgrund der amerikanischen Aktenlage schon heute feststellen, daß Stalin damals im Hinblick auf die USA falsch perzipierten Bedrohungsvorstellungen erlag, von deren Berechtigung er aber überzeugt gewesen sein mag: Die USA verfolgten 1945 keine „offensiven" militärisch-politischen Pläne gegenüber der Sowjetunion, obwohl sie dies angesichts ihres atomaren Monopols hätten tun können. Das gleiche wird man von Großbritannien sagen können, dessen Premierminister sich aber wohl weniger Illusionen über die sowjetischen Absichten nach Kriegsende in Südost- und Osteuropa hingab und der daher einer totalen Einverleibung dieser Staaten in die russische Machtsphäre hatte vorbeugen wollen.

Daß die zuständigen Behörden im US-Regierungsapparat – vor allem CIA und Pentagon beziehungsweise die Vereinigten Stabschefs (Joint Chiefs of Staff, JCS) und sie alle für den Nationalen Sicherheitsrat (National Security Council, NSC) – auch nach 1945 laufend *Szenarien für einen „Dritten Weltkrieg"* entwickelten, spricht nicht gegen unsere zentrale These von einem Nichtvorhandensein aggressiv-bedrohender Absichten der USA gegenüber der Sowjetunion in jener Zeit. Solche Kriegsspiele gehören zum Handwerk der Militär- und Geheimdienststellen in nahezu allen Staaten der Welt bis in unsere Tage. In den amerikanischen, bislang zum Teil unveröffentlichten Akten finden wir somit zum Beispiel Pläne „für einen Krieg beginnend am 1. 7. 1954", am 1. 7. 1955 oder am 1. 7. 1960, um nur einige Daten zu nennen. Ebenso laufend wurden und werden die Potentiale (capabilities) der Sowjetunion in militärischer, wirtschaftlicher und technologischer Hinsicht sowie solche im Bereich der (so definierten) „politischen Kriegsführung" berechnet und bewertet[7]. Die

7 Siehe z. B. Department of Defense (im folgenden zitiert: DOD), Joint Chiefs of Staff (im folgenden zitiert: JCS), 887/7 vom 30. 11. 1951, oder DOD, JCS 2143/6 vom

Erstellung von Analysen der sowjetischen Bedrohungsabsichten im politisch-militärischen Sinne ist ebenso Aufgabe des State Department. Zusammengefaßt werden die jeweiligen Erkenntnisse im Hinblick auf beide Bedrohungsbereiche (Potentiale und Absichten des potentiellen Gegners) in regelmäßig dem NSC vorgelegten und von diesem übernommenen oder überarbeiteten Dokumenten, unter anderem mit dem wiederkehrenden Titel „Basic National Security Policy".

Laut Verfassungstheorie, die sich in den USA in diesem Fall mit der Verfassungswirklichkeit deckt, wird die Außen- und Verteidigungspolitik letztlich vom Präsidenten festgelegt[8]. Oberste Gehilfen des Präsidenten sind dabei der Außen- und der Verteidigungsminister mit ihren großen Apparaten. Der Ausdruck „Gehilfen" ist angebracht, weil die Verfassung dem Präsidenten keinerlei Kabinett (Bundesregierung in der deutschen Terminologie) institutionell an die Seite stellt, der Präsident hier also Gremien jeder Art zu „Ad hoc-Kabinetten" einschließlich informeller sogenannter Küchenkabinette auch in Gestalt von Sonderbotschaftern aller Art – wie zum Beispiel Hopkins unter den Präsidenten Roosevelt und Truman (D 3) – einrichten kann. Dennoch haben natürlich US-Außen- und Verteidigungsminister gerade nach 1945 auf die gesamte Außen- und Verteidigungspolitik ihres Landes einen großen Einfluß ausgeübt, vor allem dann, wenn die „Minister" im Vergleich zum jeweils amtierenden Präsidenten, aus welchen Gründen auch immer, starke Persönlichkeiten waren – also etwa John Foster Dulles im Verhältnis zum Präsidenten Eisenhower. Für die Zwecke unserer Dokumentation mit ihren übergeordneten Fragestellungen ist schon an dieser Stelle ein Hinweis darauf angezeigt, daß „State and Pentagon" (auch in Dokumenten werden solche Abkürzungen für die beiden Ressorts benutzt) beinahe schon traditionell immer wieder aus ihren jeweiligen „Ressortinteressen" heraus unterschiedliche, um nicht zu sagen sich widersprechende, außen- und verteidigungspolitische Akzente zu setzen versucht haben.

Nicht zuletzt im Hinblick auf diese oft miteinander rivalisierenden Ämter und Amtsinhaber, aber auch, weil am Ende des Zweiten Weltkrieges rund 43 US-Bundesbehörden insgesamt einer irgendwie gearteten Beschäftigung mit Außen- und Verteidigungspolitik im weitesten Sinne kompetenzmäßig nachgingen, wurde 1947 das für unsere Dokumentation besonders wichtige, bereits erwähnte oberste Koordinierungsgremium, der Nationale Sicherheitsrat, ins Leben geru-

---

20. 12. 1952 oder DOD, JCS 2143/58, Nationalarchiv Washington (im folgenden zitiert: NAW).

8 Die Bestimmungen der US-Verfassung von 1787/89 (Abschnitt II, 2), sind ebenso kurz wie auslegungsfähig. Zu der inzwischen schon nicht mehr zu übersehenden Fachliteratur über die Stellung des Präsidenten im Regierungssystem der USA generell siehe Auswahlbibliographie, 3.2.

fen. Er tagt mindestens einmal wöchentlich und zusätzlich je nach „internationalem Bedarf" ad hoc, häufig unter Vorsitz des Präsidenten selbst. Direktiven dieses Gremiums werden laufend für die verschiedenen „issue-areas" (also zum Beispiel für die US-Politik gegenüber Westeuropa, Deutschland/Berlin, Nahost, Lateinamerika, Afrika oder zu Abrüstungsfragen) erarbeitet und erlangen nach Genehmigung durch den Präsidenten als oberste Richtlinien der US-Politik für alle US-Behörden absolute Verbindlichkeit. Regelmäßig heißt es bei Erlaß solcher Richtlinien wörtlich, daß „der Präsident . . . ihre Durchführung durch alle zuständigen Exekutivministerien und Behörden der US-Regierung" angeordnet habe. Sie stelle „die grundlegende Richtschnur für die Durchführung aller anderen Maßnahmen im Bereich der nationalen Sicherheit dar und trete an die Stelle aller Bestimmungen in anderen Politikbereichen, die sich im Widerspruch zu ihr befinden könnten"[9].

Die Zielvorstellungen und somit die nach 1945 vorhandenen oder nicht vorhandenen Bedrohungs*absichten* Washingtons gegenüber der Sowjetunion sind zumindest für die Zeit bis 1952, um es zu wiederholen, aus den bereits veröffentlichten Akten bekannt. Auch über beiderseitige *Potentiale* finden sich in den früher strenggeheimen, dann laufend freigegebenen amerikanischen

9 Der NSC wurde wiederholt umorganisiert, grundlegend unter Kissinger, als Nationaler Sicherheitsberater Nixons im Jahre 1969. Damals wurde das Schwergewicht der Studien auf die Erstellung von Optionen gelegt, die von „oben" angefordert und von „unten" in den verschiedenen Ressorts unter breiter Beteiligung angereichert wurden. Ein gutes Beispiel ist der Auftrag, im „Namen des Präsidenten" eine „dringliche Analyse der Politik und Strategie der USA für den Fall eines Sieges von Allende [in Chile]" unter anderen mit den Fragen auszuarbeiten: „In welcher Art und welchem Ausmaß wäre dies eine Bedrohung von US-Interessen?"; „Welche Optionen stehen der USA als Antwort . . . zur Verfügung?" (NSC Nr. 97, 24. 7. 1970, NAW, NSCF). Es nehmen an den Sitzungen in der Regel teil: der Außenminister, der Verteidigungsminister, der Chef des CIA bzw. deren Beauftragte, der Nationale Sicherheitsberater des Präsidenten, häufig der Vorsitzende der Vereinigten Stabschefs (JCS) sowie Vertreter anderer Behörden nach Bedarf. Im Laufe der Jahre hat sich der NSC eine große Anzahl von Ausschüssen gegeben, so zum Beispiel den Operations Coordinating Board, den Planning Board, einen Ausschuß für psychologische Kriegsführung. Neben den Richtliniendokumenten werden laufend Analysen erstellt, vor allem zur sog. „Basic National Security Policy", dann aber auch „Fortschrittsberichte" (Progress-, Status- und Actions Reports), die Durchführung von früher beschlossenen Maßnahmen betreffend. Insgesamt führt gerade die jeweils auf den neuesten Stand gebrachte Richtliniengebung zu einem hohen Maß an Kontinuität der US-Außen- und Verteidigungspolitik, negativ ausgedrückt, zu einem Mangel an kreativer Lernfähigkeit, weil die Verfasser einer auf den jeweiligen Stand zu bringenden Regionalrichtlinie offensichtlich dazu geneigt haben, zunächst einmal – sozusagen der Einfachheit halber – frühere Formulierungen zu übernehmen. Ein solcher Gleichklang der Zielsetzungen läßt sich z. B. sehr gut in den zugänglichen Nahostrichtlinien von 1954, 1958 und 1960 verfolgen, s. S. 146 ff., 195 ff.; vgl. „Foreign Policy", Heft 5, 1971.

Unterlagen immer wieder Angaben – im Hinblick auf die USA sicherlich sehr genaue, im Hinblick auf die Sowjetunion vermutlich annähernd genaue. Auf den letzteren Aspekt wird zurückzukommen sein, etwa bezüglich der berühmt-berüchtigten Raketenlücke Ende der fünfziger Jahre[10]. Auf der Potentialseite dürfte die tatsächliche militärische Gewichtsverteilung zwischen der Sowjetunion und den USA bei Kriegsende und in der Periode der Entstehung des Kalten Krieges im konventionellen Bereich 1946 wie folgt ausgesehen haben: Die USA hatten von 12,1 Millionen Mann unter Waffen am Ende des Krieges auf rund 1,8 Millionen abgerüstet, während die Sowjetunion zum damaligen Zeitpunkt etwa 6 Millionen Mann unter Waffen hielt. Hingegen lag das Atommonopol und damit die atomare Überlegenheit zwischen 1945 und 1950 unangefochten auf seiten der USA, erfolgte doch die Zündung der ersten sowjetischen Atombombe nicht vor dem September 1949.

Wesentlich für die Zwecke dieser Dokumentation ist der Versuch einer Antwort auf die Frage nach dem *Realitätsgehalt* der Einschätzungen, die Washington von den Bedrohungsabsichten der Sowjetunion gegenüber „dem Westen" im politisch-militärischen Sinne 1946/47 gehabt hat. Mit einer direkten Bedrohung der Sicherheit der USA selbst durch die Sowjetunion, geschweige denn mit der Auslösung eines Dritten Weltkrieges durch die Ostmacht, rechnete damals in Washington offenbar keine zuständige Stelle. Das wäre ja auch angesichts des wirtschaftlichen und militärischen Gesamtkräftepotentials der Sowjetunion im Verhältnis zu Washington nicht möglich gewesen. Offensichtlich waren aber schon Roosevelt besonders in den letzten Wochen seines Lebens starke Bedenken darüber gekommen, ob die Sowjetunion tatsächlich gewillt war, den sich nach Washingtons Ansicht unter anderem aus der oben erwähnten Erklärung von Jalta ergebenen Verpflichtungen gegenüber den befreiten Völkern in Südost- und Osteuropa nachzukommen, oder aber Verletzungen des Jalta-Abkommens in diesem Bereich planmäßig ansteuerte. Der Realitätsgehalt der Washingtoner Einschätzungen ergab sich tatsächlich aus den von der Sowjetunion damals in Ost- und Südosteuropa geschaffenen Fakten: Unter Präsident Truman protestierten die USA denn auch sehr bald und kontinuierlich auf diplomatischem Wege gegen die dortige Entwicklung, das heißt gegen die Machtergreifungen kommunistischer Minderheiten, die nach Auffassung Washingtons (wohl auch heute kaum widerlegbar) mit offener oder stillschweigender sowjetischer „Unterstützung" zustande gekommen waren und insgesamt zu dem führten, was Winston Churchill in seiner berühmten Fulton-Rede schon im März 1946 als das „Niedergehen eines eisernen Vorhangs quer durch Europa" bezeichnete. Als klassischen Beleg beziehen wir uns wiederum exemplarisch auf die Entwicklung in Polen, in diesem Falle auf das Jahr 1947 (D 4), nicht zuletzt, weil sich bis heute an der sowjetischen Polenpolitik wenig geändert hat. In Polen

---

10 Siehe Kapitel III, S. 168 f., sowie Kapitel IV, S.246 ff., 268 ff.

standen damals nach langen Verhandlungen für den 19. Januar 1947 Wahlen an[11].

3. Eindämmungspolitik: Die US-Priorität Europa, nicht Asien

Was die damaligen amerikanischen Einschätzungen der sowjetischen Expansionspolitik und die Konsequenzen betrifft, die Washington daraus zog, so soll hier zunächst der langjährige Rußlandkenner und diplomatische Vertreter Washingtons in Moskau, George F. Kennan, der spätere erste Chef der Planungsabteilung des Außenministeriums, sodann Botschafter in Belgrad, schließlich Professor in Princeton und heutige Friedensforscher, mit einem Dokument (D 5) zu Wort kommen. Sein berühmt gewordenes sogenanntes „langes Telegramm“ als Chargé der USA in Moskau 1946 ging später, im Sommer 1947, in seinen ebenso berühmt gewordenen Fachartikel unter dem Pseudonym X (in der Zeitschrift „Foreign Affairs“) ein, durch den die Politik der Eindämmung der Sowjetunion von seiten der USA ab 1945 theoretisch begründet wurde.

Seine Kernsätze lauteten: „. . . es ist klar, daß das wichtigste Element aller US-Politik gegenüber der Sowjetunion das einer auf lange Sicht angelegten, geduldigen aber festen und wachsamen Eindämmung der russischen Expansionstendenzen sein muß. Es ist jedoch wichtig in diesem Zusammenhang festzuhalten, daß eine solche Politik nichts zu tun hat . . . mit Drohungen . . . Es sollte daher klar sein, daß der sowjetische Druck gegen die freien Institutionen der westlichen Welt ein Faktum darstellt, das durch die geschickte und wachsame Anwendung von Gegenkräften an ständig wechselnden geographischen und politischen Punkten eingedämmt werden kann – an Punkten, die den wechselnden Manövern der sowjetischen Politik entsprechen . . . Die Vereinigten Staaten müssen weiterhin . . . die Sowjetunion als einen Rivalen, nicht als einen Partner, auf der politischen Arena betrachten . . . Tatsächlich sind die Möglichkeiten der amerikanischen Politik in keiner Weise darauf begrenzt, Stellungen zu halten und auf das Beste zu hoffen. Es ist durchaus möglich, daß die Vereinigten Staaten durch ihre Maßnahmen die Entwicklungen innerhalb der Sowjetunion und innerhalb der gesamten internationalen kommunistischen Bewegung beeinflussen . . . Es steht in der Macht der Vereinigten Staaten, die Spannungen enorm zu verstärken, unter denen die sowjetische Politik operieren muß . . . und auf diese Weise Tendenzen zu ermutigen, die schließlich einmün-

11 Anstelle der schon früher zugesagten Wahlen („freien und ungehinderten“) hatte am 30. 6. 1946 lediglich ein Referendum stattgefunden. Vgl. die Studie von N. Davies, A History of Poland, Bd. II, Oxford 1981, S. 568 ff., zu den Wahlen vom 19. 1. 1947. Die Beschränkungen und Manipulationen sind hier genau beschrieben: „Das Resultat der Wahl stand von Anfang an fest.“

den müssen entweder in einen Zusammenbruch oder ein allmähliches Dahinschmelzen der sowjetischen Macht."

Auch der andere große Sowjetspezialist der USA in dieser Periode, Charles Bohlen, hat in Analysen der sowjetischen Politik – in diesem Falle im Frühjahr 1950, vor Ausbruch des Koreakrieges – immer wieder vor der übermäßigen Vereinfachung gewarnt, wonach ein Krieg zwischen Ost und West im Endeffekt unvermeidlich wäre, weil es das unverrückbare grundlegende Ziel des Kreml sei, „die Welt zu beherrschen". In diesem Zusammenhang hat er auch ausdrücklich davor gewarnt, der Atombombe einen zu hohen Stellenwert als Abschreckungsinstrument einzuräumen, da das Atommonopol der USA, solange es vorhanden war, die aggressive Politik der Sowjetunion nicht habe wesentlich beeinflussen können[12]. Kennan seinerseits hat post festum in seinen Memoiren beteuert, was aus den von ihm als Chef zu verantwortenden Analysen der Planungsabteilung des State Department damals nicht so eindeutig herauszulesen ist, daß er an eine Eindämmung der UdSSR mehr oder weniger ausschließlich im politisch-ideologischen, nicht aber im militärischen Bereich und an Gegenmaßnahmen vor allem in ökonomischer Hinsicht gedacht habe. Anders ausgedrückt, er habe die Wirtschaftshilfe der USA für die von der Sowjetunion bedrohten Staaten an der Peripherie des Sowjetimperiums – und im übrigen nicht in jedem Teil der Welt – verstärken, nicht aber das spätere NATO-Bündnis schaffen wollen.

Tatsächlich konnte dann den damaligen Zeitgenossen die „epochale" *Truman-Doktrin* vom 12. März 1947 in wesentlichen Teilen als auf der Linie Kennans liegend erscheinen (D 6 a). Es handelte sich hier um ein geradezu klassisches Dokument zur Illustration des oben beschriebenen Phänomens „Bedrohungsvorstellungen". Wir haben es bei dieser ideologisch-politischen „Gegenkriegserklärung", was die einzelnen Formulierungen der Botschaft betraf, nur zu einem Teil mit einer auf richtigen Perzeptionen und Prognosen basierenden Analyse zu tun; zu einem anderen, vielleicht größeren Teil hingegen mit einer bewußt überzogenen Bewertung kurz-, mittel- und langfristiger sowjetischer Drohabsichten im Weltmaßstab. In der Tat ließ sich die in der Botschaft vorgenommene globale Einteilung in freiheitlich-demokratische Regierungssysteme, denen es überall auf der Welt zu helfen gelte, und totalitär-kommunistische damals ebensowenig halten wie in den Jahrzehnten danach, ja letztlich bis heute: Griechenlands „rechte" Mehrheitsregierung war 1946/47 ebensowenig als westlich-demokratisch anzusehen wie die Regierung der Türkei. Gerade diese beiden Staaten wurden jedoch zum Ausgangspunkt, zur ursprünglichen Rechtfertigung für die Verkündung eines neuen US-Sicherheitsbegriffes genommen, den Ernst-Otto Czempiel zu Recht als „ubiquitär" bezeichnet hat[13]. Die USA

12 Das Bohlen-Zitat aus: FRUS, 1950, Bd. I, S. 221 f.

13 Siehe E.-O. Czempiel, Das amerikanische Sicherheitssystem 1945 bis 1949, Berlin 1966, S. 207 ff.

fühlten sich auch unter Truman in diesem Teil der Welt natürlich nicht von der Sowjetunion direkt bedroht. Es ging ihnen vielmehr um die militärisch-strategische ebenso wie um die wirtschaftliche Absicherung von Regionen, die an der Peripherie des neuen Sowjetimperiums antikommunistisch stabilisiert werden sollten.

In diesem Zusammenhang spricht einiges daher auch für die (allerdings noch in Unkenntnis der Washingtoner Aktenlage) geäußerten Vermutungen von Autoren der revisionistischen Schule, daß Truman nach einem Anlaß für ein Übergehen zu einer indirekt-offensiven Politik der USA gegenüber der Sowjetunion insgesamt Ausschau gehalten hätte – und dies noch dazu zu einem Zeitpunkt, als sich nach bald zweijährigen Auseinandersetzungen in dem durch die Potsdamer Konferenz 1945 institutionalisierten Viermächte-Außenministerrat erstmals eine ernsthaftere Konzessionsbereitschaft der Sowjetunion anzubahnen schien, das heißt auf der gerade in Gang befindlichen Sitzung in Moskau. In der Tat platzte die Verkündung dieser Doktrin im wörtlichen Sinne in die Konferenz hinein. Eine Durchsicht der US-Akten bietet aber keinerlei Rechtfertigungen für entsprechende Behauptungen mancher Analytiker der revisionistischen Schule, daß die Konferenz nach (und wegen) der Verkündung der Truman-Doktrin scheiterte. Vielmehr zeigt sich, daß die sowjetischen Verhandlungsführer, ja Stalin selbst, die Verlautbarung des amerikanischen Präsidenten intern überhaupt nicht angriffen und expressis verbis in den ja noch bis April andauernden Verhandlungen auch nicht zum Anlaß nahmen, sich einer Regelung der zwischen Ost und West anstehenden Konfliktbereiche zu versagen. Daß die Verkündung der Doktrin den Beginn einer imperialen Politik der USA, also einer „Domination" im Weltmaßstab einleiten sollte, konnte man zwar vom Wortlaut her vermuten, doch wird diese Annahme durch die interne Aktenlage in keiner Weise bestätigt.

Die USA sahen sich 1946/47 – und wie hinzugefügt werden kann bis heute – nicht als das Zentrum eines neuen Empire, als ein neues Rom oder London, sondern als Vorreiter der freiheitlichen Demokratien und auch als Führungsmacht des Kapitalismus zur Sicherung einer maximalen wirtschaftlichen Prosperität. Wie Czempiel zutreffend bemerkt, erforderte die Realisierung des Gedankens einer maximalen wirtschaftlichen Zusammenarbeit zwischen den kapitalistischen Staaten im Rahmen des Marshall-Planes „Partner, keine Satelliten". Dennoch wird man natürlich von einer Dominanzrolle der USA gegenüber ihren westlichen Verbündeten bis in die siebziger Jahre hinein sprechen müssen – vom Verhältnis Washingtons zu den ehemaligen Feindstaaten einmal ganz abgesehen. Im übrigen wird man nicht vergessen dürfen, daß die Westmächte, vor allem die USA, die Konferenzen des Viermächte-Außenministerrates zwischen 1945 und 1947 als zermürbend und frustrierend zugleich empfinden mußten; frustrierend, weil letztlich nur sekundäre oder tertiäre Interessenkonflikte der damaligen Zeit einer Lösung zugeführt werden konnten – etwa im Hinblick auf

Friedensschlüsse mit ehemaligen „Feindstaaten“ wie Rumänien –, und auch dies noch zugunsten Moskaus.

In ihren Auswirkungen schien die Truman-Doktrin zunächst der von Kennan später in Anspruch genommenen Stoßrichtung der Eindämmungstheorie zu entsprechen, wurde doch der Schwerpunkt ganz wesentlich auf die Wirtschaftshilfe für die Türkei und Griechenland, später dann in Gestalt des Marshall-Planes für ganz Westeuropa im Rahmen der entstehenden Organisation für europäische wirtschaftliche Zusammenarbeit (OEEC) gelegt[14]. Den wirtschaftlichen Hilfsmaßnahmen zugunsten der OEEC folgten relativ schnell hintereinander Maßnahmen zur militärischen Eindämmung der Sowjetunion im engeren Sinne durch die Gründung der NATO und der damit verbundenen Militärhilfegesetzgebung (D 6 b) sowie schließlich die Verkündung des sogenannten Punkt-Vier-Programmes zugunsten unterentwickelter Länder Anfang 1951. Hiermit wurde der Sicherheitsbegriff endgültig global fortentwickelt.

Bei aller neuen Ubiquität des US-Sicherheitsbegriffes lag der Schwerpunkt der Antwort auf die zu Ende der vierziger Jahre immer wieder als zentral von Washington herausgestellte, weltweite sowjetisch-kommunistische Bedrohung eindeutig in Europa. Das galt vor allem im Vergleich zu möglichen amerikanischen Maßnahmen auf dem *asiatischen Festland.* Eine derartige Prioritätensetzung zugunsten Europas war schon durch die Kriegsplanung der Westalliierten in der zweiten Hälfte des Weltkrieges vorprogrammiert worden: Die US-Führung gab dem Drängen Großbritanniens auf Errichtung einer zweiten (Land-)Front im Asienkrieg gegen Japan in Richtung des besetzten China nicht nach, sondern setzte „zweite“ Fronten gegen die Achsenmächte in Europa, das heißt in Italien, Afrika und später Nordfrankreich durch und beschränkte sich im Fernen Osten auf die Niederwerfung Japans mittels des berühmt gewordenen „Inselspringens“ ihrer Truppen unter General MacArthur – bis zum Einsatz der ersten beiden Atombomben. Im Jahre 1949 wurde die Prioritätensetzung in exemplarischer Weise durch das in die Nachkriegsgeschichte der amerikanischen Fernostpolitik eingegangene Vorwort des Außenministers Acheson zu dem amtlichen Weißbuch der US-Regierung über die Beziehung zu China bis zur Machtergreifung Maos festgeschrieben (D 7). Erneut bestätigt wurde sie nach Ausbruch des Koreakrieges durch das ebenso berühmt gewordene Diktum des damaligen Vorsitzenden der Vereinigten Stabschefs, General Omar Nelson

---

14 Militär- und Wirtschaftshilfe der USA figurieren in den späteren Jahresbudgets unter dem allgemeinen Oberbegriff der „Auslandshilfe“. Das Verhältnis von Wirtschaftshilfe (1. Gesetz: Economic Cooperation Act als Auswirkung des Marshallplanes) und Militärhilfe (1. Gesetz: Mutual Defence Assistance Act von 1949; ab 1951 die Serie Mutual Security Act) ist nur schwer auszumachen, besonders was die späteren Jahre betrifft.

Bradley, vor einem Untersuchungsausschuß des US-Senates 1951[15], daß eine Verwicklung der USA in einen Krieg mit China nach dessen militärischem Eingreifen in Nordkorea für die Vereinigten Staaten einen Krieg „am falschen Ort, zur falschen Zeit und gegen den falschen Feind" bedeutet hätte und schon deshalb abzulehnen gewesen sei (D 8). Mit anderen Worten: Das Risiko eines großen Landkrieges in Asien mit US-Truppen mußte im Interesse der westlichen Verteidigungsfähigkeit in Europa vermieden werden.

Nicht China war für Washington der Hauptfeind, sondern die (wie fälschlicherweise damals angenommen) nach einem Meisterplan der Welteroberung operierende Sowjetunion, die ein Interesse daran haben mußte, starke amerikanische Kräfte im Fernen Osten zu binden, um dann den alles entscheidenden Stoß in Europa führen zu können. Nicht zuletzt hatten Entstehungsgeschichte, Ablauf und Konsequenzen der von der UdSSR entgegen allen interalliierten Kriegs- und Nachkriegsvereinbarungen verhängten Berlin-Blockade 1948/49 das amtliche Washington in seiner Auffassung bestärkt, daß die entscheidende Stoßrichtung der Sowjetunion gegen die gesamte westliche Position im Ost-West-Verhältnis auf Mitteleuropa abziele. Nach dem Eingreifen Chinas in den Koreakrieg schwenkte die China-Politik der USA für die nächsten 20 Jahre um auf eine Eindämmung des neuen kommunistischen Großstaates in Asien. In einem Positionspapier des State Department für ein Treffen des amerikanischen Präsidenten mit dem britischen Premierminister Churchill vom Januar 1952 wurde festgehalten, daß im Gegensatz zur britischen China-Politik (Großbritannien hatte die Volksrepublik bereits im Januar 1950 diplomatisch anerkannt) die USA zwar einräumten, daß die Kommunisten sich in China eine starke Position verschafft hätten, daß sie aber nicht willens seien, dieses Regime als „endgültig" anzuerkennen. Die USA würden daher weiterhin eine diplomatische Anerkennung der Volksrepublik ablehnen, die sogenannten vorgelagerten Inseln (vor Taiwan) als von lebenswichtiger Bedeutung für die eigene Sicherheit ansehen und sich auch weiterhin gegen jede Aufnahme der Volksrepublik in die UN richten[16].

15 Ein besonders hervorstechendes Merkmal des US-Regierungssystems im Hinblick auf die Möglichkeiten einer effektiven Wahrnehmung von außen- und verteidigungspolitischer Kontrolle der Legislative gegenüber der Exekutive ist mit dem Instrument der Anhörverfahren in den zuständigen Ausschüssen des Senats und des Repräsentantenhauses gegeben. Speziell an dieser Stelle können sich in den USA die jedes pluralistisch-westlich-demokratisches Regierungssystem auszeichnenden, unzähligen Interessengruppen im intermediären Bereich auch in außen- und verteidigungspolitische Entscheidungsprozesse direkt einschalten ebenso wie indirekt im Hinblick auf die öffentliche Meinung. Ein gutes Beispiel für die Wirksamkeit solcher Einflußnahmen stellte die sogenannte China-Lobby ab 1949 dar.

16 Siehe Memorandum State Department vom 15. 1. 1952: Truman-Library, Papers of H. S. Truman sowie NAW; vgl. Kapitel II, S. 90 f. und Kapitel V, S. 308 f. zur späteren Chinapolitik der USA. Der erste Sicherheitspakt der USA mit Taiwan wurde

4. Traditioneller Sonderfall: Lateinamerika

Auch in dem Subkontinent vor ihrer Haustür, das heißt *in Mittel- und Südamerika*, ließen sich die USA nach dem Ende des Zweiten Weltkrieges von dem übergeordneten Gesichtspunkt einer Abwehr kommunistischer Gefahren leiten. In diesem Fall muß aber, bezogen auf den Untersuchungszeitraum dieses Kapitels, von „herbeigeredeten", wenn nicht sogar erfundenen Bedrohungsvorstellungen gesprochen werden, da damals jedenfalls der Kommunismus noch nirgends in diesem Teil der Welt Fuß gefaßt hatte. Es handelte sich also zunächst mehr um eine präventive Konzeption, gewissermaßen als Neuauflage der klassischen Monroe-Doktrin von 1823: „Hände weg von den Amerikas". Letztlich dürfte der Beschwörung einer kommunistischen Gefahr in diesem Teil des Kontinents eine planvolle Verschleierungsfunktion zugekommen sein, da die USA, um es bereits an dieser Stelle so zu formulieren, durchweg bis heute in Mittelamerika ihre traditionelle Politik der wirtschaftlichen und strategischen Einflußsphäre nicht geschmälert sehen wollten. In den ersten Jahren nach dem Ende des Zweiten Weltkrieges wurde die Bedeutung Lateinamerikas für die USA unter wirtschaftlich-strategischen Gesichtspunkten im Falle eines neuen Weltkrieges immer wieder betont, so etwa am 30. August 1949 in einem Memorandum des Verteidigungsministers an den NSC, in dem es hieß: „. . . die Sicherstellung des ständigen Nachschubs und der Rohstofflieferungen aus Lateinamerika an die USA sind von lebenswichtiger Bedeutung für jeden größeren Krieg, in den die USA verwickelt werden könnten."[17]

Grundlegend für die Bewertung der späteren Entwicklung in Lateinamerika sind die Gründungscharta der OAS von 1948 (D 9 a) und die Erklärung über die Verteidigung der Demokratie in den Amerikas (D 9 b), weil hier unter dem Oberbegriff der Sicherung der Demokratie auf US-amerikanisches Betreiben hin expressis verbis nur die kommunistische Gefahr erwähnt wurde, nicht aber – wie von einer Minderheit der Unterzeichnerstaaten zunächst gewollt – auch die durchgehend viel größere Gefahr von „Rechtsdiktaturen". Dies war seinerzeit um so bemerkenswerter, als es den USA 1945 in der Phase des zu Ende gehenden Weltkrieges und dann bis 1947 sehr wesentlich um die Verhinderung eines faschistischen „Brückenkopfes" in dem lange Zeit mit den Achsenmächten sympathisierenden Argentinien gegangen war[18].

Interventionen der USA vor ihrer Haustür hatten sich vor dem Ersten Weltkrieg von denen etwa in Guatemala 1954 und der Dominikanischen Republik 1965 nach dem Zweiten Weltkrieg lediglich qualitativ sowie hinsichtlich ihrer Begrün-

---

1954 abgeschlossen. Zur entscheidenden Phase der Beziehungen 1949/50 siehe: C. C. Schweitzer, Amerikas Chinesisches Dilemma, Köln 1969.

17 Zit. nach NAW, National Security Council Files (im folgenden zitiert: NSCF), Box 3.

18 Vgl. FRUS, 1945, Bd. IX und 1946, Bd. XI.

dung unterschieden. Während bei der Errichtung von regelrechten US-Protektoraten in den ersten Jahrzehnten dieses Jahrhunderts – also in Kuba, Panama, der Dominikanischen Republik, Nicaragua und Haiti – ein „imperialistischer", das heißt vor allem wirtschaftsexpansiver Interessenstandpunkt Washingtons unverhüllt zutage trat (man denke nur an Theodore Roosevelts Doktrin aus dem Jahre 1904 von der „präventiven Intervention", an die ausdrückliche Gestattung solcher Interventionen als Bestandteil der Verfassung Kubas von 1903–1934 oder an die 13jährige Stationierung von Marinesoldaten in Nicaragua), mußte für den Einsatz von CIA oder Militär 1954 oder 1965, für die versuchte direkte militärische Intervention beziehungsweise die indirekte des CIA in Fidel Castros Kuba Anfang der sechziger Jahre oder für die spätere Isolierung dieses Landes ein angeblich panamerikanisches Interesse an der *Bekämpfung des Kommunismus* im Inneren und von außen als Rechtfertigung herhalten[19]. In ihrem Bemühen um eine Abwehr des scheinbar alles bedrohenden Kommunismus „in den Amerikas" ging und geht die jeweilige Administration in Washington *insofern* keineswegs zimperlich mit den so oft beschworenen, unverzichtbaren Grundsätzen westlicher Demokratien um, da ihr die Bundesgenossenschaft autoritär-totalitärer Militärdiktaturen immer wieder erstrebenswerter erschien als eine Unterstützung von Regimen, die auf eine in diesem Teil der Welt seit langem vordringliche Wirtschafts- und Sozialreform ausgerichtet waren.

Die USA traten in Mittel- und Lateinamerika als neokoloniale Macht auf – und doch zur selben Zeit, worauf des öfteren in der Literatur hingewiesen worden ist, als derjenige Staat des Westens, der am konsequentesten und energischsten gegen Kriegsende und unmittelbar danach seine westlichen Verbündeten, vor allem Frankreich und Großbritannien, zu einer Politik der *Entkolonialisierung* in weltweitem Maßstab drängte. Besonders eindrucksvoll, weil später so schicksalsträchtig für die USA selber, war das Drängen Washingtons gegenüber Frankreich im Hinblick auf den Gesamtraum Indochina (D 10). Dieser Umstand erklärt sicherlich mit, warum kein geringerer als der kommunistische Führer im nordvietnamesischen Befreiungskrieg gegen Frankreich, Ho Chi Minh, in eben jenen Jahren sich als ein geradezu begeisterter Anhänger der Verfassung und insbesondere auch der Unabhängigkeitserklärung der Vereinigten Staaten ausgab. Auch auf Indonesien könnte in diesem Zusammenhang hingewiesen werden.

Insgesamt war also die Außen- und Verteidigungspolitik der USA nach dem Zweiten Weltkrieg zunächst darauf gerichtet, eine wirtschaftlich und politisch möglichst „offene Weltgesellschaft" zu schaffen oder wieder herzustellen und insbesondere Westeuropa als künftigen, erneuten Partner wirtschaftlich anzukurbeln. Eine solche übergeordnete Zielsetzung entsprach sicherlich an erster Stelle den ureigensten Nationalinteressen Washingtons, aber eben auch denen

19 Siehe Kapitel II, S. 87 f., 151 ff. und Kapitel IV, S. 261 f.

der übrigen westlichen Demokratien, vor allem in Europa. Nur auf diese Weise konnten die „wirtschaftliche Sicherheit“ und der wirtschaftliche Aufschwung der USA ebenso wie ihre militärische Sicherheit im globalen Sinne garantiert werden. Diese Sicherheit „unserer Republik“, wie es immer wieder in den entsprechenden Dokumenten hieß und bis heute heißt, wurde und wird letztlich seit 1945/47 als *ubiquitär* ausgelegt. Dabei wollte die US-Administration, insbesondere unter ihrem 1945 schon todkranken Roosevelt, den Frieden in der Welt – Frieden im Sinne von Abwesenheit von Krieg – zunächst durchaus zusammen mit ihrem östlichen Kriegsverbündeten, der Sowjetunion, garantieren; eine Illusion, die angesichts des unauflöslich antagonistischen Charakters der Systeme, die die Ostmacht Nummer eins und die Westmacht Nummer eins darstellen, von Anfang an als solche hätte erkannt werden müssen. Allerdings könnte man vierzig Jahre danach in der Tat sagen, daß inzwischen wenn auch nicht eine (terminologisch mißverständliche) „Sicherheitspartnerschaft“ zwischen Washington und Moskau, so doch ein gemeinsames Interesse an Weltsicherheit im Atomzeitalter zum beherrschenden Moment aller großen Politik im internationalen Maßstabe geworden ist.

Damals, Ende der vierziger Jahre, war man noch nicht auf dem Wege zu einer solchen Erkenntnis. Vielmehr kamen auf beiden Seiten sehr schnell Bedrohungsvorstellungen auf. Sie waren zugleich Ursache und Folge der schnell entstehenden großen Konfliktherde in der internationalen Politik beziehungsweise den Ost-West-Beziehungen jener Zeit – also des Kampfes um Einfluß im weltpolitisch so zentralen „Deutschland“ (!) oder der Zukunft Ost- und Südosteuropas, vor allem Polens. Aufgrund der bislang zugänglichen Quellen läßt sich sagen, daß im Zeitraum, den dieses Kapitel abdeckt, sowjetische Perzeptionen der US-Bedrohungsabsichten im wesentlichen falsch – wenn auch in dem einen oder anderen Fall vielleicht sogar „verständlich“ – waren, hingegen die amerikanisch-westlichen Perzeptionen der sowjetischen Bedrohungsabsichten in Europa auf ad oculos demonstrierten Aktionen der Sowjetunion, das heißt auf ihrer militärischen, wirtschaftlichen und politischen Beherrschung „fremder“ europäischer Staaten mittels einer bis heute durchgehaltenen militärischen Präsenz basierten, und mithin als berechtigt gelten konnten. Im Endergebnis ist aber auf der Linie des oben erwähnten Schemas festzuhalten, daß in beiden Fällen einer Eskalation von Bedrohungsvorstellungen, Abwehrmaßnahmen und neuen Bedrohungsvorstellungen Vorschub geleistet wurde.

Dokumente 1–10

D 1: Erklärung über die befreiten Gebiete Europas

Aus dem Kommuniqué „Declaration on Liberated Europe" der Regierungschefs der drei alliierten Mächte auf der Konferenz von Jalta, Februar 1945

[. . .]

Wir haben eine Erklärung über das befreite Europa verfaßt und unterzeichnet. Diese Erklärung sieht eine Abstimmung der Politik der Drei Mächte vor sowie ihre Zusammenarbeit bei der Lösung der politischen und wirtschaftlichen Probleme des befreiten Europa nach demokratischen Grundsätzen. Der Text der Erklärung lautet wie folgt:

Der Ministerpräsident der Union der Sozialistischen Sowjetrepubliken, der Premierminister des Vereinigten Königreiches und der Präsident des Vereinigten Staaten von Amerika haben sich im gemeinsamen Interesse der Völker ihrer Länder und derjenigen des befreiten Europa miteinander beraten. Sie erklären gemeinsam, daß sie vereinbart haben, während der zeitweilig labilen Lage im befreiten Europa die Politik ihrer drei Regierungen zur Unterstützung der von der Herrschaft Nazi-Deutschlands befreiten Völker und der Völker der ehemaligen europäischen Satellitenstaaten der Achse bei der Lösung ihrer drückenden politischen und wirtschaftlichen Probleme mit demokratischen Mitteln aufeinander abzustimmen.

Die Herstellung der Ordnung in Europa und der Wiederaufbau des nationalen Wirtschaftslebens müssen durch Verfahren erreicht werden, die es den befreiten Völkern ermöglichen, die letzten Spuren von Nationalsozialismus und Faschismus zu beseitigen und demokratische Einrichtungen ihrer eigenen Wahl zu schaffen. Es entspricht dem Grundsatz der Atlantik-Charta über das Recht aller Völker auf die Wahl der Regierungsform, unter der sie leben wollen, die Wiederherstellung der souveränen Rechte und der Selbstregierung für jene Völker zu gewährleisten, die durch die Aggressorstaaten ihrer gewaltsam beraubt waren.

Zur Verbesserung der Verhältnisse, unter denen die befreiten Völker diese Rechte ausüben können, wollen die drei Regierungen gemeinsam dem Volk irgendeines befreiten europäischen Staates oder ehemaligen europäischen Satellitenstaates der Achse helfen, wo immer nach ihrer Beurteilung die Verhältnisse es erfordern, (a) Voraussetzungen für den inneren Frieden zu schaffen; (b) Notmaßnahmen zur Unterstützung notleidender Menschen durchzuführen; (c) provisorische Regierungsbehörden zu bilden, die alle demokratischen Elemente in der Bevölkerung umfassend repräsentieren und die verpflichtet sind, so bald wie möglich mittels freier Wahlen Regierungen einzusetzen, die dem Willen des Volkes entsprechen; und (d) dort, wo es notwendig ist, die Abhaltung solcher Wahlen zu erleichtern.

Die drei Regierungen werden die anderen Vereinten Nationen und die provisorischen Behörden oder andere Regierungen in Europa konsultieren, wenn Angelegenheiten behandelt werden, die für diese von unmittelbarem Interesse sind.

Wenn nach Meinung der drei Regierungen die Verhältnisse in irgendeinem befreiten europäischen Staat oder ehemaligen europäischen Satellitenstaat der Achse solche Schritte notwendig machen, werden sie sich unverzüglich über die erforderlichen Maßnahmen zur Erfüllung der in dieser Erklärung festgelegten gemeinsamen Verantwortung beraten.

Mit dieser Erklärung bekräftigen wir erneut unseren Glauben an die Grundsätze der Atlantik-Charta, unsere Verpflichtung gegenüber der Erklärung der Vereinten Nationen und unsere Entschlossenheit, in Zusammenarbeit mit anderen friedliebenden Nationen eine auf den Grundsätzen des Rechts basierende Weltordnung aufzubauen, die dem Frieden, der Sicherheit, der Freiheit und dem allgemeinen Wohlergehen der ganzen Menschheit gewidmet ist.

[. . .]

Quelle: Foreign Relations of the United States (im folgenden zit.: FRUS), The Conferences at Malta and Yalta, Washington 1955, S. 971 f.

D 2: Die Potsdamer Konferenz Juli/August 1945 – Diskussion über den Deutschlandbegriff (18. Juli 1945)

In Potsdam wurde vor allem die Viermächteverantwortung für Deutschland als Ganzes und für Berlin völkerrechtlich begründet. Damit ist die „deutsche Frage" und die Frage einer Wiedervereinigung bis heute „offen". Der folgende Dokumentenauszug ist insofern interessant, als von dieser Basis aus später auch die Formulierungen des Grundgesetzes – Präambel und Artikel 116 – ausgingen. In die Geschichte als eigentliche „Potsdamer Formel" eingegangen ist die damals lapidar getroffene Feststellung: „Während der Besatzungszeit ist Deutschland als eine wirtschaftliche Einheit zu betrachten." Eine neue deutsche Zentralregierung sollte lediglich „bis auf weiteres" nicht errichtet, in der Übergangszeit sollten jedoch „Staatssekretariate" für bestimmte Bereiche und für alle Besatzungszonen gemeinsam geplant werden. Im übrigen wurde auch der später immer wieder aktualisierte „Friedensvertragsvorbehalt" stipuliert.

[. . .]

CHURCHILL: Ich möchte nur eine Frage stellen. Ich bemerke, daß hier das Wort „Deutschland" gebraucht wird. Was bedeutet „Deutschland" jetzt? Kann man es in dem Sinne verstehen wie vor dem Kriege?

TRUMAN: Wie faßt die sowjetische Delegation diese Frage auf?

STALIN: Deutschland ist das, was es nach dem Kriege wurde. Ein anderes Deutschland gibt es jetzt nicht. So verstehe ich diese Frage.

TRUMAN: Kann man von Deutschland sprechen, wie es 1937, vor dem Kriege, war?

STALIN: So wie es 1945 ist.

TRUMAN: Es hat 1945 alles eingebüßt. Deutschland existiert jetzt faktisch nicht.

STALIN: Deutschland ist, wie man bei uns sagt, ein geographischer Begriff. Wollen wir es vorläufig so auffassen! Man darf nicht von den Ergebnissen des Krieges abstrahieren.

TRUMAN: Ja, aber es muß doch irgendeine Definition des Begriffes „Deutschland" erfolgen. Ich meine, das Deutschland von 1886 oder 1937 ist nicht dasselbe wie das Deutschland von heute, 1945.

STALIN: Es hat sich infolge des Krieges verändert, und so fassen wir es auf.

TRUMAN: Ich bin damit völlig einverstanden, aber es muß trotzdem eine gewisse Definition des Begriffes „Deutschland" erfolgen.

STALIN: Denkt man beispielsweise daran, im Sudetengebiet der Tschechoslowakei die deutsche Verwaltung wiedereinzusetzen? Das ist das Gebiet, aus dem die Deutschen die Tschechen vertrieben haben.

TRUMAN: Vielleicht werden wir trotzdem von Deutschland, wie es vor dem Kriege, im Jahre 1937, war, sprechen?

STALIN: Formal kann man es so verstehen, in Wirklichkeit ist es nicht so. Wenn in Königsberg eine deutsche Verwaltung auftauchen wird, werden wir sie fortjagen, ganz gewiß fortjagen.

TRUMAN: Auf der Krim-Konferenz wurde vereinbart, daß die Territorialfragen auf der Friedenskonferenz entschieden werden müssen. Wie definieren wir nun den Begriff „Deutschland"?

STALIN: Lassen Sie uns die Westgrenzen Polens festlegen, und dann wird die deutsche Frage klarer werden. Es ist für mich sehr schwierig auszudrücken, was jetzt unter Deutschland zu verstehen ist. Das ist ein Land, das keine Regierung, das keine fixierten Grenzen hat, weil die Grenzen nicht von unseren Truppen festgelegt werden. Deutschland hat überhaupt keine Truppen, Grenztruppen eingeschlossen, es ist in Besatzungszonen zerteilt. Und nun definieren Sie, was Deutschland ist! Es ist ein zerschlagenes Land.

TRUMAN: Vielleicht nehmen wir die Grenzen Deutschlands von 1937 zum Ausgangspunkt?

STALIN: Ausgehen kann man von überall. Von irgend etwas muß man ausgehen. In diesem Sinne kann man auch das Jahr 1937 nehmen.

TRUMAN: Das war Deutschland nach dem Versailler Vertrag.

STALIN: Ja, man kann das Deutschland des Jahres 1937 nehmen, aber nur als Ausgangspunkt. Das ist einfach eine Arbeitshypothese zur Erleichterung unserer Arbeit.

CHURCHILL: Nur als Ausgangspunkt. Das heißt nicht, daß wir uns darauf beschränken.

TRUMAN: Wir sind einverstanden, das Deutschland des Jahres 1937 als Ausgangspunkt zu nehmen.

[. . .]

Quelle: A. Fischer, Teheran, Yalta, Potsdam. Die sowjetischen Protokolle von den Kriegskonferenzen der „Großen Drei", Köln 1968, S. 214 f.; hier abgedruckt ohne die dortigen Anmerkungen.

D 3: Sowjetische Bedrohungsvorstellungen 1945

Gespräche des präsidentiellen Sonderberaters Harry Hopkins mit Marschall Stalin in Moskau am 26./27. Mai 1945

Memorandum des Assistenten des Außenministers [Bohlen]

Streng geheim

Memorandum des 1. und 2. Gesprächs im Kreml am 26./27. Mai

Anwesend:
Hopkins, Botschafter Harriman, Bohlen, Marschall Stalin, Molotov, Pavlov

[. . .]

Hopkins sagte dann, Präsident Truman habe ihn vor einigen Tagen kommen lassen und ihn gebeten, nach Moskau zu fahren, um mit Marschall Stalin zu sprechen . . . Noch vor zwei Monaten habe das amerikanische Volk überwältigende Sympathie für die Sowjetunion empfunden und voll die Politik Präsident Roosevelts unterstützt, die der Marschall so gut kenne. Diese Sympathie und Unterstützung habe vor allem auf den brillanten Leistungen der Sowjetunion während des Krieges beruht und zum Teil auf Präsident Roosevelts Führung und der großartigen Weise, in der unsere beiden Länder zusammengearbeitet hätten, um die Niederlage Deutschlands herbeizuführen. Das amerikanische Volk habe zu jener Zeit gehofft und vertrauensvoll geglaubt, daß die beiden Länder im Frieden ebensogut wie im Krieg zusammenarbeiten könnten . . .

[. . .]

Wie der Marschall wisse, sei die Hauptbasis der vom amerikanischen Volk voll unterstützten Politik Präsident Roosevelts die Auffassung gewesen, daß die Interessen der Vereinigten Staaten weltweit, also nicht auf Nord- und Südamerika und den Pazifischen Ozean begrenzt, seien, und eben diese Auffassung habe zu den zahlreichen Konferenzen über den Frieden der Welt zwischen Präsident Roosevelt und Marschall Stalin geführt. Präsident Roosevelt habe geglaubt, daß die Sowjetunion gleichfalls weltweite Interessen habe und daß die beiden Länder alle politischen oder wirtschaftlichen Fragen, die sich zwischen ihnen stellen, gemeinsam lösen könnten. Nach der Konferenz von Jalta habe es so ausgesehen, als ob wir auf dem richtigen Weg zur Erreichung einer grundlegenden Verständigung über alle außenpolitischen Fragen wären, die für unsere jeweiligen Länder im Hinblick auf die Behandlung Deutschlands, im Hinblick auf Japan und auf die Frage der Gründung einer Weltsicherheits-Organisation von Interesse sind, ganz zu schweigen von den langfristigen Interessen zwischen den Vereinigten Staaten und der UdSSR. Er sagte, in einem Land wie dem unseren werde die öffentliche Meinung durch spezifische Ereignisse beeinflußt, und in diesem Fall sei die Verschlechterung der öffentlichen Meinung im Hinblick auf unser Verhältnis zu der Sowjetunion vor allem durch unsere Unfähigkeit hervorgerufen worden, das Abkommen von Jalta über Polen in Kraft zu setzen. Es hätte sich auch eine Reihe anderer Vorgänge, die, jeder für sich genommen, unbedeutend wäre, um die polnische Frage ergeben und insgesamt zu der Verschlechterung der öffentlichen Meinung beigetragen. Präsident Truman fühle sich, ebenso wie die amerikanische Öffentlichkeit, obwohl diese nicht alle Einzelheiten so genau kenne, durch unsere Unfähigkeit verwirrt, die Polnische Frage zu lösen.

Marschall Stalin antwortete, der Grund für den Mißerfolg in der Polnischen Frage läge darin, daß die Sowjetunion ein befreundetes Polen wünsche, während Großbritannien an den sowjetischen Grenzen wieder das System des *Cordon sanitaire* aufleben lassen wolle.

Hopkins erwiderte, daß weder die Regierung noch das Volk der Vereinigten Staaten eine solche Absicht hätten.

Marschall Stalin antwortete, daß er nur von England gesprochen habe; die britischen Konservativen wollten kein mit der Sowjetunion befreundetes Polen sehen.

Hopkins erklärte, daß die Vereinigten Staaten ein mit der Sowjetunion befreundetes Polen wünschen und tatsächlich gerne befreundete Länder entlang den sowjetischen Grenzen sehen würden.

Marschall Stalin antwortete, wenn das so sei, könnten wir im Hinblick auf Polen leicht zu einer Einigung gelangen.

[. . .]

Hopkins möge die folgenden Faktoren in Betracht ziehen. Es möge seltsam erscheinen, daß, obwohl es anscheinend in amerikanischen Kreisen anerkannt würde und auch Churchill es in seinen Reden anerkenne, die sowjetische Regierung den Wunsch nach einem freundschaftlich gesinnten Polen habe. Im Laufe von 25 Jahren seien die Deutschen zweimal via Polen in Rußland eingefallen. Weder das britische noch das amerikanische Volk hätten solche deutsche Invasionen erlebt, die zu ertragen schrecklich gewesen sei und deren Folgen nicht leicht zu vergessen seien. Er sagte, diese deutschen Invasionen wären keine Kriegführung mehr gewesen, sondern hätten den Einfällen der Hunnen geglichen. Deutschland habe dies tun können, weil Polen als ein Teil des „Cordon sanitaire" um die Sowjetunion angesehen worden sei, und es habe der früheren europäischen Politik entsprochen, daß polnische Regierungen Rußland gegenüber feindlich sein müßten. Unter diesen Umständen sei Polen entweder zu schwach gewesen, den Deutschen Widerstand zu leisten, oder habe die Deutschen durchziehen lassen . . . Deshalb sei es für Rußland von lebenswichtigem Interesse, daß Polen sowohl stark als auch freundschaftlich eingestellt sei. Er sagte, seitens der Sowjetunion gäbe es keine Absicht, in Polens innere Angelegenheiten einzugreifen. Polen würde unter einem parlamentarischen System leben, das dem der Tschechoslowakei, Belgiens und Hollands ähnlich sei, und jedes Gerede über eine Absicht, Polen zu sowjetisieren, wäre Unsinn. Sogar die polnischen Führer, von denen einige Kommunisten seien, seien gegen das sowjetische System, da das polnische Volk keine Kollektivfarmen oder andere Erscheinungen des Sowjetsystems haben wolle. Darin hätten die polnischen Führer recht, da das Sowjetsystem nicht exportierbar sei – es müsse sich von innen heraus auf der Basis einer Reihe von Voraussetzungen entwickeln, die in Polen nicht gegeben seien. Alles, was die Sowjetunion wünsche, sei, daß Polen nicht in der Lage sein sollte, die Tore für Deutschland zu öffnen, und um dies zu verhindern, müsse Polen stark und demokratisch sein . . . Hopkins habe von einseitigem russischen Vorgehen in Polen gesprochen und von der Besorgnis der amerikanischen öffentlichen Meinung darüber. Es träfe zu, daß Rußland solche einseitigen Schritte unternommen habe, aber es wäre dazu gezwungen gewesen. Die sowjetische Regierung habe die Warschauer Regierung zu einer Zeit anerkannt und einen Vertrag mit ihr geschlossen, als ihre Verbündeten diese Regierung nicht anerkannt hätten. Dies seien zugegebenermaßen einseitige Akte, die viel besser nicht geschehen wären, aber Tatsache sei, daß sie bei ihren Verbündeten keinerlei Verständnis gefunden hätten. Die Notwendigkeit für diese Aktionen habe sich aus der Anwesenheit sowjetischer Truppen in Polen ergeben, und es wäre unmöglich gewesen, solange zu warten, bis die Alliierten zu einer Vereinbarung über Polen gekommen wären. Die Logik des Krieges gegen Deutschland habe verlangt, daß die sowjetische Hinterfront abgesichert wäre, und das Lubliner Komitee sei für die Rote Armee zu jeder Zeit von großer Hilfe gewesen, und aus diesem Grunde habe die sowjetische Regierung diese Schritte unternommen. Er sagte, es widerspräche der sowjetischen Politik, auf ausländischem Boden eine sowjetische Verwaltung zu errichten, da dies nach Besetzung aussähe und von den Einwohnern abgelehnt würde. Aus diesem Grunde hätte in Polen eine polnische Verwaltung eingesetzt werden müssen, und dies habe man nur mit denen tun können, die der Roten Armee geholfen hätten. Er sagte, er müsse nachdrücklich betonen, daß diese Schritte nicht aus irgendeiner Bestrebung heraus unternommen worden seien, Rußlands Verbündete auszuschalten oder auszuschließen.

[. . .]

Quelle: FRUS, The Conference of Berlin 1945, Washington 1955, Bd. I, S. 24 ff.

D 4: Protest gegen Wahlbehinderungen in Polen 1947

Der Botschafter in der Sowjetunion [Smith] an den Minister für Auswärtige Angelegenheiten [Molotow], Moskau, 5. Januar 1947

Es handelt sich hier um einen der vielen amtlichen Proteste der USA in Moskau gegen ihrer Ansicht nach eindeutige Verletzungen der Vereinbarungen von Jalta (siehe D 1) und Potsdam. Wahlen standen in Polen nach langen Verzögerungen für den 19. Januar 1947 an. Zu ähnlichen Stellungnahmen der USA im Hinblick auf die CSSR, Ungarn, Bulgarien usw. siehe die unten genannte Quelle.

Lieber Herr Molotow,

als ein Unterzeichner der Abkommen von Potsdam und Jalta hat meine Regierung mich beauftragt, Ihnen unter besonderer Berücksichtigung der Teile der beiden Abkommen, die die Bildung einer repräsentativen Regierung in Polen als Ergebnis freier und uneingeschränkter Wahlen betreffen, die große Besorgnis mitzuteilen, mit der meine Regierung die der Wahl vorausgehenden Aktivitäten der Provisorischen Polnischen Regierung der Nationalen Einheit verfolgt. Meine Regierung ist über die sich mehrenden

Berichte über repressive Maßnahmen, welche die Provisorische Polnische Regierung für geeignet hält, um gegen jene demokratischen Elemente in Polen vorzugehen, die sich nicht den „Block"-parteien angeschlossen haben, besonders beunruhigt. Nach Informationen, die meine Regierung von verschiedenen autoritativen Quellen erhalten hat, sind diese repressiven Maßnahmen von seiten der Provisorischen Regierung in letzter Zeit so weit verschärft worden, daß, sollten sie nicht sofort eingestellt werden, die Wahrscheinlichkeit für die Abhaltung der Wahlen in Übereinstimmung mit dem Potsdamer Abkommen, das freie und uneingeschränkte Wahlen „auf der Grundlage des allgemeinen Wahlrechts und geheimer Abstimmung, an der alle demokratischen und antinazistischen Parteien das Recht haben teilzunehmen und Kandidaten aufzustellen", äußerst gering ist . . .

Am 18. Dezember 1946 übermittelte Vizepremierminister Stanislaw Mikolajczyk an den amerikanischen Botschafter in Warschau eine Mitteilung, in der auf die Unterdrückungsmaßnahmen der Provisorischen Regierung unter Mißachtung der Freiheit der politischen Betätigung der Polnischen Bauernpartei aufmerksam gemacht wurde. In dieser Mitteilung wurde unter anderem darauf hingewiesen, daß die von der Regierung angewendeten Methoden zur Verhinderung der Beteiligung der Polnischen Bauernpartei an den Wahlen auch Festnahmen und Ermordungen, Zwangseinschreibungen der Mitglieder der Polnischen Bauernpartei bei den „Block"-parteien, Entlassungen dieser Mitglieder von ihren Arbeitsplätzen, Hausdurchsuchungen, Anschläge durch die Geheimpolizei und Mitglieder der kommunistischen Partei auf Eigentum und Kongresse der Polnischen Bauernpartei, Auflösung und Verbot von Sitzungen der Polnischen Bauernpartei durch Regierungsbehörden und Untersagung jeglicher Parteitätigkeit in 28 „Powiats", Verbot der Parteipresseorgane und eine Einschränkung bei der Verteilung von Parteidokumenten sowie Festnahmen der Redaktionsmitarbeiter des Parteibulletins und der „Gazeta Ludowa" beinhalten. Zuverlässige Berichte von anderen polnischen Informanten bestätigen die von Mikolajczyk in der Mitteilung vorgebrachten Anschuldigungen . . .

Meine Regierung vertritt die Auffassung, daß hier die Unverletzlichkeit internationaler Abkommen, ein Prinzip, auf dem die Schaffung und Aufrechterhaltung des Friedens sowie die Rechtstaatlichkeit beruhen, tangiert ist. Die Verpflichtungen im Hinblick auf die Wahlen in Polen, die meine Regierung in Jalta übernommen und in Potsdam erneut zusammen mit der sowjetischen und britischen Regierung bekräftigt hat, und die daraufhin von der polnischen Regierung eingegangenen und immer wieder betonten Verpflichtungen sehen die Abhaltung freier und uneingeschränkter Wahlen entsprechend den oben beschriebenen Modalitäten vor . . . Deshalb ist meine Regierung der Auffassung, daß, sobald eine Vertragspartei nicht auf die ordnungsgemäße Anwendung des Abkommens mit allen ihr zur Verfügung stehenden Kräften hinarbeitet, sie eine feierliche Verpflichtung mißachtet, und aus diesem Grunde vertritt meine Regierung die Meinung, daß die drei Unterzeichnerstaaten der Abkommen von Jalta und Potsdam die Pflicht und das Recht haben, die polnische Regierung in aller Freundschaft, jedoch mit Entschiedenheit darauf hinzuweisen, daß sie ihre Verpflichtungen nicht einhält.

[. . .]

Ich brauche dem wohl kaum hinzuzufügen, daß meine Regierung ausschließlich daran interessiert ist, dem polnischen Volk die Möglichkeit zu eröffnen, an freien und uneingeschränkten Wahlen teilzunehmen, und daß meine Regierung den Wahlausgang nur als eine das polnische Volk selber betreffende Angelegenheit ansieht. Meine Regierung hofft, daß die sowjetische Regierung als eine Vertragspartei der Abkommen von Jalta und Potsdam sich den Vereinigten Staaten in ihrem Ersuchen an die Provisorische Polnische Regierung der Nationalen Einheit anschließen wird. . . .

[. . .]

Quelle: FRUS, 1947, Bd. IV, S. 402 ff.

D 5: Das „lange Telegramm" von George F. Kennan

Drahtbericht des Botschaftsrats (Chargé) Kennan aus Moskau vom 22. Februar 1946

Diese in die Geschichte eingegangene Analyse eines der bedeutendsten amerikanischen Sowjetunionspezialisten seiner Zeit wurde von Washingtons Spitzenbeamten stark beachtet und hat damals neben anderen auch Präsident Truman vorgelegen. Das Telegramm umfaßt insgesamt 13 Druckseiten (FRUS), eine ganz ungewöhnliche Länge für einen Drahtbericht.

[. . .]

I. Grundzüge sowjetischen Verhaltens seit Kriegsende (wie aus der offiziellen Propaganda zu entnehmen)

A. Die UdSSR lebt immer noch inmitten feindseliger „Kapitalistischer Einkreisung", mit der es auf die Dauer keine friedliche Koexistenz geben kann. . . .

[. . .]

B. Die kapitalistische Welt ist voll innerer Konflikte, die im Wesen des Kapitalismus liegen. Diese Konflikte sind durch friedlichen Ausgleich nicht lösbar. . . .

C. Die inneren Konflikte des Kapitalismus führen unvermeidlich zu Kriegen. . . .

[. . .]

. . . alle diese Thesen, wie grundlos und widerlegt sie auch seien, [werden] heute erneut munter vorgetragen. Worauf deutet das? Es deutet darauf, daß die sowjetische Parteilinie sich nicht auf irgendeine objektive Analyse der Lage jenseits der russischen Grenzen stützt; daß sie tatsächlich mit den Verhältnissen außerhalb Rußlands wenig zu tun hat; daß sie sich vielmehr im großen und ganzen aus elementaren innerrussischen Notwendigkeiten ergibt, die vor dem letzten Krieg bestanden und auch heute bestehen.

Die neurotische Betrachtungsweise der Welthändel durch den Kreml geht zurück auf das traditionelle und instinktive russische Gefühl der Unsicherheit. . . .

[. . .]

Die Erfordernisse ihrer eigenen vergangenen und gegenwärtigen Position sind es, die die sowjetische Führung dazu zwingen, ein Dogma zu verkünden, nach dem die Außenwelt böse, feindselig und drohend, aber zugleich von einer schleichenden Krankheit befallen und dazu verurteilt ist, von immer stärker werdenden inneren Krämpfen zerrissen zu werden, bis sie schließlich von der erstarkenden Macht des Sozialismus den Gnadenstoß erhält und einer neuen und besseren Welt weicht. Diese These liefert den Vorwand für das Anwachsen von Militär und Polizei im russischen Staat, für die Isolierung der russischen Bevölkerung von der Außenwelt und für die ständigen Versuche, die russische Polizeigewalt noch mehr auszuweiten, alles Dinge, die seit je den natürlichen Instinkten russischer Herrscher entsprechen. . . .

[. . .]

III. Auswirkung der sowjetischen Betrachtungsweise auf die amtliche Politik

[. . .]

B. Wo es angezeigt und erfolgversprechend scheint, wird man versuchen, die äußeren Grenzen der Sowjetmacht zu erweitern. Im Augenblick beschränken diese Bemühungen sich auf gewisse Punkte in der Nachbarschaft, die man hier für strategisch notwendig hält, z. B. Nordpersien, die Türkei, möglicherweise Bornholm. . . .

[. . .]

D. Gegenüber Kolonialgebieten und rückständigen oder abhängigen Völkern wird die sowjetische Politik sogar auf amtlicher Ebene das Ziel verfolgen, Macht, Einfluß und Kontakte der hochentwickelten westlichen Nationen zu schwächen, und zwar unter dem Gesichtspunkt, daß bei einem Erfolg dieser Politik ein Vakuum entstünde, das sowjetisch-kommunistisches Eindringen erleichtern müßte. . . .

[. . .]

V. Praktische Folgerungen für die amerikanische Politik

Alles in allem haben wir es mit einer politischen Kraft zu tun, die sich fanatisch zu dem Glauben bekennt, daß es mit Amerika keinen dauernden *Modus vivendi* geben kann, daß es wünschenswert und notwendig ist, die innere Harmonie unserer Gesellschaft, unsere traditionellen Lebensgewohnheiten und das internationale Ansehen unseres Staates zu zerstören, um der Sowjetmacht Sicherheit zu verschaffen . . . Aber ich möchte meiner Überzeugung Ausdruck geben, daß es in unserer Macht steht, das Problem zu lösen, und zwar ohne uns in einen großen militärischen Konflikt zu flüchten. Und um diese Überzeugung zu untermauern, möchte ich noch einige ermutigendere Bemerkungen machen:

Erstens. Im Gegensatz zu Hitlerdeutschland ist die Sowjetmacht weder schematisiert noch auf Abenteuer aus. Sie arbeitet nicht nach festgelegten Plänen. Sie geht keine unnötigen Risiken ein. Der Logik der Vernunft unzugänglich, ist sie der Logik der Macht in hohem Maße zugänglich. Daher kann sie sich ohne weiteres zurückziehen – und tut das im allgemeinen –, wenn sie irgendwo auf starken Widerstand stößt. Wenn also dem Gegner genügend Hilfsmittel zur Verfügung stehen und er die Bereitschaft zu erkennen gibt, sie auch einzusetzen, wird er das selten tun müssen. Wenn die Situation richtig gehandhabt wird, braucht es zu keiner das Prestige verletzenden Kraftprobe zu kommen.

Zweitens. Gemessen an der westlichen Welt insgesamt sind die Sowjets noch bei weitem schwächer. Ob sie Erfolg haben, hängt also wirklich von dem Maß an Zusammenhalt, Festigkeit und Kraft ab, das die westliche Welt aufbringen kann. Und das ist ein Faktor, den zu beeinflussen in unserer Macht steht.

Drittens. Der Erfolg des sowjetischen Systems als Form der Machtausübung nach innen ist noch nicht endgültig erwiesen. . . .

[. . .]

Aus diesen Gründen meine ich, daß wir an das Problem des Umgangs mit Rußland gelassen und guten Mutes herangehen können. Darüber, wie das zu geschehen habe, möchte ich zum Schluß lediglich folgende Bemerkungen machen:

1. Als erstes müssen wir uns bemühen, das Wesen des Phänomens, mit dem wir zu tun haben, zu erfassen und es objektiv zu beurteilen. . . .

2. . . . Ich bin überzeugt, daß es in unserem Lande heute viel weniger antisowjetische Hysterie gäbe, wenn unser Volk mit der Situation besser vertraut wäre. Nichts ist so gefährlich oder so schrecklich wie das Unbekannte. . . .

3. Viel hängt von der Gesundheit und Kraft unserer eigenen Gesellschaft ab. Der Weltkommunismus ist wie ein bösartiger Parasit, der sich nur von erkranktem Gewebe nährt. Das ist der Punkt, in dem Innen- und Außenpolitik einander begegnen. . . .

[. . .]

Quelle: G. F. Kennan, Memoiren eines Diplomaten, Bd. 1, Stuttgart 1968, S. 553 ff.

D 6 a–b: Truman-Doktrin und US-Truppenstationierung in Europa

D 6 a: Botschaft Präsident Trumans an den Kongreß vom 12. März 1947

[. . .]

Keine Regierung ist vollkommen. Eine der Haupttugenden der Demokratie ist es jedoch, daß ihre Mängel immer sichtbar sind und im demokratischen Verfahren gezeigt und verbessert werden können. Die Regierung Griechenlands ist nicht vollkommen. . . . Eine Hilfeleistung durch unser Land bedeutet nicht, daß die Vereinigten Staaten alles billigen, was die griechische Regierung getan hat oder noch tun wird. Wir haben in der Vergangenheit, so wie wir es auch jetzt tun, extreme Maßnahmen der Rechten und der Linken verurteilt. Wir haben in der Vergangenheit um Duldsamkeit ersucht und empfehlen diese Toleranz auch jetzt. Griechenlands Nachbar, die Türkei, verdient unsere Aufmerksamkeit. Die Zukunft der Türkei als unabhängiger und wirtschaftlich gesunder Staat ist nicht von geringerer Bedeutung für die friedensliebenden Völker der Welt als die Zukunft Griechenlands. . . . Großbritannien hat uns davon in Kenntnis gesetzt, daß es in Anbetracht seiner eigenen Schwierigkeiten der Türkei keine weitere finanzielle oder wirtschaftliche Hilfe gewähren kann. Wie im Falle Griechenlands müssen die Vereinigten Staaten, wenn die Türkei die Unterstützung erhalten soll, die sie braucht, diese sicherstellen. Wir sind das einzige Land, das diese Hilfe geben kann. . . . Eines der vornehmsten Ziele der Außenpolitik der Vereinigten Staaten ist die Schaffung von

Verhältnissen, unter denen wir und andere Nationen in der Lage sind, ein Leben frei von Zwang zu führen. Dies war der Grundgedanke im Krieg mit Deutschland und Japan. Unser Sieg wurde über Länder errungen, die darauf ausgingen, anderen Nationen ihren Willen und ihre Lebensweise aufzuzwingen. Um eine friedliche Entwicklung der Nationen, frei von Zwang, sicherzustellen, haben die Vereinigten Staaten den größten Anteil bei der Schaffung der Vereinten Nationen übernommen. Die Vereinten Nationen sind dazu ausersehen, dauernde Freiheit und Unabhängigkeit für alle ihre Mitglieder zu ermöglichen. Wir werden jedoch unsere Ziele erst verwirklichen, wenn wir willens sind, freien Völkern bei der Erhaltung ihrer freien Institutionen und ihrer nationalen Integrität gegen Bewegungen zu helfen, die ihnen ein totalitäres Regime aufzwingen wollen. Dies ist nur die Anerkennung der Tatsache, daß totale Regierungsformen, die freien Völkern durch direkte oder indirekte Aggression auferlegt werden, die Grundlagen des internationalen Friedens und damit die Sicherheit der Vereinigten Staaten untergraben. Den Völkern einer Reihe von Staaten der Welt wurde vor kurzem gegen ihren Willen ein totalitäres Regime aufgezwungen. Die Regierung der Vereinigten Staaten hat wiederholt gegen den in Verletzung des Jalta-Abkommens ausgeübten Zwang und die Einschüchterung in Polen, Rumänien und Bulgarien Protest erhoben. Ich muß außerdem feststellen, daß in einer Reihe anderer Länder eine ähnliche Entwicklung vor sich gegangen ist. Im gegenwärtigen Augenblick der Weltgeschichte muß fast jede Nation zwischen zwei verschiedenen Lebensarten wählen. Zu oft ist die Wahl keine freie. Die eine Art, zu leben, gründet sich auf den Willen der Mehrheit und zeichnet sich durch freie Institutionen, repräsentative Regierungen, freie Wahlen, Garantien der persönlichen Freiheit, Freiheit der Rede und der Religion und Freiheit von politischer Unterdrückung aus.

Die zweite Lebensart hat als Grundlagen den Willen einer Minderheit, die mit Gewalt der Mehrheit gegenüber geltend gemacht wird. Sie stützt sich auf Terror und Unterdrückung, kontrollierte Presse und Rundfunk, von vornherein bestimmte Wahlen und auf die Unterdrückung der persönlichen Freiheit. Ich bin der Ansicht, daß wir den freien Völkern beistehen müssen, ihr eigenes Geschick auf ihre Weise zu bestimmen. Ich glaube, daß unser Beistand in erster Linie in Form von wirtschaftlicher und finanzieller Hilfe gewährt werden sollte, eine Hilfe, die wesentlich ist für die wirtschaftliche Stabilität und ordnungsgemäße politische Entwicklung. Die Welt ist nicht statisch und der Status quo ist nicht heilig, aber wir können keine Veränderungen des Status quo unter Verletzung der Charta der Vereinten Nationen durch Methoden des Zwangs, oder auf dem Umweg der politischen Durchdringung zulassen. . . . Wenn wir nicht Griechenland und der Türkei in dieser schicksalsschweren Stunde helfen, so wird die Auswirkung auf den Westen wie auf den Osten von großer Tragweite sein. Wir müssen sofort und entschlossen handeln. Ich fordere daher den Kongreß auf, die Ermächtigung zu erteilen, daß Griechenland und die Türkei in der Zeit bis zum 30. Juni 1948 Unterstützung in Höhe von 400 Millionen Dollar erhalten. . . .

Der Samen der totalitären Regime wird von Not und Elend genährt. Sie breiten sich aus und wachsen auf dem üblen Boden von Armut und Hader. Sie erreichen ihre volle Größe, wenn die Hoffnung des Volkes auf ein besseres Leben erloschen ist. Wir müssen diese Hoffnung am Leben erhalten. Die freien Völker der Welt sehen auf uns, daß wir sie bei der Erhaltung ihrer Freiheiten unterstützen. Wenn wir jetzt in unserer führenden Stellung schwankend werden, dann werden wir den Frieden der Welt gefährden, und wir werden mit Sicherheit das Wohlergehen unserer eigenen Nation in Gefahr bringen. Durch den raschen Gang der Ereignisse ist uns eine schwere Verantwortung auferlegt worden. Ich vertraue darauf, daß der Kongreß dieser Verantwortung geradewegs ins Gesicht sieht.

[. . .]

Quelle: Keesing's Archiv der Gegenwart (im folgenden zit.: Keesing), 12. 3. 1947, S. 1039 f.

D 6 b: Resolution des US-Senates vom 4. April 1951

Das revolutionär neue Element für die Verfassungstheorie und politische Praxis der USA lag beim NATO-Vertrag vom 4. April 1949 darin, daß erstmalig in der Geschichte der USA unter US-Oberbefehl eine integrierte multinationale Armee auf dem europäischen Kontinent in Friedenszeiten aufgestellt wurde. Darüber gab es 1950/51 große Debatten in den Vereinigten Staaten, die nicht nur den Kongreß, sondern viele andere Bereiche der öffentlichen Meinung erfaßten. Es kam zu wiederholten Anhörverfahren in den zuständigen Kongreß-Ausschüssen darüber, ob und unter welchen Voraussetzungen zusätzliche US-Truppen der NATO in Europa unterstellt werden sollten. Dies war – was heute immer wieder zu bedenken ist – vom Blickwinkel der sogenannten öffentlichen Meinung her damals keineswegs selbstverständlich.

[. . .]

2. Der Senat glaubt, daß es die Bedrohung der Sicherheit der Vereinigten Staaten und unserer nordatlantischen Vertragspartner den Vereinigten Staaten gebietet, soviele Einheiten unserer Streitkräfte im Ausland zu stationieren, als notwendig und angemessen sind, um das uns zukommende Kontingent der für die gemeinsame Verteidigung des nordatlantischen Raumes benötigten Truppen beizutragen. . . .

[. . .]

5. Der Senat billigt die Vereinbarung, daß der Hauptbeitrag zu den Landstreitkräften unter dem Kommando General Eisenhowers von den europäischen Mitgliedern des Atlantikpaktes geleistet werden sollte und daß Einheiten amerikanischer Landstreitkräfte dem genannten Kommando erst dann zugeteilt werden sollen, wenn die Vereinigten Stabschefs dem Verteidigungsminister bestätigt haben, daß eine solche Zuteilung nach ihrer Meinung einen wichtigen Schritt zur Verstärkung der Sicherheit der Vereinigten Staaten darstellt. . . .

6. Der Senat ist der Ansicht, daß im Interesse eines gesunden verfassungsmäßigen Verfahrens und der nationalen Einheit und Verständigung die Billigung des Kongresses für jede Politik eingeholt werden sollte, welche die Entsendung amerikanischer Truppen ins Ausland erfordert, sofern diese Entsendung in Erfüllung von Artikel 3 des Atlantikpaktes geschieht. Der Senat billigt hiermit die gegenwärtigen Pläne des Präsidenten und der Vereinigten Stabschefs, vier zusätzliche Divisionen von Landstreitkräften nach Westeuropa zu entsenden. Nach Ansicht des Senats sollten jedoch keine weiteren Landstreitkräfte zusätzlich zu diesen vier Divisionen in Erfüllung von Artikel 3 des Atlantikpaktes nach Westeuropa entsandt werden, ohne daß der Kongreß seine Genehmigung erteilt hat.

[. . .]

Quelle: Keesing, 5. 4. 1951, S. 2886.

D 7: China-Weißbuch 1949

Außenminister Achesons Übersendungsschreiben an den Präsidenten zum Weißbuch über die Beziehungen zu China vom 30. Juli 1949

Die Veröffentlichung dieses Weißbuches, das besonders die Jahre 1944 bis 1949 berücksichtigt, war ohne Zweifel ein Versuch der demokratischen Administration unter Präsident Truman, den Boden vor allem im eigenen Land für eine neue Politik des Modus vivendi – ja möglicherweise die diplomatische Anerkennung – mit dem kommunistischen Regime Maos zu bereiten, das wenig später am 1. Oktober 1949 den neuen chinesischen Großstaat proklamierte.

[. . .]

Dies ist eine offene Darstellung einer außerordentlich komplizierten und höchst unglücklichen Periode im Leben eines großen Landes, mit dem die Vereinigten Staaten seit langer Zeit durch engste Freundschaftsbeziehungen verbunden sind. . . .

[. . .]

Die Übersicht zeigt, daß die Vereinigten Staaten beständig an den fundamentalen Grundsätzen unserer Außenpolitik gegenüber China festgehalten haben und auch noch festhalten, die einschließen die Doktrin der „Offenen Tür", die Achtung vor der administrativen und territorialen Integrität Chinas und Ablehnung jeder fremden Vorherrschaft über China.

[. . .]

Vertreter unserer Regierung, sowohl militärische wie zivile, die entsandt wurden, um den Chinesen bei der Weiterführung des Krieges zu helfen, entdeckten bald, daß . . . der lange Kampf die chinesische Regierung [unter Tschiang Kai-schek] ernsthaft geschwächt hatte, nicht nur militärisch und wirtschaftlich, sondern auch politisch und moralisch. . . .

[. . .]

Als es zum Frieden kam, standen die Vereinigten Staaten vor drei möglichen Alternativen in China: (1) Sie hätten sich mit Sack und Pack zurückziehen können; (2) sie hätten in größerem Umfang militärisch intervenieren können, um den Nationalisten zu helfen, die Kommunisten zu zerschlagen; (3) sie hätten, während sie den Nationalisten halfen, ihre Herrschaft über einen möglichst großen Teil Chinas zu festigen, den Versuch machen können, einen Bürgerkrieg dadurch zu vermeiden, daß sie auf einen Kompromiß zwischen beiden Seiten hinarbeiteten.

Die erste Alternative hätte, und ich glaube, daß die amerikanische öffentliche Meinung auch in diese Richtung ging, ein Aufgeben unserer internationalen Verantwortung und unserer traditionellen Politik der Freundschaft mit China bedeutet, bevor wir auch nur einen ernsthaften Versuch gemacht hätten, zu helfen. Die zweite Alternative der Politik, wenngleich sie theoretisch und im Rückblick vorteilhaft erscheinen mag, war völlig undurchführbar. Die Nationalisten waren schon während der zehn Jahre vor dem Krieg unfähig gewesen, die Kommunisten zu zerschlagen. Jetzt, nach dem Krieg, waren die Nationalisten . . . geschwächt, demoralisiert und unpopulär. In den von den Japanern befreiten Gebieten hatten sie durch das Verhalten ihrer zivilen und militärischen Vertreter sehr schnell die Unterstützung der Bevölkerung und ihr Ansehen verspielt. Andererseits waren die Kommunisten stärker als je zuvor, und sie beherrschten fast ganz Nord-China. Wegen der geringen Kampfkraft der Nationalistischen Streitkräfte, die später so tragisch offenbar werden sollte, hätten die Kommunisten wahrscheinlich nur durch amerikanische Waffen vertrieben werden können. Es ist offensichtlich, daß das amerikanische Volk ein solch kolossales Engagement unserer Truppen weder 1945 noch später gebilligt hätte. Deswegen kamen wir zur dritten alternativen Politik, bei der wir uns mit den tatsächlichen Verhältnissen abfanden, und gleichzeitig versuchten, dabei zu helfen, einen *Modus vivendi* zu erarbeiten, der einerseits einen Bürgerkrieg abwenden könnte, andererseits aber auch den Einfluß der Nationalen Regierung erhalten und sogar verstärken sollte.

[. . .]

Im Frühling 1946 versuchte General Marshall den Frieden wieder herzustellen. Dieser Versuch zog sich über Monate hin, und es wurde währenddessen eine anscheinend endlose Reihe von Vorschlägen und Gegenvorschlägen gemacht, die nur geringe Wirkung auf den Gang der militärischen Entwicklung hatten und die nicht zu einer politischen Lösung führten. . . .

[. . .]

Die Gründe für das Versagen der Chinesischen Nationalen Regierung . . . haben nichts damit zu tun, daß die amerikanische Hilfe irgendwie unzulänglich gewesen wäre. Unsere militärischen Beobachter vor Ort berichteten, daß die Nationalistischen Armeen während des entscheidenden Jahres 1948 nicht eine einzige Schlacht wegen Mangel an Waffen oder Munition verloren haben . . .

[. . .]

Eine realistische Einschätzung der Lage in China in der Vergangenheit und Gegenwart führt zu dem Schluß, daß die einzige mögliche Alternative der Vereinigten Staaten eine groß angelegte Intervention zugunsten einer Regierung gewesen wäre, die das Vertrauen ihrer eigenen Truppen und ihres eigenen Volkes verloren hatte. Eine solche Intervention hätte Ausgaben in noch größerer Höhe erfordert als die Mittel, die bislang schon fruchtlos ausgegeben wurden, hätte die Übernahme des Kommandos nationalistischer Armeen durch amerikanische Offiziere bedeutet und hätte wahrscheinlich die Beteiligung amerikanischer Streitkräfte – zu Land, zur See und in der Luft – in dem daraus entstehenden Krieg erfordert. Eine Intervention in einem solchen Maßstab und solcher Größenordnung wäre von der Masse des chinesischen Volkes übel aufgenommen worden, hätte unsere historische Politik völlig ins Gegenteil verkehrt und wäre vom amerikanischen Volk abgelehnt worden.

[. . .]

Es ist eine unglückliche, aber unausweichliche Tatsache, daß das verhängnisvolle Ergebnis des Bürgerkriegs in China sich der Kontrolle der Regierung der Vereinigten Staaten entzog. Nichts, was dieses Land tat oder im vernünftigen Rahmen seiner Möglichkeiten hätte tun können, hätte dieses Ergebnis geändert; nichts, was dieses Land versäumte, hat zu ihm beigetragen. Es war das Produkt interner chinesischer Kräfte, Kräfte, die die USA ohne Erfolg zu beeinflussen suchten. Eine Entscheidung wurde in China selbst erreicht, auch wenn es nur eine Entscheidung durch Unterlassung war.

[. . .]

Ein Punkt jedoch ist klar. Sollte sich das kommunistische Regime den Zielen des sowjetrussischen Imperialismus unterordnen und den Versuch machen, zu Aggressionen gegen die Nachbarn Chinas zu greifen, dann wären wir und die anderen Mitglieder der Vereinten Nationen konfrontiert mit einer Situation, die die Grundsätze der Charta der Vereinten Nationen verletzt und durch die der internationale Frieden und die internationale Sicherheit bedroht würden . . .

Ihr ergebener Dean Acheson

Quelle: US-State Department, Nr. 3573, August 1949.

D 8: Kein Landkrieg auf dem asiatischen Festland

Aussage des Vorsitzenden der Vereinigten Stabschefs, General Omar N. Bradley, vor einem Untersuchungsausschuß des US-Kongresses über die militärische Situation im Fernen Osten vom 15. Mai 1951

Die im folgenden Dokument wiedergegebenen Auszüge aus den vierbändigen Protokollen eines Anhörungsverfahrens Anfang 1951 gehören politikwissenschaftlich gesehen zu den aufschlußreichsten Zeugnissen der US-Nachkriegsgeschichte überhaupt. Sie zeigen das ganze Ausmaß der in den Vereinigten Staaten möglichen Offenlegung der Regierungspolitik und ihrer Hintergründe auch in dem besonders „sensitiven" Bereich der aktuellen nationalen Sicherheitspolitik.

[. . .]

Rotchina ist nicht die mächtige Nation, die die Weltherrschaft anstrebt. Offen gesprochen, nach Meinung der Vereinigten Stabschefs würde uns eine von dieser Annahme ausgehende Strategie in den falschen Krieg hineinziehen – am falschen Ort, zur falschen Zeit und gegen den falschen Feind.

[. . .]

Unsere Gesamtpolitik war es, mit standhafter Geduld und Entschlossenheit der kommunistischen Aggression entgegenzutreten, ohne unnötigerweise einen umfassenden Weltkrieg zu provozieren.

Es gibt viele Kritiker, die die Geduld mit dieser Strategie verloren haben und die einen Entscheidungskampf befürworten. Aus rein militärischer Sicht ist dies nicht wünschenswert. Wir sind nicht in der besten militärischen Ausgangsposition, um einen Entscheidungskampf zu suchen, selbst wenn es das Verlangen der Nation wäre, die Chancen für den Frieden dadurch zunichte zu machen, daß wir einen umfassenden Krieg herbeiführen.

[. . .]

Ich denke, daß sich unsere globale Strategie auszahlt, und ich sehe keinen Grund, diese Strategie im Fernen Osten aus Ungeduld zu ändern. Ganz bestimmt hat unsere Vorgehensweise einen umfassenden Krieg vermieden, der mit Sicherheit Tod und Zerstörung für Millionen von Amerikanern bedeuten müßte, und zwar sowohl in den Vereinigten Staaten wie auf dem Schlachtfeld. Unsere jetzige Vorgehensweise hat uns gleichzeitig Respekt und Bewunderung in allen Teilen der Welt eingebracht, und das gilt sowohl innerhalb wie auch außerhalb des Eisernen Vorhangs.

Dann gibt es auch noch diejenigen, die die gegenwärtige militärische Lage in Korea bedauern und die uns drängen, Rotchina in einen größeren Krieg hineinzuziehen, um dieses Problem zu lösen. Die Auseinandersetzung mit Rotchina zu suchen, ist kein entscheidender Zug, garantiert nicht das Ende des Koreakrieges und zwingt China nicht notwendigerweise auf die Knie. . . .

[. . .]

Senator Bridges: Was Korea angeht – als wir uns auf den Koreakonflikt einließen, ein oder zwei Tage nach dem 25. Juni 1950, hatten die Vereinigten Stabschefs alle möglichen zu dieser Zeit bestehenden militärischen Risiken berücksichtigt?

General Bradley: Ja, Herr Senator. Wir hatten immer gehofft, nicht in Korea kämpfen zu müssen, und das ist der Grund, warum wir dafür waren, Korea zu verlassen, soweit dies unsere Besetzung betraf. Es ist nämlich aus strategischer Sicht ein schlechter Platz zum Kämpfen. Und wir haben diese Dinge berücksichtigt zu der Zeit, als die Entscheidung, in Korea einzuschreiten, getroffen wurde.

Senator Bridges: Jetzt hängen Sie der hier zum Ausdruck gekommenen Theorie an, daß wir keinen Landkrieg auf dem asiatischen Festland führen sollten?

General Bradley: Ja. Meiner Auffassung nach sollten wir keinen Landkrieg in Asien führen, wenn wir eine Möglichkeit haben, es zu vermeiden.

[. . .]

Senator Bridges: Worauf ich hinaus will, Sie bleiben bei Ihrem Standpunkt, ob es um China , Indochina, Indien, Siam oder was auch immer geht. Sie sind grundsätzlich unter Berücksichtigung aller Fakten der Auffassung, daß unsere eigenen Truppen nicht auf dem asiatischen Festland eingesetzt werden sollten?

General Bradley: Selbstverständlich hängt dies von den jeweiligen Faktoren ab, aber gegenwärtig bin ich der Auffassung, wie ich es auch in meiner Einlassung gesagt habe, daß wir den falschen Krieg am falschen Ort und gegen den falschen Feind führen würden.

[. . .]

Quelle: Committee on Armed Services and the Committee on Foreign Relations United States Senate, 82. Kongr., 1. Sess.: „To conduct an Inquiry into the Military Situation in the Far East and the Facts surrounding the Relief of General of the Army Douglas MacArthur from his Assignments in that Area“. Bd. I–IV, Washington 1951, hier Bd. I, S. 732 f. und 753.

D 9 a–b: Die OAS und die Verteidigung der Demokratie in Amerika

D 9 a: Satzung der Organisation der Amerikanischen Staaten, 1948

Der Gründung der OAS war der interamerikanische Pakt von Rio de Janeiro mit seiner automatischen Beistandsverpflichtung vorausgegangen. Die OAS steht in einer langen Traditionslinie versuchter Institutionalisierung von Zusammenarbeit zwischen den Staaten des Kontinents. Seit Verkündung der Monroe-Doktrin 1823 hatten die USA eine ambivalente Lateinamerika-Politik verfolgt, das heißt einmal die einer wirtschaftlichen, politischen und auch quasi militärischen Domination in diesem Teil der Welt mittels einer bilateralen Interventionspolitik, und zum anderen die einer Multinationalisierung der inneramerikanischen Problemlösungen mittels regelmäßig tagender panamerikanischer Konferenzen.

[Unterzeichnet auf der Neunten Internationalen Konferenz der Amerikanischen Staaten, Bogotá, 30. März–2. Mai 1948.]

Im Namen ihrer Völker;
In der Überzeugung, daß es die historische Mission Amerikas ist, für den Menschen ein Land der Freiheit zu sein und ihm eine für die Entwicklung seiner Persönlichkeit und die Verwirklichung seiner gerechtfertigten Ziele günstige Stätte zu bieten;

[. . .]

Haben sich die auf der Neunten Internationalen Konferenz der Amerikanischen Staaten vertretenen Staaten auf folgende Satzung geeinigt.

Erster Teil

Kapitel I

Wesen und Ziele

Artikel 1

Die Amerikanischen Staaten rufen durch diese Satzung die Organisation ins Leben, die sie entwickelt haben, um zu einer Ordnung des Friedens und der Gerechtigkeit zu gelangen, ihre Solidarität zu fördern, ihre Zusammenarbeit zu verstärken und ihre Souveränität, ihre territoriale Unverletzlichkeit und ihre Unabhängigkeit zu verteidigen. Innerhalb der Vereinten Nationen ist die Organisation der Amerikanischen Staaten eine regionale Organisation.

[. . .]

Artikel 4

Die Organisation der Amerikanischen Staaten proklamiert die folgenden wesentlichen Ziele, um die Grundsätze, auf denen sie beruht, in die Tat umzusetzen und ihren regionalen Verpflichtungen gemäß der Satzung der Vereinten Nationen nachzukommen:

a) den Frieden und die Sicherheit des Kontinents zu stärken;

b) mögliche Ursachen für Zwistigkeiten zu vermeiden und die friedliche Beilegung von Streitigkeiten zwischen den Mitgliedstaaten zu sichern;

c) eine gemeinsame Aktion dieser Staaten im Falle eines Angriffs zu organisieren;

d) für die zwischen ihnen auftauchenden politischen, rechtlichen und wirtschaftlichen Probleme eine Lösung zu finden; und

e) durch gemeinsames Vorgehen ihre wirtschaftliche, soziale und kulturelle Entwicklung zu fördern.

Kapitel II

Grundsätze

Artikel 5

Die Amerikanischen Staaten bestätigen die folgenden Grundsätze:

a) Das Völkerrecht ist die Grundlage für das Verhalten der Staaten in ihren gegenseitigen Beziehungen;

[. . .]

d) Die Solidarität der Amerikanischen Staaten und die hohen Ziele, die sie erstreben, setzen eine politische Organisation dieser Staaten auf der Grundlage des wirksamen Funktionierens einer repräsentativen Demokratie voraus.

[. . .]

f) Eine Angriffshandlung gegen einen Amerikanischen Staat stellt eine Angriffshandlung gegen alle anderen Amerikanischen Staaten dar;

[. . .]

h) Soziale Gerechtigkeit und soziale Sicherheit sind die Grundpfeiler eines dauernden Friedens;

[. . .]

j) Die Amerikanischen Staaten proklamieren die Grundrechte des Individuums ohne Unterschied der Rasse, der Staatsangehörigkeit, des Glaubens oder des Geschlechts;

k) Die geistige Einheit des Kontinents beruht auf der Achtung vor den kulturellen Werten der Amerikanischen Länder und erfordert deren enge Zusammenarbeit für die hohen Ziele der Zivilisation;

l) Die Erziehung der Völker soll auf Gerechtigkeit, Freiheit und Frieden gerichtet sein.

Kapitel III

Grundrechte und Grundpflichten der Staaten

[. . .]

Artikel 15

Kein Staat und keine Staatengruppe hat das Recht, sich direkt oder indirekt, aus welchem Grunde es auch sei, in die inneren und äußeren Angelegenheiten eines anderen Staates einzumischen. Dieser Grundsatz verbietet nicht nur die Anwendung bewaffneter Macht, sondern auch jede andere Form von Einmischung oder von Bedrohung der Persönlichkeit des Staates oder seiner politischen, wirtschaftlichen und kulturellen Grundlagen.

Artikel 16

Kein Staat darf Zwangsmaßnahmen wirtschaftlichen oder politischen Charakters ergreifen, um den souveränen Willen eines anderen Staates durch Gewalt zu beeinflussen und Vorteile irgendwelcher Art von ihm zu erlangen. Auch darf er die Anwendung solcher Zwangsmaßnahmen nicht unterstützen.

Artikel 17

Das Gebiet eines Staates ist unverletzlich; es darf nicht, auch nicht zeitweilig, zum Gegenstand militärischer Besetzung oder anderer Gewaltmaßnahmen gemacht werden, die ein anderer Staat, direkt oder indirekt, aus irgendwelchen Gründen unternimmt. Territoriale Eroberungen oder besondere Vorteile, die durch Gewalt oder sonstige Zwangsmittel erlangt werden, sollen nicht anerkannt werden.

[. . .]

Artikel 19

Maßnahmen, die zum Zwecke der Aufrechterhaltung von Frieden und Sicherheit in Übereinstimmung mit bestehenden Verträgen ergriffen werden, stellen keine Verletzung der in den Artikeln 15 und 17 enthaltenen Grundsätze dar.

[. . .]

Kapitel V

Kollektive Sicherheit

Artikel 24

Jede Angriffshandlung eines Staates gegen die territoriale Unversehrtheit oder Unverletzlichkeit oder gegen die Souveränität oder politische Unabhängigkeit eines Amerikanischen Staates soll als eine Angriffshandlung gegen die anderen Amerikanischen Staaten angesehen werden.

Artikel 25

Wenn die Unverletzlichkeit oder Unversehrtheit des Territoriums oder die Souveränität oder politische Unabhängigkeit eines Amerikanischen Staates durch bewaffneten Angriff oder eine Angriffshandlung, die kein bewaffneter Angriff ist oder durch einen außerkontinentalen Konflikt oder durch einen Konflikt zwischen zwei oder mehreren Amerikanischen Staaten oder durch irgendeine andere Tatsache oder Situation, die den Frieden Amerikas gefährden könnte, bedroht wird, so sollen die Amerikanischen Staaten im Einklang mit den Grundsätzen kontinentaler Solidarität oder kollektiver Selbstverteidigung die Maßnahmen und Verfahren anwenden, die für diesen Fall in besonderen Verträgen festgelegt sind.

[. . .]

Quelle: Europa-Archiv, 1956, S. 8696 ff.

D 9 b: Erklärung und Entschließung über die Erhaltung und Verteidigung der Demokratie in Amerika, 1948

[Beschlossen auf der Neunten Internationalen Konferenz der Amerikanischen Staaten, Bogotá, 30. März–2. Mai 1948.]

Da die gegenwärtige Weltlage gebietet, daß zur Sicherung des Friedens und zur Erhaltung der gegenseitigen Achtung unter den Staaten dringende Maßnahmen ergriffen werden, um die mit der Tradition der Länder Amerikas unvereinbaren Taktiken totalitärer Herrschaft zu ächten, und Agenten im Dienste des internationalen Kommunismus oder irgendeiner totalitären Doktrin daran zu hindern, den wahren und freien Willen der Völker dieses Kontinents zu verzerren;

Erklären die auf der Neunten Internationalen Konferenz der Amerikanischen Staaten vertretenen Republiken, daß die politische Tätigkeit des internationalen Kommunismus oder irgendeiner totalitären Doktrin wegen ihrer antidemokratischen Natur und ihrer Tendenz zur Einmischung mit der Auffassung von amerikanischer Freiheit unvereinbar ist, die auf zwei unverzichtbaren Forderungen beruht: der Würde des Menschen als Individuum und der Souveränität der Nation als Staat;

Bekräftigen sie das Vertrauen, das die Völker der Neuen Welt in das Ideal und die Realität der Demokratie gesetzt haben, unter deren Schutz sie soziale Gerechtigkeit erreichen werden, indem sie allen Menschen immer breitere Gelegenheiten bieten, die geistigen und materiellen Güter zu genießen, welche der Garant der Zivilisation und das Erbe der Menschheit sind;

Verdammen sie im Namen des Völkerrechts die Einmischung in das öffentliche Leben der Nationen des amerikanischen Kontinents durch irgendeine fremde Macht oder durch eine den Interessen einer fremden Macht dienende politische Organisation;

Und beschließen sie,

1. ihre Entscheidung von neuem zu bestätigen, daß sie eine wirksame Sozial- und Wirtschaftspolitik zum Zweck der Erhöhung des Lebensstandards ihrer Völker beibehalten und ausdehnen werden; dasselbe gilt für ihre Überzeugung, daß es nur unter einem auf eine Garantie der wesentlichen Freiheiten und Rechte des Individuums gegründeten System möglich ist, dieses Ziel zu erreichen;

2. die Methoden jeden Systems, das dazu neigt, die politischen und bürgerlichen Rechte und Freiheiten zu unterdrücken, und vor allem die Aktion des internationalen Kommunismus oder jeglicher totalitärer Doktrin zu verurteilen;

[. . .]

Quelle: Europa-Archiv, 1956, S. 8695.

D 10: Die USA zur Entkolonialisierung im Zweiten Weltkrieg

Gesprächsprotokoll: Präsident Roosevelt und Marschall Stalin auf der Konferenz von Teheran über Indochina am 30. November 1943

[. . .]

Marschall Stalin erging sich in langen Ausführungen über Frankreichs herrschende Klassen und sagte, daß sie seiner Meinung nach aufgrund ihrer früheren Kollaboration mit den Deutschen kein Recht auf irgendeinen Anteil an den Vorteilen eines Friedensschlusses hätten.

Der Präsident sagte, Churchill vertrete die Ansicht, daß sich Frankreich sehr rasch wieder zu einer starken Nation entwickeln werde; er persönlich könne sich dieser Meinung jedoch nicht anschließen, denn es seien viele Jahre ehrlicher Arbeit erforderlich, bevor Frankreich wiederaufgebaut sei. Er sagte, das erste Gebot für die Franzosen, und zwar sowohl für die Regierung als auch die Bevölkerung, sei, wieder anständige Bürger zu werden.

Dem pflichtete Marschall Stalin bei und fuhrt fort, er schlage nicht vor, daß die Alliierten Blut vergießen sollten, um zum Beispiel in Indochina für Frankreich die frühere Kolonialherrschaft wiederherzustellen. . . . Er wiederholte seine Forderung, daß Frankreich Indochina nicht zurückbekommen dürfe und die Franzosen für ihre kriminelle Kollaboration mit Deutschland zu büßen hätten.

Der Präsident sagte, er sei mit Marschall Stalin hundertprozontig einer Meinung und bemerkte, daß nach hundertjähriger französischer Vorherrschaft in Indochina die Einwohner schlechter gestellt seien als zuvor. Er sagte, Tschiang Kai-schek habe ihm mitgeteilt, daß China keine Ansprüche auf Indochina erhebe, aber die Bevölkerung Indochinas sei für die Unabhängigkeit noch nicht reif, worauf er geantwortet habe, daß zu dem Zeitpunkt als die Vereinigten Staaten die Philippinen erwarben, ihre Bevölkerung für die Unabhängigkeit auch nicht reif gewesen sei, sie ihnen jedoch nach dem Ende des Krieges mit Japan bedingungslos zugebilligt werden würde. Dem fügte er hinzu, daß er mit Tschiang Kai-schek die Möglichkeit eines Treuhandsystems für Indochina erörtert habe, dessen Aufgabe darin bestünde, die Bevölkerung innerhalb einer bestimmten Zeit, z. B. von 20 oder 30 Jahren, auf die Unabhängigkeit vorzubereiten. Marschall Stalin stimmte mit dieser Haltung völlig überein.

[. . .]

Quelle: FRUS, The Conferences of Cairo and Teheran 1943, Washington 1969, S. 485.

II.

1950–1955
Am Rande des dritten Weltkrieges?

Einführung

Periodisierungen, auch die hier im Hinblick auf die Kapitel I und II vorgenommenen, sind immer problematisch, anders ausgedrückt: sie lassen sich nicht eindeutig vornehmen, geschweige denn begründen. Mit der auf das Jahr 1950 abzielenden Zäsur soll in erster Linie herausgestellt werden, daß der Ausbruch des Koreakrieges im Juni jenes Jahres einen der großen Wendepunkte in der Nachkriegsgeschichte darstellte. Durch ihn wurden aber Tendenzen sowohl in der sowjetischen Westpolitik als auch in der amerikanischen Ostpolitik, die schon vor 1950 sichtbar geworden waren, letztlich nur akzentuiert und verdeutlicht. Insofern soll in der Einführung zu diesem Kapitel zunächst auf zwei Ereignisse eingegangen werden, die in das Jahr 1948 zurückreichen. Sie sind in ihrer gleichzeitigen Erwähnung und Gegenüberstellung jedoch symptomatisch sowohl für die am Ende des Kapitels I bereits angesprochene Prioritätensetzung in Washington: „Erst Europa, dann Asien“, als auch für zumindest nuanciert unterschiedliche *Wertsetzungen*, von denen sich Washington bei seiner Handhabung von zwei Krisen in diesen beiden geographischen Bereichen leiten ließ.

1. Die Haltung der USA zu Berlin 1948 als Beispiel einer „Idealpolitik“?

Es ging, wie schon im Kapitel I kurz erwähnt, 1948/49 um die Abwehr des ersten großen Versuches der Sowjetunion, die Westalliierten – in diesem Falle mittels einer völkerrechtswidrigen Blockade – aus *West-Berlin* herauszudrängen: Die USA trugen hier die Hauptlast, wenngleich auch Großbritannien und Frankreich damals erhebliche Opfer brachten. Eine solche entschlossene Abwehr war den amtlichen Akten zufolge in Washington nicht zu allen Zeiten nach 1945 im Sinne einer Präventivplanung als so uneingeschränkt „selbstverständlich“ angesehen worden, wie dies dann ab 1949 und durchgehend bis heute der Fall gewesen ist[1]. Der Westen, speziell Washington, war in der interalliierten Planung für eine Neuordnung Deutschlands im Hinblick auf ein Besatzungsregime in seine West-Berlin-Präsenz gewissermaßen „hineingeschlittert“, wenngleich betont werden muß, daß man sehr schnell die Bedeutung eines durch die Siegermächte gemeinsam verwalteten Gesamtberlin erkannte und ja gerade deshalb an dem Anspruch auf eine „symbolische“ Präsenz des Westens auch in Ost-Berlin festhielt.

Vor allem hatte man sich – ein erstaunliches Versäumnis – die Zufahrtswege von und nach Berlin für die eigenen Truppen und sonstige Staatsbürger völkerrechtlich durch die Sowjetunion in keiner Weise garantieren lassen, von Garantien für Westberliner ganz zu schweigen. Vieles war in diesem Punkte unklar geblieben, ja man könnte sogar sagen, eigentlich vom Westen übersehen worden. Der gegen Kriegsende vollzogene Austausch der militärischen Präsenz der Amerikaner: Räumung der von ihren Armeen besetzten Teile Thüringens und Sachsens „gegen“ den ja immer vorgesehenen, endgültigen Einzug in West-Berlin, war seinerzeit auch nicht von „nachbessernden“ Vereinbarungen begleitet gewesen. So ist es nicht verwunderlich, daß in den amtlich veröffentlichten US-Akten im Zusammenhang mit der Vorgeschichte der Berlinblockade sowjetische Überlegungen über einen irgendwie gearteten neuen Kompromiß, zum Beispiel in Form eines Tausches, für berichtenswert gehalten wurden (D 11 a).

Wir Deutschen können uns gar nicht deutlich genug vor Augen führen, daß die Berlinpräsenz der Westmächte, vor allem geopolitisch und -strategisch, von Anfang an eine Anomalie darstellte und immer noch darstellt, wenngleich natürlich aus der Sicht des Westens West-Berlin, inmitten der DDR gelegen, zugleich einen „Pfahl im Fleisch“ dieses Staates und einen Garanten gesamtdeutscher Zukunft verkörperte. Bei Ausbruch eines Krieges würden auf jeden

1 Später wurden unter Führung der Vereinigten Staaten auf seiten der Westmächte laufend sogenannte contingency-Planungen in Hinsicht auf die Absicherung West-Berlins unternommen, siehe auch unten Kapitel III, S. 163 f., 210 f., 233 ff.

Fall zehntausend westalliierte Soldaten, die in West-Berlin seit 1945 einen Teil des westlichen „Stolperdrahtes“ gegenüber der Sowjetunion abgeben, unweigerlich überrannt, das heißt also bewußt geopfert werden müssen. Mit ihrer strikt durchgehaltenen Berlin-Garantie haben nun aber die Amerikaner – wie die Briten und Franzosen – bis heute vor aller Welt eine spezifische Wertsetzung ihrer außenpolitischen Zielvorstellungen demonstriert: Die Sicherung der Freiheit der Westberliner als solcher war für die Westmächte spätestens seit 1948/49 in erster Linie eine Wertentscheidung gewesen, die speziell die USA im oben (Kapitel I) angedeuteten moral- und idealpolitischen Sinne auf sich genommen hatten, weil sie knapp drei Millionen Westberliner als Angehörige derselben atlantischen Familie und desselben traditionsreichen gesellschaftspolitischen Wertsystems ansahen und noch ansehen. John F. Kennedy hat dies in einer taktisch geschickten, wenn auch übertrieben pathetischen Weise mit seinem berühmten Diktum 1961 zum Ausdruck gebracht: „Ich bin ein Berliner.“ Im Zusammenhang mit der Blockade 1948/49 hatten die maßgeblichen Fachleute Washingtons ebenfalls mit gemeinsamen, der Freiheit verpflichteten Vorstellungen argumentiert (D 11 b – d). Seit jenen Jahren, so könnte man es formulieren, scheuten die USA gedanklich nicht vor der letzten Möglichkeit eines „Sterbens für Berlin“ zurück. Somit liefert gerade die amerikanische Berlin- beziehungsweise West-Berlin-Politik ein hervorragendes Beispiel für das, was wir in der Einführung zu Kapitel I als einen großen Fundus der *Gemeinsamkeiten* im deutsch-amerikanischen Verhältnis insgesamt bezeichnet haben[2].

Nuanciert anders zu beurteilen war und ist hingegen die US-Präsenz in *Südkorea.* Sie resultierte ebenfalls aus Besatzungsvereinbarungen zwischen den Kriegsalliierten in bezug auf die (als vorübergehend gedachte) Teilung eines Volkes und Landes. Aber im Gegensatz zu West-Berlin und Deutschland war die Intention der USA hinsichtlich Südkoreas schon bald nach Kriegsende in eine andere Richtung gegangen (D 12 a), das heißt von der Vorstellung geleitet, daß sich Washington so schnell wie möglich wieder aus Südkorea zurückziehen sollte. Man wird sagen können, daß die dann nach Ausbruch des Koreakrieges reaktivierte US-Präsenz – in unserer Zeit wieder sehr abgeschwächt – einem sehr viel reineren Machtkalkül entsprach. Mit anderen Worten: In Südkorea ging es nicht so sehr um eine wertgebundene Schicksalsgemeinschaft zwischen zwei Völkern und zwei Regierungssystemen, als um die Einbeziehung eines (oft sehr ungeliebten) Regimes in die Verteidigungsfront gegen den „Weltkommunismus“, der sich in den Augen Washingtons einen neuen Ableger in Nordkorea geschaffen hatte. Natürlich wurde dieses Machtkalkül dann bei Ausbruch des Koreakrieges selbst auch ideologisch verbrämt (D 12 b).

---

2 Zur Berlin-Politik der USA siehe generell: W. Phillips Davison, Die Blockade von Berlin. Modellfall des Kalten Krieges, Frankfurt/Berlin 1959.

2. Der Stellenwert des Koreakrieges für den Prozeß eskalierter westlicher Bedrohungsvorstellungen im Spiegel von NSC-Richtlinien

Dieser Koreakrieg soll hier nicht im einzelnen problematisiert werden, zumal in diesem Zusammenhang darauf hinzuweisen ist, daß bis heute in Ermangelung von Quellen (sic!) die Hintergründe des nordkoreanischen Angriffes auf Südkorea in massiver Form nicht abschließend geklärt werden können. Sicher ist aber, daß die USA und mit ihnen im Rahmen der Vereinten Nationen 16 andere, militärische Hilfe leistende Staaten diesen Krieg als einen ersten Testfall für die Bereitschaft und Fähigkeit der nichtkommunistischen Welt verstanden, einer kommunistischen Aggression wirksam entgegenzutreten; oder anders ausgedrückt: als eine Aktion „des" Kommunismus, „den" Westen auf die Probe zu stellen und ihm, wenn möglich, weitere Einbußen an Macht und Prestige zuzufügen. Eine solche Sicht war in den USA durchaus eine „überparteiliche" und beispielsweise schon vor dem Ausbruch des Krieges in einem Memorandum des republikanischen „Beraters" des State Department, John Foster Dulles – des späteren republikanischen Außenministers – vom 18. Mai 1950 sozusagen vorweggenommen worden. Er hatte damals geschrieben: „Sollte unser gesamtes Verhalten [in der internationalen Politik] auf eine weiter anhaltende Disposition hindeuten, ‚zurückzugehen' und umstrittene Gebiete in der Welt unter die Kontrolle des sowjetischen Kommunismus geraten zu lassen, dann würden sich viele Staaten in ihrem Eindruck bestätigt sehen, den sie schon von dem NATO-Vertrag gewonnen haben, daß wir nicht die Absicht haben, außerhalb des nordatlantischen Raumes, der nach dem Vertrag auch Berlin einschließt, sowie außerhalb der amerikanischen Hemisphäre, die traditionell von der Monroe-Doktrin und heute von dem Pakt von Rio abgedeckt wird, festzustehen."[3]

Man kann nun deshalb im Koreakrieg einen der großen Marksteine in der Nachkriegsgeschichte sehen, weil sich hier schon vorher gehegte und sehr genau ausformulierte Bedrohungsvorstellungen der USA – und mit ihnen des gesamten Westens – endgültig zu bestätigen schienen. Mit dieser Feststellung zielen wir in erster Linie auf die großangelegte Analyse des NSC-Dokumentes 68 vom Frühjahr 1950, also noch vor Ausbruch des Koreakrieges. In der Bundesrepublik Deutschland hat sich Bernd Greiner auf diese in der amtlichen Aktenpublikation „Foreign Relations of the United States" (FRUS) veröffentlichte und für jedermann zugängliche Richtlinienentscheidung gestützt, aber, wie wir meinen, trotz ausführlicher Zitate über rund 15 Druckseiten hinweg sehr einseitig zitierend und auslegend[4]. Für die Zwecke unseres analytischen Schemas im Hinblick auf Bedrohungsvorstellungen ist dieses Dokument so aufschlußreich,

3 FRUS, 1950, Bd. I, S. 314 f.

4 Bernd Greiner, Amerikanische Außenpolitik von Truman bis heute, Köln 1980; aus dem NSC-Papier 68 wird im folgenden zitiert nach: FRUS, 1950, Bd. I, S. 262, 238, 252 und 261 ff.

daß es im Zusammenhang mit anderen Begleitdokumenten später angefertigter Richtlinienentscheidungen in dieser Einleitung etwas ausführlicher zitiert und zusammenfassend gewürdigt werden soll (D 13 a – b).

Ausgangspunkt der Analyse ist die Einschätzung der sowjetischen Bedrohungsabsichten dahingehend, „daß wir es bei der Sowjetunion ganz anders als bei früheren Anwärtern auf eine Hegemonialstellung mit einer Macht zu tun haben, die durch einen neuen fanatischen Glauben angespornt wird, der die völlige Antithese zu unserem eigenen darstellt und daher ihre absolute Autorität der übrigen Welt aufzuoktroyieren sucht . . .“. Daraus wurde gefolgert: „. . . daß die Vereinigten Staaten als das erste Machtzentrum in der nichtsowjetischen Welt und als Bollwerk der Opposition gegen die sowjetische Expansion in den Augen Moskaus der Hauptfeind sind, dessen Integrität und Vitalität unterminiert oder auf die eine oder andere Weise zerstört werden muß, wenn der Kreml seine fundamentale Zielsetzung erreichen will“. Dies wiederum bedeute für die Vereinigten Staaten, daß sich deren „freie Gesellschaft einer tödlichen Herausforderung durch das sowjetische System gegenübersieht . . . und die Integrität und Vitalität unseres Systems so stark wie noch nie in unserer Geschichte gefährdet ist“. Es wurde damals in Washington nicht so sehr mit der Auslösung eines neuen Weltkrieges durch die Sowjetunion gerechnet. Vielmehr hieß es: „Es ist klar von der sowjetischen Theorie und Praxis, daß der Kreml den Versuch unternimmt, die freie Welt unter seine Herrschaft zu bringen mittels der Methoden des Kalten Krieges . . . Die Sowjetunion strebt danach, eine überwältigende Militärmacht zu entwickeln, damit ihre Politik der Infiltration durch eine der Einschüchterung unterstützt werden kann.“

Diese damalige Einschätzung sowjetischer Bedrohungsabsichten durch Washington ist für Greiner offensichtlich ein reines Verschleierungsmanöver im Hinblick auf behauptete, in dem Geheimdokument durch nichts „bewiesene“ Aggressionsabsichten der USA gegenüber der Sowjetunion gewesen. Greiner setzt sich auch nicht mit der in allen früheren ebenso wie späteren Dokumenten definierten obersten Zielsetzung der amerikanischen Außen- und Verteidigungspolitik auseinander, wonach es gelte, „die Integrität und Vitalität unserer freien Gesellschaft sicherzustellen, die auf der Würde und dem Wert des Individuums basiert . . . und daher eine Gesamtsituation in der Welt [world environement] herbeizuführen, in der das amerikanische System überleben und gedeihen kann . . . sowie den Versuch zu machen, eine gesunde internationale Gemeinschaft [healthy international community] zu entwickeln“. Ähnliches können wir beinahe ein Jahrzehnt später in einem Dokument aus dem Jahr 1959 (D 38) lesen: „Unser Ziel im Ausland muß es sein, in Abstimmung mit anderen Nationen sich unaufhörlich für Frieden, Sicherheit und Gerechtigkeit einzusetzen und unserer Nation die Stellung des Vorreiters im Durchbruch zu neuen Höhen menschlicher Leistung und Wohlergehens zu sichern.“

In einem Kräftevergleich zwischen UdSSR und USA heißt es dann im NSC-Dokument 68, daß die USA zwar 1950 „über das größte militärische Potential irgendeiner Nation in der Welt verfügten". Die militärische Schwäche der USA gegenüber der UdSSR beruhe „jedoch auf der zahlenmäßigen Unterlegenheit der Gesamtstreitkräfte . . . Wenn man die derzeitige militärische Stärke der USA in Beziehung zu der Gesamtsituation in der Welt setzt und sie gegen mögliche Entwicklungen in einer gegebenen Situation bilanziert, dann ist es klar, daß unsere militärische Stärke in zunehmend gefährlicher Weise inadäquat geworden ist. Wenn ein Krieg im Jahr 1950 beginnen sollte, dann würden die USA und ihre Alliierten im wesentlichen nur über die Fähigkeit verfügen", defensive militärische Operationen gegenüber der Sowjetunion durchzuführen, offensive lediglich im Bereich von größeren Luftangriffen auf das Gebiet der UdSSR. Von entscheidender Bedeutung für unsere Analyse ist die zusammenfassende, wiederum von Greiner mit keinem Wort erwähnte Einschätzung des sowjetischen Bedrohungspotentials dahingehend, daß bei einem weiteren Aufholen der Sowjetunion gegenüber den USA im atomaren Bereich und einem weiteren Ungleichgewicht zuungunsten der USA im konventionellen „bis spätestens 1954" mit, „vernichtenden Angriffen" der Sowjetunion gerechnet werden könne, die den USA „schwerste Schäden zufügen" würden, wenn das Moment der Überraschung hinzukäme.

Wie sich aus der Aktenpublikation FRUS für 1950 ergibt, war diese Einschätzung zumindest für einige Zeitgenossen in amtlichen Stellen Washingtons damals ebenso erstaunlich, wie sie es für uns im nachhinein sein dürfte. So kommentierte etwa das gewichtige Budgetbüro im Amte des Präsidenten unter einem als „höchst geheim" eingestuften Dokument wie folgt: „Angesichts des ungeheueren Übergewichts der USA und ihrer Alliierten in jedem militärischen Bereich mit Ausnahme desjenigen der konventionellen Streitkräfte bedarf diese grundlegende Annahme weiterer Belege als sie in dem Dokument 68 enthalten sind . . . Es fällt schwer, Schlußfolgerungen zu akzeptieren, wonach die Sowjetunion sich anschickt uns gegenüber eine . . . militärische Überlegenheit zu erreichen, wenn zum Beispiel unsere Luftwaffe der sowjetischen qualitativ ungeheuer überlegen ist . . ., wenn unser Vorrat an Atombomben viel größer ist als derjenige der UdSSR . . ., wenn unsere Flotte um so vieles stärker ist als die russische, daß man beide nicht in einem Atemzug nennen darf; und wenn wir Bündnisverträge mit Ländern an den Grenzen der Sowjetunion haben und diesen Ländern Waffen liefern, während die Sowjetunion über keinerlei solche Hilfestellungen innerhalb von Tausenden von Kilometern von unserem Gebiete entfernt verfügt."

Wie die schon veröffentlichten Akten ausweisen, gingen die Meinungen über Analyse und Empfehlungen, wie sie im NSC-Dokument 68 ihren Niederschlag fanden, auch unabhängig von dieser Stellungnahme des Budgetamtes weit auseinander. Ein besonderer Ad-hoc-Ausschuß wurde eingesetzt, der die

Ansichten der Regierungsstellen auf einen Nenner bringen sollte. Es herrschte in diesem Ausschuß zwar Übereinstimmung darüber, daß die USA mit einer noch besseren militärischen Organisation (sprich Rüstung) in die Lage versetzt werden müßten, den „Kalten Krieg" erfolgreicher zu bestehen und auf jeden Fall noch mehr tun sollten, um aus einer Politik der Stärke heraus die Sowjetunion vor weiteren Angriffen besonders auf die USA selbst „abzuhalten". Wörtlich hieß es aber sodann: „Es herrscht keine allgemeine Übereinstimmung darüber, ob es zu einem sowjetischen Angriff [auf die USA] bis 1954, früher oder später tatsächlich kommen kann." Mehrheitlich stellte sich dann aber das Gremium auf die Seite derer, die das Dokument NSC 68 ausgearbeitet hatten[5].

Von unserem analytischen Schema der Bedrohungsvorstellungen aus gesehen, gibt es im Hinblick auf das NSC-Dokument 68 somit mindestens drei Möglichkeiten: *Entweder* glaubte der NSC wirklich an seine eigenen Befürchtungen, *oder* aber es machte sich hier das bemerkbar, was Eisenhower später als die Gefahr bezeichnete, die von dem militärisch-industriellen Komplex in den USA ausgehe, das heißt davon, daß Politik sehr stark von den Zielsetzungen der Militärs und der Wirtschaft bestimmt werde. Mit anderen Worten: Beide machten vielleicht Einflüsse in Richtung auf eine verstärkte Aufrüstung erfolgreich geltend, ohne daß dafür „objektiv" eine Notwendigkeit bestand. Als *dritte* Bewertungshypothese böte sich an, daß das oberste außen- und verteidigungspolitische Entscheidungsfindungsgremium der USA 1950 – wie wiederholt auch später – ein *militärisches Übergewicht* der USA insgesamt, also nicht nur im atomaren, sondern auch im konventionellen Bereich sichern wollte, um eben „ganz sicher" mit der eigenen Sicherheit zu gehen. Im Hinblick auf die frühen fünfziger Jahre erscheint heute ein Mißtrauen gegenüber derartigen Einschätzungen der gegnerischen Stärke jedenfalls angebracht, zumal später die Vorausberechnungen für das Eintreten einer „tödlichen Gefahr" durch die UdSSR, also für das Ende der amerikanischen strategischen Überlegenheit, laufend nach vorne projiziert wurden. Im Dokument 5602 aus dem Jahr 1956 zum Beispiel wurde davon ausgegangen, daß die amerikanische Nuklearüberlegenheit nur noch „bis 1958" gelten werde und daß dann die Sowjetunion den USA ebenfalls „vernichtende Schläge" austeilen könne[6].

Hier stellt sich eben für uns heute die Frage: Strebten die USA unter dem Blickwinkel eines Mitteleinsatzes zur Abwehr angeblich tödlicher Gefahren für die eigene Seite im Zeitalter des Kalten Krieges und möglicherweise durchgehend bis heute ein allseitiges militärisches *Gleichgewicht* zwischen den beiden Supermächten an oder eine *amerikanische Überlegenheit* und deren Beibehal-

---

5 NSRB, FRUS, 1950, Bd. I, S. 317 f.

6 Zit. nach NAW, NSCF, NSC-Dokument Nr. 5602 vom 8. 2. 1956: Basic National Security Policy, Annex 5602; siehe auch Kapitel III, Dokument 157 f., 172 ff.

tung? Im NSC-Dokument 68 aus dem Jahr 1950 lesen wir jedenfalls: „Um ihren Aufgaben der Friedenssicherung gerecht zu werden, ist ein weiterer stetiger Auf- und Ausbau der militärischen Stärke unerläßlich bis hin zu einem Punkt, an dem der Westen . . . den Kräften der Sowjetunion und ihrer Alliierten im konventionellen Bereich überlegen ist." Besonders Präsident Nixon hat die lange planmäßig beibehaltene Überlegenheit der USA im atomaren Bereich im Rückblick nie geleugnet und gerade das Gleichziehen der Sowjetunion zu seiner Amtszeit zum Ausgangspunkt für seine neue Politik des Ausgleichs mit Moskau genommen. Später kam dann eine „Vorrüstung" der Sowjetunion im Mittelstreckenbereich zustande, was Reagan zu seiner Politik nicht nur der Nachrüstung in diesem Sektor, sondern auch der Forderung – im Wahlkampf 1980 erhoben – nach der Erringung einer „Marge der Sicherheit", will sagen der Überlegenheit veranlaßte. Auch diese Formel tauchte übrigens schon in Dokumenten früherer Jahrzehnte auf[7].

Die Verfasser des NSC-Dokumentes 68, das für Jahre hinaus zur obersten Richtlinie der gesamten amerikanischen Außen- und Verteidigungspolitik wurde, hatten sich in der Tat unter den von ihnen analysierten Alternativen für eine forcierte Aufrüstung oder im heutigen Sprachgebrauch „Nachrüstung" im konventionellen Bereich entschieden. Andere Möglichkeiten wurden verworfen: Einmal die, es angesichts der damaligen atomaren Überlegenheit der USA bei der Unausgewogenheit im konventionellen Bereich zu belassen und zum anderen, den Weg hin zu einem *Präventivkrieg* gegen die UdSSR freizumachen, wenn nicht einzuschlagen. Zu dieser zweiten Möglichkeit wurde ganz eindeutig formuliert: „Es braucht nicht besonders betont zu werden, daß ein Überraschungsangriff auf die Sowjetunion trotz des provokativen Charakters im Verhalten Moskaus in letzter Zeit vielen Amerikanern zutiefst zuwider wäre." Entsprechende Formulierungen kehren in allen bislang veröffentlichten und nichtveröffentlichten Dokumenten wieder, so zum Beispiel unter Punkt 35 eines NSC-Dokumentes vom 28. Dezember 1954, wo es hieß: „Die USA und ihre Alliierten müssen jedes Konzept eines Präventivkrieges oder von Aktionen, die einen Krieg bewußt provozieren sollen, ablehnen"[8].

Man braucht heute die Führung der USA in diesem Punkt keineswegs nur nach solchen theoretisch formulierten Prinzipien zu beurteilen. Vielmehr zeigt die Entwicklung nach 1945, daß Washington die eigene militärische Überlegenheit, die im atomaren Bereich fünf Jahre lang total und weitere Jahre danach in hohem Maße gegeben war, gegenüber dem weltpolitischen Gegner Sowjetunion nicht eingesetzt hat. Einer der berühmtesten Belege für die Ablehnung jeden Gedankens an einen atomaren Präventivschlag bietet sich aus dem Frühjahr

---

7 Vgl. Kapitel IV, D 49 zur Botschaft des Präsidenten Nixon an den Kongreß vom 18. 2. 1970 über die amerikanische Außenpolitik der siebziger Jahre.

8 NSC, NSCF 5440, NAW.

1951 an, als Truman den General MacArthur als UN- und US-Oberbefehlshaber Fernost im Koreakrieg seines Amtes enthob, nachdem der in seiner Heimat sehr populäre Kriegsheld angeblich mit dem Gedanken an atomare Präventivschläge gegen China gespielt hatte. Präsident Truman hatte selbst angesichts der durch die Intervention Pekings im November 1950 heraufbeschworenen prekären Lage für die US- und UN-Truppen in Nordkorea einen Einsatz der Atombombe auf einer Pressekonferenz am 30. November 1950 zumindest nicht ausgeschlossen, ließ aber dann kurz darauf solche Möglichkeiten wieder verwerfen.

Der Koreakrieg wirkte sich, vor allem nach der Intervention Pekings, naturgemäß auf die weiteren Analysen und Empfehlungen des Nationalen Sicherheitsrates aus und führte zunächst dazu, daß das Dokument 68 in schneller Reihenfolge fortgeschrieben wurde – bis zum Dezember 1950 bereits viermal (siehe D 13 a – b). In der NSC-Studie Nr. 73 vom 1. Juli 1950, also sechs Tage nach Ausbruch des Koreakrieges, wurde zwar auch davon ausgegangen, daß Moskau den Westen in Korea nur auf die Probe stellen wolle. Es hieß dann aber auch: „. . . sollten die Sowjets einen dritten Weltkrieg auslösen wollen, dann werden sie gleichzeitig – immer im Rahmen ihrer Möglichkeiten – in Österreich, Deutschland, im Nahen und Fernen Osten und in Richtung Großbritannien und den nordamerikanischen Kontinent Angriffe führen, um ein Höchstmaß an Überraschungsvorteilen zu erzielen."

Einen Monat später votierte George F. Kennan dahingehend, daß die sowjetische Führung immer noch einen allgemeinen Krieg vermeiden möchte und vielmehr hoffe, ihre gegenwärtigen Zielsetzungen – „d. h. die Festigung der Sicherheit ihres eigenen Machtbereiches durch die vollkommene Zertrümmerung des Prestiges der USA und ihres Einflusses außerhalb des nordamerikanischen Kontinentes sowie die Unterwerfung ganz Eurasiens unter ihren politischen Willen" – mit weniger riskanten und kostspieligen Mitteln verfolgen zu können. In einer „verfeinerten" Version der Studie vom 1. Juli 1950 nach Behandlung derselben im NSC in Anwesenheit des Präsidenten (NSC 73/4, vom 25. August 1950) wurden interessanterweise als mögliche Angriffsziele Moskaus außerhalb des NATO-Geltungsbereiches Persien, die Türkei, Jugoslawien, Griechenland und (wegen seiner geographischen Lage) Afghanistan (!), Pakistan und Finnland genannt. Auch in einer großangelegten Studie „National Intelligence Estimate" vom 15. November 1950 hieß es: „Ihr [der UdSSR] letztes Ziel ist es, eine kommunistische Welt zu errichten, die von ihnen selbst oder ihren Nachfolgern kontrolliert wird" (D 13 a).

Vereinzelt wurden in dieser Zeit auch Stimmen laut, die andere Töne anschlugen, wie die am 11. Januar 1951 abgegebene Empfehlung des Vorsitzenden des Ausschusses für Ressourcen an den NSC angesichts der „ernsten Weltlage". Hier hieß es im Hinblick auf Korea (als dem Präludium in einem weltumspannenden „Meisterplan" Moskaus), daß die USA in einen „Krieg des Überlebens" verwickelt seien, den Sowjets die ständige Offensive überlassen hätten und ihre Überlegenheit von Monat zu Monat mehr einbüßten. Sodann wird – und dies blieb eben ziemlich „einmalig“ – der Einsatz des Atommonopols der USA als ein politisches Druckmittel empfohlen. Bei der Bewertung dieses Dokumentes ist aber zu berücksichtigen, daß es zwar auf der Linie der Empfehlungen von MacArthur lag, aber nicht zu einer amtlichen Richtlinie der Politik erhoben, geschweige denn, im Koreakrieg selbst befolgt wurde.[9]

Eine weitere Fortschreibung des NSC-Dokumentes 68 (unter ausdrücklicher Berufung auch auf das NSC-Dokument 20 aus dem Jahre 1948) ergab sich mit dem NSC-Entwurfs-Dokument 135 vom September 1952 (D 14). Schließlich hieß es im NSC-Dokument 141 (D 19) Anfang 1953 – unter einer für die Arbeitsweise dieses Gremiums sehr „typischen“ Berufung auf die frühere Richtlinie 135 und zum Teil mit direkten Zitaten aus derselben unmittelbar vor dem Regierungswechsel von Truman zu Eisenhower (und damit soll diese „Ahnenreihe“ zum Thema Bedrohungsvorstellungen vorläufig beendet werden): „Die sich schnell entwickelnde atomare Kapazität der UdSSR, die wahrscheinlich bevorstehende Entwicklung thermonuklearer Waffen und damit verbunden die Bipolarisierung der Machtverhältnisse in der Welt berühren die Sicherheitslage des nordamerikanischen Kontinents in entscheidender Weise. Die USA sind heute durch direkte Angriffe in einem ernsten Ausmaße verwundbar. Das Wachstum der sowjetischen atomaren Stärke läßt darauf schließen, daß diese Bedrohung bis 1954 oder 1955 einen kritischen Wert erreicht haben wird [!]. Ein entschlossener Gegner verfügt jetzt über die Kapazität, einen mächtigen, direkten Angriff gegen die Vereinigten Staaten selber zu führen, ohne dabei gezwungen zu werden, die weit ausgedehnten Verteidigungslinien zu durchbrechen, die wir in Europa und im Fernen Osten aufbauen. Darüber hinaus muß davon ausgegangen werden, daß die sowjetische Atombewaffnung auch über das Jahr 1955 hinaus weiter anwachsen wird und daß wenig Aussicht besteht, daß die freie Welt diese Entwicklung aufhalten kann, ohne daß es zu einem allgemeinen Krieg kommt. Diesem negativen Trend kann man eine Reihe von *positiveren Faktoren* entgegensetzen: Die USA bauen ihre atomare Bewaffnung weiter aus und werden dieselbe durch die Weiterentwicklung von thermonuklearen Waffen sehr erheblich erhöhen. Alles spricht dafür, daß die *Überlegenheit [lead] der freien Welt* in bezug auf die Zahl und die

9 NSC-Studien wie angegeben. Bei dem NSC-Dokument 73 handelt es sich um einen Entwurf, der in eine Sonderbotschaft des Präsidenten Truman an den Kongreß vom 19. 7. 1950 über die rüstungspolitischen Auswirkungen des Koreakrieges einging, siehe FRUS, 1950, Bd. I, S. 337 ff.; vgl. auch ebd. 377 ff.; G. F. Kennan vom 8. 8. 1950 zit. nach FRUS, 1950, Bd. I, S. 365 f.; Dokument vom 11. 1. 1951 zit. nach FRUS, 1951, Bd. I, S. 7 ff., identisch mit dem Bericht an den NSC, Nr. 100. – Vgl. C. C. Schweitzer, Weltmacht USA, Kontinuität und Wandel ihrer Außenpolitik nach 1945, München 1983, S. 30 f.

Vernichtungskraft der atomaren und thermonuklearen Waffen weiter anwachsen wird und daß die USA auch weiterhin überlegen sein werden in bezug auf die Bandbreite und Flexibilität der Trägerwaffen." [Hervorhebungen vom Verf.]

Schon an dieser Stelle – in späteren Kapiteln wird darauf zurückzukommen sein – können wir die von uns gestellte Frage: *Militärisches Gleichgewicht oder militärische Überlegenheit als Ziel der US-Außen- und Verteidigungspolitik* insgesamt dahingehend beantworten, daß die USA seit Kriegsende eine atomare Überlegenheit aufrechterhalten wollten, weil sie die konventionelle Überlegenheit der Sowjetunion auch zusammen mit ihren NATO-Verbündeten nicht wettmachen konnten. Eine „Sicherheitsmarge der Überlegenheit" im atomaren Bereich wurde tatsächlich kontinuierlich angestrebt. Sie sollte für Washington die Glaubwürdigkeit der westlichen Abschreckungskapazität garantieren, wurde also gedanklich immer nur in defensiver, nicht in offensiver Absicht eingesetzt – als Antwort auf eine niemals ganz auszuschließende und ausgeschlossene neue Expansionsmaßnahme der Sowjetunion über ihren Satellitenbereich hinaus.

In diesem Zusammenhang muß nun aber auch darauf hingewiesen werden, daß von Anfang an in der Nachkriegsgeschichte der USA die Ziele: Aufrechterhaltung einer angemessenen Verteidigungskraft, Rüstungskontrollmaßnahmen und internationale Abrüstung parallel verfolgt wurden. Anders ausgedrückt: Die USA bauten zunächst ihr Atommonopol planmäßig aus, bei gleichzeitiger Reduzierung ihrer konventionellen Streitkräfte und bei Hinnahme eines Übergewichtes der Sowjetunion in diesem Bereich *und* setzten sich für eine Rüstungskontrolle sowie schließliche *Abrüstung* gerade auf der atomaren Ebene ein. Wie immer man die verschiedenen Vorschläge der USA nach 1945 in letzterer Beziehung im einzelnen bewerten mag, so wird man doch von einer kontinuierlich durchgehaltenen Konzeption – beginnend mit dem sogenannten Baruch-Plan, den Vorschlägen Eisenhowers am 8. Dezember 1953 „Atomkraft für den Frieden" über Kennedy, Nixon und Carter bis in unsere Zeit – sprechen können.

Intern lesen wir zum Beispiel in einem Bericht des NSC-Planungsausschusses vom 1. September 1953 (NSC 112/1) über „Möglichkeiten für einen neuen Abrüstungsvorschlag der USA im Rahmen der UN" (8. Vollversammlung) unter dem Stichwort: „Schlußfolgerungen": „Da Erfahrungen in der Vergangenheit gezeigt haben, daß Bemühungen in Richtung auf eine Rüstungsbegrenzung wenig nützen, wenn diese nicht in einen engen Zusammenhang mit der Regelung anderer wichtiger internationaler Probleme gestellt werden, können wir wenig Fortschritte auf dem Wege zu einer echten Abrüstung erwarten, bis wir spürbar weiter gekommen sind mit der Lösung anderer politischer Fragen wie dem Deutschland- und Österreich-Problem oder Korea . . . Trotz der oben genannten Schwierigkeiten erscheint es ratsam, daß die USA auch weiterhin der

Welt ihren unabänderlichen Wunsch nach umfassender und abgesicherter Abrüstung vor Augen führen. [Hinzukommt] . . ., daß das Interesse unserer Alliierten an einer Verminderung der internationalen Spannungen und an einem Rüstungsabbau einerseits durch ihre Hoffnungen verstärkt wird, die sich aus der sowjetischen Friedensoffensive ergeben, und andererseits durch ihre Befürchtungen, die seit der Bekanntgabe einer sowjetischen Wasserstoffbombenexplosion am 12. August aufgekommen sind.“[10]

Bei den zu diesem Kapitel vorgelegten Dokumenten – zunächst zurückgreifend in den Zeitabschnitt des Kapitels I, der Baruch-Plan von 1946 zur Kontrolle der Atomenergie (D 15) und die Vorschläge Eisenhowers über die internationale Kontrolle der Atomenergie vor der Vollversammlung der UN am 8. Dezember 1953 (D 16) – handelt es sich um amtliche Verlautbarungen der USA im Rahmen der Vereinten Nationen. In einem ursprünglich geheimen, dann freigegebenen Protokoll über eine Sitzung bei Präsident Eisenhower mit Außenminister Dulles, dem Unterstaatssekretär des Verteidigungsministeriums sowie dem Leiter der US-Atomenergiebehörde Strauss vom 15. Januar 1954, wo es um die Gesamtproblematik im Hinblick auf die Rede Eisenhowers ging, lesen wir dann allerdings:

„Der Präsident gab zu verstehen . . ., daß er bereit wäre, alle atomaren und thermonuklearen Waffen aus dem Arsenal sowohl der USA als auch der Sowjetunion ausgeschaltet zu sehen, wenn sich dies machen ließe. Er würde einen solchen Kurs einschlagen, um dadurch die Gesamtwirtschaft der USA, besonders auch ihre industrielle Basis zu schützen. Er wies darauf hin, daß letztendlich in der amerikanischen Geschichte immer die industrielle Kapazität der USA es gewesen sei, die den entscheidenden Ausschlag in allen größeren Kriegen gegeben habe, angefangen mit dem Bürgerkrieg selber. Wenn erst einmal die atomare und thermonukleare Bedrohung für das amerikanische Wirtschaftssystem . . . beseitigt sei, dann glaube er, daß die USA mit jeder anderen Form eines militärischen Angriffes auf unser Land fertig werden könnten. Der Präsident meinte jedoch, daß es beim gegenwärtigen Stand der internationalen Angelegenheiten unmöglich sei, zu einem wirksamen Abkommen über ein solches Ziel zu kommen, das die notwendigen Sicherungen bieten würde. Der Außenminister stimmte den Ausführungen des Präsidenten vollinhaltlich zu . . . und führte weiter aus, daß wir zwar bereit wären, jeden sowjetischen Vorschlag entgegenzunehmen, jedoch nicht beabsichtigten, uns in Verhandlungen mit der Sowjetunion allein mit dem Ziel einer Eliminierung oder einer Kontrolle der Nuklearwaffen einzulassen . . . Man müsse . . . den mit uns befreundeten Nationen klarmachen, daß es sich bei den Meinungsverschiedenheiten über *Kontroll*mechanismen im Bereiche der atomaren Waffensysteme zwischen uns und der Sowjetunion nicht um eine bilaterale Differenz

10 NSC/1, NAW, NSCF.

zwischen diesen beiden Ländern handelt, sondern daß hier vielmehr die Ansichten der Sowjetunion auf der einen Seite und diejenigen der übrigen Freien Welt zur Zeit diametral entgegengesetzt wären.“[11] [Hervorhebung vom Verf.]

Parallel zu verstärkten Bedrohungsvorstellungen gegenüber Moskau führte der Ausbruch des Koreakrieges zu einer entscheidenden Wende in den Beziehungen der USA zu ihren zwei wichtigsten Kriegsgegnern, das heißt sowohl zu Japan als auch zu Deutschland. Wahrscheinlich hätten sich diese Beziehungen zwischen Siegermacht und Besiegten auch ohne diesen Krieg zunehmend „normalisiert“, eben weil schon drei Jahre zuvor ein Kalter Krieg zwischen Ost und West begonnen hatte. Sicher wird man aber sagen können, daß ohne die in Gestalt des Koreakrieges sichtbar gewordene oder zumindest vermutete *weltweite* Gefahr kommunistischer Aggressionen eine Politik der Wiedereingliederung dieser beiden ehemaligen Feindstaaten in Europa und im Fernen Osten in die von den USA angeführten Staatenwelt der westlichen Demokratien, vor allem aber ihre Wiederaufrüstung nicht so schnell vonstatten gegangen wäre.

Bereits nach Etablierung der kommunistischen Herrschaft auf dem chinesischen Festland unter Mao Tse-tung im Oktober 1949 war dem von der US-Besatzungsmacht „demokratisierten“ *Japan* in den Planungen Washingtons der neue Stellenwert eines Gegengewichtes gegen Peking in einem fernöstlichen Balance-of-power-System zugedacht; auch waren damals schon erste Schritte in Richtung auf den Abschluß eines Friedensvertrages getan worden. Im Gegensatz zu Deutschland suchte man hierfür nicht allzu lange ein Einverständnis der Sowjetunion. Ohnehin war die östliche Hegemonialmacht durch ein geschicktes Taktieren der USA nach 1945 von einer Mitwirkung am Besatzungsregime in Japan ferngehalten worden. Nach Ausbruch des Koreakrieges wurden die Arbeiten am Friedensvertrag beschleunigt. Sie führten jetzt zu der gleichzeitigen Einbeziehung Japans in das weltweite Netz US-amerikanischer Militärhilfe-Abkommen (D 17) und bilateraler Sicherheitsverträge, von denen zwischen 1947 und 1955 mehr als 50 abgeschlossen wurden.

Was die *Bundesrepublik Deutschland* betraf, so kam es hier zwar schon vor dem sozusagen offiziellen Ausbruch des Kalten Krieges zu einer ersten entscheidenden Wende in der US-Besatzungspolitik: weg von der berüchtigten Direktive 1067 der Vereinigten Stabschefs im Jahre 1945 (ganz zu schweigen von den im übrigen nie realisierten Konzeptionen eines Morgenthau-Planes) und hin zu der Rede des Außenministers Byrnes in Stuttgart im September 1946: Sie sollte den Kurs auf das Ziel eines deutschen Wiederaufbaus und einer Wiedereingliederung des besiegten Feindstaates in die Völkergemeinschaft auch unter gesamtdeutschen Aspekten festlegen. „Deutschland ist ein Teil Europas“, hieß es hier.

11 Zit. nach NAW, NSCF sowie Eisenhower Library, Ann Whitman File, Folder: March 1955.

Auch wurden schon vor Ausbruch des Koreakrieges erste Überlegungen über eine irgendwie geartete westdeutsche Wiederbewaffnung angestellt, während Versuche der drei Westmächte, sich über Grundzüge eines deutschen Friedensvertrages mit der Ostmacht zu einigen, auf den Außenministerratssitzungen vor 1950 ebenso scheiterten wie in den für Deutschland als Ganzes so schicksalsschweren Jahren von 1952 bis 1954. Zweifellos aber beschleunigte der Koreakrieg den westalliierten Umdenkungsprozeß in Richtung auf eine Wiederbewaffnung der Bundesrepublik. Bundeskanzler Adenauer selbst nutzte die Gunst der Stunde sowohl aus „eigenen", echten Bedrohungsvorstellungen gegenüber der Sowjetunion heraus[12] als auch mit dem Ziel, die Bundesrepublik Deutschland für die Verteidigungsanstrengungen des Westens unentbehrlich zu machen und damit ihren vor allem außenpolitischen Handlungsspielraum zu erweitern (D 18 a – d).

Von Anfang an völlig auf einer Linie der Lagebeurteilung und der politischen Zielvorstellungen lagen Adenauer und die amerikanische Regierung im Hinblick auf die Note der Sowjetunion vom 10. März 1952 mit ihrem Vorschlag für den Abschluß eines Friedensvertrages aller Kriegsgegner Deutschlands auf der Basis der „Neutralisierung" eines wiedervereinigten Deutschland. Washington sah im engen Einvernehmen mit Bonn, aber auch mit Paris und London, in diesem – niemals vom Westen auf die Probe gestellten – Angebot die „Falle" einer möglichen Auslieferung Gesamtdeutschlands an die kommunistische Sowjetunion, wenn nicht am Anfang des ganzen Prozesses freie, geheime und überwachte Wahlen in allen vier Besatzungszonen stattfinden würden und wenn nicht die Möglichkeit offengehalten werden könnte, daß sich ein wiedervereinigtes Deutschland für oder gegen die Einbeziehung in ein Bündnissystem würde frei entscheiden können. Beide Forderungen mußten für die Sowjetunion unannehmbar sein, da ihre Erfüllung mit Sicherheit zu einem Zusammenbruch des moskautreuen Regimes in der (damaligen) SBZ und damit zu einer Preisgabe dieses Satellitenstaates geführt hätte.

Im Grunde wollten aus ihrer jeweiligen nationalen Interessenlage heraus beide Seiten, die USA wie die Sowjetunion, eine deutsche Wiedervereinigung nur um den Preis des Herausbrechens dieses Deutschland aus dem jeweils anderen Lager. Ebenso war eine Abhängigkeit beider auf dem Boden des ehemaligen Deutschen Reiches entstehenden deutschen Staaten von ihrer jeweiligen Sieger- und Supermacht vom Ausgang des Krieges her vorprogrammiert. Während sich jedoch die Bundesrepublik Deutschland in den siebziger Jahren einen gewissen

---

12 Vgl. Klaus von Schubert (Hrsg.), Sicherheitspolitik der Bundesrepublik Deutschland, Dokumentation 1945–1977 (Schriftenreihe der Bundeszentrale für politische Bildung, Bd. 116, I und II), Bonn 1979, sowie der 1983 erschienene 1. Band: Protokolle über Kabinettssitzungen der Regierungszeit Adenauer („Die Kabinettsprotokolle der Bundesregierung", Boppard 1982) und A. Baring, Außenpolitik in Adenauers Kanzlerdemokratie, München 1969.

„Manövrierraum" gegenüber Washington sichern konnte, blieb – systemimmanent gesehen zwangsläufigerweise – eine totale Abhängigkeit der DDR von der Sowjetunion bis heute erhalten. Der entscheidende Unterschied zwischen Moskau im Verhältnis zur DDR und Washington im Verhältnis zur Bundesrepublik Deutschland lag und liegt darin, daß die USA durchgehend von 1949 an sicher sein konnten, sich mit dieser ihrer Deutschlandpolitik im Einklang nicht nur mit den freigewählten Bonner Regierungen, sondern auch mit dem in freien Wahlen alle vier Jahre aufs neue zum Ausdruck gebrachten Willen der überwältigenden Mehrheit der Bevölkerung auf der Basis echter, das heißt nicht aufgezwungener Gemeinsamkeiten zu befinden, während die Sowjetunion zwar ihr „SED-Regime" auf ihrer Seite hat, mit Sicherheit jedoch nicht mehr als eine Minderheit der Bevölkerung in Ostdeutschland selbst. Auf die in diesem Gesamtzusammenhang immer wieder in Geheimdokumenten festgeschriebenen Zielvorstellungen der US-Berlinpolitik dieser Jahre soll später eingegangen werden (D 24 a).

3. Das Problem von Kontinuität und Wandel in der US-Außenpolitik nach dem Regierungswechsel 1953: Roll-back statt Eindämmung?

Der Periodisierung dieses Kapitels lag wesentlich der Gedanke zugrunde, daß im gesamten Zeitraum ein Umschlagen des Kalten Krieges in einen heißen Krieg zwischen Ost und West jederzeit für möglich gehalten wurde. Hinzu kommt, daß wir für diesen Zeitraum nun aber auch danach fragen müssen, ob die Anfang 1953 zu verzeichnende *Verschiebung der innenpolitischen Gewichte* in den USA von den Demokraten hin zu den Republikanern, von Präsident Truman und seinem Außenminister Acheson zu Präsident Eisenhower und seinem Außenminister Dulles, einen Wandel in den außen- und verteidigungspolitischen Doktrinen und Zielvorstellungen mit sich brachte, wie das manche Analytiker angenommen haben. Der forschende Leser oder lesende Forscher sollte sich selber ein Urteil darüber bilden, ob sich unsere in diesem Zusammenhang aufgestellte These von einer im Grundsätzlichen auszumachenden *Kontinuität* in der US-Außen- und Verteidigungspolitik nach 1945 auch in der Zeit des Übergangs von den Demokraten zu den Republikanern in der Regierung verifizieren oder falsifizieren läßt – und zwar anhand der in diesem Kapitel vorgelegten Dokumente aus der ersten Regierungszeit Eisenhowers (D 22–26) im Vergleich zu den Auszügen aus der buchstäblich letztmöglichen NSC-Richtlinie der scheidenden demokratischen Administration zwei Tage vor Amtsübernahme des Präsidenten Eisenhower im Jahre 1953 (D 19).

Außenpolitische Entscheidungen in einem Staate A sind die Resultante nicht nur von internationalpolitischen Konstellationen, vor allem von Maßnahmen eines Staates B, C usw. – sei dies ein Gegner, Bundesgenosse oder Neutraler –, sondern auch von der Art und Weise, wie die maßgeblichen Akteure im Staate A zu ihren eigenen Zielvorstellungen und Handlungsweisen motiviert werden und wie sie umgekehrt die Motivationen der Akteure in einem Staate B oder C perzipieren und schließlich von systembedingten Einflußnahmen auf den außenpolitischen Entscheidungsprozeß – der Legislative, der großen Interessengruppen, ja aller Segmente der sogenannten öffentlichen Meinung. Von der Innenpolitik her haben wir es also in der Tat auch mit der interdisziplinär anzugehenden Forschungsfrage nach *Eigen- und Fremdbildern* (images) zu tun. In unserem Zusammenhang wären zum Beispiel solche Eigen- und Fremdbildervergleiche zwischen dem Außenminister Acheson als einem nüchternen angelsächsischen „Typ" und dem kirchlich sehr festgelegten Dulles, oder auf Präsidentenebene zwischen Truman, Hutmacher von Beruf, und dem ehemaligen General Eisenhower aufschlußreich. Für Dulles sehr typisch waren die im Dokument 20 wiedergegebenen Charakterisierungen der Sowjetunion, die 30 Jahre später bei Reagan ganz ähnlich anklingen![13]

In einem geschlossenen System wie dem der UdSSR sind Fremdbilder wahrscheinlich von noch größerer Bedeutung für den außenpolitischen Entscheidungsprozeß, da hier Fehlperzeptionen der Spitze nicht so leicht von unten, das heißt aus den administrativen Apparaten heraus oder aber auf Druck der öffentlichen Meinung, korrigiert werden können. Letzteres ist so gut wie ausgeschlossen. Demgegenüber wirkt sich in einem „offenen" System wie dem der USA die öffentliche Meinung auch auf die Gestaltung der Außenpolitik aus, zumindest kann sie, was empirisch nachweisbar ist, einen Verstärkereffekt im Hinblick auf eine bestimmte außenpolitische Linie der Exekutive nach sich ziehen, wenn die Regierung die Wählerschaft entsprechend mobilisiert hat.

Einen wichtigen Teilaspekt dieser variablen Determinante „öffentliche Meinung" im außen- und verteidigungspolitischen Entscheidungsprozeß der USA stellen die alle zwei Jahre in der einen oder anderen Form stattfindenden *Bundeswahlen* (alle zwei Jahre zum Repräsentantenhaus und für ein Drittel des Senats, alle vier Jahre als Präsidentschaftswahlen) dar, da unterschiedliche politische Zusammensetzungen des Kongresses zu unterschiedlichen Einflußnahmen auf die Politik führen[14]. Um amerikanische Wählerstimmen ist immer

---

13 Vgl. Reagans Rede vom 8. 3. 1983 über das „Zentrum des Bösen in der modernen Welt".

14 Es ist im übrigen wichtig, sich klar zu machen, daß sich das demographische Schwergewicht in den USA zunehmend in den Süden und Südwesten des Landes verlagert, wodurch diese Landesteile bei den Zwischenwahlen im Herbst 1982 erstmals die Mehrheit der Sitze im Repräsentantenhaus gestellt haben dürften. Im Hinblick auf Präsidentschaftswahlen kann man sicherlich von einem Interaktionsprozeß sprechen: Präsidentschaftskandidaten gewinnen einen Wahlkampf offensichtlich häufig auch deshalb, weil sie der Bevölkerung als Verkörperung von Strömungen gelten, die gerade „in" sind. Diese Persönlichkeiten ergreifen sozusagen den Mantelzipfel der

wieder auch mit außenpolitischen Argumenten gerungen worden. Zumindest gilt dies für Präsidentschaftswahlkämpfe. Ein berühmtes Beispiel für Werbeversuche dieser Art war nach dem Zweiten Weltkrieg die Wahlplattform der Republikaner unter Eisenhower im Präsidentschaftswahlkampf 1952 (D 21). Die dort an die Adresse der Demokraten geschleuderte Anklage eines „Ausverkaufes" an den Weltkommunismus war in Verbindung mit der Aussage, daß eine Politik allein der Eindämmung des Weltkommunismus nicht ausreiche, mit ein Grund für die in der Literatur häufiger vorfindbare These, die Republikaner hätten dann ab 1953 eine außenpolitische Wende eingeleitet. Bei einer solchen Bewertung wird nun aber übersehen, daß gerade in der präsidentiellen Demokratie der USA mit einem wenig ausgeprägten Parteiensystem Wahlkampfprogramme in der Regel einen reinen Theaterdonner darstellen und unmittelbar nach einer gewonnenen oder verlorenen Wahl zur Makulatur werden, das heißt, daß sich die Parteistrukturen auf „Bundesebene" wieder auflösen und die Parteien daher auch gar nicht erst den Versuch machen, sich an ihre Wahlversprechen zu erinnern, geschweige denn sie zu halten. Insofern bestehen hier schon einige Unterschiede zur Bundesrepublik Deutschland. Im speziellen Falle war allerdings gerade die Agitation dieses Wahlkampfes ein Kulminationspunkt dessen, was man später als die Hexenjagd auf Kommunisten, insbesondere im Staatsapparat der USA von seiten des Senators McCarthy, bezeichnet hat.

An ihre Wahlkampfaussagen kam die neue Administration auch zeitlich gesehen 1953 mit ihrem Vorschlag einer Resolution beider Häuser des Kongresses „On Captive Peoples" noch am nächsten. Dieser Vorschlag war vom neuen Präsidenten selber am 20. Februar 1953 „eingebracht" und am 26. dieses Monats vom neuen Außenminister Dulles vor dem Ausschuß für Auswärtige Angelegenheiten des Repräsentantenhauses erläutert worden. Dulles erklärte hier wörtlich[15]:

„Solange es noch Zweifel an der Haltung der USA gibt, und ich wiederhole, daß dies heute der Fall ist, werden die versklavten Völker das Gefühl haben, nur die Wahl zu haben, sich zu passiven Opfern und Werkzeugen weiterer Aggressionen machen zu lassen. Wenn wir den Geist der Freiheit aufrechterhalten und

---

Geschichte, um ein Bismarcksches Diktum abzuwandeln, und lassen sich von sicherlich ursprünglich mitkreierten Massenströmungen ins Weiße Haus katapultieren. Man könnte z. B. sagen – und hat gesagt – daß Carter auf einer Woge des Rufes nach mehr öffentlicher Moral ins Weiße Haus gebracht wurde und Reagan auf einer Woge des Rufes nach mehr Führungsqualitäten, der Präsident des Jahres 1984 aber vielleicht auf einer Woge des Rufes nach mehr Solidarität der reichen gegenüber den ärmeren Schichten Amerikas ans Ziel gelangen wird. Solche Strömungen *scheinen* immer wieder plötzliche, grundsätzliche Veränderungen auch in der US-Außenpolitik anzudeuten, die in Wirklichkeit aber nicht eintreten, wenn sich erst einmal der Wahlkampfnebel verzogen hat.

15 Zit. nach DOSB, 1953, Bd. 28, Nr. 1, S. 372 f.

stimulieren wollen, der letztendlich die unterdrückerischen Pläne des sowjetischen Despotismus auf friedlichem Wege zunichtemachen und diesen weit überdehnten [overextended] Despotismus zur Auflösung bringen wird, dann ist es der erste unerläßliche Schritt klarzustellen – und zwar mit der allerhöchsten Autorität von Präsident und Kongreß –, daß

1. die USA die Verletzungen nicht hinnehmen werden, mittels derer die sowjetische Führung Vereinbarungen und Auslegungen [agreements and understandings] früherer Zeiten in Ketten der Versklavung verwandelt hat. Dies ist ein Resultat, das das amerikanische Volk niemals beabsichtigt hat und das es auch niemals akzeptieren wird;
2. die USA niemals an irgendeiner internationalen Transaktion oder einem faulen Kompromiß [deal or trade] partizipieren werden, wodurch die Herrschaft des sowjetischen Despotismus über fremde Völker in Europa und Asien gestärkt würde;
3. die USA das Ziel verfolgen – und zwar eines ihrer friedlichen Ziele –, daß diese versklavten nationalen Gruppen in Europa und Asien ihre echte Unabhängigkeit wiedererlangen . . ."

Schon ein halbes Jahr später versuchte der Planungsstab des Außenministeriums ganz andere Akzente – nämlich in Richtung auf Verhandlungen mit der Sowjetunion – zu setzen (D 22), wobei sich allerdings die interessante Frage stellt, ob der Apparat, besonders ein inzwischen schon traditionsreicher Teil desselben wie der vorausdenkende Planungsstab, in diesem Falle auch gegenüber einem neuen Außenminister unverdrossen an seinen Grundpositionen festzuhalten suchte. Auch das Dokument 23 scheint eine neue Konzeption der republikanischen Administration, insbesondere des neuen Außenministers Dulles, von einer Politik der (angeblichen) Befreiung Ost- und Südosteuropas im Zusammenhang mit einer neuen Militärstrategie der „massiven Vergeltung", eines „Wandelns am Rande des Abgrundes", darzustellen. Das Problem ist nun, ob es sich auch hier noch um einen mehr oder weniger reinen, eben vom Wahlkampf übernommenen Verbalismus gehandelt hat, der sich dann tatsächlich auf die Außenpolitik der USA zwischen 1953 und 1955/56 an den kontroversen Brennpunkten der internationalen Politik überhaupt nicht auswirkte, oder aber ob damals ein Kurswechsel erfolgte weg von der Politik einer bloßen Eindämmung hin zu einer offensiven Politik des Zurückdrängens (roll back) der Sowjetunion aus ihren ost- und südosteuropäischen Satellitenstaaten und damit der Befreiung (liberation), ja vielleicht sogar zu einer Politik der Zerschlagung des kommunistischen Herrschaftssystems in der Sowjetunion selbst (und in China, das damals noch als Teil eines monolithisch strukturierten und agierenden Weltkommunismus angesehen wurde).

Tatsächlich ließen sich schon an dem NSC-Dokument 68 aus dem Jahr 1950 beide Zielvorstellungen einer Befreiung, bezogen sowohl auf die Satellitenstaaten als auch auf die Sowjetunion selber, herauslesen, da es schon dort geheißen hatte[16]: „Wir sollten dynamische Schritte ergreifen, um die Macht und den Einfluß des Kreml *innerhalb der Sowjetunion* und in den anderen Gebieten unter seiner Kontrolle zu reduzieren. Das Ziel würde hier die Errichtung von uns gegenüber freundlich gesonnenen Regimen sein, die nicht unter der Dominanz des Kreml stünden." [Hervorhebung vom Verf.] Variationen zum Thema „Befreiung" der Satellitenstaaten finden sich in sehr viel *nuancierterer* Form auch in einigen der bislang schon zugänglichen Aufzeichnungen des Planungsstabes im State Department schon aus früherer Zeit. So war etwa in einer Analyse dieses Stabes zum Beispiel vom 25. August 1949 nach Gründung der NATO unter dem Stichwort *„Politik der USA gegenüber den sowjetischen Satellitenstaaten in Osteuropa"* zu lesen gewesen: es sei „das Problem . . . den dominierenden sowjetischen Einfluß in diesen Satellitenstaaten zu reduzieren und schließlich seine Beseitigung herbeizuführen". Es gelte, „einen Prozeß der häretischen [ketzerischen] Abwendung in diesen Ländern zu ermutigen". Als Mittel wurden vor allem „ideologische Angriffe" und eine entsprechende Wirtschaftspolitik gesehen[17]. Auch in einem umfangreichen Memorandum des Planungsstabes unter G. F. Kennan mit dem Titel: *„Politik der USA gegenüber der Sowjetunion"* war schon am 18. August 1948 als generelles Ziel der USA formuliert worden: „Die Macht und den Einfluß auf Grenzen [limits] zu reduzieren, wo diese Faktoren nicht länger eine Bedrohung für den Frieden und die Stabilität der internationalen Gemeinschaft darstellen . . ." Mit allen „Mitteln unterhalb des Krieges die allmähliche Reduzierung von allzu großer russischer Macht und russischem Einfluß weg von den gegenwärtigen Satellitengebieten ebenso zu fördern wie die Entwicklung der entsprechenden osteuropäischen Staaten zu unabhängigen Faktoren".

Eindeutig hieß es aber sodann, „daß *es nicht* das Ziel in Friedenszeiten sein sollte, sich auf einen bewaffneten Konflikt vorzubereiten" oder die *„Beseitigung der sowjetischen Regierung herbeizuführen"*[18]. [Hervorhebungen vom Verf.] Es ging also unter der demokratischen Administration Trumans um eine Reduzierung des sowjetischen Einflusses in nichtsowjetischen Staaten. In einer der ersten (bislang unveröffentlichten) Ausarbeitungen des Planungsstabes des Außenministeriums nach Amtsantritt des republikanischen Präsidenten Eisenhower und seines Außenministers Dulles in Form einer Kommentierung eines Lageberichtes des damaligen Direktors des CIA lesen wir es auch nur nuanciert anders. Hier hieß es, daß es ein Ziel der US-Außenpolitik jetzt sein müsse[19]: *„Die Räume der Freiheit in der Welt zu schützen und zu verteidigen und sie durch*

16 NSC 68, FRUS, 1950, Bd. I, S. 284.
17 Hier zit. nach NAW, PPS, RG Nr. 59, Box 2.
18 Ebd. Nr. 38.
19 Wie Anm. 17, Box 8 (S. 1 und 6 unveröffentlicht), 14. 4. 1953.

eine Reduzierung [retraction] der sowjetischen Macht und des sowjetischen Einflusses zu vergrößern.“ [Hervorhebung vom Verf.]

Natürlich wurden in Washington später alle erstmals sichtbar werdenden Erosionsprozesse innerhalb des Sowjetblocks begrüßt. In einem NSC-Dokument wenige Monate nach der großen Entstalinisierungsrede Chruschtschows auf dem XX. Parteitag der KPdSU im Frühjahr 1956 – vieleicht noch ohne genaue Kenntnis des Wortlautes dieser Rede – wurde bewertet: „Zum ersten Mal seit Ende des Zweiten Weltkrieges gibt es sichtbare Zeichen des Fortschritts auf der Linie, die wir anstreben . . .“[20] In dem besonders für die Ungarn so schicksalsschweren November 1956 kam es dann aber ebensowenig zu Versuchen eines tatsächlichen Zurückdrängens der Sowjetunion wie 1968 in der ČSSR. Nicht anders war es im Juni 1953 in der DDR und in Ost-Berlin gewesen. In allen diesen Krisen ging es den USA um eine Sicherung der eigenen Bündnissphäre, nicht aber um eine aktiv-offensive Beseitigung der Machtsphäre des großen weltpolitischen Gegners. Ein halbes Jahr nach dem Aufstand vom 17. Juni in Ostdeutschland, am 11. Dezember 1953, sprach sich zwar der Planungsausschuß des Nationalen Sicherheitsrates ganz eindeutig gegen jede Art von „direkter Aktion“ zur „Befreiung“ oder eine „Befreiungspolitik“ aus. Das Ausscheren irgendeines europäischen Satelliten aus dem Sowjetblock sei jetzt nicht mehr denkbar ohne sowjetische Zustimmung oder durch einen Krieg. Die USA sollten jedoch alle politischen, propagandistischen, wirtschaftlichen und sonstigen Möglichkeiten nutzen, um den passiven Widerstand der Bevölkerung der Satellitenstaaten zu fördern, aber nicht zu verfrühten Revolutionen aufrufen (D 24 b).

Übergeordnetes Ziel war jedenfalls – unter den Republikanern ab 1953 ebenso wie vorher unter den Demokraten im Amte des Präsidenten – immer wieder der Versuch, einen dritten Weltkrieg mit der UdSSR zu verhindern und zu einem diplomatischen Modus vivendi mit der Sowjetunion zu kommen: Also vielleicht Sprachregelungen einer Kontinuitätslinie im Innenverhältnis – und kraftvoller Verbalismus der neuen Administration bis auf weiteres nach außen?

Für den Fall eines Krieges mit der UdSSR – wie bereits erwähnt, regelmäßig auch in den USA „durchgespielt“ – sah die interne Sprachregelung offensiver aus. So stand etwa im NSC-Dokument 5410/1 vom 29. März 1954, das als „Planungsführer“ [policy guide] in Gegenwart des Präsidenten verabschiedet wurde, unter dem Titel: *„US-Zielsetzungen im Falle eines allgemeinen Krieges mit dem Sowjetblock“*, an erster Stelle auf der Liste der „Sieg“, an fünfter aber bereits der Versuch, Einfluß zu nehmen auf „die Ausübung der Kontrolle der chinesischen und sowjetischen Regierungen über ihre Völker und diese Völker von ihren Regierungen“ zu trennen. Es müsse deutlich gemacht werden, daß ein solcher Krieg „keinen Versuch der USA darstellen würde, durch Einsatz ihrer

20 Zum Zitat 1956 siehe: NAW, NSCF, Box 8, NSC 5607 vom 29. 6. 1956.

militärischen Macht der übrigen Welt irgendein bestimmtes politisches oder wirtschaftliches System aufzuoktroyieren, sondern vielmehr eine Verteidigungsmaßnahme gegen entsprechende Versuche von seiten des sowjetischen Regimes sei“[21].

Die zur Zeit einsehbaren Unterlagen, so läßt sich gegenwärtig zusammenfassend festhalten, weisen aus, daß in der neuen Ära Eisenhower eine Politik des Roll-back nicht zur offiziell im Innenverhältnis festgelegten, geschweige denn befolgten Außenpolitik der USA wurde. Versuche der Einschüchterung auf der Linie einer verfeinerten Verteidigungsstrategie der Abschreckung im Außenverhältnis wurden allerdings immer wieder sichtbar. In diesem entscheidenden Bereich der *Militärdoktrin* trat nun in der Tat nach innen und nach außen unter den Republikanern ein Wandel ein. Es änderte sich nach 1953 die strategische und taktische Militärdoktrin Washingtons insofern, als nun der Sowjetunion eine sogenannte „massive Vergeltung“ für den Fall von (weiteren) Versuchen der Machtausdehnung über das eigene Territorium und die seit 1945 geschaffenen Satellitenterritorien hinaus angedroht wurde (siehe D 23).

Wir kennen schon jetzt eine wichtige Empfehlung der Vereinigten Stabschefs vom 9. Dezember 1953 an den Verteidigungsminister auf dieser Linie, die in Ausführung der NSC-Richtlinie 162 (bislang noch nicht verfügbar) vorsah: Priorität für ein Konzept der massiven Schadensandrohung gegenüber der UdSSR, um vor einer Aggression abzuschrecken, Bereitstellung von taktischen atomaren Waffen für die Streitkräfte der Vereinigten Staaten und ihrer Alliierten, eine Eingreifreserve höchster Einsatzbereitschaft und eine qualitative strategische „Überlegenheit“ der Streitkräfte der USA generell. Nach außen hin trat in diesem Gesamtzusammenhang immer wieder vor allem der Außenminister Dulles hervor, der damit die neue Militärdoktrin zur offiziellen Grundlage der gesamten Außenpolitik der Vereinigten Staaten machte[22].

Die besonders interessierende US-Politik gegenüber Berlin beziehungsweise *West-Berlin* wurde nach den Ereignissen vom Juni 1953 in der DDR in einem NSC-Richtliniendokument vom 1. Dezember 1953 (D 24 a) neu fixiert, aber eben ausschließlich defensiv. Dieses Dokument sollte in der Bundesrepublik Deutschland heute ebenso genau zur Kenntnis genommen werden wie das Dokument aus dem Jahre 1954 zur US-Westeuropa- und Deutschlandpolitik (D 24 c): Beide Dokumente stellen einen weiteren, und wie wir meinen, wichtigen Beleg für unsere Hypothese dar, daß sich an der amerikanischen Deutschland- und Berlinpolitik die gemeinsamen Wertvorstellungen und Übereinstimmungen in den jeweiligen nationalen Interessenlagen zwischen den USA und ihren westlichen Bündnispartnern exemplarisch festmachen lassen. Was West-Berlin betraf, so war schon wenige Wochen nach dem

---

21 NSC 5410/1 zit. nach NAW, NSCF, Box 8.

22 Nach NAW, Department of Defense, JCS-Memorandum; vgl. auch unten D 31 c.

17. Juni in einem Bericht des State Department an den NSC eine „Preisgabe West-Berlins als eine schwere politische Niederlage" bezeichnet und eine Formulierung aus einer früheren Berlinrichtlinie vom Sommer 1952 zitiert worden, die sich dann auch im Dokument vom Dezember 1953 wörtlich wiederfindet: „. . . die Konsequenzen einer Preisgabe würden so ernst sein, daß die Westmächte die Stadt nicht freiwillig unter kommunistischem Druck aufgeben sollten, selbst wenn dies zu einem größeren Kriegsrisiko führen könnte." Auch der weitere Satz, daß „der disruptive und irritierende Einfluß der westlichen Präsenz in Berlin auf die Durchführung der politischen Absichten der Sowjetunion in der SBZ" wieder einmal in Erscheinung getreten sei (unter anderem durch US-Lebensmittelverteilungen an Ostdeutsche in West-Berlin), spricht eher für als gegen eine damalige gemeinsame deutsch-amerikanische Interessenlage[23].

4. Geographische Nebenschauplätze: Nahost, Lateinamerika und Vietnam

Die Dokumente 25, 26 und 27 unterstreichen, wie sehr die Außenpolitik der USA bezogen auf geographische Räume und Krisenherde zwischen 1950 und 1955 im Nahen Osten, in Lateinamerika und Südostasien von dem übergeordneten Gesichtspunkt der Beziehungen zu dem weltpolitischen Gegner in Moskau und damit ebenfalls von den zentralen Bedrohungsvorstellungen diesem Gegner gegenüber bestimmt wurde.

Das Dokument 25 aus dem Jahr 1954 zur *Nahost-Politik* stellt darüber hinaus einen weiteren eindrucksvollen Beleg für die Kontinuität der US-Außenpolitik bis heute dar, zumal wir aus den nichtveröffentlichten Quellen über weitere NSC-Richtlinien zum gleichen Thema aus den Jahren 1958 und 1960 verfügen. Die USA hatten 1947 in den UN – wie im übrigen auch die UdSSR – für den Palästina-Teilungsplan, das heißt für die Schaffung eines jüdischen und eines palästinensisch-arabischen Staates gestimmt und dann als eines der ersten UN-Mitglieder überhaupt Israel diplomatisch anerkannt. Danach unterstützten sie diesen neuen Staat durchgehend trotz immer wieder zutage tretender Meinungsunterschiede nicht nur aus einem Gefühl der moralischen Verpflichtung für das Schicksal der Juden heraus oder im Hinblick auf den relativ hohen Anteil der

---

23 Progress Report, State an NSC, 10. 9. 1953, NAW, NSCF. – Zum Programm der Lebensmittelverteilung an die Bevölkerung in der damals „sowjetisch besetzten Zone" innerhalb West-Berlins siehe auch den Briefwechsel Eisenhowers mit Adenauer, Juli 1953, in: DOSB, Bd. 22, 1953, S. 67 ff. (20. 7. 1953) sowie ebd. Bd. 29, S. 208 ff. Zur Haltung der USA im Jahre 1956 unter allgemeinen sicherheitspolitischen Gesichtspunkten siehe unten Kapitel III, S. 172 ff.

eigenen jüdischen Bevölkerung[24], sondern auch deshalb, weil Israel für sie im gesamten Nahen Osten zu einer Bastion westlich-demokratischer Verfassungsgrundsätze wurde. 1982/83 hat sich allerdings mancher Beobachter gefragt, warum es den USA nicht möglich war, auf Israel einen stärkeren und effektiveren Druck auszuüben, zumal schon in dem Richtliniendokument 1954 die Möglichkeit, ja Notwendigkeit entsprechender Maßnahmen im Falle einer Friedensgefährdung angedeutet wurde (vgl. D 25, Anhang, Punkt 9 und 10). Ebenso kontinuierlich ist auch immer wieder ein weiteres Ziel der amerikanischen Nahost-Politik zutage getreten, nämlich unter den ebenfalls noch relativ „jungen" arabischen Staaten der Region Bundesgenossen zu gewinnen, – sei es Saudi-Arabien, Ägypten oder Jordanien. (Vergleiche für diesen Zeitraum beispielsweise den Abschluß des allerdings nicht sehr langlebigen Bagdadpaktes von 1955, als dessen geistiger Vater Dulles gelten konnte, obwohl die USA nicht formal beitraten; D 25, Punkt 17.)

Übergeordneter Gesichtspunkt für die USA war auch in diesem Teil der Welt, daß es eine Ausdehnung des Einflusses der Sowjetunion politisch-ideologisch, militärisch und wirtschaftlich zu verhindern gelte, letzteres gerade auch im Hinblick auf die Ölquellen der Region. Sehr schnell, das heißt 1955, folgten damals die „tschechoslowakischen" Waffenlieferungen an Ägypten und andere Aktionen des Ostblocks unter der Führung Moskaus in diesem Raum. Daß die im Dokument 25 fixierten über- und untergeordneten Ziele in der späteren Praxis der amerikanischen Nahost-Politik befolgt wurden, kann der Leser anhand der verschiedenen Krisen und Kriege (1956, 1957/58 im Libanon, 1967, 1973 und 1982/83 wiederum im Libanon) selber verfolgen. Eine Kontinuität der außenpolitischen Zielsetzungen der USA scheint hier eindeutig, auch wenn diese Zielsetzungen in den jeweiligen Krisen bislang nicht voll verwirklicht werden konnten.

Ein ganz anderes Bild von Kontinuität bietet die amerikanische *Lateinamerika-Politik* auch in diesem Zeitabschnitt, da sich die USA vor ihrer Haustür das Gesetz des Handelns im Grunde niemals haben aus der Hand nehmen lassen. Ein seinerzeit aufsehenerregender Testfall der im vorigen Kapitel dokumentierten Charta der OAS (Fernhalten „des" Kommunismus aus „den Amerikas") ergab sich aus der indirekten Intervention der USA in *Guatemala* 1954 (D 26). Das kaum verschleierte Intervenieren stellte aber (genauso wie 1965 in Santo Domingo)[25] eine Variante der seit den fünfziger Jahren allgemein verfolgten

---

24 Der Anteil der jüdischen Bevölkerung an der Gesamtbevölkerung der USA beträgt heute knapp 3 Prozent.

25 Siehe Kapitel IV, S. 261 f. zur Krise in der Dominikanischen Republik.
Die Lage in Guatemala hatte sich im Juni 1954 so zugespitzt, daß die Regierung von Arbenz an den Interamerikanischen Friedensausschuß der OAS appellierte, um Maßnahmen gegen bürgerkriegsähnliche Interventionen von Honduras und Nicaragua aus zu untersuchen bzw. zurückzuweisen. Gleichzeitig wandte sich Guatemala an

Linie der Lateinamerika-Politik dar, für die die Regierung Eisenhower bereits 1954 die ominöse Vokabel „covert actions“ (verdeckte Unternehmungen im Ausland unter der Regie des CIA als Maßnahmen gegen revolutionäre Bestrebungen, später auch counter-insurgency-Maßnahmen) verwandte.

Über solche „covert actions“ haben wir spätestens seit der Veröffentlichung der sogenannten Pentagon-Papiere schon sehr viele authentische Kenntnisse. Zusätzlich könnte man zum Beispiel auf das bislang unveröffentlichte „Entscheidungsmemorandum“ Nr. 30 vom 17. Februar 1970 verweisen, mit dem der NSC – unter Vorsitz des damaligen Präsidenten Nixon – die (neue) Richtlinie ausgab, „daß die offenen außenpolitischen Maßnahmen der US-Regierung auch weiterhin ergänzt werden sollen durch Operationen auf dem Wege von covert actions . . .“ Diese sollen alles umfassen, was „nötig ist, um gebilligte Zielsetzungen durchzuführen. Einzige Ausnahme ist die, daß es sich nicht um Maßnahmen handeln soll, die den bewaffneten Konflikt durch reguläre militärische Streitkräfte beinhalten“[26].

Es ging Washington in Lateinamerika zur Wahrung von US-amerikanischen Sicherheitsinteressen (politischen, wirtschaftlichen, aber auch, wie immer wieder betont wurde: – „Für den Fall eines dritten Weltkrieges“ – militärischen) in

---

den Sicherheitsrat der UN. Der „Fall“ ging dann, wie plausibel dargestellt werden konnte, in einem diplomatischen Spiel der USA zwischen Sicherheitsrat und Interamerikanischem Friedensausschuß so lange hin und her, bis der Einmarsch der Rebellen unter Castillo Armas zum Erfolg, d. h. zum Sturz von Arbenz, führte. Dieser trat am 28. 6. 1954 zurück, um weiteres Blutvergießen zu verhindern. Die Mitwirkung des CIA bei diesem Regierungssturz dürfte schon heute als erwiesen gelten. – Vgl. dazu vor allem: Cole Blasier, The Hovering Giant. US Responses to Revolutionary Developments in Latin America, Univers. of Pittsburgh Press, 1976, S. 88 f., 156 f., 158 ff. und 161 ff. Hier wird aus einem Anhörverfahren im US-Senat 1961 zitiert, wo der damalige Botschafter der USA im benachbarten Honduras, Willauer, auf die Frage, ob es zu seinen Aufgaben 1954 gehört habe, die Anti-Arbenz-Bewegung von Honduras aus zu unterstützen, erklärte: „Ja . . . nachdem die Revolution [gegen Arbenz] erfolgreich abgeschlossen worden war, erhielt ich ein Telegramm von Allen Dulles [damals Chef des CIA], in dem dieser festhielt, daß . . . die Revolution nicht hätte erfolgreich zu Ende gebracht werden können ohne meine Mithilfe . . .“ (Frage: „Jack Peurifoy war dort unten?“) „Ja, Jack war Teil des Teams in Guatemala; er war die Hauptperson da, und wir hatten auch . . . Botschafter Robert Hill in Costa Rica, wo es bestimmte ‚Nebenwirkungen‘ gab. Und wir hatten Botschafter Tom Whelan in Nicaragua, wo sehr viele Aktivitäten entfaltet wurden. Und natürlich gab es auch eine Anzahl von CIA-Operateuren . . . CIA half damals bei der Ausrüstung und dem Training der antikommunistischen Revolutionsstreitkräfte.“ – Vgl. auch: M. C. Needler (Ed.), The USA and the Latin American Revolution, Los Angeles [2]1977. In deutscher Sprache siehe: Niels Brandt, Das Interamerikanische Friedenssystem. Idee und Wirklichkeit, Hamburg 1971, S. 401 ff.

26 NAW, NSCF, Box 1: Action Memoranda in Verbindung mit dem Dokument (unter J. F. Kennedy): Action Memo Nr. 182 vom 24. 8. 1962: Counter Insurgency Doctrine.

erster Linie um die Bekämpfung von mutmaßlichen oder auch erfundenen Subversionen linker, das heißt kommunistischer Kräfte gegen jeweils „legal" im Amte befindliche, in der Regel „rechtere" Regierungen. Gerade die Administration Eisenhower erkannte zwar schon die entscheidende Komponente der wirtschaftlich-sozialen Misere der „Massen" in diesem Teil der Welt – eine Erkenntnis, die sicherlich Ursache und Folge zugleich der Sondermissionen eines Milton Eisenhower (des Präsidentenbruders) in die Region gewesen war, und die dann am Ende der Ära Eisenhower zur „Allianz für den Fortschritt" führte. Entscheidend blieb aber die Sorge, die das State Department 1953 in einem „Fortschrittsbericht" an den Nationalen Sicherheitsrat so formulierte: „Es gab [im Berichtszeitraum] nur einen begrenzten ‚Erfolg' der lateinamerikanischen Länder, mit den ‚Problemen der kommunistischen Subversionen' fertig zu werden." Es sei auch weiterhin „eine hin und her schwankende und oberflächliche Art des lateinamerikanischen Widerstandes gegen die kommunistische Konspiration" festzustellen. Deswegen müßten die USA eine Ausbildungshilfe in Sachen „Polizeimethoden und antisubversive Techniken" leisten. Da dies weniger „auf amtlichem Wege" möglich sei, würden „private US-Polizeiermittlungsorgane" eingeschaltet. Auch sie hätten allerdings nur begrenzte Erfolge bei der „Bekämpfung" des „Kommunismus auf örtlicher Ebene" und bei einer „Veränderung der Einstellung der Führer und der Massen gegenüber den USA" zu verzeichnen[27].

Wie in einem Brennglas können wir die entscheidenden, von uns schon herausdestillierten Kontinuitätskomponenten der US-Außenpolitik nach 1945 auch in ihrer *Südostasien- und insbesondere Indochina- und Vietnam-Politik* des Jahres 1954 beobachten. Bis 1954 hatte für die USA unangefochten – als geradezu axiomatisch – der Lehrsatz gegolten, daß Washington sich nicht in einen Landkrieg auf dem asiatischen Festland verwickeln lassen dürfe – sicherlich vor allem aus geostrategischen Erwägungen heraus. Im Zweiten Weltkrieg war dieser Lehrsatz – worauf schon hingewiesen wurde – insofern befolgt worden, als die USA den Krieg nicht mit einem massiven Einsatz von Streitkräften auf dem chinesischen Festland beendeten. Als sich seit 1945 das Kriegsglück der Franzosen in „ihrem" Vietnamkrieg gegen Ho Chi Minh mehr und mehr zu ihren Ungunsten wendete und sie daher die USA beschworen, ihnen massiv zu Hilfe zu kommen, entschied Präsident Eisenhower schließlich gegen die erbetene Truppenentsendung und nur für eine Verstärkung der Wirtschafts- und Militärhilfe. Vorher hatte offensichtlich Außenminister Dulles zu vorübergehend anderen Überlegungen beigetragen. Zu Beginn der Genfer Indochina-Konferenz telegraphierte aber dann auch er am 25. April 1954 nach Washington, daß eine bewaffnete Intervention der USA unzweckmäßig sei, da

---

27 Zit. nach: Department of State an NSC, Progress Report vom 23. 7. 1953, zur NSC-Richtlinie 144/1: „Objectives and courses of action with regard to Latin America", NAW, NSCF. Zur späteren Allianz für den Fortschritt siehe Kapitel IV, S. 261 f.

die Sicherheit der USA nicht unmittelbar bedroht werde, die langfristigen US-Interessen dadurch vielleicht gar nicht geschützt werden könnten und die Beziehungen Washingtons zu Großbritannien und anderen Commonwealth-Staaten einer schweren Belastung ausgesetzt würden[28].

Immerhin hatten sich die USA aber im französisch-nordvietnamesischen Konflikt von Jahr zu Jahr finanziell stärker engagiert. Schon dies wurde damals von Teilen der öffentlichen Meinung der USA kritisiert. Auf die Frage eines Korrespondenten an Eisenhower nach „dem Sinn des Ganzen" auf dessen Pressekonferenz am 8. April 1954 (kurz vor der kriegsentscheidenden Kapitulation der französischen Kolonialfestung Dien Bien Phu), postulierte der republikanische Präsident aus dem Stand heraus in entsprechend schlechtem Englisch, was in die Geschichte als *„Dominotheorie"* eingegangen ist (D 27). Dieses Dokument spricht für sich und stellt den exemplarischen Fall schlechthin für die Funktion von Bedrohungsvorstellungen im außenpolitischen Entscheidungsprozeß auch der USA nach 1947/49 dar. Hinter Nordvietnams Befreiungskrieg, aber auch hinter seinem damals von Washington ausgemachten „Drang nach dem Süden", wurde vom US-Präsidenten als treibende Kraft der nach wie vor als monolithisch agierend eingestufte Weltkommunismus vermutet – in diesem Falle eine unter dem Oberbefehl Moskaus stehende und operierende Pekinger Speerspitze. „Wehret neuen Anfängen in Asien", dies war die Quintessenz der Eisenhowerschen Dominotheorie, die sich erst viel später als eine der folgenschwersten Fehlperzeptionen in der US-Geschichte herausstellen sollte. Im nachhinein wäre es allerdings besonders reizvoll, der Ironie der Geschichte nachzugehen, die unter anderem darin besteht, daß Nordvietnam später ja gerade vom kommunistischen China als Bedrohung empfunden wurde und noch empfunden wird.

Die Dominotheorie stellt unzweifelhaft ein, wenn nicht das Schlüsseldokument im Hinblick auf das spätere massive Engagement der USA, das heißt ihre Intervention in den „Vietnamkrieg 2" dar. Washington glaubte China als „Hintermann" ausmachen zu können, der in Vietnam einen großen Stellvertreterkrieg führen ließ. Die Vietnampolitik der USA in den späteren fünfziger, sechziger und frühen siebziger Jahren war somit im letzten eine Funktion ihrer Politik gegenüber Peking. Im Verhältnis zur Volksrepublik China kam es dann 1955 und 1958 zu Krisen in der sogenannten Formosastraße: 1955 insbesondere aufgrund der Angriffe der volksrepublikanischen Streitkräfte auf die Tacheninseln und benachbarte Inselgruppen, die die USA jedoch als nicht wesentlich für die Verteidigung Formosas selber bezeichneten (die Tacheninseln wurden schließlich kampflos geräumt); und 1958 die durch Bombardements und eine drohende Invasion der wichtigen Inseln Quemoy und Matsu, deren „Besitz-

28 Siehe Telegramm vom 25. 4. 1954 aus Genf, zit. nach NAW; im einzelnen: Eisenhower Library, Ann Whitman File.

stand“ die USA nur indirekt in ihre Garantie für Taiwan und die Pescadoren einbezogen hatten. Man wird sagen können, daß sowohl 1955 als auch 1958 Washington im nationalen Interesse der USA den Ausbruch eines offenen Krieges zwischen Nationalchina und der Volksrepublik China verhinderte, indem es seine Garantien gegenüber Nationalchina wiederholte und gleichzeitig zu verstehen gab, daß es einen Angriff auch von Formosa auf das chinesische Festland nicht hinnehmen würde. In dem Augenblick, in dem sich später die USA mit den kommunistischen Machthabern arrangierten (1972 durch den historischen Nixon-Besuch), unternahmen sie endlich entscheidende Anstrengungen, um sich aus „ihrem“ Vietnamkrieg endgültig zurückzuziehen.

Bis dahin war es 1954 noch ein weiter Weg voller Blut, Tränen und Vernichtung für Millionen von Vietnamesen und Zehntausende von Amerikanern. Zunächst einmal versuchte die Regierung Eisenhower/Dulles jedoch 1954 in Asien ein ebenso wirksames Instrument der Eindämmung „des“ Weltkommunismus zu schaffen wie in Europa, indem sie die Gründung des SEATO-Paktes als Gegenstück zur NATO initiierte. Die amerikanische Regierung brachte mit der Unterschrift des Außenministers J. F. Dulles unter das Vertragswerk den Vorbehalt an, „daß ihre Anerkennung der Auswirkung einer Aggression und eines bewaffneten Angriffes auf ihre Zustimmung in bezug auf Artikel 4, § 1 [automatische Beistandsverpflichtung im Falle des Angriffes] nur auf eine kommunistische Aggression Anwendung findet, bekräftigt aber, daß sie im Falle einer anderen Aggression oder eines anderen bewaffneten Angriffes gemäß den Bestimmungen des Artikels 4, § 2 Konsultierungen pflegen wird.“[29]

Wie sich nach zehn Jahren zeigen sollte, war der schon 1975 „eingestellte“ SEATO-Pakt letztlich ein Versuch am untauglichen Objekt: Traditionen, Bindungen usw. zwischen den betreffenden Völkern in Asien und den USA waren, ganz zu schweigen von grundlegenden Meinungsunterschieden zwischen den westlichen Signatarmächten über ihre Fernostpolitik insgesamt, viel zu groß gewesen, als daß hier bleibende Erfolge hätten erzielt werden können. Im Zusammenhang mit der Beendigung des – offiziell nie erklärten – USA-Nordvietnam-Krieges kehrte die republikanische Administration unter Präsident Nixon und seinem Sicherheitsberater Kissinger daher auch wieder zu dem klassisch-axiomatischen Lehrsatz aller US-Asienpolitik zurück, indem sie auf Guam die neue Doktrin verkündete (später auf andere Teile der Welt ausgedehnt), wonach die USA keine direkte militärische Aktion in Asien zugunsten anderer Staaten unternehmen würden, sondern künftig nach dem Prinzip der Hilfe zur Selbsthilfe zu operieren gedächten[30].

---

29 Zit. nach Keesing, 8. 9. 1954, S. 4722.

30 Siehe auch Kapitel V, 313 ff., 338 ff. zur Nixon-Doktrin.

Dokumente 11–27

D 11 a–d: Zur Berlin-Blockade 1948

Alle vier Auszüge sprechen für sich. Der Einsatz der Westalliierten, insbesondere der USA, zur Abwehr der sowjetischen Blockademaßnahmen durch die Luftbrücke war immens. Gegen Ende der Blockade, die vom 24. Juni 1948 bis zum 12. Mai 1949 andauerte, wurden beispielsweise am 16. April 1949 in 24 Stunden 12 940 Tonnen an Lebensmitteln, Kohle usw. nach West-Berlin eingeflogen. Dies war ein absoluter Rekord.

D 11 a: Der Politische Berater der Vereinigten Staaten für Deutschland [Murphy] an den Außenminister [kurz vor Beginn der Blockade]

Berlin, 23. Juni 1948, 20.00 Uhr

Geheim

[. . .]

Heute wurde der amerikanische Verbindungsoffizier, der eine Nachricht an Marschall Sokolowsky überbrachte, von Oberst Vyrianow empfangen, dem Chef des SMA-Verbindungsbüros und des Protokolls. Vyrianow, der normalerweise Kontakte auf offizielle Formalitäten beschränkt, bestand diesmal darauf, Champagner anzubieten und eine allgemeine Unterhaltung zu führen, während der er fragte, ob die Vereinigten Staaten sich nicht darüber klar seien, daß sie sich mit ihren jüngsten Aktionen in Deutschland auf sehr dünnes Eis begeben hätten. Er weitete dies aus in eine Erörterung der Kriegsgefahr und machte dann einen Vorschlag, den er vorsichtig einschränkte als eine rein persönliche Bemerkung, daß möglicherweise eine Anpassung der gegenwärtigen Zonengrenzen in Deutschland vorgenommen werden sollte mit der Absicht, die durch die amerikanisch-sowjetische Berührung in Berlin verursachte Reibung zu beseitigen. Unser Offizier erkundigte sich, ob er damit auf unseren Abzug aus Berlin und unsere Rückkehr nach Thüringen und Sachsen ziele, die ursprünglich von Truppen der Vereinigten Staaten besetzt waren. Vyrianow sagte, er könne sich nicht so genau äußern, aber eine gewisse Anpassung könne eine Lösung für gegenwärtige Schwierigkeiten sein.

Bitte messen Sie dieser ohne unsere Ermutigung gemachten sowjetischen Äußerung Bedeutung zu, denn Vyrianow steht Sokolowsky nahe. Dies könnte ein Hinweis sein auf Verhandlungsbereitschaft und eine Abneigung dagegen andeuten, die Dinge auf die Spitze zu treiben.

Quelle: FRUS, 1948, Bd. II, S. 915.

D 11 b: Der Politische Berater der Vereinigten Staaten für Deutschland [Murphy] an den Außenminister [nach Beginn der Blockade]

Geheim

Berlin, 26 Juni 1948, Mitternacht

[. . .]

Meine Annahme ist, daß, als die Westmächte die Berlin-Vereinbarungen annahmen, sie dies taten in Kenntnis der Möglichkeit eines sowjetischen Drucks. Die ungünstige logistische Lage war von Anfang an offensichtlich. Sie ergibt sich aus einem mängelbehafteten Abkommen, das 1944 von Mr. Winant und anderen in einem Anfall von Gutgläubigkeit und gutem Willen in der Absicht ausgehandelt wurde, die UdSSR zu veranlassen, in Deutschland mit den Vereinigten Staaten und dem Vereinigten Königreich in irgendeiner Form zusammenzuarbeiten, auch wenn dieses erhebliche Mängel aufweisen sollte. Die Berlinfrage wurde im letzten Dezember in London durch Ihre Delegation beim Außenministerrat diskutiert. Ich habe Ihre Politik damals so verstanden, daß Sie entschlossen waren, unter Inkaufnahme des damit verbundenen Risikos in Berlin zu bleiben. Sonst nämlich wäre dies ein günstiger Zeitpunkt für die Inszenierung eines freiwilligen Rückzugs gewesen mit der Begründung, daß es an einer sowjetischen Bereitschaft zur Zusammenarbeit mangele.

In der Zwischenzeit ist die Präsenz westlicher Besatzungsmächte in Berlin zu einem Symbol des Widerstandes gegen den östlichen Expansionsdrang geworden. Ohne Frage ist sie ein Gradmesser für unser Prestige in Zentral- und Osteuropa. Was Deutschland angeht, ist sie ein Test dafür, was die Vereinigten Staaten in Europa bewirken können. Sollten wir jetzt „brav" abziehen, dann würden die Deutschen und andere Europäer daraus schließen, daß der Abzug aus Westdeutschland lediglich eine Frage der Zeit ist. . . .

Ich empfehle, falls dies noch nicht geschehen ist, daß unverzüglich mit der französischen und der britischen Regierung Verbindung aufgenommen wird, um festzustellen, ob angesichts der sowjetischen Beschränkung für Eisenbahn- und Straßenverkehr, die Berlin vom Westen abschneiden, diese Regierungen jetzt nicht bereit wären, sich dem Protest der Vereinigten Staaten anzuschließen, gegen diese Verletzung des Rechtes der Westmächte, die Westsektoren Berlins besetzt zu halten . . . Dieser Protest sollte mit dem Hinweis und der Entschlossenheit verbunden werden, daß die Westmächte beabsichtigen, alle notwendigen Maßnahmen zu treffen, um das Recht des freien Zugangs durch den vereinbarten Korridor für den notwendigen Personen- und Frachtverkehr zu sichern . . .

Meine Gründe für diese Empfehlung sind:

1. Der Schutz der aus den entsprechenden Vereinbarungen abzuleitenden Rechte und Pflichten der Vereinigten Staaten als einer Besatzungsmacht.
2. Die politischen, wirtschaftlichen und finanziellen Verhältnisse, die unsere gesamte Europapolitik berühren.
3. Der Schutz derjenigen Teile der Bevölkerung von Berlin, die Widerstand leisten und wirklich ihren Mut unter Beweis stellen, indem sie eine sowjetische Dominanz über die größte deutsche Stadt verhindern.

4. Die Ermutigung des deutschen Widerstands gegen die kommunistische Vorherrschaft über 18 Millionen, die in der sowjetischen Zone außerhalb Berlins leben.
5. Unser Rückzug aus Berlin wäre gleichbedeutend mit dem Eingeständnis fehlenden Mutes, sowjetischem Druck diesseits der Schwelle kriegerischer Handlungen standzuhalten und würde ein öffentliches Eingeständnis bedeuten, daß wir unter Druck schwach werden. Es wäre das München von 1948.
6. Ein Rückzug aus Berlin hätte politische Auswirkungen weit über die politische Schlacht um Berlin selbst hinaus. Man würde daraus schließen, daß wir uns in gleicher Weise aus Wien und aus Westdeutschland zurückziehen würden.
7. Ein Rückzug würde bei den Europäern zu gerechtfertigten Zweifeln ebenso an der Verläßlichkeit unserer Europapolitik wie an unseren Möglichkeiten führen, der Ausbreitung des Kommunismus, vor allem in Mitteleuropa, entgegenzutreten.

[. . .]

Quelle: FRUS, 1948, Bd. II, S. 919 f.

D 11 c: Presseerklärung von Außenminister Marshall am 30. Juni 1948

Wir sind in Berlin als Konsequenz von Abkommen zwischen den Regierungen hinsichtlich der Besatzungsgebiete in Deutschland, und wir haben die Absicht, dort zu bleiben. Der sowjetische Versuch, gegen die deutsche Zivilbevölkerung von Berlin eine Blockade zu verhängen, wirft grundsätzliche Fragen von ernster Bedeutung auf, denen wir unsere sofortige Aufmerksamkeit zuwenden werden. In der Zwischenzeit wird das Mittel der Luftfracht maximal eingesetzt werden, um die Zivilbevölkerung zu versorgen. Es hat sich nach einem ersten Studium herausgestellt, daß die Höhe der Tonnage für Lebensmittel und andere Güter, die auf dem Luftwege herangeschafft werden können, größer ist, als zuerst angenommen worden war.

Quelle: Bulletin, Department of State (im folgenden zit.: DOSB) vom 4. 7. 1948, S. 54 (vgl. ebd. 18. 7. 1948, S. 85).

D 11 d: Note der Vereinigten Staaten an die Sowjetunion vom 6. Juli 1948 über die Lage in Berlin

Die Regierung der Vereinigten Staaten von Amerika wünscht die Aufmerksamkeit der Regierung der Sowjetunion auf die äußerst ernste internationale Lage zu lenken, die durch die Handlungsweise der sowjetischen Regierung entstanden ist, indem diese einschränkende Verkehrsmaßnahmen getroffen hat, die nunmehr einer Blockade der von den Vereinigten Staaten, Großbritannien und Frankreich in Berlin besetzten Sektoren gleichkommt. Die Regierung der Vereinigten Staaten betrachtet diese in Deutschland getroffenen Blockademaßnahmen als eine klare Verletzung bestehender Übereinkommen, die die Verwaltung der von den vier Mächten besetzten Stadt Berlin betreffen.

Die Rechte der Vereinigten Staaten als eine der Mächte, die gemeinsam Berlin besetzt halten, rühren von der totalen Niederlage und bedingungslosen Kapitulation Deutschlands her. Diese internationalen Abmachungen, die in Zusammenhang damit von den Regierungen der Vereinigten Staaten, Großbritanniens, Frankreichs und der Sowjetunion getroffen wurden, legten die Zonen innerhalb Deutschlands und die Sektoren Berlins fest, die von diesen Mächten besetzt sind. Diese Abmachungen errichteten die Viermächtekontrolle über Berlin auf der Grundlage freundschaftlicher Zusammenarbeit, um die die Regierung der Vereinigten Staaten bemüht bleiben will.

Diese Abmachungen schließen das Recht eines freien Zuganges zu Berlin ein. Die Praxis hat dieses Recht längst bestätigt. Ausdrücklich spezifiziert wurde es in einer am 14. Juni 1945 von Präsident Truman an Premier Stalin gesandten Botschaft, die dem Rückzug amerikanischer Streitkräfte hinter die Zonengrenze zustimmte unter der Voraussetzung, daß durch zufriedenstellende Übereinkünfte zwischen den militärischen Befehlshabern den amerikanischen Streitkräften in Berlin ein Zugang durch die Luft, über Bahn und Landstraße zugesichert werde. Premier Stalin antwortete am 16. Juni und schlug ein anderes Datum, aber sonst keine Änderung des vom Präsidenten vorgelegten Planes vor. Daraufhin gab Premier Stalin Versicherungen, daß alle notwendigen Maßnahmen gemäß diesem Plan getroffen würden . . . Auf Grund dieses Einverständnisses zogen die Vereinigten Staaten ihre Streitkräfte, die tief nach Sachsen und Thüringen, also in Teilgebiete der sowjetischen Zone, vorgedrungen waren, in ihr eigenes Besatzungsgebiet in Deutschland zurück und bezogen ihre Stellungen in ihrem eigenen Sektor in Berlin. Daraufhin traten die Abmachungen über die Besetzung Deutschlands in Berlin in Kraft. Die Vereinigten Staaten hätten ihre Truppen nicht auf diese Weise aus einem großen, jetzt unter sowjetischer Besetzung stehenden Gebiet zurückgezogen, hätte auch nur der geringste Zweifel an der Beachtung ihres auf Übereinkunft beruhenden Rechtes auf einen freien Zugang zu ihrem Sektor in Berlin bestanden. Das Recht der Vereinigten Staaten geht also auf genau denselben Ursprung zurück wie das Recht der Sowjetunion. Es ist unmöglich, dieses Recht zu beanspruchen und jenes zu leugnen.

Aus diesen Vereinbarungen geht klar hervor, daß Berlin nicht ein Teil der sowjetischen Zone, sondern eine internationale Besatzungszone ist . . .

Um auf keinen Fall ein Mißverständnis über diesen Punkt aufkommen zu lassen, erklärt die Regierung der Vereinigten Staaten kategorisch, daß sie ihren Sektor in Berlin besetzt hält und auf freien Zugang zu ihm Anspruch hat in Ausübung eines festgelegten Rechtes, das sich von der Niederlage und Übergabe Deutschlands herleitet und in formellen Abmachungen der hauptsächlichen Alliierten bestätigt ist. Die Regierung der Vereinigten Staaten erklärt weiterhin, daß keine Drohungen, kein Druck und keine Handlung sie zur Aufgabe dieser Rechte veranlassen können. Es steht zu hoffen, daß die Regierung der Sowjetunion sich über diesen Punkt keinerlei Zweifel hingibt. Die Regierung der Vereinigten Staaten teilt mit den Regierungen Frankreichs und Großbritanniens die Verantwortung für das materielle Wohlergehen von 2 400 000 Menschen in den westlichen Sektoren Berlins . . . Einschränkende Maßnahmen, die die sowjetischen Behörden in Berlin ergriffen haben, hätten zur Folge, daß die Regierungen der Vereinigten Staaten, Großbritanniens und Frankreichs daran gehindert würden, dieser Verantwortung in angemessener Weise nachzukommen.

[. . .]

Indem sie sich der Dringlichkeit der Rechte und Verpflichtungen im amerikanischen Sektor von Berlin voll bewußt ist, jedoch stets eifrig bemüht bleibt, Streitfragen im Geiste gerechter Berücksichtigung der Gesichtspunkte aller Beteiligten zu lösen, erklärt die Regierung der Vereinigten Staaten, daß Zwang nicht als Mittel angewandt werden sollte, die Bereinigung irgendwelcher Meinungsverschiedenheiten zu versuchen, welche zwischen der Regierung der Vereinigten Staaten und der Regierung der Sowjetunion über irgendeinen Aspekt der Berliner Lage bestehen mögen.

[. . .]

Quelle: Dokumente zur Berlin-Frage 1944-1962, hrsg. v. Deutsche Gesellschaft für Auswärtige Politik und Senat von Berlin, Bd. I, München [2]1962, S. 74 ff.

D 12 a–b: Die Südkorea-Politik der USA 1948 und 1950

D 12 a: Bericht des Nationalen Sicherheitsrates über die Haltung der Vereinigten Staaten zu Korea

Streng geheim — Washington, 2. April 1948

NSC 8

[. . .]

Analyse

2. a) Die Grundziele der von den Vereinigten Staaten verfolgten Koreapolitik können wie folgt definiert werden:

(1) Die alsbaldige Errichtung eines vereinigten, selbstbestimmten und souveränen Koreas, das frei von fremder Kontrolle und für eine Mitgliedschaft in den Vereinten Nationen qualifiziert ist.

(2) Gewährleistung, daß eine nach diesem Grundsatz gewählte Nationalregierung den frei geäußerten Willen des koreanischen Volkes in jeder Weise repräsentiert.

b) [. . .]

(2) Im September 1945 war die Besetzung Koreas durch amerikanische und sowjetische Truppen, um die Kapitulation der japanischen Truppen entgegenzunehmen, in jener Region vollzogen, wobei die sowjetischen Einheiten den nördlichen und US-Streitkräfte den südlichen Landesteil entsprechend einer zuvor festgelegten Linie entlang des 38. Breitengrades besetzt hatten.

(3) Im Dezember 1945 verständigten sich in Moskau die USA, Großbritannien und die Sowjetunion, später auch China, darauf, daß in Korea mit Hilfe einer Gemeinsamen Kommission der USA und UdSSR eine provisorische demokratische Regierung gebildet werden sollte. Im Jahre 1946 und dann wieder 1947 fanden mehrmals Sitzungen dieser Kommission statt, sie konnte jedoch keinen Konsens über die Grundlagen einer Regierungsbildung in Korea und den Rückzug der Besatzungstruppen finden.

(4) Aufgrund dieser Sackgasse . . . schlugen die Vereinigten Staaten im September 1947 vor, das Problem der Unabhängigkeit Koreas auf die Tagesordnung der Generalversammlung der Vereinten Nationen zu setzen. Am 14. November 1947 verabschiedete sie bei Stimmenthaltung der Sowjetunion zwei Resolutionen zur Einsetzung einer vorübergehenden aus neun Nationen bestehenden UN-Kommission über Korea, die die Wahlen von Vertretern zur koreanischen Nationalversammlung, die dann eine Nationalregierung bilden könnte, beobachten sollte; . . . Anfang Januar begab sich die Kommission nach Südkorea, der Zugang zum sowjetisch besetzten Nordkorea wurde ihr jedoch verwehrt . . .

[. . .]

d) Mögliche Entwicklungen und Vorgehensweisen der USA

(1) Die anhaltende Weigerung der Sowjetunion, mit den USA bei der Formulierung einer gerechten und allseits akzeptablen Lösung des Koreaproblems in Treu und Glauben zusammenzuarbeiten, und ihre fortgesetzte Weigerung, die UN in ihren Bemühungen zur Schaffung eines vereinten, unabhängigen und souveränen Koreas zu unterstützen, lassen unweigerlich darauf schließen, daß das vorrangige Ziel der sowjetischen Koreapolitik in der Errichtung sowjetischer Vorherrschaft im ganzen Land liegt . . .

(2) Die Ausdehnung sowjetischer Kontrolle über Gesamtkorea würde die strategische und politische Stellung der Sowjetunion in bezug auf Japan und China stärken und die der USA in diesen Regionen sowie im gesamten Fernen Osten negativ beeinflussen. Wenn die USA bei ihrem Abzug nicht für eine ausreichende militärische Stärke der einheimischen Truppen sorgen, damit sich Südkorea gegen einen offenen Angriff verteidigen kann, könnte der amerikanische Rückzug als ein Verrat der Vereinigten Staaten an ihren Freunden und Verbündeten im Fernen Osten gedeutet werden und durchaus zu einer Umorientierung der Machthaber in jenem Teil der Welt zugunsten der Sowjetunion führen.

. . . Unter diesen Umständen ergeben sich für die US-Politik folgende Alternativen:

a) Die in Südkorea unter der Aufsicht der UN und der USA gebildete Regierung sich selbst zu überlassen. Dieses Vorgehen würde eine ungünstige Situation, wie sie in d) (2) beschrieben wurde, nach sich ziehen und ist unter dem Aspekt des amerikanischen Prestiges absolut unannehmbar . . .

b) Im Rahmen des Möglichen zur Unterstützung einer in Südkorea gebildeten Regierung Bedingungen zu schaffen, . . . um die Aufgabe der US-Verpflichtungen gegenüber den Männern und Frauen in Korea mit einem Minimum an nachteiligen Auswirkungen zu ermöglichen . . .

c) Die politische Unabhängigkeit und territoriale Integrität Südkoreas, wenn nötig durch Waffengewalt, gegen einen Angriff von außen oder eine Subversion von innen zu garantieren . . .

Schlußfolgerungen

3. Auf der Grundlage dieser Ausführungen werden folgende Schlußfolgerungen gezogen:

a) Die US-Regierung soll mit allen legitimen Mitteln auf eine Lösung des Koreaproblems hinarbeiten, die es den Vereinigten Staaten ermöglicht, sich schnellstmöglich und unter geringsten Einbußen aus Korea zurückzuziehen.

[. . .]

c) Die USA sollen darauf vorbereitet sein, im Anschluß an die Regierungsbildung in Südkorea den Rückzug anzutreten, der in Übereinstimmung mit der in diesem Text beschriebenen Zielsetzung und den entsprechenden Verpflichtungen der USA gegenüber den UN in Phasen verlaufen sollte. Es sollen alle nur denkbaren Anstrengungen unternommen werden, um bis zum 31. Dezember 1948 für den Truppenrückzug geeignete Bedingungen zu schaffen.

[. . .]

f) Die USA sollen in das Koreaproblem nicht so unausweichlich verwickelt werden, daß jede von irgendeiner Gruppe oder einer anderen Macht in Korea durchgeführte Aktion für die USA einen „casus belli" darstellen könnte.

[. . .]

Quelle: NSC 8, FRUS, 1948, Bd. VI, S. 1164 ff.

D 12 b: Erklärung des Präsidenten Truman vom 27. Juni 1950

In Korea wurden Regierungstruppen, die bewaffnet worden waren, um Grenzverletzungen zu verhindern und die innere Sicherheit des Landes zu erhalten, von aus Nordkorea eindringenden Truppen angegriffen. Der Sicherheitsrat der Vereinten Nationen forderte die eindringenden Truppen auf, die Feindseligkeiten einzustellen und sich hinter den 38. Breitengrad zurückzuziehen. Sie taten dies nicht; im Gegenteil, sie verstärkten ihre Angriffe. Der Sicherheitsrat forderte daraufhin alle Mitglieder der Vereinten Nationen auf, den Vereinten Nationen jede nur mögliche Unterstützung in der Durchführung dieser Entschließung zu gewähren. In dieser Situation habe ich den Luft- und Seestreitkräften der Vereinigten Staaten den Befehl gegeben, den Truppen der koreanischen Regierung Deckung und Unterstützung zu geben.

Der Angriff auf Korea macht über allen Zweifel deutlich, daß der Kommunismus die Phase des Einsatzes subversiver Tätigkeit zur Unterwerfung unabhängiger Nationen hinter sich hat und jetzt zum Mittel bewaffneter Invasion und Krieg greifen wird. Der Kommunismus hat den Anordnungen des Sicherheitsrates getrotzt, die den internationalen Frieden und die internationale Sicherheit erhalten sollten. In dieser Lage wäre eine Besetzung Formosas durch kommunistische Streitkräfte eine direkte Bedrohung des pazifischen Raums und der amerikanischen Streitkräfte, die in diesem Teil der Welt ihre rechtmäßigen und notwendigen Aufgaben erfüllen.

Entsprechend habe ich der Siebten Flotte den Befehl gegeben, jedem Angriff auf Formosa zu begegnen . . .

[. . .]

Quelle: A.M. Schlesinger (Ed.), The Dynamics of World Power. A Documentary History of the United States Foreign Policy 1945–1973, Bd. IV, New York 1973, S. 366.

D 13 a–b: Zur Sicherheitspolitik der USA 1950

D 13 a: Einschätzung der Nationalen Sicherheitslage

Streng geheim [Washington] 15. November 1950

NIE – 3

Sowjetische Potentiale und Absichten

Das Problem

1. Die sowjetischen Potentiale und Absichten abschätzen unter besonderer Berücksichtigung des Zeitpunktes, zu dem die UdSSR in der Lage sein könnte, einen allgemeinen Krieg zu führen.

Schlußfolgerungen

2. Die sowjetischen Machthaber sind motiviert einerseits durch die marxistisch-leninistisch-stalinistische Ideologie und andererseits durch Überlegungen, die mit der Stellung der Sowjetunion als einer Weltmacht zusammenhängen. Ihr *letztes Ziel* ist es, eine kommunistische Welt zu errichten, die von ihnen selbst oder ihren Nachfolgern kontrolliert wird. Ihre unmittelbaren Bestrebungen, die alle mit diesem Ziel in Einklang stehen, sind jedoch die folgenden:

a) Die Herrschaft des Kreml über die Völker der Sowjetunion zu erhalten.

b) Ihre wirtschaftliche und militärische Stellung zu stärken und das Territorium der UdSSR zu verteidigen.

c) Ihre Herrschaft über ihre europäischen und asiatischen Satelliten (einschließlich des kommunistischen China) zu festigen.

d) Die strategischen Zugangswege zur Sowjetunion zu sichern und in Europa und Asien den Aufbau von Streitkräften zu verhindern, die in der Lage wären, die Position der Sowjetunion zu gefährden.

e) Den Einfluß der Vereinigten Staaten in Europa und Asien zu beseitigen.

f) Eine sowjetische Vorherrschaft über Europa und Asien zu errichten.

g) Allgemein die nicht-sowjetische Welt zu schwächen und zu spalten und insbesondere, die Macht und den Einfluß der Vereinigten Staaten zu untergraben.

Die Sowjetunion wird versuchen, diese kurzfristigen Ziele gleichzeitig zu verfolgen. Im Falle eines Konflikts zwischen einzelnen dieser Ziele ist jedoch zu erwarten, daß die sowjetischen Machthaber den vier ersten Zielen auf der Liste, und zwar in dieser Rangfolge, die größte Bedeutung beimessen.

3. Insoweit das *letzte Ziel* der Sowjets unverändert und dynamisch zugleich bleibt, wird die Sowjetunion unnachgiebig ihren aggressiven Druck auf die nicht-sowjetische Welt, insbesondere auf die Machtposition der westlichen Staaten, fortsetzen. Daraus folgt, daß jetzt und in Zukunft eine ernste Gefahr des Krieges zwischen der UdSSR und ihren Satelliten einerseits, und den Vereinigten Staaten und ihren Verbündeten andererseits, besteht.

4. Die sowjetischen Machthaber können die ersten drei ihrer unmittelbaren Ziele (Abschnitte 2 a, b und c) erreichen und tun das auch, ohne das Risiko einer bewaffneten Auseinandersetzung mit den Vereinigten Staaten einzugehen.

5. Die übrigen kurzfristigen Ziele (Abschnitte 2 d, e, f und g) können wahrscheinlich nicht ohne den Einsatz von bewaffneter Gewalt erreicht werden, obwohl es noch einige Aspekte der Lage gibt, die durchaus die sowjetischen Machthaber veranlassen könnten, anzunehmen, daß sie unter günstigen Verhältnissen auch diese Ziele schließlich ohne den Einsatz sowjetischer Streitkräfte erreichen könnten.

[. . .]

7. In der Annahme, daß ihr Ziel ohne einen allgemeinen Krieg mit den Westmächten nicht voll verwirklicht werden kann, könnten die sowjetischen Machthaber absichtlich einen solchen Krieg provozieren zu einem Zeitpunkt, zu dem nach ihrer Einschätzung die relative Stärke der UdSSR am größten ist. Es wird angenommen, daß dies zutrifft für den Zeitraum von der Gegenwart bis Ende 1954, wobei der Gipfel der Stärke der Sowjetunion im Verhältnis zu den Westmächten etwa 1952 erreicht sein wird.

8. Aus der Sicht militärischer Stärke und der Wirtschaftskraft ist die Sowjetunion in der Lage, einen allgemeinen Krieg jetzt zu führen . . ., falls die sowjetischen Machthaber dies für wünschbar oder zweckmäßig halten sollten.

9. Es fehlt an Informationen, die eine zutreffende Voraussage darüber gestatten würden, ob und wann die UdSSR tatsächlich vorsätzlich ihr Heil in einem allgemeinen Krieg suchen würde. Es muß jedoch anerkannt werden, daß gegenwärtig die ernste Gefahr eines allgemeinen Krieges besteht, und daß diese Gefahr weiterbestehen wird, wann immer die sowjetischen Machthaber sich für Maßnahmen entscheiden, die die Lebensinteressen der Westmächte bedrohen.

10. Was insbesondere die Situation in Korea angeht, so gibt es zur Zeit nur unzureichende Belege dafür, daß die UdSSR die Absicht hat, sowjetische Streitkräfte offen in Korea einzusetzen . . .

[. . .]

Quelle: National Intelligence Estimate, 15. 11. 1950, FRUS, 1950, Bd. I, S. 414 f.

D 13 b: Entwurfstudie des Politischen Planungsstabes des Außenministeriums an den NSC vom 10. November 1950

[. . .]

Streng geheim [Washington] 10. November 1950

Anlage VIII

NSC 68/1

„Die Strategie der Freiheit"

[. . .]

Die Anstrengung, die notwendig ist, um die Hoffnung auf eine friedliche Lösung der weltweiten Krise Wirklichkeit werden zu lassen und, sollte diese Hoffnung sich nicht erfüllen, eine Grundlage für den Sieg bereitzustellen, erfordert, in den Worten des Nationalen Sicherheitsrats (NSC 68) „. . . politische und wirtschaftliche Maßnahmen . . . und den militärischen Schutzschild, hinter dem die freie Welt tätig sein kann, um die Absichten des Kreml zunichte zu machen, und zwar durch die beharrliche Weiterentwicklung der moralischen und materiellen Stärke der freien Welt und deren Ausstrahlung in die sowjetische Welt in einer Weise, die geeignet ist, eine innere Wandlung im Sowjetsystem herbeizuführen . . .".

Zusätzlich, wie in NSC 68 festgestellt, müssen die Anforderungen „. . . einen Plan für Verhandlungen mit der Sowjetunion einschließen, der mit unseren Verbündeten zusammen entwickelt wurde und mit dem sie übereinstimmen . . ., der unseren Zielen entspricht".

Es ist der Zweck dieser Anlage, die politischen und wirtschaftlichen Maßnahmen zu erläutern, die dieses große Vorhaben nach sich zieht. Die militärischen Erfordernisse werden an anderer Stelle behandelt. Die politischen und wirtschaftlichen Teile beruhen auf der Annahme, daß sie in einem angemessenen Verhältnis zu den Anstrengungen für den militärischen Schutzschild sowohl hinsichtlich des Umfangs wie auch hinsichtlich des zeitlichen Ablaufs stehen. Eine zweite Annahme ist, daß sich die Hoffnung auf die Vermeidung eines allgemeinen Krieges erfüllt. Der Kreml hat die Macht, diese Hoffnung zunichte zu machen. Sollte er dies tun, dann kämen andere Handlungsabläufe in Frage. Mit diesem Arbeitspapier wird nicht beabsichtigt, die letzteren darzulegen.

Das entscheidende Prinzip, das sich durch alle Auseinandersetzungen hindurchzieht, ist das der Freiheit. Die Hoffnungen darauf, die Absichten des Kreml zu vereiteln, vereinigen sich zu einer Strategie der Freiheit. Dieser Begriff wird hier benutzt, um die politische und wirtschaftliche Richtung der erforderlichen Handlungen zu erläutern. Diese Strategie erfordert den Aufbau und die Erhaltung von Stärke im Zentrum, mit gleichzeitig durchgeführten Maßnahmen in folgenden Richtungen:

1. Alle Formen der imperialistischen Ambitionen und Maßnahmen der Sowjetunion zu erkennen sowie einen Widerstand dagegen zu fördern.

2. Zuverlässige Verbündete zu gewinnen, deren Kampfkraft, zweckmäßig organisiert und zusammengefaßt mit unserer eigenen, als Abschreckung – oder, falls notwendig, zum Zurückschlagen – einer sowjetischen Aggression dient.

3. In allen Völkern die Unterstützung der Öffentlichkeit für unser Ziel einer internationalen Ordnung zu gewinnen und zu erhalten, in der Frieden und Freiheit gesichert sind.

4. Stete Fortschritte in der Entwicklung und Stärkung der gemeinsamen Institutionen zu erzielen, die für die Erhaltung von Frieden und Freiheit und für die Förderung der menschlichen Wohlfahrt erforderlich sind.

5. Soziale und wirtschaftliche Verhältnisse zu sichern, die dazu beitragen, die angegebenen Ziele zu erreichen.

6. Die Ursachen der Gefahren von lokalen Revolutionen und Unruhen zu verringern, die unsere Position schwächen würden, andererseits aber lokale revolutionäre Situationen und Unruhen zu fördern, wenn und insofern diese zur Erfüllung legitimer Interessen der Bevölkerung und ihrer nationalen Aspirationen beitragen und die

sowjetische Position dadurch geschwächt wird, ohne daß unsere eigene Position nachteilig beeinflußt wird.

7. Durch all diese Schritte die notwendige Grundlage für einen Prozeß des Modus vivendi und des Ausgleichs mit der Sowjetunion zu schaffen, wie sie sich ad hoc im Aushandeln von Abkommen niederschlagen sollten, die einem relativen Rückgang des sowjetischen Machtpotentials entsprechen müßten.

gez. Paul H. Nitze

Quelle: FRUS, 1951, Bd. I, S. 404 f.

D 14: Zur Sicherheitspolitik der USA 1952

Entwurf einer Sicherheitsrichtlinie als Statement of Policy vorgeschlagen vom NSC am 16. September 1952*

Streng geheim

Neubewertung der Zielsetzungen und der Strategie der Vereinigten Staaten für die nationale Sicherheit

Allgemeines

1. . . . Die wesentliche Zielsetzung der Vereinigten Staaten bleibt, wie sie in Dokument NSC 68 festgelegt ist: die Unversehrtheit und die Stärke [vitality] unserer freien Gesellschaft, die auf der Würde und dem Eigenwert des Individuums beruht, sicherzu-

---

* Dies ist das erste der – bislang nicht zugänglichen – Geheimdokumente, die in diesen Band aufgenommen sind. Sie erstrecken sich schwerpunktmäßig auf die fünfziger Jahre, zum Teil aber auch auf die sechziger und siebziger Jahre und wurden 1981 und 1982 im Nationalarchiv Washington (daher auch in der Regel die Fundstelle/Quelle: NAW) in einem zum Teil noch nicht ordnungsgemäß abgelegten und katalogisierten Zustand eingesehen. Dies kann jetzt besser in den „Presidential Libraries" geschehen, denen sie zugeordnet sind. Wo diese Zuordnungen schon erkennbar waren, werden in den Nachweisen weitere Fundstellen aus diesen Bibliotheken genannt. Noch genauer sind diese jetzt auch in der Bayerischen Staatsbibliothek, München feststellbar. Offensichtlich ist der Umstand bislang wenig bekannt, auf jeden Fall zu wenig genutzt worden, daß dort eine in den USA kommerziell betriebene, fortlaufende (wenn auch mit zeitlicher Verzögerung erfolgende) Veröffentlichung freigegebener Dokumente in Katalog- und Mikroficheform abgerufen werden kann.
Die Auswahlkriterien für die in diesem Band abgedruckten geheimen und streng geheimen Dokumente waren, neben dem, was die Herausgeber in der Einleitung hierzu ausgeführt haben, die folgenden: Es war zuallererst die Absicht, für wichtige geographische Bereiche und thematische Schwerpunkte in den einzelnen Zeitabschnitten erstmals repräsentative Richtlinien in der Bundesrepublik Deutschland zugänglich zu machen. Vergleiche des Wortlauts zu ein und demselben Sachkomplex über die Jahre hinweg sind dabei besonders aufschlußreich. Weiter war es die Absicht,

stellen und gleichzeitig Frieden und geordnete Verhältnisse zwischen den Nationen im Rahmen eines auf Freiheit und Gerechtigkeit beruhenden Systems, so wie es die Charta der Vereinten Nationen vorsieht, zu fördern. Dieses wesentliche Ziel sollte weiterhin angestrebt werden durch eine grundsätzliche Politik, die danach trachtet:

a) In der ganzen Welt positive Anziehungskräfte, die denen des Kommunismus überlegen sind, zu schaffen.

b) Die weitere Ausbreitung des sowjetischen Machtbereichs zu verhindern – selbst unter Inkaufnahme des ernsten Risikos eines allgemeinen Krieges.

c) Ohne sich vorsätzlich auf das ernste Risiko eines allgemeinen Krieges einzulassen, einen Rückgang des sowjetischen Machteinflußbereiches herbeizuführen und die im sowjetischen System selbst vorhandenen Keime der Zerstörung so zu stärken, daß der Sowjetblock mindestens dazu gebracht wird, sein Verhalten so zu ändern, daß er den allgemeinen, international üblichen Standards genügt.

2. Wir glauben weiterhin, daß die freie Welt mit ihren überlegenen Ressourcen in der Lage sein sollte, für jeden Zeitraum, für den sich dies als notwendig erweisen sollte, eine solche Stärke aufzubauen und beizubehalten, daß der sowjetische Machtbereich daran gehindert wird, wesentliche Fortschritte in der Ausweitung seines Einflusses zu erzielen und zwar sowohl in geographischer wie auch politischer Hinsicht. Wenn die freie Welt eine derartige Stärke entwickelt, so sollten darüber hinaus die inneren Konflikte des sowjetischen totalitären Systems mit eindeutiger Unterstützung von unserer Seite in der Folge zu einem Rückgang des sowjetischen Macht- und Einflußbereichs und schließlich zu allmählicher Schwächung und zum Niedergang dieses Systems führen, obwohl kein Zeithorizont angegeben werden kann, innerhalb dessen diese Ziele erreicht werden.

3. Obwohl keine grundsätzlichen Abweichungen von den Schlußfolgerungen der NSC-Dokumente 20 und 68 notwendig sind, ist es wichtig, daß wir bestimmte Faktoren berücksichtigen, die sich seit der Annahme dieser Berichte neu entwickelt haben oder eine neue Bedeutung gewonnen haben:

a) Die Vereinigten Staaten und ihre wichtigeren Verbündeten haben auf die gefährliche Situation von 1950 reagiert; sie haben gemeinsam auf den Angriff auf Südkorea reagiert; sie sind dabei, die Sicherheit Westeuropas und des pazifischen Raums zu verbessern; sie alle, und ganz besonders die Vereinigten Staaten, haben ihre Kampfbereitschaft wesentlich erhöht. Obwohl diese Anstrengungen noch nicht abgeschlossen sind, haben sie doch bereits die Abschreckung vor einem allgemeinen Krieg verstärkt und die Argumentation des Dokuments NSC 68 bestätigt, in dem sowohl ein Präventivkrieg wie auch Rückzug in die Isolation als Handlungsstrategien abgelehnt wurden.

---

den forschenden Leser in die Lage zu versetzen, sich die Frage nach Kontinuität und/oder Wandel sowohl in den Zielen als auch in den Mitteln (und damit auch der Relation zwischen beiden) in der Weltpolitik der USA nach 1945 selbst beantworten zu können. Ob sich aus solchen Geheimdokumenten für die Forschung völlig neue Erkenntnisse und Erklärungsmuster ergeben, war demgegenüber von sekundärer Bedeutung, da auf jeden Fall auch schon bislang in der Forschung gewonnene Erkenntnisse nunmehr von der Primärquellenlage her authentischer untermauert und bewertet werden können.

b) Außerdem hat sich seit 1950 eine wesentliche Weiterentwicklung der Stärke des sowjetischen Machtbereichs ergeben. Modernisierungs- und Ausweitungsmaßnahmen für die sowjetischen Streitkräfte, für die ihrer Satelliten und für die chinesischen kommunistischen Streitkräfte machen Fortschritte, was gefördert wird durch ein rasch wachsendes Leistungsvermögen von Wirtschaft und Industrie und durch einen hohen Stand wissenschaftlicher und technischer Fähigkeiten auf ausgewählten Gebieten, die von grundlegender militärischer Bedeutung sind. Als Ergebnis des sich entwickelnden atomaren und möglicherweise eines thermonuklearen Potentials der UdSSR wird die gegenwärtig bereits ernste Verwundbarkeit der Vereinigten Staaten durch einen direkten Angriff in einigen Jahren wahrscheinlich ein gefährliches Ausmaß annehmen. Andererseits ist die UdSSR schon seit einiger Zeit ernsthaft verwundbar, und sie wird wahrscheinlich gleichfalls gefährlich verwundbar durch unser eigenes sich entwickelndes atomares und möglicherweise thermonukleares Potential.

c) Obwohl die Gefahr eines allgemeinen Krieges fortbesteht, liegt die unmittelbarste Bedrohung für die Vereinigten Staaten darin, daß fortschreitende und sich häufende Verluste wichtiger Positionen (die sich ergeben entweder aus einer Verschlechterung der Verhältnisse innerhalb der freien Staaten oder aus kommunistischen Maßnahmen im Rahmen des Kalten Krieges oder aus einem Zusammenwirken solcher Entwicklungen), die Vereinigten Staaten in eine isolierte und gefährlich verwundbare Lage bringen könnten, ohne daß es zu einem allgemeinen Krieg kommt.

4. Angesichts dieser sich gleichzeitig vollziehenden Entwicklungen, muß es das unmittelbare und, wie wir glauben, erreichbare Ziel der freien Welt bleiben, für so lange, wie dies notwendig ist, eine Gesamtkampfkraft aufzubauen und zu unterhalten, die (a) den Kreml ständig mit der Aussicht konfrontiert, daß sich aus einem sowjetischen Angriff ein ernstes Risiko für das Sowjetregime ergeben könnte, was eine maximale Chance dafür bedeutet, daß ein allgemeiner Krieg auf Dauer durch Abschreckung verhindert wird, (b) die Grundlage für das Gewinnen eines allgemeinen Krieges darstellt, falls es dazu kommen sollte, (c) die Gelegenheiten für örtlich begrenzte Aggression oder politische Kriegsführung durch die Sowjets oder ihre Satelliten verringert, (d) ein wirksames Gegenmittel darstellt bei örtlich begrenzter Aggression in wichtigen entlegenen Gebieten, falls es dazu kommt, und (e) es gestattet, Risse zwischen der UdSSR und anderen kommunistischen Staaten und zwischen den Regierungen der Satellitenstaaten und den von ihnen unterdrückten Völkern auszunutzen. Entsprechend sollten die Vereinigten Staaten mit Entschlossenheit und Beständigkeit und im Gleichschritt mit der Bedrohung, die in den folgenden Abschnitten dargelegten Handlungsstrategien verfolgen.

Verhinderung eines allgemeinen Krieges durch Abschreckung

5. Die Vereinigten Staaten sollten, in Zusammenarbeit mit ihren Verbündeten, eine Position der Stärke, Anpassungsfähigkeit und Kraft entwickeln und erhalten, die genügt, um die Sowjets davon abzuschrecken, absichtlich einen allgemeinen Krieg zu beginnen, und um sie davon abzuhalten, Maßnahmen zu ergreifen, die das ernste Risiko eines allgemeinen Krieges in sich tragen.

6. Um eine solche Abschreckung zu erreichen, sollten die Vereinigten Staaten die notwendigen Maßnahmen ergreifen, um:

a) die politische Einheit der freien Welt zu entwickeln und um das Wachstum von Stärke und Entschlossenheit in der freien Welt in der Weise zu fördern, daß die Wahrscheinlichkeit möglichst gering wird dafür, daß die Sowjets glauben könnten, sie könnten ohne ernstes Risiko eines Krieges einen örtlich begrenzten Angriff führen;

b) unter allen vorhersehbaren Bedingungen, die Fähigkeit, den sowjetischen Möglichkeiten zur Kriegsführung schwersten Schaden zuzufügen, zu entwickeln und zu erhalten;

c) eine unmittelbar einsatzbereite Abwehrstärke militärischer wie nichtmilitärischer Art sicherzustellen, die ausreicht, um im Falle eines allgemeinen Krieges eine angemessene Anfangsverteidigung zu sichern, und um der Nation einen angemessenen Schutz zu bieten während der Zeit der Mobilmachung für den endgültigen Sieg.

[. . .]

Gebiete außerhalb des sowjetischen Machtbereichs

8. Eine vorläufige Untersuchung von Problemen in den Gebieten außerhalb des sowjetischen Machtbereichs zeigt einige Punkte, die zur Besorgnis Anlaß geben und die hinweisen auf die Notwendigkeit einer erneuten Untersuchung und eines möglichen Wechsels im Schwerpunkt und in der Richtung einiger diese Gebiete betreffenden Bemühungen. Diese zur Besorgnis Anlaß gebenden Punkte sind die folgenden:

a) Unsere wichtigeren europäischen Verbündeten, insbesondere das Vereinigte Königreich und Frankreich, könnten unter Umständen nicht über die politischen und wirtschaftlichen Möglichkeiten verfügen, um (a) einen voll angemessenen Beitrag zu den NATO-Streitkräften zu leisten und um (b) ihren außerhalb Europas bestehenden Verpflichtungen nachzukommen.

b) Die gegenwärtig an der Peripherie des sowjetischen Machtbereichs vorhandene politische und militärische Stärke reicht, selbst wenn sie verstärkt wird durch die unmittelbar einsetzbaren Reserven der Vereinigten Staaten und ihrer Verbündeten, nicht aus, um völlig die Möglichkeit auszuschließen, daß wir angesichts eines örtlichen Angriffs entweder die weitere Ausdehnung der sowjetischen Macht oder nicht hinreichende örtliche Gegenmaßnahmen oder einen allgemeinen Krieg hinzunehmen haben.

c) Aus der ernsten inneren Instabilität vieler Gebiete, die in unterschiedlichem Ausmaß verursacht ist durch die Tätigkeit der dortigen kommunistischen Parteien, durch fanatischen Nationalismus, durch wirtschaftliche und politische Rückständigkeit und durch defätistischen Neutralismus, und die gefördert wird durch eine vornehmlich gegen die Vereinigten Staaten gerichtete aggressive Propaganda der Sowjets und ihrer Satelliten, ergibt sich die Gefahr, daß es zu Verhältnissen kommt, unter denen der kommunistische Macht- und Einflußbereich sich ohne einen sowjetischen Angriff ausweitet, falls nicht wirksame Gegenmaßnahmen getroffen werden.

9. Angesichts des oben Dargelegten sollten die Vereinigten Staaten:

a) Die Höhe der Verteilung der Hilfeleistungen, die in die verschiedenen Gebiete gehen, überprüfen im Hinblick auf Art, Umfang, Zeitpunkt und Priorität, um festzustellen:

[. . .]

(4) ob diese Zuteilungen im richtigen Verhältnis zu den Bedrohungen stehen, denen die Vereinigten Staaten in Europa, im Fernen Osten und im Mittleren Osten ausgesetzt sind, wie auch zur Bedeutung dieser Regionen für die Sicherheit der Vereinigten Staaten und zu den Verpflichtungen der Vereinigten Staaten.

b) Den Aufbau örtlicher Streitkräfte und regionaler Systeme der Verteidigung und der kollektiven Sicherheit fördern und, wenn erforderlich, unterstützen, die geeignet sind, die Verantwortung für den Widerstand gegen örtliche kommunistische Aggression gemeinsam zu tragen. Gleichzeitig sollten die Vereinigten Staaten sich zunehmend darauf einstellen, ihre Ressourcen – wo sinnvoll in Zusammenarbeit mit ihren Verbündeten – zur Förderung ihrer Sicherheitsinteressen in Schlüsselregionen einzusetzen und kollektive militärische Maßnahmen gegen Aggressionen zu ergreifen.

[. . .]

Gebiete innerhalb des sowjetischen Machtbereichs

10. Wo Maßnahmen unter Bedingungen durchgeführt werden können, die zu einer relativen Verringerung der sowjetischen Macht führen könnten, ohne daß sie gleichzeitig mit nicht hinnehmbaren Risiken verbunden sind, sollten die Vereinigten Staaten eindeutige [positive] Maßnahmen politischer, wirtschaftlicher, propagandistischer und paramilitärischer Art verfolgen und soweit durchführbar verstärken, die gegen den sowjetischen Machtbereich gerichtet sind, und zwar insbesondere solche Maßnahmen, die geeignet sind, die sowjetische Herrschaft über die Satelliten und das militärische Potential des Sowjetsystems zu schwächen. Allerdings sollten wir die Wirksamkeit von Maßnahmen, die wir innerhalb des sowjetischen Machtbereichs durchführen können, nicht überschätzen, und wir sollten bei unserem Vorgehen, durch das Druck ausgeübt wird auf das, was der Kreml vermutlich als seine Lebensinteressen ansieht, die Risiken gegen die möglichen Vorteile sorgfältig abwägen.

[. . .]

Verhandlungen

13. Die Vereinigten Staaten sollten zusammen mit ihren Alliierten eine vernünftige Verhandlungsposition entwickeln in allen Fragen oder Streitpunkten, die die UdSSR berühren, und sollten zu Verhandlungen mit der Sowjetunion dann bereit sein, wenn diese versprechen, zu einem annehmbaren *Modus vivendi* zu führen, oder falls sie aus anderen Gründen wünschenswert erscheinen. Andererseits sollten wir uns bewußt sein, daß allein durchzusetzende Abmachungen Bedeutung haben und daß in der voraussehbaren Zukunft der Hauptbeitrag von Verhandlungen darin bestehen könnte, die Welt von der Berechtigung und Aufrichtigkeit unserer Position zu überzeugen und als eine Waffe der politischen Kriegsführung zu dienen.

[. . .]

Anhang

Zusammenfassung und allgemeine Schlußfolgerungen

1. Falls die sowjetischen Machthaber eine nach ihrer Auffassung ausreichende Fähigkeit erreichen sollten, die Vereinigten Staaten zu besiegen oder deren Machtpotential so sehr zu verringern, daß sie auf Dauer außerstande wären, der Sowjetmacht wirksam entgegenzutreten, und falls sie zu der Auffassung kommen sollten, daß ein entsprechendes Vorgehen mit keinem ernsthafen Risiko für den Fortbestand ihres Regimes verbunden wäre, dann würden sie wahrscheinlich vorsätzlich einen allgemeinen Krieg beginnen.

2. Die Sowjets könnten den Westen angreifen, wenn sie tatsächlich, und nicht nur theoretisch, davon überzeugt wären, daß ein Angriff des Westens unmittelbar bevorsteht.

3. Es kann auch nicht ausgeschlossen werden, daß, falls in der Sicht der sowjetischen Führung Entwicklungen im Machtgleichgewicht die Sicherheit der Sowjetunion oder von Gebieten in ihrem Machtbereich direkt und unmittelbar bedrohen, sie sich gezwungen sehen könnte, bestimmte offene Streitpunkte in einer solchen Weise auf die Spitze zu treiben, daß das Ergebnis sehr wohl der Kriegsausbruch sein könnte, ohne daß es Vorsatz und Absicht der Sowjetunion gewesen wäre, eine solche Entwicklung herbeizuführen.

4. Krieg könnte entstehen aus einer kommunistischen Maßnahme, die auf einer ursprünglichen Fehleinschätzung des Interesses der freien Welt an einer bestimmten Region und ihrer Reaktion auf die Situation in dieser Region beruht.

[. . .]

6. Auch ohne einen allgemeinen Krieg wird die sowjetische Führung wahrscheinlich fortfahren mit ihrer nicht nachlassenden, unnachgiebigen Ausnutzung aller Schwächen in der freien Welt. Dies bedeutet, daß man von den Sowjets erwarten kann, daß sie sich weiterhin bemühen: ihren Einfluß in Asien zu konsolidieren und auszuweiten; die Führung der freien Welt durch die Vereinigten Staaten zu untergraben; die Einheit des Westens aufzubrechen; die Einbeziehung Westdeutschlands und Japans in das westliche System zu verhindern; die Volkswirtschaften und die Effizienz der Regierungssysteme unserer wichtigeren Alliierten auf dem europäischen Kontinent zu erschüttern; und den ungezügelten Nationalismus und die politische Instabilität des Mittleren und Fernen Ostens auszunutzen . . .

[. . .]

12. Die freie Welt hat gegenüber dem sowjetischen Machtbereich den Vorteil einer sehr beachtlichen Überlegenheit im Produktionspotential, aber diese Überlegenheit ist nicht die einzige Meßgröße für die relative Fähigkeit, umfangreiche Rüstungsprogramme über eine längere Zeit durchzuführen, wenn sich das Land nicht im Krieg befindet. Durch seine vollständige Kontrolle über die sowjetische Wirtschaft und Bevölkerung kann der sowjetische Machtbereich einen hohen Anteil seiner Ressourcen und seines Produktionspotentials einsetzen, um den Stand der gegenwärtigen militärischen Bereitschaft zu erreichen und zu erhalten . . .

[. . .]

14. Als Folge verbesserter Verfahren des Einsatzes von Trägersystemen, in Verbindung mit erhöhten atomaren und möglicherweise thermonuklearen Waffenbeständen, wird der sowjetische Machtbereich wahrscheinlich in einigen Jahren die Fähigkeit haben, den Vereinigten Staaten und ihren Verbündeten entscheidenden Schaden zuzufügen . . .

15. Unter Berücksichtigung aller dieser Faktoren liegt die stärkste Abschreckung gegen einen allgemeinen Krieg darin, daß die freie Welt insgesamt eine Position der Stärke erreicht und erhält, die die Sowjets zu der Erkenntnis zwingt, daß deren Herausforderung nicht wünschbar ist. Es steht in der Macht der Vereinigten Staaten und ihrer Verbündeten, eine solche Position der Stärke zu erreichen und zu erhalten.

16. In Europa ist eine weitere Verbesserung der militärischen Position der NATO notwendig, um (a) die Abschreckung vor einem allgemeinen Krieg weiter zu verstärken; (b) im Falle eines allgemeinen Krieges eine günstigere militärische Lage zu sichern; (c) das Vertrauen unserer europäischen Verbündeten und ihre Entschlossenheit, angesichts weiterer sowjetischer Provokation standhaft zu bleiben, zu festigen . . .

17. Abgesehen von dem oben erläuterten Problem der militärischen Möglichkeiten haben die westeuropäischen Staaten trotz erheblicher, teilweise mit Hilfe der Vereinigten Staaten bewirkter, Fortschritte zu mehr Stabilität und Zusammenhalt weiterhin ernste politische, wirtschaftliche und soziale Probleme. Diese Probleme ergaben sich aus wirtschaftlichen Verhältnissen, politischer Instabilität, neutralistischen Tendenzen, sozialen Spannungen und – in Frankreich und Italien – dem Fortbestehen großer und mächtiger kommunistischer Parteien . . .

[. . .]

25. Obwohl wir uns der anerkannten Elemente der Stärke der sowjetischen Welt und der bislang noch ungeordneten Gesamtstärke und der offensichtlichen Schwachpunkte der freien Welt bewußt sind, sind wir weiterhin der Überzeugung, daß die freie Welt mit ihren überlegenen Ressourcen in der Lage sein sollte, für welchen Zeitraum dies sich auch immer als nötig erweisen mag, eine so starke Position aufzubauen und zu erhalten, daß der sowjetische Machtbereich nicht in der Lage sein wird, seine Macht in geographischer oder politischer Hinsicht wesentlich auszuweiten. Darüber hinaus sollten, falls die freie Welt eine derartige Stärke entwickelt, die inneren Widersprüche des sowjetischen totalitären Systems, zusammen mit nachdrücklichen Anstrengungen unsererseits, in der Folge einen Rückgang von Macht und Einfluß der Sowjets bewirken und schließlich dazu führen, daß das System allmählich schwächer wird und zerfällt, obwohl kein Zeithorizont für die Erreichung dieser Ziele angegeben werden kann.

[. . .]

Quelle: NAW, NSCF, Box 7, NSC, 135/2.

D 15: Der Baruch-Plan zur Kontrolle der Atomenergie

Rede des US-Delegationsleiters Bernard M. Baruch vor der Atomenergie-Kommission der UN am 14. Juni 1946

Dieses Dokument aus dem in Kapitel I behandelten Zeitabschnitt wird hier abgedruckt, um den frühen Ansatz und die Kontinuität der amerikanischen Atomkontrollpolitik, die in Dokument 16 zum Ausdruck kommt, zu verdeutlichen.

Meine Kollegen in der Atomenergiekommission der Vereinten Nationen und Mitbürger in der Welt:

Wir sind hier, um zwischen Leben und Tod zu wählen.

Das ist unsere Aufgabe.

Hinter dem schwarzen Vorhang des neuen Atomzeitalters liegt eine Hoffnung, die – wird sie mit Vertrauen ergriffen – unsere Rettung bringen kann. Wenn wir versagen, dann verdammen wir jeden Menschen dazu, ein Sklave der Furcht zu sein. Täuschen wir uns nicht: Wir müssen wählen zwischen Weltfrieden und Weltvernichtung.

Die Wissenschaft hat der Natur ein Geheimnis entrissen, das so ungeheure Möglichkeiten in sich birgt, daß wir vor dem Grauen, das es hervorruft, zurückschaudern. Doch Grauen genügt nicht, um die Anwendung der Atombombe zu verhindern. Das durch Waffen horvorgerufene Grauen hat den Menschen nie davon abgehalten, sie einzusetzen. Zu jeder neuen Waffe wurde früher oder später ein Abwehrmittel gefunden. Aber jetzt finden wir uns in einer Lage, in der eine ausreichende Abwehr nicht mehr existiert.

[. . .]

. . . Wir müssen den Apparat schaffen, der dafür Gewähr bietet, daß die Atomenergie für friedliche Zwecke verwendet wird, und ihre Verwendung im Kriege ausschließt . . .

In dieser Krise vertreten wir nicht lediglich unsere Regierungen, sondern, in einem höheren Sinne, die Völker der Erde. Wir müssen daran denken, daß nicht die Völker den Regierungen gehören, sondern die Regierungen den Völkern. Wir müssen ihre Forderung erfüllen; wir müssen das Sehnen der Welt nach Frieden und Sicherheit erfüllen.

Dieses Verlangen teilen die Vereinigten Staaten zutiefst und voll Hoffnung. Die wissenschaftliche Suche nach der absoluten Waffe hat in diesem Land zum Erfolg geführt. Doch es ist bereit, dieses Instrument zu ächten und zu vernichten, es dem Leben statt dem Tode zu widmen, wenn die Welt sich in einem Pakt zu diesem Ziele zusammenfindet.

[. . .]

Nur durch einen dauerhaften Frieden werden Freiheit und Demokratie gefestigt und vertieft. Krieg ist ihr Feind. Und es geht nicht an zu glauben, irgendeiner von uns könnte den Verwüstungen des Krieges entgehen. Sieger, Besiegte und Neutrale werden physisch, wirtschaftlich und moralisch alle gleichermaßen in Mitleidenschaft gezogen.

[. . .]

Wir sollten keinen spitzfindigen Streit über die Pflicht und die Verantwortung unserer Kommission und der von uns vertretenen Regierungen beginnen! . . . In der von der Vollversammlung am 24. Januar 1946 in London gefaßten Resolution heißt es:

Aufgaben der Kommission

„Die Kommission soll mit größter Beschleunigung darangehen, sämtliche Aspekte des Problems zu untersuchen, und von Zeit zu Zeit darüber die Empfehlungen erstatten, die sich als möglich erweisen. Im besonderen soll die Kommission spezielle Vorschläge über folgende Punkte unterbreiten:

(a) die Erweiterung des Austausches von grundlegenden wissenschaftlichen Informationen zwischen allen Nationen zu friedlichen Zwecken;

(b) die Kontrolle der Atomenergie in dem Umfang, der erforderlich ist, um ihre ausschließliche Verwendung für friedliche Zwecke zu gewährleisten;

(c) die Ausscheidung der Atomwaffen und aller anderen zur Massenvernichtung verwendbaren schweren Waffen aus den Rüstungen der Staaten;

(d) wirksame Sicherungen durch Inspektionen und andere Mittel, um vertragstreue Staaten vor den Gefahren aus Vertragsverletzungen und -umgehungen zu schützen.

[. . .]

Die Vereinigten Staaten schlagen die Bildung einer Internationalen Behörde für die Atomentwicklung vor, welcher alle Phasen der Entwicklung und Verwendung der Atomenergie übertragen werden sollen, angefangen bei den Rohstoffen . . .

[. . .]

Wir Bürger dieser Nation wollen mithelfen, der Welt den Frieden zu bringen, und sind uns unserer schweren Verantwortung bewußt, die sich daraus ergibt, daß wir die Mittel zur Herstellung der Bombe besitzen und daß die Bombe einen Teil unserer Rüstung darstellt; daher sind wir bereit, unseren vollen Beitrag zur wirksamen Kontrolle der Atomenergie zu leisten.

Wenn einmal ein ausreichendes System zur Kontrolle der Atomenergie, unter Einschluß des Verzichts auf die Atombombe als Waffe, vereinbart ist und wirksam funktioniert und wenn angemessene Strafen für die Verletzung der Kontrollvorschriften – die als internationales Verbrechen gebrandmarkt werden muß – festgesetzt sind, schlagen wir vor, daß

1. die Herstellung von Atombomben eingestellt wird;
2. über die vorhandenen Bomben gemäß den Vertragsbestimmungen verfügt wird;
3. die Behörde im Besitz aller Informationen in bezug auf das Verfahren zur Gewinnung von Atomenergie sein muß.

[. . .]

Die Bombe wartet nicht auf Debatten. Eine Verzögerung kann den Tod bedeuten . . .

[. . .]

Aber ehe ein Land bereit ist, irgendwelche kriegsentscheidenden Waffen aus der Hand zu geben, verlangt es mehr als bloße Worte, um sich sicher zu fühlen. Es braucht eine Garantie für Sicherheit, nicht nur vor Verstößen auf dem Gebiet der Atomenergie, sondern auch vor dem illegalen Einsatz anderer Waffen, bakteriologischer, biologischer und Gaskampfmittel, ja vielleicht sogar (warum nicht?) vor dem Kriege selbst.

In der Abschaffung des Krieges liegt unsere Lösung; denn nur dann werden die Nationen aufhören, miteinander in der Herstellung und Anwendung furchtbarer „Geheimwaffen" zu wetteifern, deren Wert nur danach bemessen wird, wie viele Menschen sie töten können. Dieses teuflische Wettrennen wirft uns zurück – nicht bloß in die finsteren Zeiten des Mittelalters, sondern aus der Weltordnung ins Weltchaos . . .

Wir müssen uns dies eine stets vor Augen halten: Der Friede wird nie lange aufrechterhalten durch militärische Schlagkraft oder durch Wettrüsten. Der Friede kann nur durch Verständigung und Abkommen, die durch Sanktionen gefestigt sind, zu einem ruhigen und sicheren Zustand gemacht werden. Wir müssen uns entscheiden für internationale Zusammenarbeit oder internationalen Zerfall.

[. . .]

Quelle: H. Volle u. a. (Hrsg.), Probleme der internationalen Abrüstung. Die Bemühungen der Vereinten Nationen 1945–1961, Bd. I/II, Frankfurt/Berlin 1964, S. 322 ff.

D 16: Vorschläge über die Internationale Kontrolle der Atomenergie

Rede Präsident Eisenhowers vor der Vollversammlung der Vereinten Nationen am 8. Dezember 1953

In diesem Zusammenhang ist zu berücksichtigen, daß die Verteidigungsausgaben der USA 1953 eine damals als Rekord angesehene Höhe von 14,8 Prozent des Nationaleinkommens erreichte; ein Prozentsatz, der dann allerdings unter Eisenhower bis 1956 auf 10,9 Prozent abgesenkt werden konnte.

[. . .]

Ich fühle micht verpflichtet, heute zu Ihnen in einer Sprache zu reden, die in gewissem Sinne eine neue Sprache ist, die ich, der eine so lange Spanne seines Lebens als Soldat verbrachte, eigentlich niemals gebrauchen wollte. Diese neue Sprache ist die Sprache des Atomkrieges.

Das Atomzeitalter hat sich in einem derartigen Tempo entwickelt, daß jeder Bürger dieser Welt zumindest in vergleichenden Angaben eine gewisse Vorstellung von dem Ausmaß dieser Entwicklung, von ihrer überragenden Bedeutung für uns alle haben sollte . . .

[. . .]

Am 16. Juli 1945 wurde von den Vereinigten Staaten die erste Atomexplosion der Welt ausgelöst. Seit jenem Tag des Jahres 1945 haben die Vereinigten Staaten 42 Atomversuchsexplosionen durchgeführt. Die Gewalt der Atombomben von heute ist 25 mal größer als die der Waffen beim Anbruch des Atomzeitalters. Die zerstörende Wirkung der Wasserstoffwaffen entspricht der Sprengkraft von Millionen Tonnen Trinitrotoluol. Die zerstörende Wirkung der Atomwaffen, über die die USA in ihren Arsenalen heute bereits verfügen und deren Zahl natürlich täglich zunimmt, übertrifft um ein Vielfaches die Wirkung aller Bomben und aller Granaten, die auf sämtlichen Kriegsschauplätzen des

Zweiten Weltkrieges von Flugzeugen jemals abgeworfen und von Geschützen je verfeuert wurden . . .

[. . .]

Aber das furchtbare Geheimnis und die schrecklichen Instrumente der Atomgewalt stehen uns nicht allein zur Verfügung. Erstens einmal ist dieses Geheimnis auch im Besitz unserer Freunde und Alliierten Großbritannien und Kanada, deren geniale Wissenschaftler einen ungeheuren Beitrag zu unseren anfänglichen Entdeckungen und zu den Atombombenkonstruktionen geleistet haben.

Auch die Sowjetunion kennt das Geheimnis. Die Sowjetunion hat uns wissen lassen, daß sie im Verlaufe der letzten Jahre erhebliche Hilfsquellen für die Atomwaffen eingesetzt hat. In dieser Zeit hat die Sowjetunion eine Reihe von Atomexplosionen ausgelöst, bei denen es sich zumindest in einem Fall um thermonukleare Reaktionen handelte.

Wenn die Vereinigten Staaten einst das besessen haben, was man als ein Atommonopol hätte bezeichnen können, so hörte dieses Monopol vor einigen Jahren auf zu existieren. Wenngleich es uns durch unseren zeitlich früheren Start möglich war, einen heute in mengenmäßiger Hinsicht großen Vorteil zu erringen, so schließen die gegenwärtigen Realitäten auf dem Gebiet des Atoms zwei Tatsachen von sogar noch größerer Bedeutung ein.

1. Das heute mehreren Nationen eigene Wissen wird schließlich von anderen, möglicherweise von allen Staaten geteilt werden.

2. Selbst eine ausgedehnte zahlenmäßige Überlegenheit an Atomwaffen und die daraus sich ergebende Fähigkeit, diese zu vernichtender Vergeltung einzusetzen, sind an sich kein Vorbeugungsmittel gegen die furchtbaren materiellen Verwüstungen und Opfer an Menschenleben, die eine überraschende Aggression verursachen würde.

Die freie Welt, die diese Tatsachen zumindest vage begriffen hat, hat natürlich ein umfangreiches Programm der Warn- und Verteidigungssysteme in Angriff genommen. Dieses Programm wird in seiner Durchführung beschleunigt und in seinem Ausmaß erweitert werden.

Aber niemand möge glauben, daß der Aufwand von gewaltigen Summen für Waffen und Verteidigungsanlagen den Bürgern und den Städten irgendeiner Nation absolute Sicherheit garantieren könne. Die furchtbare Mathematik der Atombombe gestattet keine derartige leichte Lösung . . .

[. . .]

Hier einzuhalten, hieße endgültig in der Ausweglosigkeit des Gedankens zu resignieren, daß zwei Atomgiganten dazu verdammt sind, einander mißtrauisch zu beobachten, während die übrige Welt in Zittern verharrt. Hier stehenzubleiben bedeutet, sich hilflos mit der Wahrscheinlichkeit abzufinden, daß alle Kultur und Zivilisation zerstört werden und daß das unersetzliche, von Generation zu Generation weitergegebene Erbe der Menschheit vernichtet wird. Es wäre gleichbedeutend mit der Verdammnis der Menschheit – es würde bedeuten, den jahrhundertealten Kampf, in dem sie sich aus Wildheit und Primitivität zu Anstand, Recht und Sitte emporgerungen hatte, noch einmal von seinen ersten Anfängen an erneut beginnen zu müssen.

Sicherlich vermöchte kein normal empfindendes Mitglied der menschlichen Rasse in solch einem trostlosen Zustand einen Sieg zu entdecken . . .

[. . .]

Unsere Zeit ist so ernst, daß jeder neue Weg zum Frieden erforscht werden sollte, wie schwach er sich auch erst abzeichnen mag. Es gibt zumindest einen neuen Weg des Friedens, der bisher noch nicht gründlich erforscht worden ist – eine Straße, die zum erstenmal von der Vollversammlung der Vereinten Nationen aufgezeigt wurde.

In ihrer Resolution vom 18. November 1953 schlug die Vollversammlung vor, und nun zitiere ich, „daß die Abrüstungskommission untersuchen soll, ob es wünschenswert ist, einen aus Vertretern der hauptsächlich interessierten Staaten zusammengesetzten Unterausschuß zu bilden, der nichtöffentlich nach einer annehmbaren Lösung suchen und über eine derartige Lösung der UN-Vollversammlung und dem Sicherheitsrat spätestens bis zum 1. September 1954 berichten soll".

Die Vereinigten Staaten sind eingedenk der Empfehlung der UN-Vollversammlung unverzüglich bereit, sich in nichtöffentlichen Verhandlungen mit den anderen hieran hauptsächlich interessierten Nationen zusammenzufinden, um mit ihnen „eine annehmbare Lösung" für das Atomwettrüsten zu finden, das nicht nur den Frieden, sondern die gesamte Existenz der Welt überschattet.

Wir werden bei diesen nichtöffentlichen oder diplomatischen Gesprächen eine neue Konzeption entwickeln. Die Vereinigten Staaten würden hierbei mehr als eine bloße Verminderung oder Abschaffung des für militärische Zwecke verfügbaren Atommaterials herbeizuführen suchen.

Es genügt nicht, wenn man diese Waffe aus den Händen der Soldaten nimmt. Sie muß in die Hände derer gelegt werden, die wissen, wie man sie ihres militärischen Charakters entkleidet und sie in den Dienst des Friedens stellt.

[. . .]

Ich unterbreite daher folgenden Vorschlag:

Die hauptsächlich betroffenen Regierungen sollen in dem durch die elementare Klugheit gebotenen Ausmaße jetzt damit beginnen und darin fortfahren, aus ihren Vorräten von normalem Uran und spaltbaren Materialien gemeinsame Beiträge an eine internationale Atomenergie-Behörde zu leisten. Wir würden erwarten, daß eine derartige Behörde unter der Aegide der Vereinten Nationen errichtet wird.

[. . .]

Die Atomenergie-Behörde könnte dafür verantwortlich gemacht werden, das beigesteuerte spaltbare Material und die anderen Stoffe unter Verschluß zu halten, zu lagern und zu schützen . . .

Die wichtigere Aufgabe dieser Atomenergie-Behörde wäre die Ausarbeitung von Methoden zur Verteilung dieses spaltbaren Materials für die friedfertigen Vorhaben der Menschheit. Die Experten würden eingesetzt werden, um die Atomenergie der Landwirtschaft, der Medizin und anderen friedlichen Aufgaben nutzbar zu machen. Eine besondere Aufgabe wäre es, die an Energiequellen armen Teile der Welt reichlich mit Kraftstrom zu versorgen . . .

[. . .]

Quelle: Europa-Archiv, 1954, S. 6275 ff.

D 17: Sicherheitsvertrag zwischen den Vereinigten Staaten und Japan

Am 8. September 1951 wurde der Friedensvertrag zwischen Japan und 49 seiner ehemaligen Feindstaaten (ohne Sowjetunion und andere Ostblockstaaten) in San Francisco unterzeichnet. Gleichzeitig mit der Unterzeichnung dieses Vertrages schlossen die USA ihren ersten bilateralen Sicherheitsvertag mit Japan ab.

[Unterzeichnet am 8. September 1951, in Kraft getreten am 28. April 1952]

Japan hat heute einen Friedensvertrag mit den Alliierten unterzeichnet. Wenn dieser Vertrag in Kraft tritt, wird Japan keine wirksamen Mittel haben, um sein natürliches Recht zur Selbstverteidigung auszuüben, weil es entwaffnet wurde.

In dieser Situation ist Japan gefährdet, weil unverantwortlicher Militarismus bisher immer noch nicht im Weltmaßstabe ausgetilgt werden konnte. Aus diesem Grunde wünscht Japan einen Sicherheitsvertrag mit den Vereinigten Staaten, der gleichzeitig mit dem Friedensvertrag zwischen den Vereinigten Staaten von Amerika und Japan in Kraft treten soll.

Der Friedensvertrag erkennt an, daß Japan als souveräner Staat das Recht hat, sich an Einrichtungen zur kollektiven Sicherheit zu beteiligen, und weiter erkennt die Charta der Vereinten Nationen an, daß alle Nationen ein natürliches Recht auf individuelle und kollektive Selbstverteidigung haben. In der Ausübung dieser Rechte wünscht Japan, als eine vorläufige Maßnahme zu seiner Verteidigung, daß die Vereinigten Staaten von Amerika eigene Streitkräfte in und um Japan stationieren, um so einen möglichen Angriff auf Japan abzuschrecken.

Im Interesse von Frieden und Sicherheit sind die Vereinigten Staaten von Amerika gegenwärtig bereit, bestimmte Teile ihrer Streitkräfte in und um Japan zu stationieren – dies allerdings in der Erwartung, daß Japan selbst in zunehmendem Maße die Verantwortung für seine eigene Verteidigung gegen direkte und indirekte Aggression übernimmt, wobei jede Art von Rüstung vermieden werden muß, die eine offensive Bedrohung wäre oder anderen Zwecken dienen könnte, als der Förderung des Friedens und der Sicherheit in Übereinstimmung mit den Zielen und Grundsätzen der Charta der Vereinten Nationen.

Demzufolge haben sich die beiden Staaten wie folgt geeinigt:

Artikel 1

Japan gewährt, und die Vereinigten Staaten von Amerika nehmen entgegen, das Recht, mit dem Inkrafttreten des Friedensvertrages und dieses Vertrages, Land- Luft- und Seestreitkräfte der Vereinigten Staaten in und um Japan zu stationieren. Diese Streitkräfte dürfen eingesetzt werden, um zur Erhaltung des internationalen Friedens und der Sicherheit im Fernen Osten beizutragen und für die Sicherung Japans gegen bewaffnete Angriffe von außen, einschließlich der Leistung von Hilfe an die japanische Regierung zur Niederschlagung innerer Unruhen und Störungen größeren Umfangs, wenn die japanische Regierung darum ausdrücklich ersucht, und wenn diese Unruhen durch Aufhetzen oder Eingriffe einer auswärtigen Macht oder auswärtiger Mächte verursacht sind.

[. . .]

Quelle: Schlesinger, a. a. O. (s. D 12 b), Bd. IV, S. 67 ff.

D 18 a–f: Zur Wiederbewaffnung der Bundesrepublik Deutschland

D 18 a: Bericht des Verteidigungsministers Johnson an den Nationalen Sicherheitsrat

Streng geheim

NSC 71 Washington, 8. Juni 1950

Auszüge aus der Stellungnahme der Vereinigten Stabschefs betreffend die westliche Deutschlandpolitik

[. . .]

Am 2. Mai 1950 gaben die Vereinigten Stabschefs die folgende Stellungnahme zur Deutschlandpolitik der Vereinigten Staaten ab:

„Die Vereinigten Stabschefs sind der festen Überzeugung, daß aus militärischer Sicht die angemessene und frühe Wiederbewaffnung Westdeutschlands von grundlegender Bedeutung für die Verteidigung Westeuropas gegen die UdSSR ist. Um sicherzustellen, daß die Arbeitskraft und die Rohstoffe des deutschen Volkes eine Quelle der konstruktiven Stärke für die freie Welt werden, anstatt wiederum zu einer Bedrohung – allein oder sogar gemeinsam mit der UdSSR –, sollte die gegenwärtige Politik der Abrüstung und Entmilitarisierung im Hinblick auf Westdeutschland geändert werden. Den Westdeutschen sollte so schnell wie möglich die . . . Gelegenheit gegeben werden, sich an regionalen Vereinbarungen Westeuropas und der Nord-Atlantik-Staaten zu beteiligen."

Angesichts dieser vorausgehenden Überlegungen empfehlen die Vereinigten Stabschefs . . ., daß die Vereinigten Staaten sich die folgende Politik zu eigen machen:

> Bei den Westeuropäischen Staaten, vor allem Frankreich, die Einsicht in die Notwendigkeit herbeizuführen, die gegenwärtige Abrüstungs- und Entmilitarisierungspolitik im Hinblick auf Westdeutschland zu ändern, so daß Westdeutschland wirkungsvoll zur Sicherheit Westeuropas beitragen kann.

Es wird anerkannt, daß politische und psychologische Hindernisse in Westeuropa überwunden werden müssen, wenn die gegenwärtige alliierte Politik geändert werden soll. Auf Frankreich sollte Druck ausgeübt werden, um sicherzustellen, daß einseitige Maßnahmen Frankreichs, wie z. B. diejenigen, die es kürzlich im Hinblick auf das

Saargebiet ergriffen hat, sich nicht wiederholen, sondern daß Frankreich zu der Überzeugung gebracht wird, daß die UdSSR eine größere Bedrohung der Unabhängigkeit Frankreichs darstellt als Deutschland."

Am 17. Mai 1950 gaben die Vereinigten Stabschefs die folgende Stellungnahme zur Frage einer Bundespolizei in Westdeutschland ab:

„Die Vereinigten Stabschefs sind von ihrem Vertreter in London informiert worden, daß die drei Hohen Kommissare in Westdeutschland übereingekommen sind, dem Rat der Außenminister zu empfehlen, daß Westdeutschland gestattet werden soll, 5000 Mann Bundespolizei zu haben, die ‚Staatsschutz' [Republican Guard] genannt werden soll. Die Vereinigten Stabschefs fordern nachdrücklich, daß die Außenminister dieser Empfehlung nachkommen, da eine solche Truppe sehr wohl der erste Schritt zu einer späteren Wiederbewaffnung Deutschlands sein könnte."

[. . .]

Quelle: FRUS, 1950, Bd. IV, S. 686 f.

D 18 b: Zwei Notizen Präsident Trumans für Außenminister Acheson

Streng geheim — Washington, 16. Juni 1950

Ich habe mich mit dem Bericht des Verteidigungsministers an den Nationalen Sicherheitsrat zur Politik der Vereinigten Staaten gegenüber Deutschland und Spanien beschäftigt.

Diese beiden Berichte sind entschieden militaristisch und meiner Auffassung nach unrealistisch unter den gegenwärtigen Bedingungen. Ich bitte darum, daß Sie sich diese Berichte sorgfältig ansehen und sie mit mir am Montag erörtern, wenn Sie zur Besprechung kommen.

H[arry] S. T[ruman]

Streng geheim — Washington, 16. Juni 1950

Ich habe soeben eine Kopie eines streng geheimen Telegramms von Kommissar McCloy zur Wiederbewaffnung Deutschlands erhalten. Dies ist ein höchst schwieriges Problem, über das gesprochen werden muß.

Mein Eindruck ist, daß die Briten alles nur Mögliche tun, um die Einheitsfront Westeuropas zu zerbrechen, dabei könnte es natürlich eine ihrer Strategien sein, die Wiederbewaffnung Deutschlands zu befürworten. Frankreich würde sofort vom großen Zittern befallen, wenn diese Frage jemals ernsthaft in Erwägung gezogen würde.

Ganz sicher wollen wir nicht den gleichen Fehler machen, der nach dem 1. Weltkrieg gemacht wurde, als es Deutschland gestattet wurde, 100 000 Soldaten auszubilden, vor allem, um die innere Ordnung in Deutschland aufrechtzuerhalten. Wie Sie wissen, wurden diese 100 000 als Grundlage für die Ausbildung der größten Kriegsmaschine benutzt, die es jemals in der europäischen Geschichte gegeben hat. Obwohl diese

Kriegsmaschine ihr Ziel nicht erreichte, hat sie doch gewiß den unnötigen Tod von Millionen und Abermillionen junger Menschen aller anderen europäischen Staaten sowie der Vereinigten Staaten selbst verursacht.

Dies ist ein Thema, dessentwegen Sie meiner Auffassung nach McCloy herkommen lassen sollten, Sie, der Verteidigungsminister, McCloy und ich sollten uns zusammensetzen, um den richtigen Weg zur Aufstellung einer Polizeitruppe für Deutschland zu diskutieren, die die innere Ordnung sichert, sich aber nicht zu einem Ausbildungsplatz für einen Militärapparat entwickeln darf, der sich mit Rußland zusammentun und den Rest der Welt zugrunde richten kann.

[. . .]

Quelle: FRUS, 1950, Bd. IV, S. 688 und S. 689.

D 18 c: Der Außenminister an das Amt des Hochkommissars der Vereinigten Staaten für Deutschland in Frankfurt

Streng geheim — Washington, 21. Juni 1950 – 19.00 Uhr

[. . .]

Ich bin sehr beunruhigt über inoffizielle britische Gespräche mit General von Schwerin, über die in Ihrem Telegramm 5052 vom 13. Juni . . . berichtet wird. Solche Aktivitäten sind nicht nur schädlich für eine korrekte Lösung der Probleme von Polizei und Wiederbewaffnung, sondern ganz generell ist meine Einschätzung, daß diese Art einseitiger Verhandlungen mit den Deutschen sehr schnell zum Zusammenbruch der Alliierten Hohen Kommission führen kann. Ich nehme Ihren Hinweis auf andere Informationen zur Kenntnis, die auf britisches Tätigwerden in der Frage der Schaffung einer deutschen Polizeitruppe deuten, und ich erinnere mich, daß Sie Belege dafür haben, daß Adenauers späteres Ersuchen auf Schaffung einer solchen Truppe mindestens durch die Briten inspiriert war, wenn es nicht überhaupt in Teilen von ihnen formuliert wurde.

[. . .]

Ich stimme völlig mit der Haltung in Ihrem diesbezüglichen Telegramm überein, daß die Polizeitruppe streng getrennt werden sollte von der Frage der Wiederbewaffnung, und ich halte die letztere für verfrüht. Falls die Briten tatsächlich Schwerin gesagt haben, daß die Vereinigten Staaten „schnell auf diese Linie gebracht" werden könnten, dann sind sie ernstlich fehlinformiert.

[. . .]

Kommen wir von der Wiederbewaffnung zu Adenauers Ersuchen um eine Bundespolizeitruppe. Obwohl wir keinesfalls der Schaffung einer zahlenmäßig starken zentralisierten kasernierten Polizei zustimmen werden, erkennen wir die Notwendigkeit eines Polizeischutzes unter Kontrolle der Bundesregierung für den Sitz der Bundesregierung in Bonn ebenso an wie die Notwendigkeit angemessener Polizeistreitkräfte im Bundesgebiet zum Einsatz bei ausgedehnten inneren Unruhen.

Darüber hinaus ist unser Eindruck, daß Sicherheitskräfte, die ausreichen, um mit ausgedehnten Unruhen fertig zu werden, auch ausreichend aufgebaut werden könnten durch eine Verstärkung der Polizeikräfte der *Länder* vielleicht im Hinblick auf deren zahlenmäßige Stärke, wahrscheinlich im Hinblick auf Organisation, Ausrüstung und Ausbildung . . .

Acheson

Quelle: FRUS, 1950, Bd. IV, 689 ff.

D 18 d: Bericht des Hochkommissars der Vereinigten Staaten für Deutschland, McCloy, an den Außenminister

Der hier zitierte Bericht des US-Hochkommissars wirft ein interessantes Licht auf die oft untersuchte und in der bundesrepublikanischen Innenpolitik damals Konsequenzen auslösende Rolle Adenauers im Zusammenhang mit der Wiederbewaffnung der Bundesrepublik Deutschland – zunächst hinter den Kulissen (Gespräche mit den Briten, worüber McCloy am 13. 6. 1950 berichtet hatte) und später öffentlich auf dem Wege über Zeitungsinterviews.

Streng geheim – dringlich – Frankfurt, 18. August 1950, 19.00 Uhr

. . . Es folgt der Bericht über mein Gespräch mit Adenauer am 17. August

Adenauers erster Besuch bei der Kommission nach seiner Rückkehr aus den Ferien befaßte sich nur mit Sicherheitsfragen. Er sagte, die Zeit sei reif für eine umfassende Darstellung der internationalen Lage aus deutscher Sicht. Bei seiner Rückkehr aus der Schweiz empfand er in Deutschland eine Stimmung weitgehender Demoralisierung und er glaube, die Alliierten sollten sich mit der wirklichen Lage auseinandersetzen, so wie er sie sehe.

Er zitierte aus umfassenden Geheimdienstberichten . . .

Nach Einschätzung des Kanzlers würde die deutsche Bevölkerung einem Angriff der *Volkspolizei* unter den gegenwärtigen Verhältnissen keinen Widerstand entgegensetzen . . .

Obwohl die sowjetischen Streitkräfte in Ostdeutschland fraglos offensiv formiert sind, wie aus einer Standortkarte hervorging, die er uns gab, sei sein Eindruck, daß die Sowjets nicht selbst angreifen würden, obwohl ihre Divisionen in Ostdeutschland volle Kampfstärke hätten und voll mit Munition und Treibstoff versorgt seien. Er war zuversichtlich, daß es Stalins Hauptzweck sei, Deutschland möglichst unbeschädigt zu bekommen und es mit der russischen Macht gegen die USA zusammenzufassen; ein zerstörtes Deutschland wäre für diesen Zweck weniger nützlich.

[. . .]

Sein Eindruck ist, daß die unmittelbare Gefahr von einem möglichen Angriff der Volkspolizei ausgeht und er bezweifelt, ob die Vereinigten Staaten Moskau bombardieren würden, wenn lediglich eine Situation eintreten würde wie diejenige in Korea. Er bat dringend, die Regierungen der Alliierten sollten ihre Stärke in Deutschland deutlicher zur Schau stellen und die Zahl ihrer Divisionen sofort erhöhen.

[. . .]

Der Kanzler litt offensichtlich unter einer echten Angst, bediente sich aber nach meiner Auffassung auch seiner üblichen Taktik des Druckausübens.

[. . .]

McCloy

Quelle: FRUS, 1950, Bd. IV, 706 ff.

D 18 e: Bericht des Außenministers an den Nationalen Sicherheitsrat

Die nach Ausbruch des Koreakrieges offensichtlich veränderte Haltung des Außenministers zur Frage einer Wiederbewaffnung der Bundesrepublik Deutschland wird in diesem Dokument sehr deutlich.

Streng geheim — Washington, 3. Juli 1950

Auffassungen des Außenministeriums zur Wiederbewaffnung Westdeutschlands

[. . .]

Das Tempo der Entwicklungen im Hinblick sowohl auf Deutschland als auch auf die Haltung der Europäer gegenüber Deutschland beschleunigt sich ziemlich schnell. Die Regierung der Vereinigten Staaten ist entschlossen, und die britische und die französische Regierung haben kürzlich ihre vollständige Übereinstimmung damit zum Ausdruck gebracht, daß wir Deutschland so schnell wie möglich in eine enge und feste Verbindung mit dem Westen bringen müssen, und daß wir Verhältnisse schaffen müssen, unter denen das Potential Westdeutschlands endgültig dem Potential des Westens hinzugefügt werden kann. Dies bedeutet, daß Deutschland nicht nur in die westlichen Organisationen aufgenommen werden sollte, sondern daß dies in einer Weise geschehen sollte, die Deutschland so endgültig auf den Westen festlegt, daß seine künftige Entscheidung zwischen Ost und West unzweifelhaft feststeht.

[. . .]

Die Wahrheit ist, daß die Mehrheit der Deutschen, und insbesondere die von uns geförderten demokratischen Gruppen, heute keine Streitkräfte für Deutschland wünschen. Dies trifft zu für alle Kreise der Bevölkerung, und nicht nur für ihre gewählten Vertreter. Sie haben nicht das Gefühl, daß ihre Regierung schon jetzt das Volk wirklich repräsentiert, und sie haben zu ihrem Nachteil den Einfluß der Militärs auf ihre früheren Regierungen kennengelernt. Unter diesen Bedingungen würde das erzwungene Wiedererscheinen deutscher Uniformen ohne Frage Nachteile und Desillusionierung bei den Gruppen in Deutschland bewirken, auf die wir unsere Hoffnungen für die Zukunft setzen. Zur Erreichung der Ziele unserer Besetzung Deutschlands ist es sicherlich für uns von Vorteil, jede Form der Wiederbewaffnung Deutschlands hinauszuzögern . . .

[. . .]

Das neue Konzept ausgewogener Nordatlantischer Streitkräfte [NATO] ist selbstverständlich ein Faktor bei allen Erwägungen über eine mögliche Verwendung des deutschen Potentials. Sollte dieses Konzept sich in der Praxis als erfolgreich herausstellen, dann könnte es einen Rahmen darstellen, innerhalb dessen eine begrenzte deutsche Wiederbewaffnung durchführbar sein könnte, insbesondere in der Sicht der Europäer...

[...]

Aber es sollte erneut betont werden, daß für die politische Entwicklung Deutschlands ebenso Zeit gebraucht wird wie dafür, Deutschland durch Bindungen des wirtschaftlichen und politischen Eigeninteresses unwiderruflich im Westen zu verankern. Es ist in diesem Zusammenhang darauf hinzuweisen, daß wir, nachdem die Stärke des Westens weiter ausgebaut ist, und bevor Deutschland wiederbewaffnet wird, wahrscheinlich eine weitere Anstrengung in Richtung einer Wiedervereinigung Deutschlands machen sollten.

... Das Außenministerium glaubt allerdings nicht, daß in dieser Entwicklung schon der Zeitpunkt erreicht ist, zu dem die Vereinigten Staaten sich in der Frage der Aufstellung deutscher Streitkräfte öffentlich dafür aussprechen oder sonstwie in dieser Richtung Druck ausüben sollten.

[...]

Quelle: FRUS, 1950, Bd. IV, S. 691 ff.

D 18 f: Gesprächsnotiz des Außenministers

Streng geheim — Washington, 31. Juli 1950

Treffen mit dem Präsidenten

[...]

Punkt 2: Stellung Deutschlands in der Verteidigung Westeuropas

Ich berichtete dem Präsidenten, daß wir im Ministerium im Einklang mit seiner Anordnung an mich intensiv über diesen Gegenstand nachgedacht haben ... Die Frage war nicht, ob Deutschland in die allgemeine Verteidigungsplanung einbezogen werden sollte, sondern eher, wie dies durchgeführt werden könne ohne Störung anderer Dinge, die wir tun, und ohne Deutschland in eine Lage zu bringen, in der es das Machtgleichgewicht in Europa bestimmen würde ...

Ich sagte, daß unsere Gedanken in Richtung einer möglichen Schaffung europäischer Streitkräfte oder nordatlantischer Streitkräfte gingen. Solche Streitkräfte könnten teilweise aus nationalen Kontigenten und teilweise aus Soldaten verschiedener Länder bestehen, die einem zentraleuropäischen oder nordatlantischen Kommando unterständen. Das deutsche Wirtschaftspotential könnte so mit der Produktion der anderen atlantischen Mächte verflochten werden, daß es keine unabhängige und vollständige Quelle militärischer Rüstung wäre, sondern mit den anderen zusammenarbeiten müßte. In einer derartigen Struktur könnten Deutsche Angehörige einer europäischen Armee sein, die nicht der Befehlsgewalt von Bonn unterstehen, sondern Entscheidungen gehorchen würde, die in Übereinstimmung mit den Verfahren des Nord-Atlantik-Paktes getroffen werden.

... Der Präsident brachte seine volle Zustimmung zu diesen Überlegungen zum Ausdruck und forderte uns auf, weiter in dieser Richtung zu arbeiten. Ich sagte ihm, daß die Ergebnisse dieser Arbeit ihm auf den normalen Wege durch den Nationalen Sicherheitsrat zugeleitet würden, falls weitere Studien für die Durchführbarkeit sprächen.

[. . .]

Quelle: FRUS, 1950, Bd. IV, S. 702 f.

D 19: Zur US-Sicherheitspolitik am Ende der Truman-Ära

Bericht des Außenministers, des Verteidigungsministers und des Direktors des Amtes für gegenseitige Sicherheit an den NSC vom 19. Januar 1953

Im Hinblick auf die Auseinandersetzungen um die rüstungspolitischen Ziele der Reagan-Administration nach 1980 sei besonders auf die Punkte 66 und 67 des nachfolgend abgedruckten Dokuments verwiesen, in denen aus einer vorhandenen, erstrebenswerten und aufrechtzuerhaltenden „Überlegenheit" oder auch „Marge der Überlegenheit" der USA kein Hehl gemacht wird; vgl. die Auszüge auf S. 74.

Streng geheim

Überprüfung der nationalen Sicherheitsprogramme der Vereinigten Staaten

[. . .]

I. Allgemeines

1. In dieser Analyse werden (1) Europa, (2) der Ferne Osten, (3) der Nahe Osten [Middle East], Südasien und Afrika, (4) Lateinamerika, (5) die Verteidigung des Festlands der Vereinigten Staaten, (6) das Offensivpotential und (7) die allgemeinen militärischen Reserven getrennt betrachtet.

II. Europa

2. Es ist die Politik der Vereinigten Staaten, mit unseren Nord-Atlantik-Pakt-Verbündeten zusammenzuarbeiten und ihnen zu helfen, Westeuropa sicher zu machen. Wir sind der Auffassung, daß die Sicherheit Westeuropas buchstäblich lebenswichtig ist für unsere eigene Sicherheit, weil Westeuropa uns wertvolle Unterstützung in einem Konflikt mit der Sowjetunion gewähren kann, und – umgekehrt – weil eine Vereinnahmung und Ausnutzung des westeuropäischen Arbeitskräftepotentials, der Produktionsanlagen und der Rohstoffe durch die Sowjets dem sowjetischen System einen derartigen Machtvorsprung geben würde, daß unsere eigene Sicherheit gefährdet werden könnte. Darüber hinaus wirken die Stärke Europas und sein Einfluß in Asien, Afrika und im Nahen Osten als wichtige Abschreckung einer sowjetischen Expansion in diesen Gebieten, und eine Neutralisierung Europas würde die Anfälligkeit dieser Gebiete für den Kommunismus erheblich erhöhen. Deswegen haben wir Europa geholfen, der sowjetischen politischen und wirtschaftlichen Vorherrschaft zu widerstehen und haben uns verpflichtet, einen Angriff auf Westeuropa als einen Angriff auf uns selbst anzusehen.

3. Es liegt im Interesse der Vereinigten Staaten, daß die westeuropäischen Länder einen so großen Teil der Lasten für die Verteidigung Westeuropas tragen, wie sie ohne ernsthaften Schaden für ihre Volkswirtschaften verkraften können. Darüber hinaus ist es für uns von großer Bedeutung, daß sie fähig und bereit sind, zur Verteidigung bedrohter Regionen im Nahen und Fernen Osten beizutragen. Die westeuropäischen Länder haben wichtige Beiträge zu diesen Aufgaben geleistet, aber ihr möglicher Beitrag könnte noch größer sein, wenn Westeuropa grundsätzlich wirtschaftlich gesunden würde und es dort zu einem stetigen Wirtschaftswachstum käme.

4. Die Vereinigten Staaten haben große Investitionen in Form wirtschaftlicher und militärischer Hilfsprogramme wie auch politischer Programme vorgenommen, um ihre Ziele im europäischen Bereich zu erreichen. Der Marshallplan half Europa nach den Anstrengungen des Krieges wieder auf die Beine. Unsere weiteren Hilfsprogramme haben es Europa ermöglicht, einen vernünftigen Lebensstandard zu halten, während es gleichzeitig ein beachtliches Wiederbewaffnungsprogramm durchführte.

5. Ungefähr zwei Drittel aller Ressourcen, die wir für Auslandshilfsprogramme verwenden, gehen gegenwärtig nach Europa. Darüber hinaus haben die Vereinigten Staaten fünf Divisionen mit weiteren logistischen Einheiten in Westeuropa stationiert und gehen davon aus, daß sie diese Divisionen für unbegrenzte Zeit dort belassen. Wir haben zur Unterstützung Luftstreitkräfte im Umfang von 12 Luftstaffeln in Westeuropa. Wir haben große Seestreitkräfte im Atlantik und die sechste Flotte im Gebiet des Mittelmeeres.

[. . .]

23. Die politischen, militärischen und wirtschaftlichen Planungen der USA sollten darauf gerichtet sein, den Prozeß der europäischen Integration zu beschleunigen.

24. Die Vereinigten Staaten sollten keine Anstrengung scheuen, um bei den Europäern wieder ein größeres Verantwortungsgefühl für ihre eigene Verteidigung herzustellen. Gleichzeitig sollten die Vereinigten Staaten jede sinnvolle Anstrengung unternehmen, um die Europäer von der Vorstellung abzubringen, daß die Vereinigten Staaten versuchen, (1) sie zu beherrschen, (2) ihnen übergroße Lasten der Wiederaufrüstung aufzuerlegen, (3) sie in einen Krieg gegen die UdSSR zu führen, (4) besondere Privilegien für sich selbst und ihre Vertretungen [missions] in Europa zu erlangen. Die Vereinigten Staaten sollten keine Mühe scheuen, ihr ziviles und militärisches Personal, das an Europäische Vertretungen abgeordnet ist, zu verringern. Sie sollten anerkennen, daß ein Druck von seiten der Vereinigten Staaten die Europäer zwar veranlassen mag, NATO-Ziele zu akzeptieren, die nennenswert von ihren eigenen Vorstellungen über das für die Abschreckung einer sowjetischen Aggression notwendige Militärpotential abweichen, daß derartiger Druck aber sie nicht zur Erfüllung dieser Ziele bringen wird. [Text von hier ab unkenntlich gemacht, der Hrsg.]

III. Der Ferne Osten

25. Die Bedrohung der Sicherheit der Vereinigten Staaten im Fernen Osten, die das sowjetrussische Angriffspotential darstellt, hat sich erheblich verstärkt durch die Bindung Chinas an den Sowjetblock. Die Gefahr, der die Interessen der Vereinigten Staaten und der freien Welt im Fernen Osten ausgesetzt sind, wird akut bleiben, so lange das Regime, das in China an der Macht ist, ein williges und wirkungsvolles Instrument sowjetischer Politik ist.

26. Es ist die Politik der Vereinigten Staaten, mit unseren Alliierten im Fernen Osten zusammenzuarbeiten und ihnen zu helfen, die Sicherheit der der Küste vorgelagerten Inselkette zu gewährleisten. Die Sicherheit der Inselkette ist lebenswichtig für unsere eigene Sicherheit. Wir haben uns verpflichtet, einen Angriff auf Japan, auf die Philippinen, Australien oder Neuseeland als einen Angriff auf uns selbst anzusehen. Wir haben uns einseitig verpflichtet, einem Angriff des kommunistischen China auf Formosa Widerstand entgegenzusetzen. Es ist unsere Politik, bei der Verteidigung Indonesiens und Malaias Hilfe zu leisten. Es ist weiterhin unsere Politik, zusammen mit anderen Mitgliedern der Vereinten Nationen und der Republik Korea, unsere militärischen Anstrengungen in Korea fortzusetzen, bis ein befriedigender Waffenstillstand erreicht ist. Es ist unsere Politik, mit Frankreich und den Verbündeten Staaten [Associated States] Indochinas zusammenzuarbeiten und ihnen zu helfen bei ihren Bemühungen, die Viet Minh zu unterdrücken und chinesische Aggression in Südostasien durch Abschreckung zu verhindern oder ihr zu begegnen.

[. . .]

IV. Der Nahe Osten, Südasien und Afrika

37. Es liegt im Interesse der Vereinigten Staaten, daß die Staaten im Nahen Osten und in Südasien an politischer und wirtschaftlicher Bedeutung gewinnen und nach ihren Möglichkeiten zu ihrer eigenen wie auch zur Verteidigung der freien Welt beitragen. Wir würden jede kommunistische Expansion in Länder des Nahen Ostens oder Südasiens als eine äußerst ernste Bedrohung unserer eigenen Sicherheit ansehen. Die Vereinigten Staaten und andere freie Länder beziehen große Mengen Öl aus den Ländern des Nahen Ostens und der künftige ununterbrochene Zugang zu diesem Öl ist sehr wichtig. Die strategische Lage des Nahen Ostens macht es wichtig, dieses Gebiet zu schützen. Für die Sowjets könnte der Nahe Osten als Einfallstor nach Afrika und zu unseren dort gelegenen Stützpunkten, in den Mittelmeerraum und nach Südasien dienen. Indien ist eine ebenso wichtige wie unsichere Region im Konflikt zwischen den Sowjets und der freien Welt.

38. Die Erreichung der Ziele der Vereinigten Staaten wird in dieser Region erschwert durch die Armut und die außerordentliche soziale Ruhelosigkeit der dort lebenden Menschen, durch die politische Instabilität und die verwaltungstechnische Unfähigkeit der existierenden Regierungen, durch die anschwellende Flut des Nationalismus, durch die Identifikation der Vereinigten Staaten mit der vom Vereinigten Königreich und von Frankreich lange verfolgten imperialistischen Politik, durch die Hilfestellung der Vereinigten Staaten für Israel und durch solche Spannungen zwischen Ländern dieser Region wie den indisch-pakistanischen und den arabisch-israelischen Konflikt.

[. . .]

V. Lateinamerika

52. In Lateinamerika streben wir zuerst und vor allem eine geordnete politische und wirtschaftliche Entwicklung an, die die Nationen Lateinamerikas gegen das Wachsen des Kommunismus im Inneren und gegen die sowjetische politische Kriegsführung widerstandsfähig werden läßt und die sie zu tauglichen Handelspartnern macht, das heißt zu Quellen der Versorgung und zu Märkten für die Industrieländer der freien Welt.

Zum zweiten streben wir eine Solidarität in der Hemisphäre an zur Unterstützung unserer Weltpolitik und eine Zusammenarbeit der lateinamerikanischen Staaten zum Schutz der Hemisphäre durch individuelle und kollektive Maßnahmen der Verteidigung gegen Aggression von außen und Subversion im Inneren.

[. . .]

VI. Die militärische Bedrohung der USA

[. . .]

65. Es ist auch offensichtlich, daß die weitere Entwicklung einander gegenüberstehender atomarer Potentiale die gegenseitig nachteiligen Folgen eines allgemeinen Krieges ständig erhöht. Wenn die thermonuklearen Potentiale beider Seiten verwirklicht sind, werden sie die Nachteile eines allgemeinen Krieges weiter verstärken, falls nicht eine Seite die Möglichkeit sieht, ihren Feind zu dezimieren, ohne einen nennenswerten Vergeltungsschlag hinnehmen zu müssen.

66. Angesichts der wohlüberlegten Einschätzung, daß ein allgemeiner Krieg oder Vorgehensweisen, die das ernste Risiko eines allgemeinen Krieges in sich tragen, keine Dinge sind, auf die sich die sowjetischen Machthaber leichtfertig einlassen und daß ihr wichtigstes Anliegen, was immer ihre Wünsche sein mögen, die Sicherheit der UdSSR als Fundament für die weitere Entwicklung der Sowjetmacht bleiben muß, mag man sagen, daß die vorher dargelegten Vorteile der freien Welt in Waffen, Mobilität und Flexibilität eine starke Abschreckung bedeuten. Allerdings gibt es einige Zweifel hinsichtlich der Angemessenheit oder Zuverlässigkeit dieser Abschreckung, weil frühere und jetzige sowjetische Verhaltensweisen möglicherweise keine brauchbare oder zuverlässige Grundlage für die Einschätzung sowjetischen Handelns darstellen in einer Zeit, in der die UdSSR große atomare oder thermonukleare Waffenlager besitzen wird. Außerdem erscheint es nicht zwingend, daß eine atomare Überlegenheit an sich schon eine Versicherung gegen einen von den Sowjets gewollten allgemeinen Krieg darstellt. Die entscheidende Beziehung in der atomaren Gleichung ist nicht die des Vergleichs von Waffenvorräten, sondern eine erheblich kompliziertere, wobei die Beziehungen zwischen den einzelnen Waffenvorräten sowie die Möglichkeiten, sie zum Ort des Einsatzes zu bringen, im Verhältnis zu der Zahl der feindlichen Hauptziele einschließlich der Möglichkeiten für Vergeltungsschläge von Bedeutung sind. Die Sowjets mögen erreichen, was in ihrer Einschätzung ein Niveau an atomarem Potential darstellt, das ausreicht, um das Risiko eines umfassenden Überraschungsangriffs zu rechtfertigen, selbst wenn dieses Niveau – absolut gesehen – niedriger liegt als das dann existierende atomare Potential der Vereinigten Staaten. Diese Möglichkeit spiegelt sich in der weiter erwogenen Auffassung, daß, falls die sowjetischen Machthaber eine Position erreichen sollten, die ihnen nach ihrer Einschätzung die Möglichkeit gibt, die Vereinigten Staaten zu besiegen oder doch ihre Kampfkraft so sehr zu schwächen, daß sie auf Dauer nicht in der Lage wären, die sowjetische Macht mit Aussicht auf Erfolg herauszufordern, und wenn sie weiter zu der Auffassung kommen sollten, daß eine solche Handlungsweise kein ernsthaftes Risiko für das Fortbestehen ihres Regimes bedeuten würde, sie dann wahrscheinlich absichtlich eine allgemeinen Krieg beginnen würden.

67. Falls die Vereinigten Staaten, aber nicht die UdSSR im Zeitraum 1954/55 ein thermonukleares Potential entwickeln sollten, dann würde die freie Welt für die Dauer dieses Monopols ganz offensichtlich ein besonders starkes Abschreckungsmittel gegen

einen allgemeinen Krieg besitzen. Ob es diese Marge der Überlegenheit uns erlauben würde, durch gewagtere Maßnahmen eine Anzahl offener Probleme des Kalten Krieges auf eine für uns vorteilhaftere Weise zu lösen, ist jedoch schwierig zu entscheiden. Falls andererseits die Sowjets ebenfalls ein thermonukleares Potential entwickeln sollten, würde dies eine außerordentlich ernste Bedrohung für die Vereinigten Staaten darstellen, ungeachtet unseres eigenen angenommenen thermonuklearen Potentials. In der Tendenz würde es uns größere Vorsicht in unserem politischen Handeln im Kalten Krieg auferlegen, insofern dieses politische Handeln das erhebliche Risiko eines allgemeinen Krieges in sich trüge.

[. . .]

Quelle: NSC-Dokument 141 vom 19. 1. 1953, NAW, NSCF, Box 7.

D 20: Das Sowjetbild des Außenministers Dulles

Aussage von John Foster Dulles, außenpolitischer Berater Präsident Eisenhowers für Kommunismus, Eindämmung und weltweite Strategie

Senatsausschuß für Auswärtige Angelegenheiten, 83. Kongreß, 1. Session:
Nominierungsverfahren J. F. Dulles, designierter Außenminister 15. Januar 1953

[. . .]

Mr. Dulles: Es gibt eine Reihe von politischen Fragen, die ich vorziehe, mit dem Ausschuß in einer geschlossenen Sitzung zu diskutieren, aber ich habe keine Einwände dagegen, in einer offenen Sitzung zu sagen, was ich schon früher gesagt habe: nämlich, daß wir niemals einen sicheren Frieden oder eine glückliche Welt haben werden, solange der sowjetische Kommunismus ein Drittel aller Menschen, die es gibt, beherrscht und dabei ist, mindestens den Versuch zu machen, seine Herrschaft auf viele andere auszuweiten.

Diese versklavten Menschen sind Menschen, die die Freiheit verdienen, und die, vom Standpunkt unseres Eigeninteresses, die Freiheit haben sollten, weil sie, wenn sie unterwürfige Mittel eines aggressiven Despotismus sind, irgendwann einmal zu einer Kraft zusammengeschweißt werden, die für uns selbst und die ganze freie Welt höchst gefährlich sein wird.

Deswegen müssen wir immer die Befreiung dieser unterjochten Völker im Sinn behalten. Nun bedeutet Befreiung nicht einen Befreiungskrieg. Befreiung kann auch erreicht werden durch Vorgänge unterhalb der Kriegsschwelle. Wir haben als ein Beispiel, wenn auch nicht als ideales Beispiel, aber es veranschaulicht meine Argumentation, den Abfall Jugoslawiens unter Tito von der Herrschaft des sowjetischen Kommunismus.

[. . .]

Deswegen ist eine Politik, die nur darauf zielt, Rußland auf den Bereich zu beschränken, in dem es schon ist, für sich allein genommen eine unvernünftige Politik; es ist aber auch eine Politik, die zum Scheitern verurteilt ist, weil eine nur defensive Politik niemals gegen eine aggressive Politik gewinnt. Wenn unsere Politik nur darauf zielt, zu bleiben, wo wir sind, dann werden wir zurückgedrängt. Allein dadurch, daß wir an der Hoffnung auf

Befreiung festhalten, daß wir uns diese Hoffnung zunutze machen, wenn sich eine Gelegenheit bietet, werden wir dieser schrecklichen Gefahr ein Ende machen, die die Welt beherrscht, die uns so schreckliche Opfer und so große Zukunftsängste auferlegt. Aber all dies kann und muß getan werden in Formen, die keinen allgemeinen Krieg provozieren und in Formen, die auch keinen Aufstand provozieren, der mit blutiger Gewalt zerschlagen würde . . .

Es muß und kann ein friedlicher Prozeß sein, aber diejenigen, die nicht glauben, daß dies mit moralischem Druck erreicht werden kann, durch das Gewicht der Propaganda, ich weiß nicht, wovon sie überhaupt reden.

[. . .]

Die Bedrohung durch den sowjetischen Kommunismus ist meiner Meinung nach nicht nur die schwerste Bedrohung, der sich die Vereinigten Staaten je ausgesetzt sahen, sondern auch die schwerste Bedrohung, dem das, was wir westliche Kultur nennen, oder überhaupt jede Kultur, die vom Glauben an Gott geprägt ist, je ausgesetzt war.

Der sowjetische Kommunismus ist seinem Wesen nach atheistisch und materialistisch. Er glaubt, menschliche Wesen seien nicht mehr als etwas bessere Tiere, daß sie keine Seele haben, keinen Geist, kein Recht auf persönliche Würde, und daß die beste aller Welten diejenige sei, die so geordnet ist, wie ein gut geführter Bauernhof geordnet ist, wo bestimmte Tiere auf die Weide geführt werden, gefüttert, zurückgebracht und gemolken werden und wo man ihnen eine Scheune als Schutz über ihren Köpfen gibt, und daß diese Gesellschaftsform diejenige sei, die das materielle Wohlergehen der Menschheit am besten fördert, das glauben sie. Das kann zu einer überzeugenden Ideologie gemacht werden, wenn man nicht an die göttliche Natur des Menschen glaubt.

Glaubt man jedoch an die göttliche Natur des Menschen, dann ist es eine Ideologie, die völlig unannehmbar ist, und die mit diesem Glauben vollständig unvereinbar ist.

Ich sehe nicht wie, solange der sowjetische Kommunismus an diesen Vorstellungen festhält, und auch noch der Auffassung ist, es sei seine Bestimmung, diese Vorstellungen in der ganzen Welt zu verbreiten, und die ganze Welt auf dieser Grundlage zu ordnen, es zu einer dauerhaften Aussöhnung kommen kann. Dies schließt die Möglichkeit, zu funktionierenden Abkommen begrenzten Umfangs zu kommen, nicht aus, aber grundsätzlich besteht zwischen der Ideologie des sowjetischen Kommunismus und den Vorstellungen einer christlichen oder jüdischen oder in Wirklichkeit jeder Religion, ein unüberbrückbarer Gegensatz.

[. . .]

Quelle: Schlesinger, a. a. O. (s. D 12 b), Bd. II, S. 464 ff.

D 21: Die Wahlkampfplattform der Republikanischen Partei 1952

Präambel

[. . .]

Wir behaupten, daß während der letzten 20 Jahre die Spitzen des Staatswesens der Vereinigten Staaten unter aufeinanderfolgenden demokratischen Regierungen, und besonders unter der gegenwärtigen Regierung, . . . die Fundamente unserer Republik in einem Ausmaß untergraben haben, daß deren Existenz gefährdet ist.

[. . .]

Wir legen ihnen zur Last, daß sie Verräter der Nation in hohen Ämtern geschützt haben, und daß sie uns im Ausland Feinde geschaffen haben, wo wir Freunde haben sollten.

[. . .]

Wir legen ihnen zur Last, daß sie uns in einen Krieg in Korea gestürzt haben ohne die Zustimmung unserer Bürger durch deren beauftragte Vertreter im Kongreß, und daß sie diesen Krieg dann ohne den Willen zum Sieg geführt haben.

Außenpolitik

Die gegenwärtige Regierung hat in sieben Jahren die beispiellose Macht und das Ansehen, die wir am Ende des Zweiten Weltkrieges besaßen, verschwendet.

Während dieser Zeit sind mehr als 500 Millionen nichtrussischer Menschen aus 15 verschiedenen Ländern vom Machtbereich des kommunistischen Rußland aufgesogen worden, und Rußland schreitet voller Zuversicht weiter in seinem Plan für die Eroberung der Welt.

Wir legen den Spitzen der gegenwärtigen Regierung zur Last, daß sie den durch den Zweiten Weltkrieg so teuer verdienten Frieden verloren haben.

Die moralischen Kräfte und die Hoffnungen auf eine bessere Welt, die uns während des Zweiten Weltkriegs gestützt haben, wurden verraten. Dadurch wurde dem kommunistischen Rußland die militärische und propagandistische Initiative überlassen, eine Initiative, die, wenn sie nicht zum Stillstand gebracht wird, uns zerstören wird.

Sie haben befreundete Nationen wie Lettland, Litauen, Estland, Polen und die Tschechoslowakei im Stich gelassen und sie allein gegen die kommunistische Aggression kämpfen lassen, die sie bald verschlungen hat.

Sie forderten von der Regierung Nationalchinas, die Mandschurei mit ihren strategisch wichtigen Häfen und Eisenbahnen der Kontrolle des kommunistischen Rußland auszuliefern. Sie drängten darauf, daß Kommunisten in die chinesische Regierung und in die Streitkräfte aufgenommen werden sollten. Und schließlich verweigerten sie die vom Kongreß bewilligte Militärhilfe, die dringend benötigt wurde, wenn China gerettet werden sollte. Auf diese Weise setzten sie an unserer pazifischen Flanke einen Todfeind an die Stelle eines Verbündeten und Freundes.

In all diesen Beziehungen verhöhnten sie unsere friedenssichernden Versprechungen wie z. B. die Atlantikcharta, und sie taten dies zum Vorteil von Despoten, die, wie wohl bekannt war, Mord, Terror, Sklaverei, Konzentrationslager und die rücksichtslose und brutale Verweigerung von Menschenrechten als legitime Mittel zu den von ihnen angestrebten Zielen ansehen.

Teheran, Jalta und Potsdam waren die Schauplätze dieser groben Fehler, und andere folgten. Die Spitzen der jeweiligen Regierung handelten ohne Wissen und ohne Zustimmung des Kongresses oder des amerikanischen Volkes. Sie tauschten unseren überwältigenden Sieg ein für einen neuen Feind und für eine neue Unterdrückung und für neue Kriege, die sehr bald kamen.

In Südkorea zogen sie unsere Besatzungstruppen im Angesicht der aggressiven, handlungsbereiten kommunistischen Militärmacht an seiner Nordgrenze zurück. Sie erklärten öffentlich, daß Korea uns nichts anginge. Als dann die kommunistischen Streitkräfte daran gingen, das zu nehmen, wozu sie offenbar eingeladen worden waren, da führten sie diese Nation unter den ungünstigsten Bedingungen in den Kampf. Schon jetzt liegen die tragischen Kosten bei mehr als 110 000 Opfern auf amerikanischer Seite.

Mit etwas Voraussicht wäre es nie zum Koreakrieg gekommen.

[. . .]

Sie gaben vor, eine Defensivpolitik der „Eindämmung" des russischen Kommunismus zu verfolgen, die ihn aber nicht eingedämmt hat.

Die Personen an der Spitze der Regierungspartei haben in Wirklichkeit keine Außenpolitik. Sie schwanken ziellos zwischen ängstlicher Beschwichtigung und unbekümmerter Großtuerei.

Das Positive in unserer Außenpolitik ist unter republikanischer Beteiligung erreicht worden, wie die Organisation der Vereinten Nationen, die Schaffung der Treuhandverwaltung für abhängige Völker, der Frieden mit Japan und Deutschland und die Schaffung dauerhafter Sicherheit in Europa. Aber im wesentlichen wurde die Republikanische Partei ignoriert, und sie wurde nicht um ihre Beteiligung gebeten.

Das amerikanische Volk muß jetzt entscheiden, ob es die Partei im Amt lassen will, die an der Regierung war, als es zu diesem verheerenden Umschlag unseres glücklichen Geschicks kam, und als sich unsere Hoffnungen auf eine friedliche Welt zerschlugen.

Die Republikanische Partei bietet im Gegensatz zu den Leistungen derjenigen, die jetzt unsere auswärtigen Angelegenheiten betreiben, politische Konzepte und Maßnahmen auf der Grundlage eines aufgeklärten Eigeninteresses an – beseelt von Mut, Selbstachtung, Standhaftigkeit, Voraussicht, Zweckbestimmtheit, Sachkunde und religiösem Glauben.

Das oberste Ziel unserer Außenpolitik wird ein ehrenhafter und gerechter Friede [in Korea] sein. Wir verpflichten uns, Frieden ernsthaft zu suchen und ihn zu erreichen.

Wir werden aus dem Außenministerium und aus jeder Bundesbehörde alle diejenigen entfernen, wo immer sie sich finden, die mitverantwortlich sind für die unnötigen Schwierigkeiten und Gefahren, in denen wir jetzt stecken. Außerdem werden wir von den Gehaltslisten des Staates die Horden von Nichtstuern, von unfähigen und überflüssigen Angestellten streichen, von denen die für unsere Außenpolitik zuständigen Behörden voll sind.

[. . .]

In Westeuropa werden wir unseren freundschaftlichen Einfluß nutzen, ohne Einmischung oder imperialistische Verhaltensweise, um die politische und wirtschaftliche Zersplitterung zu beenden, die allein diese wichtige Region daran hindert, aus sich selbst heraus mächtig zu sein.

Dort und auch andernorts werden wir Ermunterung und Hilfe für den Ausbau von Streitkräften für die gemeinsame Sicherheit geben, um der sowjetischen Macht zur direkten oder durch Satelliten bewirkten indirekten Einschüchterung ein Ende zu bereiten, und die freien Regierungen zu stärken, damit sie dem kommunistischen Eindringen widerstehen.

In der ausgewogenen Betrachtung unserer Probleme werden wir aufhören, den Fernen Osten zu vernachlässigen, den Stalin längst als den Weg zum Sieg über den Westen bezeichnet hat. Wir werden deutlich machen, daß es uns fern liegt, den Osten zu opfern, um Zeit für den Westen zu gewinnen.

[. . .]

Wir werden die Freiheit wieder zu dem Lichtstrahl der Hoffnung machen, der die dunklen Gegenden durchdringt. Dieses Programm wird der Stimme Amerikas eine wirkliche Aufgabe geben. Es wird das Ende der negativen, nutzlosen und unmoralischen Politik der „Eindämmung" bezeichnen, die zahllose menschliche Wesen einem Despotismus und gottlosem Terrorismus überläßt, was dann die Herrschenden in die Lage versetzt, aus den Gefangenen eine Waffe zu unserer eigenen Vernichtung zu schmieden.

[. . .]

Quelle: K. H. Porter et al., National Party Platforms, Urbana 1956, S. 496 ff.

D 22: Grundlagen für eine Verständigung mit der UdSSR

Streng geheim

3. Oktober 1953

Außenministerium

Politischer Planungsstab

Notiz für den Minister

Grundlagen für Einigungen [settlements]

I. Elemente des Problems

[. . .]

2. Der umfassende Konflikt

a) Die besonderen Streitfragen sind in Wirklichkeit nur Brennpunkte des grundlegenden Konflikts zwischen den Vereinigten Staaten und der UdSSR. Jeder dieser Staaten betrachtet den anderen als eine direkte Bedrohung seiner Sicherheit; für jeden ist vor allem die tatsächliche Macht des anderen, die Sicherheit kurz- und langfristig zu beeinträchtigen, von Bedeutung. Deshalb beurteilen sowohl die Vereinigten Staaten wie auch die UdSSR jede Einzelfrage im Hinblick auf ihre Wirkung für die Machtverhältnisse zwischen beiden Blöcken.

b) Die relative Macht jeder Seite hängt vor allem von der militärischen Stärke der Vereinigten Staaten und der UdSSR ab. Darin sind das atomare Potential, die Stärke der konventionellen Streitkräfte, Verbündete und Stützpunkte eingeschlossen. Als Folge der zunehmenden konventionellen Stärke des Westens und der zunehmenden atomaren Stärke der UdSSR ergab sich auch eine Tendenz zu einem militärischen Gleichgewicht.

c) In diesem Gesamtzusammenhang kommt eine einvernehmliche Lösung einzelner Streitfragen nur in Frage, wenn:

(1) sie zu unbedeutend sind, um eine tatsächliche Wirkung auf das Machtgleichgewicht zu haben; oder

(2) die Lösung das Machtgleichgewicht nicht nennenswert berührt.

[. . .]

4. Sowjetische Kriterien für eine Einigung

a) In der Vergangenheit waren die Motive der sowjetischen Handlungsweise offensichtlich:

(1) die kommunistische Ideologie

(2) der russische Imperialismus

(3) ihre Sicherheit

b) Einigungen sind solange unmöglich, wie die Sowjets nicht bereit sind, alle Bemühungen aufzuschieben oder aufzugeben, neue Gebiete mit Einsatz von Gewalt kommunistisch zu machen oder zu beherrschen. Erst wenn die Sowjets bereit sind, sich auf Sicherheit zu konzentrieren, wird es möglich sein, Lösungen zu erarbeiten.

c) Bestenfalls werden die Sowjets keine Lösung hinnehmen, die ihre Sicherheit oder ihre relative Stärke wesentlich beeinträchtigt. Obendrein werden sie wahrscheinlich eine sehr extreme Position einnehmen in der Beurteilung des für ihre Sicherheit Notwendigen, was teilweise auf geschichtliche Erfahrung und auf tiefes Mißtrauen gegenüber dem Westen zurückzuführen ist.

5. Kriterien der Vereinigten Staaten für eine Einigung

a) Die Vereinigten Staaten werden gleichfalls alle Vorschläge aus der Sicht ihrer Wirkung auf die eigene Sicherheit und ihre relative Stärke beurteilen. Irgendwelche Konzessionen der Vereinigten Staaten müssen durch mindestens gleichwertige Konzessionen der UdSSR aufgewogen werden.

b) Die Vereinigten Staaten sind gleichfalls nicht bereit, sich bei der Einhaltung von Vereinbarungen auf den guten Willen der UdSSR zu verlassen.

6. Begrenzende Faktoren

Die folgenden Faktoren bedeuten eine schwerwiegende Begrenzung für denkbare Einigungen.

a) Um annehmbar zu sein, wird jede Einigung von jeder Seite im Hinblick auf ihre Vereinbarkeit mit den eigenen Sicherheitsinteressen beurteilt werden. Beide Seiten müssen der Auffassung sein, daß ihre relative Position sich nicht zum Nachteil verändert.

b) Ein Abkommen darf nicht von gegenseitigem Vertrauen abhängen, sondern muß Sicherungen enthalten.

[. . .]

III. Allgemeines Vorgehen

1. Um die Sowjets zu Verhandlungen zu veranlassen, wird es mindestens notwendig sein, sie zu überzeugen:

a) daß die Vereinigten Staaten und ihre Verbündeten die Macht und den Willen haben, eine Aggression oder eine gewaltsame Expansion der Sowjets zu vereiteln, und daß sie die erforderlichen militärischen Machtmittel aufrechterhalten werden, solange dies nötig ist;

b) daß unsere Ziele nicht aggressiver Art sind und ihre grundsätzliche Sicherheit nicht bedrohen, und daß sie in Sicherheit „ko-existieren" können, wenn sie auf Aggression verzichten.

2. Deswegen sollten alle Einigungsvorschläge so angelegt sein, daß

a) sie, wenn möglich, zu Lösungen führen, die eine hinnehmbare Verringerung der Kräfte und der Verteidigungsausgaben erlauben, ohne daß unsere Sicherheit beeinträchtigt wird, oder daß

b) im Falle eines Fehlschlags unser Volk und unsere Verbündeten von der Notwendigkeit überzeugt sind, einen für die Sicherheit unverzichtbaren Mindeststand der Verteidigung aufrechtzuerhalten.

[. . .]

Robert Bowie

Quelle: NAW, PPS, Box 2, RG 59.

D 23: Außenminister Dulles zur neuen Ostpolitik der USA

Rede vor dem Council on Foreign Relations, New York, 12. Januar 1954

Bei dem nachfolgend abgedruckten Dokument handelt es sich um eine der grundlegenden Aussagen der Administration Eisenhower/Dulles zur neuen Strategie und Politik der „massiven Vergeltung".

[. . .]

Die Notwendigkeit einer langfristig orientierten Politik

Diese „Langfristigkeit" ist von entscheidender Bedeutung. Die sowjetischen Kommunisten planen für das, was sie „eine ganze historische Epoche" nennen, und wir sollten das gleiche tun. Sie versuchen, in vielen verschiedenen Vorgehensweisen nach und nach die freien Nationen zu spalten und zu schwächen dadurch, daß sie sie in Anstrengungen überbeanspruchen, die, wie Lenin es formuliert hat, „über ihre Kraft gehen, so daß sie praktisch bankrott gehen". Dann, sagte Lenin, „ist unser Sieg sicher". Dann, sagte Stalin, wird „der Zeitpunkt für den entscheidenden Schlag" gekommen sein.

Angesichts dieser Strategie können Maßnahmen nicht schon deswegen als hinreichend bezeichnet werden, weil sie eine unmittelbar drohende Gefahr abwehren. Es ist notwendig, dies zu tun, aber es ist auch notwendig, dies zu tun, ohne uns zu erschöpfen.

Als die Regierung Eisenhower überlegte, ob unsere Politik diesen Anforderungen genüge, hatten wir das Gefühl, daß einige Veränderungen notwendig wären.

Es ist keine vernünftige militärische Strategie, Landstreitkräfte der Vereinigten Staaten ständig in Asien zu binden in einem Umfang, daß uns keine strategischen Reserven bleiben.

Es ist wirtschaftlich sinnlos, und es ist auch keine vernünftige Außenpolitik, andere Länder ständig zu unterstützen; auf lange Sicht nämlich schafft das genau so viel Antipathie wie Sympathie.

Außerdem ist es auch nicht vernünftig, sich dauerhaft auf Militärausgaben festzulegen, die so groß sind, daß sie zum „praktischen Bankrott" führen.

Ein Wandel war zwingend notwendig, um das Durchhaltevermögen zu sichern, das für dauerhafte Sicherheit notwendig ist. Aber es war gleichermaßen zwingend notwendig, daß der Wandel begleitet wurde vom Verstehen unserer wahren Absichten. Plötzlicher und spektakulärer Wandel mußte vermieden werden, sonst hätte es zur Panik bei unseren Freunden und zu aus Fehleinschätzungen entstandenen Aggressionen unserer Feinde kommen können. Ich glaube, wir können in dieser Hinsicht einen guten Bericht vorlegen.

[. . .]

. . . Wir wollen, für uns selbst und für die anderen freien Staaten, ein Maximum an Abschreckung zu erträglichen Kosten.

Örtlich begrenzte Verteidigung wird immer wichtig sein. Aber es gibt keine örtlich begrenzte Verteidigung, die allein die mächtige Landmacht der kommunistischen Welt eindämmen könnte. Die örtliche Verteidigung muß verstärkt werden durch die zusätzliche Abschreckung eines massiven Vergeltungspotentials. Ein möglicher Angreifer muß wissen, daß er nicht immer Bedingungen für den Kampf vorschreiben kann, die für ihn günstig sind. Sonst könnte z. B. ein möglicher Angreifer, der von Soldaten strotzt, in Versuchung geraten, anzugreifen im Vertrauen darauf, daß auch die Gegenwehr allein durch Soldaten erfolgen wird. Er könnte in Versuchung kommen, dort anzugreifen, wo er entscheidend überlegen ist.

Für die freie Gemeinschaft ist der richtige Weg, von einem Angriff abzuschrecken, bereit und fähig zu sein, kraftvoll zuzuschlagen an selbstgewählten Orten und mit selbstgewählten Mitteln.

[. . .]

Quelle: DOSB, vom 25. 1. 1954, S. 107 ff.

D 24 a–c: Berlin- und Europa-Politik 1953/54

D 24 a: Entwurf einer Politikrichtlinie des NSC vom 1. Dezember 1953 betreffend die Politik der Vereinigten Staaten und Katalog von Maßnahmen zur Abwehr einer möglicherweise von den Sowjets oder einem ihrer Satelliten ausgehenden Aktion gegen Berlin

Streng geheim

Allgemeine Überlegungen

1. Die UdSSR ist in der Lage, die westliche Position in Berlin unhaltbar zu machen. Dies kann jederzeit durch den Einsatz von Gewalt erreicht werden; es könnte innerhalb einer gewissen Zeit dadurch erreicht werden, daß der westliche Zugang zur Stadt beschränkt würde.

2. Die Aufrechterhaltung der westlichen Position in Berlin ist für die Westmächte von so großer Bedeutung, daß sie nur um den Preis eines großen politischen Rückschlags aufgegeben werden könnte. Entsprechend sollten die Westmächte die Stadt unter kommunistischem Druck nicht freiwillig verlassen, selbst wenn die daraus entstehende Lage die erhebliche Gefahr eines allgemeinen Krieges sehr erhöhen würde.

3. Solange Deutschland geteilt bleibt und Berlin eine Insel in der sowjetischen Zone ist, wird die Aufrechterhaltung unserer Position in der Stadt keine einfache Aufgabe sein. Im Gegenteil, sie wird wahrscheinlich ebenso nervenaufreibend wie wichtig sein, und es gibt keine Möglichkeit, dies zu ändern. Wir müssen auch weiterhin mit Störmaßnahmen von größerem oder geringerem Gewicht rechnen. Solche Maßnahmen

a) könnten darauf zielen, von uns in Deutschland oder anderswo Konzessionen zu erlangen als Gegenleistung für ein Nachlassen von Störmaßnahmen;

b) oder – auch dies ist denkbar – sie könnten darauf zielen, uns zur Anwendung von Gewalt zu provozieren, wobei dies der Versuch wäre, uns für einen darauf wahrscheinlich folgenden Krieg verantwortlich erscheinen zu lassen;

c) oder (und dies ist die wahrscheinlichste Möglichkeit) sie könnten aus Schritten entstehen, die die Sowjets aus der Logik der Sache heraus unternehmen würden, um ihre Position in der Ostzone Deutschlands zu konsolidieren und zu stärken, nachdem sie sich jetzt der Einbindung Westdeutschlands in die westliche Verteidigungsgemeinschaft gegenübersehen.

4. Die Sowjetunion sollte für jede kommunistische Maßnahme gegen die westliche Position in Berlin zur Verantwortung gezogen werden, ob sie nun von den Sowjets, den Ostdeutschen oder von anderen Satelliten ausgeht. Sollte es zu einer bedeutsamen Änderung des Status von Ostdeutschland kommen, und sollten insbesondere die Sowjets damit beginnen, Ostdeutschland einen juristischen Anstrich von Autonomie zu geben, dann müßte der nachfolgende Maßnahmekatalog revidiert werden.

5. Bei der Erörterung möglicher Aktionsprogramme müssen wir uns darüber klar sein, daß sie nur mit Unterstützung unserer wichtigsten Verbündeten wirksam durchgeführt werden können . . .

6. Deswegen sollten die Vereinigten Staaten nach Bedarf Übereinstimmung mit ihren Verbündeten über die in jeder der unten aufgeführten Situationen zu ergreifenden Maßnahmen anstreben:

a) Der westliche Zugang nach Berlin ist nicht ernsthaft behindert.

b) Es kommt zu schweren Störungen, die aber noch keine vollständige Blockade bedeuten.

c) Es kommt zu einer Blockade oder zu Störungen, die mit einer Blockade der Straßen- und Wasserwege gleichzusetzen sind.

d) Die westliche Position wird oder ist bereits unhaltbar.

e) Es kommt zu einem Angriff der Sowjets oder eines Satelliten auf die westlichen Streitkräfte in Berlin.

[. . .; zu 6 a]:

13. Um auf ernste Störungen oder eine Blockade vorbereitet zu sein, sollten die Vereinigten Staaten, soweit notwendig in Abstimmung mit dem Vereinigten Königreich, mit Frankreich und mit anderen verbündeten Staaten, ihre Planungen zur Durchführung folgender Maßnahmen weitertreiben:

a) Einrichtung einer Luftbrücke möglichst großen Umfangs.

b) Die Benutzung alternativer Landwege nach Berlin und Durchführung von Ingenieurarbeiten wie die Reparatur von Brücken und Schienen, die benötigt werden könnten, um Behinderungen auf den Landwegen zu beseitigen.

c) Im Falle einer Blockade, eine sofortige Einstellung von Handel und Verkehr der Vereinigten Staaten und möglichst vieler verbündeter Staaten mit dem Sowjetblock. . . .

d) Den Einsatz der Streitkräfte zur Durchführung der in den Abschnitten 26–27 enthaltenen Maßnahmen.

e) Weitere Vergeltungsmaßnahmen, die nicht unbedingt im Zusammenhang mit der örtlichen Situation stehen, die gegen das Sowjetsystem ergriffen werden könnten, wenn die sowjetischen Machthaber die Störungen verschärfen.

[. . .; zu 6 d]:

26. Die Westmächte sollten den Einsatz von Gewalt vermeiden, bis die Notwendigkeit dazu unabweisbar ist. Falls allerdings die westliche Position trotz der in den vorausgehenden Abschnitten empfohlenen Maßnahmen nahezu unhaltbar werden sollte, so ist es die Auffassung der Regierung der Vereinigten Staaten, daß die Westmächte eher bereit sein müssen, in begrenztem Umfang Streitkräfte einzusetzen, und sogar einen Krieg zu führen, als freiwillig ihre Position in Berlin aufzugeben. Allerdings sollte vor einem Einsatz von Gewalt, aus dem sich ein allgemeiner Krieg ergeben könnte, alles getan werden, um der Sowjetunion unsere Entschlossenheit deutlich zu machen. Dies sollte wahrscheinlich die volle Mobilmachung, zweckentsprechende Truppenverschiebungen und eine Warnung an die Adresse der Sowjetunion, möglicherweise in Form eines Ultimatums, einschließen. Außerdem sollten sie Maßnahmen in den Vereinten Nationen und auch anderswo mit dem Ziel ergreifen, eine möglichst gute Grundlage für eine bewaffnete Aktion zu schaffen, die notwendig werden könnte.

27. Sollten alle Maßnahmen unterhalb der Schwelle des Einsatzes von Gewalt den freien Zugang zu Berlin nicht wiederherstellen, dann sollten die Westmächte den Versuch machen, durch einen im Umfang begrenzten Einsatz militärischer Mittel den Zugang nach Berlin wieder zu öffnen. Falls es zu einem entschlossenen bewaffneten Widerstand der Sowjets käme, sollten die Westmächte nicht den Versuch machen, durch Einsatz zusätzlicher Streitkräfte diesen Widerstand zu brechen in dem Bemühen Berlin zu halten, sondern sie müßten dann zu einem allgemeinen Krieg Zuflucht nehmen.

[zu Alternative 6. e)]: Mögliche Maßnahmen für den Fall eines Angriffs der Sowjets oder eines Satelliten auf die westlichen Streitkräfte in Berlin

28. Die Vereinigten Staaten, das Vereinigte Königreich und Frankreich unterhalten Streitkräfte von beachtlicher Stärke in Berlin. Ein Angriff auf diese Streitkräfte fällt unter die Verpflichtungen des Nordatlantikpaktes. Eine bei der Unterzeichnung des Vertrages über die Europäische Verteidigungsgemeinschaft abgegebene Dreimächteerklärung bestätigte unsere Verpflichtungen im Hinblick auf Berlin. Wir gehen davon aus, daß die Herrschaft über Berlin an und für sich den sowjetischen Machthabern nicht wichtig genug ist, um das Hineinziehen der Sowjetunion in einen allgemeinen Krieg zu rechtfertigen. Deswegen können wir in unserem Handeln von der Annahme ausgehen, daß die sowjetischen Machthaber keine sowjetischen Streitkräfte einsetzen werden, um die Westmächte aus Berlin zu vertreiben, wenn sie sich nicht aus anderen Gründen dafür entscheiden, einen allgemeinen Krieg zu provozieren oder zu beginnen.

29. Sollte die Sowjetunion Berlin mit eigenen Streitkräften angreifen, so müssen die Vereinigten Staaten in ihren Maßnahmen davon ausgehen, daß ein allgemeiner Krieg unmittelbar bevorsteht. Über die Tatsache hinaus, daß sie dem Erstangriff begegnen und daß sie sich in die bestmögliche Ausgangslage für einen sofortigen weltweiten Krieg bringen würden, sollten die Vereinigten Staaten, falls die Umstände dies zulassen, ein Ultimatum an die sowjetische Regierung richten, bevor die Notfallpläne für den Kriegsfall voll in Kraft gesetzt werden. Falls möglich, wäre es wünschenswert, dieses Ultimatum durch die NATO stellen zu lassen.

[. . .]

Quelle: NSC-Dokument 173, NAW, NSCF.

D 24 b: Entwurf einer Politikrichtlinie des NSC zur Politik gegenüber den sowjetischen Satelliten in Osteuropa, vorgelegt vom Planungsausschuß am 11. Dezember 1953

Das nachfolgend abgedruckte Dokument wirft die Frage sowohl der Zielsetzung der Osteuropapolitik der USA als auch des geplanten Mitteleinsatzes und damit die politikwissenschaftlich immer wieder zu analysierende Ziel-Mittel-Relation auf. Nachträglich kann man die lang- und kurzfristigen Ziele, wie sie im Dokument festgelegt werden, als richtig, aber gleichzeitig vom Mitteleinsatz her als falsch – vor allem weil nicht operationalisierbar –

bewerten; oder man kann das langfristige Ziel (Punkt 10) bejahen, die einzelnen kurzfristigen Ziele (Punkt 11 a – d) aber mehr als kritisch betrachten.

Streng geheim

Allgemeine Überlegungen

[. . .]*

1. Die sowjetische Kontrolle über die sowjetischen Satelliten in Osteuropa (Polen, CSR, Ungarn, Rumänien, Bulgarien, Albanien und Ostdeutschland) hat in einem wichtigen Umfange zu einer Störung des Machtgleichgewichtes in Europa und zu einer Bedrohung für die Sicherheit der Vereinigten Staaten beigetragen. Trotz wirtschaftlicher Dislozierungsprobleme und administrativer Schwierigkeiten hat der Kreml bei seiner Politik der Ausbeutung der wirtschaftlichen Kapazität der Satelliten und der Ausweitung ihrer militärischen Potentiale im Hinblick auf einen koordinierten Einsatz zusammen mit den Potentialen der Sowjetunion erhebliche Fortschritte erzielt.

2. Hindernisse, die einer Konsolidierung der Sowjetunion entgegenstehen sind folgende:

a) Die antikommunistische Haltung der großen Mehrheit der Bevölkerung in jedem der Satellitenstaaten. Dieser Antikommunismus gewinnt besonders deshalb an Intensität, weil die persönliche Freiheit verloren ging, der Lebensstandard reduziert ist und die religiösen und nationalen Gefühle auf das Äußerste verletzt wurden [outraged]. Dennoch ist das uneingeschränkte Überleben dieses Antikommunismus auf lange Sicht angesichts der kommunistischen Kontrolle über jeden Aspekt des Lebens der Völker, besonders der jungen Generation, schwerstens gefährdet.

b) Die fortgesetzte Weigerung des Westens, die Endgültigkeit der aufoktroyierten Satellitensysteme hinzunehmen, als ob diese mit der Freiheit und dem Selbstbestimmungsrecht der Nationen in Einklang zu bringen wären.

3. Trotz der weitverbreiteten allgemeinen Opposition gegenüber dem Kommunismus in jedem der Satellitenstaaten haben vom Westen ausgemachte Untergrundorganisationen mit der Fähigkeit zum bewaffneten Widerstand nur als verstreute Überreste in einigen wenigen Gebieten überleben können und sind heute ganz allgemein inaktiv. Die kürzlichen Erhebungen in Ostdeutschland und die Unruhen in anderen europäischen Satellitenstaaten sind ein Beweis für:

a) das Fehlschlagen der sowjetischen Versuche, diese Völker völlig zu unterjochen oder ihren Wunsch nach Freiheit zu unterdrücken;

b) die Abhängigkeit dieser Satellitenregierungen von in der Nähe stationierten sowjetischen Streitkräften; und

c) die relative Unzuverlässigkeit der Streitkräfte der Satellitenstaaten selbst, was besonders dann zutage treten würde, wenn der allgemeine Widerstand der Bevölkerung in den Satellitenstaaten zunehmen sollte. Diese Entwicklungen haben ganz zwangsläufig die sowjetische Führung internen und psychologischen Belastungen

---

* In dem hier nicht abgedruckten Textteil ist die Anmerkung enthalten: „Dieses Papier behandelt nicht Berlin."

ausgesetzt. Dennoch ist die Fähigkeit der Sowjetunion, eine effektive Kontrolle über ihre europäischen Satelliten auszuüben und deren Ressourcen auszubeuten, nicht merklich reduziert worden, und das wird auch voraussichtlich nicht der Fall sein, solange die Sowjetunion in dem gesamten Raume adäquate militärische Streitkräfte unterhält.

[. . .]

5. Obwohl die nationale/nationalistische Opposition gegen die sowjetische Dominanz eine zersetzende Kraft innerhalb des sowjetischen Machtbereichs, ja sogar innerhalb der gesamten kommunistischen Bewegung selbst, darstellt, scheint es nicht wahrscheinlich, daß ein nicht-sowjetisches Regime nach dem Tito-Modell in irgendeinem der Satellitenstaaten unter den gegenwärtigen Umständen entstehen wird . . .

[. . .]

7. Ostdeutschland wirft besondere und schwierigere Probleme der Kontrolle für die UdSSR auf als die übrigen Satellitenstaaten. Die Tatsache, daß die deutsche Nation, mehrheitlich in der Bundesrepublik angesiedelt, kontinuierliche Fortschritte in Richtung auf Freiheit und wirtschaftlichen Wohlstand gemacht hat, und die Tatsache, daß West-Berlin Möglichkeiten zum Kontakt mit der freien Welt bietet, hat dazu geführt, daß die Hoffnung auf ein schließliches Entkommen aus der sowjetischen Dominanz lebendig geblieben ist. Indem er diese besonderen Vorteile ausnutzt, kann der Westen wahrscheinlich weiterhin einen starken Antikommunismus der Bevölkerung ausnutzen, Ostdeutschland als einen Brennpunkt und als ein Beispiel der Unzufriedenheit für die übrigen sowjetischen Satelliten aufrechterhalten, für die Sowjets eine volle Ausnutzung der ostdeutschen Wirtschaftsressourcen schwierig machen und schließlich die sowjetischen Zweifel hinsichtlich der Zuverlässigkeit der ostdeutschen Bevölkerung im Falle eines Krieges aufrechterhalten. Gleichzeitig sollte die US-Politik gegenüber Ostdeutschland dessen Beziehungen zum Problem der deutschen Wiedervereinigung, die Integration der Bundesrepublik in das westliche Europa und schließlich die Bedeutung wie die Gefahren in Rechnung stellen, die darin liegen, daß wir unseren Zugang nach Berlin und unsere Position dort aufrechterhalten.

8. Die Loslösung irgendeines größeren europäischen Satellitenstaates vom Sowjetblock scheint zur Zeit nicht im Bereich des Möglichen zu liegen, es sei denn auf dem Wege einer sowjetischen Zustimmung oder eines Krieges . . .

Schlußfolgerungen für die US-Politik

9. Es liegt im nationalen Sicherheitsinteresse der Vereinigten Staaten, eine Politik des entschlossenen Widerstandes gegen den dominierenden Einfluß der Sowjetunion über die Satelliten in Osteuropa zu verfolgen und darüber hinaus die schließliche Eliminierung dieses Einflusses anzustreben. Aus diesem Grunde sind durchführbare politische, wirtschaftliche und propagandistische sowie Untergrundmaßnahmen [covert measures] notwendig, um irritierende Probleme für die Sowjetunion zu schaffen und auszunutzen, ihre Kontrolle über die Satellitenstaaten zu komplizieren und das Wachstum des militärischen und wirtschaftlichen Potentials des Sowjetblocks insgesamt zu retardieren. Jede Entscheidung, die getroffen wird im Hinblick auf die Auslösung von Druck auf den

Sowjetblock, sollte in Rechnung stellen, daß es wünschenswert ist, Bedingungen zu schaffen, die die sowjetische Führung veranlassen werden, sich bereitwilliger auf akzeptable Lösungen auf der Basis von Verhandlungen einzulassen. Eine solche Politik sollte daher mit flexiblen Mitteln ausgeführt werden im Lichte der jeweils aktuellen Einschätzung der Reaktionen der Sowjetregierung und der jeweiligen Situation in den betroffenen Satellitenstaaten. In jedem Falle sollte eine solche Politik erst nach genauer Abwägung der Vor- und Nachteile für die allgemeine Position der Vereinigten Staaten in ihren Beziehungen zur Sowjetunion und zur freien Welt durchgeführt werden.

Grundlegende Zielsetzungen

10. Langfristiges Ziel: Die schließliche Inanspruchnahme des Rechtes der Völker in den sowjetischen Satellitenstaaten, in den Genuß von Regierungen ihrer eigenen Wahl zu kommen, dabei frei von sowjetischer Dominanz zu sein und als friedliche Mitglieder an der freien Weltgemeinschaft teilzuhaben.

11. Kurzfristige Ziele:

a) Die Beziehungen zwischen der Sowjetunion und ihren Satelliten zu stören, den Beitrag dieser Satelliten zur Gesamtstärke der Sowjetunion auf ein Minimum zu reduzieren und die Sowjetunion von einer aggressiven Weltpolitik abzuhalten, indem die Aufmerksamkeit und die Energien der Sowjetunion auf Probleme und Schwierigkeiten innerhalb des Sowjetblocks selbst umgelenkt werden.

b) Die Satellitenregime zu unterminieren und Bedingungen zu fördern, die der schließlichen Befreiung der Satellitenvölker dienlich sind.

c) Faktoren auf der Habet-Seite innerhalb der Satellitenstaaten und unter ihren Staatsangehörigen außerhalb des Sowjetblockes zu erhalten und zu stärken, sofern diese Faktoren den US-Interessen in Friedens- oder Kriegszeiten sowie dem Endziel der Wiedererlangung der Freiheit der Satelliten selber dienlich sein können.

d) Fundamente für einen Widerstand gegen die Sowjets im Falle eines Krieges zu legen, soweit eine solche Politik nicht über ein kalkulierbares Risiko hinausgeht.

Maßnahmenkatalog

12. Angemessene Mittel unterhalb der Schwelle des Einsatzes von Streitkräften anwenden, um gegen die sowjetische Herrschaft über die Satellitenstaaten anzugehen und zur schließlichen Eliminierung dieser Herrschaft beizutragen; diese Politik soll, wo immer zweckmäßig, mit den NATO-Staaten und anderen befreundeten Mächten abgestimmt werden, sie soll auf prozedurale Möglichkeiten im Rahmen der Vereinten Nationen zurückgreifen und, wo möglich, Verhandlungen mit der Sowjetunion einschließen.

13. Den Satellitenvölkern Ermutigung und Unterstützung in ihrem Widerstand gegen ihre sowjetisch beherrschten Regime gewähren und ihre Hoffnungen auf eine schließliche Befreiung von sowjetischer Herrschaft aufrechterhalten, gleichzeitig aber vermeiden:

a) ein Aufwiegeln zu voreiliger Revolution;

b) Verpflichtungen im Hinblick auf die Art und den Zeitpunkt irgendeiner US-Aktion zur Herbeiführung einer Befreiung einzugehen;

c) zu Aktionen anzureizen, wenn darauf folgende Vergeltungsmaßnahmen oder andere Konsequenzen im Endeffekt für die übergeordneten Zielsetzungen der USA von Nachteil sein würden.

14. Den verstärkten Einsatz von passivem Widerstand durch die Völker der Satellitenstaaten entwickeln und ermutigen.

15. Darauf vorbereitet sein, etwaige Unruhen in der Zukunft analog zu den Aufständen in Ostdeutschland 1953 auszunutzen, indem man solche Maßnahmen plant, die den US-Interessen bei Eintreten einer derartigen Konstellation am dienlichsten sind.

16. Den Nationalismus unter den Satellitenvölkern als eine Kraft gegen den sowjetischen Imperialismus stärken, gleichzeitig aber feste Zusagen zur Unterstützung nationaler Ambitionen vermeiden, die mit den Zielen der US-Politik in der Zeit nach einer Befreiung kollidieren könnten.

17. Mit anderen Kräften, wie z. B. religiösen, kulturellen und sozialen, die die natürlichen Verbündeten im Kampf gegen den sowjetischen Imperialismus sind, zusammenarbeiten.

18. Konflikte innerhalb der kommunistischen Führungsgruppen in jedem einzelnen Satellitenstaat, zwischen solchen Gruppen und schließlich zwischen ihnen und dem Kreml unterstützen und ausnutzen.

19. Die Unzufriedenheit unter den bewaffneten Streitkräften und der Polizei in den Satellitenstaaten ermutigen und damit ihre Zuverlässigkeit aus der Sicht der Sowjetunion herabsetzen, wenn es gilt, interne Unruhen zu unterdrücken. Gleichzeitig wäre dadurch ihr Kampfeswille im Falle eines Krieges zu schwächen.

20. Demokratische, antikommunistische Elemente in den Satellitenstaaten ermutigen; gleichzeitig aber bereit sein, jede Art von titoistischer Tendenz auszunutzen und „national-kommunistische Bewegungen" zu unterstützen, sofern die Bedingungen dafür günstig sind, indem die Vereinigten Staaten gegebenenfalls klarstellen, daß für solche Bewegungen Möglichkeiten des Überlebens außerhalb des Sowjetblocks bestehen.

21. Die im Entstehen begriffenen Organisationen des westlichen Einigungsprozesses (NATO, OEEC, Westeuropäische Organisationen usw.) als eine Anziehungskraft für die Satelliten ausnutzen . . .

[. . .]

23. Flüchtlings- oder Exilorganisationen unterstüzen oder einsetzen, die zur Erreichung der US-Ziele beitragen können, aber Exilregierungen nicht anerkennen . . .

[24.: ist im Original gelöscht, der Hrsg.]

[. . .]

29. . . . Die Sowjets in Ostdeutschland in die Defensive drängen durch Maßnahmen, die ergriffen werden können, um die Hoffnung auf eine Wiedervereinigung Deutschlands am Leben zu erhalten.

30. Immer wieder betonen:

a) das Recht der Völker in Osteuropa auf unabhängige Regierungen ihrer eigenen Wahl;

b) die Verletzung internationaler Abkommen durch die sowjetische Regierung und die Satellitenregierungen, wodurch diese Völker dieses Rechtes [auf Unabhängigkeit] verlustig gegangen sind. Insbesondere ist hier auf die Jalta-Erklärung über das befreite Europa sowie die Friedensverträge mit Bulgarien, Ungarn und Rumänien hinzuweisen.

[Diesem Dokument ist dann noch eine „NSC-Stabsstudie" beigefügt, ebenfalls zum Thema: „Die Politik der Vereinigten Staaten gegenüber den sowjetischen Satelliten in Osteuropa". Hier heißt es unter der Überschrift „Hintergrund" wie folgt:]

Die Bedeutung der Satellitenstaaten

[. . .]

2. Die Satellitenstaaten sind für das gegenwärtige Gleichgewicht der Kräfte in Europa von Bedeutung, weil sie die politische, militärische und wirtschaftliche Macht der Sowjetunion verstärken und die sowjetische Machtsphäre im Herzen Europas ausdehnen helfen. Eine permanente Konsolidierung der sowjetischen Kontrolle in diesem gesamten Raum würde eine ernste Bedrohung für die Sicherheit der Vereinigten Staaten und derjenigen Westeuropas darstellen . . .

[. . .]

Opposition gegen die sowjetische Dominanz

5. Die überwältigende Mehrheit der Bevölkerung in jedem der Satellitenstaaten steht auch weiterhin in Opposition zu ihrem kommunistischen Regime und ist empört über den Mangel an persönlicher Freiheit und die erschwerten Lebensbedingungen, für die ihre Regime verantwortlich sind . . . Gleichzeitig sollte gesehen werden, daß sich nur sehr unbestimmte Aussagen über die Fortdauer und die Stärke solcher antikommunistischer Gefühle machen lassen, wenn der Prozeß der derzeitigen exklusiven kommunistischen Indoktrination und Erziehung ohne Unterbrechung auf unbestimmte Zeit anhält.

6. Zusätzlich zu einem Antikommunismus als solchem [per se] ist der Nationalismus ein signifikanter Faktor der Opposition gegenüber der sowjetischen Kontrolle in allen diesen Satellitenstaaten. Diese Völker werden sich nicht innerhalb weniger Jahre mit dem Verlust der nationalen Unabhängigkeit, einer Mißachtung ihrer nationalen Traditionen und der erzwungenen Glorifizierung der Sowjetunion abfinden. Das Nationalgefühl hat seine Wurzeln in der Erinnerung an bessere Zeiten der Vergangenheit, Hoffnungen für die Zukunft und der Empörung, die man gegenüber den Ungerechtigkeiten und Beleidigungen empfindet, die unter den gegenwärtigen Regimen zu ertragen sind. In vielerlei Hinsicht stellt dieser Nationalismus die stärkste Hebelkraft dar, die zur Zeit im Hinblick auf eine Stärkung der Moral der Bevölkerung in den Satellitenstaaten zur Verfügung steht, da er den Geist des Widerstandes in dieser Bevölkerung gegenüber dem sowjetischen Imperialismus wachhält sowie eine Verachtung gegenüber servilen kommunistischen Regimen fördert. Der Nationalismus ist jedoch ein zweischneidiges Schwert, da er auch eine Reihe von operationalen Problemen aufwirft, wie wir dies in

unserer Propagandaarbeit und in unserem Umgang mit Flüchtlingen entdeckt haben. Abgesehen nämlich von seiner Funktion, antisowjetische Gefühle zu wecken, schafft dieses Nationalgefühl auch Trennungslinien zwischen den betroffenen Völkern selber, also etwa der Madjaren gegen die Slawen und Rumänen, der Slowaken gegen die Tschechen, der Polen gegen die Deutschen und der Deutschen gegen die Slawen. Ein Problem, das zunehmend in dem Umfange, in dem das Nationalgefühl weiter anwächst, ernster werden dürfte, ist das der polnisch besetzten Gebiete Deutschlands östlich der Oder-Neiße-Linie.

[. . .]

Möglichkeiten, gegen die sowjetische Dominanz über die Satellitenstaaten anzugehen

23. Die Möglichkeiten, die den Vereinigten Staaten zur Verfügung stehen, um den Widerstand und den schließlichen Zusammenbruch des dominierenden sowjetischen Einflusses in den Satellitenstaaten zu fördern, fallen unter die nachfolgenden allgemeinen Kategorien:

a) politische und diplomatische,

b) propagandistische,

c) wirtschaftliche,

d) verdeckte,

e) solche militärischer Art.

Es muß jedoch gesehen werden, daß alle diese Mittel in Anbetracht der gegenwärtigen Präsenz der Sowjetmacht und der Apparaturen seiner Kontrollausübung nur von begrenzter Effektivität sind.

[. . .]

Politische und diplomatische Mittel

24. Das wichtigste politische und diplomatische Mittel der USA liegt in ihrer Fähigkeit, durch die unverändert gebliebene Grundhaltung der USA Druck auszuüben auf die derzeitig bestehenden sowjetisch kontrollierten Regime, wonach diese Satellitenvölker ein fundamentales Recht auf Freiheit haben. Die Vereinigten Staaten können darüber hinaus ihre Rolle als Führungsmacht der freien Welt einbringen, um sich der Unterstützung dieser freien Welt für ihre Position zu vergewissern und auf diese Weise den Druck auf die UdSSR und jene Satellitenregime zu stärken und zu erweitern. Die Vereinigten Staaten können auch den deutschen Wunsch nach Einheit und nach einem Friedensvertrag ausnutzen, um auf diese Weise die sowjetische Position in Ostdeutschland zu unterminieren.

[. . .]

Wirtschaftliche Mittel

27. Die westliche Kontrolle über Exporte in den Sowjetblock haben ebenso wie das sowjetische Streben nach Autarkie den Handel mit Osteuropa auf ein relativ niedriges Niveau herabgedrückt. Diese zur Verfügung stehenden wirtschaftlichen Mittel sind deshalb nur von begrenzter Bedeutung . . . Die bereits bestehenden Handelskontrollen haben schon jetzt die wirtschaftlichen Probleme in den Satellitenstaaten schwieriger gemacht und damit zur Realisierung der speziellen Ziele der Vereinigten Staaten im Hinblick auf diese Satellitenstaaten erheblich beigetragen.

[. . .]

Alternative Maßnahmekataloge

Die drei Alternativen

33. Eine Alternative besteht in der direkten Aktion für die Befreiung der Satellitenvölker von der Sowjetunion mit militärischer Macht, und zwar entweder durch direkte militärische Maßnahmen oder aber durch unsere bewaffnete Unterstützung revolutionärer Bewegungen. Ein solcher Einsatz von militärischer Macht würde aller Wahrscheinlichkeit nach einen globalen Krieg auslösen mit Ausnahme vielleicht der Situation von Albanien. . . . Die Vereinigten Staaten könnten sich für diese Alternative nur dann entscheiden, wenn sie willens wären, zur Erreichung dieses übergeordneten Zieles einen globalen Krieg auszulösen und diesen Krieg dann in aller Wahrscheinlichkeit auch ohne die uneingeschränkte Unterstützung verbündeter Nationen sowie der Vereinten Nationen allein zu führen.

34. Die entgegengesetzte Alternative besteht darin, die Tatsache der sowjetischen Kontrolle über die Satellitenstaaten für eine unbegrenzte Zeit hinzunehmen, und zwar möglicherweise als Voraussetzung für eine ausgehandelte Verständigung mit der Sowjetunion in irgeneiner Form, während die Vereinigten Staaten gleichzeitig Anstrengungen unternehmen würden, um eine Ausdehnung der sowjetischen Expansion auf Gebiete jenseits der gegenwärtigen Grenzen der Sowjetmacht abzublocken. Sollten die Vereinigten Staaten diese Politik einschlagen, so würde dies ganz unabhängig von einem inhärenten Widerspruch zu dem fundamentalen Prinzip des Rechtes der Satellitenvölker auf Freiheit bedeuten, daß wir uns selber die Möglichkeit nehmen, die übergeordnete sowjetische Machtposition im Verhältnis zu den Vereinigten Staaten und ihren Alliierten zu reduzieren. Es kann mit einiger Wahrscheinlichkeit davon ausgegangen werden, daß darüber hinaus unsere Akzeptanz der Legitimität der gegenwärtigen Satellitenregime . . . die Politik darstellen würde, die sich der Kreml von den Vereinigten Staaten wünscht.

35. Es gibt schließlich einen breiten Spielraum zwischen diesen beiden Extrempositionen der vorangegangenen beiden Paragraphen, in dem eine Politik verfolgt und Maßnahmen ergriffen werden können, die das Ziel haben, den sowjetischen „Griff" auf die Satellitenstaaten zu begrenzen und zu behindern. Eine Politik innerhalb dieser dritten Möglichkeit würde von dem Ziel bestimmt werden, einen Beitrag zur schließlichen Eliminierung des dominierenden sowjetischen Machteinflusses über diese Völker zu leisten; . . . Die im wesentlichen kurzfristigen Kriterien für eine Bewertung der Nützlichkeit bestimmter Maßnahmen in diesem dritten Bereich der Möglichkeiten wären, zu sehen, in welchem Umfange sie die sowjetische Ausbeutung der menschlichen und materiellen Ressourcen in den Satellitenstaaten hindern, den Widerstand der Bevölkerung gegen die sowjetische

Politik und ihre Weigerung zur Kooperation aufrechterhalten und jene Kräfte und Faktoren stärken können, die zu einer Reduzierung der Habet-Seite der Sowjets und einer Maximierung ihrer Debet-Seite im Falle eines Krieges beitragen würden . . .

36. Eine Befolgung dieses mittleren Kurses könnte zwar auf absehbare Zeit die Chancen für eine Globalübereinkunft [general accommodation] mit der Sowjetunion zunichte machen, dafür aber Bedingungen schaffen, die die sowjetische Führung zugänglicher macht für ausgehandelte Bereinigungen [settlements], die auf der Linie der übergeordneten US-Ziele gegenüber den Satellitenstaaten liegen würden . . .

38. Eine gezielte Politik des Versuches, die Satellitenvölker durch den Einsatz militärischer Macht zu befreien, würde wahrscheinlich zu einem Krieg mit der Sowjetunion führen und höchstwahrscheinlich vom amerikanischen Volk ebenso abgelehnt wie von der öffentlichen Meinung in der Welt verurteilt werden. Diese Politik sollte daher nicht ernsthaft in Erwägung gezogen werden . . .

[. . .]

40. . . . Weiterhin sollte die nuancierte, fließende Linie genau beachtet werden zwischen einer Politik der Ermunterung zwecks Aufrechterhaltung der Moral und des passiven Widerstandes auf der einen Seite und einer Aufforderung zum Selbstmord auf der anderen. Planungen für verdeckte Aktionen sollten auf der Basis ihrer Durchführbarkeit, eines Minimums an Risiken und eines maximalen Beitrages zur Beförderung des grundlegenden Interesses der USA festgelegt werden.

[. . .]

Quelle: NSC-Dokument 174, NAW, NSCF, freigegeben am 29. 10. 1981.

D 24 c: Politikrichtlinie des NSC vom 25. September 1954 zur kurzfristigen Europa-Politik der Vereinigten Staaten

Diese Richtlinie ist im Licht des bevorstehenden Zusammenbruchs des Konzepts einer Europäischen Verteidigungsgemeinschaft zu sehen, die endgültig in der Pariser Nationalversammlung am 30. August 1954 zu Fall gebracht wurde, was dann vor allem die USA zu einem neuen Konzept zwang. Generell kann man sagen, daß die USA zu Beginn des europäischen Integrationsprozesses die Rolle eines Promotors gespielt hatten. Friktionen zwischen der Europäischen Gemeinschaft und den USA traten erst sehr viel später auf. In dem Richtlinien-Dokument NSC 5602 (D 28 b) hieß es auch auf sehr charakteristische Weise noch zwei Jahre später: „Die Vereinigten Staaten sollten alle Bewegungen in Richtung einer europäischen Einheit fördern und unterstützen, besonders diejenigen, die zu supranationalen Institutionen führen, dabei aber immer in Rechnung stellen, daß die entscheidende Initiative von den Europäern selber kommen muß."

Geheim

[. . .]

Gegenwärtige Ziele

3. Trotz der Ablehnung der Europäischen Verteidigungsgemeinschaft durch die Franzosen erfordert die Sicherheit der Vereinigten Staaten weiterhin, Westeuropa (einschließlich des Vereinigten Königreichs) als eine den Vereinigten Staaten verbündete militärisch starke Region zu erhalten und zu entwickeln. Entsprechend sollten die Vereinigten Staaten weiterhin die folgenden Ziele anstreben:

a) im Kalten Krieg die weitere Ausdehnung der sowjetischen Herrschaft in Europa verhindern und die größeren westeuropäischen Staaten als Verbündete erhalten;

b) für eine wirksame Verteidigung Westeuropas durch Erhaltung und Stärkung des NATO-Sicherheitssystems sorgen, unter Einschluß Westdeutschlands, als Abschreckung gegen sowjetische Aggression und in einer Form, die für die Verteidigung des NATO-Gebiets am besten geeignet ist;

c) die notwendige Stärke und Stabilität in Westeuropa aufbauen auf der Grundlage (1) der gemeinsamen Anstrengungen der wichtigsten Nationen Westeuropas, (2) stetigen Fortschritts in Richtung auf eine Integration des Kontinents;

d) mit allen denkbaren Mitteln eine westliche Orientierung der Bundesrepublik Deutschland (und schließlich eines wiedervereinigten Deutschland) sichern, einschließlich institutioneller Bindungen und vertraglicher Beziehungen.

Aktionsprogramm

4. Schnellstens die Bundesrepublik Deutschland mit dem Westen zu verbinden suchen durch

a) Wiederherstellung der Souveränität der Bundesrepublik Deutschland, einschließlich des Rechtes, sich an der Verteidigung Westeuropas zu beteiligen, und zwar ohne Einschränkungen, die für die Deutschen als diskriminierend und willkürlich auferlegt unannehmbar wären. Dieser Schritt würde eine Verständigung über folgende Fragen erfordern: die Rechte der Alliierten in Berlin, die Wiedervereinigung Deutschlands, die Stationierung alliierter Truppen in Deutschland, und andere Probleme, die sich aus Krieg und Besetzung ergeben;

b) Zulassung der Bundesrepublik Deutschland als Vollmitglied der NATO, ohne eine deutsche Beteiligung auch am Brüsseler Abkommen oder an anderen europäischen Verteidigungsmaßnahmen auszuschließen;

c) Verwirklichung annehmbarer Sicherungen im Hinblick auf die deutsche Wiederbewaffnung. Solche Schutzvorkehrungen [safeguards] könnten sein:

   (1) von den Deutschen freiwillig hingenommene Obergrenzen in der Anfangsphase des Aufbaus der Streitkräfte;

   (2) Regulative oder Beschränkungen im Hinblick auf die Produktion bestimmter Typen von Waffen, möglicherweise durch Festlegung von „exponierten Regionen" oder durch einen europäischen Waffenverbund;

   (3) ein Übereinkommen der NATO-Mitgliedstaaten, nach einem nicht diskriminierenden Schlüssel Streitkräfte der NATO zu unterstellen, die alle deutschen

Streitkräfte (außer der für die innere Sicherheit verantwortlichen Polizei) einschlösse;

[. . .]

(6) deutsche Zusicherungen auf Verzicht jeden Versuchs, die existierenden Grenzen mit Gewalt zu verändern.

d) Weiterhin eine künftige Wiedervereinigung Deutschlands anstreben auf der Grundlage der Freiheit und der möglichst großen Chance einer Anbindung an den Westen.

5. Eine Umkehr von Trends, die Trennendes in Westeuropa betonen, dadurch anstreben, daß Stärke und Zusammenhalt in politischer und wirtschaftlicher Hinsicht entwickelt und auf diese Weise die Fähigkeit und der Wille Europas, kommunistischer Unterwanderung und neutralistischen Gedanken zu widerstehen, verbessert werden . . .

6. Unterstützung aller durchführbaren Maßnahmen in Richtung auf eine engere Integration Westeuropas, wobei in der gegenwärtigen Phase die politischen und wirtschaftlichen Aspekte hervorgehoben werden, und die europäische Initiative und Verantwortung gefördert werden sollten, soweit dies mit den Zielen der Vereinigten Staaten vereinbar ist. Insbesondere sollten engere Beziehungen zwischen Frankreich und Deutschland und die möglichst enge Anbindung des Vereinigten Königreichs an seine Verbündeten auf dem Kontinent gefördert werden.

[. . .]

Neubewertung der grundsätzlichen Ziele

10. Der Minister sollte dem Nationalen Sicherheitsrat noch vor dem 28. Oktober 1954 Bericht erstatten, ob nach seiner Auffassung das oben definierte Aktionsprogramm erfolgreich durchgeführt werden kann. Falls der Sicherheitsrat zu diesem Zeitpunkt der Auffassung ist, daß dieses Aktionsprogramm nicht mehr durchführbar ist, sollte der Rat sich darauf einstellen, festzulegen, welche Ziele die Vereinigten Staaten angesichts der dann veränderten Lage verfolgen sollten, und Antworten auf die folgenden Fragen geben:

a) Geht man davon aus, daß es auch weiterhin unser Ziel ist, (1) eine wirksame Abschreckung gegen eine sowjetische Aggression und (2) Maßnahmen für eine wirksame Verteidigung der Vereinigten Staaten und der dafür lebenswichtigen Regionen sicherzustellen, könnte eine realistische Strategie für die Verteidigung Westeuropas entworfen werden:

(a) ohne deutsche Beteiligung?

(b) ohne französische Beteiligung?

(c) ohne Beteiligung sowohl Frankreichs wie Deutschlands?

Welche grundlegenden Änderungen in den militärischen Planungen und der Festlegung von Mitteln zöge die Durchführung jeder dieser Strategien für die Vereinigten Staaten nach sich?

[. . .]

f) Wenn Deutschland mit beschränkten Streitkräften wiedervereinigt und neutralisiert würde, was wäre die wahrscheinliche Richtung seiner Politik, was wäre die Auswirkung auf seine Verwundbarkeit im Kalten Krieg und auf die Stabilität Westeuropas?

[. . .]

Quelle: NSC-Dokument 5433/1, NAW, NSCF, Box 11.

D 25: Die Nahostpolitik der USA 1954

Richtlinien des NSC betreffend Ziele und Politik der Vereinigten Staaten im Nahen Osten vom 23. Juli 1954

Dieses Dokument sollte mit dem ebenfalls erstmalig auszugsweise veröffentlichten NSC-Dokument zum Nahostkonflikt 1958 (D 32 c) verglichen werden.

Streng geheim [23. Juli 1954]

Allgemeine Überlegungen

1. Der Nahe Osten ist von großer strategischer, politischer und wirtschaftlicher Bedeutung für die freie Welt. In dieser Region liegen die größten Erdölvorkommen auf der Erde; lebenswichtige Standorte für strategische Militärstützpunkte für jeden weltweiten Konflikt mit dem Kommunismus; der Suezkanal sowie natürliche Verteidigungsgrenzen. In ihr liegen auch heilige Stätten der christlichen, jüdischen und islamischen Welt, und es gehen deswegen von dort religiöse und kulturelle Einflüsse mit Wirkungen auf alle Menschen in der Welt aus. Die Sicherheitsinteressen der Vereinigten Staaten wären aufs höchste gefährdet, wenn der Nahe Osten unter sowjetischen Einfluß oder sowjetische Herrschaft fallen sollte.

2. Die gegenwärtigen Verhältnisse und Entwicklungen im Nahen Osten wirken den westlichen Interessen entgegen. In den letzten Jahren sind Ansehen und Macht des Westens zurückgegangen. Die Nationen des Nahen Ostens sind entschlossen, ihre Unabhängigkeit zu behaupten und mißtrauen dem Interesse anderer Länder an ihren Angelegenheiten. Insbesondere ist der Einfluß des Vereinigten Königreichs schwächer geworden, wobei Mißtrauen und Haß an die Stelle der früheren kolonialen Unterwürfigkeit getreten sind. Auch Frankreich stößt auf Ablehnung und Mißtrauen wegen seiner Weigerung, Marokko und Tunesien in die Freiheit zu entlassen, und wegen seiner früheren Rolle als Schutzmacht in Syrien und im Libanon. Ein Teil des dem Vereinigten Königreich und Frankreich entgegengebrachten Mißtrauens ist auf die Vereinigten Staaten übergegangen, als einem Verbündeten dieser beiden Mächte. Noch wichtiger, die arabischen Völker sind aufgebracht wegen unserer von ihnen für proisraelisch gehaltenen Politik. Zusätzlich wirken die ausgeprägte politische und wirtschaftliche Instabilität, die militärische Schwäche, die weitverbreitete Unruhe, die Spannungen zwischen Arabern und Israelis, die Auseinandersetzungen des Vereinigten Königreichs sowohl mit Ägypten als auch mit dem Iran und Saudi-Arabien, das französische Nordafrika-Problem und die Tätigkeit der Sowjets zum Nachteil des Westens.

3. Im Nahen Osten geht die Bedrohung für die Sicherheit der freien Welt nicht so sehr von der Gefahr eines direkten sowjetischen Angriffs aus, als vielmehr von der Fortsetzung der gegenwärtigen ungünstigen Trends. Gelingt es nicht, diese Trends umzukehren, so könnte der Nahe Osten dem Westen in den nächsten Jahren verlorengehen.

4. Anstrengungen, um den Verlust des Nahen Ostens zu verhindern, erfordern in dieser Region von den Vereinigten Staaten ein Mehr an Verantwortungsbereitschaft, Tatkraft und Führungsstärke ... Es ist wichtig für die Beilegung offener politisch kontroverser Fragen, daß die Vereinigten Staaten die arabischen Staaten von ihrer Fähigkeit überzeugen, unabhängig von anderen westlichen Staaten und von Israel zu handeln.

5. Das Tempo des wirtschaftlichen Wachstums und die Verteilung seiner Ergebnisse gehören zu den wichtigsten Faktoren, die von Einfluß sind auf die innere Stabilität, die Einstellungen der Völker und ihrer Führungen zur freien Welt und zum Kommunismus sowie auf den Fortbestand von Regierungen, die weder unter der Herrschaft noch unter dem Einfluß der Kommunisten stehen. Es liegt im Interesse der Vereinigten Staaten, dazu beizutragen, daß der soziale und wirtschaftliche Druck in Richtung revolutionären Wandels umgeleitet wird in Kanäle, die zu einem gesunden Wirtschaftswachstum bei gleichzeitiger Erhaltung und Verbesserung der politischen Stabilität führen.

6 a. Eine Verstärkung der militärischen Ausbildung und der Kampfkraft im Nahen Osten würde zur inneren Stabilität und zur politischen Orientierung am Westen hin beitragen, und könnte in der Bevölkerung dieses Raumes Vertrauen entstehen lassen in ihre Fähigkeit, zu ihrem eigenen Schutz beizutragen.

[...]

Ziele

7. Zugänglichkeit der Rohstoffvorräte, der strategischen Positionen und der Durchfahrtsrechte in der Region für die Vereinigten Staaten und ihre Verbündeten, und die Verweigerung dieser Rohstoffvorräte und strategischen Positionen gegenüber dem Sowjetblock.

8. Stabile, lebensfähige und uns freundliche Regierungen in der Region, die in der Lage sind, mit kommunistisch inspirierter Untergrundarbeit im Innern fertigzuwerden, und die gewillt sind, kommunistischer Aggression zu widerstehen.

9. Beilegung der wichtigeren Streitpunkte zwischen den arabischen Staaten und Israel als Grundlage für Frieden und Ordnung in der Region.

10. Umkehr des antiamerikanischen Trends der arabischen öffentlichen Meinung.

11. Verhinderung einer Ausbreitung sowjetischen Einflusses in der Region.

12. In der freien Welt mehr Verständnis wecken für die legitimen Bestrebungen der Länder in dieser Region, als souveräne Staaten mit allen Rechten anerkannt zu werden, und in diesen Staaten mehr Anerkennung ihrer Verantwortung für die Region und für die freie Welt im allgemeinen herbeiführen.

Allgemeine Vorgehensweisen

13. Die Vereinigten Staaten sollten:

a) Mehr Verantwortung für die Region übernehmen und dabei, soweit dies durchführbar ist, in Abstimmung mit dem Vereinigten Königreich handeln, aber sich vorbehalten, auch zusammen mit anderen Staaten oder allein zu handeln.

[. . .]

c) Die arabischen Staaten zu der Auffassung bringen, daß wir mit ihren legitimen Bestrebungen sympathisieren und ihre Interessen achten.

d) Ihre Bemühungen um eine Lösung der politischen Differenzen zwischen den Staaten der Region und zwischen diesen und den westlichen Staaten verstärken.

e) Danach trachten, den revolutionären und nationalistischen Druck in der ganzen Region in geordnete, dem Westen nicht feindliche Kanäle zu leiten, anstatt zu versuchen, lediglich den Status quo zu erhalten.

f) Selbsthilfemaßnahmen ermutigen, die Ausweitung privater Investitionen fördern und eine eindeutig verstärkte wirtschaftliche und technische Hilfe leisten.

g) In begrenztem Umfang Militärhilfe leisten.

h) Die Entwicklung eigenständiger regionaler Verteidigungsvorkehrungen fördern, die die Stabilität erhöhen und die Sicherheit der Region festigen. Bereit sein, sich gegebenenfalls an solchen Vorkehrungen zu beteiligen, wenn das politische Klima in der Region dies als durchführbar erscheinen läßt.

i) Diejenigen Führungsgruppen unterstützen, von denen sich am ehesten ein geordneter Fortschritt in Richtung der Ziele der freien Welt hin erwarten läßt. Anstreben, die Beteiligung von Intellektuellen an westlich orientierten Tätigkeiten zu erhöhen.

j) Den Völkern dieser Region die grundsätzlich feindlichen Absichten des Sowjetregimes klarmachen.

k) Kultur-, Erziehungs- und Informationsprogramme verstärken.

l) [Im Original unkenntlich gemacht, der Hrsg.]

[. . .]

Spezielle Vorgehensweisen

[. . .]

17. Verteidigung der Region. Die USA sollten:

a) Geheimpläne für die Verteidigung der Region zusammen mit dem Vereinigten Königreich, der Türkei und anderen als wünschenswert angesehenen Staaten entwickeln.

b) Militärisch-politische Geheimgespräche in allernächster Zeit mit dem Vereinigten Königreich über die Entwicklung der »northern tier«-Konzeption als einer Bewegung der einheimischen Staaten selber führen, wobei sich zum gegenwärtigen Zeitpunkt die Westmächte oder westliche Verteidigungsorganisationen nicht in aller Form assoziieren würden – außer durch die Beteiligung der Türkei.

c) Den Beitritt des Irak und des Iran zum türkisch-pakistanischen Pakt – soweit dies sinnvoll erscheint – ermutigen, dabei zwar jeden Druck vermeiden, aber dennoch versuchen, politische Bedingungen herbeizuführen, die einen solchen Beitritt ermöglichen und attraktiv erscheinen lassen.

[. . .]

(Anhang)

Ziele

[In Ergänzung zu denen des Grundsatzpapiers]

9. a) Einen bewaffneten Angriff Israels oder der arabischen Staaten abschrecken, und falls es zu einem solchen bewaffneten Angriff kommen sollte . . ., den angreifenden Staat* . . ., jedes eroberte Gebiet wieder aufzugeben.

b) Die gegenwärtigen arabisch-israelischen Spannungen verringern und auf einen künftigen dauerhaften Frieden zwischen den arabischen Staaten und Israel hinwirken.

c) Das Problem der arabischen Flüchtlinge mildern.

(Zusätzliche Richtlinien) . . .

Vorgehensweisen

10. a) Im Falle eines größeren bewaffneten Konflikts zwischen Israel und den arabischen Staaten sollten die Vereinigten Staaten bereit sein, nachfolgende Schritte gegen den Staat oder die Staaten zu ergreifen, die nach Untersuchung des Sachverhalts durch die Vereinten Nationen, oder, falls nötig, durch die Vereinigten Staaten, als für den Konflikt verantwortlich bezeichnet wurden, oder die sich weigern, ihre Streitkräfte hinter die im Palästina-Waffenstillstand von 1950 festgelegte Linie zurückzuziehen:

[Fortsetzung im Original unkenntlich gemacht, ebenso b)]

c) Die folgenden Maßnahmen entweder vor oder gleichzeitig mit den in Abschnitt 10 a dargestellten Maßnahmen durchführen:

(1) Soweit angemessen, andere Länder zu Maßnahmen drängen, die denen der Vereinigten Staaten ähnlich sind.

(2) Jede nur mögliche Anstrengung zu machen, damit die Vereinten Nationen alle derartigen Aktionen gutheißen und unterstützen.

[. . .]

---

* Verb usw. gelöscht [der Hrsg.]; vgl. dazu in Kapitel III, D 32 c, Punkt 33.

12. Zu einem Zeitpunkt und in einer Weise, die er für die wirkungsvollste hält, sollte der Außenminister Israel und die arabischen Staaten vertraulich davon in Kenntnis setzen, daß die Vereinigten Staaten in Übereinstimmung mit ihrer geltenden Politik versuchen werden, jeden bewaffneten Angriff entweder Israels oder der arabischen Staaten zu verhindern, und sollte es doch dazu kommen, versuchen werden, ihn schnell zum Erliegen zu bringen.

[. . .]

15. Den Einfluß der Vereinigten Staaten zu nutzen, um arabisch-israelische Grenzstreitigkeiten beizulegen, was einige Konzessionen Israels erfordern mag.

16. Mitarbeiten bei der Suche nach einer gerechten Einigung über den Status Jerusalems und der heiligen Stätten in Palästina, die für die direkt betroffenen Staaten und für die Mehrheit der Staaten der freien Welt annehmbar ist.

17. Sowohl tatsächlich wie dem Anschein nach die unparteiische Freundschaft mit den arabischen Staaten und mit Israel erhalten, Vorzugsbehandlung eines Staates vermeiden und gleiches Interesse am Wohlergehen jedes dieser Staaten zeigen.

[. . .]

19. *Israel betreffend:*

[a) im Original gelöscht]

b) Während die an Israel geleistete Wirtschaftshilfe zunehmend verringert wird, um sie in ein ausgewogenes Verhältnis zur Hilfe für andere in dieser Region zu bringen, auf Israel Druck ausüben, damit es die finanzpolitischen Maßnahmen ergreift, die notwendig sind für einen möglichst raschen Fortschritt in Richtung auf eine sich selbst versorgende Volkswirtschaft, und weiterhin Israel Hilfe leisten, um seine Lebensfähigkeit zu sichern.

c) Weiterhin bei Israel darauf dringen, eine begrenzte Zahl arabischer Flüchtlinge aufzunehmen und unverzüglich Verfahren auszuarbeiten für die Freigabe blockierter arabischer Guthaben sowie Zahlung vernünftiger Wiedergutmachung an die arabischen Flüchtlinge zu einem angemessenen Zeitpunkt, vorzugsweise zusammen mit deren tatsächlicher Wiederansiedlung oder Rückführung in ihre Heimat.

20. *Die arabischen Staaten betreffend:*

a) Versuchen, so schnell wie dies durchführbar ist, mit dem Problem arabischer Flüchtlinge weiterzukommen durch Maßnahmen wie Wiederansiedlung in den arabischen Staaten oder außerhalb des Nahen Ostens. Soweit dies möglich ist, dabei die UNRWA [Hilfswerk der UN für arabische Flüchtlinge aus Palästina] einschalten.

b) Weiterhin wirtschaftliche und technische Hilfe gewähren . . . mit Schwerpunkt auf Projekten, die die Wiederansiedlung arabischer Flüchtlinge erleichtern.

c) Die Militärhilfe . . . ausweiten. Die Araber davon in Kenntnis setzen, daß die Vereinigten Staaten öffentlich feststellen könnten, daß ihre Zusicherungen im Fall von Aggressionen auf alle Länder, einschließlich Israels, anwendbar sind.

d) Hinarbeiten auf eine künftige Aufhebung des arabischen Wirtschaftsboykotts gegen Israel; den arabischen Bemühungen, einen sekundären Boykott des Handels der

Vereinigten Staaten mit Israel zu verwirklichen, Widerstand entgegensetzen; weiterhin die Entschließung des Sicherheitsrates unterstützen, die zur Aufhebung der ägyptischen Einschränkungen für die Benutzung des Suezkanals durch Israel auffordert; Hilfe leisten bei der Wiederherstellung normaler Handelsbeziehungen und des Land-, See- und Luftverkehrs zwischen Israel und den arabischen Staaten.

e) Den Arabern deutlich machen, daß wir ihre negative Einstellung zu Vorschlägen, die mit der Anerkennung der Existenz Israels zu tun haben, und ihre Weigerung, die Möglichkeit einer künftigen Beilegung des Konflikts zu erwägen, nicht hinnehmen können. Während die Araber von uns daran erinnert werden, daß Frieden das Fernziel ist, vorsichtig vorgehen, damit nicht die Betonung dieses Ziels die arabische Bereitschaft zu den notwendigen ersten Schritten behindert.

21. Über das bisher Gesagte hinaus, Einsatz politischer, wirtschaftlicher und psychologischer Maßnahmen, um auf lange Sicht einen sich verstärkenden Abbau der Spannungen zwischen den arabischen Staaten und Israel zu erreichen, was zu Verhältnissen führen sollte, in denen schließlich der Frieden gesichert werden kann.

[. . .]

Quelle: NSC-Dokument 5428, NAW, NSCF.

D 26: Die USA und die Krise in Guatemala 1954

Rundfunk- und Fernsehansprache von Außenminister Dulles über den internationalen Kommunismus in Guatemala vom 30. Juni 1954

Von 1944 bis 1951 war Guatemala von einem Präsidenten regiert worden, der einen „geistigen Sozialismus" zur Grundlage einer neuen Sozial- und Wirtschaftspolitik des Landes machen wollte. Sein Nachfolger Oberst Arbenz setzte dieses Programm fort – vor allem in Richtung auf eine Bodenreform. Damit war unter anderem der offene Konflikt mit der United Fruit Company vorprogrammiert, die praktisch in den Händen des US-amerikanischen Kapitals war und sehr ausgedehnte Ländereien in Guatemala, die einzige Eisenbahngesellschaft sowie den einzigen größeren Hafen des Landes kontrollierte. Außenminister Dulles, der angeblich selber Verbindungen zu dieser amerikanischen Großfirma gehabt haben soll, erwähnte bei seinem Auftritt auf der Interamerikanischen Konferenz von Caracas, März 1954, die Enteignung bzw. die Frage der Entschädigung nicht direkt. Vielmehr forderte er eine Solidaritätsaktion der OAS gegen die angeblich von Kommunisten beherrschte Regierung Guatemalas. (Diese Behauptung wurde unter innenpolitischen Gesichtspunkten niemals nachgewiesen, noch bestand außenpolitisch eine auch nur entfernte Abhängigkeit von der Sowjetunion.) Vorher hatte allerdings das State Department in Noten vom März und August 1953 – ein diplomatisch einmaliger Vorgang – die verschiedenen Forderungen der Gesellschaft im einzelnen begründet und beziffert und sich damit sozusagen zu ihrem Sprecher gemacht (s. Anm. 25, S. 87 f.).

Heute abend möchte ich zu Ihnen über Guatemala sprechen.

Es ist die Szene dramatischer Entwicklungen. Diese legen die böse [evil] Absicht des Kreml offen, das interamerikanische System zu zerstören und die Fähigkeit der amerikanischen Staaten auf die Probe zu stellen, eine friedliche Integrität in dieser Hemisphäre aufrechtzuerhalten. Seit einigen Jahren schon hat der internationale Kommunismus hier und da versucht, Plätze auszuspähen, wo er sich einnisten kann. Er hat sich schließlich Guatemala als ein Gebiet auserwählt, das er in einen regelrechten Stützpunkt verwandeln konnte, um von hier aus eine Subversion auszubrüten, die sich auf andere amerikanische Republiken ausdehnen ließe. Dieses Eindringen des sowjetischen Despotismus war natürlich eine direkte Herausforderung unserer Monroe-Doktrin, unserer obersten und fundamentalsten außenpolitischen Zielsetzung . . .

Der internationale Kommunismus hatte in Guatemala einen Anfangserfolg. Es begann vor 10 Jahren, als es in Guatemala zu einer Revolution kam. Die Revolution war nicht ungerechtfertigt. Aber die Kommunisten bedienten sich ihrer, nicht als einer Gelegenheit für eine wirkliche Reform, sondern als einer Chance, um politische Macht zu gewinnen.

[. . .]

Guatemala ist ein kleines Land. Aber seine Macht, für sich allein betrachtet, ist kein Maßstab für die Bedrohung. Es ist vielmehr die Strategie des internationalen Kommunismus, eine feste politische Basis in dieser Hemisphäre zu erlangen, eine Basis, die dazu benutzt werden kann, die kommunistische Durchdringung auf die anderen Völker der anderen amerikanischen Staaten auszudehnen. Es war nicht die Macht der Arbenz-Regierung, die uns beunruhigte, sondern die Macht, die hinter ihr stand. Wenn der Weltkommunismus irgendeinen amerikanischen Staat vereinnahmt, wie klein er auch sein mag, dann wird eine neue gefährliche Front aufgebaut, die die Bedrohung für die gesamte freie Welt erhöht und noch größere Opfer vom amerikanischen Volk verlangt.

[. . .]

Durch die ganze Zeitspanne, die ich dargestellt habe, haben die guatemaltekische Regierung und die kommunistischen Agenten in der ganzen Welt beständig den Versuch gemacht, die Grundfrage – nämlich die des kommunistischen Imperialismus – dadurch zu vertuschen, daß sie behaupten, die Vereinigten Staaten seien allein am Schutz der amerikanischen Wirtschaftsinteressen interessiert. Wir bedauern, daß es zu Streitfällen zwischen der guatemaltekischen Regierung und der United Fruit Company gekommen ist. Wir haben uns wiederholt dafür eingesetzt, daß diese Streitfälle zur Beilegung einem internationalen Gerichtshof oder einer internationalen Schlichtungsstelle vorgelegt werden.

Dies ist der Weg, Probleme dieser Art zu erledigen. Aber diese Frage ist vergleichsweise unwichtig. Alle, die die Veranlagung des Volkes und der Regierung der Vereinigten Staaten kennen, müssen zur Kenntnis nehmen, daß unsere bei weitem größte Sorge, die wir zusammen mit anderen in Caracas zu Protokoll gegeben haben, die Gefährdung von Frieden und Sicherheit in dieser Hemisphäre durch den internationalen Kommunismus ist.

Von der Bevölkerung Guatemalas hat man nichts gehört. Ungeachtet der Waffen, die von ihr angehäuft wurden, war die Arbenz-Regierung unfähig, die Bevölkerung für eine von innerer Überzeugung getragene Zusammenarbeit zu gewinnen.

Geführt von Oberst Castillo Armas haben sich Patrioten in Guatemala erhoben, um die kommunistische Führung herauszufordern und um sie abzulösen. So wird die Situation durch die Guatemalteken selbst geheilt.

[. . .]

Wir können dankbar sein, daß die Organisation Amerikanischer Staaten gezeigt hat, daß sie zur Förderung des Friedens schnell und kraftvoll handeln kann. Dies war ein Beweis, daß unsere amerikanische Organisation nicht nur auf dem Papier steht, sondern daß sie Kraft und Stärke zum Handeln hat.

Wir können dem Sicherheitsrat der Vereinten Nationen dankbar sein, der das Recht regionaler Organisationen anerkannt hat, ihre eigenen Angelegenheiten zunächst selber zu regeln. Hätte er dies nicht getan, dann hätten die Sowjetrussen eine Auseinandersetzung begonnen, die Regionalismus gegen Universalismus gestellt hätte, und zum schweren Nachteil beider gewesen wäre.

Vor allem aber können wir dankbar sein, daß es loyale Bürger Guatemalas gab, die angesichts von Terrorismus und Gewalt und gegen eine scheinbar unüberwindliche Übermacht den Mut und den Willen hatten, die verräterischen Werkzeuge ausländischer Despoten auszuschalten.

Die Notwendigkeit, wachsam zu sein, ist nicht vorüber. Der Kommunismus ist immer noch überall eine Bedrohung. Aber die Völker der Vereinigten Staaten und der anderen amerikanischen republikanischen Staaten können heute abend das Gefühl haben, daß wenigstens eine ernste Gefahr abgewendet wurde. Außerdem wurde ein Beispiel gegeben, das für die Zukunft erhöhte Sicherheit verspricht. Die Ehrgeizigen und Skrupellosen werden weniger geneigt sein, im Kommunismus ihren künftigen Vorteil zu sehen.

Abschließend lassen Sie mich dem Volk von Guatemala eine Versicherung geben. Auch nachdem Frieden und Freiheit in dieser Schwester-Republik wiederhergestellt sind, wird die Regierung der Vereinigten Staaten fortfahren in ihrer Unterstützung des gerechten Strebens des guatemaltekischen Volkes. Ein gedeihendes und fortschrittliches Guatemala ist lebenswichtig für die Gesundheit der Hemisphäre. Die Vereinigten Staaten verpflichten sich nicht nur, dem Kommunismus politisch entgegenzutreten, sondern auch dazu beizutragen, die Verhältnisse in Guatemala und anderswo zu verbessern, die dem Kommunismus eine Gelegenheit geben könnten, seine Fangarme in der ganzen Hemisphäre auszustrecken. Auf diese Weise werden wir versuchen, im Positiven aus unseren Amerikas ein Beispiel zu machen, das die Menschen in der ganzen Welt inspiriert.

Quelle: Schlesinger, a. a. O. (s. D 12 b), Bd. III, S. 282 f.

D 27: Die „Dominotheorie“ Präsident Eisenhowers 1954

In entsprechenden NSC-Papieren – vor allem in Nr. 177 vom Dezember 1953 – war Südostasien als ein für die Sicherheit der USA „kritisches Gebiet“ bezeichnet worden, das nur dann gegen eine „Aggression des kommunistischen China“ „erfolgreich verteidigt“ werden könne, wenn Indochina „gehalten“ werde. Auf einer Pressekonferenz am 8. April 1954 erklärte der US-Präsident Eisenhower auf die Frage eines Korrespondenten, warum sich die USA mit Wirtschafts- und Militärhilfe für Frankreich im Krieg Frankreich gegen Nordvietnam engagierten.

. . . Es geht da um Spezifisches und Allgemeines, wenn man sich über alle diese Dinge Gedanken macht. Zum ersten geht es um den spezifischen Wert eines geographischen Raumes im Hinblick auf die Produktion von Rohstoffen, die die Welt braucht.

Dann besteht die Möglichkeit, daß viele Menschen unter eine Diktatur geraten, die der freien Welt feindlich gegenübersteht.

Schließlich gibt es allgemeinere Erwägungen, die sich ableiten aus einem Prinzip, das man als „Dominotheorie“ bezeichnen kann. Es steht da eine Reihe von Dominosteinen. Sie stoßen den ersten um und was mit dem letzten geschieht, ist die Gewißheit, daß es sehr schnell gehen wird. So könnte der Anfang eines Zerfalls mit außerordentlich weitreichenden Folgen aussehen.

Nun zu dem ersten Punkt: Zwei Dinge, die die Welt aus dieser speziellen Gegend bezieht, sind Zinn und Wolfram. Diese sind sehr wichtig. Natürlich gibt es noch andere, die Gummiplantagen usw.

Dann zu der zunehmenden Anzahl von Menschen, die unter diese Herrschaft geraten: Asien hat schließlich bereits ungefähr 450 Millionen Menschen seiner Bevölkerung an die kommunistische Diktatur verloren, und wir können uns größere Verluste einfach nicht leisten.

Aber wenn wir zu dem möglichen Ablauf der Ereignisse kommen, dem Verlust von Indochina, Burma, Thailand, der Halbinsel und danach Indonesiens, hier geht es um Gebiete, die nicht nur die Nachteile vervielfachen, die durch den Verlust von Rohstoffen und Rohstoffquellen entstünden, jetzt geht es hier vielmehr in Wirklichkeit um Millionen und Millionen und Millionen von Menschen.

Schließlich wird durch die damit entstandene geographische Situation vieles bewirkt: Sie verschiebt die sogenannte Inselverteidigungskette: Japan, Formosa, Philippinen weiter südwärts; mit dieser Verschiebung kommt es zur Bedrohung Australiens und Neuseelands.

In wirtschaftlicher Hinsicht verliert Japan die Gebiete, die es als Handelspartner braucht; oder aber Japan müßte seinerseits, um weiterzuleben, sich in eine ganz bestimmte Richtung hin orientieren, nämlich zu den kommunistischen Gebieten.

So sind also die möglichen Konsequenzen des Verlusts für die freie Welt gar nicht auszudenken.

[. . .]

Quelle: Papers of the President, Dwight D. Eisenhower, 1954, S. 382 f.

III.

1955–1960
Auf dem Weg zum atomaren Patt

Einführung

Durch die Periodisierung dieses Kapitels soll aufgezeigt werden, wie sehr, ja ausschließlich die Außen- und Verteidigungspolitik der USA von Veränderungen im gesamtstrategischen Verhältnis zur Sowjetunion bestimmt wurde. Die Überschrift spiegelt eine neue Qualität dieses Verhältnisses und damit zugleich eine entscheidende Zäsur in den Beziehungen zwischen Moskau und Washington wieder: Diejenigen Stellen in Washington, denen eine regelmäßige Vorausberechnung des sowjetischen Kriegspotentials oblag – also vor allem die Stabschefs, der CIA und durch diese der Nationale Sicherheitsrat – gingen zwar noch im Mai 1955 davon aus, daß die USA ihre atomare Überlegenheit „bis 1960" aufrechterhalten könnten (D 28 a). Zumindest zwischen 1955 und 1957 wurde dann aber damit gerechnet (D 28 b–d), daß die UdSSR aufgrund der von ihr gemachten technologischen Fortschritte im Bereich der Rüstung im allgemeinen und der Entwicklung atomarer Trägerwaffen im besonderen in der Lage sein würde, schon in kürzester Zeit den USA im Ernstfall schwerste Schäden zuzufügen. Insofern können wir im nachhinein für diesen Zeitraum von einem Weg zum atomaren Patt sprechen. Die Möglichkeit der gegenseitig sichergestellten Vernichtung durch Erst- und Zweitschlag bahnte sich an, obwohl die quantitative und qualitative atomare Überlegenheit der USA bis in die siebziger Jahre ebenso erhalten blieb wie das konventionelle Übergewicht der UdSSR.

1. Militärisches Gleichgewicht oder Übergewicht?

In den Mittelpunkt der Bedrohungsanalysen in Washington rückte immer stärker die vorausgesagte Entwicklung von sowjetischen Langstreckenraketen, zunächst auf U-Boote und Flugzeuge gestützt, später interkontinental von „Boden zu Boden“ einsetzbar. Speziell diese waffentechnische Entwicklung scheint damals in den USA das große Umdenken im Hinblick auf ein mögliches Kriegsbild hervorgerufen zu haben, bis dann der völlig unerwartete Erstvorstoß der Sowjetunion ins All mit ihrem Sputnik im Oktober 1957 einen tiefgreifenden Schock im Bewußtsein der Amerikaner auslöste, die sich selbst sozusagen als größte Industrie- und Technologienation aller Zeiten betrachteten. Eisenhower sagte dazu später [1]:

„Um 7.30 Uhr am Abend des Freitag, dem 4. Oktober 1957, schoß die Sowjetunion in Kasachstan . . . der Welt ersten, von Menschen gemachten Satelliten in den Weltraum. Er führte zu einem neuen Begriff in der Sprache: Sputnik, das russische Wort für ‚Reisegefährte‘. . . Diese große Errungenschaft rief eine Welle der Besorgnis in der ganzen freien Welt hervor. Kommentatoren in Zeitungen, Illustrierten, in Radio und Fernsehen machten sich zum Sprachrohr des Mannes auf der Straße, indem sie ihr Unbehagen über diesen Beweis dafür zum Ausdruck brachten, daß die Russen nicht länger als ‚rückständig‘ angesehen werden konnten und sogar die Vereinigten Staaten in einem aufsehenerregenden wissenschaftlichen Wettbewerb ‚geschlagen‘ hatten. Man erinnerte sich nun mit großer Sorge daran, daß nur einige Wochen vorher die Sowjetunion behauptet hatte, sie habe der Welt ersten erfolgreichen Versuch mit einer mehrstufigen Interkontinentalrakete hinter sich gebracht – einen Abschuß, der, wie die Russen sagten, beweise, daß sie eine Rakete in jeden beliebigen Teil der Welt abfeuern könnten.

Die wissenschaftliche Leistung der Sowjets war in der Tat eindrucksvoll. Das Ausmaß des Schubes, der gebraucht wird, um einen Satelliten dieses Gewichtes in den Weltraum zu befördern, hat uns ganz eindeutig überrascht. Es hat keinen Zweck, den Erfolg [der Sowjets] herunterzuspielen oder auch nur das Warnsignal, welches wir dadurch erhielten, daß wir nämlich selber zusätzliche Anstrengungen unternehmen müßten, um einen maximalen Fortschritt bei der Entwicklung unserer Raketen und anderer Wissenschaftsprogramme zu erzielen.“

---

1 Zit. nach Schlesinger, a. a. O., Bd. II, S. 583.

Im Frühjahr 1956 (D 28 b) wurde angenommen, daß zwar die USA ihrerseits Mitte 1956, spätestens ab 1958 in der Lage sein würden, der UdSSR den „entscheidenden“ [decisive] atomaren Schlag zu versetzen. Diese Charakterisierung sollte implizieren, daß das „gesamte wirtschaftliche, politische und kulturelle Leben in der UdSSR“ innerhalb von „Stunden oder Tagen“ auf diese Weise in einen Zustand des „Chaos“ verwandelt werden würde, ohne daß der Gegner in Moskau noch einen Gegenschlag würde auslösen können. Umgekehrt würde die Sowjetunion ab 1958 mit einem Erstschlag den USA („nur“) einen „vernichtenden“ oder „lähmenden“ [crippling] Schlag versetzen können, der aber die Fähigkeit der westlichen Supermacht „ernsthaft in Frage stellen müßte“, sich „innerhalb von Jahren“ erneut als „eine große Industrienation“ zu etablieren.

Eisenhower sah sich offenbar aufgrund solcher Szenarios beispielsweise in einer Besprechung mit seinen damaligen Spitzenmilitärs, Admiral Radford und General Taylor, am 24. Mai 1956 im Weißen Haus zu der Feststellung veranlaßt, „die USA seien nie zuvor von Angst erfüllt gewesen, bis diese Waffen auf der Bildfläche erschienen seien, und es sei genau dieser [mögliche] Typus von Krieg, der die größten Rüstungsanstrengungen rechtfertige, die die USA in ihrer bisherigen Geschichte in Friedenszeiten unternähmen.“ Wie hatte das hingegen noch in Trumans Presseerklärung aus Anlaß des Abwurfes der ersten Atombombe auf Japan am 6. August 1945 ganz anders geklungen: „[Mit dieser Atombombe] wird die ‚Grundkraft des Universums‘ in Dienst gestellt. Das Potential, von dem die Sonne selber ihre Kraft erhält, ist auf die losgelassen worden, die den Krieg in den Fernen Osten getragen haben. . . . Das größte Wunder ist jedoch nicht das Ausmaß des ganzen Unternehmens, seine Geheimhaltung oder seine Kosten, sondern die Leistung der wissenschaftlichen Gehirne.“[2]

Im Rahmen der zunächst von der Regierung Eisenhower festgelegten Verteidigungsstrategie einer „massiven Vergeltung“ ging es in den Entscheidungsgremien unter Führung Eisenhowers in der zweiten Hälfte der fünfziger Jahre zunehmend um die Frage, ob atomare Waffen auch zur Abwehr einer begrenzten Aggression der anderen Seite, also auf örtlicher Ebene, und ob B- und C-Waffen notfalls auch in einem allgemeinen Krieg eingesetzt werden sollten. Hinter dieser Fragestellung steckte darüber hinaus das Problem des Verhältnisses von konventioneller zu atomarer Aufrüstung der USA, das auch in den Strategiediskussionen des Jahres 1958 eine große Rolle spielte (siehe D 31 b). Sehr aufschlußreich ist in diesem Zusammenhang die grundlegende Entscheidung des NSC vom 15. März 1956. Die im ursprünglichen Entwurf vom 8. Februar von der freigebenden Stelle des Jahres 1977 *gelöschten* Punkte 11 und 12 – die ohnehin im davorliegenden Richtliniendokument aus dem Jahre 1955 laut Legende überhaupt noch nicht enthalten waren – lassen sich seit 1978/

2 Eisenhower zit. nach NAW; Truman zit. nach FRUS, 1945, Bd. II, S. 1736.

79, nunmehr unbeanstandet von einer freigebenden Stelle, zusammen mit einem neuen Punkt nachlesen und lauten wie folgt: „11. Atomwaffen werden in einem allgemeinen Krieg und in militärischen Operationen unterhalb dieser Schwelle nach Genehmigung durch den Präsidenten eingesetzt werden. Eine solche Autorisierung kann auch vorab im Ermessen des Präsidenten gegeben werden. – 12. In dem Maße, in dem die militärische Effektivität der US-Streitkräfte durch einen entsprechenden Einsatz erhöht werden kann, werden die Vereinigten Staaten bereit sein, in einem allgemeinen Krieg chemische und bakteriologische Waffen einzusetzen. Die Entscheidung zu ihrem Einsatz wird vom Präsidenten getroffen werden. – 13. Sollte es der Zeitfaktor erlauben und sollte ein Angriff auf das Gebiet der Vereinigten Staaten oder auf US-Streitkräfte nicht involviert sein, dann sollten die USA ihre relevanten [appropriate] Alliierten konsultieren, bevor der Präsident irgendeine Entscheidung im Hinblick auf den Einsatz von Atomwaffen, chemischen und bakteriologischen Waffen trifft.“[3]

Im Oktober 1956 (D 28 c) gingen die US-Stabschefs dann davon aus, daß die UdSSR erst ab 1964 mittels ihres Interkontinentalraketen-Potentials eine tödliche Gefahr für die USA darstellen würde, um ein Jahr später, im November 1957 (D 28 d) zu der Prognose zu gelangen, daß die Sowjetunion sehr zielstrebig für den Zeitraum von 1966–1969 eine *„militärische Überlegenheit auf allen Gebieten“* anstrebe. Kurz vorher, im Oktober 1957, hatte der Chef des CIA, Allen Dulles, der Bruder des Außenministers, das Schreckensbild an die Wand gemalt, daß die UdSSR in Anbetracht des von ihr entwickelten Vorsprungs im Bereich der Interkontinentalraketen („wir sind zwei bis drei Jahre zurück“) die USA in „einen sehr ernsten nationalen Notstand“ hineinmanövrieren würde[4].

Der damalige Führer der westlichen Welt, schließlich ein Exgeneral im Amt des Präsidenten, scheint aus solchen und anderen Erkenntnissen gleichzeitig auch verhandlungsorientierte Schlußfolgerungen gezogen zu haben, zu denen wir nach dieser chronologisch vorausgreifenden Einleitung zum Thema dieses Kapitels zurückkehren müssen: Er war es, der auf der Vierer-Gipfelkonferenz 1955 in Genf geradezu elegisch-beschwörende Friedenstöne anschlug und vor allem vertrauensbildende Maßnahmen forderte. Man kann sagen, daß es zwischen 1954 und 1960 nicht nur den zur weiterhin abschreckenden Aufrüstung der USA entschlossenen Eisenhower, sondern auch den um Abrüstung bemühten gab. (Ein solches Doppelziel hatten allerdings alle US-Präsidenten nach 1945, wenn auch mit unterschiedlicher Intensität, vor Augen.) Zeitweilig schien man damals in Moskau ebenfalls der Abrüstung den Vorrang zu geben. Man könnte daher im Hinblick auf das sowjetisch-amerikanische Verhältnis für den gesamten Zeitraum von 1954/55 bis 1959/60 von einer US-Politik in Europa –

---

3 NAW, NSC-Dokument Nr. 5602/1.

4 Brief von Allen Dulles an General Goodpaster vom 28. 10. 1957, NAW, CIA-TS-115989 (freigegeben am 7. 12. 1979).

und zum Teil in der angrenzenden, so wichtigen Rand- und Übergangszone zu Asien, im Nahen Osten – sprechen, die *im Spannungsverhältnis zwischen sowjetischer Drohpolitik und beiderseitigen Plänen für einen Modus vivendi* steht.

2. Sowjetische Drohpolitik und Suche nach einem Modus vivendi

So gab es trotz oder auch wegen der Spannungen um und in Deutschland 1952/53 Eisenhowers Abrüstungsplan Ende 1953/Anfang 1954 sowie die Beratungen der vier Außenminister im Frühjahr 1954 in Berlin über die deutsche Frage und die europäische Sicherheit. Aus dieser Zeit verfügen wir über eine weitere NSC-Geheimstudie vom Dezember 1954 (D 29). Aus ihr geht einmal mehr ein beinahe traditionell zu nennender Richtungskampf zwischen Außenministerium („State") und Verteidigungsministerium („Pentagon" oder „Defence") hervor: Die eine, den Präsidenten beratende Behörde wollte nichts unversucht lassen, um mit der UdSSR zu Verhandlungsergebnissen zu kommen; die andere hielt dies für „zwecklos", solange die Sowjetunion die grundsätzlich expansionistische Zielrichtung ihrer gesamten Außen- und Verteidigungspolitik nicht aufgebe. 1955 stellte sich dann nach Abschluß des von West und Ost gemeinsam ausgehandelten Friedensvertrages mit Österreich der „Geist von Genf" ein, mit dessen Hilfe gerade Eisenhower den Durchbruch zu einem amerikanisch-sowjetischen Arrangement erreichen wollte (D 30 a–b). Nachdem sich dieser Geist aus der Flasche schnell wieder verflüchtigte, folgten besonders von Polen (Rapacki, 1957/58), aber auch von Großbritannien (Gaitskell), ja selbst von den USA ausgehend (G. F. Kennan, 1957) verschiedene Vorschläge für die Schaffung einer militärisch verdünnten Zone in Europa[5] sowie Forderungen nach „Inspektionszonen".

Die in den späten fünfziger Jahren vor allem im Westen leidenschaftlich und umfassend diskutierten Vorschläge brachten zunächst das generelle Problem mit sich, wo genau die geographischen Grenzen einer Verdünnungszone zu fixieren wären, das heißt zum Beispiel nur in bezug auf die beiden deutschen Staaten oder, wenn nach Osten hin bis einschließlich Polen, ob dann auch nach Westen bis einschließlich der Beneluxstaaten. Hinzu kam auf westlicher Seite die sehr kontrovers erörterte Frage, ob nicht die Sowjetunion aus ihrer geographischen Position heraus entscheidende Vorteile haben würde, wenn die USA militärisch aus ganz Westeuropa „herausgehen" würden und die Ostmacht zwar auch aus weiten Teilen Osteuropas, dann aber um viele Tage schneller wieder in die verdünnten Gebiete einrücken könnte als der große Gegenspieler

5 Zur Abrüstungsdebatte 1958 siehe auch S. 167; gute Einzelheiten über die militärstrategischen Pläne der USA in jenen Jahren auch im Zusammenhang mit dem sog. Radford-Plan bei: K. D. Schwarz (Hrsg.), Sicherheitspolitik, Bad Honnef ^{3}1978.

aus Washington (das sogenannte Problem des „re-entry"). Betont werden muß in diesem Zusammenhang, daß die Westmächte schon auf der Berliner Außenministerkonferenz 1954, vor allem aber 1955 durch entsprechende eigene Vorschläge (Eden-Plan usw.) das Sicherheitsbedürfnis der Sowjetunion in Rechnung stellten und demselben entgegenkamen.

Schon damals trat das bis heute „theoretisch" ungelöste „Henne-Ei-Problem" zutage, das heißt die Frage, ob die großen politischen Kontroversfragen der Zeit (etwa die Teilung Deutschlands) Ursachen der Spannungen und damit der Ost-West-Rüstungsspirale seien oder umgekehrt diese Rüstungsspirale zu den Spannungen und auf diese Weise dazu führe, daß die politischen Streitfragen nicht gelöst werden könnten. Moskau wollte fraglos den politischen Status quo (Teilung Deutschlands, ein Satellitensystem in Europa) festschreiben und auf dieser Basis ein militärisches Gleichgewicht zwischen Ost und West sicherstellen. Washington hingegen kam zwar (mit den Verbündeten) dem sowjetischen Sicherheitsbedürfnis entgegen, trachtete aber nach wie vor danach, den Status quo aufzulockern und wollte darüber hinaus gegen jede weitere Expansion der Sowjetunion militärisch gewappnet bleiben.

Als ein zweites bis heute ungelöstes Problem kam für die USA 1956/58 die Frage nach dem „Waffenmix" im Rahmen ihrer Abschreckungskonzeption hinzu: Sollte man sich weiter auf die „massive atomare Vergeltung" verlassen oder angesichts des zunehmenden atomaren Patts die Glaubwürdigkeit einer entschlossenen Abwehrhaltung – vor allem im Hinblick auf lokal-regionale Konflikte – durch eine Verstärkung sowohl der nun seit 1954/55 zur Verfügung stehenden taktischen Atomwaffen (einschließlich erster Mittelstreckenwaffen) als auch der konventionellen Waffensysteme demonstrieren. Jetzt kam auch der Gedanke an spezielle „Eingreifverbände" auf (D 31 a–c).

Vorausgegangen war die Doppelkrise von Suez und Ungarn im Oktober/November 1956. In bezug auf die *Suez-Krise* sei darauf hingewiesen, daß Eisenhower mit seinen Beratern von Anfang an entschlossen gewesen zu sein scheint, die beiden westlichen Verbündeten, Frankreich und Großbritannien, durch die UN zum Rückzug zu zwingen, einmal im Hinblick auf eine mögliche und ja auch angedrohte Intervention der UdSSR und zum anderen, weil man sich in diesem Teil der Welt (wie nach 1945 auch in anderen Regionen) neue nationalistische Strömungen, hier also die arabischen, nicht zum Feinde machen wollte. Dies wird deutlich aus Dokument 32 a und aus Aufzeichnungen von Gesprächen und Telefongesprächen Präsident Eisenhowers, der damals im übrigen genauso wie 1957/58 mit der Verkündung der sogenannten Eisenhower-Doktrin und während der Libanonkrise großen Wert auf eine enge Abstimmung mit Führern beider Parteien im Kongreß legte. Er mußte dies schon deshalb, weil er zwar bei der Wiederwahl vom 6. November 1956 selber einen „Riesenerfolg" – wie er dem britischen Premier Eden mitteilte – verbuchen konnte, aber die Mehrheit der Demokraten gegenüber den Zwischenwahlen von 1954 in beiden Häusern des Kongresses noch weiter ausgebaut wurde. „Er müsse daher“, so telefonisch gegenüber Eden am 7. November 1956, „die Führer des Senats und Repräsentantenhauses jetzt zu sich bitten . . . und sie dazu bringen, sich hinter das zu stellen, was immer wir vereinbaren“[6].

Möglicherweise glaubten im Herbst 1956 sowohl die Sowjets als auch die Franzosen und Engländer „ihre jeweilige Krise“ (in Ungarn und Suez) ungestörter und erfolgreich im Hinblick auf die USA inszenieren und zu Ende bringen zu können, weil Washington durch eben diese Wahlen lahmgelegt sei. Eisenhower zeigte sich aber nicht als handlungsunfähig – und dies, obwohl sein Außenminister mitten in der Krise ins Krankenhaus eingeliefert wurde, am Beginn seiner letzten todbringenden Krankheit. Der Präsident schaltete sich von da ab auch sehr viel aktiver in die Außenpolitik ein, noch stärker dann nach dem Rücktritt von Dulles am 18. April 1959 unter dessen Nachfolger Christian Herter. Der in vertraulichem Präsidentenkreise abgesprochenen Linie im Suezkonflikt 1956 entsprach jedenfalls ebenso die amtlich-öffentliche Haltung (D 32 b) wie die 1956 praktizierte und dann 1958 auf den neuesten Stand[7] gebrachte Richtlinie

---

6 Zitate zur Suezkrise hier nach NAW (freigegeben 1981). – Nicht zuletzt das verfassungsmäßige Gebot einer Vertragsratifikation mit einer Zweidrittelmehrheit im Senat dürfte entscheidend dafür verantwortlich gewesen sein, daß sich nach 1945 eine generelle Tendenz auf seiten der US-Exekutive durchsetzte, auch Kongreßmitglieder der jeweiligen Gegenpartei für die vom Präsidenten eingeschlagene außen- und verteidigungspolitische Linie zu gewinnen, ja das zu praktizieren, was man in der US-amerikanischen politikwissenschaftlichen Theorie und in der politischen Praxis eine „bipartisanship“ in der Außenpolitik nennt. Immer wieder kann beobachtet werden, wie der Präsident persönlich Mitglieder des Kongresses, vor allem des Senats, im Weißen Haus in vertraulichen Zwiegesprächen „in die Mangel nimmt“ oder sie kollektiv durch vertraulich-geheime Informationen und Konsultationen in eine an sich die Gewaltenteilung durchbrechende Mitverantwortung einbezieht. Es ist keineswegs so, daß die Hinzuziehung von führenden Persönlichkeiten aus der „anderen“ Partei nur einer Alibifunktion dient. Elemente einer solchen sind sicherlich auch auszumachen. Es überwiegen aber in der Nachkriegsgeschichte Beispiele einer ernstgemeinten und sehr wirkungsvollen Zusammenarbeit. Sie ist in Einzelfallstudien, zum Beispiel an der Tätigkeit des langjährigen Vorsitzenden des Auswärtigen Ausschusses des Senats Arthur Vandenberg, einem Republikaner, unter Präsident Truman belegt worden. Auf diese Weise wurden z. B. die Gründung der UN und des NATO-Bündnisses innenpolitisch abgesichert. – Zur bipartisanship immer noch grundlegend die Fallstudie von H. B. Westerfield, Foreign Policy and Party Politics from Pearl Harbor to Korea, Yale 1955; vgl. auch C.-C. Schweitzer, Theorie und Praxis der amerikanischen Außenpolitik, in: Aus Politik und Zeitgeschichte, B 3/1968.

7 Wir verfügen in diesem Zusammenhang auch noch über einen „Fortschrittsbericht“ an den NSC aus dem Jahr 1956 und eine weitere Richtlinie aus dem Jahr 1960, die allesamt ein hohes Maß an Kontinuität aufweisen. Es ist daran zu erinnern, daß Anfang 1957 Eisenhower in einer Botschaft an den US-Kongreß die sogenannte Eisenhower-

zur Nahostpolitik aus dem Jahre 1954 (D 32 c). Der Suezkrieg führte zu einer Krise im NATO-Bündnis, gab dann aber den entscheidenden Anstoß zu einer Verbesserung der gegenseitigen, rechtzeitigen außenpolitischen Konsultation.

Besonders aufschlußreich ist für unsere übergeordnete Fragestellung die Analyse der internen Richtlinien vom Frühjahr und November 1956 (D 33 a, d), zumal, wenn man sie mit den amtlichen Erklärungen Eisenhowers aus dieser Zeit vergleicht (D 33 b, c). Sie können als grundlegend für die *Ost- und Südosteuropapolitik* der USA in diesem Zeitabschnitt gelten. Einmal mehr wird hier deutlich, worauf in anderem Zusammenhang schon hingewiesen wurde: Die USA wollten (und konnten?) zu keinem Zeitpunkt auch unter der republikanischen Administration Eisenhower/Dulles eine militärisch-politisch aktive Befreiungspolitik gegenüber den ost- und südosteuropäischen Satellitenstaaten der Sowjetunion einleiten, geschweige denn, das sowjetische Volk selbst von seiner Führung „befreien". Es ging ihnen zwar, wie schon erwähnt, um eine Stärkung von Erosionsprozessen im sowjetischen Imperium, die nun erstmals seit dem „Abfall" Titos in der kommunistischen Weltbewegung polyzentristische Tendenzen aufwiesen, aber expressis verbis *nicht* um Versuche, irgendeinen der Satellitenstaaten der UdSSR aus dem System des Warschauer Paktes herauszulösen. Im Gegenteil, gerade in diesem Zusammenhang wurde eine interessante Differenzierung in der Bewertung der Ereignisse in Ungarn und in Polen vorgenommen: Indirekt zollte Washington den Polen mehr Lob als den Ungarn, weil letztere sozusagen im Hinblick auf Moskau aufs Ganze gegangen waren (D 33 d).

Mit der von ihnen zwei Jahre später ausgelösten, erneuten Krise in Mitteleuropa – diesmal in Gestalt des auf ein halbes Jahr befristeten Chruschtschow-Ultimatums vom November 1958 – wollte die Sowjetunion wenigstens *West-Berlin* aus der festen Gemeinschaft mit dem Westen herausbrechen, nachdem alle ihre vorausgegangenen Versuche als gescheitert angesehen werden mußten, den 1955 endgültig vollzogenen Eintritt der Bundesrepublik Deutschland in die NATO zu verhindern. Vielleicht wollte sie damit auch hineinstoßen in erstmals akzentuierte Meinungsverschiedenheiten innerhalb des NATO-Bündnisses,

---

Doktrin zum gesamten Nahen Osten proklamiert hatte, die im Sommer 1958 die Grundlage für eine „Anlandung" von US-Marinesoldaten zur Aufrechterhaltung der von innen und außen bedrohten staatlichen Ordnung auf Ersuchen des libanesischen Präsidenten abgab. In seiner Botschaft hatte er u. a. erklärt: „Unter allen diesen Umständen . . . obliegt den Vereinigten Staaten eine größere Verantwortlichkeit. Wir haben in einer Weise, daß niemand daran zweifeln kann, unser Eintreten für den Grundsatz dargetan, daß Gewalt international nicht zu aggressiven Zwecken verwendet werden soll und daß die Integrität und Unabhängigkeit der Nationen des Nahen Ostens unverletzlich sein sollen. Selten ist in der Geschichte das Eintreten einer Nation für einen Grundsatz so schwer erprobt worden, wie das unserige während der vergangenen Wochen."

insbesondere zwischen der „Dominanzmacht“ USA und dem Frankreich der neuen Fünften Republik mit ihrem vom Präsidentengeneral de Gaulle begründeten Großmachtanspruch: Auch im Westen zeigten sich zunehmende polyzentristische Tendenzen, die Washington im Laufe der Jahre immer weniger ignorieren konnte. Wirtschaftliche Interessenkonflikte zwischen Washington und den EWG-Staaten (Inkrafttreten der EWG: 1. Januar 1958) waren damals erst in Umrissen erkennbar. Ausschlaggebend für zunehmende Differenzen war sicherlich das Problem der Verfügungsgewalt über Nuklearwaffen innerhalb des Bündnisses, vor allem nachdem es Ende 1957/Anfang 1958 um die Stationierung der ersten „Mittelstreckenraketengeneration“ in Westeuropa ging. Frankreich bestand auf einer ausschließlich französischen Verfügungsgewalt über die atomaren Träger und Gefechtsköpfe auf seinem Territorium und forderte schon im September 1958 in einem Schreiben de Gaulles an Eisenhower als Ausweg aus der sich abzeichnenden „Verfügungskrise“ die Einrichtung eines Dreierdirektoriums (USA, Frankreich, Großbritannien) innerhalb der NATO. Dieses Gremium sollte die letzte Instanz besonders für nuklearstrategische Fragen auf der Basis der Gleichberechtigung aller drei „Direktoren“ sein. De Gaulle wußte um die extreme Zurückhaltung in Washington gegenüber allen auch nur andeutungsweise eintretenden Erosionen der nationalen Souveränität – in diesem Falle der Monopolstellung des US-Präsidenten, auch von der US-Verfassung her unausweichlich, hinsichtlich des Befehls zum eventuellen Einsatz von Nuklearwaffen. (Immerhin kamen in dieser Zeit erste Überlegungen zur Aufstellung einer multinationalen Atomstreitmacht – der späteren MLF – auf.) De Gaulle nutzte zweifellos diesen Umstand aus, um langsam aber sicher den Boden sowohl für die endgültige Errichtung der eigenen atomaren „Force de frappe“ als auch für ein Ausscheiden Frankreichs aus der militärischen Integration vorzubereiten. Er gab seine tendenziell immer deutlicher werdende US-kritische Außen- und Verteidigungspolitik auch während der Berlinkrise 1958/59 nicht auf, obwohl gerade auch er hier fest blieb.

Was die USA betraf, so hatten die Experten des State Department schon seit 1956 mit neuen sowjetischen Vorstößen in Richtung Berlin gerechnet, allerdings dabei unterstellt, daß es Moskau kurzfristig um die Erzwingung einer Anerkennung der DDR durch die Westmächte gehe und erst danach um das Herausdrängen des Westens aus Berlin[8]. Über die Motive für das sowjetische Ultimatum Ende 1958 wissen wir genaueres ebensowenig wie über seine Ernsthaftigkeit. Auf jeden Fall war die ablehnende Reaktion der USA eindeutig (D 34). Intern ging die Analyse im November 1958 – genauso wie später im Mai 1960 – von seiten des State Department noch sehr viel weiter als Anfang 1956: Die

8 Memorandum vom 25. 1. 1956, State Department, Office of Information and Research, Division for the SU and Eastern Europe and Division of Research for Western Europe, Bericht Nr. 7156, NAW.

sowjetische Berlinpolitik wurde jetzt als „Hebel“ angesehen, um drei weitergesteckte Ziele Moskaus zu erreichen: ganz Westdeutschland vom Westen zu trennen, die Bundesrepublik Deutschland von einer Teilhabe am nuklearen Waffensystem des Westens fernzuhalten und den schließlichen Rückzug der USA aus Europa durchzusetzen[9].

3. Weltpolitische Schwerpunkte im Spiegel von NSC-Richtlinien

Die Deutschland- und Berlin-Politik der Vereinigten Staaten wurde unter anderem 1957 und 1959 in geheimsten, grundlegenden Richtlinien und Besprechungen beim Präsidenten fixiert, wie die Dokumente D 35 a–b ausweisen. Diese Festlegungen verdienen auch heute noch – oder heute mehr denn je – besondere Beachtung, nicht zuletzt von seiten amerikakritischer oder amerikafeindlicher Zeitgenossen in der Bundesrepublik Deutschland. Sie werden daher ausführlicher zitiert. Daß solche Richtlinien nie ganz unumstritten waren, zeigt etwa ein Telegramm des damaligen US-Botschafters in Bonn, Bruce, vom 2. März 1959, in dem er die damals allgemein „akzeptierte“ Theorie in Frage stellte, wonach die *Teilung* Deutschlands eine ernste Bedrohung des Friedens darstelle und es daher im wohlverstandenen Interesse der freien Welt sei, die beiden Teilstaaten wieder zu vereinigen. Eisenhower selbst ließ zur Zeit des sowjetischen Ultimatums keine Zweifel an der festen Haltung der USA aufkommen (D 35 b). Er hat sich im übrigen noch in seinen letzten Amtswochen (ausweislich seiner Diktataufzeichnungen, so zum Beispiel am 1. Dezember 1960) intensiv gerade mit Berlin beschäftigt – sozusagen im Vorgriff auf die sich anbahnende Berlinkrise des Jahres 1961. Er ging von der zweifellos richtigen Annahme aus, daß es die sowjetische Taktik darauf anlege, Berlin zu gewinnen, indem man die westliche Position Zug um Zug „anknabbere“ und es auf diese Weise den USA schwer mache, vor aller Welt zu verdeutlichen, daß es bei jedem, auch dem kleinsten Zwischenfall in und um Berlin letztlich um das Überleben [survival] „eines freien Berlin“ gehe[10]. Wie nicht nur die hier vorgelegten internen Richtlinien, sondern auch die offiziellen Erklärungen der USA und die von ihnen dann auf der letzten Viermächte-Deutschlandkonferenz im Frühsommer 1959 gemachten Vorschläge zeigen, hielt Washington unter Eisenhower unbeirrt an dem Ziel einer Lösung der deutschen Frage in einem, wie man es damals nannte, gesamtdeutschen Sinne fest (vergleiche den sogenannten Herter-Plan auf dieser Konferenz), darüber hinaus aber auch an einer Bereitschaft zu Verhandlungen, die zu einem Ost-West-Ausgleich führen sollten.

---

9 Fundort wie Anm. 8, Bericht Nr. 7874 vom 19. 11. 1958.

10 NAW und Eisenhower Library, DDE Diaries, DDE Dictation, Dezember 1960.

Spätestens ab Ende der fünfziger Jahre nahm der amerikanisch-sowjetische Machtdualismus immer *globalere* Züge an, was sich unter anderem darin zeigte, daß jetzt auch der *afrikanische* Kontinent „südlich der Sahara" erstmalig stärker in das Blickfeld der außen- und verteidigungspolitischen Planung Washingtons rückte. Ein Beispiel ist das uns nun zugängliche NSC-Richtlinien-Dokument 5818 aus dem Jahre 1958 (D 36). Eine weitere, ebenfalls freigegebene NSC-Studie aus dem Jahre 1969 unter Nixons Sicherheitsberater und späterem Außenminister Kissinger setzte sich dann noch sehr viel differenzierter mit den Problemen dieser Gesamtregion – insbesondere mit den sowjetischen und chinesischen Absichten – auseinander, aber auch mit der Notwendigkeit einer Bekämpfung von Rassismus und Kolonialismus.

Ab 1955, das heißt seit der sogenannten *Bandung*-Konferenz der *„Blockfreien Staaten"*, mußte sich die US-Diplomatie dann auch auf das neue Weltphänomen einer zumindest an Bevölkerungszahl ungeheuer anwachsenden und sich im Ost-West-Konflikt als „neutralistisch" einstufenden Staatenbewegung, zunächst unter Führung Nehrus, einstellen. Diese Bewegung wirkte sich für die USA nicht zuletzt im Hinblick auf ihre Politik innerhalb der *Vereinten Nationen* aus: Durch die ständig zunehmende Zahl neuer Mitglieder der internationalen Staatengemeinschaft verschob sich das Stimmenverhältnis in der Generalversammlung von Jahr zu Jahr mehr zugunsten eines neuen afro-asiatischen Blocks – ganz sicherlich auf Kosten der USA, später aber auch der Sowjetunion. Zunehmend schälte sich im internationalen System ein Nord-Süd-Konflikt neben dem Konflikt zwischen Ost und West heraus sowie mit dem Erstarken Pekings und dem einsetzenden großen kommunistischen Schisma zwischen China und der Sowjetunion das weltpolitische Dreieckverhältnis: Peking, Moskau, Washington.

Der dieses Kapitel umfassende Zeitabschnitt brachte schließlich 1959 eine, wenn nicht die entscheidende Zäsur für die *US-Lateinamerikapolitik* in Gestalt der ersten, wie sich herausstellen sollte, auf Dauer angelegten Machtergreifung eines „kommunistischen" Regimes, in *Kuba.* Im September 1957 war noch in einem Bericht des „Operations-Koordinierungs-Ausschusses" an den Nationalen Sicherheitsrat formuliert worden, daß zwar in letzter Zeit der Sowjetblock seinen Einfluß in der Gesamtregion nicht verstärkt habe (!) und auch der Zugang der USA zu lebenswichtigen Rohstoffen weiterhin befriedigend geblieben sei. Dennoch wurden nur geringe Fortschritte in der Entwicklung „starker demokratischer, politischer Institutionen in den Ländern Lateinamerikas" (!) festgestellt, hingegen „Nationalismus, Korruption und Regierungsunfähigkeit" ebenso wie „politische Instabilität und geringer Bildungsstand" als die entscheidenden Hindernisse auf dem Wege zu mehr wirtschaftlicher Entwicklung in der Region benannt. Im „Fortschrittsbericht" desselben NSC-Gremiums vom Juni 1958 wurden dann aber sowohl ein Anwachsen der Aktivitäten des Sowjetblocks (interessanterweise als Folge der „Sputnikerrungenschaften") als auch ein

„intensivierter Ultranationalismus" ausgemacht[11]. Auf die zunächst nicht eindeutig kommunistische Machtergreifung Fidel Castros in Kuba reagierte Washington anfänglich mit scheinbarer Gelassenheit (D 37 a). Sehr schnell wandelte sich aber der Ton der Stellungnahmen (D 37 b – c); „geheim" war er ohnehin immer anders gewesen (D 37 d). Der Castro-Schock setzte erst richtig ein mit dem noch von Präsident Eisenhower zu vertretenden Desaster des sogenannten Schweinebuchtunternehmens zu Beginn der Ära Kennedy sowie der großen Raketenkrise 1962 und führte schließlich zu immer neuen diplomatischen Aktivitäten der US-Regierung in den lateinamerikanischen Staaten[12].

Auch aus der Zeit unmittelbar vor dem Chruschtschow-Besuch in den USA im September 1959, der nach außen wieder ein Ost-West-Tauwetter demonstrierte, verfügen wir über ein großes Grundsatzdokument „Zur Nationalen Sicherheitspolitik der USA", vom 5. August 1959 (D 38). Die Präsidentschaftswahlen des Jahres 1960 warfen schon jetzt ihre ersten innenpolitischen Schatten voraus und beeinflußten auch die Außenpolitik. Die August-Richtline war (im exekutiven Innenverhältnis also) fast gänzlich auf Abwehr der kommunistischen Gefahr eingestellt. Dabei ist es interessant, daß die „Gefahr schlechthin" [basic threat] in der „Entschlossenheit und Fähigkeit der feindlichen sowjetischen und chinesischen kommunistischen Regime" gesehen wurde, die Machtbalance in der Welt insgesamt zuungunsten des Westens zu verändern mit dem wie eh und je „ausgemachten Endziel" der „Erringung der Weltherrschaft" [world domination]. Es erstaunt – zumindest wenn man die bislang freigegebenen Dokumente durcharbeitet –, daß die Spezialisten der Regierung in Washington noch nicht einmal Ende der fünfziger Jahre von dem damals ja schon eingeleiteten großen Schisma zwischen der kommunistischen Sowjetunion und dem kommunistischen China Kenntnis nahmen, auf jeden Fall aber dieses Faktum nicht ernsthafter in ihr Gesamtkalkül einbezogen. Nur andeutungsweise begegnen wir in den Akten Mitte der fünfziger Jahre – eindeutiger erst ab 1960 – Hypothesen von möglichen Kollisionen nationaler Interessen zwischen den beiden kommunistischen Großreichen, und zwar vor allem von seiten des State Department. In dem Dokument von 1959 wurden jedenfalls beide kommunistischen Regime durchweg in einem Atemzug genannt und dies auch noch unter sprachlichen Gesichtspunkten jeweils mit einem Bindestrich.

Für Eisenhower selbst blieb auch in den letzten Monaten seiner Amtszeit der für jeden US-Präsidenten nach 1945 unvermeidliche, für den alternden Exgeneral aber offensichtlich besonders schmerzliche Zwiespalt zwischen dem Prinzip Hoffnung (auf einen Ausgleich mit der UdSSR, auf Erhaltung des Weltfriedens) und dem Alptraum („chauchemar", wie es Bismarck in bezug auf seine Furcht

11 Siehe Operations Coordinating Board zu: NSC:Dokument 5613/1 vom 11. 9. 1957, ebenso vom 3. 6. 1958, NAW Eisenhower Library, White House Office, NSC-Series.
12 Siehe unten Kapitel IV, S. 261 ff.

vor einer Einkreisung Deutschlands durch verbündete Gegner ausdrückte) eines kommunistischen Großangriffes, der unter Umständen eines Tages das Ende der USA einleiten könnte. Auch zum Ende der Amtszeit Eisenhowers begegnen wir daher der unvermeidlich zwiespältigen Doppelgleisigkeit der Beziehungen zwischen den Supermächten: So schien eine neue Ära der Verständigung zwischen den USA und der Sowjetunion mit dem Besuch Chruschtschows in den USA im September 1959 angebrochen; bereits ein halbes Jahr später, im Mai 1960, kam es dann jedoch zum erneuten großen Eklat zwischen beiden Supermächten beziehungsweise deren obersten Repräsentanten durch den sogenannten U2-Zwischenfall und die damit abrupt beendete Gipfelkonferenz in Paris. Auch dieser Zwischenfall war schließlich Ausdruck der unvermindert aufrechterhaltenen militärischen Wachsamkeit der USA gegenüber der Sowjetunion – in diesem Falle der lange Zeit unangefochten gebliebenen Aufklärung über dem sowjetischen Staatsgebiet aus größter Höhe.

Was den Abrüstungsteil dieser doppelten Zielsetzung aller US-Außen- und Verteidigungspolitik betrifft, so waren hier die Dinge Anfang 1958 zwischen Washington und Moskau erneut in Fluß gekommen: Seit dem sogenannten Stassen-Vorschlag der USA auf der internationalen Abrüstungskonferenz am 5. Juli 1957, im Grunde aber schon seit Eisenhowers Brief an Bulganin vom März 1956, hatte der Westen unter Führung der USA der Forderung nach Einstellung der *Kernwaffenproduktion* den Vorrang eingeräumt, während die Sowjetunion zunächst einmal die sofortige Einstellung aller *Kernwaffenversuche* verlangte. Nach dem massenpropagandistisch sehr wirksamen Angebot der Sowjetunion vom März 1958 in Sachen Versuchsstopp machte Washington auf einer Expertenkonferenz in Genf auf diesem Gebiet erste Konzessionen. Schon damals ging es – wie in den achtziger Jahren unter veränderten Rahmenbedingungen und technischen Möglichkeiten – um die Aufstellung von „Mittelstreckenatomraketen" in Europa sowie um entsprechende Reaktionen der westeuropäischen, besonders bundesrepublikanischen „Öffentlichkeiten". Auch damals kam es in einem US-Wahljahr (1960) zu einer neuen internationalen Abrüstungskonferenz, der Zehner-Konferenz in Genf, die aber wiederum keinen Durchbruch brachte.

Auf der Regierung Eisenhowers lastete 1958 bis 1960 in mehrfacher Hinsicht ein wirtschaftlicher Druck: Preissteigerungen, Rezession, Rückgang der Exporte gegenüber Importen und daher ein Defizit in der Handelsbilanz für die USA. Im Jahresdurchschnitt 1950 bis 1957 hatte dieses Defizit nur bei rund 1,3 Milliarden Dollar gelegen. In den Jahren 1958 und 1959 erreichte es 3,5 und 1960 schließlich 3,8 Milliarden Dollar. So überrascht es nicht, daß damals gerade Eisenhower intern einen Widerspruch zwischen einer unter allen Umständen im Hinblick auf neue waffentechnische Entwicklungen sicherzustellenden militärischen Abschreckungskapazität und einem Hang zur Überrüstung empfunden hat, der dem militärischen Denken und Handeln in allen Ländern immer wieder innewohnte. Für diese Feststellung gibt es eine Fülle von Belegen. Drei von ihnen werden in den Dokumenten auszugsweise wiedergegeben: Derselbe „Generalpräsident“, der am 9. Februar 1954 an Churchill geschrieben hatte, den „freien Nationen“ sei das „Heil [salvation] der Freiheit“ anvertraut und sie müßten daher bei allen ihren wirtschaftlichen, militärischen und politischen Zielsetzungen von der übergeordneten sowjetischen Bedrohung ausgehen, da . . . „es sonst überhaupt keine Geschichte [Geschichtsschreibung?] mehr geben werde . . ., sondern [eines Tages] nur eine zusammengebraute Version der kommunistischen Eroberer der Welt“[13], warnte am 20. Januar 1959 (D 39 a) vor militärischen „Superrüstern“, am 8. Dezember 1960 (D 39 b) dann vor wirtschaftlichen Gefahren einer Überrüstung und schließlich in seiner Abschiedsadresse an das amerikanische Volk vom 17. Januar 1961 in einer berühmt gewordenen Formulierung vor einem „militärisch-industriellen Komplex“ (D 39 c).

Zu diesem Zeitpunkt hatten die USA wieder einmal einen Präsidentenwahlkampf hinter sich, in dem nun aber die gewichtige Anklage des damaligen demokratischen Herausforderers Kennedy gegen die republikanische Administration geschleudert worden war, sie habe es zugelassen, daß eine lebensgefährliche Rüstungslücke, in diesem Falle die sogenannte *Raketenlücke* zugunsten der UdSSR entstanden sei. Tatsächlich hatte kein geringerer als der langjährige Chef des CIA, Allan Dulles, am 20. Oktober 1957 vor eben einer solchen Entwicklung als für die USA schlechthin existenzgefährdend gewarnt. Behauptet aber wurde das Vorhandensein einer solchen Lücke auch noch, nachdem sich die Schwaden des Wahlkampfes verzogen hatten, bis dann J. F. Kennedy (der vorher entweder falsch informiert worden war oder absichtlich falsch informierte) auf bohrende Fragen von Journalisten, wie es denn nun um diese „Lücke“ stünde, eine präzise Antwort schuldig blieb mit dem Hinweis, der Sache werde jetzt von seiner Regierung auf den Grund gegangen. Aus inzwischen freigegebenen Akten vom September des Jahres 1961 geht hervor, daß sich alle amerikanischen Geheimdienststellen tatsächlich zuungunsten der USA „verrechnet“ hatten[14]. Auch dieses Kapitel können wir daher mit der Frage: „Militärisches

13 NAW und Eisenhower Library, Ann Whitman File.

14 Vgl. Kapitel I, Anm. 8; Kapitel IV, S. 246, 268 ff. – Der Verteidigungsminister mußte in einem geheimen, jetzt aber freigegebenen Memorandum an Präsident Kennedy vom 4. 3. 1963 zur „Kontroverse über die Raketenlücke“ eindeutig feststellen: „Die Voraussagen, die zwischen 1956 und 1960 gemacht wurden, daß die USA zu Beginn der sechziger Jahre wahrscheinlich den Sowjets in Hinblick auf die Stärke ihrer Interkontinentalraketen unterlegen sein würden, haben sich als falsch herausgestellt“; nach NAW, siehe auch Kennedy Library, NSCF, Missile Gap, Box 298. – Präsident Nixon hat dann später nie einen Hehl daraus gemacht, daß die USA bis Anfang der siebziger Jahre eine nuklear-strategische Überlegenheit gegenüber der konventionellen der UdSSR aufrechterhalten konnten, die UdSSR dann aber im Hinblick auf eine beiderseitige sichergestellte Zerstörung gleichgezogen hätte und daß nicht zuletzt deshalb eine Ära der Verhandlungen unerläßlich sei.

Gleichgewicht oder Übergewicht als Zielvorstellung der US-Außen- und Verteidigungspolitik?" beenden und als Antwort ein Fragezeichen setzen, im Hinblick auf die Gegenwart vielleicht sogar formulieren: *vestigia terrent*.

Dokumente 28–39

D 28 a–d: Einschätzungen des militärischen Patts 1955–1957

D 28 a: Sowjetische Möglichkeiten und wahrscheinliche Vorgehensweisen in den sechziger Jahren – National Intelligence Estimate (Entwurf) vom 17. Mai 1955

Dieser Bericht wurde wie üblich vom Direktor des CIA vorgelegt. Beteiligt waren neben dieser Behörde die „intelligence organisations“ von Außenministerium, Armee, Flotte und Luftwaffe sowie der Vereinigten Stabschefs und der Atomenergiekommission. Interessant ist hier auch die zusammenfassende Voraussage im Teil I „Ergebnis“, Punkt 2: Zur Entwicklung des Verhältnisses zwischen der Sowjetunion und dem kommunistischen China. Hier heißt es, daß diese Beziehungen jetzt „wahrscheinlich wie zwischen alliierten Mächten abgewickelt würden, die gemeinsame Interessen und eine gemeinsame Ideologie haben, aber auch getrennte und potentiell kollidierende nationale Zielsetzungen verfolgen“. An dieser Stelle erfolgt eine Fußnote der Intelligence-Dienste von Marine und Vereinigten Stabschefs, da nach deren Auffassung dieser Abschnitt das Ausmaß der Unabhängigkeit des kommunistischen China überbetont. Sie wollten statt dessen formuliert haben: „Wir glauben daher, daß die sowjetische Führung mit einer an Sicherheit grenzenden Wahrscheinlichkeit in der Lage sein würde, genügend Druck auszuüben, einschließlich der Beschneidung und wenn notwendig der Einstellung von Wirtschafts- und Militärhilfe, um die chinesische Seite zur Konformität mit den sowjetischen Ansichten zu zwingen.“

Streng geheim

[. . .]

Zusammenfassende Schlußfolgerungen

13. Vermutlich ist die sowjetische Führung gegenwärtig der Auffassung, (a) daß ein allgemeiner Krieg ein ungeheueres Risiko für das Überleben ihres Systems bedeuten würde, und (b) daß sie ihren Zielen besser durch politische Maßnahmen und in einigen Fällen durch örtlich begrenzte Militäraktionen näher kommen kann. Deshalb sind wir der Ansicht, daß während der Zeit, auf die sich diese Beurteilung bezieht, der Kreml versuchen wird, Handlungen zu vermeiden, und auch das kommunistische China von Handlungen abhalten wird, die nach seinem Urteil eindeutig das beträchtliche Risiko eines allgemeinen Krieges mit sich brächten.

[. . .]

14. . . . Allerdings könnte die sowjetische Führung angesichts des Anwachsens ihrer nuklearen Kampfkraft zu der Einschätzung kommen, daß die Vereinigten Staaten aus

Angst um sich selbst oder um ihre Verbündeten oder auf einen Druck, der auf einen ihrer Verbündeten ausgeübt wird, in zunehmendem Maße davor zurückschrecken werden, die aus einem umfassenden nuklearen Krieg entstehende Vernichtung auszulösen. Sie könnte daher zu der Auffassung kommen, daß sich örtlich begrenzte Kriege mit geringerer Wahrscheinlichkeit als zur Zeit zu einem allgemeinen Krieg ausweiten würden, und daß deswegen die militärische Überlegenheit ihres Blockes lokal begrenzt eingesetzt werden kann, ohne ein nennenswertes Risiko, damit einen allgemeinen Krieg zu provozieren. . . .

[. . .]

VI. Militärische Möglichkeiten der UdSSR Gleichgewicht der Streitkräfte in der Welt:

132. Während der Nachkriegsperiode hat ein annäherndes militärisches Kräftegleichgewicht des kommunistischen Blocks und des westlichen Bündnisses bestanden. Während des größten Teils dieser Periode waren die wichtigsten militärischen Pluspunkte der UdSSR eine ausgeprägte Überlegenheit an Mannschaftsstärke, konventionellen Waffen und der Fähigkeit, aufgrund des strategischen Vorteils, der sich aus ihrer zentralen Lage ergibt, diese Waffen auf strategisch entscheidende Gebiete wie Westeuropa und den Nahen Osten konzentriert auszurichten. Demgegenüber lag die ausgleichende Hauptstärke des Westens in dessen großem Wirtschaftspotential und seiner nuklearen Kampfkraft. Die Wirksamkeit der letzteren ist durch die Entstehung von Stützpunkten an der Peripherie des chinesisch-sowjetischen Blockes sehr verbessert worden. Seit 1951 ist die Marge der zahlenmäßigen Überlegenheit der Sowjetunion hinsichtlich vorhandener Truppen und konventioneller Land- und Luftstreitkräfte deutlich geringer geworden; tatsächlich verfügt gegenwärtig der Westen über mehr Flugzeuge als der Sowjetblock. Andererseits wird, obwohl der Westen die Produktion von Kern- und Trägerwaffen erheblich gesteigert hat, durch die zunehmenden sowjetischen Möglichkeiten in dieser Hinsicht das Ausmaß dieser Überlegenheit ständig geringer.

133. Im Beurteilungszeitraum wird der Westen wahrscheinlich seine Führung in der Entwicklung und Einführung neuer Waffen behaupten. Der Westen wird ebenfalls seine deutliche Führung im Bereich ausgebildeter Luftwaffen- und Marinesoldaten behalten; in dem Ausmaß, in dem die westdeutsche und möglicherweise die japanische Wiederbewaffnung verwirklicht wird, könnte auch die sowjetische Überlegenheit bei den Landstreitkräften verringert werden. Auf der anderen Seite wird die zunehmende Luftrüstung der UdSSR erheblich verbesserte Möglichkeiten geben, Luftangriffe gegen den Westen über große Entfernungen hinweg durchzuführen, was wahrscheinlich Hin- und Rückflüge in die Vereinigten Staaten mit Auftanken in der Luft einschließt. Ihre moderne Flotte von Unterseebooten mit einem großen Aktionsradius wird zu einer ständig wachsenden Gefahr für die alliierten Seestreitkräfte und für deren Versorgung mit Vorräten und Verstärkungen auf dem Seewege. Ausgebildete Reservisten zusammen mit Vorräten an Ausrüstung erlauben eine rasche Mobilisierung weiterer sowjetischer Einheiten mit dem Ziel einer Verstärkung der ohnehin schon erheblichen Bodentruppen. Diese Entwicklungen würden zusammen mit der sowjetischen Aufrüstung in anderen Bereichen, wie z. B. dem beträchtlichen Anstieg der nuklearen Waffen, das Ausmaß der nuklearen und logistischen Überlegenheit des Westens und möglicherweise den militärischen Wert des überlegenen westlichen Wirtschaftspotentials verringern.

134. Die Entwicklung nuklearer Waffen und die Fähigkeit, diese Waffen ins Ziel zu bringen, dürfte der wichtigste Einzelfaktor sein, durch den die relativen Machtverhältnisse zwischen dem kommunistischen Block und dem US-NATO-Bündnis verändert werden könnten. Gegenwärtig liegt die Hauptmöglichkeit für den sowjetischen Einsatz von Atomwaffen in einem Flugzeugangriff; . . . Zusätzlich werden wohl die sowjetischen Möglichkeiten eines atomaren Angriffs mit Hilfe von Raketen an Bedeutung gewinnen, und zwar besonders in der Periode 1958–1960; dies kann man sagen, obwohl wir keine genauen Hinweise haben, welche Raketen in der UdSSR vorrangig entwickelt werden, . . . Nichtsdestoweniger wird die UdSSR, wenn es nicht zu grundlegenden Änderungen im gegenwärtigen politischen Allianzsystem in der Welt oder in den Militärprogrammen der USA und der NATO kommt, fast sicher bis 1960 keinen Zuwachs an relativer Kampfkraft erreichen, der es ihr gestatten würde, einen allgemeinen Krieg mit garantiertem Erfolg zu beginnen. Wenn auch die Trends der Waffenentwicklung derjenigen Macht einen ständig größer werdenden Vorteil geben, die zu einem massiven Überraschungsangriff imstande ist, so wird doch die UdSSR aller Wahrscheinlichkeit nach im Beurteilungszeitraum einen solchen Angriff nicht starten können, weil sie nicht sicher sein kann, einem noch verheerenderen Vergeltungsschlag nicht zu entgehen. . . .

[. . .]

Quelle: NIE, II-3-55, CIA-files (freigegeben: 13. 3. 1978).

D 28 b: Basic National Security Policy – Richtlinienentwurf vom 8. Februar 1956

Streng geheim

[. . .]

Anhang

I. Die Kampfkraft der freien Welt und des kommunistischen Blocks im Vergleich

1. *Die nukleare Kampfkraft der Vereinigten Staaten und der Sowjets.* Die Vereinigten Staaten sind gegenwärtig in der Lage, der UdSSR schwerwiegende nukleare Schäden zuzufügen, und werden etwa Mitte 1956 in der Lage sein, einen entscheidenden nuklearen Schlag gegen die UdSSR zu führen . . . („Schlag" bedeutet eine Aktion, die innerhalb von Stunden oder Tagen abgeschlossen ist) . . . Während dieses Jahres [1958] und danach wird die UdSSR fast mit Sicherheit die Fähigkeit erwerben und behalten, einen lähmenden Schlag gegen die Vereinigten Staaten zu führen, aber die Vereinigten Staaten würden immer noch imstande sein, der UdSSR gleichen oder noch größeren Schaden zuzufügen, vorausgesetzt, daß sie angemessene Vorkehrungen zum Schutz und zur Weiterentwicklung ihrer wirksamen Vergeltungsschlagkraft treffen.

2. Bei einem Angriff auf die Vereinigten Staaten, und insbesondere bei einem Überraschungsangriff, würde sich die UdSSR, mindestens bis sie Raketen großer Reichweite entwickelt hat, vor allem auf atomare Angriffe mit Flugzeugen verlassen. Außerdem

wären in nennenswertem Umfang Raketenabschüsse von Unterseebooten aus möglich, und es könnten auch Untergrundoperationen gegen besonders ausgewählte Ziele durchgeführt werden. Chemische und biologische Kampfmittel würden wahrscheinlich erst in zweiter Linie zum Angriff eingesetzt. In jedem Falle wäre das wahrscheinlichste Hauptziel eines sowjetischen atomaren Erstschlags die schnellstmögliche Zerstörung der weltweiten nuklearen Kampfkraft der Vereinigten Staaten und ihrer Verbündeten; . . .

3. *Wahrscheinlichkeit eines allgemeinen Krieges.* Wir nähern uns einer Lage, in der ein totaler Krieg mit Einsatz der vorhandenen Atomwaffen durch beide Seiten zu solch weitreichender Zerstörung führen würde, daß der Fortbestand sowohl der westlichen Zivilisation wie auch des sowjetischen Systems bedroht wäre. Dies könnte sehr wohl zu einem Zustand gegenseitiger Abschreckung führen, in dem jede Seite größte Hemmungen hätte, vorsätzlich einen allgemeinen Krieg zu beginnen oder Maßnahmen zu ergreifen, von denen sie annimmt, daß sie das Risiko eines allgemeinen Krieges wesentlich vergrößern. Trotzdem bleibt ein allgemeiner Krieg möglich, und sei es nur als Folge einer Fehlkalkulation einer der beiden Seiten. Ein allgemeiner Krieg wäre auch möglich für den Fall, daß die UdSSR, entweder als Folge eines unerwarteten technischen Durchbruchs oder aus anderen Gründen, zu der Auffassung käme, daß sie die Vereinigten Staaten ohne wirksame Vergeltung zerstören könnte. In einer Zeit raschen technischen Wandels ist es immer möglich, daß der Zustand eines nuklearen Patts sich als vorübergehend herausstellt; viel wird davon abhängen, welche Seite eine technische Überlegenheit erreichen oder erhalten kann.

4. *Die Raketensysteme der Vereinigten Staaten und der Sowjets.* Der relative Fortschritt der Vereinigten Staaten und der UdSSR auf dem Gebiet der Raketen, insbesondere der Boden-Boden-Raketen, könnte den alles entscheidenden Einfluß auf die relativen Gesamtstärken in politscher und militärischer Hinsicht haben:

a) Die Sowjets werden voraussichtlich in naher Zukunft die begrenzte Einsatzfähigkeit einer 850–900 Meilen-Rakete erreichen; eine 1400 Meilen-Rakete (mit einem leichten Sprengkopf) im Jahre 1957; und eine 1600 Meilen-Rakete im Jahre 1958, mit einem schweren Sprengkopf im Jahre 1959. Die meisten unserer überseeischen Stützpunkte liegen näher als 1600 Meilen von den sowjetischen Startrampen. Aufgrund des sich verstärkenden Gewichts, das jetzt dem Entwicklungsprogramm der Vereinigten Staaten gegeben wird, müßten die Vereinigten Staaten die begrenzte Einsatzfähigkeit einer 1500 Meilen-Rakete (mit einem schweren Sprengkopf) früh im Jahre 1959 erreichen. . . .

b) Bei erheblicher Anstrengung, von der man ausgehen muß, könnte die UdSSR die begrenzte Einsatzfähigkeit einer Interkontinentalrakete mit einem schweren Atomsprengkopf 1960/61 erreichen. Dieses Waffensystem wird eine direkte und gefährliche Bedrohung des Festlandes der Vereinigten Staaten schaffen.

Aufgrund des sich verstärkenden Gewichts, das nach den laufenden Plänen dem Interkontinentalraketenprogramm der Vereinigten Staaten gegeben ist, könnten die Vereinigten Staaten in der Lage sein, einen ähnlichen Zeitplan zu verwirklichen. Außer einem technisch möglichen Aufspürsystem gibt es zur Zeit keine verfügbare unmittelbare Verteidigung gegen Interkontinentalraketen. Allerdings lassen Studien und Vorschläge die Entwicklung eines Waffensystems mit nennenswerter Verteidigungswirkung als möglich erscheinen, wenn solche Pläne mit Nachdruck verfolgt werden.

5. Im Jahre 1958 werden, zusätzlich zu anderen Kurzstreckenraketen: (a) sowohl die Vereinigten Staaten wie auch die UdSSR wahrscheinlich einsatzfähige Boden-Luft-Raketen mit Atomsprengköpfen haben; (b) die Vereinigten Staaten sicher, und die UdSSR vielleicht, über einsatzfähige Luft-Luft-Raketen mit Atomsprengköpfen verfügen.

6. *Das militärische Potential der Blöcke.* Der kommunistische Block wird die Schlagkraft seiner ungeheuren konventionellen Streitkräfte erhalten und weiter entwickeln. Die Haupteinschränkungen werden logistische Probleme und Mängel an erfahrenen Fachleuten und Unzulänglichkeiten von Ausbildung und Ausrüstung sein. Eingetretene Verringerungen in der zahlenmäßigen Stärke der Streitkräfte werden wahrscheinlich ausgeglichen durch die erhöhte Kampfkraft der verbliebenen Truppen, und die sowjetische Fähigkeit, sehr schnell sehr große Streitkräfte zu mobilisieren, bleibt unberührt. Die Sowjets haben ihr Programm zum Bau von Unterseebooten auf ungefähr 100 Schiffe pro Jahr aufgestockt. Obendrein betonen jetzt die sowjetischen strategischen und taktischen Lehrmeinungen und die Ausbildungsgänge den Vorteil der Überraschung und sehen das Einbeziehen nuklearer und chemischer Waffen in die Operationen der konventionellen Streitkräfte vor. Im Fernen Osten verstärkte das kommunistische China sein schon jetzt ungeheures Militärpotential, obwohl es für Ausrüstung und logistische Unterstützung wesentlich von der UdSSR abhängig bleibt.

7. *Das militärische Potential der freien Welt*

a) *Vereinigte Staaten.* Im vergangenen Jahr sind die für einen Gegenschlag bereitstehenden Streitkräfte sowohl in ihren Trägersystemen wie auch in der Qualität der Waffen verbessert worden. Das kontinentale Luftverteidigungssystem der Vereinigten Staaten ist gleichfalls verbessert worden.

   Andere Streitkräfte der Vereinigten Staaten sind durch verbesserte Waffen und Raketen und durch Modernisierung der Ausrüstung verstärkt worden. . . .

   [. . .]

Quelle: NSC-Dokument 5602, NAW, NSCF und Eisenhower Library, White House Office, Office of the Staff Sec., Records 1952–1961, Folder NSC.

D 28 c: Entwurf eines Memorandums der Vereinigten Stabschefs vom 12./13. Oktober 1956

Memorandum für den Verteidigungsminister

Thema: Gemeinsame langfristige strategische Schätzungen

Die Vereinigten Stabschefs haben die beiliegenden, Ihnen zur Information vorgelegten gemeinsamen langfristigen strategischen Schätzungen, die den Zeitraum vom 1. Januar 1964 bis 31. Dezember 1967 umfassen, zur Kenntnis genommen.

Streng geheim

[. . .]

Einzelne militärische Faktoren

[. . .]

2.b) *Abschreckung.* Nach dem derzeitigen Stand wird bis 1963 die Destruktivkraft von Atomwaffen durch äußerst zuverlässige Trägersysteme soweit ergänzt sein, daß ein totaler Krieg für beide Seiten aufgrund der Vergeltungsmöglichkeiten unannehmbar sein könnte. . . .

[. . .]

3.b) *Boden-Boden-Flugkörper* [Raketen]. Es wird davon ausgegangen, daß zu Beginn der von diesen Schätzungen erfaßten Zeit die sowjetische Produktionskapazität einen hohen Bestand an Boden-Boden-Flugkörpern jeder Reichweite ermöglicht. Dazu würden ausreichende Mengen ballistischer Flugkörper großer Reichweite (IRBM) und interkontinentaler ballistischer Flugkörper (ICBM) gehören, die für die Vereinigten Staaten, ihre zentralen überseeischen Militäreinrichtungen und -streitkräfte und für unsere Verbündeten eine große Bedrohung von bisher nicht gekanntem Ausmaß darstellen.

[. . .]

Anlage B

[. . .]

b. *Mögliche Stoßrichtungen sowjetischer Militäraktionen*

(1) *Sowjetische Aggression.* Die von der sowjetischen Führung zur Erlangung der Weltherrschaft angewendeten Methoden werden von der Destruktivkraft moderner Waffen entscheidend mitbeeinflußt werden. Die sowjetische Führung wird wahrscheinlich nicht, außer unter den zuvor genannten Bedingungen, einen totalen Krieg bewußt auslösen, sondern vielmehr weiterhin versuchen, die Vereinigten Staaten ohne direkte Aggression von ihren Verbündeten zu isolieren.

(2) *Aggression von seiten der Satelliten.* Die Benutzung des kommunistischen China oder eines Satelliten als Auslöser für einen örtlich begrenzten bewaffneten Konflikt ist für die UdSSR zwar eine akzeptablere Lösung als ein direktes Engagement, könnte jedoch für den Aggressor eine ernsthafte Gefährdung bedeuten. Ebenso könnte daraus für die Sowjets ein uneingeschränktes militärisches Engagement erwachsen, wenn es gilt, einen Macht- und Prestigeverlust zu verhindern. Anscheinend werden die Sowjets daher den ungefährlicheren Weg vorziehen, nämlich die bewaffnete Revolution „einheimischer" Kräfte.

(3) *Bewertung.* Es ist davon auszugehen, daß die sowjetische Führung Vorsicht walten lassen wird, wenn sie sich einer Position der Stärke und Entschlossenheit gegenübersieht. Sollte sie jedoch zu der Einsicht kommen, daß ohne militärische Mittel, wie dies zur Zeit von ihr betont wird, keine weiteren Zugewinne möglich sind, könnte sie letzten Endes doch auf militärische Maßnahmen zurückgreifen, die sich dann möglicherweise zu einem begrenzten oder allgemeinen Krieg ausweiten.

[. . .]

Quelle: JCS-Dokument 1920/6, NAW.

D 28 d: Memorandum für die Chefs der drei Teilstreitkräfte vom 6. November 1957

Streng geheim

Thema: Gemeinsame langfristige strategische Schätzungen

I. Zielsetzung

1. Die gemeinsamen langfristigen strategischen Schätzungen (JLRSE) haben den Zweck, für den Zeitraum vom 1. Januar 1966 bis zum 31. Dezember 1969 eine Einschätzung der zukünftigen internationalen Entwicklung zu geben, und unter den Aspekten zu bewerten, die für die Erarbeitung militärischer Politiken, Pläne und Programme dienlich sind. . . .

II. Grundproblem

2. Die Sowjetunion verfolgt als Hauptziel die Errichtung eines kommunistisch beherrschten, von Moskau kontrollierten internationalen Systems. Dieses den gegenwärtigen diplomatischen Auseinandersetzungen zwischen dem sowjetisch-chinesischen Block und der freien Welt zugrunde liegende Ziel wird in absehbarer Zukunft die Hauptursache für internationale Spannungen bleiben. Die Aktionen und Einstellungen der freien Welt müssen auch weiterhin so angelegt sein, daß die politische Führung der UdSSR überzeugt bleibt, ihr Ziel nicht erreichen zu können. Es gibt zwar Anzeichen, daß die sowjetische Führung allmählich Politiken verfolgen könnte, die für die Völker der freien Welt und des sowjetisch-chinesischen Blocks annehmbar sind; gegenwärtig können jedoch keine genauen Schätzungen über den Zeitpunkt oder das Ausmaß dieser möglichen Wende vorgenommen werden.

3. *Entwicklungen der Waffensysteme.* Nach derzeit vorliegenden Anzeichen können bis 1966 Offensivwaffen von sehr großer Reichweite und Geschwindigkeit, annehmbarer Treffgenauigkeit, Zuverlässigkeit und praktisch unbegrenzter Destruktivkraft entwickelt werden. Es deutet vieles darauf hin, daß im Zeitraum 1966–69 sowohl die Vereinigten Staaten als auch die Sowjetunion in der Lage sein werden, sich gegenseitig substantiell zu zerstören, aber doch mit einer destruktiven Vergeltung rechnen müssen.

[. . .]

IV. Militärische Perspektiven der Sowjetunion

9. *Allgemeines.* Der sowjetisch-chinesische Block verfügt über quantitative Vorteile bei den Bodentruppen, bei den taktischen Luftstreitkräften und den U-Booten sowie über eine allgemein größere militärische Fähigkeit als die Streitkräfte, die ihnen auf dem europäisch-asiatischen Kontinent gegenüberstehen. Ihr Kernwaffenarsenal wächst kontinuierlich ebenso wie ihre Fähigkeit zu Luftangriffen durch Langstreckenbomber; ihr Luftabwehrsystem wird verbessert, ihre Marine, insbesondere ihre U-Bootwaffe wird erheblich ausgebaut, ihre Bodentruppen reorganisiert und modernisiert, und bei der Raketenentwicklung sind ebenfalls deutliche Fortschritte sichtbar. Zu den wesentlichen Schwachstellen im militärischen Bereich des [sowjetischen] Blocks gehört u. a. das Unvermögen, umfangreiche Zerstörung zu verhindern. . . .

10. *Das militärische Profil [posture] der Sowjetunion.* Die sowjetische langfristige Militärplanung basiert offenbar jetzt auf der Entschlossenheit, militärische Überlegenheit auf allen Gebieten zu erreichen. Die sowjetischen Bodentruppen werden modernisiert und umgerüstet und gleichzeitig werden die sowjetische Marine und Luftwaffe stärker als bisher berücksichtigt.

[. . .]

Quelle: JCS-Dokument 1920/8, NAW.

D 29: Zur nationalen Sicherheitspolitik 1954

Richtlinienentwurf des Planungsausschusses gerichtet an den Nationalen Sicherheitsrat, Dezember 1954

Streng geheim

[. . .]

Abschnitt A

Beurteilung der Lage

Die sowjetisch-kommunistische Herausforderung, einschließlich der Tatsache, daß die UdSSR sich einer reichlichen [plenty] Versorgung mit nuklearen Waffen nähert, stellt eine größere Gefahr für die Vereinigten Staaten dar, als sie bisher jemals bestand [1].

I. Streitkräftevergleich kommunistischer Block und freie Welt

1. Die sowjetische Fähigkeit zur Durchführung atomarer Luftangriffe verstärkt sich rasch. Schon jetzt verfügt die UdSSR über die Möglichkeit, in den größeren Ländern der freien Welt, die mit den Vereinigten Staaten verbündet sind, weitreichende Verwüstungen anzurichten, und den Vereinigten Staaten selbst schwere Schäden zuzufügen. Ungefähr im Laufe der nächsten 5 Jahre wird die UdSSR fast mit Sicherheit die *„Netto"*-Fähigkeit erreichen, einen lähmenden Schlag gegen die Vereinigten Staaten zu führen.

2. Gegenwärtig können die Vereinigten Staaten durch ihre atomare Schlagkraft dem kommunistischen Block schwersten Schaden zufügen. Selbst wenn die UdSSR in die Lage kommt, einen lähmenden Schlag gegen die Vereinigten Staaten führen zu können, werden die Vereinigten Staaten immer noch imstande sein, der UdSSR gleich großen oder größeren Schaden zuzufügen, vorausgesetzt, daß sie angemessene Maßnahmen zum Schutz ihrer wirksamen Vergeltungschlagkraft ergreifen.

[. . .]

---

[1] Der Direktor des Budgetamtes ist der Auffassung, daß das Ausmaß der gegenwärtigen sowjetisch-kommunistischen Herausforderung kategorische Urteile dieser Art nicht zuläßt . . .

II. Wahrscheinliche Absichten und Strategien der Sowjets und der chinesischen Kommunisten

14. Die UdSSR hält unverändert fest an ihrer grundsätzlich feindlichen Haltung gegenüber der nichtkommunistischen Welt, besonders gegenüber den Vereinigten Staaten als dem Machtzentrum dieser Welt, und auch an ihrem Glauben an den endgültigen Triumph des Kommunismus. Man kann von der sowjetischen Führung erwarten, daß sie ständig und unter Einsatz jedes ihr vorteilhaft erscheinenden Mittels danach strebt, die kommunistische Macht zu vergrößern und diejenigen Kräfte – insbesondere die Macht und den Einfluß der Vereinigten Staaten – zu schwächen, die sie als unerbittliche Feinde ihres Systems ansieht. Allerdings wird sie es mit an Sicherheit grenzender Wahrscheinlichkeit vermeiden, ihre langfristigen Ziele in einer Weise zu verfolgen, die die Sicherheit des eigenen Regimes oder ihre Beherrschung des kommunistischen Blockes gefährdet. Die Ziele der Sowjets können wie folgt aufgelistet werden, wobei die Reihenfolge einer abnehmenden Bedeutung entspricht:

a) Die Sicherheit des Regimes und der UdSSR.

b) Die sowjetische Herrschaft über die europäischen Satelliten aufrechtzuerhalten und China weiter im kommunistischen Block zu behalten.

c) Den Einfluß der Vereinigten Staaten auf Europa und Asien auszuschalten und die Vereinigten Staaten zu isolieren.

d) Den sowjetisch-kommunistischen Machtbereich auf ganz Europa und Asien auszudehnen.

e) Die Vereinigten Staaten als ein konkurrierendes Machtzentrum auszuschalten.

f) Den Kommunismus auf die ganze Welt auszubreiten.

[. . .]

17. Das seit dem Tode Stalins und zunehmend in den letzten Monaten erkennbare sowjetische Umschwenken auf eine „weiche" Linie ist ein wichtiges neues Element der Lage. Höchstwahrscheinlich betrachtet die sowjetische Führung diese „Friedensoffensive" gegenwärtig als ihre wirksamste Taktik, um die freie Welt zu spalten und die Vereinigten Staaten von ihren Verbündeten zu isolieren. Ein Hauptziel ist es, die Wiederbewaffnung Westdeutschlands in einem Bündnis mit den Westmächten zu verhindern. Sollte dieser Versuch scheitern, könnten die Sowjets zu einer kompromißloseren und drohenderen Einstellung zurückkehren. Allerdings könnte die gegenwärtige „weiche" Linie auch motiviert sein durch Beschäftigung mit internen Problemen und die Furcht vor einem allgemeinen Krieg; die Sowjets könnten deswegen eine ausgedehnte Periode verringerter Spannungen wünschen. Selbst wenn dies der Fall sein sollte, dann wird die sowjetische Politik vor allem ein stillschweigendes Übereinkommen anstreben, keine Gewalt zur Änderung der bestehenden territorialen Abgrenzung zwischen dem kommunistischen Block und der freien Welt anzuwenden. In jedem Falle werden sich alle von den Sowjets etwa gemachten Zugeständnisse für einige Zeit fast mit Sicherheit auf relativ untergeordnete Streitpunkte beschränken. Obwohl es sehr unwahrscheinlich erscheint, könnte die sowjetische Führung doch durch die Angst vor einer atomaren Vernichtung dazu veranlaßt werden, einem wirksamen System der Rüstungskontrolle

zuzustimmen, selbst wenn dies Änderungen ihrer gegenwärtigen Praxis und ihrer Vorstellungen erfordern würde.

18. Wenn die „weiche" Linie der Sowjets nicht geändert wird, werden unsere Verbündeten darauf brennen, diese ernsthaft zu sondieren, und werden wahrscheinlich bei der Suche nach einer Grundlage für „Koexistenz" weitergehen wollen als dies die Vereinigten Staaten für weise [prudent] halten. Selbst wenn die UdSSR keine wirklichen Zugeständnisse anbietet, werden solche Tendenzen vermutlich fortbestehen und von großen Teilen der öffentlichen Meinung unterstützt werden. Deswegen wird, wenn die „Friedensoffensive" der Sowjets weitergeht, eine schwierige Aufgabe darin bestehen, die notwendige Einheit und Entschlossenheit im Bündnis der freien Welt zu sichern.

19. Trotz des Redens von „Koexistenz" werden die kommunistischen Mächte weiterhin heftige Anstrengungen unternehmen, um die Stärke und Einheit der freien Welt zu erschüttern und um ihren eigenen Machtbereich auszudehnen, vor allem durch subversive Tätigkeit (einschließlich der Unterstützung von Aufständen), wobei sie es vermeiden werden, die eigentlichen Quellen ihrer Macht einzusetzen. Diese Strategie wird vermutlich für die freie Welt in den nächsten Jahren eine ihrer bisher ernstesten Herausforderungen und eine sehr große Gefahr bedeuten.

20. Das Erreichen der Fähigkeit, den Vereinigten Staaten einen lähmenden Schaden zufügen zu können, würde die UdSSR fast sicher nicht in Versuchung führen, einen allgemeinen Krieg zu beginnen, wenn sie nicht glaubte, die Kraft der Vereinigten Staaten zur Vergeltungskapazität entweder neutralisieren oder durch einen Überraschungserstschlag zerstören zu können, bevor die Zweitschlagfähigkeit eingesetzt werden könnte. Sie wird weiterhin außerordentlich zurückhaltend sein, einen Schlagabtausch vom Zaune zu brechen, in dem die UdSSR wahrscheinlich einem wenn auch nur begrenzten atomaren Angriff ausgesetzt werden würde. Wenn sie reichliche Vorräte an Atomwaffen haben, werden die kommunistischen Mächte allerdings wahrscheinlich das Tempo ihrer Versuche fortschreitender lokal beschränkter Expansion erhöhen, wobei sie Gewalt anwenden oder mit Gewaltanwendung drohen werden, vorausgesetzt, daß ihrer Einschätzung nach das Vorhaben gelingen kann und keine Gegenmaßnahmen der Vereinigten Staaten provoziert, die mit dem nennenswerten Risiko eines allgemeinen Krieges verbunden wären.

Abschnitt B

Umrisse [outline] der nationalen Strategie der Vereinigten Staaten

21. *Das grundlegende Ziel* der nationalen Sicherheitspolitik der Vereinigten Staaten ist es, die Sicherheit der Vereinigten Staaten und ihre grundlegenden Werte und Institutionen zu erhalten (ohne die Wirtschaft der Vereinigten Staaten ernsthaft zu schwächen [2]).

22. *Die grundlegende Bedrohung* der Sicherheit der Vereinigten Staaten liegt in der feindlichen Politik und der Macht, einschließlich der zunehmenden nuklearen Macht, des sowjetisch-kommunistischen Blocks mit seinem internationalen kommunistischen Parteiapparat.

[2] Vorschlag vom Finanzministerium und Budgetamt.

23. *Das grundlegende Problem,* dem sich die Vereinigten Staaten gegenübersehen, ist, wie sie, ohne fundamentale Werte und Institutionen der Vereinigten Staaten zu untergraben oder die Wirtschaft der Vereinigten Staaten ernsthaft zu schwächen, dieser Bedrohung der Sicherheit der Vereinigten Staaten begegnen und sie für die Zukunft auf einer hinnehmbaren Größenordnung halten [3] (und sie schließlich auf eine hinnehmbare Größenordnung verringern [4]) können.

24. Der Konflikt zwischen dem Sowjetblock und der freien Welt kann im Einklang mit den Sicherheitsinteressen der Vereinigten Staaten nur gelöst werden wenn entweder (a) das Sowjetregime gestürzt und durch eine Regierung ohne expansionistische oder andere mit der Sicherheit der Vereinigten Staaten unvereinbare Ziele ersetzt wird; oder (b) das Sowjetsystem in einer Weise geändert wird, daß seine Führung praktisch die expansionistische Politik aufgibt, und entweder formale oder *de facto* Vorkehrungen [arrangements] akzeptiert, die im Einklang mit den Sicherheitsinteressen der Vereinigten Staaten stehen.

25. Es gibt für die Vereinigten Staaten und ihre Verbündeten keine voraussehbare Aussicht dafür, das Wachstum des sowjetischen nuklearen Potentials stoppen oder die Truppenstärke der Sowjets – das Herzstück der kommunistischen Macht – verringern zu können (oder andere Elemente der kommunistischen militärischen Stärke wesentlich verringern zu können [3]) außer durch für beide Seiten annehmbare Übereinkommen mit den Sowjets oder durch eine großangelegte Militäraktion. Die Einleitung einer derartigen Militäraktion durch die Vereinigten Staaten zur Erreichung dieses Ziels ist weder für die Vereinigten Staaten noch für ihre wichtigeren Verbündeten ein annehmbares Vorgehen.

[...]

Abschnitt C

Elemente einer nationalen Strategie

I. *Das militärische Problem*

29. Ein zentrales Ziel der Politik der Vereinigten Staaten muß sein, die Kommunisten vom Einsatz ihrer militärischen Macht abzuschrecken (und gleichzeitig bereit zu sein, einen allgemeinen Krieg zu führen, sollte den Vereinigten Staaten ein solcher aufgezwungen werden [5]). Diese Betonung der Abschreckung ist unausweichlich angesichts des verheerenden Charakters eines totalen Atomkriegs sowie der Möglichkeit, daß örtliche Konflikte sich zu einem totalen Krieg ausweiten, sowie schließlich der ernsten Auswirkungen weiterer möglicher kommunistischer Aggressionen. Deswegen müssen die kommunistischen Machthaber davon überzeugt werden, daß Aggression ihren Interessen nicht dient: daß sie sich nicht auszahlen wird.

30. Wenn dieses Ziel erreicht werden soll, dann müssen die Vereinigten Staaten und ihre Verbündeten insgesamt auf unbegrenzte Zeit ausreichend große, flexible und mobile

---

[3] Vorschlag von Außenministerium, Budgetamt, CIA und Finanzministerium.

[4] Vorschlag des Verteidigungsministeriums, der JCS und anderer.

[5] Vorgeschlagen von Verteidigungsministerium und JCS; andere sind der Auffassung, daß dies durch Abschnitt 30 ff. abgedeckt ist.

Militärstreitkräfte unterhalten, um in der Lage zu sein, schnell und gründlich mit einer offenen kommunistischen Aggression in ihren verschiedenen Formen fertig zu werden, und um einen allgemeinen Krieg erfolgreich zu bestehen, falls es dazu kommen sollte. Darüber hinaus müssen die Vereinigten Staaten und ihre wichtigsten Verbündeten deutlich machen, daß sie einig sind in ihrer Entschlossenheit zum Einsatz militärischer Macht gegen eine derartige Aggression.

31. Als Teil ihrer Militärstreitkräfte müssen die Vereinigten Staaten ihre wirkungsvolle nukleare Luftvergeltungskapazität entwickeln und erhalten, und sie müssen diese Kapazität gegen Neutralisierung oder gegen einen sowjetischen Vernichtungsschlag sichern, auch wenn er als Überraschungsschlag geführt wird. Solange die Sowjets sich ihrer Fähigkeit zur Neutralisierung dieser Kapazität nicht sicher sind, gibt es wenig Grund, von ihnen zu erwarten, sie würden einen allgemeinen Krieg beginnen oder Handlungen vornehmen, von denen sie glauben, daß mit ihnen nennenswerte Risiken eines allgemeinen Krieges verbunden sind und dadurch das Regime und die Sicherheit der UdSSR gefährdet werden.

32. Zusätzlich zu ihren atomaren Luftstreitkräften für einen Vergeltungsschlag müssen die Vereinigten Staaten über andere einsatzbereite Streitkräfte verfügen. Diese Streitkräfte müssen zusammen mit denen ihrer Verbündeten ausreichen (a) um dazu beizutragen, gegen jeden Versuch einer örtlichen Aggression abzuschrecken oder (b) jede derartige örtliche Aggression schnell und gründlich und in einer Weise und in einem Ausmaß zu bestrafen, das so kalkuliert ist, daß die Ausweitung der Feindseligkeiten zu einem totalen Atomkrieg vermieden wird.

[. . .]

34. Die Fähigkeit zum selektiven und flexiblen Einsatz von Gewalt wird zunehmend Bedeutung gewinnen, um die Moral und den Willen der freien Welt, einer Aggression Widerstand entgegenzusetzen, zu erhalten. Da die Angst vor einem Atomkrieg zunimmt, dürfen es die Vereinigten Staaten und ihre Verbündeten niemals zulassen, daß sie in eine Lage kommen, in der sie wählen müssen zwischen den Alternativen: (a) eine örtliche Aggression ungeahndet zu lassen und (b) Gewalt in einer Weise anzuwenden, die nach Auffassung unserer eigenen Bevölkerung oder unserer Verbündeten das unnötige Risiko einer atomaren Zerstörung in sich trägt. Allerdings können es sich die Vereinigten Staaten nicht leisten, für sich den Einsatz nuklearer Waffen auch in einer örtlich begrenzten Situation auszuschließen, wenn ein solcher Einsatz die Aggression rasch und sicher zum Stillstand bringt und wenn, bei Abwägung politischer und militärischer Überlegungen, solch ein Einsatz den Sicherheitsinteressen der Vereinigten Staaten am besten dient. Letztlich müssen die Vereinigten Staaten, wenn sie mit der Entscheidung konfrontiert sind (a) sich mit einer kommunistischen Aggression abzufinden oder (b) Maßnahmen zu treffen, mit denen sie einen allgemeinen Krieg oder den Verlust der Unterstützung ihrer Verbündeten riskieren, bereit sein, letzte Risiken einzugehen, wenn es für ihre Sicherheit notwendig ist.

35. Die Vereinigten Staaten und ihre Verbündeten müssen den Gedanken eines Präventivkrieges oder Handlungen, die darauf zielen, einen Krieg zu provozieren, ablehnen. (Die Vereinigten Staaten und ihre Verbündeten müssen gleichfalls auf als Provokation anzusehende Handlungen verzichten, wenn solche Handlungen die für den gegebenenfalls erforderlichen Einsatz von Gewalt notwendige politische Unterstützung

im eigenen Lande ausschließen. Weiterhin, falls die kommunistischen Machthaber zu dem Schluß kommen sollten, daß die Vereinigten Staaten einen Angriffskrieg beabsichtigen, dann könnten sie der Auffassung sein, daß sie keine andere Wahl haben, als den Krieg zu einem von ihnen festgelegten Zeitpunkt selbst zu beginnen. Deswegen sollten die Vereinigten Staaten versuchen, durch Erklärungen und durch ihr Verhalten deutlich zu machen, daß wir nicht die Absicht haben, einen Krieg zu provozieren[6]). Gleichzeitig müssen die Vereinigten Staaten und ihre wichtigsten Verbündeten ihre Entschlossenheit deutlich machen, trotz des Risikos eines allgemeinen Krieges jeder Aggression entgegenzutreten; darüber hinaus müssen die Vereinigten Staaten ihre Entschlossenheit deutlich machen zu siegen, falls es zu einem Krieg kommt.

[. . .]

37. Direkte Aktionen gegen den kommunistischen Parteiapparat müssen im wesentlichen Sache der betroffenen örtlichen Regierungen sein, obwohl die Vereinigten Staaten in der Lage sein sollten, wesentliche Hilfe zu leisten.

[. . . = gelöscht]

38. . . .

[. . .]

41. Die Gefahren für die Stabilität der freien Welt sind besonders brennend in den unterentwickelten Gebieten. Die Aufgabe, deren Wirtschaftswachstum zu beschleunigen und ihre Stabilität zu fördern, gibt eine Fülle von politischen, sozialen und auch wirtschaftlichen Problemen auf. Zum Beispiel erfordert es einige Änderungen traditioneller Gewohnheiten und Einstellungen und eine erhebliche Ausweitung der Ausbildung administrativer und technischer Fähigkeiten. Auf jeden Fall sind zusätzliche Kapitalinvestitionen eine Voraussetzung für Wachstum. Örtlich vorhandenes Kapital muß ergänzt werden durch die Bereitstellung ausländischen Kapitals. Zusätzlich zu ausländischen öffentlichen und privaten Investitionen und zu Weltbankdarlehen wird eine beachtliche Finanzierung aus öffentlichen Mitteln der Vereinigten Staaten (einschließlich der Export-Import-Bank) notwendig sein, in einigen Fällen für längere Zeit, um den wirtschaftlichen Fortschritt zu erreichen, der für die Interessen der Vereinigten Staaten wesentlich ist. Finanzielle Hilfe der Vereinigten Staaten allein kann kein befriedigendes Wirtschaftswachstum in diesen Regionen hervorbringen, und Auslandshilfe sollte in einer Weise verwendet werden, die örtliche Anreize und Selbsthilfe fördert und nicht verringert.

[. . .]

III. Die politische Strategie gegen den kommunistischen Block

45. Die Vereinigten Staaten sollten eine gegen den kommunistischen Block gerichtete politische Strategie entwickeln, die darauf ausgerichtet ist: (a) die Wahrscheinlichkeit einer Aggression zu verringern; (b) in einer für die Interessen der Vereinigten Staaten und der freien Welt vorteilhaften Weise Entscheidungen und Entwicklungen innerhalb des kommunistischen Blocks, wie z. B. die Entwicklung zu stärkerer Berücksichtigung interner Probleme, zu beeinflussen; und (c) langfristige Trends zu verstärken, die zu

[6] Vorschlag des Außenministeriums.

grundlegenden Änderungen in den Auffassungen oder dem Wesen kommunistischer Regime führen könnten.

46. Bei der Verfolgung dieser Strategie sollten die Vereinigten Staaten bestrebt sein (a) die kommunistischen Regime zu überzeugen, daß es zu ihrer gegenwärtigen Politik Alternativen gibt, die für die Vereinigten Staaten annehmbar wären, und die sie selbst als auch mit ihren eigenen elementaren Sicherheitsinteressen vereinbar ansehen könnten; . . .

47. Die Vereinigten Staaten sollten zu Verhandlungen mit der UdSSR bereit sein, wann immer deutlich erkennbar ist, daß dies den Sicherheitsinteressen der Vereinigten Staaten dient. Die Vereinigten Staaten sollten auch weiterhin die Initiative ergreifen im Einbringen von Vorschlägen für konstruktive Konfliktbeilegungen und für internationale Zusammenarbeit (z. B. Atome für den Frieden), um die Sowjets in die Defensive zu drängen und um öffentliche Unterstützung auf beiden Seiten des Eisernen Vorhangs zu gewinnen.

Außenministerium

a) Ohne ihre Verteidigungsbereitschaft zu verringern, sollten die Vereinigten Staaten bei der Verfolgung ihrer Strategie auf Verhandlungen setzen. Dadurch wären die Vereinigten Staaten in der Lage, (1) die kommunistische Linie der „Versöhnung" bloßzustellen und den Kommunisten die Verantwortung für das Weiterbestehen von Spannungen und ungelösten Problemen aufzuerlegen, oder (2) sie dazu zu zwingen, ihre „Friedens"-Propaganda durch Verhandlungen oder Kompromisse unter Beweis zu stellen, die für die Interessen der freien Welt vorteilhaft wären.

b) Die Vereinigten Staaten sollten: (1) anstreben, bestimmte Probleme (wie z. B. Deutschland) in einer Weise beizulegen, die mit der Sicherheit der Vereinigten Staaten vereinbar ist, (2) danach trachten, einen *„modus vivendi"* zu erreichen, der die Spannungen in der Welt verringern und zur Sicherheit der freien Welt beitragen würde, (3) Vorschläge vorlegen und eine Einigung über sie anstreben, die, wenn sie angenommen würden, das Ausmaß der sowjetisch-kommunistischen Bedrohung verringern würden (z. B. ein

JCS

a) In erster Linie müssen die Vereinigten Staaten jedoch zur Kenntnis nehmen, daß die Fortsetzung ihrer Anstrengungen, zu Lösungen von Weltproblemen auf dem normalen Wege von Verhandlungen mit der UdSSR zu kommen, nicht nur keine Ergebnisse bringen wird, sondern möglicherweise sogar gefährlich sein kann.

b) Wenn die UdSSR eine grundlegende Änderung ihrer Einstellung erkennen läßt, die der Erzielung dauerhafter Konfliktlösungen förderlich wäre, dann und nur dann, sollten die Vereinigten Staaten versuchen, durch verstärkte Verhandlungen mit der UdSSR über Fragen der Abrüstung, Atomenergie oder andere Weltprobleme zu Vereinbarungen zu kommen.

Außenministerium	JCS
annehmbarer Plan für Rüstungsbegrenzung mit angemessenen Sicherheiten).	

[. . .]

Quelle: NSC-Dokument 5440, Draft NSC Planning Board, NAW, NSCF.

D 30 a–b: Präsident Eisenhower auf der Gipfelkonferenz in Genf 1955

D 30 a: Die Eröffnungsansprache Eisenhowers vom 18. Juli 1955

In den übergeordneten Ost-West-Beziehungen wurden die beiden Problembereiche: Deutschlandfrage und europäische Sicherheit seit dem ersten Vorstoß der Sowjetunion auf der Berliner Konferenz der Außenminister 1954 miteinander verknüpft, eindeutig dann auf der Genfer Gipfelkonferenz 1955.

Uns führt ein einfaches Ziel hier zusammen. Wir haben uns eingefunden, um eine Basis der Anpassung zu finden, die nicht nur das Leben der von uns vertretenen Nationen, sondern alle Völker sicherer und glücklicher gestalten wird.

[. . .]

Ohne Zweifel hegen unsere Völker weltanschauliche Überzeugungen, die in mancher Hinsicht unvereinbar miteinander sind. Nichts, was wir hier sagen oder tun können, wird diese Tatsache ändern. Es ist jedoch nicht immer notwendig, daß Leute das gleiche denken und das gleiche glauben, bevor sie zusammenarbeiten können. Das Entscheidende ist, daß keiner durch Gewalt oder List versucht, seine Überzeugungen durchzusetzen und damit sein System dem Unwilligen aufzuzwingen.

Der neue Weg, den wir hier auf dieser Konferenz suchen sollten, kann nicht in der Weise gefunden werden, daß wir uns nur in abstrakten Begriffen und Gemeinplätzen ausdrükken. Es ist vielmehr angebracht, daß wir offen über konkrete Probleme sprechen, die zu Spannungen zwischen uns führen, und daß wir Wege erörtern, auf denen wir sie lösen können.

Darf ich hier als eine Art Vorspruch einige Themen anführen, die wir meiner Meinung nach besprechen sollten.

Da ist zunächst einmal die Frage der Wiedervereinigung Deutschlands und der Bildung einer aus freien Wahlen hervorgegangenen Gesamtdeutschen Regierung. Zehn Jahre sind seit dem Waffenstillstand in Deutschland vergangen – und Deutschland ist noch immer ein geteiltes Land. Diese Teilung stellt ein bitteres Unrecht einem Volke gegenüber dar, das wie andere Völker ein Recht darauf hat, ein gemeinsames Schicksal gemeinsam zu erfüllen. Solange diese Teilung fortbesteht, wird sie eine wesentliche Quelle der Unruhe in Europa darstellen. Unsere Friedensgespräche haben nur wenig Gehalt, wenn wir gleichzeitig Verhältnisse fortbestehen lassen, die den Frieden gefährden. Wir vier hier tragen gegenüber Deutschland eine besondere Verantwortung. Da nun einmal jede von uns hier getroffene Entscheidung nichtig wäre, wenn sie nicht die Billigung der Mehrheit der Deutschen findet, sollte dieses Problem ein zentrales Thema unserer Konferenz bilden. Müssen wir da nicht Wege finden, um dieses Problem prompt und gerecht zu lösen?

Im Interesse eines dauerhaften Friedens sollte die von uns getroffene Lösung den legitimen Sicherheitsinteressen aller Betroffenen Rechnung tragen. Das ist der Grund, weshalb wir darauf bestehen, daß ein geeintes Deutschland freie Hand haben solle, das ihm zukommende Recht auf eine kollektive Selbstverteidigung nach eigenem Gutdünken auszuüben. Im gleichen Sinne sind wir bereit, den berechtigten Sicherheitsinteressen der Sowjetunion Rechnung zu tragen. Die Pariser Abkommen enthalten manchen Passus, der diesem Zweck dient. Wir sind jedoch durchaus bereit, weitere Sicherheitsvorkehrungen auf Gegenseitigkeit zu erörtern, soweit sie vernünftig und mit der Sicherheit aller Beteiligten vereinbar sind.

Auf einer noch breiteren Basis steht das Problem, das Recht der Völker zu respektieren, die Regierungsform zu wählen, unter der sie zu leben wünschen; und die Rechte der Oberhoheit und Selbst-Regierung jenen zurückzugeben, denen sie bisher vorenthalten worden sind. Das amerikanische Volk ist sich zutiefst der Tatsache bewußt, daß gewisse Völker Osteuropas, viele davon mit einer langen und stolzen nationalen Geschichte, noch immer nicht in den Genuß dessen gekommen sind, wozu sich unsere Nationen in ihrer während des Krieges formulierten – und durch andere aus der Kriegszeit stammende Vereinbarungen verankerten – Deklaration gemeinsam verpflichtet haben.

Da ist ferner das Problem des Nachrichtenverkehrs und der Kontakte von Mensch zu Mensch, wie es zwischen unseren Völkern besteht. Wir sagen es offen: Wir fürchten die Konsequenzen aus einer Situation, in der ganze Völker von der Außenwelt abgeschnitten sind. Das amerikanische Volk wünscht freundschaftliche Beziehungen zu den Völkern der Sowjetunion. Es gibt nichts, was von Natur aus unsere Völker oder unsere Nationen trennen würde . . .

[. . .]

Und schließlich ist da noch das alles überschattende Problem der Rüstungen. Es entspricht direkt den bestehenden Spannungen und dem Mißtrauen und ist gleichzeitig ihre Ursache. Ganz im Gegensatz zu den grundlegenden Bestimmungen der Charta der Vereinten Nationen wird heute infolge der Rüstungen ein gut Teil der menschlichen Arbeit zu unproduktiven Zwecken aufgewendet. Wir alle wünschen, diesem Zustand ein Ende zu bereiten. Aber offensichtlich kann sich niemand aus Furcht vor einem Angriff dazu entschließen.

Heute tragen Überraschungsangriffe Zerstörungsmöglichkeiten in sich, die über alles bisher Bekannte hinausgehen. Aus diesem Grunde erachtet es jeder von uns als lebensnotwendig, die Mittel zu besitzen, um einen solchen Angriff zu verhindern. Wir sollten uns daher vielleicht mit der Frage befassen, ob das Problem der Begrenzung der Rüstungen nicht am besten auf dem Wege angegangen werden könnte, daß man, als einen ersten Schritt, verläßliche Möglichkeiten für eine Überwachung und Inspektion der militärischen Einrichtungen schafft, um entsetzliche Überraschungen auszuschließen, gleichgültig, ob diese Überraschung als plötzlicher Angriff kommt oder die Form geheimer Verstöße gegen die gegenseitig anerkannten Begrenzungen annimmt. Auf diesem Gebiet gibt es nichts Wichtigeres, als daß wir gemeinsam das zentrale und uns alle angehende Problem einer wirksamen gemeinsamen Inspektion erörtern. Ein solches System ist die Grundlage für eine echte Abrüstung.

[. . .]

Lassen Sie mich wiederholen. Ich vertraue darauf, daß wir nicht hier sind, um lediglich unsere Meinungsverschiedenheiten zu registrieren. Wir sind nicht hier, um den ermüdenden Ablauf zu wiederholen, der während der vergangenen zehn Jahre die meisten Verhandlungen zwischen uns gekennzeichnet hat. Wir sind hier auf Grund der friedlichen Hoffnungen der Menschheit, um die Art von Erörterungen zu beginnen, die unserer Diplomatie einen neuen Geist einhauchen wird, und um unter den Bedingungen günstiger Vorzeichen neue Verhandlungen zu eröffnen.

[. . .]

Quelle: Europa-Archiv, 1955, S. 8098 ff.

D 30 b: Vorschläge Eisenhowers zu Fragen der Abrüstung und Rüstungskontrolle vom 21. Juli 1955

[. . .]

Nach unserem Siege als Alliierte im Zweiten Weltkriege hat mein Land schnell abgerüstet. Innerhalb einiger weniger Jahre war unsere Rüstung auf einem sehr niedrigen Stand. Dann traten jenseits unserer Grenzen Ereignisse ein, die uns erkennen ließen, daß wir zu stark abgerüstet hatten. Um unserer eigenen Sicherheit willen und zur Sicherung des Friedens brauchten wir größere Stärke. Daher begannen wir, wieder zu rüsten und uns mit anderen zu einer Partnerschaft für den Frieden und gegenseitige Sicherheit zu assoziieren.

Das amerikanische Volk ist entschlossen, diese bewaffnete Stärke aufrechtzuerhalten und wenn nötig zu erhöhen, solange es notwendig sein wird, den Frieden zu sichern und unsere Sicherheit zu erhalten.

Aber wir wissen, daß ein gegenseitig verläßliches System für eine Rüstungsbeschränkung auf seiten aller Nationen ein besserer Weg zur Sicherung des Friedens und zur Erhaltung unserer Sicherheit wäre. . . .

[. . .]

Ich möchte mich einen Augenblick hauptsächlich den Delegierten der Sowjetunion zuwenden, weil unsere beiden Länder zugegebenermaßen neue schreckliche Waffen in einem Ausmaße besitzen, welches in anderen Teilen der Welt, oder gegenseitig, Anlaß zu Furcht und zur Gefahr eines Überraschungsangriffs gibt.

Ich schlage deshalb vor, daß wir einen praktischen Schritt tun, daß wir unter uns mit einer Vereinbarung beginnen, sehr rasch, sofort. Diese Schritte sollten einschließen:

Uns gegenseitig eine komplette Aufstellung unserer militärischen Einrichtungen zu geben, von Anfang bis zum Ende; von einem Ende unserer Länder bis zum anderen diese Einrichtungen aufzudecken und die Aufstellungen gegenseitig zur Verfügung zu stellen.

Sodann innerhalb unserer Länder dem anderen Lande Einrichtungen zu Luftaufnahmen zur Verfügung zu stellen – daß wir Ihnen in unserem Lande weitgehende Möglichkeiten zur Luftaufklärung geben, wobei Sie alle Aufnahmen machen können, die Sie zu machen wünschen und sie in Ihr eigenes Land zur Überprüfung mitnehmen können, und daß Sie die gleichen Einrichtungen uns zur Verfügung stellen und wir diese Prüfungen anstellen können und durch diesen Schritt die Welt davon überzeugen, daß wir unter uns gegen die Möglichkeit eines großen Überraschungsangriffs Vorsorge treffen und somit zum Nachlassen der Gefahr und der Spannung beitragen.

[...]

Gleichermaßen werden wir ein umfassendes und wirksames System der Inspektion und Abrüstung leichter erreichbar machen; denn was ich vorschlage, versichere ich Ihnen, würde nur ein Anfang sein.

[...]

Quelle: Europa-Archiv, 1955, S. 8112 f.

D 31 a–c: Militärische Verdünnungs- und Inspektionszonen sowie Umrüstungspläne Mitte der fünfziger Jahre

D 31 a: Rundfunk- und Fernsehrede des Außenministers J. F. Dulles vom 22. Juli 1957

1. Grundsätze der amerikanischen Abrüstungspolitik

Ich möchte über die Abrüstung sprechen. Wir benutzen dieses Wort natürlich nicht in seinem buchstäblichen Sinne. Niemand denkt daran, die Vereinigten Staaten oder die Sowjetunion oder irgendein anderes Land zu entwaffnen. Was wir anstreben, ist eine Maßnahme auf dem Gebiet der Rüstungen, durch die die Gefahr eines bewaffneten Angriffs herabgemindert wird. Es ist eine zwingende Notwendigkeit, daß wir dieses Ziel zu erreichen trachten.

Es gibt bereits eine so große Zahl stärkster Atomwaffen, daß ihr Einsatz in einem totalen Krieg das Leben überall auf der Erde bedrohen könnte. Und so wie die Dinge stehen, wird die Zeit kommen, da die kleinste und verantwortungsloseste Diktatur in den Besitz von Waffen gelangen könnte, von denen unendliches Leid droht.

Weiter werden die Kosten für die Erhaltung von miteinander konkurrierenden militärischen Einrichtungen so groß werden, daß kein Land diese Kosten tragen kann, ohne daß sie zu einer drückenden Last für seine Wirtschaft werden.

Die amerikanische Regierung ist der Auffassung, daß diese Situation gebessert werden kann und gebessert werden muß.

Wir glauben, daß es jeder Nation schwer – wenn nicht unmöglich – gemacht werden kann, einen massiven Überraschungsangriff zu beginnen. Wenn dies der Fall ist, so würde dadurch die Kriegsgefahr wesentlich verringert werden, weil ein etwaiger Aggressor in der Regel damit rechnet, einen überraschenden, vernichtenden Schlag führen zu können.

Wir glauben, daß es möglich ist, eine unkontrollierte Verbreitung der Kernwaffen über die ganze Welt zu verhindern.

Und wir glauben ferner, daß die Kosten für die Rüstung ohne Gefahr reduziert werden könnten, wenn die Gefahr eines Überraschungsangriffs wirklich verringert wird.

[. . .]

5. Aufzählung der amerikanischen Vorschläge

Die Möglichkeiten und Unmöglichkeiten, die ich hier umrissen habe, formen die Abrüstungsvorschläge der Vereinigten Staaten. Bei diesen Vorschlägen handelt es sich zugestandenermaßen nur um Teilpläne. Sie stellen, so hoffen wir, einen Anfang und nicht ein Ende dar. Wir wollen jetzt nichts unternehmen, was zur Stunde undurchführbar erscheint. Wir versuchen allerdings, im Rahmen des Notwendigen das Mögliche zu erreichen, um einen bedeutsamen Anfang zu machen. Das Wesentliche zu diesem Zeitpunkt der Geschichte ist, wirklich anzufangen und aus der Phase des ermüdenden und endlosen Gespräches in die Phase der Aktivität zu gelangen. Dies sind nun unsere Vorschäge:

1. Wir schlagen vor, daß sich uns die Sowjetunion bei der Schaffung eines Inspektionssystems anschließt, das verläßliche Sicherheiten gegen einen umfassenden Überraschungsangriff bietet. Die Vereinigten Staaten sind bereit, der Überwachung ihres gesamten Gebietes in Nordamerika zuzustimmen, wenn die Sowjetunion eine Inspektion ihres Gebietes zuläßt. Wir stehen in enger Beratung mit unsern kanadischen Freunden bezüglich der Möglichkeit, diese Nordamerikanische Zone so zu vergrößern, daß sie auch Kanada einschließt.

Wir sind ferner bereit, begrenztere Zonen in Betracht zu ziehen, die dann allmählich erweitert werden können. Als Anfangszone könnte ein nördlicher Raum in Frage kommen, der das Gebiet des Polarkreises, Alaska und die Aleuten sowie entsprechende Teile des östlichen Sibiriens, Kamtschatka und die Kurilen umfaßt. Wir stehen in dieser Frage in enger Beratung mit Kanada, mit Dänemark, soweit Grönland betroffen ist, und mit Norwegen. Wir wissen, daß diese Verbündeten der USA genauso bestrebt sind wie wir selbst, dazu beizutragen, daß ein Beginn bei der Suche nach Sicherheit gegen einen Überraschungsangriff gemacht wird. Diese nördliche Zone wäre keineswegs ohne wesentliche Bedeutung. Zahlreiche Wege, auf denen möglicherweise ein Überraschungsangriff vorgetragen werden könnte, führen über diese Polarregion. Zur gleichen Zeit bieten diese Gebiete relativ wenig komplizierte Probleme, so daß hier ein schneller Beginn gemacht und hinsichtlich der technischen Probleme entsprechende Erfahrungen gesammelt werden könnten. Diese technischen Probleme sind beträchtlich, da sie die Koordinierung einer Luft- und Bodeninspektion sowie ein verläßliches Meldesystem einschließen. Auch die Frage einer europäischen Zone wird aktiv geprüft. In dieser Angelegenheit arbeiten die Vereinigten Staaten eng mit ihren NATO-Alliierten zusammen. Es ist allgemein der von uns geteilte Wunsch vorhanden, daß eine solche Zone geschaffen wird. Aber alle sind sich darüber im klaren, daß sie zahlreiche spezielle Komplikationen in sich birgt. Es wird wesentlich länger dauern, eine europäische Zone auszuarbeiten, als eine nördliche Zone festzulegen, die nicht so viele Schwierigkeiten bietet.

Wenn mit einem Anfangsschritt ein Verfahren, das greifbare Sicherheiten gegen Überraschungsangriffe bietet, entwickelt werden kann, dann kann dieser Anfang allmählich auch auf all die wichtigen Gebiete ausgedehnt werden, aus denen ein massiver Überraschungsangriff erwachsen könnte. Auf diese Weise würde ein entscheidender Schritt getan worden sein, um die Kriegsgefahr zu vermindern. Dann könnten die Sicherheitsausgaben ohne Gefahr reduziert werden.

2. Hinsichtlich der Atomwaffen schlagen wir ein drei Punkte umfassendes Programm vor. Wir machen nicht den Vorschlag, die Atomwaffen zu vernichten oder die Möglichkeit ihrer Anwendung auszuschalten, da dies, wie wir gesehen haben, nicht gewährleistet werden kann. Jedoch ist es möglich und angebracht, das Ausmaß des Atomwaffenproblems zu reduzieren und eine weltweite Verteilung solcher Kampfmittel in der ganzen Welt zu verhindern.

[. . .]

Quelle: Keesing, 1957, S. 6557 f.

D 31 b: Protokoll einer Sitzung des NSC vom 1. Mai 1958

Im NSC wurde in Gegenwart des Präsidenten über eine Änderung der übergeordneten Militärdoktrin weg von der Androhung einer jederzeitigen massiven atomaren Vergeltung hin zu einer flexibleren Reaktion beraten.

Streng geheim

[. . .]

Das Entwurf-Dokument 5810 des Nationalen Sicherheitsrates mit seiner grundlegenden neuen Orientierung war Gegenstand von General Cutlers Briefing . . . Allgemein beschrieb er den Zweck seiner Änderungsvorschläge damit, sicherzustellen, daß die Vereinigten Staaten die flexible Fähigkeit besitzen müßten, um den Einsatz jener militärischen Mittel bestimmen zu können, die angesichts der jeweiligen Umstände des begrenzten militärischen Angriffs dem amerikanischen Interesse am besten dienen. . . .

[. . .]

General Taylor [Stabschef, US-Army] setzte sich für die sofortige Annahme des Alternativparagraphen 14 ein, weil diese Frage bereits eingehend untersucht worden sei und weitere Diskussionen dieses Themas von seiten der Vereinigten Stabschefs keine neuen Erkenntnisse versprächen. . . .

[. . .]

General Twining [Vorsitzender der Vereinigten Stabschefs] bemerkte, er sei noch offen in der Frage der Zusammensetzung [composition] der Streitkräfte; dennoch glaube er, daß jedes Waffensystem nur dann sinnvoll sei, wenn auch der Wille zum Einsatz bestehe. Eine Verstärkung unserer für einen begrenzten Krieg geeigneten Streitkräfte erfordere ganz erhebliche finanzielle Aufwendungen; denn es wäre fatal, beim strategischen Abschrekkungspotential Abstriche zugunsten von Streitkräften mit einer begrenzten Fähigkeit vorzunehmen. . . . Wir sollten nach seinem Dafürhalten die gegenwärtige Richtlinie nicht ändern . . ., weil dies zu ernsten negativen psychologischen Reaktionen in den USA, bei unseren Verbündeten und den Sowjets führen würde. Wir könnten unsere Streitkräfte im taktischen Bereich auch auf der Grundlage der gegenwärtigen Formulierung der Richtlinie ausbauen, sofern wir es wünschten. [Zweitens] müßten wir die Tatsache akzeptieren, daß jeglicher Ausbau unserer taktischen Streitkräfte auf Kosten der strategischen Abschreckung zum gegenwärtigen Zeitpunkt unannehmbar sei. . . .

Minister Dulles wandte sich dann der anderen Hauptfrage zu, wie sich ihm die Dinge darstellten. Er sei der Auffassung, daß wir an der Bereitschaft der Vereinigten Staaten, auf massive nukleare Vergeltung zurückzugreifen, keinen Zweifel aufkommen lassen sollten, solange wir keine Alternativen hätten. Die massive nukleare Vergeltung sei bislang ein Hauptbestand unseres „Militärarsenals", wir müßten uns nun aber vorrangig auf jene Elemente konzentrieren, die in den kommenden zwei oder drei Jahren die massive nukleare Vergeltung ersetzen könnten; . . . um es auf einen Satz zu bringen, die Vereinigten Staaten müßten in der Lage sein, Defensivkriege zu führen, die nicht die totale Vernichtung des Feindes zur Folge hätten. . . .

Minister Dulles sagte ferner, daß er sich der finanziellen Konsequenzen der von ihm vertretenen Ansicht durchaus bewußt sei. Wir müßten all dies auf dem Wege militärischer Programme realisieren und zugleich zahlungsfähig bleiben. Wir müßten darüber hinaus Programme, wie zum Beispiel das zur gegenseitigen Verteidigung [mutual security], mit dem wir den Kalten Krieg führen, beibehalten. Die Militärs befürchteten, daß die zur Maximierung unserer Fähigkeit für den Fall eines begrenzten Krieges benötigten Finanzmittel von den Geldern, mit denen wir unsere nuklearen Abschreckungspotentiale bestreiten, abgezweigt werden könnten. Diese Bedenken seien legitim; Minister Dulles fürchte jedoch auch, daß für das Programm zur gegenseitigen Sicherheit benötigte Ressourcen abgezweigt werden könnten, um die Durchführung unserer eigenen militärischen Programme zu gewährleisten.

Zusammenfassend vertrat Minister Dulles die Meinung, daß das Dokument [5810] des Nationalen Sicherheitsrates zwar ein höchst interessantes Papier mit großen Herausforderungen sei, aber seiner Beurteilung nach erforderten die dort angesprochenen Probleme noch eingehendere Diskussionen. . . . Es tangiere die Substanz unserer Politik und gehe in vielen Punkten weit über die bisherigen Diskussionen hinaus. Er persönlich würde für das Studium des Papiers gerne über mehr Zeit verfügen, denn er habe es erst vor ein oder zwei Tagen durchgesehen. . . . Er für seine Person würde zum Beispiel gerne mit den Ministern McElroy und Anderson eingehender über das Papier sprechen.

[. . . = gelöscht]

Anschließend stellte der Präsident seine zweite Frage: Wir stünden im Grunde genommen vor zwei Alternativen für unser Vorgehen. Wenn wir die mobilen und taktischen Streitkräfte stärken wollten, könnten wir das nur durch eine Verringerung unserer nuklearen Abschreckungspotentiale, oder müßten anderenfalls eine erhebliche Anhebung unserer für die Verteidigung aufzuwendenden Ressourcen in Kauf nehmen. Sollten wir die zweite Alternative wählen, müßten wir umgehend darüber entscheiden, mit welchen Mitteln wir erheblich größere militärische Streitkräfte als bisher aufrechterhalten wollten. Ein entsprechender Mitteleinsatz würde mit großer Wahrscheinlichkeit zu dem führen, was man euphemistisch mit einer kontrollierten Wirtschaft bezeichne, die in letzter Konsequenz einen „Garnisonsstaat“ zur Folge hätte. . . .

[. . .]

Quelle: Eisenhower Library, Papers as President of the United States 1953–61, Ann Whitman File.

D 31 c: Aus der NSC-Richtlinie 5602/1, März 1956

Schon im Jahre 1956 ging es um die Frage, ob die Vereinigten Staaten ihre Militärdoktrin der massiven Vergeltung rigoros auch auf zunächst örtlich begrenzte Konflikte in dem Sinne anwenden sollten, daß schon hier praktisch Nuklearwaffen eingesetzt werden, selbst auf die Gefahr hin, einen allgemeinen Atomkrieg auszulösen. Siehe dazu auch den Streitkräftevergleich in D 33 a sowie die Auszüge in der Einführung zu diesem Kapitel, S. 158.

Streng geheim

[. . .]

Elemente der nationalen Sicherheit

I. Militärische Elemente der nationalen Sicherheit

9. Ein Zentralziel der Politik der Vereinigten Staaten muß darin liegen, die Kommunisten von der Anwendung ihrer militärischen Macht abzuschrecken und auf einen allgemeinen Krieg vorbereitet zu sein, wenn die Vereinigten Staaten dazu gezwungen werden. . . .

10. Um dieses Ziel zu erreichen, benötigen die Vereinigten Staaten und ihre Verbündeten für bestimmte Zeit Militärstreitkräfte mit ausreichender Schlagkraft, Flexibilität und Mobilität, um angesichts der offenen kommunistischen Aggression und ihrer verschiedenen Varianten rasch und hart durchgreifen und für den Fall eines Kriegsausbruches erfolgreich damit fertig werden zu können.

[Die folgenden Ziffern 11–13 beziehen sich auf die Richtlinien zum Einsatz von ABC-Waffen insgesamt. Sie waren in dieser Form in den entsprechenden Richtlinien des Vorjahres so nicht enthalten, d. Hrsg.]

14. Bei der Verfolgung ihres Hauptzieles, von einem Krieg abzuschrecken, müssen die Vereinigten Staaten als Teil ihrer militärischen Fähigkeiten ihr effektives atomares Vergeltungspotential aufrechterhalten und fortentwickeln und es vor einer Ausschaltung [neutralization] oder einem sowjetischen – selbst unerwarteten – Vernichtungsschlag sichern. Die Vereinigten Staaten müssen darüber hinaus ihre militärischen und nichtmilitärischen Programme zur Verteidigung ihres Kontinentes verstärkt vorantreiben. Solange die Sowjets an ihrer Fähigkeit zweifeln, das atomare Vergeltungspotential neutralisieren zu können, ist von ihnen kaum zu erwarten, daß sie einen Krieg oder sonstige Aktionen initiieren, die das kalkulierbare Risiko eines Krieges beinhalten und von daher das Regime und die Sicherheit der UdSSR gefährden.

15. In die gesamten Militärstreitkräfte der Vereinigten Staaten müssen Eingreifverbände miteinbezogen werden, die – mit der Unterstützung der Streitkräfte, die man realisti-

scherweise von den Verbündeten erwarten kann – angemessen sind, um (a) für jeglichen örtlich begrenzten Angriff ein Abschreckungspotential darzustellen und (b) in Verbindung mit einheimischen Truppen einen derartigen Angriff abzuwehren bzw. ihm solange standzuhalten, bis zusätzliche Streitkräfte der USA und der Alliierten in ausreichender Zahl zur Verfügung stehen, um den örtlichen Angriff rasch niederzuschlagen, wobei auf jeden Fall vermieden werden muß, daß sich die Feindseligkeiten zu einem allgemeinen Krieg ausweiten. Diese Eingreifverbände müssen so beweglich und flexibel sein, daß sie sowohl konventionelle als auch atomare Waffen einsetzen können. Sie sollen äußerst mobil und geschickt disloziert sein, wobei einschränkend zu vermerken ist, daß gewisse Dislozierungsmängel unter dem Aspekt eines allgemeinen Krieges hingenommen werden müssen. Die genannten Verbände dürfen von taktischen nuklearen Potentialen nicht so abhängig sein, daß eine Entscheidung, bei einem örtlichen Angriff einzuschreiten, auch einer Entscheidung zum Einsatz von Atomwaffen gleichkommen würde. Dennoch brauchen diese Streitkräfte auch ein flexibles und selektives Nuklearpotential, da sich die Vereinigten Staaten bei einer begrenzten Auseinandersetzung die Entscheidung über den Einsatz von Atomwaffen selber vorbehalten.

16. In dem Ausmaß, in dem die atomare Parität näher rückt, gewinnt die Fähigkeit, Streitkräfte selektiv und flexibel einzusetzen, zunehmend an Bedeutung für die Aufrechterhaltung der Moral und der Entschlossenheit der freien Welt, einem bewaffneten Angriff Widerstand zu leisten. Die Vereinigten Staaten und ihre Verbündeten müssen vermeiden, in eine Situation zu geraten, in der sie vor die Wahl gestellt sind zwischen (a) keiner Reaktion auf einen örtlichen Angriff und (b) der Gewaltanwendung in einer Form, die nach Ansicht unserer eigenen Bevölkerung und unserer Verbündeten ein unangemessenes Risiko einer atomaren Verwüstung nach sich zieht. Die Besorgnis der Verbündeten der Vereinigten Staaten über den Einsatz von Kernwaffen als Reaktion auf einen örtlichen Angriff kann dadurch verringert werden, daß das Abschreckungspotential der Vereinigten Staaten nicht einzig und allein auf diesen Waffen basiert; denn so kann die Frage ihres Einsatzes bis zu dem Zeitpunkt hinausgeschoben werden, zu dem die Abschreckung als mißlungen zu betrachten ist. Im Falle eines akuten örtlichen kommunistischen Angriffes sollten die Vereinigten Staaten notfalls allein über den Atomwaffeneinsatz entscheiden. Letzten Endes müssen die Vereinigten Staaten in ihrem eigenen Sicherheitsinteresse bereit sein, wenn sie vor die Wahl gestellt werden, entweder (a) den kommunistischen Angriff hinzunehmen oder (b) Maßnahmen zu ergreifen, die entweder zum allgemeinen Krieg oder dem Verlust der Unterstützung der Verbündeten führen, die bei der Alternative (b) implizierten Risiken einzugehen.

17. Die nationale Sicherheitspolitik beruht auf der Unterstützung und Kooperation der wichtigsten Verbündeten und bestimmter anderer Länder der freien Welt, die den Militäreinheiten der Vereinigten Staaten Stützpunkte zur Verfügung stellen und ihren Anteil zu den Militärstreitkräften beisteuern. Für die Vereinigten Staaten ist es wichtig, die erforderlichen Schritte zu unternehmen, um ihre Verbündeten, insbesondere die NATO-Verbündeten, davon zu überzeugen, daß die von den USA verfolgte Strategie und Politik genauso den Verbündeten wie den USA selber dient, und daß sich die Vereinigten Staaten zu ihrer Verteidigung verpflichtet haben und über die zur Erfüllung dieser Verpflichtung erforderlichen Möglichkeiten verfügen. . . .

18. Die Strategie eines Präventivkrieges oder eine den Ausbruch eines Krieges bewußt provozierende Maßnahme sind für die Vereinigten Staaten und ihre Verbündeten

unannehmbar. Daher sollten die Vereinigten Staaten durch Worte und Taten versuchen zu verdeutlichen, daß wir keinen Krieg provozieren wollen. Gleichzeitig müssen die Vereinigten Staaten und ihre Hauptverbündeten ihre Entschlossenheit unterstreichen, einem Angriff Widerstand zu leisten, selbst wenn dadurch ein Kriegsrisiko entsteht, und die Vereinigten Staaten müssen ihre Entschlossenheit, im Kriegsfall den Sieg zu erringen, unmißverständlich zum Ausdruck bringen.

[. . .]

Quelle: NAW, NSCF.

D 32 a–c: Die USA und die Suezkrise 1956 sowie die Konsequenzen für die spätere Nahostpolitik

D 32 a: Ergebnisprotokolle von Besprechungen Präsident Eisenhowers am 30. Oktober und 1. November 1956 (NSC)

Geheim

[30. Oktober 1956]

[Unter anderen anwesend: Außenminister Dulles und Unterstaatssekretär Hoover]

[. . .]

Mr. Dulles wies darauf hin, daß wir . . . unter Umständen zu entscheiden haben werden, ob wir mit unseren [NATO] Partnern, die Kolonialmächte sind, zusammengehen oder nicht . . .

Mr. Dulles wies auf die Gefahr hin, daß wir in die Feindseligkeiten hineingezogen werden könnten, wie dies in den beiden Weltkriegen geschehen sei, mit dem Unterschied, daß diesmal wohl die Briten und Franzosen von der Weltöffentlichkeit als die Angreifer angesehen werden könnten, die einen gegen die Araber und gegen Asien gerichteten Krieg anfingen.

Der Präsident sagte, daß nach seinem Urteil die Franzosen und Briten keinen ausreichenden Grund für einen Krieg hätten. Die Enteignung des Kanals durch die Ägypter sei nicht ausreichend, um das Vorgehen zu rechtfertigen.

[. . .]

Der Präsident stellte die Frage, ob nicht Churchill seine Hand im Spiele habe, da diese Aktion typisch Viktorianischen Stil verrate. Wenn die Ölversorgung abgeschnitten wird und amerikanische Schiffe den Weg ums Kap nehmen, dann wird die Versorgung Westeuropas mit Öl erheblich verringert. Mr. Hoover war der Auffassung, die Briten könnten der Ansicht sein, daß uns dann keine andere Wahl bliebe, als sie durch besondere Maßnahmen mit Öl zu versorgen.

Minister Dulles sagte, daß sie vielleicht daran dächten, uns vor vollendete Tatsachen zu stellen, angesichts deren sie wohl zugeben könnten, voreilig gewesen zu sein, aber auch sagen würden, daß die Vereinigten Staaten nicht einfach dastehen und sie wirtschaftlich zugrunde gehen lassen könnten.

Der Präsident sagte, er messe einem unwürdigen und unzuverlässigen Verbündeten nicht viel Wert bei; der Zwang, sie zu unterstützen, sei vielleicht nicht so groß, wie sie glaubten.

Minister Dulles bemerkte dazu, daß er schon seit zwei oder drei Jahren sehr beunruhigt darüber sei, daß wir mit Ländern identifiziert werden, die eine koloniale Politik verfolgen, die nicht mit unserer eigenen vereinbar sei. Er habe mehrere Studiengruppen daran arbeiten lassen. Kürzlich habe er in dieser Richtung eine Erklärung abgegeben, die heftige Stellungnahmen der Franzosen und Briten hervorgerufen habe . . .

[. . .]

Die Vertreter des Außenministeriums verließen an dieser Stelle die Sitzung . . .

Etwa zwanzig Minuten später rief der Außenminister den Präsidenten an, um ihn über Berichte der hiesigen britischen Botschaft zu informieren, daß Eden gerade im Unterhaus die Landung britischer und französischer Streitkräfte im Suezkanalgebiet bekanntgebe. Der Präsident bemerkte, daß für die Vereinigten Staaten eine Einstellung des „Hände weg" sehr wohl angezeigt sein könnte. Er war der Auffassung, daß es wahrscheinlich heute nötig sein werde, öffentlich klarzustellen, daß wir mit dem Vorgehen der Franzosen und Briten nichts zu tun hatten und auch jetzt nichts zu tun haben. Er gab seiner Sorge über die Möglichkeit einer Intervention der Sowjetunion auf der Seite Ägyptens Ausdruck . . .

Geheim [1. November 1956]

[. . .]

. . . Zusammenfassend erklärte Außenminister Dulles, „daß wir heute im Prinzip beinahe an dem Punkt angelangt seien, wo wir zu entscheiden hätten, ob wir der Ansicht seien, die Zukunft gehöre einer Politik der Wiedergeburt kolonialer Herrschaft über weniger entwickelte Nationen mit Mitteln der Gewalt, oder ob wir solche Maßnahmen mit allen uns zur Verfügung stehenden, sinnvollen Mitteln zu verhindern suchen müßten. Natürlich seien Großbritannien und Frankreich unsere ältesten und vertrauenswürdigsten Alliierten. Sollten wir jemals in einen Krieg verwickelt werden, dann seien dies die Alliierten, auf die wir mit großer Sicherheit hinsichtlich einer Unterstützung angewiesen wären. Es sei schon wirklich tragisch, daß wir genau zu dem Zeitpunkt, da wir dabei seien, einen ungeheueren und lange erhofften Sieg über den sowjetischen Kolonialismus in Osteuropa zu gewinnen, gezwungen sein sollten zu entscheiden, ob wir uns in den Fußstapfen eines anglo-französischen Kolonialismus in Asien und Afrika bewegen sollten, oder aber unseren Kurs von dem ihrigen trennen sollten. Dennoch müsse diese Entscheidung innerhalb von Stunden getroffen werden, das hieße genau an diesem Nachmittag vor fünf Uhr . . .".

[. . .]

Quelle: NAW.

D 32 b: Rundfunk- und Fernsehansprache Präsident Eisenhowers am 31. Oktober 1956

[. . .]

Der Nahe Osten:

Ich wende mich nun dem anderen Teil der Welt zu, wo in diesem Moment die Situation als düster zu bezeichnen ist, dem Nahen Osten . . . Die Vereinigten Staaten haben in all den Jahren seit Ende des Zweiten Weltkrieges unablässig daran gearbeitet, diese Region einem Zustand des Friedens und der Stabilität zuzuführen. Wir haben es als eine Frage von grundsätzlicher Bedeutung angesehen, daß die Vereinigten Staaten in ihrer Politik den neuen Staat Israel unterstützen und gleichzeitig ihre Beziehungen sowohl zu Israel als auch mit den arabischen Staaten stärken. Leider jedoch haben in all diesen Jahren die Leidenschaften in jenem Raume immer wieder dahin tendiert, gegenüber friedlichen Absichten die Oberhand zu gewinnen . . .

Die Vereinigten Staaten wurden in keiner Weise über irgendeine Phase dieser Aktionen [Angriff der drei Staaten auf Ägypten] konsultiert. Wir wurden auch nicht vorab informiert. Es ist das selbstverständliche Recht jeder dieser Nationen, solche Entscheidungen zu fällen und zu solchen Maßnahmen zu greifen; genauso aber ist es unser Recht – wenn wir zu solchen Schlüssen in unserer Beurteilung der Lage kommen –, eine andere Ansicht zu vertreten. Wir glauben, daß diese Aktionen einen Fehler darstellen, da wir den Einsatz von bewaffneter Gewalt als ein unvernünftiges und ungeeignetes Instrument für die Lösung internationaler Streitfragen ansehen. Eine solche Feststellung im Hinblick auf diese spezielle Lage bedeutet in keiner Weise, daß wir unsere Freundschaft mit diesen Nationen herunterspielen wollen oder auch nur unsere Entschlossenheit, die Bande zwischen uns aufrechtzuerhalten und zu verstärken. Wir sind uns auch der ernsten Sorgen Israels, Großbritanniens und Frankreichs bewußt. Wir wissen, daß sie wiederholt auf das ernsteste provoziert worden sind. Dennoch stellen sich die derzeitigen Tatsachen ganz eindeutig dar: Die Maßnahmen können kaum in Übereinstimmung gebracht werden mit den Prinzipien und Zielsetzungen der Vereinten Nationen, die wir alle unterschrieben haben . . . Unter den Umständen, die ich hier beschrieben habe, wird es keine Verwicklung der Vereinigten Staaten in die gegenwärtigen Feindseligkeiten geben . . .

Quelle: DOSB, 12. 11. 1956, S. 743 ff.

D 32 c: Politikrichtlinie des NSC zur langfristigen Nahostpolitik 1958

Die folgenden Auszüge lassen sich gut mit dem NSC-Dokument aus dem Jahre 1954 (D 25) zur Nahostpolitik vergleichen. Zum Vergleich und als weiteren Beleg für den Stellenwert von NSC-Richtlinien im Hinblick auf die Kontinuität der US-Außenpolitik sei in diesem Zusammenhang auf die Erklärung von Präsident Lyndon B. Johnson vom 2. Mai 1967 – also vor Ausbruch des „Sechstagekrieges" – verwiesen: „Wir unterstützen aufrichtig alle Anstrengungen, die in- und außerhalb der Vereinten Nationen . . . unternommen werden, um die Spannungen zu verringern und die Stabilität wiederherzustellen . . . Der Nahe Osten ist ein Bindeglied zwischen drei Kontinenten. Als Wiege der Kultur und der Geburtsstätte dreier großer Weltreligionen . . . bildet er den Schnittpunkt der Verbindungslinien zwischen Ost und West . . . möchte ich sagen, was bereits drei amerikanische Präsidenten zuvor gesagt haben, daß die USA die feste Verpflichtung übernommen haben, die politische Unabhängigkeit und territoriale Integrität aller Länder dieses Gebietes zu unterstützen . . . lehnen nachdrücklich jede Aggression durch irgend jemanden in diesem Gebiet in irgendeiner Form, offen oder heimlich, ab . . ." (Europa-Archiv, 1967, D 299 f.).

Streng geheim

Allgemeine Überlegungen

1. Der Nahe Osten ist von großer strategischer politischer und wirtschaftlicher Bedeutung für die Freie Welt. In der Region liegen die größten Erdölvorkommen der Welt und wichtige Anlagen für den Transport von Streitkräften und den Handel der Freien Welt. Dort liegen auch die heiligen Stätten der christlichen, jüdischen und islamischen Welt, und dadurch gehen von dort religiöse und kulturelle Einflüsse mit Wirkung auf alle Menschen aus. Die Sicherheitsinteressen der Vereinigten Staaten würden entscheidend gefährdet, wenn der Nahe Osten unter sowjetischen Einfluß oder sowjetische Herrschaft geraten sollte. Die strategisch wichtigen Ressourcen dort sind von solcher Bedeutung für die Freie Welt, vor allem für Westeuropa, daß es im Interesse der Sicherheit der Vereinigten Staaten liegt, daß diese Ressourcen zur Verfügung stehen und zur Stärkung der Freien Welt eingesetzt werden. Die geographische Lage des Nahen Ostens macht die Region zum Sprungbrett zu den strategischen Ressourcen Afrikas.

2. Die gegenwärtigen Verhältnisse und die politische Entwicklung im Nahen Osten sind nachteilig für westliche Interessen. In der Sicht der Mehrheit der Araber sind die Vereinigten Staaten scheinbar gegen die Verwirklichung der Ziele des arabischen Nationalismus. Sie glauben, daß die Vereinigten Staaten ihre Interessen an Öl im Nahen Osten dadurch zu schützen suchen, daß sie den *Status quo* stützen und dem politischen und wirtschaftlichen Fortschritt Widerstand entgegensetzen, und daß die Vereinigten Staaten die Absicht haben, die arabischen Staaten in eine Lage zu bringen, in der sie in einem Weltkrieg gegen die Sowjetunion kämpfen müßten. Andererseits hat es die UdSSR geschafft, sich den Arabern so darzustellen, als begünstige sie die Verwirklichung des arabischen Nationalismus und als sei sie gewillt, die Araber bei ihren Bemühungen um die Erreichung dieser Ziele *ohne Gegenleistung* zu unterstützen. Im wesentlichen als Folge dieser unterschiedlichen Positionen ist im Nahen Osten das Ansehen der Vereinigten Staaten und des Westens zurückgegangen, während der sowjetischen Einfluß erheblich gewachsen ist. Die Hauptpunkte, die die UdSSR höchst erfolgreich ausnutzt, sind: der arabisch-israelische Konflikt; die arabischen Bestrebungen nach Selbstbestimmung und Einheit; der weitverbreitete Glaube, daß die Vereinigten Staaten die arabische Welt zersplittert halten möchten und zu diesem Zweck auf eine Zusammenarbeit mit „reaktionären" Elementen festgelegt sind; die arabische Einstellung zum Ost-West Konflikt; die Unterstützung der Vereinigten Staaten für ihre westlichen „kolonialen" Verbündeten; und Probleme des Handels und der wirtschaftlichen Entwicklung.

3. . . . 1950 haben die Vereinigten Staaten zusammen mit Großbritannien und Frankreich eine Dreimächteerklärung abgegeben mit dem Inhalt, daß die drei Regierungen versuchen würden, ein Wettrüsten in dieser Region zu verhindern . . . Die Vereinigten

Staaten sind den Grundsätzen dieser Erklärung treu geblieben, aber die Briten und Franzosen haben sie während der Suez-Invasion faktisch aufgegeben.

4. Die Vereinigten Staaten bekräftigen den Fortbestand Israels, und sie bekräftigen auch die territoriale Integrität der arabischen Staaten gegen eine israelische Aggression. Die Vereinigten Staaten haben den dringenden Wunsch nach einer Beilegung des Palästina-Problems. Besondere Reibungspunkte zwischen den Arabern und den Vereinigten Staaten im Hinblick auf das arabisch-israelische Problem sind:

a) *Die militärische Überlegenheit der Israelis.* Obwohl die Vereinigten Staaten Israel nicht in großem Umfang mit Waffen versorgt haben, bestehen die Araber darauf, daß es allein die Folge massiver Unterstützung durch die Vereinigten Staaten ist, daß Israel einen solch schlagkräftigen Militärapparat unterhält.

b) *Das Problem der arabischen Flüchtlinge.* Die Araber bestehen darauf, daß den 900 000 arabischen Flüchtlingen erlaubt werden muß, in ihre frühere Heimat in Israel zurückzukehren; die Israelis behaupten, daß diese Flüchtlinge zum unüberwindlichen Sicherheitsproblem würden, und in den arabischen Staaten neu angesiedelt werden sollten. Die Araber glauben, daß die Vereinigten Staaten Israel in dieser Haltung unterstützen.

c) *Die öffentliche und private Hilfe der Vereinigten Staaten für Israel.* Die Araber glauben, daß die Regierung der Vereinigten Staaten an Israel mit seiner Bevölkerung von 2 Millionen mehr Hilfe geben als sie an die arabischen Staaten mit ihrer Bevölkerung von 40 Millionen gegeben haben. Die Araber beschweren sich über die amtlichen Bestimmungen in den USA, wonach Spenden an den „Vereinigten Jüdischen Aufruf" [United Jewish Appeal] als Spenden an Wohlfahrtsorganisationen abzugsfähig sind bei der Ermittlung des steuerpflichtigen Einkommens, und sehen darin eine zusätzliche Unterstützung der Regierung der Vereinigten Staaten für Israel.

[. . .]

6. Der Kommunismus ist sowohl in seiner heimischen wie auch in seiner internationalen Aufmachung als letzte einer Reihe fremder Ideologien in die Region gekommen. Die überkommenen Institutionen und Religionen der Region sind kraftlos (teilweise ist dies das Ergebnis des 200jährigen Einflusses der Kultur des Westens), und der Widerstand der dort lebenden Menschen gegen den Kommunismus *an sich* ist deswegen enttäuschend gewesen. Außerdem scheinen die Polizeistaat-Methoden der Kommunisten auch nicht schlimmer zu sein als ähnliche Methoden, die von Regierungen im Nahen Osten angewandt werden, und das schließt einige der von den Vereinigten Staaten unterstützten Regierungen ein. Viele Araber neigen der Auffassung zu, daß ihren Interessen am besten gedient sei durch einen Wettbewerb zwischen der Freien Welt und dem Sowjetblock um die Gunst der Araber. Die Araber sind überzeugt von ihrer Fähigkeit, ein solches Spiel treiben zu können. Die Araber sind der ehrlichen Überzeugung, daß Israel eine größere Gefahr für ihre Interessen darstellt als der internationale Kommunismus. Die UdSSR macht sich die arabischen Bestrebungen nach einer Beseitigung allen westlichen Einflusses in der Region bereitwilligst zu eigen. Dies gilt besonders für arabisch-westliche militärische Vereinbarungen, über die sich die sowjetische Führung Sorgen macht. Die UdSSR macht häufig auf ihre räumliche Nähe zu der Region – im Vergleich zur Ferne des Westens – aufmerksam.

[. . .]

Ziele [vgl. D 25, Punkt 7–12, der Hrsg.]

16. Zugriff der Vereinigten Staaten und ihrer Verbündeten auf die Rohstoffe, die strategischen Positionen und die Durchfahrtsrechte in der Region und eine Verweigerung strategischer Positionen und der Kontrolle über solche Ressourcen für die Sowjets.

17. Stabile, freundschaftliche und fortschrittliche Regierungen in der Region, die – wo dies mit unseren Interessen übereinstimmt – sich zu politisch und wirtschaftlich lebensfähigen Einheiten verfestigt haben und sich der vom internationalen Kommunismus ausgehenden Gefahr für ihre eigene Unabhängigkeit und Integrität bewußt sind.

18. Eine baldige Lösung des arabisch-israelischen Konflikts.

19. Verhinderung einer weiteren Ausbreitung des sowjetischen Einflusses in der Region und eine Verringerung des vorhandenen sowjetischen Einflusses.

Grundsätzliche Leitgedanken der Politik [vgl. D 25, Punkt 13, der Hrsg.]

20. Für eine Führungsrolle der Freien Welt sorgen, und für die Freie Welt die Hauptverantwortung für diese Region übernehmen; dabei zusammen oder in Abstimmung mit anderen Ländern der Freien Welt, insbesondere mit dem Vereinigten Königreich handeln, soweit dies irgend durchführbar ist, sich aber gleichzeitig das Recht vorbehalten, allein zu handeln.

21. In all unseren Beziehungen zu den Völkern der Region unsere friedlichen Absichten deutlich machen, unseren Einfluß stärken und die Gefahr von Unruhen und Konflikten verringern durch:

a) Betonung der Sorge der Vereinigten Staaten um das wirtschaftliche, soziale und kulturelle Fortkommen der Völker dieser Region, ohne dabei die Gefahr des Kommunismus und einer sowjetischen Aggression herunterzuspielen.

b) Hervorhebung der politischen und wirtschaftlichen Aspekte unserer Politik gegenüber ihren militärischen Aspekten.

c) Es den Völkern der Region klarmachen, daß die Vereinigten Staaten und die ganze Freie Welt (abgehoben von der UdSSR und dem internationalen Kommunismus) den Wunsch haben, in der Region friedliche Verhältnisse, Stabilität und wirtschaftliche und menschliche Entwicklung zu sichern.

d) Es den arabischen Staaten zu verdeutlichen, daß wir bereit sind zur Unterstützung politischer Maßnahmen, die auf ein System starker und unabhängiger souveräner Staaten in der Region zielen, was auch für den Zusammenschluß zweier oder mehrerer arabischer Staaten gilt.

22. Anstatt lediglich den Versuch zu machen, den *Status quo* zu erhalten, den Versuch machen, den revolutionären und nationalistischen Druck in der ganzen Region in geordneten Bahnen zu lenken, die dem Westen nicht feindlich sind, und die zur Lösung der inneren sozialen, politischen und wirtschaftlichen Probleme der Region beitragen.

23. Förderung der wirtschaftlichen Entwicklung der Region durch:

a) Maßnahmen zur nationalen Selbsthilfe . . .

[. . .]

d) Weiterführung der US-Wirtschaftshilfe . . . und der

e) . . . technischen Hilfe

[. . .]

26. Militärhilfe für befreundete [friendly] Länder zur Verfügung stellen zwecks Stärkung ihrer inneren Sicherheit und Regierungsstabilität und, wo dies notwendig erscheint, mit dem Ziel, daß diese Länder die US-Pläne zur Verteidigung der Region unterstützen.

[. . .]

28. Führungskräfte unterstützen, die die besten Aussichten auf eine geordnete Entwicklung zur Verwirklichung der Ziele dieser gesamten US-Politik bieten. Gleichzeitig den Versuch machen, Gruppen zu diskreditieren, die eine prosowjetische Einstellung propagieren.

29. Verstärkung der US-Ausbildungs-, Kultur-, Erziehungs- und Austauschprogramme. . . .

Leitgedanken für Einzelfragen der Politik

Arabisch-Israelischer Konflikt – Lösung des Arabisch-Israelischen Konflikts

30. Ständig die Aussichten und Möglichkeiten für einen Versuch der Vereinigten Staaten selbst oder einer dritten, von den USA dazu veranlaßten oder ermutigten Partei, die darauf zielt, die arabischen Staaten und Israel dazu zu bringen, auf eine Vereinbarung im Sinne der Rede des Außenministers vom 26. August 1955 hinzuarbeiten. Eine solche Vereinbarung sollte folgende Elemente enthalten:

a) Festlegung der israelischen-arabischen Grenzen in gemeinsamer Übereinkunft; eine Beteiligung der Vereinigten Staaten, falls dies nötig ist, um eine in formalen Verträgen festgelegte Übereinkunft über die Verhinderung oder Vereitelung jeden Versuchs einer der beiden Seiten zu erreichen, die Grenzen mit Gewalt zu ändern.

[. . .]

. . . Bereit sein, falls nötig, eine Lösung hinzunehmen, die den Frieden formal nicht voll erreicht und die sich nur auf einige anstatt auf alle offenen Fragen bezieht, und die nur für einige und nicht alle arabischen Staaten gilt.

Verhinderung einer Aggression [vgl. D 25, Anhang, 9 ff., der Hrsg.]

[. . .]

33. Sollte es zu einem größeren, bewaffneten israelisch-arabischen Konflikt kommen, der nicht unter die amerikanische Doktrin fällt [gemeint ist die Eisenhower Nahost-Doktrin 1957/58], So sollten die Vereinigten Staaten bereit sein, die folgenden Maßnahmen gleichzeitig gegen den Staat oder die Staaten zu ergreifen, die von den Vereinten Nationen oder, falls nötig, von den Vereinigten Staaten als für den Konflikt verantwortlich identifiziert werden, oder die sich weigern, ihre Streitkräfte hinter die Waffenstillstandslinie von 1949 zurückzuziehen [der nachstehende Maßnahmenkatalog a)–e) war in D 25 gelöscht worden]:

a) Die Angelegenheit vor die Vereinten Nationen bringen mit der Absicht, die Aggression zu beenden.

b) Einstellung der Regierungshilfe der Vereinigten Staaten.

c) Ein Embargo für Waren aus den Vereinigten Staaten.

d) Sperrung der Übertragung von Guthaben oder anderen Vermögensbestandteilen, soweit sie dem Zugriff der Vereinigten Staaten unterliegen.

e) Eine Entschließung der Vereinten Nationen anstreben, die alle Staaten aufruft, keine militärischen Güter und Militärpersonen in diesen Staat oder diese Staaten zu senden.

34. Die folgenden Maßnahmen entweder vor oder gleichzeitig mit den in Abschnitt 33 dargelegten Maßnahmen ergreifen:

a) Andere Staaten dazu drängen, ähnliche Maßnahmen wie die Vereinigten Staaten zu ergreifen.

b) Keine Mühe scheuen, um für alle derartigen Maßnahmen die Billigung und Unterstützung der Vereinten Nationen zu erreichen.

35. Da die im Abschnitt 33 dargelegten Maßnahmen vielleicht nicht ausreichen, um die Feindseligkeiten sofort zu beenden, bereit sein für militärische Aktionen (einschließlich einer Blockade) gegen den Angreifer.

[In einer weiteren Fassung dieser NSC-Richtlinie unter der Ziffer 5820/1 später im Jahr wurde an dieser Stelle der Zusatz eingefügt: „Solche Aktionen sollten durch die Vereinten Nationen erfolgen, obwohl eine einseitige (unilateral) Aktion von seiten der USA unter Umständen (auch) nötig werden könnte." Die Nahostrichtlinie 1954 hatte an dieser Stelle ein solches entscheidendes Szenario noch nicht enthalten.]

[. . .]

Arabische Nationalistische Bestrebungen

45. Öffentlich erklären, daß die Vereinigten Staaten das Ideal der arabischen Einheit unterstützen. In diskreter Form die Verstärkung der Bindungen zwischen Saudi-Arabien, Jordanien und dem Irak fördern. [. . . = unkenntlich gemacht], aber in dem Gebiet das Verständnis für den besonderen Status des Libanons und Israels als Minderheiten-Enklaven in der arabischen Welt wecken.

[. . .]

[Die Richtlinie enthält anschließend – mit zum Teil noch gelöschten Einzelpassagen – genauere Zielanweisungen zur Politik der USA gegenüber den einzelnen Staaten in der Region: Ägypten, Syrien, Saudi-Arabien, Jordanien, Irak, Libanon, Jemen und dem Sudan. Zum Libanon sei aus Gründen der Aktualität in diesem Zusammenhang auf eine Geheimbesprechung bei Präsident Eisenhower vom 24. 7. 1958 verwiesen, in der Außenminister Dulles erklärte: „Wir müssen den arabischen Nationalismus als eine stark ansteigende Flutwelle ansehen. Ihr können wir uns nicht erfolgreich entgegenstellen; aber wir können Sandsäcke um Positionen aufbauen, die wir schützen müssen. Zur ersten Gruppe gehören hier Israel und der Libanon, zur zweiten die Ölgebiete am Persischen Golf." (NAW und Eisenhower Library, DDE Diaries, Ann Whitman File); der Hrsg.]

Quelle: NAW, NSCF, NSC 5801/1.

D 33 a–d: Die Osteuropa-Politik der USA 1956

D 33 a: NSC-Richtlinie vom März 1956

Diese Richtlinie stellt die endgültige, vom Präsidenten genehmigte Fassung aufgrund des Entwurfes (5602) vom 8. Februar 1956 dar. Aus der Gesamtanalyse geht hervor, daß beim Erlaß dieser Richtlinie noch keine genauere Kenntnis der berühmten Entstalinisierungs- und Koexistenzrede Chruschtschows vom Februar 1956 vorgelegen haben kann. Dies war aber offensichtlich der Fall im Hinblick auf das Dokument vom November 1956 (siehe D 33 b). Vergleiche im übrigen die Einleitung des folgenden Dokumentes mit den einführenden Worten von D 38.

Streng geheim

Grundlagen der nationalen Sicherheitspolitik

Einleitung

1. Die geistige, moralische und materielle Stellung der Vereinigten Staaten von Amerika basiert auf bewährten Grundsätzen, die seit dem Bestehen der Republik gefestigt und verteidigt wurden. Die geistige Größe, Stärke und Verheißung Amerikas beruhen auf der Verpflichtung seiner Bevölkerung und seiner Regierung zur Wahrung der Würde, Gleichheit und Freiheit des Menschen unter Gott. Diese Grundsätze bilden zusammen mit unseren Institutionen, die über deren Aufrechterhaltung im Geiste der Gerechtigkeit wachen, das Bollwerk unserer freien Gesellschaft und sind zugleich Grundlage für die Anerkennung und Führungsrolle, die unserem Land von den Völkern der Welt eingeräumt wurde. Sobald sie in Gefahr geraten, müssen wir entschlossen handeln und uns unseres Erbes würdig erweisen. Aus dieser Prämisse folgt zwangsläufig unser nationaler Wille, der dann in unserer Politik praktisch umgesetzt wird. Ein kontinuierliches, uneingeschränktes Handeln entsprechend unserer individuellen und kollektiven Verantwortung ist zur Verwirklichung der Grundziele unserer nationalen Sicherheitspolitik, nämlich die Sicherheit der Vereinigten Staaten und den Fortbestand ihrer Grundwerte und Institutionen zu gewährleisten, erforderlich.

Teil A

Überblick über die nationale Strategie der USA

2. *Das Hauptziel* der US-Sicherheitspolitik besteht in der Gewährleistung der Sicherheit der Vereinigten Staaten sowie ihrer Grundwerte und wichtigsten Institutionen.

3. *Die Hauptgefahr* für die Sicherheit der USA droht durch feindliche Politiken und Machtpotentiale, einschließlich der immer stärker werdenden Nuklearmacht* des sowjetisch-kommunistischen Blocks in Verbindung mit der kommunistischen Ideologie und ihrem internationalen Apparat.

4. *Hauptproblem* für die Vereinigten Staaten ist die Frage, wie dieser Bedrohung der US-Sicherheit begegnet werden soll und wie sie auf ein erträgliches Maß reduziert werden kann, ohne daß dadurch die Grundwerte und wichtigsten Institutionen der USA unterminiert oder die amerikanische Wirtschaft spürbar geschwächt wird.

5. Für die Vereinigten Staaten und ihre Verbündeten bestehen in absehbarer Zeit keine Aussichten, das Anwachsen des sowjetischen Nuklearpotentials zu stoppen, zur Reduzierung der sowjetischen Streitmacht – dem Kernstück kommunistischer Macht – beizutragen, oder die militärische Stärke in anderen Bereichen deutlich einzudämmen, es sei denn durch beiderseitig annehmbare Übereinkünfte mit den Sowjets oder eine großangelegte Militäraktion. Die Durchführung einer solchen Militäraktion von seiten der Vereinigten Staaten zu dem oder anderem Zweck ist weder für die Vereinigten Staaten noch für ihre wichtigsten Verbündeten eine akzeptable Lösung.

6. Aus diesen Gründen muß die Politik der USA so angelegt sein, daß sie erstens das Verhalten und die Politik der kommunistischen Regime, insbesondere in der UdSSR, so beeinflußt, daß die Sicherheitsinteressen der USA (einschließlich einer Abrüstung mit Garantien) gefördert werden und zweitens, daß Tendenzen unterstützt werden, die diese Regime zur Aufgabe ihrer expansionistischen Politik veranlassen. Bei der Verfolgung dieser allgemeinen Strategie sollten unsere Bemühungen auf folgendes gerichtet sein:

a) Abschreckung weiterer kommunistischer Aggression und Verhinderung des Ausbruches eines totalen Krieges, sofern dies mit den Sicherheitsinteressen der Vereinigten Staaten vereinbar ist;

b) In der freien Welt die Aufrechterhaltung und Entwicklung gegenseitiger Interessen und Absichten, des Vertrauens in die Vereinigten Staaten sowie der Entschlossenheit, Stärke und Stabilität sicherzustellen, die zur Abwehr der sowjetisch-kommunistischen Bedrohung und zur Bereitstellung konstruktiver und attraktiver Alternativen zum Kommunismus, welche die Hoffnung und das Vertrauen der freien Völker fördern, notwendig sind;

c) Über a) und b) hinausgehende weitere Aktionen ergreifen, welche die Struktur und Politik der Regime des sowjetisch-kommunistischen Blocks verändern sollen:

(1) indem sie und ihre Völker zu solchen alternativen Aktivitäten bewogen werden, die einerseits in ihrem eigenen nationalen Interesse liegen und andererseits den Sicherheitsinteressen der Vereinigten Staaten nicht entgegenstehen,

(2) indem Differenzen unter den einzelnen Regimen ausgenutzt werden, um die Struktur des sowjetisch-kommunistischen Blocks auszuhöhlen,

(3) indem Schwachstellen innerhalb der Blockstaaten in Übereinstimmung mit dieser allgemeinen Strategie ausgenutzt werden;

---

* In diesem Text wird der Ausdruck „Nuklear-“ für alle militärischen Kernsprengkörper angewendet – gleichgültig welcher Größe und für welchen Zweck –, bei denen infolge einer Kernfusion oder -spaltung erzeugte Energie freigesetzt wird.

d) den in der freien Welt international organisierten kommunistischen Apparat zu zerstören bzw. zu neutralisieren.

7. Zur wirksamen Umsetzung dieser Strategie ist eine flexible Kombination militärischer, politischer, wirtschaftlicher, psychologischer und verdeckter [covert] Aktionen, [Im Entwurf – siehe D 28 b – war dieses „Mittel“ noch nicht aufgeführt worden; der Hrsg.] die eine unbehinderte Entwicklung der amerikanischen Initiative ermöglichen, erforderlich. Diese Aktionen müssen so koordiniert sein, daß sie sich gegenseitig verstärken. Programme zur Realisierung dieser allgemeinen Strategie müssen als besonders dringlich bezeichnet werden, wobei der Zeitraum, bevor die Sowjets im Nuklearbereich gleichgezogen haben, besonders intensiv genutzt werden muß.

8. Vorausgesetzt diese allgemeine Strategie wird entschlossen verfolgt, bietet sie die besten Aussichten dafür, daß zumindest für eine größere Zeitspanne Waffenruhe herrscht und schließlich eine friedliche Lösung des Konfliktes zwischen dem sowjetischen Block und den Ländern der freien Welt gefunden wird und insgesamt Frieden und Ordnung hergestellt werden. Sollte diese Strategie nicht energisch genug verfolgt werden, dann könnten die Vereinigten Staaten binnen relativ kurzer Zeit größter Gefahr ausgesetzt sein.

[. . .]

B. Mittel zur direkten Beeinflussung des kommunistischen Blocks

34. a) Die Hauptmittel zur Beeinflussung des sowjetischen Verhaltens müssen angemessene politische, militärische und wirtschaftliche Programme und Aktionen sein. . . .

34. b) Die freie Welt verfügt darüber hinaus über besondere Ansatzpunkte für die Beeinflussung des sowjetischen Verhaltens wie die Ost-West-Beziehungen, die Verhandlungen selbst und die Ausnutzung der Verwundbarkeiten des Sowjetblocks. In jedem dieser Punkte sollte die Politik der Vereinigten Staaten so angelegt sein, daß eine einheitliche Wirkung erzielt wird, sie sollte so durchgeführt werden, daß sie im Einklang steht mit der nationalen Grundstrategie im Bereich der Sicherheit und in der freien Welt nicht den Willen zum Widerstand gegen den Kommunismus schwächt.

35. Bei der Beeinflussung des sowjetischen Verhaltens . . . sollten die Vereinigten Staaten danach streben: (a) die Wahrscheinlichkeit oder die Fähigkeit zu sowjetischer Aggression oder zur Ausdehnung von Untergrundtätigkeit zu verringern; (b) den kommunistischen Regimen eine deutliche Vorstellung der wahren Ziele der Vereinigten Staaten und der freien Welt zu vermitteln, einschließlich ihrer kompromißlosen Entschlossenheit, kommunistischen Aggressionshandlungen Widerstand entgegenzusetzen und die Freiheit zu verteidigen; (c) die kommunistischen Führungspersönlichkeiten zu überzeugen, daß es zu ihrer gegenwärtigen Politik Alternativen gibt, die für die Vereinigten Staaten hinnehmbar wären, und die sie selber als mit ihren eigenen Sicherheitsinteressen vereinbar ansehen könnten; (d) das verzerrte Bild des Westens richtigzustellen, das innerhalb der UdSSR seit Jahren beharrlich aufgebaut worden ist; (e) die kommunistischen Regime zu Maßnahmen zu veranlassen, die eine Abkehr von friedlicher Politik schwieriger machen würden, und die auf lange Sicht zu grundlegenden Änderungen der Auffassungen und des Wesens kommunistischer Regime führen könnten.

36. In den Ost-West-Beziehungen sollten die Vereinigten Staaten auch weiterhin Vorschläge für eine Ausweitung der Kontakte zwischen der freien Welt und dem kommunistischen Block in einzelnen Bereichen fördern, die ausgewählt werden unter dem Gesichtspunkt:

a) der Erhaltung der Initiative und Führung der freien Welt im Hinblick auf einen echten beiderseitigen Abbau von Hindernissen für freien Nachrichtenverkehr und friedlichen Handel;

b) der verstärkten Beschaffung von nützlichem Nachrichtenmaterial über den kommunistischen Block; und

c) der Vermeidung von aus solchen Kontakten möglicherweise entstehenden „Netto"-Nachteilen für die Vereinigten Staaten; [alle solche Elemente] würden, wenn sie [von der anderen Seite] hingenommen werden, in der sowjetischen Gesellschaft und Wirtschaft eine Evolution auf eine friedliche Entwicklung hin begünstigen, oder, wenn sie abgelehnt werden, das Fortbestehen expansiver Bestrebungen hinter der Fassade der sowjetischen Taktik und Propaganda bloßstellen . . .

37. Die Vereinigten Staaten sollten weiterhin bereit sein zu Verhandlungen mit der UdSSR, wenn immer es klar zu sein scheint, daß dies den Sicherheitsinteressen der Vereinigten Staaten dienlich ist. Solche Verhandlungen sind von zusätzlicher Bedeutung dafür, daß die Initiative und der Zusammenhalt der freien Welt erhalten bleiben. Sie sind entscheidend, weil dadurch die Absichten der sowjetischen Politik ausgelotet und ihre wahre Bedeutung bloßgestellt werden können. Die Vereinigten Staaten und ihre wichtigeren Verbündeten sollten bereit sein, echte gegenseitige Zugeständnisse zwischen der freien Welt und dem kommunistischen Block zu fördern, die die Sicherheitsposition der freien Welt im Ergebnis unbeeinträchtigt lassen und die zu einer endgültigen friedlichen Aufhebung der kommunistischen Bedrohung beitragen. Die USA sollten aber keine Konzessionen gegenüber den Sowjets in der Hoffnung machen, dadurch zu sowjetischen Konzessionen anzuregen.

38. In ihrem eigenen Interesse sollten die Vereinigten Staaten sich aktiv um ein umfassendes, in Phasen zu verwirklichendes und mit Sicherheitsgarantien ausgestattetes internationales System zur Regulierung und Verringerung der Streitkräfte und Bewaffnungen bemühen; daneben sollten sie, in miteinander verbundenen, gleichlaufenden Schritten, sich intensiv darum bemühen, andere wichtige internationale Probleme zu lösen und gleichzeitig die stetige Entwicklung der Stärke der Vereinigten Staaten und des Bündnisses der freien Welt, die für die Sicherheit der Vereinigten Staaten erforderlich sind, fortzuführen. Alle diese Elemente sind dabei als miteinander verbundene Teile der nationalen Politik zu sehen. Als dem ersten Schritt in dieser internationalen Waffenordnung [Arms System] sollten die Vereinigten Staaten die Priorität legen auf eine frühzeitige Einigung über und die Durchführung von (a) vertrauensbildenden Maßnahmen wie dem Austausch militärischer Planungen, gegenseitiger Luftüberwachung und der Einrichtung von Bodenkontrollen an strategisch wichtigen Punkten; und (b) allen Maßnahmen einer mit angemessenen Sicherheitsgarantien versehenen Abrüstung, die gegenwärtig durchführbar sind. . .

39. Bei der Ausnutzung der Verwundbarkeiten des Sowjetblocks sollten die Vereinigten Staaten ihre Politik und ihre Programme darauf ausrichten: (a) jeden evolutionären Wandel in der Politik und im Verhalten der Sowjets so zu fördern, daß sich dadurch die

Sicherheit der Vereinigten Staaten und der freien Welt erhöht; (b) die Bindungen, die die UdSSR und das kommunistische China zusammenhalten und ihre Satelliten an sie ketten, zu schwächen; (c) innerhalb des Blocks Forderungen aus der Verwaltung und der gesamten Bevölkerung heraus nach einer stärkeren Konzentration auf eigene innere Probleme von seiten der Regierungen und auf die nationalen Interessen in den Satellitenländern zu ermutigen; und (d) den Glauben der kommunistischen Führungsschicht an ihr eigenes System und ihre Ideologie zu untergraben Die Bemühungen sollten sich darauf richten, ihnen die Notwendigkeit vor Augen zu führen, entweder mehr Aufmerksamkeit und mehr Ressourcen zur Befriedigung dieser Bedürfnisse aufzuwenden, oder, falls diese Bedürfnisse ignoriert werden, sich auf verstärkte Unzufriedenheit mit dem Regime oder mit den Beziehungen innerhalb des eigenen Satellitensystems einzustellen.

[. . .]

C. Auslandsinformation und damit zusammenhängende Programme

40. a) Auslandsinformation, Kulturaustausch, Austausch im Bereich der Erziehung und vergleichbare Programme sind wichtige Elemente bei der Verwirklichung der Politik der Vereinigten Staaten. Diese Programme sollten wesentlich verstärkt werden. . . .

[. . .]

Anhang

[. . .]

II. Wahrscheinliche sowjetische und chinesische kommunistische Absichten und Strategien

20. Ziele der sowjetischen Außenpolitik:

Die UdSSR hat ihre grundsätzlich feindliche Einstellung gegenüber der nichtkommunistischen Welt nicht modifiziert und insbesondere auch nicht gegenüber den Vereinigten Staaten als dem Machtzentrum dieser nichtkommunistischen Welt; genausowenig hat sie ihr langfristiges Ziel aufgegeben, ein sowjetisch beherrschtes Weltsystem zu schaffen, ebensowenig wie ihren Glauben an den Endsieg des Kommunismus überhaupt. Man kann davon ausgehen, daß die sowjetischen Führer konsequent und mit allen ihnen als vorteilhaft erscheinenden Mitteln versuchen werden, den kommunstischen Machtbereich auszuweiten und jene Kräfte zu schwächen – insbesondere die Macht und den Einfluß der USA –, die sie als unversöhnliche Feinde ihres Systems betrachten. Sie werden es jedoch mit einer an Sicherheit grenzenden Wahrscheinlichkeit vermeiden, ihre langfristigen Ziele mit Mitteln zu verfolgen, die die Sicherheit ihres eigenen Regimes oder ihrer Herrschaft und Kontrolle über den kommunistischen Block aufs Spiel setzen könnten. Sowjetische Zielsetzungen können wie folgt aufgelistet werden:

a) die Sicherheit des Regimes und der Sowjetunion selber,

b) Aufrechterhaltung der Herrschaft über die europäischen Satelliten und Beibehaltung Chinas im kommunistischen Block,

c) die Eliminierung des Einflusses der USA und ihrer Stützpunkte in Eurasien, die Neutralisierung der Alliierten der USA und deren vollständige Isolierung,

d) Expansion der sowjetkommunistischen Machtsphäre in ganz Eurasien,

e) die Eliminierung der Vereinigten Staaten als eines rivalisierenden Machtzentrums,

f) Ausweitung des Kommunismus in der ganzen Welt.

Diese sowjetischen Ziele bleiben unverändert bestehen. Jedoch haben einige der erzielten sowjetischen Erfolge im Bereich der Diplomatie, ihr vergrößertes Angriffspotential und ihr gestärktes Vertrauen, daß die USA einen allgemeinen Krieg als Möglichkeit zur Entscheidung internationaler Dispute ausschließen, wahrscheinlich den sowjetischen Führern zu mehr Vertrauen in die Sicherheit ihres Regimes und die Kohäsion des chinesisch-sowjetischen Blockes verschafft.

[. . .]

24. Die Reaktion der freien Welt:

Wo immer eine scheinbar weiche Linie des kommunistischen Blockes vorzuherrschen scheint, werden unsere Alliierten dazu neigen, entsprechende Möglichkeiten ernsthaft auszuloten; einige von ihnen werden wahrscheinlich bei ihrer Suche nach einer Basis für „Koexistenz" dahin tendieren, ihr Vertrauen in ein allgemeines Arrangement [accomodation] mit der Sowjetunion zu setzen.

Selbst wenn der sowjetische Block keine echten Konzessionen anbietet, dürfte sich eine solche Tendenz halten und durch erhebliche Teile der öffentlichen Meinung in der freien Welt unterstützt werden. Die Einheit und Entschlossenheit der Freien-Welt-Koalition wird daher ganz entscheidend abhängen von der Fähigkeit der USA,

a) ihre Alliierten davon zu überzeugen, daß die USA ernsthafte Anstrengungen unternehmen, um anstehende Streitfragen mit der Sowjetunion auf dem Wege von Vereinbarungen zu regeln, die mit der Sicherheit der freien Welt in Übereinstimmung gebracht werden können, und

b) in der Zwischenzeit, d. h. während die Bedrohung anhält, ihre eigene Stärke aufrechtzuerhalten. . . .

[. . .]

Quelle: NAW, NSCF, NSC-Dokument 5602/1 Basic National Security Policy; vgl. D 28 b.

D 33 b: Rundfunk- und Fernsehansprache Präsident Eisenhowers vom 31. Oktober 1956

Während der ungarischen Erhebung hatten sowjetische Truppen erstmals eindeutig am 23. und 24. Oktober interveniert, sich aber dann am 27. scheinbar zurückgezogen. Danach erfolgte die sowjetische Erklärung, auf die sich Eisenhower bezieht. Bis zum 3. November schien eine echte politische Umwälzung im Lande eingeläutet worden zu sein, der durch die massive Intervention starker sowjetischer Verbände in der Nacht vom 3. auf den 4. November ein jähes Ende bereitet wurde. Der die Welt damals aufrüttelnde Widerstand in Ungarn konnte allerdings erst nach zwei Wochen gebrochen werden.

[. . .]

... In Osteuropa scheint ein neuer Tag anzubrechen ... Nach dem Zweiten Weltkrieg setzten die Russen ihre Militärmaschine ein, um den Nationen in Osteuropa Regierungen nach sowjetischer Wahl als Diener Moskaus aufzuoktroyieren. Es ist durchweg die Politik der Vereinigten Staaten – unabhängig von parteipolitischen Konstellationen in unserem Lande – gewesen, den Versuch zu machen, diese Situation zu einem Ende zu bringen, und die im Kriege gemachten Zusicherungen der Vereinten Nationen zu erfüllen, daß diese Länder, die durch kriegerische Armeen überrascht wurden, einmal mehr in den Genuß ihrer Souveränität und Selbstregierung kommen würden. Wir konnten natürlich eine solche Politik nicht mit Gewaltanwendung verfolgen. Eine solche Gewaltanwendung wäre sowohl gegen die wohlverstandenen Interessen der osteuropäischen Völker selbst als auch gegen die grundlegenden und ständigen Prinzipien der Vereinten Nationen gewesen. Wir haben jedoch dabei geholfen, die Hoffnungen dieser Völker auf Freiheit aufrechtzuerhalten ... Vor wenigen Tagen nun hat das polnische Volk mit seiner stolzen und den Tod nicht fürchtenden Hingabe an die Prinzipien der Freiheit Schritte unternommen, um einen friedlichen Übergang zu einer neuen Regierung zu schaffen. Es scheint, daß diese Regierung wirklich versuchen wird, dem polnischen Volke zu dienen. Die ganze Welt hat auch die dramatischen Ereignisse in Ungarn beobachtet, wo dieses brave Volk, wie so oft in der Vergangenheit, sein Leben selbst in die Schranken geworfen hat, um von ausländischen Herren unabhängig zu werden. Heute sieht es so aus, als ob eine neues Ungarn aus diesem Kampf hervorgeht, ein Ungarn, von dem wir mit ganzen Herzen hoffen, daß es eine vollständige freie Nationenbildung erfahren wird. Wir sind sehr glücklich über diese Ereignisse von wahrhaft historischer Dimension [rejoice] ...

Wenn die Sowjetunion tatsächlich die von ihr bekanntgegebenen Absichten auf Punkt und Komma verwirklicht, dann wird die Welt Zeuge des größten Schrittes nach vorne auf dem Weg zu Gerechtigkeit, Vertrauen und Verständigung unter den Nationen in unserer Generation werden ... Die Vereinigten Staaten haben ihre Bereitschaft bekundet, den neuen und unabhängigen Regierungen dieser Länder wirtschaftlich zu helfen. Wir sind schon seit einigen Tagen in dieser Hinsicht mit der neuen Regierung Polens in Kontakt. Wir haben auch öffentlich erklärt, daß wir von diesen Regierungen nicht die Übernahme einer bestimmten Gesellschaftsform als Vorbedingung für unsere Wirtschaftshilfe verlangen. Uns geht es einzig und allein darum, daß diese Völker frei sind, um ihrer selbst willen und der Freiheit willen. Wir haben auch im Hinblick auf die Sowjetunion eindeutig versucht, jeder unbegründeten Furcht dahingehend entgegenzutreten, daß wir neue Regierungen in diesen osteuropäischen Ländern als potentielle militärische Verbündete betrachten. Wir verfolgen mit unserer Politik keine solchen hintergründigen Absichten. Wir sehen in diesen Völkern Freunde und wir wünschen ganz einfach, daß sie Freunde in Freiheit sein mögen ...

Quelle: DOSB, 1856, S. 743 ff.

D 33 c: Brief Präsident Eisenhowers an Ministerpräsident Bulganin vom 4. November 1956

[...]

Ich habe mit tiefstem Bedauern die Nachrichten vernommen, die mich heute aus Ungarn erreicht haben. Die Erklärung der sowjetischen Regierung vom 30. Oktober 1956, in der eine Politik der Nichtintervention in die inneren Angelegenheiten anderer Staaten bestätigt worden war, ist allgemein so ausgelegt worden, daß damit ein früher Abzug der sowjetischen Streitkräfte aus Ungarn fest in Aussicht gestellt werden sollte.

Diese Verlautbarung wurde von der Regierung der Vereinigten Staaten und von mir selber seinerzeit als ein Ausweis höchster Staatskunst angesehen. Ihr folgte das ausdrückliche Ersuchen der ungarischen Regierung um den Rückzug der sowjetischen Streitkräfte.

Im Verlauf der weiteren Entwicklung wurden wir in einem Ausmaße von der scheinbaren Umkehr dieser Politik schockiert, das sich kaum in Worte fassen läßt. Es ist besonders schockierend, daß diese erneute Anwendung von Gewalt gegen die ungarische Regierung und das ungarische Volk stattfand, während tatsächlich Verhandlungen zwischen Ihren Vertretern und denjenigen der ungarischen Regierung mit dem Ziel stattfanden, den Rückzug der sowjetischen Streitkräfte herbeizuführen. Wie Sie wissen, hat sich der Sicherheitsrat der Vereinten Nationen in einer Sondersitzung mit diesem Problem befaßt [emergency examination]. Spät am gestrigen Nachmittag wurde der Sicherheitsrat durch Ihren Vertreter in dem Glauben belassen, daß die in Gang befindlichen Verhandlungen in Budapest zu einer Übereinkunft führen würden, die den Rückzug der sowjetischen Streitkräfte aus Ungarn gemäß dem Ersuchen der Regierung jenes Landes nach sich ziehen würde. Auf dieser Grundlage hat der Sicherheitsrat seine Beratungen vertagt.

Ich bitte im Namen der Humanität und des Friedens ganz dringend darum, daß die Sowjetunion jetzt Schritte einleitet, um die sowjetischen Streitkräfte umgehend aus Ungarn abzuziehen und es dem ungarischen Volk zu erlauben, diejenigen Menschenrechte und fundamentalen Freiheiten zu genießen, die als Postulate für alle Völker in der Charta der Vereinten Nationen aufgestellt wurden . . .

Quelle: DOSB, 1956, S. 769.

D 33 d: NSC-Richtlinie vom November 1956

Zum selben Thema hatte es seit dem Frühjahr noch mindestens (soweit bisher erkennbar) drei weitere Ausarbeitungen des NSC als Ergänzungs- und Fortschrittsberichte gegeben. Es kann davon ausgegangen werden, daß dieses Dokument noch vor der dramatisch-tragischen Wende in Ungarn – siehe Vorspann zu D 33 b – ausformuliert wurde. Die nachfolgende NSC-Richtlinie konnte vom Herausgeber seinerzeit im NAW – soweit freigegeben – nur in ihren wesentlichen Teilen exzerpiert werden. Sie wird daher hier zum Teil in indirekter Rede wiedergegeben.

Streng geheim

[. . .]

Vorläufige Politik der USA [interim US-Policy] im Hinblick auf die Entwicklungen in Polen und Ungarn, NSC 5616/2 vom 19. 11. 1956, ausdrücklich vom Präsidenten genehmigt:

„Unser ursprüngliches Ziel der Politik gegenüber dem osteuropäischen Satellitenbereich ist es gewesen, die Bildung [emergence] von nationalen kommunistischen Regierungen [national communist governments] herbeizuführen, als einen ersten Schritt zur vollen nationalen Unabhängigkeit und vollen Freiheit. Während diese Regierungen durchaus auch weiterhin in einer engen politischen und militärischen Allianz mit der Sowjetunion verbleiben könnten, würden sie dann aber doch ein viel größeres Ausmaß an unabhängiger Autorität und Kontrolle bei der Durchführung einer eigenen Politik erhalten, als dies in der Vergangenheit der Fall gewesen ist."

Im ersten Stadium einer solchen Entwicklung in diesen Ländern würde es um die Innenpolitik dieser Länder gehen. Im weiteren Verlauf der Analyse differenziert diese Politikempfehlung zwischen der Entwicklung in Polen auf der einen Seite und Ungarn auf der anderen. Zu Polen heißt es, daß die Entwicklung einen Verlauf genommen habe, der „scheinbar günstig ist, um die eben genannten Ziele zu verwirklichen". Die USA hätten gegenüber der neuen Regierung von Gomulka zu verstehen gegeben, daß sie ein „Ersuchen um Wirtschaftshilfe" positiv entgegennehmen würden. Die Maßnahmen der neuen Regierung Nagy in Ungarn werden in diesem Papier hingegen sehr viel kritischer beurteilt (die endgültige blutige Niederschlagung dieser Freiheitsbewegung durch die Sowjetunion konnte sicherlich den Verfassern des Dokumentes noch nicht klar vor Augen sein), da diese Regierung sich zu weit vom Warschauer Pakt entfernt habe. Für beide Länder wird die Analyse mit der Bemerkung abgeschlossen:

„Das sowjetische Mißtrauen gegenüber der Politik der USA und die gegenwärtigen allgemeinen Umstände, die sowjetische Truppenbewegungen und Alarmbereitschaft beinhalten, erhöhen die Wahrscheinlichkeit von Aktionen und Gegenaktionen, die zu einem allgemeinen Krieg führen können."

An dieser Stelle wurden in dem bislang unveröffentlichten Dokument ebenso einige Passagen unleserlich gemacht wie bei dem sich anschließenden Szenario mit den üblichen alternativen Politikempfehlungen. „Erhalten" ist bislang nur die Alternative unter Punkt 13:

„. . . die neuen politischen Führer dahingehend zu beeinflussen suchen, daß sie ihre Reformversprechungen aufrechterhalten und erfüllen [was, – so heißt es nun wörtlich –] den Zielen der USA entgegenkommen werde [which will advance US-objectives]".

Im übrigen sollten die Kontakte und Austauschprogramme mit Polen wieder verstärkt ins Auge gefaßt werden. Im Hinblick auf Ungarn wird empfohlen, den Druck auf die Sowjetunion weiter im Rahmen der Vereinten Nationen zu verstärken und humanitäre Hilfe zu erwägen. Schließlich wird gefordert, die allgemeine Propaganda der Vereinigten Staaten im Hinblick auf beide Länder zu verbessern.

In der Anlage wird unter anderem aus Pressekonferenzen von Eisenhower zitiert, so vom 14. November 1956, wo er feststellte:

Ich muß jedoch eine Sache eindeutig klarstellen. Die Vereinigten Staaten haben niemals, und werden dies auch niemals tun, eine offene Rebellion einer nicht zu verteidigenden Bevölkerung befürwortet gegen eine Übermacht, gegen die sie unmöglich eine Chance hat. Wir haben aber . . . immer darauf gedrungen, daß der Geist der Freiheit am Leben erhalten wird und daß Völker nicht die Hoffnung verlieren. Wir haben jedoch in all den Jahren, an die ich mich im Zusammenhang mit unserer Beschäftigung mit diesen Problemen erinnern kann, niemals auf irgendeine Art von bewaffnetem Aufstand gedrungen oder zu seinen Gunsten argumentiert, der nur zu einer Katastrophe für unsere Freunde führen konnte.

Quelle: NAW, NSC-Dokument 5616/2 (freigegeben 1981).

D 34: Die Berlin-Krise vom November 1958

Note der Regierung der Vereinigten Staaten von Amerika vom 31. Dezember 1958 an die Regierung der Sowjetunion zur Lage in Berlin

Das Chruschtschow-Ultimatum war Inhalt einer sowjetischen Note vom 27. November 1958. Es stellte eine sechsmonatige Frist, nach der die UdSSR einen separaten Vertrag mit der DDR schließen würde, wenn man sich bis dahin nicht mit dem Westen auf den Status einer „entmilitarisierten freien Stadt" West-Berlin geeinigt haben würde. Vgl. zu Punkt 18 dieses Dokumentes: Die Auswärtige Politik der Bundesrepublik Deutschland (hrsg. vom Auswärtigen Amt), Köln 1972, S. 48.

Die Regierung der Vereinigten Staaten bestätigt den Empfang der Note, die die Regierung der Sowjetunion unter dem Datum vom 27. November an sie gesandt hat.

[. . .]

Die Situation Berlins, über die sich die sowjetische Regierung beklagt und die sie als anomal betrachtet, ist eine Folge gerade der besonderen Art des deutschen Problems, wie es seit 1945 bestanden hat. Als das Reich Hitlers zusammenbrach, hatten die westlichen Alliierten mehr als ein Drittel des Gebiets militärisch in Besitz, das später von den sowjetischen Behörden besetzt wurde.

Die Sowjetunion war im Besitz Berlins. Auf Grund der Abkommen vom 12. September 1944 und vom 1. Mai 1945 zogen sich die westlichen Aliierten zurück und ermöglichten damit eine Besetzung großer Teile Mecklenburgs, Sachsens, Thüringens und Anhalts durch die Sowjets, und gleichzeitig besetzten die drei Westmächte die westlichen Sektoren Berlins, damals ein Gebiet voller Ruinen.

Die Sowjetunion hat direkt und über ihr Marionettenregime – die sogenannte Deutsche Demokratische Republik – ihre Machtstellung über das große Gebiet konsolidiert, das die westlichen Allierten ihr abgetreten hatten. Sie fordert nunmehr, daß die westlichen Alliierten ihre Positionen in Berlin aufgeben, die praktisch die Gegenleistungen dafür waren.

Die drei Westmächte sind als Besatzungsmächte in Berlin, und sie sind nicht zur Aufgabe ihrer Rechte bereit, die sie durch den Sieg erworben haben, genauso wie sie annehmen, daß die Sowjetunion nicht gewillt ist, jetzt den Westmächten diejenigen Positionen zu überlassen, die die Westmächte in Mecklenburg, Sachsen, Thüringen und Anhalt gewonnen hatten und die sie auf Grund der Abkommen von 1944 und 1945 der Sowjetunion zur Besetzung übergeben hatten.

Die von den vier Mächten geschlossenen Abkommen können nicht deshalb als überholt betrachtet werden, weil die Sowjetunion bereits den vollen Nutzen aus ihnen gezogen hat und weil sie nunmehr die übrigen Partner der Vorteile zu berauben wünscht, die diese zum Ausgleich hierfür erhalten hatten. Diese Abkommen sind für alle Signatarstaaten so lange bindend, wie sie nicht durch andere, auf Grund freier Verhandlungen vereinbarte Abkommen ersetzt worden sind.

Was das Potsdamer Abkommen anbetrifft, so hängt der Status Berlins nicht von ihm ab. Darüber hinaus trägt die Sowjetunion die Verantwortung für die Tatsache, daß das Potsdamer Abkommen nicht durchgeführt werden konnte.

[. . .]

Wie der sowjetischen Regierung bekannt ist, haben die Regierungen Frankreichs, Großbritanniens und der USA das Recht, in ihren Sektoren in Berlin Truppen zu stationieren und freien Zugang dahin zu haben. Dementsprechend sind mit den sowjetischen Behörden gewisse administrative Verfahren abgesprochen worden, die zum gegenwärtigen Zeitpunkt in Kraft sind. Die Regierung der Vereinigten Staaten wird eine einseitige Aufkündigung der übernommenen Verpflichtungen seitens der sowjetischen Regierung hinsichtlich des freien Zugangs nicht akzeptieren. Sie wird es auch nicht akzeptieren, daß das Regime, das die Sowjetregierung als Deutsche Demokratische Republik bezeichnet, in dieser Hinsicht an die Stelle der sowjetischen Regierung tritt.

Nach Ansicht der Regierung der Vereinigten Staaten kann die Anwesenheit der französischen, britischen und amerikanischen Truppen in Berlin keine „Bedrohung" für die sowjetische Regierung oder für das Regime darstellen, das die sowjetische Regierung als Deutsche Demokratische Republik bezeichnet. Genausowenig kann für die sowjetische Regierung und besagtes Regime eine militärische Bedrohung von Berlin ausgehen. Die Streitkräfte der drei Westmächte in Berlin belaufen sich auf rund 10 000 Mann. Die Sowjetregierung andererseits hat – wie es heißt – etwa 350 000 Mann in Ostdeutschland stationiert, während das Regime, das die Sowjetregierung als die Deutsche Demokratische Republik bezeichnet, ebenfalls über 200 000 Mann unter Waffen halten soll. . . . Die Bevölkerung in West-Berlin hat vor kurzem in einer freien Wahl ihre überwältigende Zustimmung und Unterstützung des bestehenden Status der Stadt erneut bekräftigt. Der weitere Schutz der Freiheit von über zwei Millionen Menschen in West-Berlin ist von den drei Westmächten feierlich als Recht und Pflicht übernommen worden. Die Vereinigten Staaten können daher keinen Vorschlag in Betracht ziehen, der auf eine Gefährdung der Freiheit und Sicherheit dieser Menschen hinauslaufen würde. Die Rechte der drei Mächte, in Berlin ohne eine Behinderung der Verbindungsstraßen und der Luftwege zwischen dieser Stadt und der Bundesrepublik Deutschland zu verbleiben, sind unter den gegebenen Bedingungen für die Ausübung dieses Rechtes und die Erfüllung dieser Pflicht von entscheidender Wichtigkeit. Daher ist der Vorschlag, aus West-Berlin eine sogenannte „freie Stadt" zu machen, wie ihn die Sowjetunion unterbreitet hat, unannehmbar.

[. . .]

In Wirklichkeit ist die Form der Regierung Berlins, deren Gültigkeit die sowjetische Regierung heute zu bestreiten sucht, nur ein Aspekt und nicht der entscheidende des deutschen Problems in seiner Gesamtheit. Dieses Problem, das oftmals definiert worden ist, schließt die wohlbekannten Fragen der Wiedervereinigung und der europäischen Sicherheit ebenso wie die des Friedensvertrages ein. Es ist in der Vergangenheit im Verlaufe zahlreicher internationaler Konferenzen mit den Sowjets ohne Erfolg erörtert worden. Die Regierung der Vereinigten Staaten ist stets bereit gewesen, dieses Problem zu erörtern, und ist es auch heute. . . .

Die öffentliche Aufkündigung feierlicher Vereinbarungen, die formell eingegangen und wiederholt bekräftigt wurden, zusammen mit einem Ultimatum, das mit einseitigen Maßnahmen zur Verwirklichung dieser Aufkündigung droht, sofern ihm nicht innerhalb von sechs Monaten entsprochen wird, würde keine vernünftige Grundlage für Verhandlungen zwischen souveränen Staaten abgeben ...

... die Regierung der Vereinigten Staaten [wäre] daran interessiert zu erfahren, ob die sowjetische Regierung bereit ist, Besprechungen zwischen den vier betroffenen Mächten aufzunehmen. In diesem Falle würde es das Ziel der Regierung der Vereinigten Staaten sein, die Frage Berlins in dem weiteren Rahmen von Verhandlungen zur Lösung des deutschen Problems wie auch des Problems der europäischen Sicherheit zu erörtern. Die Regierung der Vereinigten Staaten würde es begrüßen, die Ansichten der sowjetischen Regierung zu einem baldigen Zeitpunkt kennenzulernen.

Quelle: Dokumente zur Berlin-Frage 1944–1964, a. a. O., Bd. I, S. 339 ff.

D 35 a–b: Deutschland- und Berlinpolitik 1957 und 1959

D 35 a: NSC-Richtlinienentwurf vom 13. Dezember 1957

Streng geheim

Die Politik der USA gegenüber Deutschland

Allgemeine Überlegungen

A. Die Bedeutung Deutschlands für die Politik der USA

1. Deutschland ist aus folgenden Gründen für die USA von größter Wichtigkeit:

a) Deutschlands geographische Lage inmitten Europas und seine umfangreichen materiellen und menschlichen Ressourcen lassen ihm eine Schlüsselposition im Kampf zwischen der kommunistischen und der freien Welt zukommen.

b) Die Teilung Deutschlands ist ein ständiger Störfaktor für instabile Verhältnisse in Europa und Verstimmungen im Ost-West-Verhältnis sowie potentieller Auslöser für einen größeren bewaffneten Konflikt.

c) Die zukünftige Entwicklung und Orientierung der Bundesrepublik Deutschland wird die gesamteuropäische Entwicklung entscheidend mitbeeinflussen.

2. Die Deutschlandpolitik der USA kann nicht von dem umfassenden Komplex der Welt- bzw. Europapolitik der Vereinigten Staaten getrennt gesehen werden:

a) Die deutsche Wiedervereinigung würde eine größere Korrektur im Ost-West-Verhältnis beinhalten, und zwar aufgrund der strategischen Bedeutung sowjetischer Stellungen in Ostdeutschland für die UdSSR und aufgrund der engen Beziehungen der Vereinigten Staaten und Westeuropas zu Westdeutschland.

b) Wichtige Entscheidungen der USA zu Problemen, wie z. B. Dislozierung amerikanischer Truppen, Aufstellung und Einsatz von Kernwaffen sowie Abrüstung, könnten unsere Beziehung zu Westdeutschland und damit auch unsere Stellung in Europa entscheidend beeinflussen.

c) Ohne Beteiligung und Mitwirkung Deutschlands an den gemeinsamen politischen, wirtschaftlichen und militärischen Einrichtungen Europas ist ein Erstarken Westeuropas unmöglich.

B. Die wichtigen politischen Faktoren
Politische und wirtschaftliche Stabilität Westdeutschlands

3. Die Bundesrepublik ist die gegenwärtig stärkste Wirtschaftsmacht Westeuropas; sie ist politisch stabil und spielt bei den europäischen und internationalen Angelegenheiten eine immer wichtigere Rolle. Als Ergebnis des jüngsten klaren Wahlsieges der Regierung Adenauer sind die Aussichten, zumindest für die nächsten Jahre, auf eine mit dem Westen verbündete, gemäßigte und stabile Regierung günstig. Politischer Extremismus ist gegenwärtig weder von rechts noch von links in nennenswertem Umfang vorhanden. Der fortgesetzte wirtschaftliche und politische Aufwärtstrend der Bundesrepublik ist für eine erfolgreiche Politik der USA in Europa sehr wichtig.

Die deutsche Teilung und das Wiedervereinigungsproblem

4. Die deutsche Teilung ist ein potentieller Auslöser für eine bewaffnete Auseinandersetzung und infolgedessen eine potentielle Gefahr für die Sicherheit der Vereinigten Staaten. Die Wiedervereinigung wird ein vorrangiges Ziel der westdeutschen Politik bleiben, und sie ist auch eine starke Motivation für die Bevölkerung Ost- und Westdeutschlands gleichermaßen. Bisher ist Westdeutschland mit den Vereinigten Staaten und anderen Westmächten übereingekommen, die Wiedervereinigung durch freie Wahlen herbeizuführen und jegliche Wiedervereinigungsbestrebungen zu vermeiden, die entweder die Sicherheit Westdeutschlands oder die politische und militärische Verankerung eines vereinigten Deutschlands mit dem Westen gefährden könnten. Gleichzeitig lehnt die UdSSR alle westlichen Vorschläge, die Deutschlandfrage durch freie Wahlen zu lösen, ab, beharrt darauf, daß dieses Problem auf dem Wege von Verhandlungen zwischen den „beiden deutschen Staaten" gelöst werden müsse und gab neulich zu verstehen, daß sie sich mit den Westmächten in keinerlei Diskussion über das deutsch-deutsche Problem einlassen würde. Es besteht keine Aussicht auf eine rasche Zustimmung der Sowjetunion zu einem wiedervereinigten Deutschland, das möglicherweise mit dem Westen ein Militärbündnis eingeht. Als Gegenleistung für eine Lockerung der scharfen sowjetischen Kontrolle in Ostdeutschland fordert die UdSSR vom Westen wahrscheinlich einen sehr hohen Preis.

5. Die westdeutsche Bevölkerung kann drei verschiedene politische Wege einschlagen, und zwar im großen und ganzen:

a) Eine Annäherung an die UdSSR und ihre Satelliten zu erzielen, um die Wiedervereinigung zu erreichen und gleichzeitig ein erträgliches Maß an Unabhängigkeit von sowjetischer Kontrolle zu bewahren. Solange die Vereinigten Staaten keine Anzeichen der Aufgabe oder empfindlichen Einschränkung ihrer Verteidigungsverpflichtung in Westeuropa zeigen, wird diese Möglichkeit in der Bundesrepublik kaum erwogen.

b) In der Außenpolitik einen unabhängigen Kurs zu verfolgen, indem keine Militärbündnisse eingegangen werden und mit einem Patt zwischen Ost und West gerechnet wird, das der Bundesrepublik die Möglichkeit eröffnen würde, eine völlig unabhängige neutrale Position zu beziehen. Solange jedoch ihr gegenwärtiges Vertrauen in die Wirksamkeit und Zuverlässigkeit der amerikanischen Sicherheitsversprechen anhält, erwägt die Mehrzahl der Bundesbürger nicht ernsthaft diese Alternative, sofern es keine besseren Aussichten auf die Verwirklichung der Wiedervereinigung durch die oben erwähnte Möglichkeit gibt.

c) An dem westlichen Bündnis festzuhalten im Vertrauen darauf, daß die Stärke und Entschlossenheit des Westens die Bundesrepublik vor jedem Angriff schützen wird, während diese versucht, ihre Position im westlichen Bündnis und in der Welt insgesamt auszubauen. In den kommenden Jahren wird man in der Bundesrepublik die enge Zusammenarbeit mit dem westlichen Bündnis wahrscheinlich nicht nur als einzig für Westdeutschland gangbare Alternative ansehen, sondern auch als eine lohnende Chance, den Handel und allgemeinen Einfluß auszuweiten.

6. Um jedoch den Verbleib der Bundesrepublik im Bündnis langfristig zu gewährleisten und die Möglichkeit zu verringern, daß sich die Bundesrepublik einseitig um die Lösung des Wiedervereinigungsproblems bemüht, muß der Westen die Bundesrepublik auch weiterhin davon überzeugen, daß er, sobald und insofern sich Ansätze bieten, ernsthaft um eine Wiedervereinigung bemüht ist. Die Bundesbürger befürchten, die USA könnten mit der UdSSR ein wichtiges Abkommen vereinbaren (z. B. ein umfassendes Abrüstungsabkommen), ohne das Problem der deutschen Wiedervereinigung gelöst zu haben. Ferner könnten die Vereinigten Staaten die Bundesrepublik nur schwer davon überzeugen, ernsthaft um die Wiedervereinigung bemüht zu sein, wenn sie ein Wiedervereinigungsangebot der Sowjets ablehnten, das nach Ansicht der Bundesbürger ihre eigene Sicherheit nicht gefährdet und zu einem Zeitpunkt unterbreitet würde, zu dem die Bundesbürger die Gefahr durch die sowjetische aggressive Zielsetzung gering einschätzen könnten. Wenn die USA aber gewillt wären, eine derartige Übereinkunft zu garantieren, wäre die Bereitschaft der Westdeutschen, dies zu akzeptieren, weitaus größer.

7. Seit der Genfer Außenministerkonferenz im Jahr 1955 haben die Sowjets gelegentlich den Abzug fremder Truppen aus Westdeutschland vorgeschlagen, dies jedoch nicht mit der deutschen Wiedervereinigung verbunden. Häufiger unterbreiteten sie den Vorschlag, alle fremden Truppen aus Europa abzuziehen, alle ausländischen Stützpunkte aufzulösen und alle Militärbündnisse abzuschaffen. Der Westen schlug ebenfalls verschiedene Varianten für einen Truppenabzug vor, diese waren aber verknüpft mit einem Abkommen zur Wiedervereinigung und betrafen lediglich einen Truppenabzug aus Zentraleuropa. Befürworter sind der Meinung, daß Vorschläge zum Truppenabzug gegebenenfalls einen realisierbaren Schritt in Richtung auf die Beseitigung des Störfaktors eines geteilten Deutschland darstellen könnten, sofern sie mit zufriedenstellenden Sicherheitsgarantien für den Westen und einer Übereinkunft zur Wiedervereinigung verknüpft wären. Ferner vertreten sie die Auffassung, daß ein solcher Rückzug auch die Gefahr eines Konfliktes, die aufgrund der gegenwärtigen Konfrontation feindlicher sowjetischer und westlicher Truppen in Zentraleuropa ganz konkret besteht, reduzieren könnte. Ein Plan, der den Rückzug sowjetischer Truppen aus Osteuropa ermöglicht und zugleich die Sicherheit Westeuropas gewährleistet, würde dadurch von erheblichem

Reiz für die USA sein, daß er den Sowjets ihre wichtigste Handhabe zur Kontrolle dieses Gebietes nähme. Gegenwärtig gibt es keinerlei Hinweis auf sowjetisches Interesse an einem beiderseitigen Truppenabzug, und zwar zu Bedingungen, die dem Westen vernünftige Sicherheitsgarantien bieten würden. Ferner wären die westdeutsche und andere westeuropäische Regierungen strikt gegen substantielle Reduzierungen in der Zahl der in der Bundesrepublik stationierten US-Streitkräfte, solange keine Anzeichen für eine Änderung der sowjetischen Position zur Sicherheit und Wiedervereinigung sichtbar werden.

8. Die Befürworter eines neutralisierten Deutschland behaupten, daß die Sowjets nur dann einer Wiedervereinigung zustimmen, wenn die Neutralisierung des vereinigten Deutschland garantiert wird und die Bundesbürger ihrerseits schließlich einem Neutralitätsstatus außerhalb der NATO zustimmen, um die Wiedervereinigung zu erlangen. Weiter behaupten sie, daß die Neutralisierung kein zu hoher Preis sei für den sowjetischen Rückzug aus Ostdeutschland (und möglicherweise anderen Satelliten) und für die Eindämmung der in der gegenwärtigen Teilung Deutschlands, in der Isolation Berlins und in der Konfrontation umfangreicher gegnerischer Streitkräfte in Zentraleuropa begründeten erheblichen Gefährdung des Friedens.

9. Die Vereinigten Staaten haben immer die Ansicht vertreten, daß die Neutralisierung Deutschlands unter den gegebenen Umständen nicht annehmbar ist, und zwar aus folgenden Gründen:

a) Die westdeutsche militärische Eingliederung in Westeuropa ist zur Stärkung der militärischen Fähigkeiten der NATO in Europa von grundlegender Bedeutung.

b) Finanzielle und politische Gründe sprechen möglicherweise gegen eine Verlegung von aus Westdeutschland abgezogenen NATO-Streitkräften in andere Teile Europas. Das könnte daher zu einem beachtlichen Truppenabzug vom Kontinent führen.

c) Die politischen Zielsetzungen eines neutralisierten Deutschland würden sich so stark von denen der NATO-Verbündeten unterscheiden, daß es nicht uneingeschränkt an den Bemühungen um eine weitergehende westeuropäische Integration teilnehmen könnte. Ohne eine solche Beteiligung Deutschlands aber wird die westeuropäische Integration nicht so weit voranschreiten können, daß Westeuropa schließlich in der Lage ist, die Stärke und den Wohlstand zu erlangen, die langfristig seine Unabhängigkeit am besten gewährleisten.

d) Solange die Westeuropäer den Eindruck haben, daß ihre Sicherheit von der Mitarbeit der USA an einem starken NATO-Bündnis abhängt, würde ein einseitiger Neutralisierungsvorschlag der USA die gegenwärtige westdeutsche Regierung schwächen und die Bindungen mit dem Westen sowie die Unterstützung der NATO durch andere europäische Regierungen unterminieren. Bemühungen, das Einverständnis unserer NATO-Verbündeten zu einem solchen Vorschlag einzuholen, wären sehr wahrscheinlich genauso zum Scheitern verurteilt.

Das Verhältnis der Bundesrepublik zur westlichen Gemeinschaft

10. Die Beteiligung der Bundesrepublik Deutschland an einer starken und wirksam integrierten westeuropäischen Gemeinschaft ist für Westeuropa unabdingbar, wenn es als Gegengewicht zur Sowjetmacht sein Potential optimal entwickeln soll. Ebenso kann

der Erfolg dieser Gemeinschaft einen entscheidenden Einfluß auf die Vollständigkeit und Verläßlichkeit der Einbindung der Bundesrepublik in den Westen haben. Westdeutschlands Mitwirkung an einer wirksamen westlichen Gemeinschaft bietet die sicherste Garantie dafür, daß die Stärke der Bundesrepublik nicht etwa isoliert egoistisch zur Verfolgung engstirniger nationalistischer Ziele, sondern vielmehr konstruktiv genutzt wird.

11. Die Bereitschaft der Bundesrepublik, mit anderen westlichen Ländern zusammenzuarbeiten, beruht zu einem gewissen Grad auf dem Glauben an die Überlegenheit des Westens insgesamt [over-all] . . .

12. Die Bundesrepublik hat zunehmend eine führende Rolle in der Bewegung zur westlichen Integration angenommen und nimmt aktiv an der Europäischen Gemeinschaft für Kohle und Stahl (EGKS), der noch in den Kinderschuhen steckenden Europäischen Wirtschaftsgemeinschaft (Gemeinsamer Markt) und der Europäischen Atomgemeinschaft (Euratom) teil. Bei der Festlegung der zukünftigen Ziele dieser Gemeinschaft, insbesondere des Tempos, mit dem sich die sechs Mitglieder (Belgien, Frankreich, Italien, Luxemburg, die Niederlande und die Bundesrepublik) auf die volle wirtschaftliche Union und eine verstärkte politische Einheit zubewegen, wird die Haltung der Bundesrepublik sehr wichtig sein; . . .

13. Mit ihren politischen Beziehungen zum Westen sind die Bundesbürger recht unzufrieden. Offensichtlich erwarteten sie, mit der Wiedererlangung ihrer Souveränität intensiver in die Beratungsgremien des Westens einbezogen zu werden. Sie sind der Überzeugung, aufgrund ihrer tatsächlichen und potentiellen Stärke eine wichtigere Rolle übernehmen zu dürfen. Sie behaupten in aller Öffentlichkeit, daß sie mit ihrer Rolle in der NATO unzufrieden sind. Ihrer Vorstellung gemäß wäre vermutlich eine „ständige politische Gruppe", die aus den Vereinigten Staaten, dem Vereinigten Königreich, Frankreich und der Bundesrepublik bestünde. . . .

Die Beziehungen der Bundesrepublik zu Osteuropa (einschließlich Ostdeutschland)

[. . .]

15. Die offiziellen Beziehungen der Bundesrepublik zur Sowjetunion waren zwar immer etwas zurückhaltend, sind jetzt aber weiter abgekühlt. Bislang haben diese Beziehungen nicht zur Erreichung der Maximalziele der einen oder anderen Seite geführt: weder zu dem der Sowjetunion, die Bundesrepublik vom Westen zu lösen, noch zu dem der Bundesrepublik, Fortschritte bei der deutschen Wiedervereinigung zu erzielen. Selbst bei den Minimalzielen – für die Sowjetunion ein erheblicher Ausbau der Kultur- und Handelsbeziehungen und für die Bundesrepublik die Rückführung aller Deutschstämmigen aus der Sowjetunion – waren die Fortschritte bisher minimal.

16. In ihren Beziehungen zu den anderen Satelliten der UdSSR, abgesehen von Ostdeutschland, scheint die Bundesrepublik eine flexiblere Haltung einzunehmen; insbesondere strebt sie einen Ausbau ihrer Wirtschaftskontakte zu Osteuropa an. Die Westdeutschen glauben, ihrem Interesse werde gedient, wenn sie kommunistische Abweichungen von der sowjetischen Hegemonie fördern. Trotzdem verfolgen sie bisher eine vage und vorsichtige Politik, denn (a) möchten sie eine breitere Anerkennung der ostzonalen Regierung verhindern und (b) bezweifeln sie, ob die Aufnahme von Beziehun-

gen zu Polen und anderen osteuropäischen Ländern tatsächlich zu einer Lockerung der sowjetischen Kontrolle über Osteuropa führt; schließlich spielt (c) das politisch extrem brisante Problem der Ostgrenzen der Bundesrepublik eine Rolle.

17. Jedweder Zugewinn an Einfluß der Bundesrepublik in Osteuropa, der die Bindung zwischen der UdSSR und den Satelliten lockert, käme den Zielen der USA in den genannten Gebieten entgegen. Angesichts der zuvor erwähnten Probleme kann das in absehbarer Zeit am besten aber dadurch erreicht werden, daß Westdeutschland mit den osteuropäischen Ländern (außer der Sowjetunion) Wirtschaftsbeziehungen ausbaut, anstatt diplomatische Kontakte aufzunehmen. . . .

18. Die westlichen Verbündeten vertreten die Position, daß die Oder-Neiße-Linie nur vorläufig ist, und daß Deutschlands endgültige Grenzen in einem Friedensvertrag mit der Zustimmung einer gesamtdeutschen Regierung festgelegt werden sollen. Über den Grenzverlauf haben sie sich nicht festgelegt. Gelegentlich gab die Bundesregierung zu verstehen, daß sie an einer Kompromißlösung beim Grenzproblem interessiert sei. Dennoch wäre es von den Vereinigten Staaten unklug, sich in dieser Frage festzulegen, zumindest solange die Aussichten auf eine Regelung nicht günstiger sind; legten sie sich nämlich fest, würden sie den Unmut der Polen, der Deutschen oder beider heraufbeschwören.

19. Obwohl das bestehende kommunistische Regime in Ostdeutschland von weiten Bevölkerungskreisen abgelehnt wird, ist seine Position unerschütterlich, solange es durch massive sowjetische Militärpräsenz gestützt wird. Die UdSSR ließ über ihre Entschlossenheit, dessen Machtposition in Ostdeutschland beizubehalten, keinen Zweifel. Das ostdeutsche Regime scheint eine großangelegte Kampagne zu starten, um den westlichen Einfluß auf die Bevölkerung zu verringern, indem die Kontakte zwischen Ostdeutschland und dem Westen reduziert werden. Die Bundesrepublik befürchtet eine Verwicklung des Westens mit sowjetischen Militäreinheiten, falls es zu Massenunruhen kommt und hat daher die ostdeutsche Bevölkerung aufgefordert, aktive Maßnahmen zur Veränderung der bestehenden Situation zu unterlassen. Die Bundesrepublik bevorzugt fortgesetzte inoffizielle Wirtschaftsbeziehungen zu Ostdeutschland, denn sie betrachtet die Sowjetzone als einen potentiellen Lieferanten benötigter Waren (z. B. Braunkohle). Ferner vertritt sie die Ansicht, daß eine begrenzte Stützung der ostdeutschen Wirtschaft eine wichtige Komponente zur Verringerung der Gefahr eines Aufstandes in Ostdeutschland sowie eine humanitäre Pflicht gegenüber den weniger gut gestellten Landsleuten ist. . . .

Berlin

[. . .]

Grundsätzliche Ziele

[. . .]

29. Wiederherstellung eines vereinigten deutschen Staates mit friedlichen Mitteln, fest gebunden an die Grundsätze der Vereinten Nationen, mit der Freiheit des Handelns in inneren und äußeren Angelegenheiten und der Fähigkeit, sowohl dem Kommunismus als auch dem Neonazismus zu widerstehen.

30. Feste Bindung der Bundesrepublik an den Westen und schließlich auch eines vereinigten Deutschland durch die Nordatlantische Gemeinschaft, möglichst im Rahmen einer Mitgliedschaft innerhalb einer integrierten Europäischen Gemeinschaft.

31. Ein ihrer demographischen und materiellen Leistungsfähigkeit angemessener Beitrag der Bundesrepublik zur Verteidigung des Westens und zur Lösung der Probleme, denen sich der Westen gegenübersieht.

32. Verhinderung einer sowjetischen Vorherrschaft über Gesamtdeutschland und Ausschaltung [elimination] sowjetischer Macht in Ostdeutschland.

33. Erhaltung der westlichen Position in Berlin bis zur Wiedervereinigung Deutschlands.

Hauptsächliche Leitlinien der Politik

34. Weitere Unterstützung wirksamer Bestrebungen der Bundesrepublik, die die europäische Integration durch Einrichtungen wie die Montanunion, den Gemeinsamen Markt, EURATOM und schließlich die Freihandelszone fördern.

35. Einen rascheren Aufbau der westdeutschen Streitkräfte anstreben, die in eine integrierte NATO-Verteidigung einzugliedern sind, ebenso wie eine größere Ausnutzung des westdeutschen Potentials für die gemeinsame Verteidigung,

insbesondere:

a) Unterstützung der Aufhebung der im Brüsseler Abkommen enthaltenen Beschränkungen westdeutscher Beiträge auf dem Gebiet von Raketen.

[. . .]

d) Festlegung einer mit der NATO abgestimmten Stärke der Streitkräfte für Westdeutschland und Förderung einer Entwicklung westdeutscher Streitkräfte in einer Richtung, die ihre Eingliederung in eine integrierte NATO-Militärstruktur zur Folge hat und die nicht die Errichtung einer völlig unabhängigen westdeutschen Militärmacht nach sich zieht.

[. . .]

36. Weiterhin einen angemessenen finanziellen Beitrag Westdeutschlands zum Unterhalt der westlichen Streitkräfte in Westdeutschland anstreben, bis Westdeutschland deutlich macht, daß es die volle Verantwortung zur Erreichung der mit der NATO abgestimmten Stärken der Streitkräfte für Westdeutschland übernimmt.

37. Ausgehend von dem Grundsatz, daß es im Interesse aller betroffenen Länder ist, die Herstellung von Kernwaffen durch ein viertes Land zu unterbinden, Westdeutschland zu überzeugen suchen, auf eine unabhängige Produktion solcher Waffen zu verzichten; Westdeutschland zu versichern, daß die USA den NATO-Beschluß tatkräftig unterstützen wird, nach dem ein Bestand von Kernwaffen anzulegen ist, welche im Bedarfsfall sofort zur Verteidigung der Alliierten eingesetzt werden könnten.

38. Erhaltung des westdeutschen Vertrauens in die Absicht der Vereinigten Staaten, ihren NATO-Verpflichtungen nachzukommen.

39. Eine wichtigere Rolle der Bundesrepublik innerhalb der NATO unterstützen, soweit diese ihre Bereitschaft zur Übernahme ihrer vollen militärischen Verantwortung innerhalb der NATO erkennen läßt. . . .

43. Weiterhin auf eine deutsche Wiedervereinigung mittels freier Wahlen und unter Bedingungen drängen, die die legitimen Sicherheitsinteressen aller beteiligten Länder in Rechnung stellen. Deutlich machen, daß eine Wiedervereinigung von entscheidender Bedeutung für jede echte Entspannung [relaxation of tension] zwischen der Sowjetunion und dem Westen ist, daß die USA jedoch einer Wiedervereinigung nicht zustimmen werden, die mit sich bringen würde:

a) eine kommunistische Beherrschung eines wiedervereinigten Deutschland;

b) ein föderiertes Deutschland, das das bestehende Regierungssystem in der Deutschen Demokratischen Republik perpetuieren würde;

c) den Rückzug von US- und anderen alliierten Streitkräften aus Westdeutschland ohne eine wirkame militärische Gegenleistung dafür (quid pro quo) von seiten der Sowjetunion und ihrer Satelliten; oder schließlich

d) die politische und militärische Neutralisierung Deutschlands.

44. [. . . = gelöscht]

[. . .]

47. . . . allen Versuchen entgegentreten, daß das ostdeutsche Regime international anerkannt und national [internal] akzeptiert wird [. . . = einige Zeilen gelöscht].

Quelle: NSC-Dokument 5757, NAW (freigegeben am 9. 6. 1982).

D 35 b: Zwei Protokolle über Besprechungen bei Präsident Eisenhower am 6. März 1959

Die Besprechungen sind in einem zeitlichen Zusammenhang mit dem „laufenden" Berlin-Ultimatum Chruschtschows vom November 1958 zu sehen, darüber hinaus auch im Hinblick auf die Deutschland-Konferenz der vier Außenminister in Genf im Mai und Juni/Juli 1959.

Protokoll über eine Besprechung mit dem Präsidenten, 6. März 1959, 10.30 Uhr

Streng geheim

Andere Teilnehmer: Vizepräsident Nixon
Minister McElroy [Verteidigung]
Herr Allen Dulles [CIA]
Senator Lyndon Johnson [1]
Senator Everett Dirksen
Sprecher Rayburn [2]
Abgeordneter Halleck
u. a.

---

[1] „Vorsitzender der demokratischen ‚Mehrheitsfraktion'" im Senat; die Anführungsstriche sollen darauf aufmerksam machen, daß es keine festgefügten Fraktionen im US-Kongreß gibt.

[2] Führer der „Mehrheitsfraktion" im Repräsentantenhaus.

Der Präsident eröffnete die Sitzung mit der Bemerkung über ihren Zweck: über die ungewöhnliche Lage, der wir uns in Berlin gegenübersehen, zu sprechen und sicherzustellen, daß die Regierung und die gesetzgebenden Organe in ihrem Denken auf der gleichen Linie liegen. Er wolle keinen großen Teilnehmerkreis, der eine unerwünschte Publizität nach sich ziehen würde und deshalb informiere er die Anwesenden darüber, daß er beabsichtige, am Abend ein vertrauliches Gespräch mit Mitgliedern der außenpolitischen Ausschüsse und anderen zu führen.

Der Präsident gab dann einen kurzen Überblick über die Politik der US-Regierung in der Berlin-Frage. Diese Politik bestehe darin, die Sowjets öffentlich zu warnen, daß man uns weder in Berlin drohen noch aus Berlin vertreiben könne, daß wir die 2,2 Millionen freier Menschen in dieser Stadt nicht im Stich ließen, sondern unsere Rechte aus bestehenden Abkommen wahrnehmen würden. Gleichzeitig nähmen wir weiterhin eine Haltung der Verhandlungsbereitschaft ein, was die Diskussion über einen Friedensvertrag einschließe. Wir räumten ein, daß andere Staaten von der Berlin-Krise berührt seien, und wir wünschten, die Lage in Deutschland in einer nicht durch eine Krise gespannten Atmosphäre zu untersuchen. Gegenwärtig habe es keinen Sinn, über äußerste Maßnahmen wie z. B. eine Mobilmachung zu reden. Eine Mobilmachung der Ressourcen der ganzen Nation wäre die verhängnisvollste Entwicklung, die eintreten könnte. Unsere Lage in der Welt, gegenüber den Sowjets, sollte so sein, daß wir mit ihr viele Jahre leben können. Sonst müßten wir leben wie in einer Festung. „Deswegen sind wir wachsam; wir sind bereit, jede anständige Chance für Verhandlungen zu nutzen; und wir stehen zu unseren Verbündeten.“

Der Präsident beendete seine einleitende Erklärung, indem er seinen Wunsch wiederholte, zu erfahren, ob die Gesetzgebungsorgane und die Regierung in ihrem Denken auf der gleichen Linie lägen. Er betonte, daß er nicht die Absicht habe, irgend jemand formell festzulegen, sondern daß es ihm auf das Erfahren von Meinungen ankomme. An diesem Punkt rief der Präsident Herrn Allen Dulles auf.

[. . . = gelöscht]

Die Gruppe nahm sodann eine Bestandsaufnahme der Entwicklung vor, die zu den gegenwärtigen Verhältnissen geführt habe. Dies war von besonderem Interesse für Senator Dirksen, der erwähnte, daß es zwei Abkommen gebe, vom Februar und vom Juli 1945, wobei der Präsident darlegte, daß seit diesen Daten keine Änderung im Status der vier Mächte in Berlin eingetreten sei, daß aber das nach der Berliner Luftbrücke im Jahre 1948 geschlossene Abkommen über die Zufahrtswege 1949 neu verhandelt worden sei. Er bestätigte, daß diese Abkommen keine zeitliche Begrenzungen enthielten. Der Präsident erwähnte sodann, daß er über ein Dokument verfüge, das die Rechtmäßigkeit unserer Position in Berlin darlege, und daß er bereit sei, dieses Dokument den anwesenden Mitgliedern des Kongresses zur Verfügung zu stellen. . . .

So würde [die Forderung der UdSSR] gleichermaßen eine völkerrechtliche Anerkennung der DDR erfordern. Wir würden dies nicht hinnehmen.

Senator Dirksen fragte dann, wo die „Linie“ [eines „Bis-hierher-und-nicht-Weiter“] gezogen werden würde. Er erläuterte, daß Berlin die Hauptstadt der DDR sei, und wenn Chruschtschow die Verantwortung für die DDR-Kontrollen ablehne, dann, so vermutete Senator Dirksen, würden wir Protest einlegen. Damit würden wir zweifellos kein Glück haben, und Chruschtschow würde dann sagen: „Macht nur weiter und verhandelt, wenn ihr könnt, aber ihr haltet noch immer die Hauptstadt der DDR besetzt." Dann würden, so erwartete Senator Dirksen, die Sowjets Gewalt anwenden. Hier brachte der Präsident eine Klarstellung an, indem er darauf aufmerksam machte, daß die Sowjets nicht damit drohten, uns aus Berlin zu vertreiben. Sie stellten lediglich fest, daß, falls wir Gewalt anwenden zur Durchsetzung unserer Rechte, die Sowjets sich hinter die DDR stellen würden. Minister Herter fügte hinzu, daß, wenn wir auf unseren Rechten bestünden, dies in der Sicht der Sowjets eine Kriegshandlung darstelle. Mr. Dulles erklärte, daß die für die Durchführung der neuen Regelungen zwischen DDR und Sowjetunion notwendigen sowjetische Truppenverschiebungen nicht ins Gewicht fielen. Die Dislozierung ihrer Truppen würde gleichbleiben.

Senator Dirksen stellte dann zur Diskussion, was in den UN von heute bis zum 27. Mai getan werden könne. Zu diesem Punkt erläuterte Minister Herter die Nützlichkeit der UN als eines Mittels zur Sicherung des Status quo und fügte hinzu, daß wir zur Zeit diplomatische Noten austauschten, um Gespräche der Außenminister in Gang zu bringen. Wenn diese Gespräche zu keinem Ergebnis führen sollten, dann würden wir die Angelegenheit wahrscheinlich vor die UN bringen. Der Präsident hob jedoch hervor, daß alle Möglichkeiten in den UN genutzt werden sollten, während wir unsere Rechte noch ausüben. Mit anderen Worten, wir könnten auch vor dem 27. Mai die UN damit befassen. Nach dem 27. Mai würde es notwendig sein, bei den Sowjets selbst Protest einzulegen. [. . . = gelöscht]

Nach der Einweisung in die Lage [briefing] gab der Präsdent die Diskussion frei für die Mitglieder des Kongresses . . .

Herr Rayburn fragte dann nach dem Stand der Vorschläge für ein Treffen der Außenminister. Er sei erleichtert zu hören, daß dieses Treffen voraussichtlich stattfinden werde, wobei er feststellte, daß er lieber verhandeln als kämpfen wolle. Als der Präsident erläuterte, daß Chruschtschows Botschaft, in der er die Bereitschaft zu einem Treffen der Außenminister erklärte, veröffentlicht worden sei, fragte Herr Rayburn, ob Chruschtschow nicht seinen Standpunkt etwas geändert habe. Der Präsident bestätigte dies . . . [und] gab eine kurze Einschätzung von Chruschtschows Persönlichkeit, wobei er ihn als in mancher Hinsicht dumm und doch außerordentlich gerissen, und ganz sicher rücksichtslos, beschrieb.

[. . .]

Der Vizepräsident erläuterte dann ein Problem hinsichtlich unseres Eingehens auf ein Außenministertreffen. Das Problem sei, wie weit wir im Bestehen auf unsere eigenen Bedingungen für ein solches Treffen oder bei Zugeständnissen gegenüber den sowjetischen Bedingungen gehen sollten. Wir dürften nicht den Eindruck erwecken, als ob wir eine Konferenz um jeden Preis wollten. Deswegen sollten wir zuviel begeistertes öffentliches Reden über eine Konferenz vermeiden.

[. . .]

Senator Dirksen erkundigte sich dann nach unserer Handlungsstrategie für den „schlimmsten Fall". Der Präsident räumte ein, daß dann eine Entscheidung nicht einfach sein würde und daß wir die Entwicklung abwarten müßten. Über das Problem werde aber in größtmöglichem Umfang verhandelt werden, bevor wir uns auf einen Krieg einließen.

Grundlegend sei in der Sicht des Präsidenten, daß 2,2 Millionen freie Deutsche auf dem Spiel stünden, die uns vertrauen, und die wir nicht im Stich lassen dürften.

[. . . = gelöscht]

Der Präsident hob sodann hervor, daß auch Studien erarbeitet würden über die Mittel, mit denen Gegendruck ausgeübt werden könnte. Er wiederholte seine Überzeugung, daß, wenn wir in dieser Frage fest blieben, und wenn wir unsere Festigkeit den Sowjets und der Welt deutlich machten, die Sowjets nachgeben würden.

[. . .]

Der Vizepräsident wies auf die Notwendigkeit hin, fest zu bleiben, aber gleichzeitig solch provozierende Maßnahmen zu vermeiden (die vorgeschlagen worden seien) – wie Truppen in Alarmbereitschaft zu versetzen oder mobil zu machen. Solche Handlungen brächten das Problem mit sich, daß sie unsere Verbündeten provozieren oder erschrekken könnten. Er fuhr fort, daß die Position der Regierung der Vereinigten Staaten bei weitem die stärkste in der freien Welt sei, wenn wir die Unterstützung, die die Exekutive erfahre, berücksichtigten. Andere freie Regierungen seien in einer schwierigen Lage wegen der Ängste ihrer Bevölkerung als Folge ihrer Nähe zu den Schwierigkeiten. Herr Nixon wiederholte, daß, wenn wir viel Geräusch machten, wir damit die Unterstützung der Verbündeten zunichte machen könnten.

Senator Johnson erläuterte, daß zwei oder drei Senatoren mit Entschließungen „gewunken" hätten, um den Konsens des Senats zum Ausdruck zu bringen. Er erläuterte seine Einwände gegen diese Art von Aktionen und präzisierte seine Auffassung dahingehend, daß Treffen wie das heutige einen Mittelweg darstellten, und daß ihm deshalb große Bedeutung zukomme, vor allem weil dadurch verdeutlicht würde, daß wir nicht nach Parteilinien gespalten seien. . . .

[. . .]

Dann erläuterte der Präsident seine Position als eines Anwalts des Friedens, und zwar des Friedens durch Verhandlungen. Er wies erneut auf die Notwendigkeit hin, angesichts eines möglichen Angreifers fest, aber nicht starr zu sein. Wir würden kein Ultimatum hinnehmen, weil ein Ultimatum keine Verhandlung darstelle – aber wir wollten auch nicht die Wilden spielen [truculent]. Senator Johnson stellte erneut die Frage, ob unsere Streitkräfte für den Fall, daß die Verhandlungen abgebrochen würden, ausreichend seien, und der Präsident wiederholte, daß er keinen zusätzlichen Bedarf sehen könne . . .

Er sei mit unserem militärischen Gesamtapparat vollauf zufrieden. Seiner Auffassung nach hätten wir tatsächlich an einem Problem übermäßiger Stärke zu leiden [. . . = einige Zeilen gelöscht]

[. . .]

Herr McElroy gab sodann zu bedenken, daß diese spezielle Krise vielleicht gar nicht das Hauptziel der Sowjets sei. Seiner Meinung könnte sich herausstellen, daß ihr wahres Ziel ein Umsturz im Iran sei, die Berlin-Krise hingegen nur ein Ablenkungsmanöver. Diese Auffassung schien von allen geteilt zu werden.

[. . .]

Senator Johnson neigte zur Betonung des Gedankens, daß unsere Planungen und Streitkräfte ausreichten, um mit jeder denkbaren Entwicklung fertig zu werden, während Mr. Rayburn betont wissen wollte, daß wir keine Mühe scheuen sollten, diese Angelegenheit durch Verhandlungen zu lösen. In diesem Zusammenhang wies der Vizepräsident darauf hin, daß die Kommunisten versuchen würden, die Frage der Zugangswege nach Berlin durch Hervorhebung von Einzelfragen zu vernebeln. Sie würden das versuchen, indem sie jede weitere Beschränkung [der Zufahrtwege] als so geringfügig erscheinen ließen, daß eine entsprechend feste Haltung unsererseits nicht als lohnend angesehen werden würde. In allen unseren Erklärungen sollten wir deutlich machen, daß das, was wirklich auf dem Spiel steht, nicht Einzelheiten von Verfahrensweisen sind, sondern die Freiheit von 2,2 Millionen freier Menschen. Der Präsident fügte dem hinzu, daß auch unsere Fähigkeit, die freie Welt zu erhalten, auf dem Spiel stehe.

An dieser Stelle warf Herr Dulles eine Bemerkung zur Bedeutung Berlins für die Situation in der gesamten Welt ein. Nach seiner Ansicht werde Westeuropa stärker. Die Sowjets sähen ihre Sicherheit nicht als gegeben an, wenn sie sich anderen Regionen in der Welt wie etwa dem Iran zuwenden würden, solange wir in Berlin blieben und Europa stark bleibe. Das führte zu einer Frage von Senator Johnson, ob die Entschlossenheit der Verbündeten ebenso groß sei wie unsere eigene. Der Präsident antwortete, daß dies nicht der Fall sei, daß aber Fortschritte hier zu Ermutigungen Anlaß gäben. [. . .= drei Zeilen gelöscht]

[. . .]

Protokoll der Sitzung mit dem Präsidenten vom 6. März 1959, Beginn 17.00 Uhr

Streng geheim

Weitere Anwesende: Vizepräsident Nixon,
Außenminister Herter
Minister McElroy [Verteidigung]
Herr Allen Dulles [CIA]
Senator Wiley [1]
Senator Saltonstall
Senator Russell
Senator Fulbright
Abgeordneter Arenda
Abgeordneter Carnahan
Abgeordneter Vinson
Abgeordneter Chiperfield
u. a.

Der Präsident eröffnete die Sitzung mit einigen einleitenden Worten über den Grund ihrer Einberufung, nämlich in erster Linie sicherzustellen, daß sich die beiden Regierungsorgane Exekutive und Legislative eine einheitliche Meinung über die schwierige und prekäre

[1] Die genannten Senatoren und Abgeordneten waren Mitglieder des Kongresses aus beiden Parteien.

Situation bilden, die aufgrund der Auslösung der Berlin-Krise durch die Sowjets entstanden ist.

Anschließend bat der Präsident Herrn Allen Dulles, die Anwesenden über die geheimdienstlichen Aspekte der Situation zu unterrichten. Herr Dulles wiederholte für die Anwesenden das Briefing, das er während der Vormittagssitzung den Kongreßmitgliedern gegeben hatte.

[. . . = gelöscht]

Der Präsident forderte dann Minister McElroy auf, eine Übersicht über den Stand unserer Eventualitätsplanung für Berlin zu geben. Er berichtete über die im Verteidigungsministerium getroffenen Maßnahmen. Dazu zähle eine spezielle Planung, die das Spektrum von Möglichkeiten bei minimaler und maximaler Störung beinhalte. Hinsichtlich des militärischen Einsatzes habe das Verteidigungsministerium verschiedene Varianten [mixes] eines Streitkräfteeinsatzes durchgespielt, unter anderem auch die einer Benutzung von Boden- oder Luftverbindungen. Da Chruschtschow mit der Behinderung des Zuganges auf beiden Wegen gedroht habe, plane das Verteidigungsministerium für den Fall einer kombinierten Blockade. Diese Planung unterstehe sowohl den Vereinigten Stabschefs im Pentagon als auch der NATO.

Minister McElroy verwies auf das Grundprinzip, das in einer bedachtsamen Planung und gleichzeitigen Gewährleistung der notwendigen Stärke für den Ernstfall bestehe. Er betonte die Notwendigkeit, das Einverständnis der Verbündeten zu unserem Vorgehen einzuholen.

[. . .]

Herr Vinson warf die Frage nach der Anwendung von Gewalt auf: Werden wir nötigenfalls Gewalt anwenden, um uns behaupten zu können? Dazu verwies der Präsident erneut auf den Einfluß der Weltmeinung und auf unseren politischen Grundsatz, nicht als erste Gewalt anzuwenden. Ferner verwies er auf die Wirksamkeit des passiven Widerstandes seitens der DDR. Er versicherte Herrn Vinson, daß wir erforderlichenfalls Gewalt anwenden, die Sowjets jedoch nicht bedrohen würden, bevor wir uns zur Gewaltanwendung gezwungen sähen. Herr Vinson pflichtete der Absicht bei, keinen Fingerbreit nachzugeben und die Vorbereitungen geräuschlos zu treffen. Er vertrat die Ansicht, daß die Evakuierung amerikanischer Angehöriger aus Berlin einen sehr ernsten Eindruck in der Welt hinterlassen würde. Der Präsident gab ihm zu verstehen, daß ein solches Vorgehen zum gegenwärtigen Zeitpunkt nicht geplant sei.

Herr Vinson erläuterte dann seine Einwände gegenüber dem derzeitigen Diskussionsstand über Streitkräftereduzierungen. Nach seiner Einschätzung sollten wir ein Programm zur Gewaltanwendung, sollte sie unumgänglich sein, in allen Einzelheiten ausarbeiten. Diese Äußerung nahm der Präsident zum Anlaß, seine Grundauffassung darzulegen, daß die Sowjets die Vereinigten Staaten mit einer Serie von Krisen konfrontierten. . . . Man müsse ganz klar sehen, daß, falls wir entsprechend allen dem Präsidenten vorliegenden Empfehlungen planten, die höhere Belastung eine uneingeschränkte Mobilmachung und letzten Endes wohl einen „Garnisonsstaat“ zur Folge hätten. Unsere militärische Gesamtstärke sei das Ergebnis jahrelanger Planungen. Der Beitrag der Vereinigten Staaten zur Sicherheit in der Welt bestehe darin, die Reserven,

Produktionsmöglichkeiten usw. bereitzustellen. Das Gros der Bodentruppen werde von unseren Verbündeten zur Verfügung gestellt. Das bedeute allerdings, so lautete die einschränkende Bemerkung des Präsidenten, daß wir gegenüber den sowjetischen Bodentruppen nicht mit unseren eigenen gleichziehen könnten. An dieser Stelle wiederholte Herr Vinson seinen Hinweis auf den offensichtlichen Widerspruch, zum einen die Truppen zu vermindern und zum anderen Vorbereitungen für eine bewaffnete Auseinandersetzung zu treffen. Dem entgegnete der Präsident mit seiner Überzeugung, daß die Sowjets aus wirtschaftlichen Gründen auf einen leichten Sieg hofften. Sie möchten Überreaktionen von amerikanischer Seite und die Preisgabe unserer wohldurchdachten Verteidigungspläne herbeiführen. Der Präsident versicherte den Anwesenden, daß er für diese Situation keine Ideallösung wisse; der Sinn der Sitzung liege gerade darin, daß die Anwesenden ihre diesbezüglichen Ansichten darlegten. Dennoch, so fuhr er sehr eindeutig fort, sollte uns die Berlin-Krise nicht aus der Bahn werfen oder gar Anlaß zur Hysterie geben. Wir würden mit solchen Krisen über Jahre hinweg leben müssen. Herr Vinson räumte ein, daß wir unsere Vorbereitungen umsichtig in aller Stille treffen sollten, um unnötige Aufregung in unserem Land zu vermeiden.

Auf Verlangen des Präsidenten gab Minister Herter sodann einen Überblick über die Position der Vereinigten Staaten unter diplomatischen Aspekten. Die Beweise für unsere Verhandlungsbereitschaft seien eindeutig. Darüber hinaus seien unsere für Berlin erbrachten Leistungen beachtlich. Berlin gehe es gut und bis zu dem Zeitpunkt, als die Sowjets die Krise auslösten, habe es im Zusammenhang mit dieser Stadt keine nennenswerten internationalen Zwischenfälle gegeben. . . .

[. . .]

Die westlichen Länder koordinierten jetzt ihre Positionen. Unsere Position gründe selbstverständlich auf der Prämisse, daß wir keinen Zollbreit von unseren Rechten abrücken würden. Wir erwögen ernsthaft, die Vereinten Nationen mit dieser Angelegenheit zu befassen, denn diese Krise tangiere alle unsere Verbündeten und nicht nur die davon unmittelbar betroffenen vier Mächte. . . . Jegliche mit den Sowjets erzielte Vereinbarung müsse im Grundsatz berücksichtigen, daß Berlin durch diese Vereinbarung keine Nachteile erleide. Wir seien gegenüber Berlin Verpflichtungen eingegangen; ebenso die Sowjets. Minister Herter schloß seine Bemerkungen mit dem Hinweis, daß wir zur Zeit die Aussichten für eine Entflechtung [disengagement] in Europa untersuchten. In dieser schwierigen Frage müßten die westlichen Verbündeten gemeinsam handeln.

Anschließend bemerkte Senator Russell zu den Ausführungen von Minister Herter, er habe den Eindruck gewonnen, daß zwischen uns und unseren Verbündeten kein vollkommener Konsens bestehe. Minister Herter bemerkte dazu, daß die Positionen unserer Verbündeten, was die militärische Seite anbetreffe, unserer Auffassung sehr nahe kämen. An dieser Stelle griff der Präsident mit der Feststellung in die Diskussion ein, daß sich täglich ein neuer Aspekt dieses Problems ergebe. Dies sei für den Umgang mit Verbündeten ein ganz besonderes schwieriges Charakteristikum. Er bestätigte, daß die Koordination der Ansichten von der militärischen Seite gelöst sei [is all right]; sie basiere auf einem fortlaufend aktualisierten Krisenplan für den Kriegsfall, der unserer Position sehr nahe komme, insbesondere im Fall Großbritanniens. Dem fügte Minister McElroy hinzu, daß unsere *militärische* Haltung auch weitestgehend mit der französischen und deutschen übereinstimme; mit den beiden genannten Verbündeten müsse unsere *politische* jedoch noch besser abgestimmt werden.

[. . .]

An dieser Stelle äußerte der Präsident seine Grundüberzeugung, daß es für die Vereinigten Staaten unabdingbar sei, gewillt zu sein, ihren „ganzen Einsatz aufs Spiel zu setzen", wenn die Situation es erfordere. [. . . = zwei Zeilen gelöscht] Der Präsident, Senator Russell und Herr Vinson waren übereinstimmend der Meinung, daß es sich bei einer bewaffneten Auseinandersetzung auf jeden Fall um einen totalen Krieg handeln würde.

Daraufhin warf Senator Fulbright die schwierige Frage der begrenzten nichtmilitärischen Störaktionen von seiten der DDR auf, insbesondere die Frage nach unserer Reaktion, wenn sie die Autobahnbrücken sprengen sollten. Ohne Zögern antwortete Senator Russell, daß wir dann einen Pioniertrupp zur Errichtung einer (in Teilen mitgeführten) Stahlbrücke entsenden sollten. Senator Fulbright: . . . „Wenn die DDR mit Gewehren auf diese Leute schießt, reagieren wir dann mit dem Einsatz von Atomwaffen?" Senator Fulbright räumte ein, daß ihm die Abfolge unseres Vorgehens nicht ganz klar geworden sei. Der Präsident gab seinerseits zu, daß unsere Vorgehensweise noch nicht bis ins letzte Detail festgelegt sei. Unsere Aktionen hingen von dem Gang der jeweiligen Ereignisse ab. . . . Falls die Situation, vor die sich die Vereinigten Staaten gestellt sehen würden, ernst werde, so bemerkte der Präsident, [. . . = gelöscht] würde er dem Kongreß empfehlen, in einen Krieg einzutreten. Sehr schnell versicherte daraufhin Senator Russel dem Präsidenten, eine Konsultation mit dem Kongreß wäre in einem solchen Fall nicht erforderlich; die Entscheidung würde vielmehr bei ihm liegen, und der Kongreß würde ihn darin unterstützen. . . .

Senator Russell richtete dann an den Präsidenten die Frage, ob wir nach seiner Einschätzung mehr Militärstreitkräfte benötigten. Der Präsident verneinte diese Frage. Durch eine Mobilmachung würden uns wahrscheinlich zwei oder drei Divisionen zusätzlich zur Verfügung stehen, die sich einer Sowjetstreitmacht von 175 gegenübersähen. Dies ergebe für ihn keinen Sinn. Er brachte seine Überzeugung zum Ausdruck, daß die Entscheidung, in einen [all-out] Krieg einzutreten, tatsächlich nicht anstehen werde; sollte sie dennoch notwendig werden, müßten wir den Mumm haben, es durchzuziehen. Der Präsident brachte seine Anerkennung über die konstruktive Haltung, die der Kongreß bisher gezeigt habe, zum Ausdruck. Anschließend räumte er ein, daß es keine einfachen Antworten gebe, fügte jedoch hinzu, daß wir seiner Meinung nach Erfolg haben würden. Senator Saltenstall erkundigte sich daraufhin nach der Einstellung unserer Verbündeten zu dem Problem eines allgemeinen Krieges. Der Präsident antwortete, daß de Gaulle auf unserer Seite stehen werde. De Gaulle sei ein Mann, der alles schwarz-weiß sehe, er werde fest [zu seiner Verpflichtung] stehen. Die Briten befänden sich allerdings in einer schwierigen politischen Lage. Die Mitglieder der Labour Party glaubten offenbar, sie könnten Chruschtschow zufriedenstellen. Ihre Haltung entspreche in mancher Hinsicht der von Neville Chamberlain. Trotzdem glaube er, daß Macmillan seine derzeitige Reise nach Moskau Auftrieb geben werde. Adenauer habe, so der Präsident, in jüngster Zeit Schlappen erlitten; er sei aber im Prinzip außerordentlich stark und er, der Präsident, sei ganz sicher, daß auch Adenauer standhaft bleibe.

[. . . = gelöscht]

Anschließend warf Herr Chiperfield die Frage nach den Aussichten für eine günstige Regelung im Verhandlungswege auf. Die Antwort des Präsidenten lautete, daß es nur wenig Aussichten gebe. ... Der Präsident setzte seine Ausführungen über die Ziele unserer langfristigen Politik fort, nämlich so lange „die Fahne zu halten", bis es den Sowjets gelungen sei, den Bildungsstand ihrer Bevölkerung zu optimieren. Dadurch würden sie nämlich selber den Nährboden zur Zerstörung des Kommunismus als einer Expansivmacht bereiten. Das sei ein langwieriger Prozeß.

In einem Versuch, die Berlin-Krise in einen allgemeineren Zusammenhang zu stellen, verwies der Präsident auf die Möglichkeit, daß das eigentliche Interesse der Kommunisten dem Nahen Osten gelte und die Krise als Ablenkungsmanöver inszeniert worden sei.

Herr Arends äußerte dann seine Befriedigung über die Mitteilung des Präsidenten, daß wir uns in einer Position der Stärke befänden. Er wies darauf hin, daß der Präsident ein Mann sein, der sich zum Thema mit der erforderlichen Autorität äußern könne, es jedoch in der Verantwortung der anwesenden Vertreter der Legislative liege, die Einstellung des Präsidenten zu unterstützen. Der Präsident äußerte seinen Unmut über die Vorstellung, daß wir uns nach neunjährigen gewaltigen Anstrengungen zum Ausbau unserer Verteidigungsmöglichkeiten als schwach bezeichnen könnten. An dieser Stelle stellte Senator Fulbright die Zwischenfrage, ob der Präsident mit dem Stand unserer Streitkräfte und unserer Planung zufrieden sei. Der Präsident antwortete mit einem qualifizierten „Ja". Unsere eigene Planung sei zufriedenstellend, es gebe jedoch Probleme, die zwangsläufig aus der Führungsrolle in einem Zusammenschluß freier Nationen entstünden.

[...]

Quelle: NAW, (freigegeben 1981).

D 36: Afrikapolitik 1958–1960

NSC-Richtlinie vom 26. August 1958

Geheim

[...]

Grundlinien unserer gegenwärtigen Politik

9. Unsere gegenwärtige Politik, die von Ort zu Ort, je nach der Größe des Gebiets und nach Unterschieden in der Bevölkerung und den Regierungsformen beträchtlich variieren muß, zielt darauf, eine geordnete Entwicklung des ganzen Gebiets, gegründet auf einem im gegenseitigen Interesse liegenden Ausgleich zwischen den Kräften des Nationalismus und den Kolonialmächten [metropolitan powers] zu fördern. Eine solche Politik unterliegt offensichtlich Beschränkungen, aber für die vorhersehbare Zukunft wird sie die einzige logische und richtige Strategie bleiben. Natürlich haben die Vereinigten Staaten ein sehr großes Interesse daran, wo immer möglich, die Entwicklung und Erhaltung möglichst enger, im gegenseitigen Interesse liegender politischer und wirt-

schaftlicher Beziehungen zwischen den sich entwickelnden Völkern Afrikas und den Völkern Westeuropas zu fördern.

10. Innerhalb dieser Richtlinien versuchen wir unseren Einfluß geltend zu machen durch

a) freundliche Aufnahme und Gewährung politischer Unterstützung an neue Staaten wie z. B. Ghana;

b) technische und wirtschaftliche Hilfe;

c) unmittelbare Zusammenarbeit mit den Kolonialmächten durch Gewährung von Krediten an sie für bestimmte Projekte in ihren afrikanischen Gebieten sowie Teilnahme an internationalen Konferenzen, einberufen von den in Frage kommenden Staaten, und informeller Austausch von Meinungen;

d) Einschaltung der Vereinten Nationen, besonders dort, wo Schutzgebiete und andere sich nicht selbst verwaltende Territorien betroffen sind;

e) Unterstützung und Förderung eines konstruktiven Nationalismus und von Reformbewegungen in Kolonialgebieten in Afrika, soweit zu erwarten ist, daß sie an Macht und Einfluß gewinnen, bei gleichzeitiger öffentlicher Anerkennung der von westeuropäischen Staaten getroffenen Maßnahmen in Richtung einer Selbstverwaltung. Eine derartige Unterstützung und Förderung kann durch öffentliche Erklärungen hochrangiger amerikanischer Beamter erfolgen, durch Besuche prominenter Amerikaner in diesen Gebieten, durch Austauschprogramme und durch allgemeines öffentliches und privates Interesse in den USA für das Streben der abhängigen Völker nach mehr Selbstverwaltung;

f) durch Eröffnung neuer Botschaften und Konsulate, Verstärkung des bereits existierenden diplomatischen Personals und durch Vermehrung von Programmen in den Bereichen: Führungskräfte, Bildungsaustausch, Information und Kultur.

11. Unsere künftige Politik muß sich von der Tatsache leiten lassen, daß auf lange Sicht die Orientierung von Afrika südlich der Sahara davon abhängen wird, wo die Führungspersönlichkeiten und die Völker ihre größten Interessen vermuten. Der Afrikaner ist in einem beträchtlichen Ausmaß noch unreif und unerfahren in seiner Einstellung zu den strittigen Punkten, die die Welt heute teilen. Der Afrikaner ist noch nicht festgelegt und er unterliegt einer Reihe von widersprüchlichen Einwirkungen. Dieser Druck wird in der Zukunft zunehmen. Der Afrikaner ist ein Ziel [target] sowohl für die Vertreter des Kommunismus, eines altmodischen Kolonialismus, eines fremdenfeindlichen Nationalismus und ägyptischer „Islampropaganda“, als auch für die Befürworter einer eng an den Westen gebundenen, geordneten Entwicklung der verschiedenen politischen Gebilde in den fraglichen Gebieten.

Die endgültige politische Orientierung der kommenden afrikanischen Staaten wird wahrscheinlich bestimmt werden von dem, was die Führungspersönlichkeiten und die Völker als dem eigenen Interesse am besten dienend ansehen, wobei der Maßstab vor allem „Unabhängigkeit“ und „Gleichheit“ mit dem weißen Mann sein wird. Unsere Politik muß demnach darauf ausgerichtet sein, den Afrikaner zu überzeugen, daß die USA ihm helfen wollen, seine wirtschaftlichen, politischen und kulturellen Ziele zu erreichen, ohne darauf zu bestehen, daß er sich im Ost-West-Machtkampf festlegt.

Hauptprobleme und Streitpunkte

Nationalismus versus Kolonialismus

12. Nationalismus versus Kolonialismus ist die große Streitfrage im heutigen Afrika. Demgegenüber werden im Augenblick alle anderen Punkte, egal wie wichtig, hintangestellt. Wenn wir dies nicht beachten, wird unsere Politik auf jeglichem Gebiet nur geringe oder gar keine Wirkung haben. Das Problem ist außerordentlich kompliziert, und es gibt keine fertigen Lösungen. Die Politik der Kolonialmächte ist unterschiedlich; sie liegt zwischen den portugiesischen und den britischen (in Westafrika) Extremen. Darüber hinaus unterscheiden sich die Völker, die jetzt unter kolonialer Herrschaft stehen, in Kultur, Geschichte, Rasse und Entwicklungsstand. Aber überall erhöht sich in immer größerem Maße der Wunsch und der Druck nach Selbständigkeit. Eine verfrühte Unabhängigkeit wäre unserem Interesse in Afrika genauso abträglich wie es eine Fortsetzung des Kolonialismus des 19. Jahrhunderts wäre, und wir müssen unsere Politik an die jeweiligen Möglichkeiten und Bedürfnisse der einzelnen Gebiete anpassen, sowie auch an die Gesamtheit unserer Beziehungen zu der jeweiligen Kolonialmacht. Es muß festgehalten werden, daß alle Kolonialmächte mit uns durch das NATO-Bündnis oder durch Abkommen über militärische Stützpunkte verbunden sind.

13. Richtlinien der Politik:

a) Den Grundsatz der Selbstbestimmung [self-government] durchgängig befürworten und zwar in einer Weise, daß eine geordnete Entwicklung zu diesem Ziel hin gesichert ist. Dabei muß allerdings deutlich gemacht werden, daß Selbständigkeit und Unabhängigkeit eine wichtige Verantwortung bedeuten, die die betreffenden Völker bereit und in der Lage sein müssen, zu übernehmen.

b) Diejenige Politik und entsprechende Maßnahmen der Kolonialmächte fördern, die die abhängigen Völker zu einer verantwortlichen Selbständigkeit oder Unabhängigkeit hinführen.

c) Soweit wie möglich verhindern, daß die Vereinigten Staaten mit einer Politik der Kolonialmächte identifiziert werden, die unbeweglich oder repressiv ist, und nach wirksamen Maßnahmen suchen, die die Kolonialmächte zu einer Aufgabe oder Änderung einer derartigen Politik veranlassen.

d) Soweit dienlich mit den Kolonialmächten in Entwicklungsprogrammen für ihre abhängigen Gebiete zusammenarbeiten und deutlich machen, daß wir nicht versuchen, den Platz der Kolonialmächte einzunehmen.

e) In allen dafür geeigneten Medien die koloniale Politik der Sowjetunion deutlich machen und besonders die Tatsache hervorheben, daß sich das sowjetische Kolonialreich weiter ausgebreitet hat zu einem Zeitpunkt als der westliche Kolonialismus zurückging.

Rassismus

14. Die Frage des Rassismus ist natürlich mit dem Kolonialismus eng verbunden, ist aber am brennendsten in der Südafrikanischen Union und – in geringem Ausmaß – in Zentral- und Ostafrika.

15. Der Einfluß der USA unterliegt Beschränkungen als Folge des außerordentlich verzerrten Bildes, das die Afrikaner von dem Rassenproblem in den USA erhalten haben.

16. Richtlinien der Politik:

a) Durch alle verfügbaren Medien den Fortschritt der USA selber in der Rassenfrage hervorheben.

b) Soweit durchführbar, eine liberale Vorgehensweise in den Gebieten fördern, in denen Extremismus zur Zeit an der Tagesordnung ist.

c) Bei passenden Gelegenheiten deutlich machen, daß eine starre Rassenpolitik unausweichlich zu gewalttätigen Auseinandersetzungen führt.

d) Versuchen, solche Überlegungen innerhalb der Vereinten Nationen zu beeinflussen, die auf einer konstruktiven Linie liegen. . . .

Quelle: NAW, NSC-Document 5818 (freigegeben 1981).

D 37 a–d: Kubapolitik 1959/60

Die folgenden drei Auszüge aus amtlichen Erklärungen Washingtons über die Beziehungen zu Kuba nach der Machtübernahme durch Fidel Castro wurden nicht zuletzt im Hinblick auf die wiederholte Zusicherung der US-Regierung ausgewählt, daß vom Territorium der USA aus keinerlei Aktionen gegen die neue Regierung in Havanna unternommen würden – schon gar nicht mit Unterstützung der USA. Der Leser kann den Wert solcher diplomatischen Erklärungen noch besser einordnen, wenn er die geheime Sprachregelung aus dem gleichen Zeitabschnitt, aber auch die inzwischen bekanntgewordenen Unterstützungsmaßnahmen der USA bei der technischen Vorbereitung und Durchführung des Landeunternehmens von Exilkubanern in der Schweinebucht 1961 vergleichend heranzieht.

D 37 a: Pressemitteilung des State Department vom 15. Januar 1959

[. . .]

Die Politik der Vereinigten Staaten hinsichtlich der kubanischen Revolution wurde konsequent nach dem Grundsatz der Nichteinmischung in die inneren Angelegenheiten Kubas verfolgt, und dem entsprach auch durchweg das Verhalten des Botschafters. So sehr die amerikanische Bevölkerung als ein freies Volk es begrüßt hätte, wenn die Kubaner in einem freien demokratischen System leben könnten, so ist die Regierung der Vereinigten Staaten in Übereinstimmung mit ihren Schwester-Republiken dennoch dem Prinzip der Nichteinmischung verpflichtet. . . . Ab dem Zeitpunkt, als klar wurde, daß in Kuba eine Revolution stattfindet, die von weiten Bevölkerungskreisen unterstützt wurde, bewiesen die Vereinigten Staaten ihre Entschlossenheit, jegliche Form der Einmischung in die inneren Angelegenheiten Kubas zu vermeiden, indem sie sämtliche Waffenverkäufe und -lieferungen an die Regierung Batista aussetzten.

[. . .]

Die Militärmissionen der Vereinigten Staaten in Kuba wurden entsprechend den mit der Regierung Prio vereinbarten Abkommen 1950 und 1951 eingerichtet. . . .

Die Vereinigten Staaten unterhalten in 19 der übrigen lateinamerikanischen Länder ähnliche Missionen. ... Die Missionen selber hatten keinerlei Kontakt zu irgendeiner gegen die Revolutionäre gerichteten Militäraktion. Zu diesem Zweck wurde von ihnen kein Personal ausgebildet. In dem Operationsgebiet befanden sich niemals Angehörige der Missionen. Aufgrund dessen entbehren die Anschuldigungen, die Vereinigten Staaten hätten für Batistas gegen die Rebellen gerichtete Aktionen Waffen geliefert bzw. die Missionen hätten diese Aktionen unterstützt, jeglicher Grundlage.

Quelle: DOSB, 2. 2. 1959, S. 162 f.

D 37 b: Pressemitteilung des State Department vom 27. Oktober 1959

[. . .]

[US-]Botschafter Bonsal teilte dem Präsidenten [von Kuba, in Havanna] mit, die Regierung und Bevölkerung der Vereinigten Staaten hegten den ernsthaften Wunsch, daß die Beziehungen zwischen den USA und Kuba auch weiterhin auf Freundschaft, gegenseitiger Achtung und beiderseitigen Interessen basieren sollten, die die Schicksale beider Nationen in der Gemeinschaft der freien Länder bisher verbunden hätten. Er wies darauf hin, daß die Regierung der Vereinigten Staaten und ihre Vertreter Stellungnahmen und Aktionen, insbesondere unbedachte, sorgfältig vermieden hätten, die der beiderseitigen Achtung und dem gegenseitigen Vertrauen abträglich wären, das zur Aufrechterhaltung geregelter und fruchtbarer Beziehungen zwischen Kuba und den Vereinigten Staaten unabdingbar sei.

[. . .]

1. Die Vereinigten Staaten haben bisher und werden auch in Zukunft eine Politik der Nichteinmischung in die inneren Angelegenheiten Kubas verfolgen und soweit es in ihren Möglichkeiten liegt, die Einhaltung des Neutralitätsgesetzes, der Zollgesetze und anderer Rechtsakte erzwingen, die bestimmte gegen ausländische Regierungen gerichtete Aktivitäten von in den Vereinigten Staaten lebenden Personen, einschließlich kubanischer Bürger, die in Florida oder anderen Teilen der USA Zuflucht gesucht haben, verbieten. Mit diesem Vorgehen erfüllt meine Regierung auch ihre Verpflichtung im Rahmen ihrer Mitgliedschaft in der OAS.

Die Untersuchungs- und Strafverfolgungsbehörden der US-Regierung haben alle verfügbaren Informationen über mögliche Verletzungen der geltenden Gesetze eingehend untersucht und alle jene Fälle vor Gericht gebracht, bei denen hinreichend Beweise vorlagen. Angesichts der derzeitigen Information, das kubanische oppositionelle Elemente das Territorium der Vereinigten Staaten benutzt haben könnten, um in Mißachtung der Gesetze der Vereinigten Staaten ihren Aktivitäten nachzugehen, wurden diese Untersuchungs- und Strafverfolgungsbemühungen noch intensiviert.

[. . .]

Die Vereinigten Staaten hatten die berechtigte Hoffnung, daß mit der Machtübernahme der gegenwärtigen kubanischen Regierung in der Karibik wieder Ruhe und Ordnung einkehren würden und daß alle Völker dieser Region Fortschritte erzielen würden bei der Verwirklichung ihres Wunsches nach Errichtung demokratischer Institutionen, einer prosperierenden Wirtschaft und eines höheren Lebensstandards. Solche Hoffnungen sind aber zuschanden geworden. Bewaffnete Unternehmungen wurden gegen verschiedene Länder organisiert und gestartet, ein Rüstungswettlauf schien unmittelbar bevorzustehen und bürgerkriegsähnliche Zustände und Terrorismus dauerten an. Unter diesen Umständen war es den Vereinigten Staaten nicht möglich, zu ihrer gewohnten Politik der Genehmigung von Rüstungsexporten unter der Zusicherung, daß die Rüstungsgüter ausschließlich für legitime Verteidigungszwecke eingesetzt werden, zurückzukehren; . . .

5. Ferner wurde behauptet, daß die Presse- und Rundfunkstationen der Vereinigten Staaten absichtlich eine Kampagne gestartet hätten, um die kubanische Regierung in einem falschen Licht darzustellen und diese zu diskreditieren. Diese Anschuldigung wird von der Regierung und Bevölkerung der Vereinigten Staaten, die auf die Unabhängigkeit und Objektivität der Presse als einer der Grundfreiheiten, die zur Sicherung der repräsentativen Demokratie in den Vereinigten Staaten beitragen, sehr stolz sind und auf sie größten Wert legen, mit allem Nachdruck zurückgewiesen. . . .

6. Über die Haltung der Regierung der Vereinigten Staaten hinsichtlich des Programms der kubanischen Regierung zur Wirtschafts- und Sozialreform wurden ebenfalls Fragen laut. . . . Es steht aber der US-Regierung nicht zu, sich hinter spezifische Maßnahmen zu stellen, die die kubanische Regierung zur Erreichung solcher Ziele ergriffen hat oder aber sich zu deren Wirksamkeit zu äußern, es sei denn, daß diese Rechte von US-Bürgern und Firmen berühren, wie sie nach geltendem Völkerrecht begründet wurden. . . .

7. Die Einstellung der Regierung und Bevölkerung der Vereinigten Staaten zur Frage des internationalen Kommunismus ist hinreichend bekannt.

[. . .]

Es hieße, die Dinge völlig auf den Kopf stellen, wenn insinuiert werden würde, daß die Vereinigten Staaten demokratischen Idealen und Maßnahmen entgegenarbeiteten, die dem sozialen und wirtschaftlichen Fortschritt dienen, nur weil die Kommunisten sie zur Verschleierung ihrer eigentlichen antidemokratischen Absichten als Slogans im Munde führen. . . .

Quelle: DOSB, 16. 11. 1959, S. 715 ff.

D 37 c: Pressemitteilung des Weißen Hauses vom 26. Januar 1960

Außenminister Herter und ich haben das Problem der Beziehungen zwischen den Regierungen der Vereinigten Staaten und Kuba sorgfältig überdacht. . . .

[. . .]

Die Regierung der Vereinigten Staaten hält sich strikt an die Politik der Nicht-Einmischung in die inneren Angelegenheiten anderer Staaten, einschließlich Kubas. Diese Politik ist Teil unserer vertraglichen Verpflichtungen als Mitglied der Organisation Amerikanischer Staaten.

Zum zweiten hat sich die Regierung der Vereinigten Staaten beständig bemüht, in Gebieten, die ihrer Verwaltung unterstehen, gegen andere Regierungen gerichtete illegale Handlungen zu verhindern. Die Polizei [law enforcement agencies] der Vereinigten Staaten ist ständig erfolgreicher geworden bei der Verhinderung solcher Handlungen. In dieser Hinsicht sieht die Vergangenheit [record] der Vereinigten Staaten sehr viel besser aus als diejenige Kubas, von dessen Territorium während des letzten Jahres eine Reihe von gegen andere Länder gerichtete Invasionen ausging, wobei es in mehreren Fällen zu ernsten Verlusten an Menschenleben und zu Sachschäden auf den Territorien dieser anderen Länder kam. Die Behörden der Vereinigten Staaten werden weiterhin die Gesetze der Vereinigten Staaten durchsetzen, einschließlich derer, die sich aus Verpflichtungen in inneramerikanischen Verträgen ergeben, und sie hoffen, daß andere Staaten ebenso handeln. Unsere Regierung hat mehrfach deutlich gemacht, daß sie für jede Information von der kubanischen Regierung oder von anderen Regierungen dankbar ist, die sich auf Zwischenfälle im Hoheitgebiet der USA beziehen, oder auch für Hinweise, die in diesem Zusammenhang für unsere Polizei nützlich wären.

Zum dritten sieht die Regierung der Vereinigten Staaten mit zunehmender Beunruhigung die Tendenz von Sprechern der kubanischen Regierung, einschließlich von Premierminister Castro, die Vorstellung von gegen die kubanische Regierung gerichteten aggressiven Handlungen und Untergrundaktivität zu erwecken, die offiziellen Vertretern oder Behörden der Vereinigten Staaten zugeschrieben werden. Die Förderung unbegründeter Vorstellungen dieser Art kann wohl kaum die im wahren Interesse beider Völker liegende Entwicklung von Beziehungen der Verständigung und des Vertrauens zwischen ihren Regierungen erleichtern. Die Regierung der Vereinigten Staaten bedauert, daß ihre im letzten Jahr unternommenen ersten Anstrengungen, die Grundlage für eine solche Verständigung und ein solches Vertrauen zu schaffen, nicht erwidert wurden.

[. . .]

Quelle: DOSB, 15. 2. 1960, S. 237 f.

D 37 d: Memorandum von Außenminister Herter an den Präsidenten vom 5. November 1959

Geheim

Betr.: Die gegenwärtige grundlegende Politik der USA gegenüber Kuba

(Mit Anlage: Statement mit der Bitte um Zustimmung, „als Richtlinie für die Ministerien und andere Exekutivbehörden, die mit der Durchführung unserer Politik in Kuba befaßt sind ebenso für den amerikanischen Botschafter in Havanna“)

[. . .]

1. Alle unsere Aktionen und die gesamte Politik der USA-Regierung sollten so angelegt sein, daß innerhalb Kubas und anderswo in Lateinamerika die Opposition gegen den äußerst extremen antiamerikanischen Kurs des Castro-Regimes unterstützt wird, daß aber

2. bei der Verwirklichung dieser Zielsetzung die USA den Eindruck von direktem Druck oder einer direkten Intervention gegen Castro vermeiden sollten, außer in den Fällen, wo es sich um eine Verteidigung legitimer US-Interessen handelt.

Das Außenministerium basiert diese Politikempfehlung auf Schlüsse, zu denen es . . . in den letzten 10 Monaten . . . gekommen ist:

a) daß es keine vernünftigen Gründe gibt, die dafür sprechen würden, unsere Politik auf die Hoffnung zu gründen, daß Castro freiwillig eine Politik betreiben und eine Haltung einnehmen wird, die in Einklang zu bringen ist mit einem Minimum von Sicherheitserfordernissen der USA und ihrer politischen Interessen;

b) daß das Weiterbestehen des Castro-Regimes auf unabsehbare Zeit in Kuba in seiner gegenwärtigen Form sehr ernste negative Auswirkungen auf die Position der USA in Lateinamerika, gleichzeitig aber Vorteile für den internationalen Kommunismus nach sich ziehen würde; und

c) daß das Castro-Regime nur dadurch gestoppt oder ersetzt werden kann [checked or replaced], daß innerhalb Kubas eine kohärente Opposition von solchen Elementen aufgebaut wird, die eine bestimmte Linie der Politik und wirtschaftlichen Fortschritt innerhalb eines Rahmens guter Beziehungen zwischen den USA und Kuba anstreben. . . . Das Außenministerium hat . . . das Castro-Regime in den letzten 10 Monaten einer Serie von Tests unterzogen und dabei gleichzeitig eine erhebliche Zurückhaltung im Angesicht von Provokationen an den Tag gelegt und schließlich Castro jede Gelegenheit gegeben, die kubanisch-US-amerikanischen Beziehungen auf eine annehmbare Grundlage zu stellen. Statt dessen hat er sich aber tatsächlich bei wichtigen Anlässen für einen Kurs entschieden, der als feindlich gegenüber den USA und ihren Interessen bezeichnet werden muß. Ganz besonders stellen sein absichtliches Schüren von antiamerikanischen Gefühlen in Kuba und seine Versuche, dieses Ziel auch in anderen lateinamerikanischen Staaten zu erreichen, ohne allen Zweifel die Grundlage für seine Politik und die Orientierung seiner Regierung dar. Er ist abgeschwenkt auf einen „neutralistischen" antiamerikanischen Kurs der kubanischen Außenpolitik, der, wenn er von anderen lateinamerikanischen Staaten nachgeahmt würde, ernste negative Auswirkungen auf das Ausmaß der Unterstützung unserer Führungsrolle durch die freie Welt haben würde, ganz besonders innerhalb der Vereinten Nationen im Hinblick auf solche Streitfragen wie das Problem der chinesischen Vertretung [im Sicherheitsrat der UN durch Taiwan oder Peking]. Tatsächlich hat Castro revolutionäre Bewegungen in der Karibik unterstützt, die darauf abzielen, Regierungen an die Macht zu bringen, welche entweder auf der Linie seiner eigenen Regierung liegen oder ihr gegenüber Sympathien aufweisen. Hinzukommen interventionistische Aktivitäten, die das interamerikanische System untergraben sollen. Er hat die Infiltration von Kommunisten und ihren Sympathisanten in wichtige Stellungen im Regierungsapparat, den bewaffneten Streitkräften und der organisierten Gewerkschaftsbewegung toleriert und begünstigt. Gleichzeitig hat der internationale kommunistische Apparat – und dies geht zurück auf ein Treffen lateinamerikanischer kommunistischer Führer in Moskau im letzten Januar – klargestellt, daß er in der Ausbreitung eines Castroismus die beste Chance sieht, seine unmittelbaren Ziele zu erreichen. Auf der wirtschaftlichen Seite . . . tendiert er [Castro] in zunehmendem Maße hin zu einer Staatskontrolle des Wirtschaftslebens in Kuba. Nicht nur unsere Geschäftsinteressen sind in Kuba [dadurch] sehr ernstlich beeinträchtigt worden; vielmehr müßten die Vereinigten Staaten ihre Hoffnung auf eine Förderung und Unterstützung gesunder wirtschaftlicher Politiken in anderen lateinamerikanischen Staaten sowie die Förderung nötiger privater Investitionen in

Lateinamerika aufgeben, wenn wir gleichzeitig tatsächlich oder scheinbar eine kooperative Haltung gegenüber Programmen des Castro-Regimes an den Tag legen.

Angesichts der besonderen Sensibilität Lateinamerikas gegenüber „US-Interventionen“ schlage ich vor, daß die Existenz und die Substanz dieser Richtlinie für eine derzeitige [current] Politik nur einem sehr beschränkten Kreis zugänglich gemacht wird, der dies „unbedingt wissen muß“.

gez. Christian Herter

Quelle: NAW und Eisenhower Library, White House Office, Off. of Staff Sec., Records 1952–61 (freigegeben 1981).

D 38: Nationale Sicherheitspolitik 1959

Streng geheim

Präambel

1. Die geistige, moralische und materielle Haltung der Vereinigten Staaten beruht auf althergebrachten Prinzipien, die durch die gesamte Geschichte der Republik hindurch bestätigt und verteidigt wurden.

Der Geist [genius], die Kraft und die Verheißung Amerikas beruhen auf dem festen Glauben seines Volkes und seiner Regierung an die Würde, die Gleichheit und die Freiheit des Menschen unter Gott. Diese Auffassungen und unsere Institutionen, die diese Gedanken aufrechterhalten und gesetzlich schützen, sind das Bollwerk unserer freien Gesellschaft und die Grundlagen der unserer Nation entgegengebrachten Achtung und der Anerkennung der Führungsrolle unserer Nation durch die Völker der Welt.

Unser ständiges Ziel in unserm Lande ist, die bürgerlichen Freiheiten zu bewahren, die Chancen des einzelnen zu erweitern und das Leben unserer Bürger zu bereichern. Unser Ziel im Ausland muß es sein, in Abstimmung mit anderen Nationen sich unaufhörlich für Frieden, Sicherheit und Gerechtigkeit einzusetzen und unserer Nation die Stellung des Vorreiters im Durchbruch zu neuen Höhen menschlicher Leistung und Wohlergehens zu sichern.

Diese Prinzipien und grundsätzlichen Werte müssen fortwährend unsere Politik und unsere Handlungsweise im In- und Ausland bestimmen und leiten. Wenn sie in Frage gestellt werden, dann muß unsere Antwort entschieden und unseres Erbes würdig sein. Von dieser Voraussetzung muß unser nationales Wollen und die Politik, in der es zum Ausdruck kommt, ausgehen. Die fortwährende volle Wahrnehmung unserer einzelnen und gemeinsamen Verantwortung ist erforderlich, um das Grundziel unserer nationalen Sicherheitspolitik zu erreichen.

Abschnitt A

Umriß der nationalen Strategie der Vereinigten Staaten

2. Das Grundziel der nationalen Sicherheitspolitik der Vereinigten Staaten ist es, die Sicherheit der Vereinigten Staaten und ihrer Grundwerte und Institutionen zu erhalten und zu fördern.

3. Die grundsätzliche Bedrohung der Sicherheit der Vereinigten Staaten ist die feste Absicht und die Fähigkeit der feindlichen sowjetischen und chinesischen kommunistischen Regime, ihren politischen und ideologischen Einfluß sowie ihre rasch wachsende militärische und wirtschaftliche Macht einzusetzen, um das Kräfteverhältnis zuungunsten des Westens zu verschieben und um, letztendlich, die Weltherrschaft zu erringen.

Die Hauptprobleme dieser Bedrohung liegen in

a) der Tatsache, daß die Sowjets über eine rasch wachsende nukleare Kampfkraft verfügen (diese hat es den Sowjetführern ermöglicht, sich eine aggressive Verhaltensweise in entlegenen Gegenden zu eigen zu machen), sowie auch über große konventionelle Streitkräfte;

b) der Fähigkeit und Bereitschaft des Sowjetregimes, sich mit verschiedenen Formen politischer und sozialer Unzufriedenheit und mit der verbreiteten Opposition zu den gegebenen Verhältnissen zu identifizieren; innerhalb freier Gesellschaften subversive Elemente zu unterstützen, einschließlich legaler politischer Parteien; beachtliche Mittel zu verwenden für den Zweck, verschiedene Schwächen und Instabilitäten in allen Teilen der Freien Welt zu stärken und auszunutzen; und insbesondere in den neutralistischen und weniger entwickelten Gesellschaften die auf wirtschaftlichen und sozialen Wandel drängenden Kräfte für ihre Zwecke zu benutzen;

c) dem Ausmaß, in dem die totalitäre kommunistische Führung bereit ist, rasch und rücksichtslos zu handeln und Vereinbarungen zu brechen, ohne von moralischen Bedenken gehindert zu sein.

Die erste Gefahr für die Sicherheit der Vereinigten Staaten liegt in jedweder Vernachlässigung der Notwendigkeit, ein angemessenes Abschreckungspotential zu erhalten. Jedoch liegt die Gefährdung der Sicherheit der Vereinigten Staaten durch die kommunistische Bedrohung nicht nur in einem allgemeinen Krieg oder in einer örtlichen Aggression, sondern in der Möglichkeit einer künftigen Verschiebung im Ost-West-Kräfteverhältnis. Solch eine Verschiebung könnte verursacht werden durch eine allmähliche Aufweichung der westlichen Position durch Maßnahmen unterhalb der Schwelle einer Gewaltanwendung, und auf lange Sicht durch ein fortgesetztes Wachstum der kommunistischen Macht insgesamt mit einer deutlich größeren Wachstumsrate als der des Westens. Die Fähigkeit der Vereinigten Staaten, mit der kommunistischen Bedrohung fertig zu werden, wird erschwert durch:

a) ein unzureichendes Bewußtsein in der Freien Welt über Wesen, Ausmaß und eine wahrscheinlich langfristige Dauer der Krise;

b) eine bestehende und wachsende Unsicherheit in der Frage, ob die massiven nuklearen Streitkräfte der Vereinigten Staaten eingesetzt würden, um die Interessen der Freien Welt zu verteidigen und

c) die Möglichkeit ernster Unterschiede in Anschauungen und Politik von Staaten der Freien Welt, einschließlich den Einsatz von Kernwaffen betreffender Fragen.

4. Das Auslösen eines Präventivkrieges durch die Vereinigten Staaten mit dem Ziel, die sowjetische und chinesische kommunistische Militärmacht zu verringern, ist ein sowohl für die Vereinigten Staaten wie auch für ihre wichtigsten Verbündeten nicht annehmbarer Weg. Deshalb muß die Politik der Vereinigten Staaten darauf ausgerichtet sein:

a) die Bedrohung durch die sowjetische oder chinesische kommunistische Militärmacht durch andere Maßnahmen zu verringern (wie z. B. ein überwachtes Abkommen zur Rüstungskontrolle mit der UdSSR) und

b) in einer Zeit eines relativen nuklearen Gleichgewichts und sich verstärkender chinesisch-sowjetischer politischer und wirtschaftlicher Aggressivität mehr Gewicht auf nicht-militärische Maßnahmen zu legen.

5. Die Hauptaufgabe der Vereinigten Staaten ist es – bei gleichzeitiger Erhaltung der Grundwerte und Institutionen Amerikas –, die grundsätzliche Bedrohung zu verringern durch Mobilisierung und durch wirksamen Einsatz der geistigen und materiellen Mittel der Vereinigten Staaten und der Freien Welt über einen langen Zeitraum und in einem angemessenen und nicht zu verringernden Umfang, um dadurch

a) eine angemessene militärische Stärke zu erhalten, um abzuschrecken oder um erfolgreich Krieg zu führen und um als eine Nation zu überleben, die in der Lage ist, ihr eigenes Schicksal zu bestimmen und auch die Bereitschaft ihrer Bürger, hierzu beizutragen, zu gewinnen;

b) gesundes und kräftiges heimisches wirtschaftliches Wachstum und wirtschaftlichen Fortschritt zu fördern;

c) die Integrität und die Einheit in der Freien Welt zu stärken;

d) Erfolg zu haben in dem übergreifenden Wettstreit mit der UdSSR um die Führungsrolle in der Welt und

e) ständig mit diplomatischen Bemühungen zu versuchen, die Ursachen von Spannungen in der Welt durch Verhandlungen zu beseitigen.

6. Die Politik der Vereinigten Staaten, für die die volle Unterstützung des amerikanischen Volkes gewonnen werden muß, und für die Mittel der Vereinigten Staaten und der übrigen Freien Welt wirksam eingesetzt werden müssen, um die in § 5 beschriebene Aufgabe zu erfüllen, sollte auf folgende Ziele ausgerichtet sein:

a) die Wünsche und Anstrengungen der Nationen der Freien Welt zu unterstützen, die darauf gerichtet sind, ein gesundes Wirtschaftswachstum und eine annehmbare politische Entwicklung in der Freien Welt zu erreichen. Dies ist einerseits ein Mittel, um angesichts der kommunistischen Bedrohung die Initiative zu ergreifen, andererseits soll dadurch auch ein internationales Klima geschaffen werden, in dem die Werte und die Institutionen der Freiheit erhalten werden können;

b) annehmbare Änderungen in Wesen und Politik der Regime des chinesisch-sowjetischen Blocks zu beschleunigen;

c) das Ausbrechen eines Weltkrieges zu verhindern, ohne deswegen wichtige Sicherheitsinteressen der Vereinigten Staaten zu opfern; oder, falls es zu einem allgemeinen

Kriege kommt, die Oberhand zu behalten und weiterzuleben als eine Nation, die in der Lage ist, ihr eigenes Schicksal zu bestimmen;

d) begrenzten militärischen Aggressionen der Kommunisten durch Abschreckung zu begegnen, oder, falls notwendig, solche Aggressionen niederzuwerfen in einer Weise und mit einem Einsatz, daß es nicht zu einer Ausweitung von Feindseligkeiten in einen allgemeinen Krieg kommt;

e) kommunistische Staaten daran zu hindern, unabhängige Nationen unter ihre politische Kontrolle zu bringen durch subversive Maßnahmen oder andere noch nicht kriegerische Mittel;

f) die kommunistische Organisationsstruktur in der Freien Welt zu zerstören oder zu neutralisieren;

g) sich um überwachte Abkommen zur Rüstungskontrolle zu bemühen als ein Mittel, um die Bedrohung durch die chinesisch-sowjetische Militärmacht zu verringern. . . .

8. Die Vereinigten Staaten müssen die Tatsache voll berücksichtigen, daß die psychologischen Auswirkungen unserer Politik im Ausland – und das gilt sowohl für die Innen- als auch für die Außenpolitik – eine zentrale Rolle in der Gesamtförderung der Ziele der US-Politik spielen. Deswegen ist es wesentlich, daß zusammen mit den entscheidenden militärischen, politischen und wirtschaftlichen Überlegungen bei der Festlegung der Politik auch dem psychologischen Faktor das ihm zukommende Gewicht gegeben wird. . . .

[. . .]

B. Beeinflussung des kommunistischen Blocks

46 a. Zusätzlich zu den politischen, militärischen und wirtschaftlichen Programmen und Maßnahmen, die eine weitere Ausweitung des kommunistischen Einflusses verhindern und die relative Position der Freien Welt beständig verbessern sollen, sollten die Vereinigten Staaten, wenn dies zweckmäßig ist, in Zusammenarbeit mit anderen Nationen der Freien Welt, den kommunistischen Block zu beeinflussen suchen dadurch, daß:

1. sie den Völkern der kommunistischen Nationen wie auch denen der übrigen Welt eine klare Vorstellung von den wahren Zielen der Vereinigten Staaten und der Freien Welt vermitteln – insbesondere die unnachgiebige Entschlossenheit der Vereinigten Staaten, aggressiven Handlungen des chinesisch-sowjetischen Blocks Widerstand entgegenzusetzen und die Freiheit zu erhalten, und auch in anderer Weise die verzerrte kommunistische Sicht der Welt korrigieren;
2. den Völkern der kommunistischen Staaten wie auch denen der übrigen Welt deutlich gemacht wird, daß die Freie Welt dem chinesisch-sowjetischen Block entgegentritt wegen des kommunistischen Imperialismus, wegen des ständigen Einsatzes von Gewalt und subversiven Maßnahmen und wegen seiner Verweigerung menschlicher Freiheit und Würde für Völker, die unter seine Vorherrschaft gekommen sind;

3. sie die kommunistischen Führer und ihre Völker überzeugen, daß es Alternativen zu der gegenwärtigen Politik ihrer Regime gibt, die für die Vereinigten Staaten annehmbar wären und die sie selbst als mit ihren eigenen Sicherheitsinteressen vereinbar ansehen sollten;

4. kommunistische Regime bei Maßnahmen zu bestärken, die eine Abkehr von einer für uns eher annehmbaren Politik schwieriger machen.

b) Jede geeignete Gelegenheit, um den § a zu verwirklichen, sollte genutzt werden. Maßnahmen dazu sind die Ausweitung von Austauschbeziehungen und Kontakten zwischen der Freien Welt und dem sowjetischen Block, eine zweckmäßige Liberalisierung der Beschränkungen des friedlichen Handels, Ausnutzung der Schwächen des chinesisch-sowjetischen Blocks; die Verhandlungen selbst sowie ein angemessener Einsatz der Informationsmedien und eine friedliche Zusammenarbeit mit der UdSSR in Bereichen, die für die Sicherheit der Vereinigten Staaten unschädlich sind. Die Vereinigten Staaten und die Freie Welt sollten diese Maßnahmen so durchführen, daß der Wille der Freien Welt, dem Kommunismus zu widerstehen, nicht beeinträchtigt wird. Sie sollten dabei, wo immer möglich, die Initiative ergreifen vor allem auch mit der Absicht, einen günstigen Eindruck auf die Freie Welt einschließlich der blockfreien Völker zu machen. . . .

[. . .]

52. Anstrengungen, um überwachte Maßnahmen der Rüstungskontrolle zu entwickeln, sollten mit besonderer Dringlichkeit fortgesetzt werden. Abkommen in diesem Bereich sollten angestrebt werden und zwar als Versuch, dadurch das Kriegsrisiko zu verringern, das aus der vergrößerten Möglichkeit eines Überraschungsschlages und aus dem Wachstum und der Verbreitung der Abschußmöglichkeiten nuklearer und strategischer Waffen folgt. Es sollte deswegen ein wichtiges Ziel der Vereinigten Staaten sein, in ihrem eigenen Interesse und als ein wesentlicher Teil ihrer nationalen Politik, sich aktiv zu bemühen um ein umfassendes, in Phasen durchzuführendes und überwachtes internationales System der Inspektion gegen Überraschungsangriffe und für die Regelung und Verringerung konventioneller und nuklearer Streitkräfte und Waffensysteme; sich intensiv zu bemühen um die Lösung anderer größerer internationaler Streitfragen, weil ein umfassendes Rüstungskontrollabkommen abhängen wird von der Lösung einiger dieser Streitfragen; und inzwischen beständig fortzufahren, die Stärke der Vereinigten Staaten und des Bündnisses der Freien Welt, das für die Sicherheit der Vereinigten Staaten erforderlich ist, weiter zu entwickeln. In einem ersten Schritt zur Entwicklung dieses internationalen Sicherheitssystems sollten die Vereinigten Staaten ein baldiges Abkommen über die Durchführung von Maßnahmen, die auf eine Verringerung des allgemeinen Kriegsrisikos zielen, vorrangig anstreben. . . .

Quelle: NAW, NSC-Dokument 5906/1 vom 5. 8. 1959, NSCF.

D 39 a–c: Präsident Eisenhower zu Problemen der Rüstungspolitik 1959–1961

D 39 a: Protokoll einer Sitzung bei Präsident Eisenhower am 20. Januar 1959

Das Gesprächsthema betraf Fragen der Atomenergiepolitik der USA. Teilnehmer war unter anderen der Chef der US-Atomenergiebehörde.

[. . .]

Der Präsident stellte den Denkansatz des Verteidigungsministeriums in Frage und meinte, daß man dort versuche, sich in eine unglaubliche [oder auch: unglaubwürdige, incredible] Position zu manövrieren, bei der man über so viel [Potential] verfüge, daß man damit jedes denkbare Ziel in der ganzen Welt [every conceivable target all over the world] zerstören könne und dann immer noch über eine dreifache Reserve [plus a threefold reserve] verfüge. Das Grundmuster der [feindlichen] Zielfestlegungen sei phantastisch. . . .

Quelle: NAW und Eisenhower Library, Papers as President of the United States, DDE Diaries, Box 24.

D 39 b: Protokoll einer Sitzung bei Präsident Eisenhower am 8. Dezember 1960

Das Gesprächsthema betraf den Verteidigungshaushalt 1961. Teilnehmer waren unter anderen führende Militärs.

[. . .]

Der Präsident meinte, daß „wir uns in einer gar nicht auszudenkenden [unthinkable] Weise daran gewöhnt hätten, dauernd unsere Waffensysteme zu verändern“. Seiner Ansicht nach sollte man z. B. Pläne für ein „Raketensystem, das auf Flugzeugträgern stationiert sei, für den Ernstfall . . . abschreiben“. Ausgaben hierfür seien daher nicht gerechtfertigt. Er wolle, daß die anstehenden Planungen [auf verschiedenen Gebieten] nochmals auf ihre wirkliche „Berechtigung“ hin überprüft würden. Unser „Problem sei es, die Wirtschaft [economy] in den nächsten zehn Jahren im Lot zu halten. Wir müßten uns ständig die Frage vorlegen, ob wir alles beschnitten, was beschnitten werden könne [cut out] . . . Er sei sich selber völlig sicher, daß wir im gegenwärtigen Kampf einzig und allein durch unsere Abschreckung gewinnen können . . . kleine Kriege schieden nach seiner Ansicht aus. Immer mehr reduziere sich das ganze Problem auf den großen Krieg [big war] und die Abschreckung. . . .

Quelle: wie D 39 a.

D 39 c: Aus der Abschiedsbotschaft des Präsidenten Eisenhower an das amerikanische Volk am 17. Januar 1961

Meine amerikanischen Mitbürger! In drei Tagen werde ich nach einem halben Jahrhundert der Arbeit im Dienste unseres Landes die Verantwortung meines Amtes niederlegen, während in traditioneller, feierlicher Zeremonie die Autorität der Präsidentschaft auf meinen Nachfolger übergeht. Am heutigen Abend richte ich an Sie eine Abschiedsbotschaft, in der ich Ihnen, meine Landsleute, Lebewohl sagen und einige abschließende Gedanken mitteilen möchte.

[. . .]

Wir haben jetzt die Mitte eines Jahrhunderts um ein Jahrzehnt überschritten, das vier schwere Kriege zwischen großen Nationen erlebt hat. Dreimal war unser eigenes Land daran beteiligt. Trotz dieser Blutopfer sind die Vereinigten Staaten von Amerika heute das stärkste, einflußreichste und produktivste Land der Welt. Bei allem begreiflichen Stolz auf diese Vorrangstellung ist uns gleichwohl bewußt, daß die Führungsrolle und das Ansehen Amerikas nicht nur von unserem materiellen Fortschritt, unserem Reichtum und unserer militärischen Macht abhängen, die ihresgleichen suchen, sondern auch davon, wie wir unsere Macht im Interesse des Weltfriedens und der Verbesserung des menschlichen Lebens einsetzen.

[. . .]

Ein lebenswichtiges Element in der Erhaltung des Friedens sind unsere militärischen Einrichtungen. Unsere Waffen müssen schlagkräftig und zu sofortigem Einsatz bereit sein, so daß kein potentieller Aggressor dazu verleitet werden kann, seine eigene Vernichtung zu riskieren. Unsere heutige militärische Organisation hat nur wenig Ähnlichkeiten mit jener, die meine Amtsvorgänger in Friedenszeiten oder selbst die Soldaten des Zweiten Weltkrieges oder des Koreakrieges kannten.

Noch bis in die Zeit unserer jüngsten Weltkonflikte besaßen die Vereinigten Staaten keine Rüstungsindustrie. Hersteller von Pflugscharen in Amerika konnten gegebenenfalls so, wie es erforderlich war, auch Schwerter anfertigen. Gegenwärtig können wir in der nationalen Verteidigung keine aus einem Notfall geborenen Improvisationen mehr riskieren; wir sind gezwungen worden, eine bleibende Rüstungsindustrie großen Ausmaßes zu schaffen. Darüber hinaus sind dreieinhalb Millionen Männer und Frauen unmittelbar in den Verteidigungseinrichtungen tätig. Für unsere militärische Sicherheit geben wir jährlich einen höheren Betrag aus, als dem Reingewinn aller Wirtschaftsunternehmen der Vereinigten Staaten entspricht. Diese Verbindung riesiger militärischer Einrichtungen mit einer großen Rüstungsindustrie ist eine neue Erfahrung für Amerika. Die Gesamtheit ihres Einflusses – wirtschaftlicher, politischer und selbst geistiger Art – ist in jeder Stadt, jedem Staatsparlament, jedem Amt der Bundesregierung spürbar. Wir erkennen die zwingende Notwendigkeit dieser Entwicklung an. Dennoch dürfen wir es nicht versäumen, die ernsten Folgerungen, die sich ergeben, zu begreifen. Unser Schaffen, unsere Hilfsquellen und unser ganzes Leben sind mit betroffen ebenso wie die Struktur unserer Gesellschaft selbst.

Unsere Regierungsstellen müssen vor jedem übermäßigen gewollten oder unbeabsichtigten Einfluß von seiten der Militärs und der Industrie auf der Hut sein. Die Voraussetzungen für ein katastrophales Anwachsen falschverteilter Macht existieren und werden weiterhin vorhanden sein. Wir dürfen unsere demokratischen Freiheiten durch eine derartige Gewichtsverlagerung nicht in Gefahr bringen. Auch sollten wir nichts als selbstverständlich erachten. Nur eine wachsame und aufgeklärte Bürgerschaft kann die richtige Verknüpfung einer riesigen industriellen und militärischen Verteidigungsmaschinerie mit unseren friedlichen Methoden und Zielen erzwingen, auf das Sicherheit und Freiheit zusammen gedeihen können.

[. . .]

Eine Abrüstung in gegenseitiger Achtung und in gegenseitigem Vertrauen ist eine ständige unabdingbare Forderung. Wir müssen gemeinsam lernen, wie man Differenzen beilegt – nicht mit Waffen, sondern mit dem Intellekt und in ehrlicher Absicht.

Quelle: Keesing, 1961, S. 8867.

IV.

1961–1970
Von der Konfrontation zur Koexistenz

Einführung

Mit dem Sieg John F. Kennedys in den Präsidentschaftswahlen vom 8. November 1960 begann eine neue Phase der amerikanisch-sowjetischen Beziehungen. Sie hatten mit der Genfer Gipfelkonferenz von 1955 den Zenit des Kalten Krieges überschritten und waren in eine Phase der Beruhigung der militärischen Spannungen getreten. Der Ost-West-Konflikt war damit keinesfalls beendet oder auch nur verändert worden. Sein Austragsmodus begann sich zu verändern – das war alles. Er hatte bis 1955 hohe Grade der militärischen Gewalt oder doch der Bereitschaft zu ihrer Anwendung enthalten. Sie wurden in der Folgezeit abgeschwächt, gaben dem Interesse an der Rüstungskontrolle sowie – später – an verschiedenen Formen der Kooperation Raum. Der Ost-West-Konflikt als solcher jedoch, der Gegensatz zwischen zwei unvereinbaren Gesellschaftsordnungen, bestand unverändert fort; er bestimmte auch in den sechziger Jahren – und bestimmt bis heute – nicht nur die Beziehungen zwischen den beiden Supermächten, sondern die zwischen allen westlichen Demokratien und allen kommunistischen Staaten.

Dementsprechend kommt es für eine Analyse, die die Ziele westlicher Politik, die Bewahrung und Verbreitung von Frieden, Freiheit und Demokratie teilt und fördern will, darauf an, auch die Weiterentwicklung des Ost-West-Konflikts über die sechziger Jahre hinaus mit jener Vorurteilsfreiheit und wenigstens dem Versuch zur Objektivität zu verfolgen, aus denen allein verläßliche Einsichten entstehen können. Das gilt vor allem für das Hauptproblem im letzten Drittel dieses Jahrhunderts, die Stellung zur Sowjetunion. Diese Position konnte bis zum Ausgang der fünfziger Jahre leicht als Eindämmung begriffen und instrumentalisiert werden. Die Sowjetunion unter Stalin und unmittelbar danach war eine totalitäre Diktatur, die ihre Aggressionsbereitschaft in Osteuropa genügend unter Beweis gestellt hatte. Andererseits war die Sowjetunion zu schwach, um als weltpolitischer Faktor aufzutreten und den Westen mit der Frage zu konfrontieren, wie er sich, im Rahmen seiner Verhaltensregulative, einer sowjetischen Weltmacht gegenüber benehmen sollte.

Vor diese Frage wurde – und wird – der Westen seit 1962 zunehmend gestellt, und zwar gleich doppelt. Mit ihrer Aufrüstung seit 1962 katapultierte sich die Sowjetunion in den Rang einer zweiten militärischen Supermacht, die um die Mitte der siebziger Jahre zumindest im nuklearstrategischen Bereich Parität mit den Vereinigten Staaten erreicht hatte und sie auch einforderte. Die westliche Antwort darauf bestand im Angebot der Rüstungskontrolle und der Abrüstung. Präsident Kennedy setzte 1963 einen Anfang, dem die westliche Politik bis zum Ausgang der Carter-Administration folgte. Militärisches Gleichgewicht ist eine Vorbedingung der Rüstungskontrolle und umgekehrt formuliert: In einer militärischen Gleichgewichtssituation bleibt nur Rüstungskontrolle als Verhalten übrig. Sie braucht dem Westen nicht schwerzufallen, weil Rüstungskontrolle ein rationales Konfliktverhalten gegenüber einem Gegner darstellt, der durch weitere Aufrüstung nicht mehr militärisch überholt werden kann.

Vor das eigentliche Problem wurde – und wird – der Westen durch den Versuch der Sowjetunion gestellt, ihren politischen und ideologischen Einfluß in der Welt auszuweiten. Dieser Versuch datiert seit der Mittelost-Erklärung der Sowjetunion von 1955 und der Asienreise der sowjetischen Führung im gleichen Jahr. Der Versuch intensiviert sich seit Mitte der siebziger Jahre, als die Sowjetunion sich politisch in Afrika und Zentralamerika bemerkbar machte. Sie stellte damit nicht nur den Status quo der Machtverteilung in der Welt zur Disposition, sie stellte auch den Westen vor die Frage, wie er darauf reagieren sollte.

In der Theorie läßt sich die Antwort leicht geben. Obwohl sich die Sowjetunion seit dem Tode Stalins erheblich gewandelt hat, stellt sie noch immer ein autoritäres System dar, dessen Herrschaftsformen und dessen Ideologie vom Westen nicht akzeptiert werden können. Kann er die Sowjetunion selbst nicht verändern, so muß er doch die Ausbreitung ihres Systems über den Status quo hinaus verhindern. Er kann der Sowjetunion die politische Parität nicht zugestehen, weil dies die Abdankung der westlichen Freiheit wie der westlichen

Macht bedeuten würde. Die entscheidende Frage für den Westen lautet vielmehr, welchem der beiden Ziele er den Vorrang einräumt: der Bewahrung der Freiheit oder der der Macht. Darüber wird im Westen seit den sechziger Jahren gestritten. Wer primär den Status quo der Machtverteilung verteidigen will, bestreitet der Sowjetunion prinzipiell das Recht zur politischen und ideologischen Expansion. Wer die Freiheit und die Demokratie in der Welt erhalten – vielleicht sogar ausbreiten – will, konzentriert seine Politik darauf, der Sowjetunion die praktische Möglichkeit zu nehmen, ihren Einfluß auszudehnen.

Das ist die politische Alternative, vor die der Westen mit dem Beginn der sechziger Jahre, mit dem Beginn der sowjetischen Aufrüstung gestellt worden ist. Es geht nicht um ein politisches Arrangement mit der Sowjetunion, nicht um deren Akzeptanz. Es geht um die Frage, welche Konfliktstrategie gegenüber einem Gegner angemessen ist, dessen gesellschaftliches System und politische Praxis inakzeptabel sind, der aber auf militärische und politische Gleichberechtigung in der Weltpolitik drängt. Diese Auseinandersetzung schlägt sich auch in der folgenden Darstellung nieder. Sie wird von der politischen Überzeugung geleitet, daß die Auseinandersetzung mit der Sowjetunion und dem Kommunismus in erster Linie politisch geführt werden muß, als Konflikt zwischen den liberal-demokratischen Systemen des Westens und dem kommunistischen System der Sowjetunion. Diesem eigentlichen Konflikt gegenüber ist der militärische sekundär[1]. Er verleitet den Westen dazu, primär für eine militärische Auseinandersetzung zu halten, was im Grunde nach wie vor ein politisch-herrschaftlicher Konflikt ist.

Präsident Kennedy war noch nicht mit dem Problem der politischen Parität konfrontiert, noch nicht einmal mit dem der militärischen. Aber die Anzeichen der kommenden Herausforderung durch die Sowjetunion waren deutlich. Sie zeigten sich in Indochina, in Kuba und, vor allem, in Mitteleuropa. Dessen Aufteilung war 1955, durch den Eintritt der beiden Teile Deutschlands in die jeweiligen Verteidigungssysteme, praktisch abgeschlossen; die Konsolidierung begann. Nur ein Rest war übriggeblieben: Berlin. Der sowjetische Ministerpräsident Chruschtschow hatte seit 1958 die Spannungen um die geteilte Stadt systematisch erhöht, um damit sowohl den letzten ost-westlichen Durchlaß zu schließen wie auch die politische Prärogative in Mitteleuropa an sich zu bringen. Er strebte die Gleichrangigkeit der Sowjetunion mit den Vereinigten Staaten an und kam diesem Ziel mit seinem Besuch bei Präsident Eisenhower in Camp David im September 1959 und mit der Verabredung einer Gipfelkonferenz in Paris 1960 erheblich näher. Die Konferenz kam schließlich nicht zustande, weil

1 Ich habe mich dazu mehrfach geäußert; vgl. z. B. Nachrüstung und Systemwandel, in: Aus Politik und Zeitgeschichte, B 5/82, S. 22–46; ferner Nachdenken über Nachrüsten, in: MERKUR 5, August 1983, S. 530 ff.

das ungewöhnlich undiplomatische Verhalten Präsident Eisenhowers in der U-2-Affäre wie eine Notbremse wirkte. Die Jahresmitte 1960 zeigte aber eindeutig die Sowjetunion in der politischen Vorhand, die den strategischen Vorteil, den sie aus der Demonstration des Sputnik 1957 gewonnen hatte, in politischen Anspruch ummünzte.

Kennedy hatte die Wahl nicht zuletzt mit dem Hinweis auf eine amerikanische „Raketen-Lücke" gewonnen. Sein Hauptziel jedoch war es, den Immobilismus der amerikanischen Innen- und Außenpolitik zu überwinden, der die letzten Jahre Eisenhowers, insbesondere nach der Erkrankung und dem Tod von Außenminister John Foster Dulles, gekennzeichnet hatte. Kennedy hatte seinen Wahlfeldzug unter die beiden Stichworte des Aufbruchs zu einer „neuen Grenze" und einer „Strategie des Friedens" gestellt. Seine erste Sonderbotschaft an den Kongreß vom 28. März 1961 (D 40) unterstrich die Friedensfunktion der amerikanischen Rüstung und die Bedeutung der politischen Lösungen. Kennedy war sich darüber im klaren, daß die Vereinigten Staaten die Konsequenzen aus einer veränderten strategischen Situation zu ziehen hatten und sich nicht mehr auf ihre – eben verlorengegangene – militärische Überlegenheit verlassen konnten. Diese Einsicht führte ihn durch die Berlin-Krise und verstärkte sich in der Kubakrise, die als Katalysator der amerikanisch-sowjetischen Beziehungen zu gelten hat. Kennedys Nachfolger, Lyndon B. Johnson, wurde zwar durch die Verstrickung in den Vietnamkrieg davon abgehalten, sich mit der nötigen Intensität um die Beziehungen zur Sowjetunion zu kümmern; er führte aber die Politik der Rüstungskontrolle, die Kennedy so energisch und konsequent eingeleitet hatte, weiter. Die Administration Nixon wird 1969 den Faden hier aufnehmen, ihn zum Leitfaden der siebziger Jahre machen und mit ihm das Muster der Kooperation wirken.

Für Kennedy konnte es zunächst nur darum gehen, die Koexistenz zwischen den beiden Supermächten einzuüben. Das galt vornehmlich für Moskau, galt aber auch für die Amerikaner, die sich in den ersten 15 Jahren nach Kriegsende auf das Monopol der Nuklear- und Trägerwaffen gestützt hatten (s. Kap. II, S. 69 ff., III, S. 155 ff.). Dieses Monopol war 1957 zu Ende gegangen, und Kennedy wies seine Landsleute in der berühmten Friedensrede von 1963 (D 44) darauf hin, daß ein totaler Krieg sinnlos ist in einem Zeitalter, „in dem die Großmächte umfassende und verhältnismäßig unverwundbare Atomstreitkräfte unterhalten können". Kennedys Friedensvorstellung zielte eher auf die Koexistenz, wenn er Frieden beschrieb als das „zwangsläufig vernünftige Ziel vernünftiger Menschen". Er stellte sich für ihn ganz praktisch dar, als eine „Reihe von konkreten Maßnahmen und wirksamen Übereinkünften, die im Interesse aller Betroffenen liegen". Es war eher ein Arrangement als ein Konzept, es zog lediglich die Konsequenz aus der Einsicht, daß gegenüber der anderen Supermacht militärische Waffen ihren Sinn weitgehend verloren hatten.

Die sechziger Jahre stellen den Versuch der amerikanischen Außenpolitik dar, die Konsequenzen, die ihnen aus der veränderten strategischen Situation diktiert wurden, zu verarbeiten. Die USA bedurften einer neuen militärischen Strategie und im Zusammenhang damit auch eines neuen Konzeptes ihrer Weltpolitik.

1. Die Entwicklung der amerikanisch-sowjetischen Beziehungen

Der Faktor, der die Änderung der amerikanischen Strategie erzwang, war die sowjetische Aufrüstung. Viel früher als angenommen, nämlich schon 1949, hatte die Sowjetunion ihre erste Atombombe, 1954 die erste Wasserstoffbombe gezündet. Die Basis der bisherigen amerikanischen Strategie, das Monopol der Atomwaffen, war damit zerstört. Durch die Weiterentwicklung der Trägerwaffen aber verloren die USA einen sehr viel wichtigeren Vorteil: die Unverwundbarkeit ihres Kontinents. 1954 entwickelte die Sowjetunion mit dem Turbo-Prop-getriebenen „Bär" und mit dem „Bison" einen Langstreckendüsenbomber mit einer Reichweite von 5000 Kilometern. Nahe Alaska startend, konnten diese Bomber bis Los Angeles oder bis New York vordringen. 1957 zeigte die Sowjetunion mit der Entsendung des „Sputnik", daß sie eine Langstreckenrakete besaß, mit deren Reichweite von zunächst 8000, später 16 000 Kilometern, alle Ziele in den Vereinigten Staaten offenstanden. Damit war, zum ersten Mal in seiner Geschichte, der amerikanische Kontinent einer unmittelbaren Bedrohung aus der Luft ausgesetzt (s. Kap. III, S. 156 ff.). Dieses Faktum änderte alle strategischen Daten. Das Konzept der massiven Vergeltung, das die amerikanische Strategie bis in die fünfziger Jahre beherrscht hatte, beruhte auf der Fähigkeit der USA, der Sowjetunion ohne eigenes Risiko eine atomare Bestrafung androhen zu können. Seit 1957 war die Sowjetunion in der Lage, zurückzuschlagen oder gar als erste den amerikanischen Kontinent zu bombardieren.

Die Strategie der massiven Vergeltung hatte ihre Voraussetzung eingebüßt. Dementsprechend mußte sich das strategische Hauptziel der USA ändern. Es konnte jetzt nicht mehr darin bestehen, die Sowjetunion im Falle eines Konfliktes mit dem Einsatz atomarer Waffen niederzuringen. Vielmehr mußte statt dessen der Atomkrieg unter allen Umständen vermieden werden, weil die Sowjetunion ihn in die USA hineintragen konnte. Eine Aggression der Sowjetunion war nicht mehr „massiv zu vergelten", sie mußte jetzt „flexibel beantwortet werden". Das dazugehörige strategische Konzept wurde Ende der fünfziger Jahre ausgearbeitet und von dem neuen Präsidenten Kennedy und seinem Verteidigungsminister McNamara verwirklicht. Es hatte bedeutende Konsequenzen für das Verhältnis zu den westeuropäischen NATO-Alliierten und für die amerikanische Rüstung. Sie hatte sich seit dem „new look" 1953 ausschließlich auf ihre nukleare Superiorität verlassen und dabei kleinere Konflikte, wie sie als „Buschfeuer“ in Griechenland und Malaya, Taiwan und im Mittleren Osten ausgebrochen waren, vernachlässigt. Präsident Kennedy zog daraus die Konsequenz: Er führte seinen Wahlkampf 1959 mit dem Hinweis auf die demonstrative (aber in der Realität doch nicht so existierende) „Raketen-Lücke“, und er verstärkte nach seinem Sieg das konventionelle Potential der USA bis hin zu den „green berets“ zur Anti-Guerilla-Kriegführung. Beides sollte die USA in den Stand setzen, ihre Weltpolitik flexibler zu gestalten: gegenüber der Sowjetunion durch die Wiedererlangung der Superiorität bei den Trägerwaffen und durch die Stabilisierung der „gegenseitigen Abschreckung“; in kleineren Konflikten unterhalb der atomaren Schwelle, wie sie insbesondere in der Dritten Welt auftreten konnten, durch die Fähigkeit zum Einsatz konventioneller Streitkräfte. Die amerikanische Strategie sollte effektiver und gleichzeitig billiger werden, damit mehr Geld für die Sozialpolitik übrigbliebe.

Die Voraussetzungen für einen Erfolg dieser Umstellung waren gegeben. Die amerikanische Rüstung befand sich 1960, wie ein entsprechender Vergleich zeigt (D 41), noch eindeutig in der Vorhand. In der Kubakrise 1962 erwies sich die militärische Überlegenheit der USA vor aller Welt deutlich. Dennoch zeigte sich im Verlauf der Dekade, daß der Erfolg der amerikanischen Strategie nicht mehr von den USA allein bestimmt werden konnte. Das Aufrüstungsprogramm, das sich die Sowjetunion aufgrund der Kubakrise verordnete, betraf vor allem die strategischen Nuklearwaffen und die Marine. 1969 schon hatte die Sowjetunion die gleiche Anzahl von Interkontinentalraketen (aber nicht von Sprengköpfen) erreicht wie die USA. 1973 hatte Moskau auch bei den seegestützten Raketen gleichgezogen und die USA bei den Interkontinentalraketen (ICBMs) eindeutig überholt (D 42). Die Sowjetunion wuchs in den sechziger Jahren zur zweiten vollgültigen Nuklearmacht heran. Die USA beschränkten sich freilich nicht darauf, ihre Strategie den veränderten Bedingungen anzupassen, ihre Rüstung zu modernisieren (Mehrfachsprengköpfe) und die Flexibilität des militärischen Einsatzes zu verbessern. Sie zogen aus der sich entwickelnden nuklearen Parität mit der Sowjetunion die richtige Konsequenz, auch auf dem Gebiet der Abrüstung einen Fortschritt einzuleiten.

Die Administration Kennedy widmete dem Abrüstungsprogramm dementsprechend vorrangige Aufmerksamkeit. Kennedy richtete eine eigene Regierungsbehörde, die Arms Control and Disarmament Agency, ein, die zunächst von McCloy, dann alsbald von William Foster geleitet wurde. Wenn auch Kennedy an dem bis 1960 geltenden Konzept einer umfassenden allgemeinen Abrüstung festhielt (D 43), so schob sich sehr rasch ein auf die Rüstungskontrolle von Teilbereichen gerichtetes Interesse in den Vordergrund. Bereits im Juli 1961 nahm Washington bilaterale Verhandlungen mit der Sowjetunion auf, die nur während des Höhepunkts der Berlin-Krise für wenige Tage unterbrochen wurden. Parallel dazu führten die USA und Großbritannien gemeinsam Gespräche mit der Sowjetunion über ein Moratorium der Kernwaffenversuche. Allerdings bedurfte es erst der Kubakrise von 1962 mit ihrer kathartischen Erfahrung, damit sich das Interesse intensivierte und die Konzessionsbereitschaft auf beiden Seiten vergrößerte. Hinzu kam die Sorge vor China, das, nachdem zu Beginn der sechziger Jahre sein Bruch mit der Sowjetunion offenkundig geworden war, einen undeutlichen Kurs steuerte. In seiner „Friedensrede" vom 10. Juni 1963 (D 44) sprach Kennedy von dem gemeinsamen tiefen Interesse der Sowjetunion und der Vereinigten Staaten „an einem gerechten und wirklichen Frieden und einer Einstellung des Wettrüstens"; er deutete an, daß zugunsten dieses gemeinsamen Ziels auch die Vereinigten Staaten ihre bisherige Haltung überprüfen würden. Die USA ließen die Forderung nach Inspektionen vor Ort fallen, und am 5. August 1963 wurde das Atomteststopabkommen, das ein Verbot von Kernwaffenversuchen in der Atmosphäre, im Weltraum und unter Wasser enthielt, unterzeichnet. Es trat am 10. Oktober 1963 in Kraft.

Das Abkommen bezeichnet nicht nur die Wende von der bisherigen Abrüstungspolitik hin zur Rüstungskontrolle, es dokumentiert auch einen Wandel in den amerikanisch-sowjetischen Beziehungen. Nachdem die Sowjetunion zur zweiten – und perspektivisch gleichrangigen – Nuklearmacht herangewachsen war, ließ sich das amerikanische Interesse, einen Nuklearkrieg mit Moskau zu vermeiden, nicht mehr allein über die Zusammenarbeit innerhalb der westlichen Allianz realisieren. Es mußte auch in der direkten Kooperation mit der Sowjetunion verfolgt werden; nur auf diese Weise ließen sich die beiden entscheidenden Teilziele realisieren: die Bewahrung des Atomwaffenmonopols der beiden Supermächte (insbesondere durch die Nicht-Weiterverbreitung) und schließlich der wechselseitige Verzicht auf die Erlangung eines Übergewichtes. Für dieses letzte Teilziel war die Zeit nicht reif, die Sowjetunion hatte auch die Parität mit den USA noch nicht erreicht. Die Nicht-Weiterverbreitung von Kernwaffen aber mußte auch für Moskau interessant sein, zumal Anfang der sechziger Jahre im Westen die Idee einer multilateralen Flotte (MLF) erörtert wurde, die die Bundesrepublik Deutschland wenigstens nominell am Kernwaffeneinsatz beteiligt hätte. Die Bedeutung des Atomteststopabkommens für die Nicht-Weiterverbreitung von Kernwaffen war denn auch der kleinste gemeinsame Nenner, der die Vereinigten Staaten und die Sowjetunion an diesem Punkt zusammenführte. Die USA drängten damals bereits auf den Abschluß eines eigenen Vertrages gegen die Weiterverbreitung von Kernwaffen, während die Sowjetunion zögerte. Sie wird sich erst im Herbst 1964 dazu bereiterklären.

Die Verständigung mit dem Gegner über die Kontrolle der Kernwaffen und über deren Nicht-Weiterverbreitung war den USA auch politische Konzessionen wert. Zugunsten des Atomteststopabkommens vernachlässigten sie die Nicht-Anerkennung der DDR durch die Bundesrepublik: Bonn unterschrieb, obwohl die DDR auch unterschrieb. Ein Jahr später ließ Präsident Johnson das

MLF-Konzept abrupt fallen, nachdem die Sowjetunion ihr Interesse an einem Nicht-Weiterverbreitungsvertrag bekundet hatte. Da die Verhinderung eines Atomkrieges notwendig zum Hauptziel der Vereinigten Staaten geworden war, mußten dahinter geringere Ziele wie die Berücksichtigung von Interessen ihrer Verbündeten zurückstehen. Bereits bei diesem ersten Rüstungskontrollvertrag kündigt sich die partielle Zusammenarbeit der beiden Supermächte an, die ihren jeweiligen Verbündeten zu schaffen machte. Die Existenz der Nuklearwaffen auf beiden Seiten überwölbte das Gefüge der beiden Militärallianzen mit einem Interesse, das nur den beiden Supermächten zu eigen war. Es wird zehn Jahre später in der „Grundsatzerklärung über die amerikanisch-sowjetischen Beziehungen" vom 29. Mai 1972 (D 50) deutlich formuliert werden.

Nach der Ermordung Präsident Kennedys setzte sein Nachfolger, Lyndon B. Johnson, den Kurs in der Rüstungskontrollpolitik fort. Johnson widmete sich zwar vornehmlich dem Vietnamkrieg, in den sich die USA zunehmend verstrickten, reagierte aber sofort, als die Sowjetunion im Herbst 1964 auf die Nicht-Verbreitungslinie einzuschwenken begann. Sowohl im 18-Mächte-Abrüstungs-Ausschuß der Vereinten Nationen in Genf wie – seit Herbst 1966 – auf bilateraler, gelegentlich privater, amerikanisch-sowjetischer Ebene wurde die Verständigung vorangetrieben, die 1967 zu einem gemeinsamen, aber getrennten amerikanisch-sowjetischen Vorschlag an die Vereinten Nationen führte. Der Vertrag über die Nichtverbreitung von Kernwaffen wurde am 1. Juli 1968, nach leichten Veränderungen, von den USA, Großbritannien, der UdSSR und anschließend von 59 anderen Staaten unterzeichnet. Die sowjetische Invasion der Tschechoslowakei im August 1968 konnte den Ratifikationsprozeß zwar etwas verzögern, aber nicht aufhalten. Im März 1969 stimmte der amerikanische Senat zu; am 5. März 1970 trat der Vertrag in Kraft.

Dieser „Atomwaffensperrvertrag" bürdete den Verbündeten der USA und überhaupt allen beitretenden nichtnuklearen Staaten große Belastungen auf. Die Westeuropäer fürchteten die im Vertrag vorgesehenen Kontrollen und verwandten große Mühe darauf, sich gegen mögliche Industriespionage abzusichern. Die nuklearen „have nots" mußten sich mit einer UN-Entschließung[2] zufriedengeben, die den Beitritt mit der Versicherung zu erleichtern suchte, daß jede Bedrohung mit Kernwaffen das sofortige Handeln des Sicherheitsrates und der ständigen Mitglieder erfordern müßte. Die Vereinigten Staaten, Großbritannien und die Sowjetunion unterstützten ausdrücklich diese Erklärung, deren Schutzgehalt dadurch jedoch nicht verbessert wurde. Die Kernwaffenmächte verlangten zugunsten ihrer Sicherheit von den Nichtbesitzern, auf Nuklearwaffen zu verzichten, ohne dafür eine wirklich wasserdichte Schutzgarantie anzubieten. Die beiden Supermächte einigten sich auf die Nichtverbreitung, ohne

2 UN S/RES 255 (1968), abgedruckt in Europa-Archiv, 1968, D 333–D 334.

den kleineren, nicht über Kernwaffen verfügenden Staaten ihren Verzicht zu kompensieren.

Während der Atomwaffensperrvertrag noch in Arbeit war, Anfang 1967, drängte Präsident Johnson die Sowjets mehrfach, den nächsten Schritt zu tun und die Raketenabwehrsysteme wie auch die Zahl der Interkontinentalraketen beider Seiten zu beschränken. Nachdem die Sowjets endlich am 1. Juli 1968 ihre Bereitschaft zu solchen Verhandlungen erklärt hatten, verzögerten sie sich nun durch die amerikanischen Wahlen. Das von Präsident Johnson vorgeschlagene Gipfeltreffen in Genf kurz vor Weihnachten kam nicht mehr zustande. Der Faden der amerikanisch-sowjetischen Rüstungskontrollverhandlungen wurde erst unter Präsident Nixon wieder aufgenommen.

Das Interesse der beiden Supermächte an der Kontrolle der Nuklearwaffen war so stark geworden, daß es die politischen Krisen der sechziger Jahre überdauerte. Von der Kubakrise muß sogar gesagt werden, daß sie dieses Interesse noch erheblich intensivierte. Vom Herbst 1962 datiert das energische Vorantreiben der Rüstungskontrolle – freilich auch die sowjetische Aufrüstung.

Die Berlin-Krise, die der sowjetische Ministerpräsident Chruschtschow mit seinem Ultimatum vom 27. November 1958 ausgelöst und mit seinem Besuch in Camp David im September 1959 wieder etwas beruhigt hatte, wurde von den Sowjets im Sommer 1961 erneut aktiviert. Kurz nachdem sich Präsident Kennedy mit dem sowjetischen Ministerpräsidenten Chruschtschow in Wien getroffen hatte, drohte dieser wieder mit einem Separatvertrag mit der DDR (vgl. Kap. III, S. 162 ff.). Am 8. Juli gab er bekannt, daß das sowjetische Militärbudget erhöht und der Truppenabbau eingestellt werde. Die Lage wurde rasch gefährlich. Die Sowjetunion war offenbar entschlossen, den Flüchtlingsstrom aus der DDR, der 1961 erneut auf einen monatlichen Durchschnitt von 15 000 – 20 000 Menschen angestiegen war, zu stoppen. Kennedy und der Westen reagierten gelassen, aber gezielt auf die sowjetische Drohung. Der amerikanische Präsident erhöhte seinerseits das Militärbudget und mobilisierte amerikanische Reserven. Er gab in seiner Rede vom 25. Juli unmißverständlich bekannt, daß der Westen in bezug auf West-Berlin jeden Kompromiß ablehne. Der NATO-Ministerrat hatte im Mai 1961 in Oslo die Minimalforderungen des Westens für jede Berlinregelung formuliert: die Garantie der Freiheit der Bevölkerung West-Berlins, über ihre Lebensform selbst zu bestimmen, die Anwesenheit westlicher Truppen in West-Berlin und die Sicherung des Zugangs dorthin. Das war weniger als der Berliner Senat in seinen fünf Grundsätzen vom 12. Juli 1961 verlangt hatte, es beschränkte sich vor allem nur auf West-Berlin. Der Westen signalisierte damit deutlich, daß Chruschtschow, wenn er den Flüchtlingsstrom unterbrechen wollte, dies nur innerhalb des Ostsektors tun konnte. Der Bau der Mauer vom 13. August 1961 zeigte, daß Chruschtschow das Signal verstanden und berücksichtigt hatte.

Der Mauerbau vollendete die Teilung Deutschlands und trug insofern paradoxerweise weiter zur Beruhigung des Status quo in Mitteleuropa bei. Die Restprobleme, nämlich die Anbindung West-Berlins an Westdeutschland, wurden dann im Viermächteabkommen vom 3. September 1971 und den sich daran anschließenden Abkommen zwischen der Bundesrepublik Deutschland und der DDR geregelt[3].

Wenn sich in Berlin auch zeitweise amerikanische und sowjetische Panzer auf Sichtweite gegenübergestanden hatten, so war diese Konfrontation bei weitem nicht so gefährlich wie die um die Aufstellung sowjetischer Raketen in Kuba im darauffolgenden Jahr. Die sowjetischen Motive sind nach wie vor unklar, richteten sich aber wohl auf zwei Ziele: ihrem neuen Verbündeten Kuba Schutz vor einer neuerlichen Invasion durch die USA angedeihen zu lassen und sich selbst eine Kompensation für die im Juli 1962 in der Türkei aufgestellten amerikanischen Jupiter-Raketen zu verschaffen. Unverständlich bleibt, wie Moskau jemals annehmen konnte, die USA würden einen solchen Einbruch in ihre unmittelbare Einflußzone tatenlos hinnehmen. Sie antworteten statt dessen mit einer Seeblockade Kubas und ultimativen Aufforderungen an die Sowjetunion, die Raketen zu demontieren. In den „dreizehn Tagen"[4] des Oktober 1962 war die Gefahr einer nuklearen Konfrontation zwischen den Vereinigten Staaten und der Sowjetunion groß und unmittelbar. Entstehung und Umstände der Konfrontation befanden sich bei weitem nicht so unter Kontrolle wie ein Jahr zuvor in Berlin.

Die Krise wurde schließlich bewältigt, indem beide Seiten nachgaben: Chruschtschow ließ die sowjetischen Schiffe abdrehen und die Raketen demontieren; Kennedy erklärte sich bereit, auf eine Invasion Kubas künftig zu verzichten. Der Abbau der Jupiter-Raketen in der Türkei wurde der Sowjetunion nicht öffentlich und nicht offen zugesagt, wohl aber doch verläßlich angedeutet; im April 1963 war er vollzogen[5]. Für einige Tage aber hatten beide Supermächte in den Abgrund des Nuklearkrieges geblickt. Daraus resultierte ein verstärktes Interesse an der Rüstungskontrolle. Für die Sowjetunion freilich hatte sich noch eine andere Konsequenz ergeben: die Einsicht in ihre militärische, vor allem maritime Unterlegenheit gegenüber den Vereinigten Staaten. Sie kostete Ministerpräsident Chruschtschow das Amt und löste den Beginn einer systema-

---

3 Die Dokumente sind zugänglich in: Presse- und Informationsamt der Bundesregierung (Hrsg.), Das Viermächteabkommen über Berlin vom 3. September 1971, Hamburg 1971.

4 Dies der Titel des Buches von Robert Kennedy: Dreizehn Tage. Wie die Welt beinahe unterging, Darmstadt 1974.

5 Arthur M. Schlesinger Jr., Die Tausend Tage Kennedys, Bern 1965, S. 722–787; Barton J. Bernstein, The Cuban Missile Crisis: Trading the Jupiters in Turkey?, in: Political Science Quarterly, 95, 1, 1980, S. 97 ff.

tischen Aufrüstung aus, mit der die Sowjetunion seitdem ihr militärisches Potential um jährlich 4 Prozent aufgestockt hat.

Die Kubakrise steht damit am Anfang zweier bis heute wichtiger, aber divergenter Entwicklungen. Sie beförderte das Interesse an der Rüstungskontrolle, und sie löste in der Sowjetunion jene Aufrüstungswelle aus, mit der sich das Land in den gleichen militärischen Rang wie die USA erhob. Dieser Prozeß hatte 1949 mit der Zündung der ersten sowjetischen Atombombe begonnen und sich mit der Entwicklung der sowjetischen Langstreckenrakete 1957 fortgesetzt. 1962 wurde er durch die Kubakrise erheblich beschleunigt. Anfang der siebziger Jahre erreichte die Sowjetunion die nukleare Parität mit den Vereinigten Staaten; Anfang der achtziger Jahre verfügte sie über eine Flotte, mit der sie die amerikanische Kontrolle der Seewege gefährden kann. Ist das amerikanische Interesse an der Rüstungskontrolle auch gleich geblieben, so veränderte es sich doch in dem Maße, in dem die Sowjetunion die militärische Parität gewann. Davon werden vor allem die Rüstungskontrollverhandlungen der achtziger Jahre belastet.

Der von den Nuklearwaffen ausgehende Zwang zur Koexistenz setzte sich in den sechziger Jahren, akzeptiert von Präsident Kennedy, voll durch. Die nuklearen Vernichtungspotentiale auf beiden Seiten erzwangen den Konfrontationsverzicht der Supermächte, verlangten eine Koexistenz, die auch durch gefährliche Krisen wie die um Berlin und um Kuba nicht erschüttert werden durfte. Der Preis des beiderseitigen Untergangs wäre zu hoch gewesen. Darum haben die Vereinigten Staaten die sowjetische Invasion der Tschechoslowakei 1968 hingenommen, darum haben die Sowjets in Vietnam nichts gegen die Amerikaner unternommen. Die Gefahr der nuklearen Zerstörung der Welt, die zu Beginn der sechziger Jahre durch die Entwicklung der Langstreckenraketen eminent und für jeden deutlich geworden war, läßt nur noch die Koexistenz übrig.

2. Die Europa-Politik

Das amerikanische Interesse an der Nichtverbreitung von Kernwaffen wurde fragwürdig, wenn es um NATO-Staaten ging, insbesondere um Großbritannien, Frankreich und – wenn auch mit Abstand – die Bundesrepublik Deutschland. England und Frankreich hatten 1956 in der Suezkrise erfahren müssen, daß sie, mit der Elle militärischer Macht gemessen, nicht mehr zu den Großmächten zählten (s. Kap. III, S. 160 ff.). Das zeigte sich auch auf dem nuklearen Gebiet. Großbritannien, dessen Wissenschaftler bei der Entwicklung der Atombombe mitgewirkt hatten, besaß eigene Nuklearwaffen und mit den Vulcan-Bombern ein Trägersystem, das bis zur Mitte der fünfziger Jahre als ausreichend gelten konnte, dann aber durch die fortschreitende Entwicklung, insbesondere bei den Raketen, hoffnungslos veraltete. Frankreichs Force de frappe war im Sprengkopf- wie im Trägerbereich noch stark unterentwickelt; die Bundesrepublik Deutschland hatte auf Kernwaffen im WEU-Vertrag 1954 verzichtet. Die USA standen damit vor der Frage, ob und in welchem Maße sie ihre Verbündeten zu Atommächten machen sollten, sei es durch Überlassung moderner Trägersysteme, sei es durch Mitbestimmung über das amerikanische Potential.

Eisenhower hatte 1960 mit Großbritannien ein Sonderabkommen getroffen und ihm darin die zukünftige Überlassung von Luft-Boden-Raketen vom Typ Skybolt zugesagt. Für die anderen NATO-Mitglieder wurde eine multilaterale Flotte (MLF) diskutiert, deren Atomwaffen durch gemeinsamen Beschluß eingesetzt werden sollten. Für Frankreich, das sich seit 1955 Gedanken um ein eigenes Atompotential machte, war das zu wenig. Paris konfrontierte die Regierung Kennedy mit der Forderung nach Gleichbehandlung. Kennedy versuchte die Entscheidung hinauszuzögern, traf sie aber bei der Begegnung mit dem britischen Premierminister Macmillan in Nassau (Bahamas) im Dezember 1962 zugunsten Großbritanniens. Zwar wurde das Skybolt-Projekt fallengelassen, aber statt dessen erhielten die Briten Polaris-Raketen, ohne Sprengköpfe, aber mit der Technologie für einen Abschuß aus U-Booten. Diese Betonung der amerikanisch-englischen Sonderbeziehungen blieb nicht folgenlos. Auf seiner berühmten Pressekonferenz vom 14. Januar 1963 wies de Gaulle die in Nassau quasi als Nachtrag auch ihm angebotenen Polaris-Raketen zurück und bekräftigte den französischen Alleingang. Er führte am 1. Juli 1966 zum Rückzug Frankreichs aus der Verteidigungsorganisation des Nordatlantikpakts. Vor allem lehnte de Gaulle auf der damaligen Pressekonferenz den EWG-Eintritt Großbritanniens endgültig ab.

Nassau bedeutete damit für Kennedys „Grand Design" eine „vernichtende Niederlage"[6]. Es wollte die Atlantische Gemeinschaft auf einer nordamerikanischen und einer europäischen Säule aufruhen lassen, was im wirtschaftlichen Bereich auch gelang. Die unterschiedliche Behandlung Großbritanniens und Frankreichs bei den Nuklearwaffen aber ließ eine europäische Säule der Verteidigung nicht entstehen. Das MLF-Konzept hatte in die richtige Richtung gedeutet, war aber zu schwach entwickelt und vor allem durch die Herausnahme Großbritanniens nachhaltig geschädigt worden. Desgleichen wurde die Proliferation verstärkt. An die Stelle der geplanten multilateralen Flotte, die in enger Verbindung mit den USA gestanden hätte, traten nun zwei europäische Atommächte mit dem Anspruch auf eigenständige Entwicklung. Konnten die USA bei Großbritannien auf die traditionelle Bindung zwischen diesen beiden Ländern hoffen, so war die Lage Frankreichs anders. De Gaulle versuchte, den deutsch-französischen Bündnisvertrag von Anfang 1963 für seine eigenen Führungspläne mit erkennbar antiamerikanischer Tendenz auszunutzen. Dies mißlang, nicht zuletzt aufgrund der demonstrativen Reise Präsident Kennedys

---

6 George W. Ball, The Past has another Pattern, New York 1982, S. 268.

in die Bundesrepublik Deutschland. Freilich mißlang den USA auch, Frankreich zur Teilnahme an den Rüstungskontrollverträgen zu bewegen; Frankreich blieb fortan ein unabhängiger und schwieriger Rocher de bronze.

Das Scheitern der MLF hinterließ noch ein weiteres Problem: die Bundesrepublik Deutschland. Auch sie hatte energisch auf Mitsprache beim Atomwaffeneinsatz gedrängt; Frankreichs Alleingang konnte hier besonders ansteckend wirken. Deswegen betrieb Präsident Kennedy seit Anfang 1963 das MLF-Projekt wieder mit besonderem Nachdruck: Es sollte wenigstens die Bundesrepublik zufriedenstellen. Zwei Jahre beherrschte das Projekt die europäische Diskussion; es wurde von Präsident Johnson ziemlich brüsk beiseite gelegt, als die Sowjetunion auf die Linie der Nonproliferation einschwenkte. Das deutsche Interesse an einer Mitsprache bei einem Atomwaffeneinsatz war damit fürs erste wieder vertagt, aber nicht befriedigt.

Eine zweite, regelungsbedürftige Folge des waffentechnologischen Fortschritts betraf die NATO-Strategie. Angesichts der gewachsenen atomaren Kapazität der Sowjetunion hatten die Vereinigten Staaten Ende der fünfziger/Anfang der sechziger Jahre ihre Strategie von der „massiven Vergeltung" auf die der „flexiblen Antwort" umzustellen begonnen (s. Kap. III, S. 157 ff.). Von dieser Entscheidung wurden aber naturlich in erster Linie dic Europäer betroffen, und zwar in einer Staffelung von Ost nach West. Angesichts der erdrückenden konventionellen Übermacht der Sowjetunion bestand der Schutz Westeuropas hauptsächlich in der Bereitschaft der USA, bei jedem Angriff der Sowjetunion Atomwaffen notfalls auch einzusetzen. Diese Abschreckung beinhaltete die europäische Sicherheit. Wurde mit der Strategie der „flexible response" die atomare Schwelle stark angehoben, so sank der Abschreckungseffekt entsprechend. Vor allem waren Phasen einer konventionellen Kriegführung in Europa denkbar, bevor amerikanische Atomwaffen zum Einsatz kamen. Von dieser Perspektive wurden zunächst die Bundesrepublik Deutschland als östliches Grenzland der NATO, dann aber auch Frankreich und die anderen kontinentaleuropäischen NATO-Staaten betroffen. Sie leisteten dementsprechend erheblichen Widerstand gegen diese neue Strategie, die sie erst sechs Jahre später, 1967, offiziell anerkannten. Der amerikanische Verteidigungsminister McNamara stellte 1968 befriedigt fest, daß nach sechsjähriger Diskussion die europäischen NATO-Partner endlich die Notwendigkeit erkannt hätten, „für eine viel weiter reichende Skala möglicher Ernstfälle zu planen als lediglich für einen massiven Angriff auf das gesamte NATO-Gebiet" (D 45).

Dennoch blieb in Westeuropa die Ungewißheit zurück. Wenn die atomare Garantie der USA nicht automatisch eingelöst würde – zu welchem Zeitpunkt würde sie erfolgen? Wie sah es bis dahin in Europa aus? Hatte nicht de Gaulle die richtige Konsequenz gezogen? Diese Fragen ließen sich nicht beantworten. Das lag keinesfalls etwa an der Unzuverlässigkeit der amerikanischen Garantien. Es lag an der Organisationsform der NATO, die bei hoher militärischer Interdependenz die nationale Souveränität in Takt gelassen hatte. Unter dieser Bedingung konnte keine amerikanische Erklärung die Europäer zufriedenstellen, denn sie blieb stets unilateral kündbar. Dieses Problem belastet die NATO kontinuierlich seit den sechziger Jahren; es ist in der bisherigen Organisationsform der NATO unlösbar. Um es zu beheben, müßte die NATO in eine regionale Organisation mit Mehrheitsentscheidung umgebildet werden – wozu die Bündnispartner nicht bereit sein dürften. Alternativ könnten die Europäer sich in der NATO stärker zusammenschließen, wie sie es beispielsweise in der Europäischen Gemeinschaft getan haben. In dem organisatorischen Gleichgewicht zwischen Westeuropa und den USA entstünde dann durch bessere Lastenteilung größere Sicherheit. Beide Modelle zeigen, daß die Form der NATO als klassische Militärallianz souveräner Staaten dem existierenden Grad von Interdependenz nicht angemessen ist.

In den wirtschaftlichen Beziehungen der USA zu Westeuropa kam Kennedys „Grand Design" zustande, wenn auch anders als geplant. Mit der Gründung der Europäischen Wirtschaftsgemeinschaft durch Frankreich, Italien, die Bundesrepublik Deutschland und die drei Beneluxstaaten entstand in Westeuropa eine Freihandelszone mit gemeinsamem Außenzoll (Zollunion), die ein den USA fast ebenbürtiges Wirtschaftspotential darstellte. Die Entstehung eines solchen Blocks versprach Konkurrenz und Konflikt – was in den USA deutlich gesehen wurde; sie versprach aber auch kontinuierliche Kooperation aufgrund der angemessenen symmetrischen Figur. Die USA antworteten auf die Gründung der Europäischen Wirtschaftsgemeinschaft – die Umstellung der Organisation für europäische wirtschaftliche Zusammenarbeit (OEEC) auf die Organisation für wirtschaftliche Zusammenarbeit und Entwicklung (OECD), deren Konvention 1961 in Kraft trat, – mit der Bestrebung, die Europäische Wirtschaftsgemeinschaft in den größeren Zusammenhang der Industriestaaten einzubetten und damit sowohl zur Koordinierung der Wirtschaftspolitik wie auch zur Kooperation bei der Auslandshilfe beizutragen.

Die Gründung der OECD war in amerikanischen Augen um so wichtiger, als sich ihr zweiter Plan, die Europäische Wirtschaftsgemeinschaft mit Großbritannien und dem Commonwealth in *einer* Europäischen Freihandelszone zu verschränken, nicht realisieren ließ. Großbritannien hätte in dieser Zone das wirtschaftliche Gewicht der EWG kompensieren und so die Blockbildung der Kontinentaleuropäer mildern können. Die Europäische Freihandelszone (EFTA), die schließlich zustande kam, zeigte sich als Gegengewicht gegen die EWG zu schwach, zumal der gemeinsame Markt wider Erwarten schnell und stark reüssierte. Großbritannien entschied sich schließlich dafür, die Mitgliedschaft in der EFTA mit der in der Europäischen Wirtschaftsgemeinschaft zu vertauschen. Dies gelang wegen des erwähnten Vetos de Gaulles erst 1972. Bis dahin hatte die Europäische Gemeinschaft längst bewiesen, welche wirtschaftliche Anziehungskraft sie in Europa und in der Welt besaß. Das bekamen auch die USA zu spüren. Ihnen entstand ein kräftiger Partner, mit dem sie kooperieren konnten, mit dem sie aber auch rechnen mußten. Präsident Kennedy forderte Anfang 1962 den amerikanischen Kongreß auf, ein neues Handelsgesetz zu erlassen, aufgrund dessen er wichtige Zollsenkungen mit der Europäischen Wirtschaftsgemeinschaft verabreden konnte (D 46). Am 11. Oktober 1962 trat der Trade Expansion Act in Kraft, der die bis 1967 dauernden Zollsenkungsverhandlungen (die sogenannte Kennedy-Runde) ermöglichte. Sie führten zu einer erheblichen Liberalisierung des Handels zwischen den Industriestaaten, vor allem aufgrund von Zollsenkungen bei Industrieprodukten.

Größere Sorgen bereiteten den USA ihre seit 1958 zunehmenden Zahlungsbilanzschwierigkeiten. Ihre Militärausgaben im Ausland – besonders in der Zeit des Vietnamkrieges –, die Beträge für die Auslandshilfe und die beträchtlichen wirtschaftlichen Investitionen der USA in Europa hatten zu Kapitalabflüssen und in ihrer Folge auch zur Abnahme der Goldreserven der USA geführt. Betrugen diese Reserven 1958 noch 20 Milliarden Dollar, so war der Bestand 1968 auf unter 12 Milliarden gesunken. Präsident Kennedy erließ 1963 eine Zinsausgleichssteuer, um den Kapitalabfluß einzudämmen; Präsident Johnson versuchte Ende 1967, ihn direkt einzuschränken. Mit dem Schwund der Goldreserven schwand auch das Vertrauen in die Goldkonvertibilität des Dollar. Die Europäer, vor allem Frankreich, vermuteten, daß die USA eine Politik des leichten Geldes betrieben, um damit Europa aufzukaufen. Frankreich, das sich schon im Kernwaffenbereich zum Alleingang entschlossen hatte, wollte die USA durch den Umtausch von Dollar in Gold zum Offenbarungseid veranlassen. Großbritannien hingegen hörte 1963 auf, Gold in den USA zu kaufen; die Bundesrepublik Deutschland erklärte sich im Zusammenhang mit dem amerikanisch-deutschen Devisenausgleichsabkommen vom Mai 1967 bereit, für die Weiterstationierung amerikanischer Truppen in der Bundesrepublik auf den Umtausch von Dollar in Gold zu verzichten.

Die amerikanischen Probleme waren dadurch vielleicht vertagt, aber nicht gelöst. Auf der Washingtoner Finanzkonferenz vom März 1968 wurde der Goldmarkt gespalten und der Goldpreis auf dem privaten Markt freigegeben. Am 15. August 1971 hob Präsident Nixon die Konvertibilität des Dollar in Gold auf. Gerade auf dem ökonomischen Gebiet zeigte sich, daß sich die amerikanische Position in der Welt zu ändern begann. Zwar waren – und blieben – die USA die größte und stärkste Weltmacht, aber die anderen Staaten, allen voran die westeuropäischen, hatten ihre Nachkriegsschwäche überwunden und vor allem auf dem wirtschaftlichen Gebiet zu einer Stärke zurückgefunden, die durch den Zusammenschluß zur Europäischen Wirtschaftsgemeinschaft noch potenziert wurde. Die USA mußten sich dementsprechend anpassen – und sie taten es. Mit Ausnahme des Währungsgebietes, auf dem die USA infolge der Reservefunktion des Dollar nach wie vor eine Führungsposition innehaben, stellen die wirtschaftlichen Beziehungen zwischen den USA und Westeuropa eine gleichberechtigte Partnerschaft dar. Diese hat zwar die amerikanische Handlungsfreiheit zunächst eingeschränkt, sie dann aber, gerade aufgrund der gleichberechtigten Beziehungen zu Westeuropa, beträchtlich erweitert. Auf dem wirtschaftlichen Sektor zeigte sich die Richtigkeit des Kennedyschen „Grand Design“. Die Atlantische Gemeinschaft profitiert davon, wenn auch Westeuropa keine konsolidierte Säule darstellt.

3. Die USA in Vietnam

In der Dritten Welt begegneten den USA Anpassungsprobleme ganz anderer Art. Einerseits hatten sie aufgrund ihrer ausgeprägten antikolonialistischen Tradition praktisch keine Kolonien besessen und waren auch nicht an territorialem Erwerb in der Dritten Welt interessiert. Andererseits hatte sie der Ausgang des Zweiten Weltkrieges in einer Weltführungsposition zurückgelassen, die sie praktisch überall in der Welt engagierte. Tradition und Interesse mußten also in Einklang gebracht werden, insbesondere dort, wo sich ein europäischer Verbündeter zurückzog. Das war 1947 in Griechenland und in der Türkei der Fall gewesen und trat 1954, nach der Niederlage der Franzosen in Indochina und nach der Genfer Indochina-Konferenz, erneut ein – der Koreakrieg lag anders (s. Kap. II, S. 68 f., 89 f.). Die USA traten dem Genfer Abkommen nicht bei; wenige Monate später wurde auf Betreiben des amerikanischen Außenministers Dulles in Manila der SEATO-Pakt geschlossen, das asiatische Gegenstück zum NATO-Vertrag. Der Vertrag und, vor allem, seine Protokolle sollten verhindern, daß das durch den Rückzug der Franzosen entstehende Machtvakuum durch eine andere Macht, insbesondere durch China oder die Sowjetunion, aufgefüllt werden würde.

Der SEATO-Pakt war ein Verteidigungsvertrag klassischer europäischer Prägung; er offenbarte damit ein weiteres Handicap der amerikanischen Außenpolitik in der Dritten Welt: ihre ausgesprochen europäische politische Kultur. Die USA hatten sich bei ihrer Gründung zwar bewußt vom System der europäischen Staaten abgegrenzt, das sie nicht reproduzieren wollten, sie übernahmen aber in ihrem Welt- und Konfliktverständnis zweifellos die europäische Tradition. Internationale Konflikte waren für sie in erster Linie militärische Konflikte, die mit den dafür zuständigen Instrumenten wie Militärallianzen und Truppeneinsatz bewältigt werden konnten. Der National Security Act von 1947, mit dem das amerikanische Verteidigungssystem neu organisiert und das Führungsgremium des National Security Council (NSC) eingerichtet wurde, war dann auch ganz darauf abgestellt, militärische Bedrohungen der amerikanischen Sicherheitsinteressen zu erfassen und abzuwehren (s. Kap. I, S. 33).

„Dieses System funktionierte“[7], wie Leslie Gelb festgestellt hat. Es diagnostizierte in Vietnam einen internationalen Konflikt zwischen Nord- und Südvietnam und reagierte dementsprechend: Von 1954 bis 1960 unterstützten die USA Südvietnam mit 1,8 Milliarden Dollar, die zu drei Fünfteln als Wirtschafts-, zu zwei Fünfteln als Militärhilfe gegeben wurden. Hinzu kamen 685 militärische Berater. Präsident Kennedy ging einen entscheidenden Schritt weiter. Aufgrund der Empfehlungen der Taylor/Rostow-Mission im Oktober 1961 engagierte er die USA militärisch direkt in Vietnam, indem amerikanische Truppen den Lufttransport und die Luftaufklärung sowie die Stützpunktverteidigung übernahmen und in entscheidenden Phasen auch kämpferisch eingriffen. Nur ein führender amerikanischer Regierungsvertreter erkannte den Fehler: George W. Ball, der stellvertretende Außenminister, aber er setzte sich nicht durch. Kennedy entsandte bis 1963 11 000 Mann nach Südvietnam, seine Regierung gab ihr indirektes Placet zur Ermordnung des südvietnamesischen Präsidenten Diem am 1. November 1963.

Durch den amerikanischen Eingriff wurde der international-militärische Aspekt der Auseinandersetzung weiter betont; er wurde von Präsident Johnson eindeutig in den Vordergrund gerückt. Johnson nahm einen nie ganz geklärten (und auch ergebnislosen) Angriff vietnamesischer Boote auf zwei amerikanische Zerstörer im Golf von Tonkin zum Anlaß, um sich vom Kongreß eine De-facto-Ermächtigung zur Kriegführung in Vietnam geben zu lassen und den amerikanischen Truppeneinsatz erheblich zu erhöhen. Die „Tonkin Gulf Resolution“ des Kongresses (D 47) stellt, verfassungspraktisch gesehen, den Höhepunkt der „imperialen Präsidentschaft“[8] dar: den praktischen Verzicht des Kongresses auf sein Recht zur Kriegserklärung. Der Krieg eskalierte schnell. Anfang 1965 nahm die amerikanische Luftwaffe ihre systematischen Angriffe gegen Nordvietnam auf; im gleichen Jahr standen schon 75 000 amerikanische Soldaten in Vietnam; zwei Jahre später, im November 1967, waren es 463 000. Aus dem Bürgerkrieg in Südvietnam war ein amerikanisch-nordvietnamesischer Krieg geworden.

Die Wende der amerikanischen Vietnam-Politik wurde eingeleitet durch die Kritik der öffentlichen Meinung, insbesondere der amerikanischen Jugend, und die wachsende Skepsis des amerikanischen Kongresses. Die zunehmenden Verluste der amerikanischen Streitkräfte öffneten der amerikanischen Gesellschaft die Augen dafür, daß sie sich in einem regelrechten Krieg befand, und sie erzeugten sofort den entsprechenden Korrekturimpuls. Im Kongreß sorgten die Untersuchungen über die Richtigkeit der Angaben beim Tonkin-Zwischenfall dafür, daß die Glaubwürdigkeit der Administration ins Wanken geriet. Die

7 Vgl. den Titel von Leslie H. Gelb (mit Richard K. Betts), The Irony of Vietnam: The System worked, Washington 1979.

8 Vgl. das Buch von Arthur M. Schlesinger Jr., The Imperial Presidency, New York 1973.

große Tet-Offensive des Vietcong vom Frühjahr 1968 bewies sodann, daß selbst mehr als 500 000 amerikanische Soldaten keinen Sieg gegen eine entschlossene Widerstandsbewegung erringen konnten. Mehr und mehr wurde der Vietnamkrieg zum Gegenstand des anlaufenden Präsidentschaftswahlkampfes in den USA.

Präsident Johnsons öffentlich bekanntgegebener Entschluß vom 31. März 1968, in dieser Wahl nicht mehr zu kandidieren (D 48), symbolisierte die Wende der amerikanischen Vietnam-Politik hin zu Deeskalation und Rückzug. Zu sehr hatte Präsident Johnson sich selbst und seine Administration mit dem Sieg in Vietnam identifiziert, als daß er die Wende hätte selbst vollenden können. Sein republikanischer Rivale Nixon bestritt seinen Wahlkampf zum großen Teil mit dem Versprechen, den Krieg in Vietnam zu beenden. Nachdem im Herbst 1968 in Paris Verhandlungen zwischen den USA und Hanoi aufgenommen worden waren, stellte Johnson am 31. Oktober die Bombardierungen Nordvietnams ein. Die Anzahl der amerikanischen Truppen wurde verringert, die Vietnamisierung des Krieges eingeleitet.

Dennoch dauerte es noch vier Jahre, bis der Krieg wirklich zu Ende ging. Präsident Nixon und sein Sicherheitsberater Kissinger zögerten das Ende immer weiter hinaus, nahmen auch die Bombardierungen Nordvietnams wieder auf, um einen möglichst ehrenvollen Frieden zu erreichen. Am 27. Januar 1973 wurde in Paris das „Abkommen über die Beendigung des Krieges und die Wiederherstellung des Friedens in Vietnam" unterzeichnet. Der Krieg hatte die USA 55 000 Tote, 200 000 Verletzte und 150 Milliarden Dollar gekostet – von den Verlusten der Vietnamesen ganz zu schweigen.

Die Erfahrung des Vietnamkrieges ist zu einem Trauma der amerikanischen Weltpolitik geworden, das bis heute andauert. Das Problem der amerikanischen Weltpolitik aber, die nicht-interventionistische Sicherung ihrer weltpolitischen Interessen, ist geblieben. Alle Nachfolger Kennedys und Johnsons haben versucht, darauf eine Antwort zu finden.

4. Die USA und die Dritte Welt

Auch in Afrika folgte die amerikanische Außenpolitik in den sechziger Jahren dem Nahost- und Vietnammuster (vgl. D 36, S. 227). Wo immer es darum ging, die Position der westlichen Verbündeten zu stärken oder die Ausnutzung ihres Rückzugs durch andere Staaten zu verhindern, waren die USA auf der Seite der Tradition. Das galt im algerischen Unabhängigkeitskrieg ebenso wie während der Sezession Katangas im Kongo. Wo dieses Problem nicht auftrat, zeigte die Regierung Kennedy ein sehr viel aufgeschlosseneres Gesicht gegenüber Afrika als ihre Vorgängerin. Kennedy räumte dem schwarzen Erdteil einen anerkannten Platz in der amerikanischen Weltpolitik ein, betrachtete ihn nicht nur als ein Einflußfeld der Verbündeten. Schon in seinem Wahlkampf hatte Kennedy auf die Folgen hingewiesen, die die Vernachlässigung Afrikas für die USA gebracht hatte. Sein Musterbeispiel war die Hinwendung Guineas zur Sowjetunion, nachdem die Vereinigten Staaten zwei Monate für die Anerkennung und acht Monate für die Entsendung eines Botschafters gebraucht hatten. Der zuständige Ressortleiter im Außenministerium Williams reiste 1961 dreimal nach Afrika und besuchte 25 Staaten. Daß er die Südafrikanische Republik dabei aussparte, war eine besondere Demonstration. Sie zeigte eine größere Aufgeschlossenheit der amerikanischen Regierung gegenüber der Gleichberechtigung aller Schwarzen, aber sie enthielt doch keine Änderung der Politik. Das galt auch noch 1966.

Wenn Präsident Kennedy gesagt hatte, „daß die Vereinigten Staaten nationalistische Bewegungen unterstützen, selbst wenn wir deswegen mit unseren Freunden in Europa Schwierigkeiten bekommen“[9], so hatte dies mehr verbale als praktisch-politische Bedeutung. Von den Afrikanern jedoch wurden Stellungnahmen dieser Art als Anzeichen dafür gewertet, daß die USA sich auch in Afrika als Anwalt der Entkolonialisierung betätigen würden. Das traf sicherlich zu, insofern Kennedy auf die Kolonialmächte, beispielsweise Portugal, einzuwirken versuchte, um deren Politik in Afrika zu mäßigen. Kam es aber zur Alternative zwischen der Unterstützung von Befreiungsbewegungen oder der der amerikanischen Alliierten, dann optierte Kennedy eindeutig für die Verbündeten. Der Mechanismus, der seinerzeit die Unterstützung der Franzosen in Indochina bewirkt hatte, war auch in Afrika aktiv. Die Verbündeten mußten den USA wichtiger sein als deren Politik in der Dritten Welt.

Das Strukturproblem der amerikanischen Außenpolitik stellte sich seit 1958 besonders drastisch in Lateinamerika, dem „Hinterhof“ der USA. Durch die Revolution Fidel Castros 1958 (s. Kap. III, S. 165 f.) war in Kuba ein alternatives politisches System entstanden, das sich 1961 eindeutig als sozialistisch bekannte und schon 1960, also vor der Schweinebucht-Invasion, seinen Schutz ausdrücklich in sowjetische Hände befohlen hatte. Um den sozialpolitischen Eindruck der kubanischen Revolution abzumildern, hatte Präsident Eisenhower schon die „Allianz für den Fortschritt“ begründet, die Kennedy dann übernahm und ausführte, ohne den beabsichtigten Erfolg erreichen zu können. Die USA griffen zu schärferen Mitteln, um Kuba zu isolieren. 1962 wurde die Insel auf dem achten Konsultationstreffen der Außenminister der Organisation der Amerikanischen Staaten wegen der Unvereinbarkeit des Marxismus-Leninismus mit dem amerikanischen System aus der OAS ausgeschlossen. Nach der kubanischen Raketenkrise schlossen die USA mit dreizehn lateinamerikanischen Staaten Militärhilfeabkommen, die besonders die Ausbildung zum Anti-Guerillakampf und die Verbesserung der Polizeieinheiten zum Gegenstand

9 Zitiert bei: Schlesinger, Tausend Tage (s. Anm. 5), S. 517.

hatten. 1964 wurde während des neunten Konsultationstreffens der amerikanischen Außenminister in Washington beschlossen, wegen dessen Beteiligung an der venezolanischen Befreiungsbewegung die wirtschaftlichen und diplomatischen Beziehungen zu Kuba abzubrechen. 1967 wurde der wirtschaftliche Boykott der Insel vereinbart.

Der Einsatz solcher traditioneller Mittel hatte sich 1954 in Guatemala (s. Kap. II, S. 87 ff.) und 1965 in der Dominikanischen Republik bewährt. Der Fall Kuba lag jedoch nicht in dieser Kontinuität. Hier hatte sich eine sozialpolitische Revolution durchgesetzt, die keineswegs gegen die USA gerichtet war und erst durch amerikanischen Druck antiamerikanisch wurde. Der sozialpolitische Vorgang fand sehr viel Interesse bei den Bevölkerungen Zentral- und Lateinamerikas. Dementsprechend war die erste Antwort der USA, die Bildung der „Allianz für den Fortschritt", die richtige. Dies hätte nur erfolgreich sein können, wenn es gelungen wäre, sie gegen den Widerstand der Eliten durchzusetzen. Dazu hätte es einer politischen Einmischung bedurft, zu der die USA aufgrund ihres Selbstverständnisses nicht fähig sind. Sie können erst reagieren, wenn das Problem militärische Formen annimmt und die Sicherheit direkt bedroht. Für die Beeinflussung der politischen Ursachen ist es dann meist zu spät.

Die Erfolgsaussichten einer Politik der Kontinuität in Lateinamerika wurden zusätzlich beeinträchtigt durch die Konterrevolutionen in Brasilien (1964) und Argentinien (1966), die die soziale Unterdrückung in diesen Ländern noch verschärften. Zwar gelang es, die vom Kuba Castros ausgehende Guerillabewegung in Argentinien, Peru, Guatemala, Kolumbien, Venezuela und Bolivien zu zerschlagen, die Ursachen selbst wurden davon jedoch nicht tangiert. Trotz der wirtschaftlichen Besserung in einigen Ländern Lateinamerikas in den Jahren 1968/69 nahm die sozialpolitisch verursachte Unruhe zu. Sie stellte die Vereinigten Staaten vor Probleme, die mit einer Politik der Kontinuität allein nicht zu lösen waren. Mit der „Allianz für den Fortschritt" hatten die USA die Kontinuität schon zu einem Teil verlassen. Die Allianz stellte einen groß angelegten Versuch dar, mit Auslandshilfe sozialpolitische Korrekturen einzuleiten. Generell hatte sich die amerikanische Auslandshilfe in den fünfziger Jahren vornehmlich auf Westeuropa und die unmittelbar am Ost-West-Konflikt beteiligten Staaten konzentriert; die Dritte Welt war kaum berücksichtigt worden.

Auch hier leitete Kennedy eine Änderung ein. 1961 bekam die amerikanische Auslandshilfe – wie die Rüstungskontrolle – ein eigenes Regierungsamt, die Agency for International Development (AID). Sie nahm die einzelnen Hilfsprogramme auf und integrierte sie. Mit dem Foreign Assistance Act von 1961 wurde der Sicherheitsaspekt in der amerikanischen Auslandshilfe weit nach hinten gerückt. Den Vorrang erhielt die Wirtschaftshilfe, deren Ziel die Errichtung und Stärkung freier Institutionen in der ganzen Welt sein sollte. Die Wirtschaftshilfe diente fortan nicht mehr ausschließlich der Bekämpfung des Kommunismus, sondern der Verknüpfung von wirtschaftlichem Wachstum und Demokratie. Kennedy stellte auch die Lebensmittelhilfe nach dem Public Law 480 von 1954 um zum „Food for Peace"-Programm. Es sollte durch den Verkauf und die Schenkung amerikanischer Lebensmittel unmittelbare Not lindern; 1967 wurde der Verkauf durch Kredite ersetzt. Desgleichen richtete Kennedy das Peace Corps ein, eine Art freiwilligen Entwicklungsdienst junger Amerikaner. Beide, das Food for Peace-Programm wie das Peace Corps, werden in ihrer Bedeutung nicht dadurch herabgemindert, daß auch sie nicht alle Ziele erreichten, das Peace Corps streckenweise sogar von der CIA als Deckung benutzt wurde. Im Durchschnitt belief sich die amerikanische Wirtschaftshilfe an die Dritte Welt (also ohne die Militärhilfe) in den sechziger Jahren auf rund vier Milliarden Dollar jährlich; allerdings ging der Löwenanteil infolge des Vietnamkrieges an die südostasiatischen Randstaaten und kam auf diese Weise immer mehr dem Krieg und weniger der Entwicklung zugute.

Es nimmt dem Kennedyschen Programm nichts von seiner Bedeutung, daß es nicht voll verwirklicht werden konnte. In dem durch Diskontinuität der Regierung gekennzeichneten amerikanischen politischen System ist es einer Administration nur schwer möglich, ihre formulierten Programme in der verfügbaren kurzen Zeit auch zu verwirklichen.

Dokumente 40–48

D 40: Kennedys „Strategie des Friedens“

Botschaft des Präsidenten John F. Kennedy an den Kongreß vom 28. März 1961

[. . .]

Grundsätze der Verteidigungspolitik

1. Das Hauptziel unserer Rüstung ist Frieden und nicht Krieg – sicherzustellen, daß unsere Waffen nie benutzt werden müssen – vor allen Kriegen abzuschrecken, seien es nun allgemeine oder begrenzte, mit Kernwaffen oder mit konventionellen Waffen geführte, große oder kleine Kriege – alle potentiellen Aggressoren davon zu überzeugen, daß jeder Angriff töricht wäre – das Rückrat für diplomatische Lösungen und Streitfragen zu schaffen – dafür zu sorgen, daß unsere Verhandlungsposition für eine Beendigung des Wettrüstens stark genug ist. Die Grundprobleme, vor denen die Welt heute steht, sind nicht für eine militärische Lösung geschaffen. Weder unsere Strategie noch unsere Haltung als Nation – und sicherlich nicht unsere Wirtschaft – dürfen von der ständigen Aufrechterhaltung einer großen militärischen Einrichtung abhängig werden. Unsere Verteidigungspolitik muß elastisch genug und unter Kontrolle sein, um mit unseren Bemühungen zur Erforschung aller Möglichkeiten in Einklang zu stehen, um jeden Schritt zur Verringerung der Spannungen tun zu können und um friedliche Lösungen sowie eine Sicherung der Rüstungsbegrenzungen zu erreichen. Die Diplomatie und die Verteidigung sind nicht mehr länger einander ausschließende Alternativen, von denen die eine herangezogen wird, wenn die andere fehlschlägt – beide müssen einander ergänzen.

Die so schwierige und so dringende Abrüstung ist seit 1945 so viel erörtert worden, jedoch konnte kein Fortschritt erzielt werden. Selbstbeschuldigungen sind in solchen Fällen selten nützlich, und wir unsererseits sind entschlossen, es erneut zu versuchen. Wenn wir dies tun, dann können wir feststellen, daß in der öffentlichen Auffassung beider Seiten während der letzten Jahre die Entschlossenheit, stark zu sein, mit der ausgesprochenen Bereitschaft, zu verhandeln, verbunden war. Was uns anbetrifft, so wissen wir, daß eine solche Haltung eine dialektische Wahrheit enthalten kann, und wir werden alles in unserer Macht Stehende tun, um dies in der Praxis zu beweisen. Dieser Haushalt steht in vollem Einklang mit unserem tiefen Wunsch nach ernsthaften Verhandlungen mit der anderen Seite über die Abrüstung. Wenn ein echter Fortschritt erreicht wird, dann wird in dem Maße, wie die Spannungen nachlassen, eine Verringerung in unserer Rüstung eintreten.

2. Unsere Waffen werden niemals gebraucht werden, um bei irgendeinem Angriff den ersten Schlag zu führen. Dies ist kein Eingeständnis der Schwäche, sondern eine Erklärung der Stärke. Dies entspricht unserer amerikanischen Tradition. Den Vorteil, den

dies etwa einem Angreifer bieten könnte, müssen wir dadurch wettmachen, daß wir die Fähigkeit unserer Streitkräfte zu schneller und wirksamer Reaktion auf jeden etwaigen aggressiven Schritt so steigern, daß jeder potentielle Aggressor zur Überzeugung gelangt, ein derartiger Schritt würde sich – da zu kostspielig und unergiebig – nicht empfehlen. Im Falle eines allgemeinen Krieges würde diese Doktrin bedeuten, daß diese Reaktionsfähigkeit bei jenem Teil der Streitkräfte liegen muß, die einen ersten Angriff überstehen können. Wir stellen keine Streitkräfte auf, die für einen ersten Schlag gegen irgendeine andere Nation bestimmt sind. Wir werden niemals jemanden bedrohen oder einen Angriff provozieren oder verursachen – wenn aber eine Aggression stattfinden sollte, dann wird unsere Reaktion schnell und wirksam erfolgen.

3. Unsere Rüstung muß ausreichend sein, um unseren Verpflichtungen zu entsprechen, um unsere Sicherheit zu garantieren, ohne dabei durch willkürliche Begrenzungen im Haushalt gebunden zu sein. Unsere Nation kann es sich leisten, stark zu sein – sie kann es sich jedoch nicht leisten, schwach zu sein. Wir werden tun, was notwendig ist, um uns stark zu machen und uns stark zu erhalten. Wir müssen selbstverständlich jede Gelegenheit ausnutzen, um unsere militärischen Ausgaben auf Grund wissenschaftlicher oder organisatorischer Fortschritte, neuer strategischer Konzeptionen, wirksamerer, überschaubarerer und damit einsatzbereiterer Verteidigungseinrichtungen oder internationaler Abmachungen über die Kontrolle und Begrenzung der Rüstung zu reduzieren. Wir dürfen jedoch nicht vor zusätzlichen Kosten zurückschrecken, wo diese notwendig sind. Die Mehrausgaben von 650 Millionen Dollar für das Haushaltsjahr 1962, die von mir heute empfohlen werden, sind, wenngleich relativ klein, doch zu dringend, um von einem Haushalt bestimmt zu werden, der zum großen Teil vor dem Abschluß oder der Überprüfung unserer Verteidigung ausgearbeitet worden ist. Es ist sogar so, daß auf lange Sicht die Auswirkungen all dieser Veränderungen, die ich empfehle, für einen sparsamen Haushalt sorgen werden. Ich kann jedoch nicht versprechen, daß wir in den kommenden Jahren nicht bereit sein müssen, noch mehr für das auszugeben, was einfach unabdingbar ist. Viel wird davon abhängen, welchen Kurs andere Nationen verfolgen. In Prozenten unseres Bruttosozialprodukts ausgedrückt, als Anteil an unserem Gesamtbudget und im Verhältnis zu unseren nationalen Anstrengungen in früheren Kriegszeiten liegt diese Zunahme der Verteidigungsausgaben immer noch wesentlich unter dem, was unsere Bürger für eine Garantie ihrer Sicherheit zu tun bereit waren und heute zu tun in der Lage sind – eine Garantie, die wir hoffentlich nie brauchen werden – eine Garantie, die wir uns aber trotzdem erkaufen müssen.

4. Unsere Rüstung muß zu allen Zeiten, im Kriege wie im Frieden, einer zivilen Kontrolle und einem zivilen Kommando unterstehen. Die grundsätzlichen Entscheidungen über unsere Beteiligung an irgendeinem Konflikt und unsere Reaktion auf irgendeine Drohung – einschließlich aller Entscheidungen bezüglich der Anwendung von Kernwaffen oder der Ausweitung eines kleinen Krieges in einen großen – werden durch die ordnungsgemäß eingesetzten zivilen Behörden getroffen werden. Dies erfordert wirksame und geschützte Organisationen, Verfahren, Einrichtungen und Nachrichtenverbindungen im Falle eines Angriffs auf dieses Ziel, ebenso wie Verteidigungsmaßnahmen, die darauf angelegt sind, wohldurchdachte und dem Zweck entsprechende Entscheidungen durch die zivilen Behörden zu garantieren. Diese Botschaft und dieses Budget spiegeln dieses grundlegende Prinzip ebenfalls wider. Der Verteidigungsminister und ich haben den ernsten Rat unserer erfahrenen militärischen Berater und vieler anderer angehört – und sie unterstützen praktisch die große Mehrheit der in diesem Budget niedergelegten

Entscheidungen. Ich habe jedoch niemandem die Verantwortung für die Entscheidungen übertragen, die mir durch die Verfassung auferlegt worden sind.

5. Unsere strategische Rüstung und Verteidigung muß ausreichend sein, um vor jedem absichtlichen Kernwaffenangriff auf die Vereinigten Staaten oder unsere Verbündeten abzuschrecken – indem jedem potentiellen Aggressor klargemacht wird, daß ausreichende Vergeltungskräfte in der Lage sein werden, einen ersten Schlag zu überstehen und seine Verteidigung zu durchdringen, um ihm untragbare Verluste zuzufügen. Wie ich in einer Ansprache vor dem Senat vor etwa 31 Monaten angedeutet habe, hängt diese Abschreckungsstärke nicht von einem einfachen Vergleich der etwa vor einem Angriff verfügbaren Raketen ab. Es ist seit einigen Jahren öffentlich eingestanden worden, daß unsere Nation bezüglich der Raketenstärke in der Welt nicht führend war. Darüber hinaus werden wir in einem Konflikt niemals zuerst zuschlagen. Aber was wir haben und was wir weiterhin haben müssen, ist die Fähigkeit, einen ersten Schlag zu überleben und mit vernichtender Gewalt zu anworten. Diese Abschreckungsstärke hängt nicht nur von der Zahl unserer Raketen und Bomber ab, sondern von ihrer Einsatzbereitschaft, ihrer Fähigkeit, einen Angriff zu überstehen, und der Elastizität und Genauigkeit, mit der wir sie kontrollieren können, um unsere nationalen Zielsetzungen und strategischen Ziele zu erreichen.

6. Die Stärke und Gruppierung unserer Streitkräfte zusammen mit denen unserer Verbündeten sollte machtvoll und beweglich genug sein, um eine stetige Aushöhlung der freien Welt durch begrenzte Kriege zu verhindern; und diese Rolle sollte die Hauptaufgabe unserer Streitkräfte im Ausland bilden. Nichtatomare Kriege und eine begrenzte oder Partisanenkriegführung haben seit 1945 die akuteste und konstanteste Bedrohung der Sicherheit der freien Welt dargestellt. Jene Einheiten unserer Streitkräfte, die in Übersee stationiert oder für den Einsatz in Übersee bestimmt sind, können am besten auf eine Abschreckung oder Begrenzung solcher Konflikte hin ausgerichtet werden, die einen allgemeinen nuklearen Angriff nicht rechtfertigen und nicht zu einem solchen führen dürfen. Im Falle einer größeren Aggression, die mit konventionellen Streitkräften nicht zurückgewiesen werden könnte, müssen wir zu jeder entsprechenden Maßnahme, mit welchen Waffen auch immer, bereit sein. Aber unser Ziel ist es, jetzt die Fähigkeit, unsere Antwort auf nichtatomare Waffen zu beschränken, zu stärken und den Anreiz für eine begrenzte Aggression dadurch zu vermindern, daß wir ganz klarmachen, was wir mit unserer Antwort erreichen werden. In den meisten Teilen der Welt muß die Hauptlast der örtlichen Verteidigung gegen offenkundige Angriffe, Unterwanderung und Partisanenkriegführung auf der örtlichen Bevölkerung und den örtlichen Streitkräften ruhen. Aber angesichts der großen Wahrscheinlichkeit und des Ernstes dieser Drohung müssen wir zu einem wesentlichen Beitrag in Form starker, überaus beweglicher und für diese Art von Kriegsführung ausgebildeter Streitkräfte – von denen ein Teil in vorgeschobenen Gebieten stationiert ist – bereit sein. Diese müssen den wesentlichen Anforderungen eines Luft- und Seetransportes genügen und über im voraus angelegte Versorgungsstützpunkte in Übersee verfügen.

7. Unsere Verteidigungsposition muß sowohl flexibel wie auch entschlossen sein. Jeder potentielle Aggressor, der einen Angriff auf irgendeinen Teil der freien Welt, sei es mit konventionellen oder mit nuklearen Waffen, in Erwägung zieht, muß wissen, daß unsere Reaktion der Herausforderung entspricht, auf bestimmte Ziele konzentriert schnell sowie wirksam erfolgen wird.

Wenn der Aggressor auch über das genaue Wie und Wo unserer Reaktion im unklaren sein mag, so darf doch keinerlei Unsicherheit über unsere Entschlossenheit und Fähigkeit herrschen, alle für die Erfüllung unserer Verpflichtungen etwa notwendigen Maßnahmen zu ergreifen. Wir müssen in der Lage sein, überlegte Entscheidungen in bezug auf Waffen und Strategie zu treffen, das Tempo unserer Produktion zu wechseln und die Ausrichtung unserer Streitkräfte so zu verändern, daß sie den schnell wechselnden Umständen oder Zielen in kürzester Frist und unter allen Umständen gerecht zu werden vermögen. Unsere Waffensysteme müssen so verwendbar sein, daß sie eine genaue Beratung und Entscheidung in bezug auf den Zeitpunkt, das Ausmaß und die Zielsetzung entsprechend den von den Zivilstellen getroffenen Entscheidungen gestatten, und unsere Verteidigung muß gegen einen ersten Überraschungsschlag gefeit sein. Geld für den Aufbau einer Produktionskapazität auszugeben und Entwicklungsprojekte zu beginnen, die vielleicht niemals genutzt werden – so wie es in diesem Budget vorgeschlagen wird – heißt eine Versicherung eingehen, bei der einem später Alternativlösungen offenstehen.

8. Unsere Verteidigungsposition muß so gestaltet werden, daß durch sie die Gefahr eines aus irrationalen Motiven entspringenden oder unbeabsichtigten allgemeinen Krieges verringert wird – die Gefahr einer unnötigen Ausweitung eines kleinen Krieges in einen größeren oder der falschen Einschätzung oder der falschen Interpretierung eines Zwischenfalles oder der gegnerischen Absichten. Unsere auf diplomatischem Wege unternommenen Anstrengungen, um Abkommen zur Verhinderung eines Überraschungsangriffes sowie zur Unterbindung der Verbreitung von Atomwaffen zu erreichen – ja, alle unsere Anstrengungen zur Beendigung des Wettrüstens –, laufen auf dieses Ziel hinaus. Wir werden uns um eine Verbesserung der Kontakte zwischen allen Ländern bemühen, um unsere eigenen Absichten und unsere Entschlossenheit klarzumachen und zu verhindern, daß irgendein Land die Reaktion irgendeines anderen unterschätzt, wie dies so oft in der Vergangenheit der Fall gewesen ist. Darüber hinaus müssen unsere eigenen Maßnahmen auf militärischem Gebiet gegen die Möglichkeit unbeabsichtigter, einen Krieg auslösender Zwischenfälle abgeschirmt werden. Aber, was noch wichtiger ist, wir müssen sicherstellen, daß unsere Vergeltungsstärke sich nicht auf Entscheidungen aufbaut, die auf Grund nuklearer Verhältnisse gefällt wurden oder einen katatstrophalen Fehler zulassen.

Es wäre zu diesem Zeitpunkt oder in dieser Botschaft auch nicht angebracht, unsere Stärke übertrieben darzustellen oder sich lang und breit über unsere Erfordernisse und die Gefahren auszulassen. Es genügt wohl, zu sagen, daß die jetzt folgenden haushaltsmäßigen Empfehlungen zusammen mit anderen politischen, organisatorischen und hiermit in Zusammenhang stehenden Änderungen und gegenwärtig im Gange befindlichen administrativen Studien eine Erhöhung der Stärke, Flexibilität und Kontrolle unserer Verteidigungseinrichtungen entsprechend den oben dargelegten politischen Richtlinien bezwecken sollen.

[. . .]

Quelle: Europa-Archiv, 1961, D 252 – D 256.

D 41: Streitkräftevergleich USA–UdSSR, Stand 1960

	Vereinigte Staaten	Sowjetunion
Mannschaftsstärke	2 476 000	3 623 000
Nuklearstrategische Offensivkräfte		
Bomber		
Langstreckenbomber	540	160–190
Mittelstreckenbomber	1775	1000
Marschflugkörper[1]	30	wenige
Ballistische Raketen		
ICBMs	12	<50
SLBMs[2]	48	48
Sprengköpfe	60	<100
Abwehrkräfte		
ABM	0	0
Abfangjäger[3]	2700	5000
Boden-Luft-Raketen[3]	4400	4800
Gefechtsfeldgebundene Nuklearstreitkräfte		
MRBM/IRBM[4]	51	200
andere	viele	wenige
Landstreitkräfte		
Mannschaftsstärke		
Heer/Bodentruppen	873 000	2 250 000
Marines/Marineinfanterie	170 600	wenige
Divisionen		
Heer/Bodentruppen	14	136
Marines/Marineinfanterie	3	0
Kampfpanzer[5]	12 975	35 000

1 Die sowjetischen Kurzstrecken-Marschflugkörper SS-N-1 auf den Zerstörern der Kilden- und Krupny-Klasse waren in erster Linie Anti-Schiffs-Waffen, besaßen aber auch eine Nuklearkapazität gegen Küstenziele. Die amerikanischen Marschflugkörper des Typs Snark standen in Presque Isle, Maine. Ihre Reichweite betrug etwa 5500 Seemeilen.

2 Sechs sowjetische Zulu-V-U-Boote mit je zwei SS-N-4 SLBMs wurden Ende der fünfziger Jahre eingeführt. Zehn Golf-I- und zwei Hotel-I-U-Boote mit je drei SS-N-4-Raketen wurden 1960 in Dienst gestellt. Alle U-Boote mußten zum Abschuß ihrer Raketen auftauchen.

3 Die Zahlen für die Vereinigten Staaten enthalten die Abfangjäger und SAM-Systeme der Reserveeinheiten von Heer und Luftwaffe.

4 Einschließlich von zwei Jupiter-Staffeln in Italien (insgesamt 25 Raketen) und einer Jupiter-Staffel in der Türkei (26 Raketen), aber ohne die nach Großbritannien entsandten Thor-IRBMs, da diese, nachdem sie einsatzbereit waren, in die Befehlsgewalt der Royal Air Force (RAF) übergingen.

5 Die amerikanischen Kampfpanzer setzen sich aus 12 500 Kampfpanzern des Heeres und 475 Kampfpanzern der Marineinfanterie zusammen.

	Vereinigte Staaten	Sowjetunion
Taktische Luftstreitkräfte		
Jäger/Kampfflugzeuge		
landgestützt[6]	1805	4000
trägergestützt	1300	0
Mittelstreckenbomber[7]	0	1000
Seestreitkräfte		
Flugzeugträger	23	0
Kreuzer[8]	13	23
Zerstörer	226	124
Fregatten/andere Geleitfahrzeuge	41	13
Angriffs-U-Boote	111	404
Landungsschiffe[9]	113	0
landgestützte Bomber[10]	0	500
Transportkräfte		
Lufttransporter[11]	1725	1065
Seetransporter	954	873

Quelle: John M. Collins: U.S.-Soviet Military Balance. Concepts and Capabilities 1960–1980, o. O. 1980, S. 37–38.

6 Die amerikanischen Kampfflugzeuge setzen sich aus 1180 Kampfflugzeugen der Luftwaffe und 625 Kampfflugzeugen der Marineinfanterie zusammen.

7 Es handelt sich um die gleichen sowjetischen Mittelstreckenbomber wie in den Spalten für die strategischen und taktischen Luftstreitkräfte.

8 Der Plan Chruschtschows, die Kreuzer zu verschrotten, wurde von Flottenadmiral Gorschkow bekämpft und war zu Beginn der sechziger Jahre noch immer im Diskussionsstadium. Außerdienststellungen reduzierten die Zahl auf 19 im Jahre 1964.

9 Die sowjetische Marineinfanterie, während des Zweiten Weltkrieges eingesetzt, war 1960 nicht mehr vorhanden. Kleine Regimenter wurden 1961–1962 wieder aufgestellt. Die größten zur Verfügung stehenden Transportmittel waren Landing Craft Utility (LCUs).

10 Die Zahl der sowjetischen landgestützten Marineflieger, mehr als 1000 Ende der fünfziger Jahre, nahm drastisch ab, nachdem die Jägerstaffeln der PVO (Luftverteidigung) unterstellt wurden. Die oben angegebene Zahl umfaßt ausschließlich Bomber zur Schiffsbekämpfung.

11 Ohne die amerikanische Civil Reserve Air Fleet (CRF) und die sowjetische Aeroflot, aber einschließlich der aktiven, in Reserve befindlichen, strategischen und taktischen Lufttransportkräfte. Die sowjetischen Flugzeugtypen sind 140 AN-12 Cubs, 150 AN-8 Camps und 775 LI-2.

D 42: Historische Veränderungen der militärischen Stärke 1963–1973 (Jahresmittel)

		1963	1964	1965	1966	1967	1968	1969	1970	1971	1972	1973
USA	ICBM	424	834	854	904	1054	1054	1054	1054	1054	1054	1054
	SLBM	224	416	496	592	656	656	656	656	656	656	656
	Langstrecken-bomber[1]	630	630	630	630	600	545	560	550	505	455	442
UdSSR	ICBM	100	200	270	300	460	800	1050	1300	1510[2]	1527[2]	1527[2]
	SLBM	100	120	120	125	130	130	160	280	440	560	628
	Langstrecken-bomber[1]	190	190	190	200	210	150	150	150	140	140	140

Quelle: International Institute For Strategic Studies: The Military Balance 1973–1974, London 1973, S. 71.

D 43: Kennedys Programm für eine „vollständige Abrüstung in einer friedlichen Welt"

Programm der Vereinigten Staaten für eine allgemeine und vollständige Abrüstung in einer friedlichen Welt, als Resolutionsentwurf der UN-Vollversammlung unterbreitet am 25. September 1961

Die Völker der Erde,

in dem Bewußtsein der Krise in der Geschichte der Menschheit, die durch die revolutionäre Entwicklung moderner Waffen in einer von ernsten ideologischen Auseinandersetzungen gespaltenen Welt hervorgerufen wurde, und

in dem Entschluß, die heutigen und künftigen Generationen vor der Geißel des Krieges und den Gefahren und Belastungen des Wettrüstens zu bewahren und Bedingungen zu schaffen, unter denen alle Völker in Freiheit und Frieden danach trachten können, ihre grundlegenden Aspirationen zu verwirklichen,

erklären es als ihr Ziel: eine freie, sichere und friedliche Welt unabhängiger Staaten zu schaffen, die gemeinsame Normen der Gerechtigkeit und des internationalen Verhaltens befolgen und die Anwendung von Gewalt der Herrschaft des Rechts unterordnen; eine Welt, in der sich die Anpassung an den Wandel der Verhältnisse in Übereinstimmung mit den Grundsätzen der Vereinten Nationen vollzieht; eine Welt, die sich in einem ständigen Zustand der allgemeinen und vollständigen Abrüstung unter wirksamer internationaler

1 Langstreckenbomber = maximale Reichweite über 6000 Meilen; Mittelstreckenbomber = maximale Reichweite 3500–6000 Meilen, in erster Linie für Bombereinsätze ausgelegt.

2 Einschließlich der innerhalb von IRBM/MRBM-Feldern dislozierten ICBMs.

Kontrolle befindet, und in der die Hilfsquellen der Staaten dem materiellen, kulturellen und geistigen Fortschritt des Menschen dienen;

proklamieren als Teilziele eines Programms zur allgemeinen und vollständigen Abrüstung in einer friedlichen Welt:

a) die Auflösung aller nationalen Streitkräfte mit Ausnahme derer, die für die Aufrechterhaltung der inneren Ordnung und als Kontingente für eine UN-Friedenstruppe benötigt werden, und das Verbot ihrer Wiederaufstellung in jedweder Form;

b) die Herausnahme sämtlichen Rüstungsmaterials, einschließlich aller Massenvernichtungswaffen und deren Einsatzmittel aus den nationalen Arsenalen mit Ausnahme derer, die für eine UN-Friedenstruppe und für die Aufrechterhaltung der inneren Ordnung erforderlich sind;

c) die Schaffung und erfolgreiche Tätigkeit einer internationalen Abrüstungsorganisation [International Disarmament Organization – IDO] im Rahmen der Vereinten Nationen, um die Erfüllung aller Abrüstungsverpflichtungen jederzeit sicherzustellen;

d) die Bereitstellung wirksamer Mittel für den Vollzug internationaler Abmachungen, für die Beilegung von Meinungsverschiedenheiten und für die Aufrechterhaltung des Friedens in Übereinstimmung mit den Grundsätzen der Vereinten Nationen;

fordern die verhandelnden Staaten auf,

a) den nachstehend dargelegten Programmabriß zu einem vertraglichen Plan für eine allgemeine und vollständige Abrüstung welterzuentwickeln und ihre Anstrengungen ohne Unterbrechung so lange fortzusetzen, bis das gesamte Programm verwirklicht ist;

b) zu diesem Zweck den weitestmöglichen Bereich der Übereinstimmung zu dem frühestmöglichen Zeitpunkt anzustreben;

c) ferner – ohne den Fortgang des Abrüstungsprogramms zu beeinträchtigen – eine Übereinkunft bezüglich jener Sofortmaßnahmen zu erstreben, die zur gemeinsamen Sicherheit der Staaten beitragen würden und die Durchführung des Programms erleichtern und Teil desselben bilden könnten;

bekräftigen, daß die Abrüstungsverhandlungen von folgenden Grundsätzen geleitet werden sollen:

a) Die Abrüstung soll so rasch wie möglich bis zu ihrer Vollendung in Phasen vollzogen werden, die wohlausgewogene, gegliederte und durch Sicherheiten garantierte Maßnahmen einschließen, wobei jede Maßnahme und Phase innerhalb eines vereinbarten Zeitraums abgewickelt werden soll.

b) Die Erfüllung aller Abrüstungsverpflichtungen soll von ihrem Inkrafttreten an wirksam verifiziert werden. Die Verifizierungsvorkehrungen sollen schrittweise und auf solche Weise getroffen werden, daß nicht nur festgestellt wird, ob vereinbarte Beschränkungen oder Bestandsverringerungen vorgenommen werden, sondern auch ob nicht die verbleibenden Streitkräfte und Waffen in irgendeiner Phase den vereinbarten Stand überschreiten.

c) Die Abrüstung soll in einer Weise vorgenommen werden, die die Sicherheit keines Staates abträglich berührt, gleichgültig ob es sich um einen Partner einer internationalen Abmachung oder Vereinbarung handelt oder nicht.

d) Während die Staaten sich ihrer Waffen entledigen, sollen die Vereinten Nationen Schritt für Schritt gestärkt werden, um ihre Fähigkeit zu steigern, die internationale Sicherheit und die friedliche Regelung von Streitfällen zu gewährleisten und auch die Entwicklung der internationalen Zusammenarbeit bei gemeinsamen Aufgaben zum Wohle der Menschheit zu erleichtern.

e) Der Übergang von einer Phase der Abrüstung zur nächsten soll erfolgen, sobald alle Maßnahmen der vorausgegangenen Phase ausgeführt sind – wobei die wirksame Verifizierung fortgesetzt wird – und sobald die Vorkehrungen, die für die nächste Phase als notwendig anerkannt wurden, getroffen worden sind;

einigen sich auf den folgenden Programmabriß für die Verwirklichung einer allgemeinen und vollständigen Abrüstung:

Phase I

A. Schaffung einer internationalen Abrüstungsorganisation

a) Es soll bei Inkrafttreten der Übereinkunft eine internationale Abrüstungsorganisation im Rahmen der Vereinten Nationen errichtet werden. Ihre Funktionen sollen progressiv erweitert werden, wie dies für die wirksame Verifizierung des Abrüstungsprogramms erforderlich ist.

b) Die IDO soll umfassen: 1. eine Vollkonferenz [General Conference] aller Signatarstaaten; 2. eine Kommission [Commission], die sich aus Vertretern aller Großmächte als ständige Miglieder und verschiedener anderer Staaten nach dem Prinzip der Rotation zusammensetzt; 3. einen Administrator, der die Organisation gemäß den Anweisungen der Kommission verwalten und die Befugnisse, die Mitarbeiter und die finanziellen Mittel haben soll, um eine wirksame, unparteiische Ausübung der Funktionen der Organisation sicherzustellen.

c) Die IDO soll: 1. die Erfüllung der übernommenen Verpflichtungen durch die Verifizierung der Ausführung der vertraglich vereinbarten Maßnahmen sicherstellen; 2. die Staaten bei der Ausarbeitung der Einzelheiten der vereinbarten weiteren Verifizierung der Abrüstungsmaßnahmen unterstützen; 3. für die Schaffung solcher Körperschaften, die für die Ausarbeitung der Einzelheiten der weiteren, im Programm vorgesehenen Maßnahmen notwendig sind, und solcher Studiengruppen von Fachleuten Sorge tragen, die erforderlich werden könnten, um die Abrüstungsfragen einer fortgesetzten Überprüfung zu unterziehen; 4. Berichte über den Fortgang der Abrüstungs- und Verifizierungsvereinbarungen entgegennehmen und den Zeitpunkt für den Übergang von einer Phase zur nächsten bestimmen.

B. Verringerung der Truppen- und Rüstungsstärken

a) Die Truppenstärken sollen für die Vereinigten Staaten und die Sowjetunion auf 2,1 Millionen und für alle anderen größeren Militärmächte auf solche angemessenen Stärken beschränkt werden, die jeweils 2,1 Millionen nicht überschreiten. Die Verringerung auf die vereinbarten Stärken wird in zumutbaren, proportionalen und verifizierten Stufen erfolgen.

b) Die Bestände an Rüstungsmaterial vorgeschriebener Typen sollen in zumutbaren und wohlausgewogenen Stufen verringert werden. Die Bestandsverringerungen sollen durch die Überstellung der Waffen an Depots erfolgen, die von der IDO überwacht werden. Wenn die Signatarstaaten der Übereinkunft zu bestimmten Zeiten während des Verringerungsprozesses der Phase I darin übereinstimmen, daß die Rüstungs- und Truppenstärken auf den vorgeschriebenen Stand gebracht worden sind, sollen die Waffen in den Depots zerstört oder der friedlichen Verwendung zugeführt werden.

c) Die Herstellung von bestimmten vereinbarten Waffentypen soll beschränkt werden.

d) Eine Fachkommission für chemische, biologische und radiologische Waffen [CBR Experts Commission] soll innerhalb der IDO zu dem Zweck geschaffen werden, die Möglichkeit und die Methoden der Verwirklichung einer verifizierbaren Verringerung und schließlichen Beseitigung der Vorräte an CBR-Waffen und der Einstellung der Produktion derselben zu untersuchen und darüber Bericht zu erstatten.

C. Einschränkung und Verringerung der Bedrohung durch Kernwaffen

a) Staaten, die einem Vertrag zu einem wirksamen Verbot der Erprobung von Kernwaffen nicht beigetreten sind, sollen dies tun.

b) Die Herstellung von spaltbarem Material für die Verwendung in Waffen soll eingestellt werden.

c) Bei Einstellung der Produktion von spaltbarem Material für die Verwendung in Waffen sollen vereinbarte erste Mengen von spaltbarem Material aus früherer Produktion der friedlichen Verwendung zugeführt werden.

d) Alles spaltbare Material, das von einem Land in ein anderes für friedliche Verwendungszwecke verbracht wird, soll geeigneten Sicherheitsvorschriften unterliegen, die in Übereinstimmung mit der Internationalen Atomenergiebehörde (IAEA) ausgearbeitet werden sollen.

e) Staaten, die Kernwaffen besitzen, sollen die Kontrolle über derartige Waffen keinem Staat einräumen, der keine besitzt, und sollen keinem derartigen Land Informationen oder Materialien liefern, die für ihre Herstellung erforderlich sind. Staaten, die keine Kernwaffen besitzen, sollen keine derartigen Waffen herstellen, nicht die Kontrolle über derartige Waffen im Besitz anderer Staaten zu erlangen suchen oder danach trachten, Informationen oder Materialien zu erhalten, die für deren Herstellung notwendig sind.

f) Eine Fachkommission für Atomfragen [Nuclear Experts Commission] aus Vertretern der Atommächte soll innerhalb der IDO zu dem Zweck errichtet werden, die Möglichkeit und die Methoden der Verwirklichung einer verifizierten Verringerung und der schließlichen Beseitigung der Vorräte an Kernwaffen zu untersuchen und darüber Bericht zu erstatten.

D. Verringerung der Bestände an Kernwaffenträgern für den strategischen Einsatz

a) Die Bestände an Kernwaffenträgern für den strategischen Einsatz bestimmter Kategorien und an vereinbarten Typen und Trägerabwehrwaffen sollen in zumutbaren und wohlausgewogenen Stufen auf einen vereinbarten Stand verringert werden. Die Bestandsverringerung soll auf jeder Stufe durch die Überstellung der über den Stand hinaus, der für die jeweilige Stufe vereinbart ist, vorhandenen Träger an Depots erfolgen, die von der IDO überwacht werden. Zu bestimmten Zeiten während der Bestandsverringerung in der Phase I sollen die Träger, die der Aufsicht der IDO unterstellt worden sind, zerstört oder der friedlichen Verwendung zugeführt werden.

b) Die Herstellung vereinbarter Kategorien von Kernwaffenträgern für den strategischen Einsatz und vereinbarter Typen von Trägerabwehrwaffen soll eingestellt oder beschränkt werden.

c) Die Erprobung vereinbarter Kategorien von Kernwaffenträgern für den strategischen Einsatz und vereinbarter Typen von Trägerabwehrwaffen soll beschränkt oder eingestellt werden.

E. Förderung der friedlichen Nutzung des Weltraums

a) Die Verbringung von Massenvernichtungswaffen auf eine Kreisbahn um die Erde oder deren Stationierung im Weltraum soll verboten werden.

b) Die Staaten sollen den Teilnehmerstaaten und der IDO im voraus Mitteilung über den Abschuß von Raumflugkörpern und Raketen sowie über deren Flugbahn machen.

F. Verringerung der Gefahr eines Krieges durch Zufall, Fehleinschätzung und Überraschungsangriff

a) Die Staaten sollen den anderen Teilnehmerstaaten und der IDO im voraus Mitteilung von größeren Truppenverschiebungen und Manövern der vereinbarten Größenordnung machen, die Anlaß zu Fehlinterpretationen geben oder Beunruhigung hervorrufen und Gegenmanöver auslösen könnten. Die Mitteilung soll Angaben über das zu benutzende Gebiet und die Art, das Ausmaß und die Zeitdauer des Geschehens einschließen.

b) an Orten, wie größeren Häfen, Eisenbahnknotenpunkten, Fernstraßen und Flugplätzen, sollen Beobachtungsposten errichtet werden, um über Truppenmassierungen und -bewegungen Bericht zu erstatten.

c) Ferner sollen noch zu vereinbarende zusätzliche Inspektionsvorkehrungen getroffen werden, um die Gefahr von Überraschungsangriffen zu verringern.

d) Es soll eine internationale Kommission unmittelbar innerhalb der IDO geschaffen werden, um die Möglichkeiten für weitere Maßnahmen zur Verringerung des Risikos eines Krieges mit Kernwaffen auf Grund von Zufällen, der Fehleinschätzung oder des Ausfalls von Nachrichtenmitteln zu untersuchen und entsprechende Vorschläge zu unterbreiten.

G. Erhaltung des Friedens

a) Die Staaten sollen ihre Verpflichtungen gemäß der Charta der Vereinten Nationen bekräftigen, sich der Drohung mit jeder Art von Streitkräften – einschließlich aller mit Kernwaffen, herkömmlichen Waffen oder ABC-Waffen ausgerüsteten Truppen – und des Einsatzes derselben entgegen den Grundsätzen der UN-Charta zu enthalten.

b) Die Staaten sollen dahingehend übereinkommen, sich jeder gegen ein anderes Land gerichteten indirekten Aggression oder subversiven Tätigkeit zu enthalten.

c) Die Staaten sollen sich aller geeigneten Verfahren für die friedliche Beilegung von Meinungsverschiedenheiten bedienen und sich bemühen, im Rahmen der Vereinten Nationen weitere Vereinbarungen für die friedliche Beilegung internationaler Meinungsverschiedenheiten und die Kodifizierung und progressive Weiterentwicklung des internationalen Rechts zu treffen.

d) Die Staaten sollen in der Phase I Vereinbarungen für die Schaffung einer UN-Friedenstruppe in der Phase II treffen.

e) Eine Friedensbeobachtungsgruppe der Vereinten Nationen soll mit einem ständigen Kader von Beobachtern ausgestattet werden, die ausgesandt werden können, um jede Situation zu untersuchen, die eine Bedrohung oder einen Bruch des Friedens darstellen könnte.

Phase II

A. Internationale Abrüstungsorganisation

Die Befugnisse und Verantwortlichkeiten der IDO sollen progressiv erweitert werden, um sie in die Lage zu versetzen, die in der Phase II durchzuführenden Maßnahmen zu verifizieren.

B. Weitere Verringerung der Truppen und Rüstungsstärken

a) Die Truppenstärken der Vereinigten Staaten, der Sowjetunion und anderer Militärmächte sollen weiter beträchtlich und in zumutbaren und wohlausgewogenen Stufen auf den vereinbarten Stand verringert werden.

b) Der Bestand an Rüstungsmaterial festgesetzter Typen soll weiter in zumutbaren und wohlausgewogenen Stufen verringert werden. Die Bestandsverringerung soll durch die Überstellung von Rüstungsmaterial an Depots vorgenommen werden, die der Aufsicht der IDO unterstehen. Wenn die Signatarstaaten zu bestimmten Zeitpunkten während der Bestandsverringerung in der Phase II darin übereinstimmen, daß die Rüstungs- und Truppenstärken auf den vorgeschriebenen Stand gebracht worden sind, sollen die Waffen in den Depots zerstört oder der friedlichen Verwendung zugeführt werden.

c) Es sollen weitere vereinbarte Beschränkungen der Herstellung von Rüstungsmaterial vorgenommen werden.

d) Vereinbarte militärische Stützpunkte und Einrichtungen sollen, wo immer sie auch liegen mögen, geschleift oder der friedlichen Verwendung zugeführt werden.

e) Nach Maßgabe des Gutachtens des Experten-Ausschusses für Fragen der CBR-Waffen sollen die Herstellung von CBR-Waffen eingestellt, bestehende Vorräte schrittweise abgebaut und sich ergebende Überschußbestände vernichtet oder der friedlichen Verwendung zugeführt werden.

C. Weitere Verringerung der Bedrohung mit Kernwaffen

Vorräte an Kernwaffen sollen schrittweise bis auf einen Stand verringert werden, der auf Grund des Gutachtens der Fachkommission der Atomwissenschaftler vereinbart wird; verbleibende Überschußbestände an spaltbarem Material sollen der friedlichen Verwendung zugeführt werden.

D. Weitere Verringerung der Bestände an Kernwaffenträgern für den strategischen Einsatz

Eine weitere Verringerung der Bestände an Kernwaffenträgern für den strategischen Einsatz und an vereinbarten Typen von Trägerabwehrwaffen soll in Übereinstimmung mit den in Phase I dargelegten Verfahren vorgenommen werden.

E. Erhaltung des Friedens

Während der Phase II sollen die Staaten die zur Erhaltung des Friedens geeigneten Verfahren der Vereinten Nationen mit dem Ziel weiterentwickeln, die Vereinten Nationen in die Lage zu versetzen, in der Phase III wirksam von jeder Drohung mit Gewalt und Gewaltanwendung in Verletzung der Zielsetzungen und der Grundsätze der Vereinten Nationen abzuschrecken und ihr entgegenzutreten.

a) Die Staaten sollen sich auf die Stärkung der Struktur, der Befugnisse und der Tätigkeit der Vereinten Nationen einigen, um sicherzustellen, daß die Vereinten Nationen in der Lage sind, die Staaten wirkungsvoll vor der Bedrohung oder dem Bruch des Friedens zu schützen.

b) Die UN-Friedenstruppe soll geschaffen und schrittweise verstärkt werden.

c) Die Staaten sollen sich ferner auf die weitere Verbesserung und Entwicklung der Regeln des internationalen Verhaltens und der Verfahren der friedlichen Regelung von Meinungsverschiedenheiten und Streitfällen einigen.

Phase III

Beim Abschluß der Phase II sollte das Vertrauen, das durch ein verifiziertes Abrüstungsprogramm, die allgemeine Anerkennung der Regeln des friedlichen internationalen Verhaltens und die Entwicklung verbesserter Verfahren zur Erhaltung des Weltfriedens innerhalb der Vereinten Nationen gewonnen wurde, so weit gediehen sein, daß die Staaten der Erde zur Phase III übergehen können. In Phase III würden eine progressive kontrollierte Abrüstung und fortlaufend sich weiterentwickelnde Grundsätze und Verfahren des internationalen Rechts so weit gediehen sein, daß kein Staat die militärische Macht besäße, die schrittweise verstärkte UN-Friedenstruppe herauszufordern, und alle internationalen Meinungsverschiedenheiten würden gemäß den vereinbarten Grundsätzen des internationalen Verhaltens geregelt.

Die progressiven Schritte, die in der Endphase der Abrüstung unternommen werden sollen, würden sich auf die Schaffung einer Welt richten, in der

a) die Staaten nur jene Truppen, nichtnuklearen Waffen und Einrichtungen beibehielten, die zum Zwecke der Aufrechterhaltung der inneren Ordnung erforderlich sind; sie würden ferner die vereinbarten Kontingente für eine UN-Friedenstruppe unterhalten und zur Verfügung stellen;

b) die mit vereinbarten Typen und Mengen an Waffen ausgerüstete UN-Friedenstruppe voll einsatzfähig wäre;

c) die Herstellung von Rüstungsmaterial mit Ausnahme jener vereinbarten Typen und Mengen, die für die UN-Friedenstruppe und die Aufrechterhaltung der inneren Ordnung benötigt werden, verboten ist. Alle anderen Waffen würden vernichtet oder der friedlichen Verwendung zugeführt;

d) die Möglichkeiten der Vereinten Nationen, den Frieden zu wahren, in so starkem Maße gegeben und die Verpflichtung aller Staaten im Rahmen derartiger Vereinbarungen weitgehend genug wären, um den Frieden und die gerechte Regelung von Streitfällen in einer abgerüsteten Welt zu garantieren.

Quelle: Europa-Archiv, 1961, D 643 – D 649.

D 44: Kennedys „Friedensrede" 1963

Rede des Präsidenten John F. Kennedy vor der Universität Washington am 10. Juni 1963 über neue Friedensbemühungen der Vereinigten Staaten

„Es gibt wenige irdische Dinge, die schöner sind als eine Universität", schrieb John Masefield in seiner Würdigung der englischen Universitäten – und seine Worte haben hier in gleicher Weise Gültigkeit. Er meinte damit nicht die Türme und Zinnen, nicht die Grünanlagen des Universitätsgeländes und die efeubewachsenen Wände. Er bewunderte die großartige Schönheit der Universität, weil sie, wie er sagte, „ein Platz ist, wo diejenigen, die die Unwissenheit hassen, nach Wissen streben können, wo diejenigen, die die Wahrheit sehen, danach streben können, auch andere sehend zu machen".

Ich habe daher diesen Zeitpunkt und diesen Ort gewählt, um ein Thema zu erörtern, über das zu oft Unwissenheit herrscht und bei dem die Wahrheit zu selten gesehen wird – und doch ist es eines der wichtigsten Themen auf Erden: der Weltfrieden.

Welche Art von Frieden meine ich? Nach welcher Art von Frieden streben wir? Nicht nach einer Pax Americana, die der Welt durch amerikanische Kriegswaffen aufgezwungen wird. Nicht nach dem Frieden des Grabes oder der Sicherheit des Sklaven. Ich spreche hier von dem echten Frieden – jenem Frieden, der das Leben auf Erden lebenswert macht, jenem Frieden, der Menschen und Nationen befähigt, zu wachsen und zu hoffen und ein besseres Leben für ihre Kinder aufzubauen, nicht nur ein Friede für Amerikaner, sondern ein Friede für alle Menschen. Nicht nur Frieden in unserer Generation, sondern Frieden für alle Zeiten.

Ich spreche vom Frieden, weil der Krieg ein neues Gesicht bekommen hat. Ein totaler Krieg ist sinnlos in einem Zeitalter, in dem Großmächte umfassende und verhältnismäßig unverwundbare Atomstreitkräfte unterhalten können und sich weigern, zu kapitulieren, ohne vorher auf diese Streitkräfte zurückgegriffen zu haben. Er ist sinnlos in einem Zeitalter, in dem eine einzige Atomwaffe fast das Zehnfache an Sprengkraft aller Bomben aufweist, die von den gesamten alliierten Luftstreitkräften während des Zweiten Weltkrieges abgeworfen wurden. Und er ist sinnlos in einem Zeitalter, in dem die bei einem Atomkrieg freigesetzten tödlichen Giftstoffe von Wind und Wasser, Boden und Saaten bis in die entferntesten Winkel des Erdballs getragen und sich selbst auf die noch ungeborenen Generationen auswirken würden. Es ist heute, wenn der Friede gewahrt werden soll, unerläßlich, jedes Jahr Milliarden von Dollar für Waffen auszuwerfen, die lediglich zu dem Zweck geschaffen werden, sicherzustellen, daß wir sie niemals einzusetzen brauchen. Aber zweifellos ist die Anlage solcher unnützen Arsenale, die nur der Vernichtung und niemals dem Aufbau dienen können, nicht der einzige, geschweige denn der wirksamste Weg zur Gewährleistung des Friedens.

Ich spreche daher vom Frieden als dem zwangsläufig vernünftigen Ziel vernünftiger Menschen. Ich bin mir bewußt, daß das Streben nach Frieden nicht so dramatisch ist wie das Streben nach Krieg – und oft treffen die Worte desjenigen, der nach Frieden strebt, auf taube Ohren. Und doch gibt es keine dringlichere Aufgabe für uns.

Manche sagen, es sei zwecklos, von Weltfrieden, internationalem Recht oder internationaler Abrüstung zu sprechen – und alles sei nutzlos, solange die Führer der Sowjetunion keine aufgeschlossenere Haltung einnehmen. Ich hoffe, sie werden dies tun. Ich glaube, wir können ihnen dabei helfen. Aber ich glaube auch, daß wir unsere eigene Haltung überprüfen müssen – als Einzelpersonen und als Nation –, denn unsere Einstellung ist genauso wichtig wie die ihre. Jeder Absolvent dieser Universität, jeder denkende Bürger, der den Krieg verabscheut und mithelfen will, Frieden zu schaffen, sollte damit beginnen, in sich zu gehen und seine eigene Einstellung zu den Möglichkeiten des Friedens, zur Sowjetunion, zum Verlauf des Kalten Krieges, zur Freiheit sowie zum Frieden hier im eigenen Lande zu überprüfen.

Lassen Sie uns zunächst unsere Haltung gegenüber dem Frieden selbst überprüfen. Zu viele von uns halten ihn für unmöglich. Zu viele von uns halten ihn für nicht zu verwirklichen. Aber das ist ein gefährlicher, defätistischer Glaube. Er führt zu der Schlußfolgerung, daß der Krieg unvermeidlich ist, daß die Menschheit zum Untergang verurteilt ist, daß wir uns in der Gewalt von Kräften befinden, die wir nicht kontrollieren können.

Wir brauchen diese Ansicht nicht zu akzeptieren. Unsere Probleme sind von Menschen geschaffen, deshalb können sie auch von Menschen gelöst werden. Die Größe, die der menschliche Geist erreichen kann, bestimmt der Mensch selbst. Kein schicksalhaftes Problem der Menschheit liegt außerhalb der Reichweite des Menschen. Die menschliche Vernunft und der menschliche Geist haben oftmals das scheinbar Unlösbare gelöst – und wir glauben, daß sie dies erneut tun können.

Ich spreche jetzt nicht von der absoluten, nicht mehr faßbaren Idee des Weltfriedens und des guten Willens, von der einige Phantasten und Fanatiker immer noch träumen. Ich leugne nicht den Wert von Hoffnungen und Träumen, aber wir würden lediglich Entmutigung und Ungläubigkeit Tür und Tor öffnen, wenn wir das zu unserem einzigen und unmittelbaren Ziel machen würden.

Wir sollten uns statt dessen auf einen praktischeren, erreichbareren Frieden konzentrieren, der nicht auf einer plötzlichen Revolution der menschlichen Natur, sondern auf einer allmählichen Evolution der menschlichen Institutionen basiert – auf einer Reihe von konkreten Maßnahmen und wirksamen Übereinkünften, die im Interesse aller Betroffenen liegen.

Für diesen Frieden gibt es keinen einfachen Schlüssel, keine großartige oder magische Formel, die sich eine oder zwei Mächte aneignen könnten. Der echte Friede muß das Produkt vieler Nationen sein, die Summe vieler Maßnahmen. Er muß dynamisch, nicht statisch sein, er muß flexibel sein, um den großen Aufgaben einer jeden Generation zu entsprechen. Denn der Friede ist ein Prozeß – ein Weg, Probleme zu lösen.

Bei einem solchen Frieden wird es Streitigkeiten und entgegengesetzte Interessen geben, wie dies innerhalb von Familien und Nationen der Fall ist. Der Weltfriede wie auch der Friede in Stadt und Land erfordern nicht, daß jeder seinen Nachbarn liebt. Er erfordert lediglich, daß man in gegenseitiger Toleranz miteinander lebt, seine Streitfälle einer gerechten und friedlichen Lösung unterwirft.

Und die Geschichte lehrt uns, daß Feindschaften zwischen Nationen wie zwischen einzelnen nicht ewig dauern. Wie fest unsere Neigungen und Abneigungen auch immer erscheinen mögen, der Gang der Zeit und der Ereignisse wird oft überraschende Verlagerungen in den Beziehungen zwischen Nationen und Nachbarn bringen.

So wollen wir unermüdlich weiterarbeiten. Der Friede braucht nicht unerreichbar zu sein und der Krieg nicht unvermeidlich. Indem wir unser Ziel klarer definieren, indem wir es greifbarer und weniger fern erscheinen lassen, können wir dazu beitragen, daß alle Völker es erkennen, Hoffnung daraus schöpfen und sich unbeirrt darauf zu bewegen.

Lassen Sie uns zweitens unsere Haltung gegenüber der Sowjetunion überprüfen. Der Gedanke ist entmutigend, daß die sowjetischen Führer wirklich glauben könnten, was ihre Propagandisten unablässig schreiben. Es ist entmutigend, eine kürzlich erschienene autoritative sowjetische Veröffentlichung über militärische Strategie zu lesen und Seite um Seite völlig grundlose und unglaubliche Behauptungen zu finden – wie die Behauptung „amerikanische imperialistische Kreise bereiten sich darauf vor, verschiedene Arten von Kriegen auszulösen . . ., daß die sehr reale Gefahr eines Präventivkrieges besteht, der von amerikanischen Imperialisten gegen die Sowjetunion gestartet wird . . ., daß die politischen Ziele der amerikanischen Imperialisten in der wirtschaftlichen und politischen Versklavung der europäischen und anderen kapitalistischen Länder . . . und in der Erreichung der Weltherrschaft . . . durch aggressive Kriege bestehen".

Sicher ist es so, wie es in der Schrift heißt, daß „der Gottlose flieht und niemand jagt ihn . . ." Dennoch ist es traurig, diese sowjetischen Erklärungen zu lesen und die Größe der Kluft, die uns trennt, zu erkennen. Es ist aber auch eine Warnung – eine an das amerikanische Volk gerichtete Warnung, nicht in die gleiche Falle wie die Sowjets hineinzutappen, sich nicht nur ein verzerrtes und verzweifeltes Bild von der anderen Seite zu machen, den Konflikt nicht als etwas Unvermeidliches und den Ausgleich als unmöglich anzusehen und nicht jede Kommunikation lediglich als Austausch von bloßen Worten und Drohungen zu betrachten.

Keine Regierung und kein Gesellschaftssystem ist so schlecht, daß man das unter ihm lebende Volk als bar jeder Tugend ansehen kann. Wir Amerikaner empfinden den Kommunismus als Verneinung der persönlichen Freiheit und Würde im tiefsten abstoßend. Dennoch können wir das russische Volk wegen vieler seiner Leistungen – sei es in der Wissenschaft und Raumfahrt, in der wirtschaftlichen und industriellen Entwicklung, in der Kultur und in seiner mutigen Haltung – rühmen.

Unter den vielen Zügen, die den Völkern unserer beiden Länder gemeinsam sind, ist keiner ausgeprägter als unsere beiderseitige Abscheu vor dem Krieg. Unter den großen Weltmächten haben wir – und dies ist beinahe einzigartig – niemals gegeneinander im Krieg gestanden. Wohl kein anderes Volk in der Geschichte hat mehr gelitten als das russische Volk im Verlauf des Zweiten Weltkrieges. Mindestens zwanzig Millionen gaben ihr Leben. Zahllose Millionen von Häusern und Bauernhöfen verbrannten oder wurden zerstört. Ein Drittel des russischen Gebiets – darunter nahezu zwei Drittel seiner Industriegebiete – wurde verwüstet, ein Verlust, der der Verwüstung unseres gesamten Landes östlich von Chikago gleichkäme.

Sollte heute – wie auch immer – ein totaler Krieg ausbrechen, dann würden unsere beiden Länder die Hauptziele darstellen. Es ist eine Ironie, aber auch eine harte Tatsache, daß die beiden stärksten Mächte zugleich auch die beiden Länder sind, die in der größten Gefahr einer Zerstörung schweben. Alles, was wir aufgebaut haben, alles, wofür wir gearbeitet haben, würde vernichtet werden. Und selbst im Kalten Kriege – der für so viele Länder, unter ihnen die engsten Verbündeten der Vereinigten Staaten, Lasten und Gefahren bringt – tragen unsere beiden Länder die schwersten Lasten. Denn wir werfen beide für gigantische Waffen riesige Beträge aus – Beträge, die besser für den Kampf gegen Unwissenheit, Armut und Krankheit aufgewandt werden sollten. Wir sind beide in einem unheilvollen und gefährlichen Kreislauf gefangen, in dem Argwohn auf der einen Seite Argwohn auf der anderen auslöst und in dem neue Waffen zu wieder neuen Abwehrwaffen führen.

Kurz gesagt: Beide, die Vereinigten Staaten und ihre Verbündeten sowie die Sowjetunion und ihre Verbündeten, haben ein gemeinsames tiefes Interesse an einem gerechten und wirklichen Frieden und einer Einstellung des Wettrüstens. Abkommen, die zu diesem Ziel führen, sind im Interesse der Sowjets wie auch im unsrigen. Selbst bei den feindlichsten Ländern kann man damit rechnen, daß sie solche vertraglichen Verpflichtungen akzeptieren und einhalten, die in ihrem eigenen Interesse sind.

Wir wollen also gegenüber unseren Differenzen nicht die Augen verschließen – aber wir wollen auch unsere Aufmerksamkeit auf die gemeinsamen Interessen und auf die Mittel richten, durch die diese Differenzen beseitigt werden können. Wenn wir unsere Differenzen auch noch nicht ganz aus der Welt schaffen können, so können wir doch zumindest dazu beitragen, daß die Welt trotz Meinungsverschiedenheiten sicher bleibt. Denn letztlich bildet die Tatsache, daß wir alle Bewohner dieses Planeten sind, doch das uns im tiefsten gemeinsame Band. Wir alle atmen die gleich Luft, uns allen liegt die Zukunft unserer Kinder am Herzen, und wir sind alle sterblich.

Lassen Sie uns drittens unsere Einstellung zum Kalten Krieg überprüfen. Wir wollen uns daran erinnern, daß wir nicht in eine Debatte verwickelt sind, bei der es darum geht, Pluspunkte zu sammeln. Wir sind nicht hier, um Lob und Tadel zu verteilen oder mit den Fingern auf andere zu weisen. Wir müssen uns mit der Welt befassen, wie sie ist, und nicht, wie sie hätte sein können, wäre die Geschichte der letzten achtzehn Jahre anders verlaufen.

Wir müssen daher auf der Suche nach Frieden ausdauernd bleiben, in der Hoffnung, daß konstruktive Veränderungen innerhalb des kommunistischen Blocks Lösungen in Reichweite bringen könnten, die heute noch unerreichbar scheinen. Wir müssen unsere Politik so betreiben, daß es schließlich das eigene Interesse der Kommunisten wird, einem echten Frieden zuzustimmen. Vor allem müssen die Atommächte, bei gleichzeitiger Wahrung ihrer eigenen Lebensinteressen, solche Konfrontationen vermeiden, die einem Gegner nur die Wahl zwischen einem demütigenden Rückzug oder einem Atomkrieg lassen. Wenn man im Atomzeitalter den letzteren Kurs einschlagen wollte, dann wäre dies nur der Beweis für den Bankrott unserer Politik – oder den kollektiven Todeswunsch für die Welt.

Die Waffen Amerikas sollen daher keine Herausforderung darstellen, sie unterliegen einer sorgfältigen Kontrolle, sind für die Abschreckung bestimmt und für den selektiven Einsatz geeignet. Unsere Streitkräfte sind dem Frieden verpflichtet und in Zurückhaltung geschult. Unsere Diplomaten sind angewiesen, unnötigen Ärger und rein rhetorische Feindseligkeit zu vermeiden. Denn wir können uns um ein Nachlassen der Spannungen bemühen, ohne deshalb in unserer Wachsamkeit nachzulassen. Wir unsererseits bedürfen nicht der Drohungen, um unsere Entschlossenheit zu zeigen. Wir haben es nicht nötig, ausländische Rundfunksendungen zu stören, aus Furcht, unser Glaube könnte durch sie erschüttert werden. Wir wollen unser System keinem Volk gegen dessen Willen aufzwingen. Wir sind aber willens und in der Lage, mit jedem anderen System auf der Erde in einen friedlichen Wettstreit zu treten.

In der Zwischenzeit wollen wir die Vereinten Nationen stärken, ihre finanziellen Probleme lösen helfen, sie zu einem wirksameren Instrument des Friedens machen, sie zu einem echten Sicherheitssystem für die Welt entwickeln – einem System, das in der Lage ist, Meinungsverschiedenheiten auf der Basis des Rechts beizulegen, die Sicherheit der Großen und der Kleinen zu garantieren und Bedingungen zu schaffen, unter denen die Waffen schließlich abgeschafft werden können.

Gleichzeitig bemühen wir uns, den Frieden innerhalb der nichtkommunistischen Welt zu erhalten, wo viele Nationen – alle von ihnen unsere Freunde – über Fragen uneins sind, die die westliche Einheit schwächen, die kommunistische Intervention begünstigen oder zum Kriege führen könnten. Wir sind in unseren Bemühungen in West-Neuguinea, im Kongo, im Mittleren Osten und auf dem indischen Subkontinent trotz Kritik von beiden Seiten beharrlich und geduldig geblieben. Wir haben gleichzeitig ein Beispiel für andere zu geben versucht, indem wir kleine, aber doch nicht unwichtige Differenzen mit unseren eigenen engsten Nachbarn in Mexiko und in Kanada beizulegen suchten.

Wenn ich von anderen Nationen spreche, dann möchte ich einen Punkt klarstellen. Wir sind durch Allianzen an viele Nationen gebunden. Diese Bündnisse bestehen, weil ihre und unsere Sorgen sich im wesentlichen decken. Unsere Verpflichtung z. B., Westeuropa und West-Berlin zu verteidigen, ist nach wie vor unverändert, weil unsere lebenswichtigen Interessen die gleichen sind. Die Vereinigten Staaten werden sich mit der Sowjetunion nicht auf Kosten anderer Nationen und anderer Völker arrangieren, nicht nur, weil sie unsere Partner sind, sondern weil ihre Interessen und die unsrigen übereinstimmen.

Unsere Interessen stimmen jedoch nicht nur bei der Verteidigung der Grenzen der Freiheit, sondern auch in dem Streben auf den Wegen des Friedens überein. Es ist unsere Hoffnung – und das Ziel der alliierten Politik –, die Sowjetunion überzeugen zu können, daß auch sie jede Nation ihre eigene Zukunft bestimmen lassen sollte, solange diese Wahl nicht mit der von anderen getroffenen in Konflikt gerät. Das kommunistische Streben, anderen ihr politisches und wirtschaftliches System aufzuzwingen, ist der Hauptgrund für die Spannungen in unserer heutigen Welt. Es kann nämlich kein Zweifel daran bestehen, daß der Friede weitaus gesicherter wäre, wenn alle Nationen davon Abstand nähmen, sich in die Selbstbestimmung anderer einzumischen.

Dies wird neue Anstrengungen zur Schaffung eines Weltrechts – einen neuen Rahmen für weltweite Gespräche – erfordern. Es wird eine bessere Verständigung zwischen uns und der Sowjetunion voraussetzen. Eine bessere Verständigung wird dann vermehrte Kontakte und Verbindungen erfordern. Ein Schritt in dieser Richtung ist die vorgeschlagene Vereinbarung für einen direkten Draht zwischen Moskau und Washington, durch den auf beiden Seiten die gefährlichsten Verzögerungen, Mißverständnisse und Fehldeutungen der Maßnahmen des anderen vermieden werden sollen, wie sie in einer Zeit der Krise leicht auftreten können.

Wir haben ferner in Genf über andere erste Maßnahmen der Rüstungskontrolle gesprochen, die die Intensität des Wettrüstens bremsen und die Risiken eines durch Zufall ausgelösten Krieges verringern sollen. Unser wichtigstes langfristiges Interesse in Genf ist jedoch eine allgemeine und vollständige Abrüstung, die in Phasen stattfinden und gleichlaufende politische Entwicklungen beim Aufbau der neuen Institutionen des Friedens zulassen soll, die an die Stelle der Rüstungen treten.

Das Streben nach Abrüstung ist seit den zwanziger Jahren ein Anliegen der amerikanischen Regierung gewesen. Die letzten drei Regierungen haben sich intensiv darum bemüht. So ungewiß die Aussichten auch heute noch sein mögen, so haben wir doch die Absicht, diese Anstrengungen fortzusetzen – sie fortzusetzen, damit alle Länder, einschließlich unseres eigenen, besser begreifen können, welche Probleme und Möglichkeiten tatsächlich in der Abrüstung liegen.

Das eine große Gebiet bei diesen Verhandlungen, wo sich das Ziel abzeichnet, jedoch ein neuer Anfang dringend notwendig erscheint, ist ein Vertrag zur Ächtung der Kernwaffenversuche. Der Abschluß eines solchen Vertrages – so nah und doch so fern – würde der endlosen Schraube des Wettrüstens auf einem seiner gefährlichsten Gebiete Einhalt gebieten. Durch ihn würden die Atommächte in die Lage versetzt, wirksamer mit einer der größten Gefahren fertigzuwerden, die die Menschheit bedroht – nämlich der weiteren Verbreitung der Kernwaffen.

Er würde unsere Sicherheit erhöhen – er würde die Gefahr eines Krieges vermindern. Dieses Ziel ist wichtig genug, daß es von uns ständig verfolgt werden muß, wobei wir weder der Versuchung erliegen dürfen, die ganzen Bemühungen aufzugeben und ebensowenig der Versuchung, von unserem Beharren auf den entscheidend wichtigen Sicherheitsgarantien abzugehen.

Ich benutze daher diese Gelegenheit, um zwei wichtige Entscheidungen in dieser Hinsicht bekanntzugeben.

Erstens: Ministerpräsident Chruschtschow, Premierminister Macmillan und ich sind übereingekommen, daß in Kürze Erörterungen auf hoher Ebene in Moskau beginnen werden mit dem Ziel eines baldigen Abkommens über einen umfassenden Vertrag über die Einstellung der Kernwaffenversuche. Die historischen Erfahrungen lehren uns, daß wir unsere Hoffnungen im Zaume halten müssen, aber unsere Hoffnungen werden von den Hoffnungen der gesamten Menschheit begleitet.

Zweitens: Um unseren guten Willen und unsere feierliche Überzeugung in dieser Angelegenheit zu demonstrieren, erkläre ich hiermit, daß die Vereinigten Staaten nicht beabsichtigen, Kernwaffenversuche in der Atmosphäre durchzuführen, solange andere Staaten dies nicht tun. Wir werden nicht die ersten sein, die diese Versuche wiederaufnehmen. Eine solche Erklärung ist kein Ersatz für Abrüstung, aber ich hoffe, sie wird uns helfen, die Abrüstung zu erleichtern.

Lassen Sie uns, meine amerikanischen Mitbürger, schließlich unsere Haltung gegenüber dem Frieden und der Freiheit hier im eigenen Lande überprüfen. Der Wert und der Geist unserer eigenen Gesellschaft müssen unsere Anstrengungen im Ausland rechtfertigen und sie unterstützen. Wir müssen sie im Einsatz unseres eigenen Lebens zeigen – wozu viele von Ihnen, die heute ihr Studium abschließen, eine einzigartige Gelegenheit haben werden, indem sie ohne Bezahlung im Friedenskorps im Ausland oder in dem geplanten Dienstkorps hier im eigenen Land dienen.

Aber wo immer wir sind, müssen wir alle in unserem täglichen Leben dem jahrhundertealten Glauben gerecht werden, daß Frieden und Freiheit Hand in Hand gehen. In zu vielen unserer Städte ist der Friede heutzutage nicht gesichert, weil die Freiheit unvollkommen ist.

Die Exekutive trägt auf allen Regierungsebenen – kommunalen, einzelstaatlichen und nationalen – die Verantwortung, mit allen Mitteln im Rahmen ihrer Autorität für die Freiheit aller Bürger zu sorgen und sie zu schützen. Die Legislative hat die Verantwortung, daß diese Autorität, wo sie heute noch unzureichend ist, zureichend gestaltet wird. Alle Bürger haben die Pflicht, die Rechte aller anderen und das Gesetz des Landes zu respektieren.

All dies steht im Zusammenhang mit dem Weltfrieden. „Wenn jemands Wege dem Herrn wohlgefallen“, so heißt es in der Heiligen Schrift, „so macht er auch seine Feinde mit ihm zufrieden.“ Ist der Friede nicht letztlich doch im Grunde eine Sache der Menschenrechte – des Rechts, ohne Furcht vor Vernichtung zu leben, des Rechts, die Luft zu atmen, so wie sie die Natur uns schenkt, des Rechts künftiger Generationen auf ein gesundes Dasein?

So wie wir uns um den Schutz unserer nationalen Interessen bemühen, so wollen wir auch die menschlichen Interessen schützen. Die Beseitigung des Krieges und der Waffen liegt eindeutig im Interesse des einen wie des anderen. Kein Vertrag, so sehr er auch zum Vorteile aller sein mag und so genau er auch formuliert sein mag, kann absolute Sicherheit gegen die Gefahren der Täuschung und der Umgehung bieten. Aber er kann – wenn er in seiner Durchführung nur wirksam genug ist und nur weitgehend genug im Interesse seiner Unterzeichner liegt – weitaus mehr Sicherheit bieten und weniger Risiken bergen als ein unvermindertes, unkontrolliertes und unberechenbares Wettrüsten.

Wie die Welt weiß, werden die Vereinigten Staaten niemals einen Krieg beginnen. Wir wollen keinen Krieg. Wir rechnen jetzt nicht mit einem Krieg. Die gegenwärtige Generation von Amerikanern hat bereits genug – mehr als genug – von Krieg, Haß und Unterdrückung erlebt. Wir werden auf den Krieg vorbereitet sein, wenn andere ihn wünschen. Wir werden wachsam sein, um zu versuchen, ihm Einhalt zu gebieten. Aber wir werden ebenfalls unser Teil dazu beitragen, um eine Welt des Friedens aufzubauen, in der die Schwachen sicher und die Starken gerecht sind. Wir stehen nicht hilflos vor dieser Aufgabe und sind nicht hoffnungslos im Hinblick auf ihren Erfolg. Voller Vertrauen und ohne Furcht werden wir weiter arbeiten, nicht in Richtung auf eine Strategie der Vernichtung, sondern in Richtung auf eine Strategie des Friedens.

Quelle: Europa-Archiv, 1963, D 289–D 294.

D 45: Auf dem Wege zu einer Strategie der „flexiblen Antwort"

Erklärung des Verteidigungsministers Robert S. McNamara vor dem Senatsausschuß für die Streitkräfte am 1. Februar 1968 über das Verteidigungsprogramm der Vereinigten Staaten

[. . .]

Aber auch wenn wir von den optimistischsten Annahmen für die Zukunft ausgehen, wird die Sowjetunion doch eine militärische Großmacht bleiben. Wir müssen damit rechnen, daß sie weiterhin die Sonde auf der Suche nach Machtvakuen ansetzen wird, die durch politische oder militärische Schwäche entstanden sind, nach Machtvakuen also, in denen sie ihren politischen Einfluß mit nur geringem eigenem Risiko geltend machen kann. Und im übrigen läßt die Sowjetunion, wie ich schon sagte, keinerlei Anzeichen erkennen, daß sie beabsichtige, ihre eignen Verteidigungsausgaben zu kürzen; im Gegenteil, sie war immer geneigt, sie zu erhöhen.

Aber ganz gleich, welche Absichten sie zur Zeit hat, eine Regierung, der eine so starke militärische Macht zur Verfügung steht, kann über Nacht feindselig und gefährlich werden. Westeuropa stellt heute nach den USA die größte Zusammenballung wirtschaftlicher, politischer und ideologischer Stärke in der Welt dar. Die sechs Staaten des Gemeinsamen Marktes und Großbritannien haben allein schon eine Gesamtbevölkerung, ein Reservoir an militärischem Personal und ein Bruttosozialprodukt, die weit über denen der Sowjetunion liegen, und sie haben es auch erreicht, ihrer Bevölkerung einen viel höheren Lebensstandard zu bieten als die UdSSR oder einer ihrer Alliierten. Es steht völlig außer Frage, daß es ein ernster Schlag gegen unsere Sicherheit wäre, wenn dieses Gebiet unter die Herrschaft des Ostens geriete. Sollten die westlichen Verbündeten jemals die effektive militärische Stärke des Bündnisses abbauen oder seinen geistigen Zusammenhalt und die Zusammenarbeit seiner militärischen Kräfte aufgeben, so würden sie damit die Sowjets zu Experimenten und Abenteuern verleiten, und die Geschichte der Sowjets bietet kein Beispiel dafür, daß sie gewillt wären, einer solchen Versuchung zu widerstehen.

Was wir als Gegengewicht zu dem militärischen Potential der Sowjetunion und der Staaten des Warschauer Paktes brauchen, ist ein volles Spektrum militärischer Stärke, und das können wir nur durch kollektive Anstrengungen erreichen und unterhalten. Die militärische Rolle der NATO bleibt deshalb in der Zukunft genau so notwendig, wie sie es in der Vergangenheit war. In der Tat sind die Fortschritte, die in den Beziehungen zwischen Ost und West erzielt worden sind, weitgehend darauf zurückzuführen, daß der Westen ein starkes Verteidigungspotential aufrechterhalten hat. Und jetzt ist bestimmt nicht die Zeit, es aufzugeben.

In dieser Frage sind wir uns mit mindestens dreizehn unserer NATO-Partner völlig einig. Der Standpunkt Frankreichs ist nicht so gewiß. Wie Sie wissen, hat Frankreich seine militärischen Verbände aus der NATO zurückgezogen und den NATO-Oberkommandos entzogen und erkennen lassen, daß es seinen eigenen Weg zu gehen wünscht. Auf seinen Wunsch haben wir und die anderen NATO-Verbündeten unsere militärischen Kräfte aus Frankreich abgezogen. Dieser Schritt wurde mit bemerkenswertem Geschick und mäßigen Kosten durchgeführt. (Er hat zu einer Nettoverringerung des amerikanischen Militär- und Zivilpersonals in Europa um 18 000 Mann sowie 21 000 Familienangehörige und 11 000 bei den US-Streitkräften beschäftigte Ausländer geführt.) Das NATO-Hauptquartier ist inzwischen nach Belgien verlegt worden, die militärischen Verbände und Versorgungsgüter hauptsächlich nach Großbritannien und in die Bundesrepublik Deutschland. Trotz der Auswirkungen dieses französischen Schrittes – und ich will seine Bedeutung nicht verringern – sind die Einheit der Vierzehn und die Lebenskraft der NATO als militärische Organisation unbeeinträchtigt geblieben.

In der Tat ist nach unserer Ansicht auf der letzten Sitzung des NATO-Ministerrats ein äußerst bedeutsamer Schritt nach vorn getan worden. Die Vereinigten Staaten haben schon seit sechs Jahren zu wiederholten Malen zwei allgemeine Punkte betont: erstens die Notwendigkeit einer realistischen Einstellung bei der Beurteilung der Feindbedrohung und bei der Ausarbeitung der strategischen Lagebeurteilungen, Pläne, Streitkräftestrukturen und Haushalte der NATO und zweitens die Notwendigkeit eines Gleichgewichts der Potentiale zwischen der NATO und dem Warschauer Pakt, denn die wirksamste Abschreckung gegenüber einem potentiellen Aggressor besteht in ausgewogenen Streitkräften über das gesamte Spektrum der militärischen Einsatzmöglichkeiten hinweg.

Wir haben argumentiert, daß nur das Vorhandensein solcher ausgewogenen Streitkräfte einen Aggressor über jeden Zweifel hinaus davon überzeugen würde, daß die Allianz ihm, ganz gleich, welche Anstrengungen er unternimmt oder zu unternehmen droht, immer mit den entsprechenden Mitteln entgegentreten kann. Wir haben weiter betont, daß es der Sowjetunion erst unter solchen Bedingungen klar würde, daß militärische Machtanwendung jeder Art oder auf jeder Ebene als Mittel zur Erreichung politischer Ziele in Krisensituationen wie auch in ruhigeren Zeiten nutzlos ist, weil auf jedes militärische Druckmittel mit einer geeigneten, abgemessenen Reaktion geantwortet werden kann.

Das Hauptthema dieser Debatte betraf die richtige Reaktion auf Aggressionsebenen unterhalb der eines totalen atomaren Angriffs auf unsere Heimatländer. Seit sechs Jahren haben sich die Erörterungen auf die Schwelle konzentriert, von der an wir den Einsatz von Atomsprengkörpern als Hauptreaktion auf eine nichtatomare Aggression in unsere Planungen einbeziehen sollten. Die Vereinigten Staaten sind immer der festen Überzeugung gewesen, daß die Drohung mit einer unglaubwürdigen Maßnahme keine wirksame Abschreckung darstellt. Die politischen Führer des Westens sind sich alle der Gefahren wohl bewußt, die mit dem Einsatz taktischer Atomsprengkörper verbunden sind – und das gleiche gilt auch für die Führer der Mitgliedstaaten des Warschauer Pakts. Die Sowjetführer würden wahrscheinlich nicht glauben, daß die NATO-Mächte unverzüglich damit einverstanden wären, diese großen Gefahren in Kauf zu nehmen, um einer plötzlichen und begrenzten, mit konventionellen Mitteln geführten Aggression entgegenzutreten. Und wenn die Sowjets die Drohung mit einer sofortigen atomaren Reaktion auf eine begrenzte Aggression für unglaubwürdig hielten, so könnten sie durchaus versucht sein, in irgendeiner Krisensituation mit einer begrenzten Aggression vorzufühlen oder zu experimentieren, in der Hoffnung, möglicherweise unter den NATO-Führern bestehende Meinungsverschiedenheiten in der Beurteilung der atomaren Risiken auszunutzen und so Stück für Stück das zu erlangen, was sie mit einem überraschenden, massiven, totalen Angriff auf das NATO-Bündnis auf einen Schlag nicht erreichen können.

Unsere NATO-Partner haben heute die Notwendigkeit erkannt, für eine viel weiter reichende Skala möglicher Ernstfälle zu planen als lediglich für einen massiven Angriff auf das gesamte NATO-Gebiet, der mit nur sehr geringer Vorwarnzeit geführt wird. In dieser Hinsicht muß jedoch noch viel getan werden, und zwar sowohl in der Nuklearen Planungsgruppe der Verteidigungsminister als auch in den regulären Planungsstellen der NATO-Militärbehörden. Aber der wesentliche erste Schritt ist erfolgt, eine neue politische Weisung über Strategie und Streitkräfte ist angenommen und ein neues Streitkräfte-Planungssystem zu ihrer Durchführung eingeführt worden. Die Hauptaufgabe für die Zukunft scheint mir nicht nur die Festlegung realistischer Streitkräfteziele für das Bündnis, sondern auch die Schaffung einer Streitkräftestruktur zu sein, die schnell verändert werden kann, um das Gleichgewicht der militärischen Fähigkeiten mit den Streitkräften des Warschauer Pakts aufrechtzuerhalten. Größe, Art und Struktur der Streitkräfte, die wir jetzt und in Zukunft benötigen, um ein solches Gleichgewicht zu gewährleisten, sind Fragen, vor denen wir bei jedem Aspekt unserer Verteidigungsplanung stehen werden.

Die NATO wird natürlich auch weiterhin starke strategische atomare Verbände brauchen, und ich werde auf diese Verbände später in meiner Erklärung näher eingehen. Außerdem muß die NATO ein wirksames atomares Potential im Operationsgebiet selbst besitzen. Wir haben bereits eine große Zahl von Atomsprengkörpern nach Europa verlegt. Dieses an Ort und Stelle vorhandene starke atomare Potential dürfte geeignet sein, den Warschauer Pakt von jedem Versuch abzuschrecken, durch einen totalen konventionellen Angriff oder durch Einsatz seiner eigenen taktischen Atomsprengkörper von Westeuropa Besitz zu ergreifen.

[. . .]

Quelle: Europa-Archiv, 1968, D 233–D 235.

D 46: Kennedys Programm zum Abbau von Handelsschranken

Botschaft des Präsidenten John F. Kennedy an den Kongreß vom 25. Januar 1962 zum Außenhandelsprogramm

Vor 28 Jahren unternahm unser Land ein neues Experiment auf dem Gebiet der internationalen Beziehungen – das Programm über gegenseitige Handelsabkommen. Angesichts des Chaos im Welthandel, das aus der großen Depression resultierte, sowie enttäuscht über die nicht erfüllten Verheißungen, daß hohe Schutzzölle zur Wiedergesundung führen würden, und auf Grund der zwingenden und verzweifelten Notwendigkeit, unsere Wirtschaft wiederherzustellen, ersuchte Präsident Roosevelt um die Vollmacht, mit anderen Ländern der Welt über gegenseitige Zollsenkungen verhandeln zu können, um unsere Exporte zu fördern sowie unsere wirtschaftliche Wiedergesundung und unser wirtschaftliches Wachstum zu unterstützen.

Dieses richtungweisende Programm, das Cordell Hull im Kongreß durchbrachte, ist elfmal verlängert worden. Es hat unserem Lande und der freien Welt weit über zwanzig Jahre gute Dienste geleistet. Dieses Programm führte zu einer Ausweitung und Festigung des Handels der freien Welt. Unser Gesamtexport, der sich in den drei Jahren vor der Verabschiedung dieses Gesetzes auf durchschnittlich weniger als zwei Milliarden Dollar im Jahr belief, ist jetzt auf über zwanzig Milliarden Dollar angewachsen.

Am 30. Juni 1962 läuft die Verhandlungsvollmacht auf Grund der letzten Verlängerung des Gesetzes über gegenseitige Handelsabkommen ab. Es muß durch ein völlig neues Instrument ersetzt werden. Eine neue amerikanische Handelsinitiative ist erforderlich, um den Problemen und großen Möglichkeiten einer sich schnell verändernden Weltwirtschaft gerecht zu werden.

In dem kurzen Zeitraum, seit dieses Gesetz zum letzten Male verlängert wurde, haben fünf grundsätzlich neue und weitreichende Entwicklungen dazu geführt, daß unsere traditionelle Handelspolitik überholt ist.

Das Wachstum des Europäischen Gemeinsamen Marktes – einer Wirtschaft, die bald der unsrigen nahezu gleichkommen dürfte und die durch einen Außenzoll ähnlich dem unsrigen geschützt wird – hat sich mit solchem Erfolg und solchem Schwung vollzogen, daß der ursprüngliche Zeitplan übertroffen wurde, daß die anfänglichen Skeptiker davon überzeugt wurden, daß es jetzt kein Zurück mehr gibt, und daß die Grundlage für eine radikale Änderung der Wirtschaftspolitik der Atlantischen Gemeinschaft gelegt wurde. Nahezu neunzig Prozent der Industrieproduktion der freien Welt (falls Großbritannien und andere Länder ihre Verhandlungen um Mitgliedschaft erfolgreich abschließen) sind vielleicht bald auf zwei großen Märkten konzentriert – den Vereinigten Staaten von Amerika und der erweiterten Europäischen Wirtschaftsgemeinschaft. Eine Handelspolitik, die für die Aushandlung von Zollsenkungen bei einzelnen Positionen mit einer großen Anzahl kleiner unabhängiger Staaten ausreicht, genügt nicht mehr, um uns und unseren traditionellen Handelspartnern in Kanada, Japan, Lateinamerika und in anderen Teilen der Welt einen jederzeitigen Zugang zu einem Markt zu sichern, der fast so groß ist wie unser eigener, und dessen Verhandlungsführer für alle sprechen können, dessen innere Differenzen es jedoch unmöglich machen, Position um Position auszuhandeln.

Der wachsende Druck auf unsere Zahlungsbilanz hat in den vergangenen Jahren die Wichtigkeit steigender amerikanischer Exporte in einem neuen Licht erscheinen lassen, um so die internationale Position des Dollars zu stärken und eine ständige Schwächung unserer Goldreserven zu vermeiden. Um unsere Verteidigung, die Auslandshilfe sowie die anderen Verpflichtungen gegenüber dem Auslande aufrechterhalten zu können, müssen wir, wenn gleichzeitig der freie Fluß von Gütern und Kapital erweitert werden soll, ein vernünftiges Gleichgewicht in unseren internationalen Verrechnungskonten erreichen, das heißt, die Dollarausgaben durch Dollareinnahmen ausgleichen.

Die Notwendigkeit für eine Beschleunigung unseres eigenen wirtschaftlichen Wachstums ist heute nach einer Periode von sieben Jahren langsamen Wachstums, die durch drei Rezessionen charakterisiert wird, dringlicher als seit Jahren. Sie wird noch durch die Tatsache unterstrichen, daß in diesem Jahrzehnt Millionen neuer Arbeitsplätze geschaffen werden müssen, um nicht nur für die gegenwärtigen Arbeitslosen, sondern auch für eine wachsende Zahl junger Arbeitskräfte, für die landwirtschafltichen Arbeiter, die neue Arbeit suchen, und für die Arbeiter in den Städten, die durch technische Neuerungen von ihren Arbeitsplätzen verdrängt wurden, neue Beschäftigungsmöglichkeiten zu finden.

Die kommunistische Hilfe und Handelsoffensive traten in den letzten Jahren ebenfalls immer stärker hervor. Der Handel des Sowjetblocks mit 41 nichtkommunistischen Ländern in den unterentwickelten Gebieten der Welt hat sich in den letzten Jahren mehr als verdreifacht, und die Handelsmissionen des Sowjetblocks bemühen sich auf fast allen Kontinenten, die freie Welt zu unterminieren, einzukreisen und zu spalten.

Die Dringlichkeit, für Japan und die Entwicklungsländer neue Absatzmärkte zu finden, ist heute ebenfalls größer denn je, sowohl auf Grund der voraussichtlichen Auswirkungen des Außenzolls der EWG wie auch auf Grund der Tatsache, daß sich diese Länder gezwungen sehen, neue Absatzmöglichkeiten für ihre Rohstoffe und Fertigerzeugnisse zu finden.

Um diesen neuen Aufgaben und Möglichkeiten gerecht zu werden, lege ich dem Kongreß heute ein neues und modernes Instrument für Handelsverhandlungen – das Gesetz über die Ausweitung des Handels von 1962 – vor. Wie ich bereits in meiner Botschaft über die Lage der Nation betont habe, könnte seine Verabschiedung „sehr wohl die Einheit des Westens, den Verlauf des Kalten Krieges und das Wachstum unserer Nation für die nächste Generation beeinflussen".

I. Die Vorteile eines verstärkten Handels

Im besonderen wird die Verabschiedung dieses Gesetzes jedem einzelnen Bundesstaat, jedem Bereich der amerikanischen Wirtschaft und all den grundlegenden Zielen unserer Binnenwirtschaftspolitik und unserer Außenpolitik zum Vorteil gereichen.

Unsere Bemühungen um eine Ausweitung unserer Wirtschaftstätigkeit werden wesentlich dadurch beeinflußt, ob es uns gelingt, unseren Export zu steigern, und ob es im besonderen unseren Farmern und unseren Geschäftsleuten gelingt, mehr an den Gemeinsamen Markt zu verkaufen. Jenseits des Atlantiks ist gegenwärtig eine einheitliche Wirtschaftsgemeinschaft im Entstehen begriffen, die eines Tages eine Bevölkerung haben dürfte, die dreieinhalbmal so groß ist wie die unsrige. Diese Bevölkerung arbeitet im Rahmen einer Wirtschaft zusammen und steht in einem gemeinsamen Wettbewerb, bei dem es für Handel und Investitionen keine größeren Hindernisse gibt als zwischen unseren fünfzig Bundesstaaten. Diese Wirtschaft hatte in der Vergangenheit eine Wachstumsrate, die fast doppelt so hoch wie die unsrige war, und sie wird eines Tages eine Kaufkraft repräsentieren, die der unsrigen gleichkommt, und einen Lebensstandard aufweisen, der schneller als der unsrige steigt. In dem Maße, wie dort die Verbrauchereinkommen wachsen, nimmt dort auch die Verbrauchernachfrage zu, besonders nach solchen Gütern, die wir am besten herstellen können, die jetzt erst auf den europäischen Märkten oder an die Familien der mittleren Einkommensgruppen dort in größerem Umfange verkauft oder überhaupt dort erst stärker bekannt werden.

Rund 30 Prozent unseres Exports – über vier Milliarden Dollar an industriellen Erzeugnissen und Rohstoffen und fast zwei Milliarden an Agrarerzeugnissen – entfallen gegenwärtig bereits auf die Mitglieder und die voraussichtlichen Mitglieder der EWG. Die europäischen Produzenten haben jedoch ihren Anteil an diesem schnell expandierenden Markt weit stärker erhöht als die amerikanischen. Sofern unsere Industrie ihren Anteil an diesem attraktiven Markt nicht halten und erhöhen kann, wird sie auch weiterhin versucht sein, zusätzliche, mit amerikanischen Geldern finanzierte Fabriken in Europa zu errichten, um so die Außenzollmauer der EWG zu umgehen. Auf diese Weise wäre es dem amerikanischen Produzenten möglich, unter wettbewerbsgerechteren Bedingungen mit seinen europäischen Partnern um diesen riesigen Verbrauchermarkt zu kämpfen. Dies würde aber auch bedeuten, daß unsere Bemühungen fehlschlagen, diesen expandierenden Markt für eine Erhöhung der Zahl der Arbeitsplätze sowie der Steigerung der Investitionen in den USA zu nutzen.

Eine liberalere Handelspolitik wird im allgemeinen unseren rationell arbeitenden und expandierenden Industrien nützen: den Industrien, die ihre Überlegenheit gegenüber den übrigen Produzenten der Welt bewiesen haben, indem sie aus ihrer Produktion im Durchschnitt doppelt so viel exportierten wie importiert wurde, den Industrien, die dies getan haben, obwohl sie die höchsten Löhne in unserem Lande zahlen. Die steigenden Investitionen und Beschäftigtenzahlen in diesen expandierenden Industrien werden zu einer gesünderen, rationeller arbeitenden und sich ausweitenden Wirtschaft und damit zu einem noch höheren Lebensstandard in den USA beitragen. Ja, der freiere Güterverkehr zwischen den USA und dem Gemeinsamen Markt würde die Wirtschaft der gesamten freien Welt stärken, indem jedes einzelne Land angespornt wird, vor allem das zu tun, was es am besten tun kann, und so dazu beizutragen, daß das von der OECD gesetzte Ziel einer Steigerung des gemeinsamen Bruttosozialprodukts der Atlantischen Gemeinschaft um 50 Prozent bis zum Jahre 1970 erreicht wird.

Unsere Bemühungen zur Verhütung einer Inflation werden durch eine Ausweitung des Handels noch eine Stütze erfahren. Sobald erst einmal faire und gerechte Möglichkeiten für einen Wettbewerb auf den Auslandsmärkten sowie die Voraussetzungen für einen gesunden Wettbewerb mit den ausländischen Produzenten auf unseren eigenen Märkten geschaffen sind, werden die amerikanischen Betriebsführer und die Arbeiter vermehrt Grund haben, wettbewerbsfähige Kosten und Preise zu halten, ihre Fabriken zu modernisieren und ihre Produktivität zu steigern. Der harte Kampf auf den Weltmärkten ist ein ausgezeichneter Maßstab für die Leistungsfähigkeit und eine stabilisierende Kraft. Wollte man versuchen, die amerikanische Wirtschaft vor dem harten Wettbewerbskampf mit dem Ausland abzuschirmen, so würde dies zu einer Isolierung der Inlandspreise von den Weltmarktpreisen, einer Ermutigung der Inflation im Inland, einer weiteren Einengung des Exports und zu weniger wünschenswerten staatlichen Lösungen führen.

Unsere Bemühungen um eine Korrektur der negativen Zahlungsbilanz entsprachen in den vergangenen Jahren im großen und ganzen dem Bemühen um eine Steigerung des Exportüberschusses. Wenn wir unser Sicherheitsprogramm im Ausland aufrechterhalten wollen – unsere eigenen im Ausland stationierten Streitkräfte und unseren Beitrag zur Sicherheit und zum Wachstum der übrigen freien Länder –, dann müssen wir hierfür wesentliche Dollarbeträge im Ausland ausgeben. Diese Ausgaben werden auf dem notwendigen Minimum gehalten, und wir bemühen uns darum, daß unsere Verbündeten einen größeren Anteil übernehmen. Aber diese Ausgaben werden auch künftig eine beträchtliche Höhe erreichen, und dies bedingt, daß wir den Exportüberschuß auf Grund unserer aktiven Handelsbilanz auf über fünf Milliarden Dollar steigern müssen. Wenn dieser Überschuß erhöht werden kann, weil unsere Exporte schneller als die Importe steigen, dann können wir den für die Stabilität und Flexibilität unserer Wirtschaft erforderlichen Ausgleich unserer Zahlungsbilanz erreichen. Wenn es dagegen nicht gelingt, unseren Überschuß zu steigern, wenn unseren Exporten der freie Zugang zur EWG und anderen Absatzmärkten verwehrt werden sollte, dann würde unsere Position im Ausland gefährdet werden. Aber wenn wir die Außenzollmauer des Gemeinsamen Marktes auf dem Verhandlungswege senken können, dann würden unsere Produzenten nicht mehr unter einem solchen Zwang stehen, ihre Fabriken hinter dieser Mauer zu errichten, um auf dem europäischen Markt im Geschäft zu bleiben, und somit würde auch der Kapitalexport nach Europa zurückgehen.

Unsere Bemühungen um eine Förderung der Stärke und Einigkeit des Westens stehen somit in einem direkten Zusammenhang mit der Stärke und Einheitlichkeit der atlantischen Handelspolitik. Ein erweitertes Exportprogramm ist für die USA unbedingt erforderlich, um die Zahlungsbilanz auszugleichen und das wirtschaftliche Wachstum zu erreichen, das notwendig ist, damit wir unseren Beitrag zu der militärischen Sicherheit sowie für den wirtschaftlichen Fortschritt des Westens aufrechterhalten können. Genauso wichtig ist eine Liberalisierung des Güterflusses über den Atlantik hinweg, die die beiden riesigen Märkte auf beiden Seiten des Ozeans in die Lage versetzen würde, Stärke und Dynamik miteinander zu paaren und ihre Hilfsquellen und ihre Schwungkraft zusammenzufassen, um die zahlreichen Maßnahmen durchzuführen, die für die Sicherheit freier Völker erforderlich sind. Zum ersten Male können wir als die größte Handelsnation der Welt einen einzigen Partner begrüßen, dessen Handel noch größer als der unsrige ist – einen Partner, der nicht länger mehr in sich gespalten und abhängig, sondern stark genug ist, um mit uns die Verantwortung und Initiative der freien Welt zu teilen.

Der kommunistische Block – weitgehend in sich abgeschlossen und isoliert – stellt eine wirtschaftliche Macht dar, die in gewisser Hinsicht bereits größer als die Westeuropas ist, und hofft, eines Tages die Vereinigten Staaten überholen zu können. Aber die gemeinsame Erzeugung und Kaufkraft der Vereinigten Staaten und Westeuropas – nahezu eine Billion Dollar im Jahr – ist mehr als doppelt so groß wie die der gesamten sino-sowjetischen Welt. Obwohl unsere Bevölkerung nur halb so groß ist und wir nur über weit weniger als die Hälfte des Gebietes verfügen, können wir unsere Hilfsquellen und unser Können im Rahmen einer offenen Handelspartnerschaft zusammenfassen, die stark genug ist, um mit jeder Herausforderung fertig zu werden und alle die vielen Aufgaben in aller Welt in Angriff zu nehmen, die für die Wahrung und den Fortschritt der Freiheit erforderlich sind. Wenn wir diesen Schritt tun, dann werden für alle Zeiten die marxistischen Prophezeiungen, daß die „kapitalistischen" Reiche sich wegen der Märkte bekriegen und den Konkurrenten unterdrücken werden, zunichte gemacht, die kommunistischen Hoffnungen auf einen Handelskrieg zwischen diesen zwei großen Wirtschaftsgebieten vereitelt und die kommunistischen Versuche, den Westen zu spalten, zum Scheitern verurteilt.

Als Mitglieder der Atlantischen Gemeinschaft haben wir unsere militärische Ziele durch die NATO aufeinander abgestimmt. Durch die Organisation für Wirtschaftliche Zusammenarbeit und Entwicklung (OECD) stimmen wir unsere Währungs- und Wirtschaftspolitik aufeinander ab. Es ist jetzt an der Zeit, ein neues Kapitel in der Entwicklung der Atlantischen Gemeinschaft zu schreiben. Der Erfolg unserer Außenpolitik hängt weitgehend von dem Erfolg unseres Außenhandels ab, und die Wahrung der politischen Einheit des Westens hängt ebenso weitgehend von dem Ausmaß der wirtschaftlichen Einheit des Westens ab. Ein integriertes Westeuropa, das sich mit den Vereinigten Staaten in einer Handelspartnerschaft zusammengeschlossen hat, wird das Gleichgewicht der Kräfte in der Welt noch mehr zugunsten der Seite der Freiheit verlagern.

Unsere Bemühungen, die Überlegenheit der Entscheidungsfreiheit zu beweisen, würden damit gewaltig gefördert werden. Wir wollen der Welt beweisen, daß wir an das friedliche

„Niederreißen der Mauern" glauben, statt sie willkürlich zu errichten. Wir wollen den Erzeugern und Verbrauchern in der freien Welt neue Perspektiven der Wahl und der Möglichkeiten eröffnen. Als Antwort für jene, die den ärmeren Ländern der Welt erklären, daß wirtschaftlicher Fortschritt und Freiheit nicht mehr zu vereinbaren sind, bietet sich uns – die wir uns seit langem der Vorzüge eines freien Marktes und der freien Wettbewerbswirtschaft, unserer Bereitschaft, mit der Zeit Schritt zu halten, gerühmt haben – die größte Möglichkeit seit dem Marshallplan, um die große Kraft der Entscheidungsfreiheit zu demonstrieren.

Die Länder des kommunistischen Blocks haben in den vergangenen Jahren über 200 Handelsabkommen ausgehandelt. Es ist unvermeidlich, daß die Empfängerländer ihre Volkswirtschaften in immer stärkerem Maße von den sowjetischen Gütern, Dienstleistungen und Technikern abhängig sehen. Aber viele dieser Nationen haben ebenfalls festgestellt, daß die Wirtschaftspolitik der freien Wahl weit größere Vorteile bietet als die Wirtschaftspolitik des Zwanges. Und je mehr wir das Gebiet der wirtschaftlichen Freiheit ausdehnen können, desto leichter machen wir es allen freien Völkern, in den Genuß unserer Neuerungen zu kommen und sie in der Praxis anzuwenden.

Unsere Bemühungen, den Entwicklungsländern der Welt und anderen Freunden zu helfen, hängen jedoch von mehr als einer Demonstration der Lebenskraft und der Vorzüge der Freiheit ab. Wenn ihre Volkswirtschaften expandieren, ihre neuen Industrien mit Erfolg arbeiten und sie Devisen verdienen sollen, die sie benötigen, um auf unsere Unterstützungsanstrengungen verzichten zu können, müssen diese Länder neue Absatzmärkte für ihre Rohmaterialien und ihre neuen Erzeugnisse finden. Wir müssen sicherstellen, daß alle Abmachungen, die wir mit der Europäischen Wirtschaftsgemeinschaft treffen, so ausgearbeitet werden, daß sie unbedingt auch in nichtdiskriminierender Weise auf alle dritten Länder Anwendung finden können. Noch wichtiger ist jedoch, daß die Vereinigten Staaten und Europa eine gemeinsame Verantwortung gegenüber allen weniger entwickelten Ländern der Welt tragen – und in diesem Sinne müssen wir zusammenarbeiten, um sicherzustellen, daß ihre berechtigten Bestrebungen und Erfordernisse erfüllt werden. Die „offene Partnerschaft", die dieses Gesetz vorschlägt, wird alle freien Nationen in die Lage versetzen, gemeinsam in den Genuß der Segnungen einer weiter gesteckten wirtschaftlichen Wahl für alle zu gelangen.

Unsere Bemühungen, die Führung der freien Welt zu behalten, hängen also letztlich von unserem Erfolg bei diesem Vorhaben ab. Wirtschaftliche Isolierung und politische Führerschaft sind völlig unvereinbar miteinander. Die Länder Westeuropas werden in den nächsten Jahren ihr grundlegendes Wirtschafts- und Handelsschema festlegen, das die Zukunft unserer Wirtschaft sowie die Hoffnungen unserer weniger entwickelten Freunde entscheidend berühren wird. Es werden grundlegende politische und militärische Entscheidungen von lebenswichtigem Interesse für unsere Sicherheit getroffen werden. Wenn wir diese Vollmacht zu Verhandlungen nicht erhalten und sie nicht noch in diesem Jahr erhalten, wenn wir vom Gemeinsamen Markt durch hohe Zollschranken auf jeder Seite des Atlantiks getrennt sind, dann können wir nicht hoffen, bei diesen grundlegenden Entscheidungen eine wesentliche Rolle zu spielen.

Wenn wir unsere Führerschaft erhalten wollen, dann ist es an uns, die Initiative zu ergreifen. Die umwälzenden Veränderungen, die sich gegenwärtig vollziehen, werden nicht warten, bis wir uns entschieden haben. Die Vereinigten Staaten haben zu weitreichenden Veränderungen in der Wirtschaftsstruktur der freien Welt ermutigt, um die Kräfte der Freiheit zu stärken. Aber wir können jetzt nicht selbst auf der Stelle treten. Wenn wir die Führung haben wollen, dann müssen wir handeln. Wir müssen unsere eigene Wirtschaft den zwingenden Erfordernissen einer sich verändernden Welt anpassen und einmal mehr unsere Führerschaft behaupten.

Der amerikanische Geschäftsmann wird, sobald die durch dieses Gesetz gewährte Vollmacht ausgeübt wird, eine einzigartige Gelegenheit haben, noch gleichberechtigter auf einem reichhaltigen und schnell expandierenden Auslandsmarkt zu konkurrieren, der potentiell über eine Kaufkraft verfügt, die so groß und so verschiedenartig ist wie die unsrige. Er weiß, daß, nachdem erst einmal künstliche Hindernisse beseitigt sind, ein großes Angebot amerikanischer Waren, die mit Hilfe amerikanischen Wissens und amerikanischer Tüchtigkeit produziert wurden, mit allen Erzeugnissen auf jedem Platz konkurrieren kann. Und nahezu alle Teile unserer Geschäftswelt, in jedem Bundesstaat, beteiligen sich jetzt oder könnten sich an der Produktion, der Weiterverarbeitung, dem Transport oder der Verteilung sowohl der Exporte als auch der Importe beteiligen.

An Maschinen, Transportausrüstungen, Chemikalien und Kohle verkaufen wir bereits an Westeuropa allein mehr, als unsere gesamten Importe an diesen Gütern aus allen Gebieten der Welt betragen. Westeuropa ist heute unser bester Kunde und sollte morgen ein noch besserer sein. Aber da der neue Außenzoll, der den Gemeinsamen Markt umgibt, an die Stelle der Binnenzölle tritt, wird ein deutscher Erzeuger, der früher auf dem französischen Markt unter den gleichen Bedingungen mit unseren Erzeugern konkurrierte, freien Zugang zu den französischen Märkten erhalten, während unsere eigenen Produzenten sich einem Zoll gegenübersehen. Kurz gesagt: solange wir nicht über die Vollmacht verfügen, über die Beseitigung des Außenzolles zu verhandeln, während die Wirtschaft des Gemeinsamen Marktes gleichzeitig expandiert, solange werden unsere Exporte damit nicht ansteigen. Sie können vielleicht sogar absinken.

Für den amerikanischen Farmer bedeutet eine Ausweitung des Handels unendlich viel. Einer von sieben in der Landwirtschaft Beschäftigten arbeitet für den Export. Der durchschnittliche amerikanische Farmer ist, was den Absatz der Erzeugnisse anbetrifft, die er auf einem Sechstel des von ihm bestellten Landes geerntet hat, auf die Auslandsmärkte angewiesen. 60 Prozent unserer Reis-, 49 Prozent unserer Baumwoll-, 45 Prozent unserer Weizen- und 42 Prozent unserer Sojabohnenernte werden exportiert. Die Landwirtschaft ist eine unserer besten Devisenquellen.

Unsere Landwirtschaft ist in besonderem Maße von dem westeuropäischen Markt abhängig. Der Handel mit Agrarerzeugnissen zwischen uns und diesem Raum ist vier zu eins zu unseren Gunsten. Mit den jüngst in Brüssel erreichten Abkommen ist unsere gegenwärtige Ermächtigung, weitere Konzessionen in Europa zu erreichen, voll ausgeschöpft worden. Diese Abkommen haben die Grundlage für künftige Verhandlungen über amerikanische Agrarexporte geschaffen, die stattfinden sollen, sobald neue Ermächtigungen erteilt werden. Aber es sind neue und flexible Vollmachten erforderlich, wenn wir unserer Landwirtschaft die Tür zum Gemeinsamen Markt offenhalten oder sie ihr noch weiter öffnen wollen. Wenn die Erzeugnisse unserer überaus großen Produktivität nicht zu immer größeren Stapeln in unseren Lagerhäusern anwachsen sollen, dann brauchen unsere Verhandlungsführer beides: die Sondervollmacht für die EWG und die generelle Vollmacht für eine fünfzigprozentige Zollsenkung, die in dem später in dieser Botschaft erläuterten Gesetz gefordert werden.

Der amerikanische Arbeiter wird aus der Ausweitung unseres Exports ebenfalls Nutzen ziehen. Jeder dritte in der Fertigung beschäftigte Arbeiter arbeitet für diesen Export. Die Zahl der Arbeiter, die ihren Arbeitsplatz direkt oder indirekt dem Export verdanken, ist um ein Vielhundertfaches größer als die kleine Gruppe, die noch nicht ein halbes Prozent der gesamten Arbeiterschaft ausmacht, für die eine starke Zunahme der Importe nachteilige Folgen zeitigen könnte. Da die Zahl der Arbeitsuchenden in den USA in den kommenden Jahren zunehmen wird, müssen unsere Absatzmärkte und die Wirtschaftstätigkeit ausgeweitet werden, um die Zahl unserer Arbeitsplätze zu vergrößern, und es muß sichergestellt werden, daß die neuen amerikanischen Fabriken, die zur Belieferung der Verbraucher im Gemeinsamen Markt errichtet werden, hier in den USA und nicht dort gebaut werden, damit sie amerikanische Arbeiter beschäftigen.

Der amerikanische Verbraucher zieht den größten Nutzen aus einer Ausweitung des Außenhandels. Die Importe geben ihm eine größere Wahl zwischen Erzeugnissen zu Wettbewerbspreisen. Sie vermitteln ihm neue Anregungen und Geschmacksrichtungen, die oft zu einer neuen Nachfrage nach amerikanischen Erzeugnissen führen.

Höhere Importe wirken belebend auf unsere eigenen Anstrengungen zur Steigerung der Leistungsfähigkeit, und sie ergänzen die Antitrustprogramme und andere Maßnahmen zur Gewährleistung eines freien Wettbewerbes. Zahlreiche für den Verbraucher wichtige Industrien wie auch die Wirtschaft sind von der Einfuhr von Rohstoffen und anderen Erzeugnissen abhängig. Somit könnten die in den USA hergestellten Güter für den amerikanischen Verbraucher ebenfalls billiger werden, wenn wir die Zölle für die zu ihrer Herstellung benötigten Rohstoffe senken.

Die amerikanischen Importe haben, kurz gesagt, unsere Wirtschaft allgemein gestärkt, statt sie zu schwächen. Ihr wettbewerbssteigernder Einfluß ist bereits erwähnt worden. Aber rund 60 Prozent der von uns importierten Güter konkurrieren nicht mit den Waren, die wir produzieren – entweder weil sie in unserem Lande gar nicht oder nicht in nennenswerter Menge hergestellt werden. Durch die Importe erhalten wir Produkte, die wir benötigen, aber selbst nicht lohnend erzeugen oder anbauen können (beispielsweise Bananen oder Kaffee). Sie ergänzen unsere ständig abnehmenden natürlichen Hilfsquellen mit Gütern, die hier nicht in großen Mengen vorhanden sind (wie Mangan oder Chrom, wovon 90 Prozent oder mehr importiert werden müssen, wenn unsere Stahlwerke arbeiten sollen), und tragen zu unserer industriellen Leistungsfähigkeit, unserem wirtschaftlichen Wachstum und unserem hohen Verbrauch bei. Jene Importe, die tatsächlich konkurrieren, entsprechen nur einem oder eineinhalb Prozent unserer gesamten Gütererzeugung; und selbst diese Einfuhren schaffen direkt Arbeitsplätze für jene, die sich mit ihrer Verarbeitung, ihrer Verteilung oder ihrem Transport befassen, und auch indirekt Arbeitsplätze für jene, die in der Exportindustrie sowie in jenen Industrien beschäftigt sind, die für ihre eigene Konkurrenzfähigkeit von importierten Gütern zu vernünftigen Preisen abhängen.

Darüber hinaus müssen wir unsere eigenen Zölle abbauen, wenn wir hoffen wollen, die Zölle im Ausland reduzieren und dadurch unsere Exporte und unseren Exportüberschuß steigern zu können. Es sind viel mehr amerikanische Arbeitsplätze von unseren Exporten abhängig, als Arbeitsplätze eventuell nachteilig durch gesteigerte Importe berührt werden könnten. Und die Exportindustrien sind unsere stärksten, leistungsfähigsten und die höchsten Löhne zahlenden expandierenden Industrien.

Es liegt daher auf der Hand, daß die Warnungen vor einer Steigerung der Einfuhr, die mit dem niedrigeren Lohnniveau in anderen Ländern begründet werden, ein einseitiges Bild geben. Denn diese Befürchtungen werden durch die Tatsache widerlegt, daß die amerikanische Industrie ganz generell – und im besonderen die Industrien in den Vereinigten Staaten, die die höchsten Löhne zahlen – mehr Güter nach anderen Märkten exportiert als jedes andere Land; daß sie weit mehr in anderen Ländern absetzt, als diese an uns verkaufen, und daß sie auch unseren Markt in den Vereinigten Staaten mit großer Überlegenheit beherrscht. Die drei Hauptgründe hierfür sind:

a) Die Fachausbildung und Leistungsfähigkeit der amerikanischen Arbeiter, die mit Hilfe unserer Maschinen und unserer Technik in der Stunde mehr Einheiten pro Arbeitskraft herstellen können als jeder andere Arbeiter auf der Welt, so daß bei zahlreichen Erzeugnissen die vergleichbaren Arbeitskosten bedeutend geringer sind als in Ländern mit niedrigeren Löhnen. Während zum Beispiel ein Bergmann im amerikanischen Kohlenbergbau den achtfachen Stundenlohn wie ein japanischer Bergmann erhält, fördert er vierzehnmal so viel Kohle, so daß unsere wirklichen Kosten pro Tonne geförderter Kohle weit geringer sind. Und wir verkaufen an die Japaner jedes Jahr Kohle im Werte von vielen Millionen Dollar.

b) Unsere besten Industrien verfügen aber auch über andere Vorteile – zum Beispiel das Vorhandensein billiger Rohstoffe und von billigem Kraftstrom. Weder die Löhne noch die Gesamtarbeitskosten bilden, für sich allein genommen, eine ausreichende Vergleichsgrundlage.

c) Die amerikanischen Erzeugnisse können vielfach auch dann erfolgreich konkurrieren, wenn die ausländischen Preise etwas niedriger sind – und zwar dank ihrer Überlegenheit an Qualität, Formgebung, Verpackung, Dienstleistung oder Garantie der Auslieferung.

Angesichts dieser Stärke und der gleichzeitig wachsenden Produktivität und der steigenden Löhne in der übrigen Welt ist es eigentlich nicht notwendig, über das Lohnniveau in den Ländern mit niedrigen Löhnen besorgt zu sein. Diese Löhne sind ferner bereits im Steigen begriffen, und wir möchten hoffen, daß die derzeitige Kluft zwischen den Löhnen – durch geeignete Konsultationen auf internationaler Ebene ermutigt – weiter eingeengt wird.

Diese Konzeption des freien Marktes – die größere wirtschaftliche Auswahl für Menschen und Völker – ist so alt wie die Freiheit selbst. Es handelt sich hier nicht um eine von einer politischen Partei entwickelte Konzeption. Seit vielen Jahren wurde unsere Handelsgesetzgebung von Mitgliedern beider politischen Parteien unterstützt, die erkannt hatten, wie entscheidend wichtig der Handel für unsere grundlegende Sicherheit im Ausland und eine gesunde Wirtschaft im eigenen Lande ist. Dies trifft heute noch um so mehr zu. Das Gesetz zur Ausweitung des Handels von 1962 soll der Ansicht einer Nation, nicht irgendeiner einzelnen Partei oder einer Interessengruppe Ausdruck verleihen. In diesem Sinne empfehle ich dem Kongreß, es umgehend und positiv zu behandeln.

II. Die Bestimmungen des Gesetzentwurfs

Neue Verhandlungsvollmachten: Um sämtliche der vorerwähnten Ziele und Erfolge erreichen zu können, um unsere Verhandlungsführer mit hinreichenden Befugnissen auszustatten und sie in die Lage zu versetzen, die EWG dazu zu bringen, unseren Waren und landwirtschaftlichen Erzeugnissen den Zugang zu ihren Märkten in verstärktem Maße zu gestatten und denen der lateinamerikanischen Länder, Japans und anderer Staaten eine faire Behandlung zuzusichern, und um darauf vorbereitet zu sein, mit dem Gemeinsamen Markt Handelsgespräche auf konkreter Basis zu führen, ist es notwendig, unsere Verhandlungsvollmachten flexibler zu gestalten und ihren Anwendungsbereich zu erweitern. Ich ersuche deshalb um zwei grundlegende Vollmachten, die für den Zeitraum der nächsten fünf Jahre gelten sollen:

Erstens, die genenerelle Vollmacht, die bestehenden Zollsätze in gegenseitigen Verhandlungen bis zu 50 Prozent zu senken. Wir beabsichtigen, uns bei der Ausübung dieser Vollmacht verschiedener Methoden zu bedienen, die Verhandlungen über eine Vielzahl von Warengruppen oder -untergruppen einschließen würden.

Zweitens, eine Sondervollmacht, die sich auf Verhandlungen mit der EWG erstreckt, um die Zölle für diejenigen Warengruppen zu senken oder abzuschaffen, bei denen der Anteil der Vereinigten Staaten und der EWG am Welthandel in einem als repräsentativ anzusehenden Zeitraum zusammen 80 Prozent und darüber betrug. Die Tatsache, daß diese Warengruppen unter diese Sonder- oder „Hauptlieferanten"-Vollmacht fallen, ist ein Beweis dafür, daß sie hier oder in Europa erfolgreicher produziert werden können als in anderen Teilen der Welt. Zu ihnen rechnen die meisten Waren, an denen die Mitglieder des Gemeinsamen Marktes im Handel mit uns besonders interessiert sind und auch der größte Teil der Waren, für die wir einen freien Zugang zum Gemeinsamen Markt anstreben; in beträchtlichem Maße handelt es sich hierbei auch um Güter, bei denen unsere Wettbewerbsfähigkeit durch die Tatsache dokumentiert wird, daß unsere Exporte unsere Importe erheblich übersteigen. Auf sie entfallen nahezu zwei Milliarden Dollar unserer gesamten industriellen Ausfuhr des Jahres 1960 nach den derzeitigen und den eventuellen künftigen Mitgliedstaaten der EWG und etwa 1,4 Milliarden Dollar unserer Einfuhren aus diesen Ländern. Kurz, diese Sondervollmacht wird uns in die Lage versetzen, ein bedeutsames Handelsabkommen mit dem Gemeinsamen Markt auszuhandeln, das unsere wirtschaftliche Stärke um der Förderung der Freiheit willen zusammenfaßt.

Um in unseren Bemühungen um ein bahnbrechendes Abkommen mit der EWG erfolgreich zu sein und damit unsere Farmer, Produzenten und die anderen Handelspartner der freien Welt voll partizipieren können, müssen wir uns sowohl der Hauptlieferantenvollmacht als auch der generellen Vollmacht gleichzeitig bedienen. Die Zollsenkungen würden allmählich Schritt für Schritt über einen Zeitraum von fünf oder mehr Jahren hinweg vorgenommen. Das traditionelle Verfahren aber, unsere gegenseitigen Zollmauern durch Verhandlungen Stein für Stein abzutragen, reicht nicht aus, um den amerikanischen Exporten an landwirtschaftlichen und industriellen Gütern den Zugang zum europäischen Markt zu sichern, der notwendig ist, wenn der Handel zwischen den beiden atlantischen Märkten zunehmen soll. Wir müssen in unseren Verhandlungen vielmehr darauf bedacht sein, auf der Basis der Gegenseitigkeit ganze Schichten auf einmal abzutragen, so wie dies die europäischen Länder gemacht haben, als sie ihre Binnenzölle abbauten und damit den Kräften des Wettbewerbs gestatteten, ein neues Handelsgefüge aufzubauen. Ein Handel auf einer dergestalt erweiterten Basis ist unmöglich, so stellten die EWG-Länder fest, wenn das traditionelle Verfahren der Wirtschaftsgeschichte – das Verhandeln über Zollinie um Zollinie – maßgebend sein soll. Ich möchte aber betonen, daß wir darauf bedacht sein werden, bei allen Zollsenkungen und Konzessionen nach dem Prinzip der Gegenseitigkeit zu verfahren und sicherzustellen, daß der eingehandelte Zugang zu den Märkten nicht durch die Anwendung von Quoten oder anderen restriktiven Methoden wieder eingeengt wird.

Sicherung der Interessen unserer übrigen Handelspartner: In unseren Verhandlungen mit dem Gemeinsamen Markt werden wir an unserem traditionellen Prinzip der Meistbegünstigung festhalten, unter dem sämtliche ausgehandelten Zollkonzessionen auch auf unsere übrigen Handelspartner ausgedehnt werden. Offensichtlich wäre die Beteiligung anderer Staaten an Abmachungen, die unter der Sondervollmacht zustande kommen und bei denen die Vereinigten Staaten und die EWG als Hauptlieferanten auftreten, oftmals nicht von großer Bedeutung. Bei anderen Warengattungen sollten, wo dies gerechtfertigt ist, von anderen interessierten Ländern im Rahmen dieser Verhandlungen ausgleichende Konzessionen erlangt werden. Alles in allem aber müssen wir eine nichtdiskriminierende Handelspartnerschaft mit der EWG anstreben. Wenn sie nur dazu führt, daß die freie Welt gespalten oder die Kluft zwischen reichen und armen Ländern vergrößert wird, dann wird sie einen ihrer Hauptzwecke verfehlt haben. Die Verhandlungsvollmachten gemäß dieser Gesetzesvorlage sollen vielmehr dazu benutzt werden, die Bindungen der beiden „gemeinsamen Märkte" zu den lateinamerikanischen Republiken, Kanada, Japan und anderen nichteuropäischen Staaten sowie unseren eigenen Handel mit diesen zu stärken und diesen Ländern zu helfen, ein Höchstmaß an Handelsmöglichkeiten mit dem Gemeinsamen Markt zu erreichen.

Die Gesetzesvorlage fordert ferner eine Sondervollmacht zur Reduzierung oder Aufhebung aller Zölle und anderer Restriktionen für die Einfuhr tropischer land- und forstwirtschaftlicher Erzeugnisse, die von uns befreundeten Entwicklungsländern geliefert und hier nur in unbedeutenden Mengen erzeugt werden, wenn unsere Maßnahme im Einklang mit ähnlichen Maßnahmen des Gemeinsamen Marktes getroffen wird. Diese tropischen Erzeugnisse betreffen den Export von Stapelwaren vieler Entwicklungsländer. Ihre Anstrengungen zur Entwicklung und Strukturverbreiterung der Wirtschaft müssen aus dem Erlös dieser Produktion finanziert werden. Wenn wir ihnen einen möglichst großen Absatzmarkt sichern, bringen wir sie damit dem Tage näher, da sie in der Lage sind, ihre Wirtschaftsentwicklung aus eigener Kraft zu finanzieren.

Schutz der amerikanischen Industrie: Sobald die in diesem Vorschlag geforderte Vollmacht zum Tragen kommt, werden sowohl die Importe wie auch die Exporte steigen. Diese Zunahme wird sich aus den oben angeführten Gründen in der überwältigenden Mehrzahl der Fälle als segensreich erweisen. Dennoch sollten weitreichende Schutzbestimmungen zum Schutz der amerikanischen Industrie und der Landwirtschaft beibehalten werden. Ein Schutz auf Grund der Ausweichklausel wird zusammen mit mehr zeitgemäßen Bestimmungen auch weiterhin verfügbar sein. Ein vorübergehender Zollschutz wird dort gewahrt werden, wo dies erforderlich ist. Die Vollmacht, zum Schutze der nationalen Sicherheit Zölle zu erheben oder Konzessionen außer Kraft zu setzen, soll beibehalten werden. Warenpositionen sollen bei den Verhandlungen ausgenommen werden, wenn immer eine solche Maßnahme im Interesse der Nation und der Wirtschaft liegt. Und die vier Grundetappen der traditionellen Gefahrenpunkt-Bestimmungen und Sicherungen sollen aufrechterhalten und verbessert werden.

[. . .]

Zweck dieser Botschaft war es, die Aufgabe, der wir gegenüberstehen, und die Werkzeuge, die wir brauchen, zu beschreiben. Die Entscheidung liegt nun beim Kongreß.

Diese Entscheidung wird entweder den Anfang eines neuen Kapitels in der Allianz der freien Nationen anzeigen oder aber das Wachsen der westlichen Einheit gefährden. Die beiden großen atlantischen Märkte werden entweder zusammen- oder auseinanderwachsen. Bedeutung und Ausmaß der freien wirtschaftlichen Entscheidung werden zum Wohl der freien Menschen überall entweder größer oder durch neue Schranken und Verzögerungen verwirrt und eingeengt werden.

Im vergangenen Jahr machte der Kongreß durch die Verabschiedung eines langfristigen Auslandshilfeprogramms einen fundamentalen Wandel in unseren Beziehungen zu den Entwicklungsländern möglich. Diese Vorlage wird einen fundamentalen, weitreichenden und einmaligen Wandel in unseren Beziehungen mit den anderen Industrienationen möglich machen, besonders aber mit den übrigen Mitgliedern der Atlantischen Gemeinschaft. So wie die NATO beispiellos in der Militärgeschichte ist, so ist diese Vorlage beispiellos in der Wirtschaftsgeschichte. Aber ihrer Verabschiedung wird man sich lange erinnern, und ihre Segnungen werden weite Verbreitung unter jenen finden, die für die Freiheit arbeiten.

Nur selten bietet sich im Leben unserer Nation eine Gelegenheit, aus der Verwirrung gegenwärtigen Geschehens eine klare und kühne Tat herauszumodellieren, die der Welt zeigt, wofür wir einstehen. Eine solche Gelegenheit ist jetzt gekommen. Dieses Gesetz, das unserem Handel mit dem Gemeinsamen Markt eine Bresche schlägt, wird auch der Freiheit eine Bresche schlagen.

Quelle: Europa-Archiv, 1962, D 189 – D 198 und D 200.

D 47: Der Auftakt zum Vietnamkrieg: Tonkin Gulf Resolution 1964

[. . .]

Joint Resolution[1] zur Förderung der Erhaltung des internationalen Friedens und der Sicherheit in Südostasien.

- Angesichts der Tatsache, daß Seestreitkräfte des kommunistischen Regimes in Vietnam unter Verletzung sowohl der Grundsätze der Charta der Vereinten Nationen wie auch des Völkerrechts vorsätzlich und wiederholt Schiffe der Vereinigten Staaten, die sich völlig legal in internationalen Gewässern befanden, angegriffen haben, und dadurch eine ernste Bedrohung des internationalen Friedens geschaffen haben; und
- Angesichts der Tatsache, daß diese Angriffe Teil einer gewollten und systematischen Aggressionskampagne sind, die das kommunistische Regime in Nordvietnam gegen seine Nachbarn und die mit diesen in der gemeinsamen Verteidigung ihrer Freiheit verbundenen Nationen eingeleitet hat; und

---

[1] Joint Resolution ist zu verstehen als eine gemeinsame Entschließung beider Häuser des Kongresses, die nach Art. I, Abschnitt 7, Paragraph 3 der amerikanischen Verfassung die Zustimmung des Präsidenten verlangt und mit dessen Unterschrift rechtskräftig wird. Eine Joint Resolution hat rechtlich die gleiche Bedeutung und Wirkung wie ein Gesetz (Anm. des Hrsg.).

- Angesichts der Tatsache, daß die Vereinigten Staaten den Völkern Südostasiens helfen, ihre Freiheit zu schützen und selbst keine territorialen, militärischen oder politischen Ambitionen in dieser Region haben, sondern lediglich wünschen, daß diese Völker in Frieden gelassen werden, damit sie ihr eigenes Schicksal auf ihre eigene Weise gestalten können: jetzt, und deswegen, mögen

Senat und Repräsentantenhaus der Vereinigten Staaten von Amerika, die sich im Kongreß versammelt haben, beschließen, daß der Kongreß die Entschlossenheit des Präsidenten als Oberbefehlshaber, alle notwendigen Maßnahmen zu ergreifen, um jeden bewaffneten Angriff auf die Streitkräfte der Vereinigten Staaten zurückzuschlagen und weitere Angriffe zu verhindern, gutheißt und unterstützt.

Abschnitt 2

Die Vereinigten Staaten betrachten die Erhaltung des internationalen Friedens und die Sicherheit in Südostasien als lebenswichtig für ihre nationalen Interessen und für den Weltfrieden. Im Einklang mit der Verfassung der Vereinigten Staaten und der Charta der Vereinten Nationen und in Übereinstimmung mit ihren Verpflichtungen innerhalb des Südostasiatischen Verteidigungsvertrages sind die Vereinigten Staaten deswegen bereit, in der Weise, wie es der Präsident bestimmt, alle notwendigen Maßnahmen einschließlich des Gebrauchs von Waffengewalt zu ergreifen, um jedem Mitglieds- und Protokollarstaat des Südostasiatischen Verteidigungspaktes, der um Hilfe zur Verteidigung seiner Freiheit nachsucht, beizustehen.

Abschnitt 3

Diese Entschließung läuft aus, wenn der Präsident feststellt, daß der Frieden und die Sicherheit der Region ausreichend gesichert sind durch internationale Verhältnisse, die entweder durch Maßnahmen der Vereinigten Staaten oder sonstwie herbeigeführt worden sind, es sei denn, daß sie durch eine concurrent resolution[2] des Kongresses früher beendet wird.

Quelle: Legislation on Foreign Relations Through 1981, Vol. 2, Washington 1982, S. 627.

---

[2] Concurrent Resolution ist zu verstehen als eine gemeinsame Entschließung beider Häuser des Kongresses, ebenfalls nach Art. I, Abschnitt 7, Paragraph 3 der amerikanischen Verfassung, die jedoch in der seit 1879 herrschenden Auffassung nicht die Unterschrift des Präsidenten verlangt, allerdings auch keine Gesetzeskraft besitzt, sondern nur den Kongreß bindet. Sie wird zumeist benutzt, um Ansichten des Kongresses auszudrücken oder seine Verfahren zu regeln. In neuerer Zeit wird die Concurrent Resolution aber auch benutzt, um Vollmachten, die der Kongreß dem Präsidenten übertragen hat, zu widerrufen oder ihre Anwendung zu kritisieren. Am 23. 6. 1983 hat der Oberste Gerichtshof der USA solche Eingriffe der Legislative in die Exekutive – wie sie besonders häufig mit dem sogenannten legislative veto vorgenommen wurden – prinzipiell als verfassungswidrig erklärt. Zur weiteren Information siehe die vom Kongreß veranlaßte und regelmäßig erneuerte Ausgabe und Analyse der US-Verfassung, die vom Legislative Reference Service, Library of Congress angefertigt und vom Haus herausgegeben wird. Ferner zur Geschäftsordnung des Repräsentantenhauses: Cannon's Procedure in the House of Representatives, ebenfalls regelmäßige Ausgaben. Für die Geschäftsordnung des Senates siehe das vom Senat herausgegebene, ebenfalls regelmäßig neu aufgelegte: Senate Manual, Containing the Standing Rules, Orders, Laws, and Resolutions Affecting the Business of the United States Senate.

D 48: Johnsons Resignation 1968

Rundfunk- und Fernsehansprache des Präsidenten Lyndon B. Johnson am 31. März 1968 zum Vietnamkonflikt

[. . .]

Ich erneuere heute abend mein Angebot vom letzten August, die Bombardierung Nord-Vietnams einzustellen. Wir fordern, daß sofort Gespräche beginnen und daß es sich um ernsthafte Gespräche über das Wesentliche des Friedens handelt. Wir gehen davon aus, daß während dieser Gespräche Hanoi keinen Vorteil aus unserer Zurückhaltung ziehen wird. Wir sind bereit, ohne Verzug zu einem Frieden durch Verhandlungen zu gelangen.

In der Hoffnung, daß diese Maßnahme zu baldigen Gesprächen führen wird, unternehme ich heute abend den ersten Schritt, den Konflikt zu de-eskalieren. Wir reduzieren – und zwar wesentlich – den gegenwärtigen Stand der Feindseligkeiten. Und wir tun das einseitig und sofort.

Ich habe heute abend unsere Flugzeuge und Kriegsschiffe angewiesen, keine Angriffe auf Nord-Vietnam auszuführen – mit Ausnahme des Gebiets nördlich der entmilitarisierten Zone, wo der anhaltende feindliche Aufmarsch die vorgeschobenen Stellungen der Alliierten direkt bedroht und wo die Truppen- und Nachschubbewegungen eindeutig mit dieser Bedrohung in Zusammenhang stehen.

[. . .]

Ich richte heute abend an Großbritannien und die Sowjetunion als Ko-Vorsitzende der Genfer Konferenzen und als ständige Mitglieder des Sicherheitsrats der Vereinten Nationen den Appell, alles in ihren Kräften Stehende zu tun, um von dem einseitigen Schritt der De-Eskalation, den ich soeben verkündet habe, zu einem echten Frieden in Südostasien zu gelangen.

Die Vereinigten Staaten sind heute wie in der Vergangenheit bereit, ihre Vertreter in jedes Forum, zu jeder Zeit, zu entsenden, um über Mittel und Wege zu sprechen, wie dieser Krieg beendet werden kann. Ich bestimme einen unserer hervorragendsten amerikanischen Bürger, Botschafter Averell Harriman, zu meinem persönlichen Vertreter für solche Gespräche. Außerdem habe ich Botschafter Llewellyn Thompson, der zu Konsultationen aus Moskau zurückgekehrt ist, gebeten, sich zur Verfügung zu halten, um Botschafter Harriman in Genf oder an jedem anderen geeigneten Ort zu unterstützen, sobald Hanoi einer Konferenz zustimmt.

Ich appelliere an Präsident Ho Chi Minh, auf diesen neuen Friedensschritt positiv und günstig zu reagieren . . .

Bei zahlreichen Gelegenheiten habe ich dem amerikanischen Volk versichert, daß wir die Truppen nach Vietnam entsenden würden, die notwendig sind, um unsere Mission dort zu erfüllen. Nach dieser Richtschnur hatten wir bis vor kurzem einen Stand der Truppen von rund 525 000 Mann bewilligt.

Vor einigen Wochen jedoch haben wir – um die Abwehr der neuen Offensive des Gegners zu unterstützen – weitere rund 11 000 Mann an Marinekorps- und Luftlandetruppen nach Vietnam entsandt. Sie wurden auf Alarmbasis auf dem Luftwege in 48 Stunden zum Einsatzort gebracht. Die Artillerie, die Panzer, die Flugzeuge, die Sanitätseinheiten und die sonstigen Verbände, die zur Zusammenwirkung und zur Unterstützung dieser Infanterieeinheiten im Kampfeinsatz notwendig sind, wurden nicht mitverlegt. Um diese Einheiten auf ihre maximale Kampfkraft zu bringen, sollten wir Vorbereitungen treffen, um in den nächsten fünf Monaten die dazugehörigen Verbände in Stärke von rund 13 500 Mann zu entsenden. Ein Teil dieser Soldaten wird aus unseren aktiven Streitkräften bereitgestellt werden. Die restlichen werden aus Reserveeinheiten gestellt werden, die zum aktiven Dienst einberufen werden . . .

[. . .]

Wir haben nicht die Absicht, diesen Krieg auszuweiten. Aber die Vereinigten Staaten werden keine Pseudo-Regelung dieses langen und harten Kampfes akzeptieren, um sie dann Frieden zu nennen.

Niemand kann die genauen Einzelheiten einer schließlichen Regelung voraussagen. Unser Ziel in Süd-Vietnam war niemals die Vernichtung des Gegners. Es hat immer darin bestanden, Hanoi zu der Einsicht zu bringen, daß sein Ziel – Süd-Vietnam mit Gewalt zu erobern – nicht erreichbar ist. Der Friede könnte auf den Genfer Abkommen des Jahres 1954 basieren, unter politischen Bedingungen, die es den Südvietnamesen – allen Südvietnamesen – erlauben, ihren Kurs frei von jeder Beherrschung oder Einmischung von außen abzustecken.

Heute abend wiederhole ich auch die Verpflichtung, die wir in Manila eingegangen sind: daß wir bereit sind, unsere Truppen aus Süd-Vietnam abzuziehen in dem Maße, wie die andere Seite ihre Truppen nach dem Norden abzieht, die Infiltration einstellt und das Ausmaß der Gewalttätigkeit nachläßt.

Unser Ziel – Frieden und Selbstbestimmung für Vietnam – steht in direktem Zusammenhang mit der Zukunft Südostasiens, wo in den vergangenen zehn Jahren viel geschehen ist, um Zuversicht zu wecken. Wir haben alles in unseren Kräften Stehende hierzu beigetragen. Eine Anzahl dieser Länder hat gezeigt, was erreicht werden kann, wenn Sicherheit gegeben ist. Seit 1966 hat Indonesien, das fünftgrößte Land der Welt, eine Regierung, die sich dem Frieden mit seinen Nachbarn und der Verbesserung der Lebensbedingungen seines eigenen Volkes verschrieben hat. Die politische und wirtschaftliche Zusammenarbeit zwischen den einzelnen Ländern hat schnell zugenommen.

Jeder Amerikaner kann mit Stolz über die Rolle sprechen, die wir in Südostasien gespielt haben. Wir können mit Recht sagen – wie dies verantwortungsbewußte Südostasiaten selbst tun –, daß der Fortschritt der vergangenen drei Jahre bei weitem nicht so groß – wenn nicht sogar unmöglich – gewesen wäre, wenn nicht Amerika und andere in Vietnam Widerstand geleistet hätten.

Vor drei Jahren habe ich vor der John-Hopkins-Universität angekündigt, daß wir uns an der großen Aufgabe beteiligen würden, Südostasien einschließlich des Mekong-Deltas für alle Menschen dieses Raumes wirtschaftlich zu entwickeln. Unsere Entschlossenheit, zum Aufbau eines besseren Landes – für die Menschen auf beiden Seiten des gegenwärtigen Konflikts – beizutragen, hat in nichts nachgelassen. Ja, die Verwüstungen des Krieges haben dies noch dringlicher als zuvor gemacht. Ich wiederhole heute abend, was ich vor der John-Hopkins-Universität erklärt habe: daß Nord-Vietnam seine Rolle bei diesen gemeinsamen Bemühungen spielen könnte, sobald Frieden herrscht.

Im Laufe der Zeit wird vielleicht ein umfassender Rahmen für Frieden und Sicherheit in Südostasien möglich werden. Die neue Zusammenarbeit der Länder dieses Raumes könnte einen Grundstein hierfür bilden. Natürlich streben wir die Freundschaft mit den Ländern eines solchen Südostasien an – und das ist alles, was wir wollen. Eines Tages, meine Mitbürger, wird Frieden in Südostasien sein. Er wird kommen, weil die Völker Südostasiens ihn wollen – diejenigen Völker, deren Armeen heute im Krieg stehen, und diejenigen Völker, die zwar oftmals bedroht, bisher jedoch vom Krieg verschont geblieben sind. Der Friede wird kommen, weil die Asiaten bereit waren, für ihn zu arbeiten, für ihn Opfer zu bringen und für ihn zu sterben.

Aber möge dies niemals vergessen werden: Der Friede wird auch deshalb kommen, weil Amerika seine Söhne ausgesandt hat, um ihn sichern zu helfen. Es ist nicht leicht gewesen – ganz und gar nicht. Während der letzten viereinhalb Jahre war es mein Schicksal und meine Aufgabe, Oberbefehlshaber zu sein. Ich habe täglich mit dem Wissen um die Kosten dieses Krieges gelebt. Ich kenne das Leid, das er zugefügt, und die Zweifel, die er erweckt hat. In dieser ganzen Zeit hat mir der eine Grundsatz Kraft und Halt gegeben: daß das, was wir in Vietnam tun, nicht nur für die Sicherheit Asiens, sondern auch für unsere eigene Sicherheit von lebenswichtiger Bedeutung ist.

Gewiß haben wir Verträge, die wir achten, und Verpflichtungen, die wir einhalten müssen. Resolutionen des Kongresses bezeugen die Notwendigkeit, der Aggression in Südostasien Widerstand zu leisten. Aber der Kernpunkt unseres Engagements in Süd-Vietnam ist stets die Sicherheit Amerikas gewesen. Und das weitergesteckte Ziel unseres Engagements ist immer gewesen, den Nationen Südostasiens dabei zu helfen, unabhängige, auf eigenen Füßen stehende Mitglieder der Völkergemeinschaft zu werden – in Frieden mit sich selbst und mit anderen. Mit einem solchen Asien wird unser Land – und die Welt – weit sicherer sein als heute abend.

Ich bin der Überzeugung, daß ein friedliches Asien auf Grund dessen, was Amerika in Vietnam getan hat, der Realität ein großes Stück nähergerückt ist. Ich bin der Überzeugung, daß die Männer, die dort die Gefahren des Kampfes tragen, der ganzen Welt helfen, weit größere Konflikte als diesen zu verhüten. Der Friede, der sie wieder heimführt, wird kommen. Heute abend habe ich den ersten von, wie ich hoffe, einer ganzen Reihe gegenseitiger Schritte zum Frieden angeboten.

Ich bete darum, daß dieses Angebot von den Führern Nord-Vietnams nicht abgelehnt wird. Ich bete darum, daß sie es als ein Mittel akzeptieren, das die Leiden ihres eigenen Volkes beenden möge. Und ich bitte Sie, meine Mitbürger, um Ihre Unterstützung bei diesem Bemühen, über das Schlachtfeld hinweg einen baldigen Frieden zu erreichen.

Schließlich, meine amerikanischen Mitbürger, möchte ich Ihnen noch das Folgende sagen. Wem viel gegeben ist, von dem wird viel gefordert. Ich kann Ihnen nicht sagen – und kein Mensch könnte Ihnen sagen –, daß nicht noch mehr von uns gefordert werden wird. Und doch bin ich der Überzeugung, daß diese Generation von Amerikanern heute nicht weniger als zu Beginn dieses Jahrzehnts willens ist, jeden Preis zu bezahlen, jede Last zu tragen, jedes Ungemach zu erdulden, jeden Freund zu unterstützen, jedem Feind zu widerstehen, um den Fortbestand und den Erfolg der Freiheit zu sichern.

Seit diese Worte von John F. Kennedy gesprochen worden sind, hat das amerikanische Volk den Pakt mit dem höchsten Gut der Menschheit gehalten, und wir werden ihn auch weiter halten. Aber ich meine, daß wir das eine nie vergessen dürfen: Welches auch immer die vor uns liegenden Prüfungen und Bewährungsproben sein mögen, die eigentliche Stärke unseres Landes und unserer Sache wird nicht in mächtigen Waffen oder grenzenlosen Hilfsquellen oder unerschöpflichem Reichtum liegen, sondern in der Einigkeit unseres Volkes. Daran glaube ich zutiefst.

Während meiner ganzen Tätigkeit im Dienste der Öffentlichkeit habe ich mich an meine persönliche Maxime gehalten, daß ich ein freier Mann bin, ein Amerikaner, ein Diener der Öffentlichkeit und ein Mitglied meiner Partei – in dieser Reihenfolge, und zwar immer und ausschließlich. In den 37 Jahren im Dienste unserer Nation, zuerst als Kongreßabgeordneter, dann als Senator, dann als Vizepräsident und heute als Ihr Präsident, habe ich immer die Einigkeit des Volkes allem vorangestellt. Ich habe sie vor jede trennende Parteipolitik gestellt.

In diesen Zeiten gilt wie in früheren Zeiten, daß ein Haus, das in sich selbst uneins ist durch den Geist der Fraktionen, Parteien, Regionen oder Religionen oder Rassen, ein Haus ist, das zerfallen muß. Im Hause Amerika herrscht heute Uneinigkeit. Die Uneinigkeit ist heute abend unter uns allen, und aus der mir übertragenen großen Verpflichtung heraus muß ich als Präsident des ganzen Volkes auf die Gefahr für den Fortschritt des amerikanischen Volkes und die Friedenshoffnungen und -aussichten aller Menschen achten. So möchte ich alle Amerikaner aufrufen, wie ihre persönlichen Interessen auch immer liegen mögen, sich vor der Uneinigkeit und ihren bösen Folgen zu hüten.

Vor 52 Monaten und zehn Tagen fielen die Pflichten dieses Amtes in einem Augenblick der Tragik und des Traumas auf mich. Ich habe Sie und den Allmächtigen damals um Hilfe gebeten, damit wir Amerika weiterführen können auf seinem Weg, damit wir unsere Wunden verbinden, unsere Geschichte wiederherstellen und in neuer Einheit voranschreiten können, um die anstehenden Aufgaben zu lösen und unsere Verpflichtungen gegenüber unserem Volke zu erfüllen. Gemeinsam haben wir diese Verpflichtung erfüllt, und gemeinsam haben wir diese Verpflichtung erweitert. Und wenn Amerika für alle Zeiten, wie ich glaube, eine stärkere Nation, eine gerechtere Gesellschaft, ein Land größerer Möglichkeiten und Erfüllung sein wird, so ist dies auf all das zurückzuführen, was wir in diesen Jahren noch nie dagewesener Erfolge gemeinsam geschaffen haben. Unser Lohn wird das Leben in Freiheit, Frieden und Hoffnung sein, dessen sich unsere Kinder in den kommenden Zeiten erfreuen werden.

Was wir gewonnen haben in einer Zeit, da unser Volk einig war, darf auf keinen Fall dazu führen, daß das Amt des Präsidenten in den Parteienzank hineingezogen wird, der sich in diesem hochpolitischen Jahr entwickelt. Wenn Tag für Tag Amerikas Söhne weit weg im Feld stehen, wenn Amerikas Zukunft hier im eigenen Land bedroht ist, wenn unsere und der Welt Hoffnungen auf einen ausgewogenen Frieden gerichtet sind, dann, so glaube ich, darf ich keine Stunde und keinen Tag meiner Zeit für persönliche Parteiangelegenheiten oder für andere Aufgaben als die gewaltigen Pflichten dieses Amtes, des Amtes des Präsidenten Ihres Landes, verwenden.

Darum werde ich die Nominierung meiner Partei für eine weitere Amtszeit als Ihr Präsident nicht anstreben und sie auch nicht annehmen.

Die Menschen in aller Welt sollen jedoch wissen, daß ein starkes, zuversichtliches und wachsames Amerika heute abend bereit steht, um einen ehrenvollen Frieden zu suchen, und daß es heute abend bereit steht, um eine ehrenhafte Sache zu verteidigen, welchen Preis, welche Lasten und welche Opfer diese Pflicht auch immer fordern mag.

Quelle: Europa-Archiv, 1968, D 170 – D 174.

V.

1970–1980
Von der Koexistenz zur Kooperation

Einführung

Wie in Kapitel IV dargestellt, begann unter Präsident Kennedy endgültig die Phase der Entspannung zwischen den Vereinigten Staaten und der Sowjetunion. Präsident Kennedy hatte mit seiner Rede vor der American University die Notwendigkeit der Rüstungskontrolle mit der Sowjetunion betont; sie wurde im Atomteststop-Vertrag von 1963 und im Nichtverbreitungs-Vertrag von 1968 unter Präsident Johnson verwirklicht. Gleichzeitig war mit dem Bau der Mauer in Berlin die Teilung Europas auch in der ehemaligen Hauptstadt des Deutschen Reiches abgeschlossen und perfektioniert worden. Kennedy hatte auch versucht, ein neues Verhältnis der Vereinigten Staaten zur Dritten Welt, insbesondere zu Afrika einzuleiten; er hatte schließlich die Allianz für den Fortschritt, ein auf Reform gerichtetes Hilfsprogramm der USA in Lateinamerika, verwirklicht. Allerdings hatte Präsident Kennedy auch die aktive Beteiligung der Vereinigten Staaten an den Kämpfen in Vietnam und damit ein Engagement begonnen, das die amerikanische Außenpolitik während der sechziger Jahre ausfüllte und sie vor immer größere Probleme stellte. Unter Kennedy hatte sich die Entspannung gegenüber der Sowjetunion verbunden mit einer umfangreichen militärischen Intervention in der Dritten Welt.

Was Präsident Kennedy eingeleitet und Präsident Johnson fortgesetzt hatte, wurde von Präsident Nixon und – vor allem von seinem Nationalen Sicherheitsberater Henry A. Kissinger – zur Grundlage eines neuen Entwurfs der amerikanischen Weltpolitik gemacht. Er zog die konzeptuelle Konsequenz aus jener waffentechnologischen Entwicklung, die die Sowjetunion zur zweiten Supermacht und damit die partielle Verständigung mit ihr über die Kontrolle der Nuklearwaffen zu der besten Möglichkeit hatte werden lassen, einen Kernwaffenkrieg zu vermeiden. Dies war nicht das einzige, wohl aber notgedrungen das oberste Ziel der amerikanischen Weltpolitik, weil es die Sicherheit des amerikanischen Kontinents betraf. Dieser dritte Entwurf der amerikanischen Außenpolitik nach dem Zweiten Weltkrieg wies in seinem Kernstück das partielle Duopol[1] mit der Sowjetunion aus, also den Versuch, das Ziel der Kriegsverhütung nicht mehr ausschließlich der Abschreckungsfunktion durch die NATO, sondern teilweise auch schon der direkten Verständigung mit Moskau, durchaus zu Lasten der Verbündeten, zu übergeben. Auf einem höheren Niveau näherte sich dieser dritte dem ersten Entwurf, der von 1943 bis 1948 gegolten und die amerikanische Sicherheit wie auch die Instrumentierung ihrer Führungsposition der kollektiven Organisation der Vereinten Nationen anvertraut hatte. Sie konnte nur funktionieren, wenn die Vereinigten Staaten und die Sowjetunion zusammenarbeiteten. Diese Perspektive zerbrach im Kalten Krieg. Er rief den zweiten Entwurf der amerikanischen Außenpolitik ab, der Sicherheit und Führung den Militärallianzen, insbesondere der NATO, anvertraute. Sie dienten dazu, das Verhalten der Sowjetunion zu beeinflussen und ihre Nicht-Expansion sowie jeglichen Aggressionsverzicht sicherzustellen. Diese Funktion behielten sie auch im dritten Entwurf bei, aber eben doch mit einer entscheidenden Verkürzung. Die Vermeidung des strategischen Nuklearkrieges zwischen den USA und der Sowjetunion wurde unter Nixon zusätzlich, vielleicht sogar primär, der direkten Verständigung zwischen den beiden Supermächten anvertraut. Nur sie konnte angesichts zunehmender Proliferation von Kernwaffen und der Zunahme der Konflikte mit ihren Eskalationsgefahren die Gewähr dafür bieten, daß der amerikanisch-sowjetische Schlagabtausch vermieden werden konnte.

In den Jahren seit 1960 hatte sich auch die Welt entscheidend verändert. Sie war jetzt, nachdem die Entkolonialisierung in dem „Jahr Afrikas", 1960, mächtig vorangekommen war, von souveränen Staaten bevölkert. Neue Machtzentren, neue Konfliktherde entstanden. Die amerikanische Macht war deswegen nicht kleiner, ihre Anwendung jedoch in einer dermaßen diversifizierten Welt sehr viel schwieriger geworden. Die amerikanische Außenpolitik mußte daher transformiert, angepaßt werden; genau dies versuchte die Nixon-Administration mit

---

1 Einzelheiten dazu bei: Ernst-Otto Czempiel, Grundzüge der Weltpolitik, in: Joseph Mück (Hrsg.), Internationale Politik. Grundlagen, Auswirkungen, Verläufe (Bad Wildunger Beiträge zur Gemeinschaftskunde Bd. 4), Wiesbaden 1971, S. 32 ff., S. 86.

dem neuen, dem dritten Entwurf der amerikanischen Außenpolitik, der in Umrissen bereits in der Nixon-Doktrin von 1969 (vgl. S. 313 ff.) formuliert worden war. Vornehmster Adressat dieses Entwurfs war die Sowjetunion. Zu ihr mußte ein neues Verhältnis gefunden werden, das über die Koexistenz hinausging (D 49). Nixon und Kissinger versuchten, es auf ein kombiniertes Angebot von partiellem Duopol im Nuklearbereich sowie verstärkter wirtschaftlicher Zusammenarbeit im Austausch gegen außenpolitisches Wohlverhalten der Sowjetunion zu gründen. „Détente" und „Linkage" wurden zu den Schlüsselbegriffen der siebziger Jahre. Ihre Verwendbarkeit erleichterte die Nixon-Administration dadurch, daß sie die Volksrepublik China aus der jahrzehntelangen Isolierung löste und damit dem internationalen System, das bis dahin stark bipolar geprägt war, die Figur eines Dreiecks gab. Weil sich dadurch die diplomatischen Kombinationsmöglichkeiten erheblich vermehrten, versprachen sich Nixon und Kissinger eine Erhöhung der amerikanischen Handlungsfreiheit und eine Senkung der Spannungen im internationalen System.

1. Weltpolitik im Dreieck

Bereits am Tage ihrer Amtsübernahme wurde die neue Regierung Nixon von der Sowjetunion auf die Rüstungskontrollverhandlungen im strategischen Bereich angesprochen. Washington bestand jedoch von Anfang an darauf, die Rüstungskontrolle mit der Lösung politischer Probleme zu verbinden, in Indochina sowohl wie in Deutschland. So zögerten sich der Beginn der Verhandlungen fast um ein Jahr, der erfolgreiche Abschluß um mehr als drei Jahre hinaus. Seine Voraussetzung in amerikanischer Sicht bestand vor allem in einer Lösung des Berlinproblems. Es war durch den Mauerbau nur grob bereinigt worden. In der zweiten Hälfte der sechziger Jahre begann die DDR, den Zugang über die Autobahnen zu beeinträchtigen; 1968 erließ sie ein Ein- und Durchreiseverbot für Minister, 1969 behinderte sie die Abhaltung der Bundesversammlung in Berlin. Die Außenminister der drei Westmächte und der Bundesrepublik Deutschland hatten daher am 9. April 1969 beschlossen, daß die drei Westmächte bei der Sowjetunion über eine Berlinregelung sondieren sollten, und Moskau hatte am 10. Juli 1969 Diskussionsbereitschaft signalisiert. Am 26. März 1970 begannen die Verhandlungen. Sie wurden zweifellos erleichtert durch die Ostpolitik der sozialliberalen Koalition, die 1969 ihr Amt angetreten hatte. Sie schloß am 12. August 1970 den Gewaltverzichtsvertrag mit der Sowjetunion und im Dezember des gleichen Jahres den deutsch-polnischen Vertrag mit der Anerkennung der Oder-Neiße-Linie. Damit dokumentierte die Bundesrepublik, daß sie endgültig auf die Entspannungspolitik eingeschwenkt war, die die USA seit Kennedy betrieben. In diesem so veränderten Klima fanden die Berlinverhandlungen der drei Westmächte und der Sowjetunion am

3. September 1971 mit der Paraphierung des Viermächteabkommens ihren erfolgreichen Abschluß.

Für Präsident Nixon bedeutete der Herbst 1971 und insbesondere das Berlinabkommen die „Wasserscheide“ im Verhältnis zwischen den USA und der Sowjetunion. Jetzt war der Weg frei für die endgültige Bearbeitung des ersten SALT-Vertrages und für die Politik der Entspannung mit der Sowjetunion. Präsident Nixon reiste im Mai 1972 zum Gipfeltreffen nach Moskau, wo neben dem SALT-Vertrag zahlreiche Übereinkommen zur künftigen Zusammenarbeit geschlossen wurden. Das sogenannte SALT-I-Abkommen vom 26. Mai 1972 enthält zunächst den ABM-Vertrag, der einen Verzicht beider Seiten auf Raketenabwehrsysteme enthielt, von denen jede Seite nur zwei Stellungen behalten sollte. Die Vereinigten Staaten verzichteten schließlich ganz darauf. Sodann wurde ein Interimsabkommen über die Begrenzung der strategischen Angriffswaffen abgeschlossen, das fünf Jahre gelten und Interkontinentalraketen (ICBMs) und seegestützte Raketen (SLBMs) auf die vorhandene oder im Bau befindliche Anzahl begrenzen sollte. Die zahlenmäßige Begrenzung verhinderte nicht die qualitative Verbesserung der Raketen. Daran war vor allem der amerikanischen Administration gelegen, die die bereits unter Präsident Johnson eingeleiteten Versuche mit Mehrfachsprengköpfen (MIRV) fortsetzen und zum Abschluß bringen wollte. Sie erhoffte sich davon (trotz der Erfahrungen mit der Entwicklung der Atombombe allgemein) einen langanhaltenden strategischen Vorteil gegenüber der Sowjetunion. Kongreß und Öffentlichkeit der USA sahen da weiter. 41 Senatoren und mehr als 100 Abgeordnete forderten die Regierung Nixon auf, die Versuche mit Mehrfachsprengköpfen einzustellen oder wenigstens in einem Moratorium für die Dauer der Verhandlungen zu unterbrechen. Kissinger blieb unerbittlich[2] und räumte erst mehr als zehn Jahre später ein, einen großen Fehler begangen und das Wettrüsten weiter vorangetrieben zu haben[3].

Zu den beiden Rüstungskontrollabkommen, von denen das Interimsabkommen den eigentlichen Vertrag nur vorbereiten sollte, traten eine Fülle von Vereinbarungen über die wirtschaftliche Zusammenarbeit, unter denen der am 18. Oktober 1972 abgeschlossene amerikanisch-sowjetische Handelsvertrag eine besondere Stellung einnahm. Politisch relevant war vor allem die „Grundsatzerklärung über die amerikanisch-sowjetischen Beziehungen“ (D 50). Sie artikulierte erstmals formal das partielle Duopol, indem sie „die besondere Verantwortung“ der beiden Staaten in der Weltpolitik hervorhob; und sie proklamierte die partielle Kooperation, indem beide Staaten versprachen, gefährliche Situationen zu verhindern, Zurückhaltung zu üben, aufkommende Konflikte mit friedlichen Mitteln beizulegen und keinen einseitigen Vorteil zu suchen.

2 Henry A. Kissinger, Memoiren 1968–1973, München 1979, S. 230.

3 Ders. in: TIME, 21. 3. 1983, S. 19.

Ideologische Differenzen seien, so hieß es, kein Hindernis für normale diplomatische Beziehungen.

Hatte schon diese Grundsatzerklärung erhebliches Aufsehen bei den NATO-Verbündeten ausgelöst, so stieß das ein Jahr später, beim Gegenbesuch Breschnews in Washington abgeschlossene Abkommen zur Verhinderung eines Atomkrieges (D 51) auf deutliche Kritik. Artikel 4 des Abkommens sah „sofortige Konsultationen“ zwischen der Sowjetunion und den Vereinigten Staaten bei der Gefahr eines Atomkrieges vor. Diese Formulierung kam bedenklich nahe an den Artikel 4 des Nordatlantikpaktes heran, der im Falle einer Bedrohung ebenfalls Konsultationen (freilich im Artikel 5 auch militärischen Beistand) vorsah. Es war also nicht unverständlich, wenn die westlichen Verbündeten der USA sich über den wachsenden Bilateralismus der beiden Supermächte sorgten. Andererseits reflektierte er nichts anderes als die tatsächliche Lage. Die nukleare Zerstörungsgewalt, über die die beiden Supermächte verfügten, schob ihnen eine besondere, nur gemeinsam zu handhabende Verantwortung zu. Die Entscheidung über den die Welt zerstörenden Nuklearkrieg fiel – und fällt – in Washington und in Moskau allein. Bündnisverpflichtungen treten dahinter zurück.

Insofern stellten die Grundsatzerklärung und das Atomkriegsverhinderungsabkommen ebenso wie die Strategie der „flexible response“ nur eine weitere, wohl unvermeidliche Konsequenz dar, die die USA (von der Sowjetunion wissen wir nichts) aus der veränderten waffentechnologischen Situation zogen. Die aus den auf beiden Seiten vorhandenen Zerstörungspotentialen resultierenden Gefahren sind so groß, daß sie nicht mehr allein durch das antagonistische System der Abschreckung kontrolliert werden können, sondern auch die direkte Verständigung zwischen den beiden Supermächten erfordern. Der Bedarf wird symbolisiert durch den heißen Draht, der im Gefolge der Kubakrise eingerichtet wurde und beide Hauptstädte rasch und direkt miteinander kommunikativ zu verbinden gestattet. Das Bewußtsein der besonderen Verantwortung der beiden Supermächte um die Vermeidung des Nuklearkrieges beschreibt den Inhalt ihrer Kooperation. Sie beschreibt gleichzeitig den realpolitischen Kern der Entspannung – gleichgültig, was landläufig darunter verstanden oder dafür ausgegeben wurde.

Die Entspannungspolitik, die 1972/73 ihren Höhepunkt erreichte, stellte zweifellos keine „sich entwickelnde Struktur des Friedens“ dar, wie sie von Präsident Nixon in seiner außenpolitischen Jahresbotschaft 1972 genannt wurde[4]. Sie dokumentierte lediglich das Interesse und die Bereitschaft der beiden Supermächte, „auf Anwendung oder Androhung von Gewalt“ gegenseitig zu verzich-

4 Richard Nixon, U.S. Foreign Policy for the 1970's. The Emerging Structure of Peace. A Report to the Congress, Washington 9. 2. 1972.

ten[5]. Vergleicht man diese Verabredung aber mit den langen Jahren militärischer Konfrontation, so tritt die politische Bedeutung des Vorgangs sofort zutage. Nach den „Feindseligkeiten des Kalten Krieges“ waren die Vereinigten Staaten und die Sowjetunion dabei, „von der Koexistenz zu einer umfassenden Zusammenarbeit [zu] gelangen“[6] und damit die Nachkriegsperiode endgültig abzuschließen. Zwar konnte die partielle Kooperation, sah man genauer hin, nicht als Friede bezeichnet werden, doch floß der Begriff der Administration Nixon häufig von den Lippen und löste in den USA entsprechende Erwartungen aus. Nicht zuletzt ihretwegen wurde Richard Nixon bei den Präsidentschaftswahlen 1972 mit einem Erdrutschsieg wiedergewählt.

Die Entspannungspolitik der Nixon-Regierung hatte ihren Kern in der Kontrolle der strategischen Waffen und der Wiederbelebung der Wirtschaftsbeziehungen, beschränkte sich aber nicht darauf. Washington war bereit, der Sowjetunion im nuklearstrategischen Bereich Parität zuzugestehen; sie konnte ohnehin nicht verhindert werden und würde in der Sicht Washingtons der Sowjetunion die Verhaltenszwänge auferlegen, unter denen die nukleare Supermacht USA seit langem agieren mußte. Von einer Beendigung des politischen Konflikts mit der Sowjetunion aber war nirgendwo die Rede, ganz im Gegenteil. Mit der Aufnahme politischer (nicht: diplomatischer) Beziehungen zur Volksrepublik China verwandelten Nixon und Kissinger die bilaterale Struktur der Weltpolitik in eine trilaterale. Die Voraussetzung dazu bot das Zerwürfnis zwischen Moskau und Peking, das seit 1961 weltöffentlich und immer größer geworden war. Das Interesse daran beherrschte das außenpolitische Denken Nixons und Kissingers von Anfang an. Amerikanische Beziehungen zu China würden es jederzeit erlauben, die Sowjetunion von zwei Seiten unter politischen Druck zu setzen. Dazu mußte die „China-Karte“ sehr vorsichtig gespielt, durfte nicht überreizt werden, um die Sowjetunion nicht zu verprellen. Deswegen nahm Kissinger auch keine diplomatischen Beziehungen zu Peking auf und hielt sich auch später mit Waffenlieferungen zurück. Zunächst aber symbolisierte der Besuch Präsident Nixons in Peking im Februar 1972 – drei Monate vor dem Gipfeltreffen in Moskau – den Wert Chinas für die neue Strategie der Vereinigten Staaten. Mit Hilfe des Dreiecks wollte Kissinger die USA in eine Lage versetzen, in der diese Moskau und Peking gegenüber „immer mehr Alternativen hatten als sie in ihren Beziehungen zueinander“[7].

Das war kompliziert und nicht ungefährlich. Kissinger wußte auch von dem „Risiko, daß wir uns mit beiden Staaten verfeindeten“[8]. Bis zur Reagan-Administration konnte dieses Risiko jedoch vermieden werden; die Beziehun-

5 Siehe D 50, Punkt 2.

6 Botschaft des Präsidenten der Vereinigten Staaten Richard Nixon an den Kongreß vom 3. 5. 1973, abgedruckt in: Europa-Archiv, 1973, D 260.

7 Kissinger, Memoiren (s. Anm. 2), S. 182.

8 Ebd., S. 813.

gen zu Peking erleichterten den USA den Rückzug aus Vietnam und vergrößerten ihre weltpolitischen Handlungsmöglichkeiten beträchtlich, auch gegenüber den Europäern. Kissinger verstand es auch, den politischen Preis, den er für die Beziehung zu China zu zahlen hatte, klein zu halten. Ein Haupthindernis auf dem Weg nach Peking war die Republik China gewesen. Sie war nach der Chinesischen Revolution von 1949 von den USA als das rechtmäßige China akzeptiert worden, hatte den chinesischen Sitz im Sicherheitsrat inne und war mit den USA durch ein Verteidigungsabkommen und zahlreiche andere Verträge eng verbunden. Die Beziehung zu Taiwan blockierte lange Jahre die zu Peking, da die Volksrepublik ihrerseits beanspruchte, Rechtsnachfolger Chinas zu sein und beide Teilstaaten eine Zwei-China-Lösung ablehnten. Nixon und Kissinger lösten das Problem, indem sie sich im Oktober 1971 in den Vereinten Nationen überstimmen ließen, womit die Volksrepublik China den Sitz im Sicherheitsrat einnehmen konnte. Damit war für Peking viel gewonnen, für Taiwan nichts verloren. In dem meisterhaft formulierten Schlußkommuniqué beim Peking-Besuch Nixons (Shanghai-Kommuniqué) blieb das Taiwan-Problem offen, wobei die USA jedoch zugaben, daß die Insel von allen Chinesen als Teil Chinas angesehen wurde. Damit wurde der Standpunkt der Volksrepublik akzeptiert, aber die Rechtsposition der Republik nicht desavouiert.

Sollte das weltpolitische Dreieck dazu dienen, die Sowjetunion unter leichten politischen Druck zu setzen, so wurde ihr von der Nixon-Administration aber auch ein Anreiz zum Wohlverhalten geboten. Vor allem mit den Wirtschaftsvereinbarungen, die 1972 in Moskau geschlossen oder anvisiert wurden, sollte die Sowjetunion in ein Netz kooperativer Beziehungen eingebunden werden, das ihr den Expansionsverzicht erleichterte. Die Beschränkungen, unter denen der Handel der Vereinigten Staaten mit der Sowjetunion im Kalten Krieg gestanden hatte, wurden sukzessive abgebaut oder doch erleichtert. Dies lag auch im Interesse der amerikanischen Wirtschaft, die aus der Sowjetunion Erdgas und Öl bezieht und dorthin landwirtschaftliche Produkte, Maschinen und Ausrüstungsgüter in großem Umfang liefern wollte (D 52). Für Kissinger stellte dieses Netz von Beziehungen einen weiteren Bestandteil seiner Verknüpfungspolitik (linkage) dar. Die Sowjetunion war an der ökonomischen Kooperation mit dem Westen, insbesondere an Technologietransfer, elementar interessiert. Interessiert war sie auch an der Rüstungskontrolle. Die USA boten beides an, erwarteten dafür aber sowjetisches Wohlverhalten. Moskau hatte in der Grundsatzerklärung von 1972 anerkannt: „Gespräche und Verhandlungen über offenstehende Fragen werden in einem Geiste der Gegenseitigkeit, des beiderseitigen Entgegenkommens und des beiderseitigen Vorteils geführt. Beide Seiten erkennen an, daß Bestrebungen, direkt oder indirekt einen einseitigen Vorteil auf Kosten des anderen zu erreichen, nicht im Einklang mit diesen Zielen stehen."[9]

9 Siehe D 50, Art. 2.

Mit dem Angebot intensivierter wirtschaftlicher Kooperation wollte die Nixon-Administration es Moskau erleichtern, dieser Verpflichtung nachzukommen.

Das „self-containment" der Sowjetunion war für Washington entscheidend. Die Mittel der amerikanischen Außenpolitik hatten sich geändert, wurden mit der Entspannungspolitik den Bedingungen der gegenseitigen Abschreckung angepaßt. Das politische Ziel aber war unverändert gleich geblieben: die Sowjetunion daran zu hindern, ihren Machtbereich zu erweitern. Die USA waren nicht im Stande, der Sowjetunion die militärische Parität zu verweigern. Sie waren aber weit davon entfernt, ihr auch die politische Parität zuzugestehen, sie als gleichberechtigten Akteur in der internationalen Politik zu akzeptieren. Der Status quo der Macht- und Einflußverteilung sollte nicht angetastet werden. Ihn zu garantieren, war – neben der Rüstungskontrolle – das oberste Ziel der Politik der Nixon-Administration gegenüber der Sowjetunion.

Dazu standen prinzipiell drei Möglichkeiten zur Verfügung. Die Vereinigten Staaten konnten einer Einflußerweiterung der Sowjetunion mit dem traditionellen militärischen Instrument entgegentreten – wozu sie sich seit 1978 zunehmend entschlossen. Sie konnten durch aktive Beiträge zur Lösung der sozialen, wirtschaftlichen und politischen Probleme in den einzelnen Weltteilen der Sowjetunion den Zugang versperren – das versuchte die Carter-Administration in ihren ersten beiden Amtsjahren, unter dem Einfluß von Außenminister Vance. Schließlich konnte eine Zuckerbrot- und-Peitsche-Politik es der Sowjetunion vorteilhaft erscheinen lassen, den Status quo nicht anzutasten. Das versuchten Nixon und Kissinger. Es war sozusagen der kostengünstigste Ansatzpunkt. Er drängte sich auf, da die USA in den langen Jahren des Vietnamkrieges die Belastungen erfahren hatten, die ein weltweites politisches Engagement mit sich bringt. Der Sowjetunion ein Geschäft auf Gegenseitigkeit vorzuschlagen, verlangte statt dessen sehr viel weniger Aufwand. Allerdings mußte es funktionieren. War die Sowjetunion langfristig bereit, auf jede Einflußerweiterung zu verzichten, wenn ihr dafür Rüstungskontrolle und wirtschaftlicher Austausch angeboten würde? War nicht der Westen an beidem gleichermaßen interessiert?

Die Sowjetunion zeigte 1974 in Angola – und sehr viel deutlicher vier Jahre später am Horn von Afrika –, daß sie das Linkage-Angebot der Nixon-Administration nicht akzeptierte. Außenminister Kissinger wollte 1974 darauf hart reagieren und Militärhilfe an Angola leisten, was der Kongreß verhinderte. Aber die Frage nach dem Nutzen der Entspannungspolitik war Mitte der siebziger Jahre wieder neu gestellt. Die Administration Carter beantwortete sie mit dem Versuch, die sozialen und politischen Probleme insbesondere der Dritten Welt zu lösen und damit der Sowjetunion den Zugang zu verwehren. Carter war 1976 als Exponent einer liberalen Außen- und einer gemäßigten Innenpolitik gewählt worden. Zu dieser Zeit war der konservative Widerstand, getragen vom rechten Flügel der Republikanischen Partei, schon wieder sehr gekräftigt. Er war aber noch nicht stark genug, um die Erinnerung an Vietnam und die Kosten, die die USA dafür erbringen mußten, zu tilgen.

Präsident Carter und Außenminister Vance sahen sehr richtig, daß das Linkage-Konzept nicht funktionieren konnte, weil die Vereinigten Staaten an der Kontrolle der Nuklearwaffen ebenso interessiert waren wie die Sowjetunion. Rüstungskontrolle war demzufolge kein amerikanisches Geschenk an die Sowjetunion, sondern war für beide Seiten überlebensnotwendig. Sie wurde dementsprechend zu einem Hauptziel der Carter-Administration. Das zweite war die Verwirklichung der Menschenrechte in der Welt. Die Carter-Administration revitalisierte damit ein traditionelles und kräftiges Element der amerikanischen Außenpolitik, die konzeptuell stets auf die Durchsetzung der bürgerlichen Freiheiten als dem Zentrum des Liberalismus ausgerichtet war. Die Regierung Carter erkannte sehr richtig, daß die Menschenrechte „die zentrale Form darstellten, in der die Menschheit ihr neues politisches Erwachen ausdrückte“[10]. Diesem politischen Anliegen Rechnung zu tragen, lag nicht nur in der Tradition der amerikanischen Außenpoltik, sondern auch in deren Interesse, weil es die sowjetischen Chancen verminderte, ihren Einfluß in der Welt zu erweitern. Dieser Einfluß beruhte auf der politischen, wirtschaftlichen und sozialen Unterdrückung, auf den noch immer ungelösten Resten des Kolonialismus. Sich um die Durchsetzung der Menschenrechte in der Welt zu kümmern, war gleichbedeutend mit der Konsolidierung des Status quo der Machtverteilung.

Die Administration Carter eröffnete dementsprechend ihre Amtszeit mit einer vehementen Kampagne für die Menschenrechte in der internationalen Politik, in der Sowjetunion sowohl wie in den Rechtsdiktaturen der Dritten Welt. Das war nicht unproblematisch, traf bei den Adressaten rasch auf Kritik. Auch war die Kampagne weder konzeptuell noch instrumentell voll durchgearbeitet; die Administration konnte nicht plausibel machen, warum sie die Militärhilfe für Argentinien, Uruguay und Äthiopien kürzte, die für Südkorea jedoch voll bewilligte. Die Konkurrenz zwischen den Sicherheits- und den Menschenrechtsinteressen der USA wurde weder theoretisch noch praktisch bewältigt. Gegenüber der Sowjetunion jedoch traf die Menschenrechtspolitik Carters den Kern des Ost-West-Konfliktes und den Kern der Entspannung. Im Ost-West-Konflikt stehen sich zwei unterschiedliche Konzepte von Politik und Gesellschaft gegenüber, wobei das westliche durch die Menschenrechte charakterisiert wird. Sie zu betonen hieß, das Konfliktverständnis zu repolitisieren, es wieder auf das eigentliche Feld der Auseinandersetzung zurückzuführen. Dementsprechend konnte die militärische Konfrontation beruhigt, die Rüstungskontrolle energisch vorangetrieben werden. Mit dieser Doppelstrategie trat die Carter-

---

10 Zbigniew Brzezinski, Power and Principle, Memoirs of the National Security Adviser 1977–1981, New York 1983, S. 127.

Administration ihr Amt an. Carter betonte bei seiner Amtseinführung am 20. Januar 1977 und in seiner Rede vor den Vereinten Nationen am 17. März 1977 (D 53) den hohen Wert dieser beiden Ziele für seine Administration. Wenig später unterbreitete der amerikanische Außenminister Vance den Vorschlag drastischer Reduzierungen der strategischen Systeme in Moskau.

Die amerikanisch-sowjetischen Rüstungskontrollverhandlungen nach Abschluß des SALT-I-Vertrages hatten 1974 zu einem Rahmenabkommen geführt, das in Wladiwostok zwischen dem amerikanischen Präsidenten Ford und dem sowjetischen Generalsekretär Breschnew geschlossen wurde. Es war nur in Umrissen bekannt und dem Senat niemals zur Ratifizierung zugeleitet worden. In den USA hatte sich Ende 1974 ein außenpolitischer Stimmungsumschwung bemerkbar gemacht. Wenige Tage vor dem Wladiwostok-Abkommen hatte das Jackson/Vanik-Amendment zum Handelsgesetz die Gewährung der Meistbegünstigung an die offizielle Verpflichtung des Handelspartners gebunden, die Emigration von Ausreisewilligen nicht zu erschweren. Das Amendment entsprach einerseits der Menschenrechtspolitik der Liberalen in den USA, wurde aber, da es sich fast ausschließlich gegen die Sowjetunion richtete, gerade auch von den Konservativen gefördert. Seine Verabschiedung diente mehr dazu, die Entspannungspolitik zu beeinträchtigen als den Menschenrechten in der Sowjetunion aufzuhelfen.

In dieser sich wandelnden inneramerikanischen Stimmungslage mußte Carter die Rüstungskontrolle voranzubringen suchen. Außenminister Vance stieß mit seinem sich radikal vom Wladiwostok-Abkommen unterscheidenden Vorschlag in Moskau nicht nur auf taube Ohren, sondern auch auf unfreundliche Gesten. Dennoch nahmen beide Regierungen die Verhandlungen entlang der in Wladiwostok beschriebenen Linien wieder auf und brachten sie 1979 mit der amerikanisch-sowjetischen Unterschrift unter das SALT-II-Abkommen zum Abschluß. Es bestand aus einem bis 1985 gültigen Vertrag, einem bis 1981 geltenden Protokoll sowie einer Grundsatzerklärung und mehreren begleitenden Papieren. Die verabredeten Höchstzahlen für die strategischen Systeme bewegten sich ungefähr auf der Wladiwostok-Linie und sahen hier explizit die Parität vor. Die militärische Gleichberechtigung der Sowjetunion war damit festgeschrieben und von den USA auch anerkannt. Das nur für zwei Jahre geltende Protokoll versuchte, den in Entwicklung befindlichen neuen Waffensystemen der zielgenauen ICBMs und der Cruise Missiles einen Dämpfer aufzusetzen. Die gemeinsame Erklärung schließlich faßte bereits einen dritten SALT-Vertrag ins Auge, der dann eine erhebliche und wesentliche Verminderung der Zahl der offensiven strategischen Waffen bringen sollte.

Der Wiener Gipfel war nur dem Anschein nach ein weiterer Höhepunkt in der partiellen Kooperation zwischen den USA und der Sowjetunion. Der Konsens dazu war nicht nur auf amerikanischer Seite ins Wanken geraten. Die Aufnahme diplomatischer Beziehungen zwischen den USA und der Volksrepublik China am 2. Januar 1979 und die sich daran anschließende USA-Reise des chinesischen Vizepremiers Deng Xiaoping hatten in Moskau Mißtrauen gegenüber der amerikanischen Politik aufkommen lassen; es wurde verstärkt durch die inneramerikanische Kritik am SALT-II-Vertrag, die zudem im Spätsommer 1979 mit der Aufregung um die sogenannte kubanische Brigade noch verschärft wurde. Offenbar im Frühjahr, spätestens im Sommer 1979, begann die Sowjetunion ihrerseits, die Enspannungspolitik zu überprüfen. Für sie wog auch Carters Beschluß, 1978 das Rüstungsbudget zu erhöhen. Schließlich wird man auch den NATO-Doppelbeschluß vom Dezember 1979 hinzurechnen müssen, wenn man die sowjetische Perspektive der Umfeldveränderungen richtig sehen will. Diese dürften auch den sowjetischen Entschluß zur Invasion Afghanistans am 28. Dezember 1979 mit beeinflußt haben. Damit schloß die Phase der partiellen Kooperation ziemlich genau am Ende der Dekade ab.

Nachdem die Linkage-Politik Nixons und Kissingers sich nicht bewährt hatte und der Versuch Carters und Vance' erwiesen hatte, daß er, jedenfalls kurzfristig, die Einflußerweiterung der Sowjetunion auch nicht stoppen konnte, blieb offenbar nur noch das traditionelle Instrument der Aufrüstung und der militärischen Macht übrig. Übrig blieb freilich auch die Frage, ob die Rüstungskontrolle von dieser Entwicklung unbeeinflußt bleiben konnte.

2. Die Nixon-Doktrin

Im Jahr 1980 stand daher auch der dritte Entwurf der amerikanischen Außenpolitik wieder zur Disposition. Mit ihm war versucht worden, die weltpolitischen Verpflichtungen der USA zu reduzieren, ohne ihren Einfluß zu vermindern. Die Voraussetzung dazu bot die partielle Verständigung mit der Sowjetunion. Ausgeführt wurde der dritte Entwurf durch ein neues Verständnis der Lastenverteilung zwischen den USA und ihren Verbündeten, wodurch die Vereinigten Staaten Handlungsfreiheit und Kostensenkung zu erreichen suchten. Das theoretische Konzept dazu hatte Präsident Nixon bereits im ersten Amtsjahr 1969 entwickelt, wenn auch zunächst nur bruchstückhaft. In seinem Bericht an den Kongreß vom 25. Februar 1971 lag diese Doktrin nunmehr voll ausgearbeitet vor (D 54). Sie bezog sich in erster Linie auf Südostasien, galt aber eigentlich für alle Verbündeten der USA, auch für die Westeuropäer.

Die Nixon-Doktrin bot das politische Konzept, unter dem die USA ihren Rückzug aus Südostasien bewerkstelligten. Am 29. März 1973 hatten die letzten amerikanischen Soldaten Südvietnam verlassen. Nachdem das Land 1975 auch politisch zusammengebrochen war, zogen sich die USA bis zum Ende der Dekade ganz aus Südostasien zurück. Die USA erwarteten, wie es in der Nixon-Doktrin heißt, „von anderen Ländern, daß sie stärkeren Anteil an der Formulierung der Politik nehmen und einen größeren Anteil an den Kosten der Programme tragen". Sie behielten sich vor – was eigentlich von sehr viel größerer Bedeutung war –, „bindende Versprechen als einen dynamischen Prozeß zu begreifen". Damit waren auch die Verträge der USA praktisch zur Disposition gestellt, eine Erfahrung, die nicht nur Vietnam, sondern später auch Taiwan machen mußte. Im Zentrum der Nixon-Doktrin aber stand zweifellos die Umgestaltung der Lastenverteilung.

Davon wurden auch die Westeuropäer betroffen. Sie hatten sich während des Vietnamkrieges häufig darüber beklagt, daß sie im Windschatten der amerikanischen Aufmerksamkeit stünden. Außenminister Kissinger erhob demonstrativ 1973 zum „Jahr Europas" und verlangte dabei von Westeuropa, für den militärischen Schutz durch die USA mit wirtschaftlichen Konzessionen zu bezahlen. Der Jahresbericht 1973 Präsident Nixons war sehr viel deutlicher gewesen: Er kritisierte den wirtschaftlichen Regionalismus Westeuropas in der Europäischen Gemeinschaft und ihren Verzicht auf angemessene eigene militärische Leistungen (D 55). Der politische Teil der Klage war sicherlich berechtigt. Westeuropa kritisierte die schwindende Automatik der amerikanischen Nukleargarantie, den wachsenden amerikanisch-sowjetischen Bilateralismus, betrieb ihn aber selbst und wehrte sich gleichzeitig gegen die Verstärkung der amerikanischen Militärpräsenz.

Im Wirtschaftsbereich sah es ganz anders aus. Die Europäische Gemeinschaft war in der Tat ein ernst zu nehmender Konkurrent der amerikanischen Wirtschaft geworden, hatte mit der gemeinsamen Agrarpolitik sich dem Protektionismus verschrieben und mit der Mittelmeerpolitik sowie dem Abkommen von Lomé eine große ökonomische Einflußzone errichtet. Dennoch hatten die USA im Verhältnis zur EG stets eine positive Handelsbilanz aufzuweisen. Westeuropa hatte zudem die abrupte Aufkündigung der Goldkonvertibilität des Dollars vom 15. August 1971 durch Präsident Nixon (D 56) zwar nicht widerspruchslos, aber doch tolerierend und kooperierend hingenommen. Auch in der Ölkrise 1973 waren die Europäer den USA gefolgt, hatten auf der Washingtoner Energiekonferenz im Februar 1974 sich zur Einrichtung der Internationalen Energieagentur verstanden und die amerikanische Ölkartell-Politik akzeptiert. In der Sache also hatte sich die Lastenverteilung im Bündnis nicht geändert. Allerdings war Westeuropa in den sechziger Jahren wirtschaftlich stärker und, vor allem gegenüber der amerikanischen Vietnam-Politik, politisch auch selbstbewußter geworden. Auch hier drückte sich das Ende der Nachkriegszeit aus, verstärkt noch durch die kaum verhüllte Niederlage der USA in Vietnam. Die Nixon-Doktrin kam insofern um mehrere Jahre zu spät. Sie beanspruchte erneut die Anerkennung der Führung der USA durch die Verbündeten bei gleichzeitiger amerikanischer Leistungsminderung. Das war anfangs der siebziger Jahre zumindest gegenüber Westeuropa nicht mehr durchzusetzen.

Auch in bezug auf die amerikanische Innenpolitik kamen die Nixon-Doktrin und der Rückzug der USA aus den zahlreichen direkten Engagements in allen Teilen der Welt zu spät. Mit dem Vietnamkrieg war das politische System der USA weit über das Mandat zur Weltführungspolitik hinausgegangen, das die amerikanische Gesellschaft ihm 1945 und danach erteilt hatte. Im Selbstverständnis der Amerikaner waren die USA nach wie vor keine Weltmacht im klassischen Sinn, galten noch immer die Warnungen der ersten Präsidenten vor den außenpolitischen Verwicklungen und den Allianzen. Dementsprechend war schon der zweite Entwurf der amerikanischen Außenpolitik auf deutliche inneramerikanische Kritik gestoßen; sie konnte sich aber erst durchsetzen, als sich im Vietnamkrieg die politischen Kosten dieses Konzepts voll zeigten. Der Aufbau des außenpolitischen Entscheidungsprozesses mit dem NSC in seinem Zentrum hatte die „imperiale Präsidentschaft" ermöglicht, die die Anforderungen der amerikanischen Gesellschaft zunehmend vernachlässigte und sich von ihnen wie von den Beschränkungen der Verfassung mehr und mehr emanzipierte. Das Kriegserklärungsrecht hatte die Verfassung dem Kongreß, die Ratifikation internationaler Verträge dem Senat zugestanden. Dennoch hatten die USA in Korea und – vor allem – in Vietnam Krieg geführt, ohne daß der Kongreß gefragt wurde. Der Präsident war internationale Verpflichtungen eingegangen, die schließlich das amerikanische Militär involvierten, ohne daß der Senat davon auch nur informiert wurde. Die Gewaltenteilung, das amerikanische System der „checks and balances", drohte auszurasten und dem gleichen „Primat der Außenpolitik" zu erliegen, mit dem in Europa die Exekutiven traditionell ihre stärkere Stellung begründet hatten.

Nachdem 1968 die amerikanische Gesellschaft eine Kurskorrektur in Vietnam erzwungen hatte, reagierte nun auch der Kongreß. Er begann 1969, die internationalen Verpflichtungen der USA zu untersuchen und stellte in einer Resolution fest, daß der Präsident sie nur bei zustimmender Aktion des Kongresses eingehen könne. 1972 verpflichtete der Kongreß den Präsidenten, auch die Executive Agreements, mit deren Hilfe er die ratifikationsbedürftigen Verträge vermieden hatte, innerhalb von zwei Monaten dem Senat vorzulegen. Die Korrektur gipfelte in dem „Kriegsvollmachtengesetz" (War Powers Act, D 57). Es verpflichtete den Präsidenten, die Legislative innerhalb von 48 Stunden über die Entsendung amerikanischer Truppen ins Ausland oder deren Vermehrung zu informieren. Werden amerikanische Truppen in Kampfhandlungen verwickelt, so müssen sie innerhalb von zwei Monaten zurückgezogen werden, falls der Kongreß bis dahin keine gesetzliche Grundlage geschaffen hat.

Es war von vornherein fraglich, ob diese legislativen Korrekturen ausreichen würden, da sie den Aufbau des außenpolitischen Entscheidungsprozesses mit dem NSC in der Mitte nicht veränderten. Andererseits zeigten die Maßnahmen sehr deutlich, zu welcher Selbststeuerung die amerikanische Demokratie imstande ist. Sie griff nach dem „impeachment" des Präsidenten, nachdem im

April 1973 erstmals öffentlich wurde, daß Nixon sich nicht nur in der Außen-, sondern auch in der Innenpolitik „imperial" bis hin zum Verstoß gegen die Strafgesetze verhalten hatte. Der Präsident stürzte über den von ihm inspirierten Einbruch in das „Watergate"-Gebäude. Richard Nixon trat am 8. August 1974 zurück, Vizepräsident Gerald Ford wurde sein Nachfolger.

Die gegen den Geist der amerikanischen Verfassung erfolgte Erweiterung präsidentieller Machtvollkommenheiten hatte damit zwei Präsidenten das Amt gekostet. Johnson mußte wegen seiner Vietnam-Politik auf eine erneute Kandidatur verzichten, Nixon wegen eines innerpolitischen Rechtsbruchs zurücktreten. Die amerikanische Gesellschaft bewertet die Verfassung, die die Rechte des einzelnen schützt, nach wie vor höher als exekutive Effektivität. Die Amerikaner nahmen eher außenpolitische Nachteile in Kauf, als daß sie die Macht des Präsidenten vergrößerten. Nixon hatte sein Veto gegen das „Kriegsvollmachtengesetz" mit der Notwendigkeit zu raschem Handeln in der Außenpolitik begründet – es wurde vom Kongreß mit Zweidrittel-Mehrheit zurückgewiesen.

3. Engagement in Nahost

Der von der Nixon-Doktrin intendierte Rückzug der amerikanischen Weltpolitik auf ein höheres Podest mit entsprechender Senkung des Aufwands ließ sich faktisch nur in solchen Regionen verwirklichen, an denen die USA nicht vital interessiert waren. Das galt für Südostasien, dem das amerikanische Militär immer schon skeptisch gegenüber gestanden hatte. Es galt selbstverständlich nicht für Westeuropa und auch nicht für den Nahen Osten. Er war zwar traditionell englisches und französisches Einflußgebiet gewesen. 1947 mußten jedoch die Amerikaner bereits an die Stelle der abrückenden Engländer treten; 1955 richteten sie den Bagdadpakt zwischen der Türkei, dem Irak, dem Iran und Pakistan ein, um dem sowjetischen Einfluß, der sich in der Mittelosterklärung Moskaus von 1955 wieder deutlich zu Wort gemeldet hatte, einen nördlichen Riegel vorzuschieben.

Das Hauptproblem in dieser Region war aber die Staatsgründung Israels und die anhaltende Feindschaft der arabischen Staaten dagegen. Ebenso wie die USA die Gründung Israels 1948 ermöglicht hatten, unterstützten sie seitdem den Staat kontinuierlich. Auf der anderen Seite waren sie an einem guten Verhältnis zu den arabischen Staaten interessiert. In der Suezkrise drängte Präsident Eisenhower auf den raschen Rückzug der Engländer und Franzosen; dann richteten sich die Hoffnungen auf die Friedenstruppe der Vereinten Nationen (s. Kap. III, S. 160 f., 196 ff.). Sie wurden im Sechstagekrieg 1967 zunichte gemacht. Mit der Okkupation des Sinai, Westjordaniens und der Altstadt von Jerusalem hatte Israel den Konflikt mit den arabischen Staaten verschärft; deren Verhältnis zu den USA verschlechterte sich rapide. 1967 brachen die arabischen

„Frontstaaten" die Beziehungen zu Washington ab. Entsprechend gewann die Sowjetunion an Einfluß, vor allem in Ägypten unter Präsident Nasser. Die USA mußten sich stärker engagieren.

Dabei ging es nicht nur um die Regelung der israelisch-arabischen Probleme, um den von den Arabern geforderten Rückzug Israels auf die Grenzen von 1967. Es ging auch um den Modus dieser Regelung, insbesondere um die Beteiligung der Sowjetunion. Sie war heikel, zunächst aber wohl unumgänglich, zumal Nixon Moskaus Mithilfe bei dem Rückzug aus Vietnam in Anspruch nehmen wollte. So leiteten die USA 1969, sowohl zusammen mit Großbritannien und Frankreich wie auch bilateral, Gespräche mit der Sowjetunion ein, um den Friedensplan des amerikanischen Außenministers Rogers durchzusetzen (D 58). Dieser Anreiz zur Kooperation – der im übrigen in die Phase der Entspannung paßte – schwächte sich zunehmend ab, nachdem das wichtigste arabische Land, Ägypten, nach dem Tode des Präsidenten Nasser (28. September 1970) und unter seinem Nachfolger Sadat eine stärkere Öffnung gegenüber den Vereinigten Staaten und eine Abkehr von der Sowjetunion vollzog. 1972 wurde Kairos Bruch mit Moskau deutlich; 1976 kündigte Sadat das Freundschaftsabkommen mit der Sowjetunion. Sadat war es dann auch, der mit seinem überraschenden Besuch in Jerusalem im November 1977 die Genfer Nahost-Friedenskonferenz und damit die Beteiligung der Sowjetunion an der Regelung der nahöstlichen Probleme endgültig erledigte.

Wichtiger jedoch waren die Probleme in der Region selbst. Sie wurden durch den Jom-Kippur-Krieg vom Oktober 1973, in dem Israel zum ersten Mal in militärische Bedrängnis geriet, erneut verschärft. In diesem Krieg hatten die USA Israel unterstützt – durch diplomatische Intervention sowohl wie durch Waffenlieferungen. Dagegen setzte die arabische Welt jetzt auch die Ölwaffe ein: Selbst Saudi-Arabien verhängte am 19. Oktober 1973 ein Ölembargo gegen die Vereinigten Staaten. Das Dilemma der amerikanischen Nahost-Politik spitzte sich damit erheblich zu: Sie war Israel verpflichtet und hatte in den arabischen Staaten politische und wirtschaftliche Interessen, die mit der Ölpreisverteuerung ständig zunahmen. Israel mußte also zu größeren Konzessionen veranlaßt werden. Henry Kissinger richtete seinen „Pendelverkehr" in den Nahen Osten ein und brachte im September 1975 das zweite Sinaiabkommen zustande, das große Teile der Sinaihalbinsel, die Ölfelder eingeschlossen, an Ägypten zurückgab. Für das Abkommen mußten die USA einen Sonderpreis zahlen, nämlich die Entsendung von 200 amerikanischen Nachrichtentechnikern für die Bemannung der Frühwarnsysteme auf beiden Seiten im Sinai. Das amerikanische Engagement im Nahen Osten wurde damit erhärtet.

Präsident Carter trieb die israelisch-ägyptische Teillösung, die sich in dem zweiten Sinaiabkommen abgezeichnet hatte, entschlossen weiter voran. Er lud den israelischen Ministerpräsidenten und den ägyptischen Präsidenten nach

Camp David ein und erarbeitete mit ihnen die Rahmenbedingungen für einen Friedensvertrag zwischen den beiden Ländern, der am 26. März 1978 unterzeichnet wurde. Zum ersten Mal war ein Stück Frieden in den Nahen Osten eingekehrt, konnte die amerikanische Politik einen großen Erfolg vorweisen. Allerdings nahmen die arabischen Staaten den ägyptischen Alleingang übel. Auch die saudi-arabischen Beziehungen zu Washington verschlechterten sich, denn politisch brisanter als das Sinaigebiet war das Westjordanland, von dessen Rückgabe nicht die Rede war, und dessen arabischen Bewohnern lediglich eine begrenzte Selbstverwaltung in Aussicht gestellt wurde. Das Problem der Palästinenser und eines palästinensischen Staates war durch den ägyptisch-israelischen Friedensvertrag sogar noch zugespitzt worden. Die Palästinensische Befreiungsbewegung (PLO) war seit 1974 von allen arabischen Staaten als alleiniger Repräsentant des palästinensischen Volkes anerkannt worden. Seitdem stand nicht einmal mehr die Israelfrage, sondern das Schicksal der Palästinenser auf der ersten Seite des nahöstlichen Problemkatalogs. Carter drängte die Israelis, hier zureichende Konzessionen zu machen, blieb aber erfolglos.

Die amerikanische Nahost-Politik hatte nach 1978 auch sehr viel dringendere Probleme zu meistern. Am 16. Januar 1979 hatte, nach langen Wirren, der Schah den Iran verlassen müssen. Damit brach ein Staat zusammen, den die USA stets als stabilisierenden Faktor am Persischen Golf angesehen hatten. Nixon und Kissinger hatten daher dem Verlangen des Schahs nach mehr und modernen Waffen exzessiv nachgegeben, obwohl sie um die sozialpolitischen Probleme des Landes wußten. Carter und Brzezinski setzten diese Politik fort, obwohl sie vom Außenministerium, insbesondere von dem amerikanischen Botschafter in Teheran Sullivan, gewarnt wurden. Als die USA den geflohenen Schah im November 1979 zur medizinischen Behandlung einreisen ließen, nahmen iranische Revolutionäre 52 amerikanische Diplomaten als Geiseln. Aus dem verbündeten Iran war in wenigen Monaten ein Gegner geworden, weil die amerikanische Politik sich ausschließlich an den Schah gewandt und die Interessen der Eliten wie der Bevölkerung vernachlässigt hatte. Washington zahlte jetzt dafür, daß es zum „Gefangenen eines geschwächten Führers gemacht worden war, der keine Beziehungen zu seinem eigenen Volk mehr besaß“[11].

Daß die USA sich politisch und militärisch außerstande zeigten, ihre Diplomaten in Teheran zu befreien, zeigte ferner das Ausmaß, in dem sich die internationale Umwelt der USA verändert hatte. Sie verlangte mehr Aufmerksamkeit und sehr viel subtilere Mittel der Beeinflussung. Nicht die USA waren schwächer geworden, wohl aber das Instrument der militärischen Stärke, auf das sie ihre Machtposition nach 1950 zunehmend begründet hatten. Damit deutete

11 George W. Ball, The Past Has Another Pattern. Memoirs, New York 1982, S. 460.

sich an, daß auch die dritte Option, über die die USA verfügten, um die sowjetische Einflußerweiterung in der Dritten Welt zu verhindern, den Erwartungen nicht entsprechen würde. Dennoch stärkte die demütigende Erfahrung der Teheraner Geiselnahme in den Vereinigten Staaten die Vermutung, daß es den USA in ihrem Verhältnis zur internationalen Umwelt an militärischer Macht fehle. Mit ihrer Invasion in Afghanistan Ende Dezember 1979 trug die Sowjetunion dazu bei, daß sich die vorhandenen Zweifel an dieser Vermutung abschwächten.

4. Die Renaissance der Macht

Allerdings war die Stimmung in den USA schon früher umgeschlagen. Dazu hatten nicht nur außenpolitische Vorgänge wie die seit 1963 kontinuierlich anhaltende Aufrüstung der Sowjetunion beigetragen. In den USA vollzog sich vielmehr aufgrund der von Kennedy eingeleiteten und von Johnson in seinem „Kampf gegen die Armut" ausgeführten sozialpolitischen Programme eine gesellschaftliche Wende, deren Folgen sich in der Nixon-Periode auszuwirken begannen. Die Rüstungsausgaben sanken von 44,1 Prozent des Budgets (1968) auf 24,4 Prozent (1976). Die Ausgaben für die Sozialpolitik hingegen stiegen von 48,2 Prozent des Budgets auf 60,2 Prozent. Die „nationalen Prioritäten" der USA begannen sich zu verschieben; vom Ende des Vietnamkrieges wurde allgemein ein weiterer Bonus zugunsten sozialpolitischer Programme erwartet. Mit dem Ende dieses Krieges und mit der sich intensivierenden Entspannung gegenüber der Sowjetunion reduzierten sich die Anlässe für die Hochrüstung beträchtlich; ebenso reduzierten sich Macht und Einfluß derjenigen Eliten, die bisher tonangebend gewesen waren.

Die USA waren bis 1974, bis zum Ende des Vietnamkrieges, eine „Sicherheitsgesellschaft" gewesen – sollten sie jetzt in eine „Entspannungsgesellschaft" umgewandelt werden? Dagegen wandten sich diese traditionellen Eliten. 1976 wurde das „Committee on the Present Danger" gegründet, das mit dem Hinweis auf die drohende sowjetische Gefahr zu neuer Aufrüstung aufrief (D 59). Das Committee, das 1980 die führenden Positionen in der Reagan-Administration besetzen sollte, stand mit seinen außenpolitischen Ansichten nicht allein. Es wurde von den Neokonservativen um die Zeitschrift „Commentary" gestützt, auch von den Altkonservativen um den „American Security Council" und die von ihm gegründete „Coalition for Peace Through Strength". Diese Gruppen entfalteten alsbald eine umfangreiche propagandistische Tätigkeit, deren Erfolg bereits in den Wahlen von 1976 sichtbar wurde: Der rechtsrepublikanische Präsidentschaftskandidat Reagan unterlag zwar bei der Nominierung dem Amtsinhaber Ford, zwang ihn jedoch, den Begriff der Entspannung fallenzulassen und ihn durch den des „Friedens durch Stärke" zu ersetzen.

Die Wahlen von 1976 waren von Jimmy Carter und dem liberalen Establishment gewonnen worden, zweifellos als Reaktion auf den Vietnamkrieg und auf Watergate. Außenminister Cyrus Vance war ein klassischer Exponent der „Entspannungsgesellschaft", wirtschaftlich engagiert und auf den Kompromiß gerichtet. Carters Sicherheitsberater Brzezinski war zwar ebenfalls liberal, vertrat aber gegenüber der Sowjetunion eine sehr viel härtere, die militärische Macht bevorzugende Linie als der Außenminister. Alle amerikanischen Administrationen seit Kennedy sind durch den taktischen Gegensatz zwischen dem Nationalen Sicherheitsberater des Präsidenten und dem für die Außenpolitik eigentlich zuständigen Außenminister gekennzeichnet. Das duale System führt notwendig zu Reibungsverlusten und ständigen Querelen. In der Carter-Administration kam aber noch der substantielle Gegensatz zwischen beiden hinzu. Für Außenminister Vance war die Fortsetzung der Rüstungskontrollpolitik geradezu oberstes Gebot; in der Dritten Welt sah er keinesfalls überall die Sowjetunion, sondern die politischen und sozioökonomischen Probleme als die Ursache der Konflikte (D 60). Brzezinski hingegen ging es vor allem um die Eindämmung der Sowjetunion und die dafür erforderliche amerikanische militärische Stärke.

Der zunehmende Druck von rechts trug dazu bei, daß ab 1978 sich die Linie Brzezinskis durchsetzte. Dabei leistete die Sowjetunion mit ihrem Eingriff am Horn von Afrika kräftig Hilfestellung. Sie richtete eine Luftbrücke ein, über die kubanische Soldaten nach Äthiopien geflogen wurden, um den somalischen Angriff im Ogaden zurückzuweisen. Moskau hatte sich damit nicht nur erneut in Afrika gezeigt, sondern auch seine Fähigkeiten zur „power projection" demonstriert. Deswegen, und wegen der anhaltenden sowjetischen Aufrüstung, wandelte sich die Politik Carters seit dem Frühjahr 1978. Der Präsident warf der Sowjetunion nun wieder „einen aggressiven Kampf für politische Vorteile" vor und stellte sie in einer Rede vor der Marineakademie in Annapolis vor die Alternative der „Konfrontation oder Kooperation" (D 61). Unter Brzezinskis Führung spielte Carter die „chinesische Karte" nun sehr viel mehr aus, nahm am 1. Januar 1979 diplomatische Beziehungen zu Peking auf und brach sie zu Taiwan ab. Aus Kissingers Dreieck war ein amerikanisch-chinesischer Winkel geworden, der sich gegen die Sowjetunion richtete. Er wurde noch zugespitzt durch die inneramerikanische Kampagne gegen den SALT-II-Vertrag, der zwar noch im Juni 1979 in Wien unterzeichnet und dem Senat zugeleitet werden konnte, dort aber kaum mehr Chancen besaß. Im Dezember 1979 kam schließlich auch der NATO-Doppelbeschluß zustande, gegen den sich die Carter-Administration anfänglich energisch gesträubt hatte.

In den beiden Jahren 1978 und 1979 hatte damit die Entspannungspolitik erheblich an Gewicht verloren, die militärische Macht erheblich aufgeholt. Auch daran war die Sowjetunion maßgeblich beteiligt. Ihre kontinuierliche militärische Aufrüstung seit 1963 hatte nicht nur Mitte der siebziger Jahre die strategische Parität mit den USA hergestellt, sondern auch die Möglichkeit eröffnet, sie in eine sowjetische Superiorität zu verwandeln. Zwar war die Verringerung des amerikanischen Militärbudgets vornehmlich auf das Ende des Vietnamkriegs zurückzuführen und hatte die strategische Rüstung ausgespart. Die Sowjetunion hatte aber auch in der Seerüstung nachgezogen, verfügte 1979 über sechs Flotten, die durchaus imstande waren, die amerikanische Kontrolle der Seewege zu beeinträchtigen. Bei den Landstreitkräften war die Sowjetunion traditionell überlegen. Der Warschauer Pakt hatte aber bis Mitte der siebziger Jahre sein Militärpotential quantitativ erweitert und begann seitdem, es qualitativ zu verbessern. Die USA (und der Westen) waren damit vor die Frage gestellt, wie sie sich zu dieser sowjetischen Aufrüstung, deren Zweck und Endziel verborgen blieben, verhalten sollten. Die NATO hatte 1977 eine Aufstockung der Militärbudgets um real 3 Prozent jährlich vereinbart; daran hielt sich auch die Carter-Administration. Mit ihrer Forderung eines um 3,1 Prozent real über das Vorjahresniveau erhöhten Verteidigungsbudgets für 1980 glaubte sie, mit der Sowjetunion „das Gleichgewicht militärischer Macht aufrechterhalten zu können“[12].

Der Einmarsch der Sowjetunion in Afghanistan, dessen Perzeption in den USA durch die Gefangennahme der amerikanischen Diplomaten in Teheran erheblich verschärft wurde, erzwang 1980 eine Korrektur nach oben. Carter erhöhte das Verteidigungsbudget für 1981 real um 5 Prozent und betonte die militärische Eingreifbereitschaft der USA im Nahen Osten, sollte die Sowjetunion über Afghanistan hinausgreifen. „Ein Versuch irgendeiner auswärtigen Macht, die Kontrolle über die Region des Persischen Golfes zu erlangen, wird als ein Angriff auf die lebenswichtigen Interessen der Vereinigten Staaten betrachtet werden. Und solch ein Angriff wird unter Einsatz aller notwendigen Mittel, einschließlich militärischer Macht, zurückgewiesen werden“ (D 62).

Diese „Carter-Doktrin“ war, wenn man so will, das Gegenstück zur Nixon-Doktrin. Die USA konnten sich nicht aus der Weltpolitik heraushalten, sie mußten sich engagieren. Dazu war auch militärische Macht wieder stärker gefragt als zuvor. Präsident Carter richtete die Rapid Deployment Force als Schnelle Eingreiftruppe der USA für die Krisenherde der Welt ein und erhöhte den Rüstungsetat. Sein Nachfolger Ronald Reagan stellte die Aufrüstung in den Mittelpunkt seiner Politik.

---

12 Department of Defense, Annual Report of the Secretary of Defense to the Congress for Fiscal Year 1980, Washington 25. 1. 1979, S. 10.

Dokumente 49–62

D 49: Nixons Ziel einer „Ära der Verhandlungen" 1970

Bericht des Präsidenten Richard M. Nixon an den Kongreß vom 18. Februar 1970

[. . .]

TEIL IV

Eine Ära der Verhandlungen

»Wir können nicht erwarten, jeden zum Freunde zu gewinnen, aber wir können versuchen, uns keine Feinde zu machen.«
(Aus der Antrittsrede des Präsidenten)

Vor zwanzig Jahren konnten sich die Vereinigten Staaten und der damalige kommunistische Block mit der gegenseitigen Feindseligkeit abfinden, die aus den tiefgehenden Unterschieden der Ideologie und der nationalen Zielsetzung herrührten. Viele dieser Unterschiede sind auch heute noch vorhanden. Aber die Veränderungen zweier Jahrzehnte haben neue Verhältnisse geschaffen und die Risiken einer halsstarrigen Feindseligkeit vergrößert.

– Für uns wie auch für unsere Gegner stehen im Atomzeitalter die Gefahren der Anwendung von Gewalt einfach in keinem vernünftigen Verhältnis mehr zu den meisten Zielen, die man in zahlreichen Fällen anstrebt. Das Gleichgewicht der nuklearen Macht hat den Nachdruck von der Konfrontation auf Verhandlungen verlagert.

– Beide Seiten haben auch gelernt, daß die Interessen der Großmächte möglicherweise tief in lokale Konflikte verwickelt sind – wodurch eine Konfrontation riskiert wird –, daß sie jedoch nur einen sehr geringen Einfluß auf die Richtung haben, die die lokalen Kräfte einschlagen.

– Das Atomzeitalter hat ferner für die Vereinigten Staaten und die kommunistischen Länder beiderseitig Gefahren einer Panne oder der Fehlkalkulation mit sich gebracht. Beide Seiten sind beispielsweise bedroht, wenn irgendeine Macht aus einer Krise taktische Vorteile zu ziehen sucht und dabei riskiert, eine strategische Reaktion hervorzurufen.

– Für beide Seiten sah die Realität anders aus als die Erwartung. Insbesondere die kommunistische Welt mußte erkennen, daß die Ausbreitung des Kommunismus die internationalen Spannungen vergrößern kann statt eine Zeit der Versöhnung einzuleiten, wie Marx dies lehrte.

In einer sich wandelnden Welt erfordert daher der Aufbau des Friedens eine geduldige und kontinuierliche Kommunikation. Unsere erste Aufgabe in diesem Dialog ist fundamental: den Krieg abzuwenden. Darüber hinaus müssen die Vereinigten Staaten und die kommunistischen Länder über die Fragen verhandeln, die zwischen ihnen stehen, wenn wir einen dauerhaften Frieden schaffen wollen. Da diese Fragen nicht durch persönliche Meinungsverschiedenheiten hervorgerufen werden, können sie auch nicht durch bloße atmosphärische Gegebenheiten beseitigt werden. Wir geben uns nicht der Täuschung hin, daß eine Änderung in der Umgangssprache schon eine Änderung der Politik bedeutet. Wir sind bereit, ernsthaft, konkret und präzise über die ungelösten Fragen zu verhandeln.

Die Lehren, die wir in der Nachkriegszeit aus Verhandlungen mit den kommunistischen Staaten gezogen haben – einige Verhandlungen waren erfolgreich, doch weit mehr verliefen enttäuschend –, weisen auf drei eindeutige Prinzipien hin, die diese Administration beachten wird, wenn sie in den siebziger Jahren an Verhandlungen herantritt.

Erstens: Wir werden mit den kommunistischen Ländern auf der Grundlage eines genauen Verständnisses dessen verhandeln, was sie in der Welt erreichen wollen, und damit auf der Basis dessen, was wir vernünftigerweise von ihnen und uns erwarten können. Über eines sollten wir uns keine Illusionen machen: Die Führer der kommunistischen Länder sind ernst und entschlossen, und weil wir sie ernst nehmen, werden wir die Tiefe der ideologischen Gegensätze oder den Unterschied zwischen ihren und unseren Interessen nicht unterschätzen. Auch werden wir nicht vorgeben, daß eine Einigung kurz bevorsteht, indem die Illusion genährt wird, daß sie bereits ihre Überzeugung aufgegeben hätten oder im Verlaufe der Verhandlungen kurz davor seien, dies zu tun.

Es sind genau diese Unterschiede, die die Schaffung objektiver Bedingungen erfordern – Zug um Zug –, von denen aus sich der Friede entwickeln kann, trotz einer Geschichte des Mißtrauens und der Rivalität. Wir wollen hoffen, daß im Laufe der Zeit und mit dem Heranwachsen einer neuen Generation in den kommunistischen Ländern ein gewisser Wandel in den kommunistischen Zielsetzungen eintritt. Sollte das jedoch nicht der Fall sein, dann müssen wir nach dem praktikabelsten Weg suchen, um auf die kommunistischen Maßnahmen Einfluß zu nehmen.

Es wird daher die Politik der Vereinigten Staaten sein, Verhandlungen nicht als ein Forum für Schmähreden des Kalten Krieges oder ideologische Debatten zu benutzen. Wir werden in unseren kommunistischen Gegnern in erster Linie und vor allem Länder sehen, die ihre eigenen Interessen verfolgen, wie *sie* sie sehen, genau wie wir unsere eigenen Interessen verfolgen, so wie wir sie sehen. Wir werden sie nach ihren Taten beurteilen, so wie wir erwarten, nach den unsrigen beurteilt zu werden. Spezifische Vereinbarungen und die Schaffung des Friedens, zu der sie beitragen, werden aus einer realistischen Anpassung widerstreitender Interessen resultieren.

Ein zweites Prinzip, das wir bei Verhandlungen mit den kommunistischen Ländern beachten werden, bezieht sich darauf, wie diese Verhandlungen geführt werden sollten – wie sie von den Völkern auf beiden Seiten beurteilt werden sollten, die eine Verminderung der Spannungen herbeiwünschen.

Allzuoft sind wir in der Vergangenheit, sei es nun auf Gipfeltreffen oder auf niedrigerer Ebene, an den Konferenztisch gekommen und haben der psychologischen Wirkung mehr Aufmerksamkeit geschenkt als der eigentlichen Substanz. Naiver Enthusiasmus und ein Hochgefühl über die Tatsache, daß Verhandlungen abgehalten werden, tendieren nur dazu, die wahren Probleme zu verschleiern, von deren Lösung der Erfolg der Gespräche abhängt. Da die Resultate fast immer weniger dramatisch als erwartet sind, führt eine falsche Euphorie dann zu einer gleichfalls falschen Hoffnungslosigkeit.

Verhandlungen müssen vor allem anderen das Ergebnis einer sorgfältigen Vorbereitung und eines echten Gebens und Nehmens bezüglich der Fragen sein, die zu diesen Verhandlungen geführt haben. Ihnen ist weder durch Bluff draußen noch durch Getöse daheim gedient.

Wir werden psychologisch nicht von raschem oder übertriebenem Fortschritt abhängig werden. Auch werden wir nicht durch Enttäuschung oder scheinbaren Fehlschlag entmutigt sein. Es steht zuviel auf dem Spiel, und die Aufgabe ist zu groß, als daß unsere Anstrengungen aus einer momentanen Sicht beurteilt werden dürften. So groß wie unsere Zielsetzungen wird auch unsere Ausdauer sein.

Der dritte entscheidende Punkt bei erfolgreichen Verhandlungen ist die richtige Einschätzung des Rahmens, in dem man sich den Problemen zuwendet. Der Kern der Sache ist hier der innere Zusammenhang internationaler Ereignisse. Wir haben diesen inneren Zusammenhang nicht erfunden, und er ist auch keine Verhandlungstaktik. Er ist eine Gegebenheit. Diese Administration ist sich darüber im klaren, daß internationale Entwicklungen in manch komplizierter Weise miteinander verflochten sind: Politische Fragen stehen in Zusammenhang mit strategischen, politische Ereignisse in dem einen Gebiet der Welt können weitreichende Auswirkungen auf politische Entwicklungen in anderen Teilen der Erde haben.

Diese Prinzipien unterstreichen, wie auf realistische Weise bei der Suche nach Frieden durch Verhandlungen verfahren werden muß. Sie weisen den Weg für einen allmählichen und praktischen Prozeß, Abkommen nach Abkommen zu erreichen. Sie stützen sich auf die fundamentale Realität, die den Handlungen dieser Administration gegenüber den kommunistischen Staaten zugrunde liegt. Wir werden keinerlei Prinzipien für bloße Versprechungen, keine lebenswichtigen Interessen nur für eine bessere Atmosphäre eintauschen. Wir werden immer bereit sein, über die Schaffung eines dauerhaften Friedens ernsthaft und zielbewußt zu sprechen.

Die Sowjetunion

Die oben dargelegten allgemeinen Prinzipien sind in vollem Umfange auf die Art und Weise anwendbar, wie wir an die zwischen den Vereinigten Staaten und der Sowjetunion stehenden Fragen herangehen.

Die Sowjetunion ist wie andere Länder stark versucht, ihre Politik im Inland wie im Ausland weiterhin auf alte und vertraute Konzeptionen zu gründen. Aber Vorstellungen, die im 19. Jahrhundert entwickelt wurden, können kaum noch auf die neue Ära angewandt werden, in die wir jetzt eintreten.

Wenn wir die Begrenzung unserer eigenen Macht erkennen mußten, so müssen auch die Lehren der letzten zwei Jahrzehnte ihren Eindruck bei der Führung im Kreml hinterlassen haben: in der Erkenntnis nämlich, daß die marxistische Ideologie nicht die sicherste Richtschnur für die Probleme einer sich wandelnden Industriegesellschaft ist. Sie ist nicht mehr anwendbar angesichts des weltweiten Nachlassens der Anziehungskraft von

Ideologie. Dies wird vor allem bei den außenpolitischen Schwierigkeiten deutlich, die sich durch die Ausbreitung des Kommunismus auf Staaten immer wieder ergaben, welche sich weigern, eine dauernde Unterwerfung unter die sowjetische Autorität zu dulden – eine Entwicklung, die durch das Schisma zwischen der Sowjetunion und China besonders augenfällig wird.

Das zentrale Problem der sowjetisch-amerikanischen Beziehungen ist also, ob unsere beiden Länder die Vergangenheit hinter sich lassen und gemeinsam an der Schaffung eines dauerhaften Friedens arbeiten können.

Im Jahre 1969 machten wir einen guten Anfang. Im ersten Jahr meiner Administration ratifizierten wir den Atomwaffensperrvertrag; wir machten Fortschritte bei den Verhandlungen über eine Rüstungskontrolle im Meeresbett; wir ergriffen Maßnahmen, um die Aussichten auf ein Abkommen hinsichtlich der chemischen und biologischen Methoden der Kriegsführung zu fördern; wir nahmen Gespräche über eine Nahostlösung auf und wir begannen mit Verhandlungen über die Begrenzung der strategischen Rüstungen – den wichtigsten Rüstungskontrollverhandlungen, die unser Land jemals geführt hat. In Übereinstimmung mit unseren Verbündeten haben wir ebenfalls Verhandlungen über spezifische europäische Fragen angeboten: Die Geschichte hat uns gelehrt, daß die Welt insgesamt nicht lange damit rechnen kann, verschont zu bleiben, wenn in Europa Krisen entstehen.

Aber wenn auch gewisse Erfolge bei den Verhandlungen registriert worden sind und Anlaß zu vorsichtigem Optimismus besteht, daß weitere folgen werden, so ist doch unser Gesamtverhältnis zur Sowjetunion keineswegs zufriedenstellend. Sehr zum Schaden der Sache des Friedens hat es die sowjetische Führung versäumt, einen nützlichen Einfluß auf die Nordvietnamesen in Paris auszuüben. Der allergrößte Teil des Kriegsmaterials, das Nordvietnam erreicht, kommt aus der Sowjetunion, die damit eine schwere Verantwortung für die Fortdauer des Krieges trägt. Dies kann nur dazu beitragen, unser übriges Verhältnis zur Sowjetunion zu trüben.

Auch bei den Nahost-Gesprächen haben wir auf sowjetischer Seite jene praktische und konstruktive Flexibilität vermißt, die für ein erfolgreiches Ergebnis notwendig ist, und ohne die die Großmächte ihrer Verantwortung bei der Suche nach einer Regelung nicht gerecht werden können. Darüber hinaus sehen wir Anzeichen, daß die Sowjetunion in diesem Gebiet als Ganzem eine Position anstrebt, die eine Großmacht-Rivalität wahrscheinlicher machen würde.

Wir hoffen, daß das kommende Jahr Beweise dafür bringen wird, daß die Sowjets sich entschlossen haben, einen dauerhaften Frieden anzustreben, statt sich weiterhin auf den Bahnen der Vergangenheit zu bewegen.

Es wird hier nicht um die Aufrichtigkeit oder die Zielsetzung der sowjetischen Führung gehen. Die Spannungen zwischen uns werden nicht durch persönliche Mißverständnisse hervorgerufen, und keine Seite leistet irgend jemandem einen Dienst, wenn man dies behauptet. Der Friede wird nicht einfach durch das Lächeln von Staatsmännern herbeigeführt. Worum es geht, sind Grundfragen in bezug auf seit langem miteinander in Widerspruch stehende Ziele in einer Welt, in der niemals Interessen durch Konflikte gefördert werden. Nur eine offene und ehrliche Anerkennung dieser Realität und ein in gleicher Weise direktes Bemühen, diese Frage anzupacken, werden uns zu jener echten Zusammenarbeit führen, die wir anstreben und die der Weltfrieden verlangt.

Osteuropa

Die Geschichte der Länder Osteuropas ist voller tragischer Aspekte. An den traditionellen Einfallsrouten des Kontinents gelegen, haben sie über lange Zeiträume hin Fremdherrschaft und kulturelle Unterdrückung erleiden müssen. Und selbst als sie ihre Unabhängigkeit erlangten – viele von ihnen erst nach dem Ersten Weltkrieg –, blieben sie dennoch die Beute mächtiger Nachbarn.

Wir sind uns darüber im klaren, daß die Sowjetunion ihre eigene Sicherheit als direkt von den Entwicklungen in diesem Gebiet berührt ansieht. Zu wiederholten Malen ist man im Laufe der Jahrhunderte von Mitteleuropa her in Rußland eingefallen. Daher ist diese Empfindlichkeit nicht neu oder ein reines Produkt des kommunistischen Dogmas.

Es liegt nicht in der Absicht der Vereinigten Staaten, die legitimen Sicherheitsinteressen der Sowjetunion zu untergraben. Angesichts der Entwicklung der modernen Technologie ist die Zeit zweifellos vorbei, da irgendeine Macht Osteuropa dazu benutzen würde, einen strategischen Vorteil gegenüber der Sowjetunion zu erlangen. Wir denken auf jeden Fall nicht an so etwas. Wenn wir Verhandlungen und eine Entspannung anstreben, dann tun wir dies, um die bestehenden Spannungen abzubauen, und nicht, um neue heraufzubeschwören.

Ebenso sehen die Vereinigten Staaten die Länder Osteuropas als souverän an und nicht als Teile eines monolithischen Blocks. Und wir können keine Doktrin akzeptieren, die ihr Recht schmälert, eine gegenseitige Verbesserung der Beziehungen mit uns oder anderen anzustreben.

Wir sind bereit, in Verhandlungen mit den osteuropäischen Nationen einzutreten, die auf eine allmähliche Normalisierung der Beziehungen abzielen. Wir werden uns dabei dem Tempo und dem Grad der Normalisierung anpassen, die diese Länder erreichen wollen.

In dieser Richtung ist bereits ein Fortschritt in unseren Beziehungen zu Rumänien erreicht worden. Mein Besuch in diesem Land im letzten Sommer – der für mich, was die menschliche Seite angeht, unvergeßlich bleiben wird – leitete eine Reihe kooperativer Programme auf dem Gebiet der Wirtschaft, der Technik, der Wissenschaft und der Kultur ein. Wir beabsichtigen, diese Programme mit Nachdruck fortzuführen. Meine Gespräche mit Präsident Ceauşescu setzten den Prozeß des Meinungsaustausches in größeren Bereichen gemeinsamen Interesses in Gang, der unserer Ansicht nach zu einer allgemeinen Verbesserung der Beziehungen zwischen Ost und West beitragen wird. Jedem anderen kommunistischen Land, das den entsprechenden Wunsch hat, stehen ähnliche Beziehungen offen.

Die Stabilität und der Friede in Europa werden gefördert werden, wenn die Spaltung einmal überwunden ist. Die Vereinigten Staaten und die Länder Westeuropas haben historische Bindungen mit den Völkern und Ländern Osteuropas, die wir aufrechtzuerhalten und zu erneuern wünschen.

Wie ich in meinem Toast auf Präsident Ceauşescu während meines Besuchs in Rumänien im August letzten Jahres sagte:

> „Alles in allem streben wir einen Frieden nicht
> der Vorherrschaft und nicht der künstlichen

Uniformität an, sondern einen Frieden, bei dem die legitimen Interessen eines jeden respektiert werden und jeder sicher ist."

[. . .]

Quelle: Richard M. Nixon, Die amerikanische Außenpolitik für die siebziger Jahre. Eine neue Friedensstrategie. Bericht an den Kongreß vom 18. Februar 1970, o. O. 1970, S. 98–103.

D 50: Beginn einer antagonistischen Kooperation zwischen Washington und Moskau 1972

Grundsatzerklärung über die amerikanisch-sowjetischen Beziehungen, am 29. Mai 1972 in Moskau anläßlich des Besuchs von Präsident Nixon in der Sowjetunion unterzeichnet

Die Vereinigten Staaten von Amerika und die Union der Sozialistischen Sowjetrepubliken sind:

geleitet von ihren Verpflichtungen aufgrund der Charta der Vereinten Nationen und dem Wunsche, die friedlichen Beziehungen zueinander zu stärken und diese Beziehungen auf eine möglichst feste Grundlage zu stellen;

aus der Erkenntnis heraus, daß es notwendig ist, alle Anstrengungen zu unternehmen, um die Kriegsgefahr zu beseitigen und Bedingungen zu schaffen, die die Verringerung der Spannungen auf der Welt und die Stärkung der allgemeinen Sicherheit und der internationalen Zusammenarbeit fördern;

aus der Überzeugung heraus, daß die Verbesserung der amerikanisch-sowjetischen Beziehungen und deren zum beiderseitigen Vorteil gereichende Entwicklung auf solchen Gebieten wie Wirtschaft, Wissenschaft und Kultur diesen Zielen entsprechen und zu einem besseren gegenseitigen Verhältnis und einer sachlichen Zusammenarbeit beitragen werden, ohne in irgendeiner Weise die Interessen dritter Länder zu präjudizieren;

aus dem Bewußtsein heraus, daß diese Ziele den Interessen der Völker beider Länder entsprechen,

wie folgt übereingekommen:

1. Sie werden von dem gemeinsamen Schluß ausgehen, daß es im Nuklearzeitalter keine andere Alternative gibt, als die gegenseitigen Beziehungen auf der Grundlage einer friedlichen Koexistenz zu gestalten. Unterschiede in der Ideologie und in den Gesellschaftssystemen der USA und der UdSSR sind keine Hindernisse für die bilaterale Entwicklung normaler Beziehungen, die auf den Grundsätzen der Souveränität, der Gleichberechtigung, der Nichteinmischung in innere Angelegenheiten und des beiderseitigen Vorteils beruhen.

2. Die USA und die UdSSR legen größten Wert darauf, das Entstehen von Situationen zu verhindern, die zu einer gefährlichen Verschlechterung ihrer Beziehungen führen könn-

ten. Sie werden daher ihr Äußerstes tun, um militärische Konfrontationen zu vermeiden und den Ausbruch eines Nuklearkrieges zu verhindern. Sie werden in ihren gegenseitigen Beziehungen stets Zurückhaltung üben, und sie werden bereit sein, zu verhandeln und Meinungsverschiedenheiten mit friedlichen Mitteln beizulegen. Gespräche und Verhandlungen über offenstehende Fragen werden in einem Geiste der Gegenseitigkeit, des beiderseitigen Entgegenkommens und des beiderseitigen Vorteils geführt werden. Beide Seiten erkennen an, daß Bestrebungen, direkt oder indirekt einen einseitigen Vorteil auf Kosten des anderen zu erreichen, nicht im Einklang mit diesen Zielen stehen.

Die Voraussetzungen für die Erhaltung und Stärkung friedlicher Beziehungen zwischen den USA und der UdSSR sind die Anerkennung der Sicherheitsinteressen der Vertragspartner auf der Basis des Grundsatzes der Gleichberechtigung und der Verzicht auf Anwendung oder Androhung von Gewalt.

3. Die USA und die UdSSR tragen wie andere Länder, die ständige Mitglieder des Weltsicherheitsrats sind, eine besondere Verantwortung, alles in ihrer Macht stehende zu tun, damit es nicht zu Konflikten oder Situationen kommt, die zur Erhöhung internationaler Spannungen führen würden. Demgemäß werden sie bestrebt sein, Bedingungen herbeizuführen, unter denen alle Länder in Frieden und Sicherheit leben können und nicht Gegenstand einer Einmischung in ihre inneren Angelegenheiten von außen werden.

4. Die USA und die UdSSR beabsichtigen, die Rechtsgrundlage für ihre gegenseitigen Beziehungen auszuweiten und die erforderlichen Anstrengungen zu unternehmen, damit bilaterale Abkommen, die sie geschlossen haben, und multilaterale Verträge und Abkommen, denen sie gemeinsam als Vertragspartner angehören, gewissenhaft durchgeführt werden.

5. Die USA und die UdSSR bekräftigen ihre Bereitschaft, die Praxis eines Gedankenaustauschs über Probleme von beiderseitigem Interesse fortzusetzen und, wenn erforderlich, einen solchen Gedankenaustausch auf höchster Ebene, einschließlich von Treffen der führenden Männer beider Länder, zu führen. Die beiden Regierungen begrüßen eine Zunahme produktiver Kontakte zwischen Vertretern der gesetzgebenden Körperschaften beider Länder und werden sie erleichtern.

6. Die Vertragspartner werden ihre Bemühungen fortsetzen, die Rüstungen sowohl auf bilateraler als auch auf multilateraler Basis zu begrenzen. Sie werden weiterhin besondere Anstrengungen unternehmen, um die strategischen Rüstungen zu begrenzen. Wo immer möglich, werden sie konkrete Abkommen schließen, die der Erreichung dieser Ziele dienen.

Die USA und die UdSSR betrachten als das letztliche Ziel ihrer Bemühungen die Erreichung einer allgemeinen und vollständigen Abrüstung und die Errichtung eines wirksamen Systems der internationalen Sicherheit in Übereinstimmung mit den Zielsetzungen und Grundsätzen der Vereinten Nationen.

7. Die USA und die UdSSR betrachten Handels- und Wirtschaftsbeziehungen als ein wichtiges und notwendiges Element der Stärkung ihrer bilateralen Beziehungen und werden daher das Wachstum solcher Beziehungen fördern. Sie werden die Zusammenarbeit zwischen den zuständigen Organisationen und Unternehmen der beiden Länder

und den Abschluß von geeigneten Vereinbarungen und Kontrakten – einschließlich langfristiger– erleichtern.

Beide Länder werden zur Verbesserung der See- und Luftverbindungen zwischen ihnen beitragen.

8. Beide Seiten betrachten es als angebracht und nützlich, gegenseitige Kontakte und Zusammenarbeit auf den Gebieten der Wissenschaft und der Technologie zu entwickeln. Wo angebracht, werden die USA und die UdSSR geeignete Abkommen schließen, die sich auf die konkrete Zusammenarbeit auf diesen Gebieten erstrecken.

9. Beide Seiten bekräftigen ihre Absicht, die kulturellen Beziehungen zueinander zu vertiefen und ein besseres Kennenlernen der kulturellen Werte des anderen zu unterstützen. Sie werden für die Schaffung verbesserter Bedingungen für einen Kulturaustausch und den Reiseverkehr sorgen.

10. Die USA und die UdSSR werden bestrebt sein, dafür zu sorgen, daß ihre Beziehungen und ihre Zusammenarbeit auf den obenerwähnten und auf anderen in ihrem beiderseitigen Interesse liegenden Gebieten auf fester und langfristiger Grundlage beruhen. Um diesen Bemühungen einen dauerhaften Charakter zu geben, werden sie auf allen Gebieten, wo dies durchführbar ist, gemeinsame Kommissionen oder andere Gremien einsetzen.

11. Die USA und die UdSSR erheben weder für sich selbst den Anspruch auf irgendwelche besonderen Rechte oder Vorteile in der Weltpolitik, noch würden sie einen solchen Anspruch von einer anderen Seite anerkennen. Sie erkennen die souveräne Gleichberechtigung aller Staaten an.

Die Entwicklung der amerikanisch-sowjetischen Beziehungen richtet sich nicht gegen irgendwelche dritten Länder oder deren Interessen.

12. Die in diesem Dokument dargelegten Grundsätze berühren nicht Verpflichtungen irgendwelcher Art, die von den USA und der UdSSR in bezug auf andere Länder früher eingegangen worden sind.

Moskau, den 29. Mai 1972

Für die Vereinigten Staaten von Amerika	Für die Union der Sozialistischen Sowjetrepubliken
Richard Nixon	*Leonid I. Breshnjew*
Präsident der Vereinigten Staaten von Amerika	Generalsekretär des Zentralkomitees der KPdSU

Quelle: Europa-Archiv, 1972, D 289 – D 291.

D 51: Abkommen zur Verhinderung eines Atomkrieges 1973

Abkommen zwischen den Vereinigten Staaten und der Sowjetunion vom 22. Juli 1973 zur Verhinderung eines Atomkrieges

Die Vereinigten Staaten von Amerika und die Union der Sozialistischen Sowjetrepubliken, im weiteren als die Vertragsparteien bezeichnet, sind

geleitet von dem Ziel der Festigung des Weltfriedens und der internationalen Sicherheit;

in dem Bewußtsein, daß ein Atomkrieg verheerende Folgen für die Menschheit haben würde;

von dem Wunsche beseelt, Bedingungen zu schaffen, unter denen die Gefahr des Ausbruchs eines Atomkriegs überall in der Welt verringert und letztlich beseitigt wird;

eingedenk ihrer Verpflichtungen unter der Charta der Vereinten Nationen bezüglich der Erhaltung des Friedens, des Verzichts auf Androhung und Anwendung von Gewalt und der Vermeidung eines Krieges sowie im Einklang mit den von jeder der beiden Vertragsparteien unterzeichneten Abkommen;

ausgehend von den am 29. Mai 1972 in Moskau unterzeichneten Grundprinzipien für die Beziehungen zwischen den Vereinigten Staaten von Amerika und der Union der Sozialistischen Sowjetrepubliken;

unter Bekräftigung der Tatsache, daß die Entfaltung der Beziehungen zwischen den Vereinigten Staaten von Amerika und der Union der Sozialistischen Sowjetrepubliken sich nicht gegen andere Länder und deren Interessen richtet,

wie folgt übereingekommen:

Artikel I

Die Vereinigten Staaten und die Sowjetunion stimmen darin überein, daß es ein Ziel ihrer Politik ist, die Gefahr eines Atomkrieges und der Anwendung von Kernwaffen zu beseitigen.

Dementsprechend vereinbaren die Vertragsparteien, sich so zu verhalten, daß die Entstehung von Situationen, die eine gefährliche Verschlechterung ihrer Beziehungen verursachen könnten, verhindert wird, daß militärische Konfrontationen vermieden werden und daß der Ausbruch eines Atomkrieges zwischen ihnen sowie zwischen jeder der beiden Vertragsparteien und anderen Ländern ausgeschlossen ist.

Artikel II

Die Vertragsparteien vereinbaren, im Einklang mit Artikel I und zur Verwirklichung des in diesem Artikel erklärten Zieles von der Voraussetzung auszugehen, daß jede Vertragspartei sich in Situationen, die den Weltfrieden und die internationale Sicherheit gefährden könnten, der Androhung und Anwendung von Gewalt gegenüber der anderen Vertragspartei, gegenüber den Verbündeten der anderen Vertragspartei und gegenüber sonstigen Ländern enthalten wird. Die Vertragsparteien vereinbaren, daß sie sich bei der Festlegung ihrer Außenpolitik sowie bei ihren Maßnahmen auf dem Gebiet der internationalen Beziehungen von diesen Erwägungen leiten lassen werden.

Artikel III

Die Vertragsparteien verpflichten sich, ihre Beziehungen zueinander und zu anderen Ländern in einer Weise zu entwickeln, die mit den Zielsetzungen dieses Abkommens im Einklang steht.

Artikel IV

Wenn zu irgendeinem Zeitpunkt die Beziehungen zwischen den Vertragsparteien oder zwischen einer der beiden Vertragsparteien und anderen Ländern das Risiko eines nuklearen Konflikts heraufzubeschwören scheinen oder wenn die Beziehungen zwischen Ländern, die nicht Vertragsparteien dieses Abkommens sind, das Risiko eines Atomkrieges zwischen den Vereinigten Staaten von Amerika und der Union der Sozialistischen Sowjetrepubliken heraufzubeschwören scheinen, werden die Vereinigten Staaten und die Sowjetunion im Einklang mit den Bestimmungen dieses Abkommens sofort in dringende Konsultationen miteinander eintreten und alles unternehmen, um ein solches Risiko abzuwenden.

Artikel V

Jeder Vertragspartei steht es frei, den Sicherheitsrat der Vereinten Nationen, den Generalsekretär der Vereinten Nationen sowie die Regierungen verbündeter oder anderer Länder über den Verlauf und das Ergebnis von Konsultationen, die nach Artikel IV dieses Abkommens aufgenommen worden sind, zu unterrichten.

Artikel VI

Nichts in diesem Abkommen berührt oder beeinträchtigt

a) das unveräußerliche Recht auf individuelle oder kollektive Selbstverteidigung gemäß Artikel 51 der Charta der Vereinten Nationen;

b) die Bestimmungen der Charta der Vereinten Nationen, einschließlich derjenigen, welche die Erhaltung oder Wiederherstellung des Weltfriedens und der internationalen Sicherheit betreffen, und

c) die von jeder der beiden Vertragsparteien gegenüber ihren Verbündeten oder anderen Ländern in Verträgen, Abkommen und anderen entsprechenden Dokumenten eingegangenen Verpflichtungen.

Artikel VII

Dieses Abkommen ist von unbegrenzter Dauer.

Artikel VIII

Dieses Abkommen tritt mit seiner Unterzeichnung in Kraft.

Gegeben in Washington am 22. Juni 1973 in zweifacher Ausfertigung in englischer und russischer Sprache, wobei beide Texte gleichermaßen authentisch sind.

Quelle: Europa-Archiv, 1973, D 418 – D 419.

D 52: Ausweitung des Osthandels 1972

Rede des Handelsministers Peter G. Peterson vor der Handelskammer von Kalifornien in San Francisco am 3. Oktober 1972 zu dem Thema „Der amerikanisch-sowjetische Handel – Was bringt er für uns?“

[. . .]

Die Welten der internationalen Politik und des internationalen Handels stehen somit in engem Zusammenhang zueinander. Die Minderung der politischen und der kommerziellen Spannungen liegt im Sinne beider und wirkt sich auf die beiderseitigen Beziehungen aus. In dem Maße, wie sich die politischen Beziehungen verbessern, weiten sich auch die kommerziellen Beziehungen aus. Und in dem Maße, wie sich die kommerziellen Beziehungen ausweiten, nimmt auch der Anreiz zur Beilegung politischer Meinungsverschiedenheiten zu.

Verbesserte Handelsbeziehungen mit der Sowjetunion werden somit dem Durchschnittsamerikaner auf dreifache Weise Vorteile bringen. Sie werden ihn zum Nutznießer eines Arbeitsplatzüberangebots machen. Sie werden seine Sicherheit erhöhen. Und dadurch wird es der amerikanischen Regierung möglich sein, den Prozentsatz öffentlicher Gelder für die Verteidigung zu verringern und die eingesparten Mittel anderen Aufgaben zuzuführen, die den Lebensstandard des Arbeiters verbessern.

Während die sowjetischen Verbrauchsgüter für den amerikanischen Arbeiter kaum eine Gefahr bedeuten, kann dieser wesentlichen Nutzen aus dem Import sowjetischer Rohstoffe ziehen.

Wie Sie wissen, müssen die USA im nächsten Jahrzent mit einer ernsten Energieverknappung rechnen. Aufgrund der jüngsten Maßnahmen steigt der Energiebedarf in den USA so rasch, daß die zur Deckung des Bedarfs erforderlichen Hilfsquellen alle 15 Jahre um das Doppelte steigen. Bei Berücksichtigung unserer gesamten verfügbaren Energiequellen stellte sich unser Energieverbrauch 1970 auf ungefähr 68 Billiarden BTU (1 Britisch-Thermal-Unit = 252 Kalorien). Im Jahre 1985 wird sich der Bedarf wahrscheinlich auf fast 125 Billiarden BTU stellen.

Während die Kapazitäten unserer Industrie wesentlich über denen der sowjetischen liegen, sind die Rohstoffvorkommen und vor allem die Energiequellen der Sowjetunion weitaus größer als die unsrigen. Es ist bedauerlich, aber – wie ich befürchte – wohl unvermeidlich, daß der Bedarf an Energie und Rohstoffen in den USA im nächsten Jahrzehnt weitaus schneller steigen wird als unsere derzeitigen Versorgungsquellen. Dieses Ungleichgewicht kann zumindest teilweise ausgeglichen werden, wenn wir Zugang zu diesen riesigen sowjetischen Vorkommen erhalten.

Die Sowjetunion wird, wenn die jetzt im Stadium der Erörterung befindlichen Projekte zum Tragen kommen, den Nahen Osten und Venezuela als Lieferquelle für Erdgasimporte übertreffen. Selbst wenn man Algerien zu diesen beiden Ländern als Erdgaslieferant hinzunimmt, wird die Sowjetunion immer noch an der Spitze liegen. Aber noch auf absehbare Zeit hinaus werden wahrscheinlich nicht mehr als 5 oder 7 Prozent unseres Bedarfs, der sich geographisch über ganz Amerika verteilt, von der Sowjetunion gedeckt werden – einfach um die Möglichkeit einer zu starken Abhängigkeit von der Sowjetunion oder irgendeinem anderen ausländischen Lieferanten auf ein Minimum zu beschränken.

Die Kosten des Energieverbrauchs treffen vielleicht alle Bürger der USA gleichmäßiger als die Kosten für andere Güter und Dienstleistungen. Sie treffen Reiche und Arme in gleicher Weise. Der Durchschnittsbürger kann seinen Energieverbrauch weit weniger einschränken als den Verbrauch anderer Güter. Es liegt daher ganz eindeutig im Interesse aller, daß der Anstieg der Energiepreise auf ein Minimum beschränkt bleibt und daß natürlich die Versorgung unseren Bedarf deckt.

Der Zugang zu den sowjetischen Energiequellen ist auch aus zwei anderen Gründen ratsam. Er wird unsere Abhängigkeit von den immer unsicherer werdenden Versorgungsquellen in den OPEC-Ländern verringern. Wenn wir von der Sowjetunion im Rahmen gemeinsamer Handelsabkommen und nicht in den OPEC-Ländern kaufen, so wird dies ferner unsere Zahlungsbilanz verhältnismäßig günstig beeinflussen, denn in diesen Abkommen könnte festgelegt werden, daß die sowjetischen Kredite in den Vereinigten Staaten auszugeben sind.

Neben diesen Vorteilen für die Bevölkerung im allgemeinen gibt es verschiedene Teile der amerikanischen Bevölkerung, die besonders von einem Handel mit der Sowjetunion profitieren werden.

Einmal ist dies ganz offensichtlich die Landwirtschaft. Wie die jüngsten sowjetischen Getreidekäufe zeigen, kaufen die Sowjets, wenn sie das tun, gleich große Mengen. Angesichts der sowjetischen Getreidekäufe erzielen die Farmer im Mittleren Westen jetzt Rekordeinkünfte für ihre Ernte.

Aufgrund dieser neuen Auslandsverkäufe wird das Nettofarmeinkommen in den Vereinigten Staaten dieses Jahr eine Rekordhöhe von 18,4 Milliarden Dollar erreichen. Das sind 14 Prozent mehr als im vergangenen Jahr und über eine Milliarde Dollar mehr als im bisherigen Rekordjahr 1947.

Ich brauche Ihnen wohl nicht zu sagen, daß die Farmer nicht die einzigen Nutznießer dieser Ausweitung des Handels sind. Das Geld fließt wieder in die Läden und Ausrüstungsbetriebe in unseren Landgemeinden und bringt neues Leben in manche bisher wirtschaftlich darniederliegende Stadt.

Auswirkungen lassen sich aber auch in verwandten Wirtschaftssektoren feststellen. Die Verkäufe von Traktoren liegen um 31 Prozent höher als vor einem Jahr, und bei Mähdreschern und Heupressen sind sie um 15 Prozent gestiegen. Nehmen wir ein anderes Glied in der Kette von Transaktionen, so lassen sich ebenfalls Auswirkungen erhöhter Gewinne in der Landwirtschaft auf andere Wirtschaftszweige feststellen. Auf die Farmer, die nur einen verhältnismäßig kleinen Prozentsatz der Gesamtbevölkerung ausmachen, entfällt bei Stahl, Kautschuk und Erdöl ein unverhältnismäßig großer Prozentsatz des Binnenmarktes. Und diese Industrien beginnen ebenfalls die neue Prosperität der Landwirtschaft zu spüren.

Wenn auch die Feststellung nur fair ist, daß die derzeitig ungewöhnlich hohe sowjetische Weizennachfrage auf eine schlechte Ernte zurückzuführen ist, so möchte ich doch damit rechnen, daß die Verkäufe von Futtergetreide an die Sowjetunion auch künftig anhalten werden, wenn diese ihr Versprechen wahrzumachen sucht, den Fleischkonsum ihrer Bevölkerung zu steigern.

Ein anderer Grund, warum ich mit weiteren Exporten rechne, ist der starke Kontrast zwischen der Produktivität in der sowjetischen und der amerikanischen Landwirtschaft. Im Jahre 1971 betrug die durchschnittliche Erzeugung eines sowjetischen Bauern nur ein Neuntel dessen, was ein amerikanischer Farmer produzierte. Dies war trotz der Tatsache so, daß die Sowjetunion beträchtliche Kapitalinvestitionen während der letzten Jahre in ihrer Landwirtschaft vorgenommen hat.

Ein weiterer spezifischer Sektor, auf dem wir uns gerade von einem Handel mit den Sowjets Vorteile erhoffen, ist der Maschinenbau und die Produktion von Ausrüstungsgütern. Wenn die Sowjets Maschinen und Ausrüstungen kaufen, so kaufen sie gleichzeitig auch Dienstleistungen wie technisches Wissen, Installation und Wartung. Hier handelt es sich für die Vereinigten Staaten um zu 100 Prozent arbeitsintensive Exporte.

Der Export von Maschinen und Ausrüstungen in die Sowjetunion dürfte wesentlich zunehmen. Amerikanische Firmen haben Exportlizenzen für Ausrüstungen im Werte von über einer Milliarde Dollar beantragt in der Erwartung, daß sie bei den Ausschreibungen im Zusammenhang mit dem Bau des großen Lastwagenwerkes an der Kama erfolgreich sein werden. Informierte Geschäftsleute schätzen, daß amerikanische Gesellschaften bei diesem Projekt Aufträge für Ausrüstungen im Werte zwischen 250 und 500 Millionen Dollar – je nachdem ob eine Exportfinanzierung zur Verfügung steht – hereinbringen können.

Gegenwärtig sind die Exporte von elektrischen und anderen Maschinen in die Sowjetunion mit 60 Millionen Dollar oder 37 Prozent unseres Gesamtexports im Jahre 1971 dorthin nur sehr gering. Die gesamten amerikanischen Maschinenexporte nach allen Ländern stellten sich 1971 auf 11,6 Milliarden Dollar. Verschiedene große Gemeinschaftsprojekte sind gegenwärtig im Gespräch oder es wird darüber verhandelt. Hierzu gehören Industrieanlagen für die Produktion von Polystren, Autogetrieben, Düngemitteln, für die Metallgewinnung und – geht man etwas in die Zukunft – Gewinnung und Weiterleitung von Naturgas.

Insgesamt bestehen glänzende Aussichten für unseren Maschinenexport nach der Sowjetunion in der nächsten Zeit. Wenn wir die Verhandlungen über ein Handelsabkommen erfolgreich abschließen und in der Lage sind, Exportkredite zu gewähren, können wir wesentlich mehr Maschinen und Ausrüstungen exportieren.

Eine der Fragen, die häufig an mich gerichtet werden, ist, warum wir, wenn beide Seiten wirklich den Willen haben und die Vorteile für beide so offensichtlich sind, nicht schon viel früher ein Abkommen erreicht haben. Die Antwort lautet, Bereitschaft und Wissen um die Vorteile machen noch lange kein Abkommen aus.

Es wäre für den Präsidenten und Herrn Breschnew relativ einfach, ein allgemeines Abkommen über das Prinzip zu erreichen, daß zwischen den Vereinigten Staaten und der Sowjetunion wieder normale Handelsbeziehungen hergestellt werden. Ich möchte annehmen, wir könnten ein solches Abkommen schon morgen haben. Es wäre vielleicht sogar politisch nützlich. Aber es wäre nur dann politisch nützlich, wenn wir, wie ich bereits gesagt habe, eine Vielzahl spezifischer Fragen einfach ignorieren, die gelöst werden müssen, wenn das Abkommen von wirklicher und dauerhafter Bedeutung sein soll.

Wenn nicht diese Einzelheiten im Rahmen eines Abkommens gelöst sind, würde die erste Begeisterung über normale Handelsbeziehungen bald Unsicherheit, Enttäuschung und vielleicht noch Schlimmerem weichen.

Ich habe bereits gesagt, daß in einer Welt, in der Wirtschaft und Politik eng miteinander verbunden sind, verbesserte Handelsbeziehungen zu besseren politischen Beziehungen führen können. Leider ist es umgekehrt auch so. Handelsprobleme, sofern sie nicht vorhergesehen und abgewendet werden, können zu politischen Problemen führen.

Daher ist der Präsident der Auffassung, daß im Falle der Sowjetunion nur ein umfassendes Handelsabkommen angebracht ist, das die Rechte der Partner und die grundlegenden Rechtsnormen genau definiert und ganz allgemein solche Probleme ausschließt, die, falls sie nicht jetzt gelöst werden, in ein oder zwei Jahren zu immer stärkeren Meinungsverschiedenheiten führen könnten.

Lassen Sie mich einige Beispiele dafür geben, was unseres Erachtens vorher geregelt sein muß.

Da ist einmal die Frage der Kreditbedingungen. Es wäre eine grausame Täuschung, wenn wir dem amerikanischen Exporteur sagen würden, es stehe ihm frei, Geschäfte mit der Sowjetunion abzuschließen, und wenn er dann feststellen würde, daß seine Auffassung von angemessenen Kreditbedingungen und die der Sowjetunion so weit auseinanderliegen, daß tatsächliche Verkäufe unmöglich sind. Die Sowjetunion hat, wenn das Gespräch auf Zinssätze und Kreditbedingungen kommt, eine bestimmte Zahl im Auge. Sie wünscht 2 Prozent und 10 Jahre. Mir gefallen diese Zahlen auch. Noch besser wären 1 Prozent und 20 Jahre.

Betrachtet man die ideologische Basis ihres Wirtschaftssystems, so ist es leicht verständlich, warum sie nicht gerne viel für Kapital zahlen wollen. Es ist weiter richtig, daß 2 Prozent der Zins sind, den sowjetische Bürger bei zahlreichen Verbrauchsgütern zahlen müssen. Aber das ist weder ein Zinssatz, der einen Anreiz für eine private Exportfinanzierung in dieses Land bietet, noch kann die amerikanische Regierung Kredite zu einem solchen Satz gewähren, ohne daß dies diskriminierend für unsere Verbündeten – und praktisch auch für unsere Steuerzahler – wäre.

Exportfinanzierung ist äußerst wichtig, wenn unser Abkommen mit der Sowjetunion mehr als nur ein Stück Papier sein soll. Der Rubel ist eine weiche Währung, und die sowjetischen Reserven an konvertierbaren Wärungen sind äußerst begrenzt. Außerdem deuten unsere Pläne darauf hin, daß die Vereinigten Staaten in der nächsten Zeit im Handel mit der Sowjetunion einen beträchtlichen Handelsüberschuß haben werden. Wenn das der Fall ist, werden die Vereinigten Staaten natürlich auf absehbare Zeit hinaus die Aufgabe übernehmen müssen, einen großen Teil ihrer Exporte zu finanzieren.

Die Kreditfrage ist auch für die voraussichtlichen amerikanischen Importe an sowjetischen Rohstoffen von besonderer Bedeutung. Einige der hier angeschnittenen Energieabkommen würden enorme Kredite erfordern. Ich denke nur an zwei Projekte, die zusammen einen Kapitalbetrag von weit über 5 Milliarden Dollar erfordern würden. Um Ihnen einen Vergleich zu geben: 5 Milliarden Dollar sind fast ein Drittel der gegenwärtigen Gesamtausleihungen der Export-Importbank. Das ist mehr als die Hälfte des gegenwärtigen Betrages für Direktkredite. Und es ist fast das Vierfache der Verbindlichkeiten, die die Export-Importbank gegenüber einem einzelnen Lande eingegangen ist.

Die Kreditfrage wird aber noch durch einen anderen Faktor kompliziert. Die Sowjetunion ist immer noch das einzige große Land, das seine Pacht- und Leihschulden an die Vereinigten Staaten noch nicht zurückgezahlt hat.

Der Präsident hat den Standpunkt eingenommen, daß die Vereinigten Staaten der Sowjetunion keine neuen Kredite gewähren werden, bevor die alten Kredite zurückgezahlt sind. Die Pacht- und Leihfrage ist für die Sowjetunion in hohem Grade emotionell. Sie hat im Zweiten Weltkrieg über 20 Millionen Menschen verloren und nimmt den Standpunkt ein, daß sie mit Blut bezahlt hat, wofür wir mit Kriegsmaterial bezahlt haben. Wir verstehen diesen Standpunkt und stehen ihm mitfühlend gegenüber. Aber hier geht es um ein wichtiges Prinzip der Außenpolitik. Wir können die Bücher über ihre Pacht- und Leihschulden nicht abschließen, ohne andere Empfänger von Pacht- und Leihilfe zu diskriminieren, von denen viele ebenfalls riesige Verluste erlitten und die alle ihre Kredite zurückgezahlt haben.

[. . .]

Dies sind noch längst nicht alle Probleme, die gelöst werden müssen, bevor ein Abkommen mit der Sowjetunion unterzeichnet werden kann, aber ich glaube, sie vermitteln Ihnen einen Eindruck von dem, was ich meine, wenn ich von einem umfassenden Abkommen spreche.

Dies sind notwendige Schritte, wenn wir unseren Erfolg sichern wollen. Und es liegt im Interesse aller unserer Bürger, daß er gesichert ist. Denn wenn Sie die Auswirkungen eines Abkommens mit der Sowjetunion in ihrer Gesamtheit betrachten, dann wird klar, daß es hier um mehr als begrenzte Interessen, um mehr als einfache Geschäftsfragen geht. Hier geht es um einen Vorschlag, der die Arbeitsplätze, das Wohlergehen und die Sicherheit aller Amerikaner berührt.

Quelle: Amerika Dienst, Nr. 41 vom 11. 10. 1972, S. 5–13.

D 53: Grundzüge der neuen Menschenrechtspolitik Carters 1977

Rede des Präsidenten Jimmy Carter am 17. März 1977 vor Ständigen Vertretern der Mitgliedstaaten bei den Vereinten Nationen in New York

[. . .]

Der Grundzug in der menschlichen Entwicklung läuft auf eine universale Verbreitung der Forderung nach grundlegenden Menschenrechten hinaus. Die Vereinigten Staaten haben ein historisch angestammtes Recht, sich mit diesem Prozeß zu identifizieren. Wir in den Vereinigten Staaten übernehmen diese Verantwortung im vollsten und konstruktivsten Sinne. Für uns ist das eine unbedingte Verpflichtung und nicht nur eine politische Attitüde. Ich weiß sehr wohl, daß unsere Ideale auf dem Gebiet der Menschenrechte in den Vereinigten Staaten nicht immer erreicht worden sind, aber das amerikanische Volk fühlt sich für immer der vollen Verwirklichung dieser Ideale verpflichtet. Wir sind daher entschlossen, die bei uns bestehenden Mängel rasch und in aller Offenheit anzugehen.

Um diese Verpflichtung unter Beweis zu stellen, werde ich den Kongreß darum ersuchen, seine Zustimmung zur Unterzeichnung der Konvention der Vereinten Nationen über wirtschaftliche, soziale und kulturelle Rechte und der Konvention über bürgerliche und politische Rechte zu geben. Ich werde in enger Zusammenarbeit mit unserem Kongreß seine Unterstützung nicht nur für die Ratifizierung dieser beiden Vertragsinstrumente, sondern auch für die Konvention der Vereinten Nationen gegen Völkermord und den Vertrag über die Beseitigung aller Formen rassischer Diskriminierung zu erhalten suchen. Ich habe soeben die letzten verbliebenen Restriktionen für Auslandsreisen der Amerikaner aufgehoben und werde darangehen, die Reisemöglichkeiten nach Amerika zu liberalisieren.

Die Vereinten Nationen sind das dem Frieden und dem Wohlergehen jedes einzelnen dienende Weltforum – gleichgültig wie schwach oder arm er sein mag. Aber wir haben es zugelassen, daß ihr Menschenrechtsmechanismus ignoriert und manchmal sogar für politische Zwecke mißbraucht wurde. Es gibt vieles, was zur Stärkung getan werden könnte. Die Kommission für Menschenrechte sollte häufiger zusammentreten. Und alle Nationen sollten bereit sein, dieser Kommission ihre vollste Unterstützung angedeihen zu lassen, ihre Untersuchungsarbeit begrüßen, mit ihren Vertretern zusammenarbeiten und aufgrund ihrer Berichte tätig werden. Ich würde es begrüßen, wenn die gesamte Menschenrechtsabteilung der Vereinten Nationen hierher ins zentrale Hauptquartier zurückkehren würde, wo ihre Tätigkeit im Mittelpunkt unserer Aufmerksamkeit stehen würde und wo wir aufgrund der Aufmerksamkeit der Presse veranlaßt wären, uns ernsthaft mit diesen heiklen Fragen auseinanderzusetzen. Der vor zwölf Jahren von der Regierung von Costa Rica unterbreitete Vorschlag, einen Hochkommissar der Vereinten Nationen für die Menschenrechte einzusetzen, verdient ebenfalls unsere erneute Aufmerksamkeit und Unterstützung.

Ein verstärkter internationaler Mechanismus wird uns allen helfen, die Kluft zwischen Versprechung und Ausführung beim Schutz der Menschenrechte zu schließen. Wenn erhebliche und weitverbreitete Verletzungen stattfinden, und zwar im Gegensatz zu internationalen Verpflichtungen, dann geht uns das alle an. Die feierlichen Verpflichtungen der Charta der Vereinten Nationen, der globalen Menschenrechtserklärung der Vereinten Nationen, der Schlußakte von Helsinki und vieler anderer internationaler Abkommen müssen genauso ernst genommen werden wie Handels- oder Sicherheitsverträge.

Diese Angelegenheit hat ihr eigenes Gewicht. Sie sollte nicht den Fortschritt bei anderen wichtigen Fragen blockieren, die die Sicherheit und das Wohlergehen unserer Menschen sowie den Weltfrieden berühren. Es liegt auf der Hand, daß der Abbau der Spannungen, die Kontrolle der nuklearen Rüstungen, die Herstellung von Harmonie in Krisengebieten der Welt, die Versorgung mit Nahrungsmitteln sowie die Stärkung des Gesundheits- und Erziehungswesens unabhängig voneinander zur Verbesserung der menschlichen Lebensumstände beitragen werden.

In unseren Beziehungen zu anderen Ländern werden diese gemeinsamen Anliegen ihren Niederschlag in unserer politischen, kulturellen und wirtschaftlichen Haltung haben.

Wenn wir mit anderen Mitgliedstaaten zur Stärkung und Verbesserung der Vereinten Nationen zusammenarbeiten, so ergeben sich also folgende Grundprioritäten:

- Wir werden in den Krisengebieten der Welt nach Frieden streben.

- Wir werden uns energisch um eine Kontrolle der Kriegsrüstungen bemühen.
- Wir werden ein neues System des internationalen wirtschaftlichen Fortschritts und der Zusammenarbeit fördern.
- Wir werden standhaft bleiben in unserem Eintreten für die Würde und das Wohlergehen der Menschen in aller Welt.

[. . .]

Quelle: Europa-Archiv, 1977, D 228 – D 229.

D 54: Die Nixon-Doktrin 1971

Bericht des Präsidenten Richard M. Nixon an den Kongreß vom 25. Februar 1971 über die amerikanische Außenpolitik

[. . .]

TEIL I

Die Nixon-Doktrin

[. . .]

Diese Administration trat ihr Amt in der Überzeugung an, daß die Errichtung eines globalen Friedensgebäudes eine bedeutende, jedoch neu definierte Rolle Amerikas voraussetzt. Andere Länder haben zunehmende Stärke und Autonomie erreicht. In unserem Lande aber begann sich als Folge der Überbeanspruchung, der Isolationismus zu rühren. Im Lichte dieser veränderten Verhältnisse konnten wir nicht länger auf dem alten Wege fortschreiten.

Wir müssen etwas anderes an die Stelle der Impulse der vorausgegangenen Zeit setzen: sowohl unseres Instinkts, wir wüßten, was für andere am besten sei, als auch der Versuchung der anderen, sich gänzlich auf unsere Rezepte zu verlassen. Wir müssen in dem neuen Zeitalter mögliche Überreaktionen vermeiden: nämlich unsererseits das Gefühl, wir brauchten anderen nicht zu helfen, und seitens der anderen die Schlußfolgerung, sie könnten überhaupt nicht auf Amerika zählen. Wir müssen die Beziehungen zu Verbündeten und Freunden stärken und in ihnen das Bewußtsein der Verpflichtung gegenüber ihrer eigenen Zukunft und dem internationalen System wecken.

Die Erkenntnis des zunehmenden Ungleichgewichts zwischen der Größe der Rolle Amerikas und dem Potential seiner Partner gab somit den Anstoß zur Formulierung der Nixon-Doktrin. Sie ist der Schlüssel, will man verstehen, was wir während der letzten zwei Jahre getan haben und wohin wir gehen.

Die Doktrin soll folgende Realitäten widerspiegeln:

- daß eine wesentliche Rolle Amerikas unerläßlich bleibt;
- daß andere Länder zu ihrem wie zu unserem Besten größere Verantwortung übernehmen können und sollen;

– daß die Veränderungen in den strategischen Verhältnissen neue Doktrinen erforderlich machen;
– daß der im Entstehen begriffene Polyzentrismus der kommunistischen Welt andersgeartete Aufgaben stellt und neue Möglichkeiten eröffnet.

Zu neuen Formen der Partnerschaft

Die neue Partnerschaft findet ihren greifbaren Ausdruck in größeren materiellen Beiträgen der anderen Länder. Wir müssen jedoch vor allem ihren Hauptzweck im Auge behalten: mitzuhelfen, einen Frieden herbeizuführen, der allen gehört.

Was dieses Unterfangen angeht, so erwarten wir von anderen Ländern, daß sie stärkeren Anteil an der Formulierung der Politik nehmen und einen größeren Anteil an den Kosten der Programme tragen. Diese psychologische Neuorientierung ist von größerer grundsätzlicher Bedeutung als die Umverteilung der materiellen Lasten. Wenn sich Länder für die Formulierung von Plänen verantwortlich fühlen, sind sie eher geneigt, die Mittel zur Verfügung zu stellen, diese Pläne in die Praxis umzusetzen.

Für Amerika dürfte dies der kritischste Aspekt der Doktrin sein. Unseren dominierenden Beitrag weiter fortzusetzen, würde vielleicht noch nicht einmal unsere materiellen Hilfsquellen überfordert haben – obwohl wir ihrer an sich für unsere inneren Probleme bedürfen. Es würde aber sicherlich unsere psychologische Kraft überfordert haben, besitzt doch kein Volk soviel Weisheit, Verständnis und Energie, wie nötig wäre, um hinsichtlich aller Probleme zu allen Zeiten und in allen Teilen der Welt klug zu verfahren. Es hieße einfach zu viel von einem Volk zu verlangen, für ein umfassendes und anscheinend ständiges Auslandsengagement in lokalen Problemen Verständnis – und damit Unterstützung – zu fordern, insbesondere dann, wenn die anderen Länder in der Lage zu sein scheinen, selbst größere Anstrengungen zu unternehmen.

Die geistige Anpassung ist für andere Länder genau wie für uns eine gesunde Entwicklung. Sie zwingt sie dazu, scharf über manche Probleme nachzudenken, die sie von ihrer nationalen Tagesordnung abgesetzt haben oder die nie auf ihr gestanden hatten. Es liegt ebensowenig in ihrem wie in unserem Interesse, den Vereinigten Staaten allein die Verantwortung für komplizierte Entscheidungen aufzubürden: für den organisatorischen Aufbau einer Armee, für die Aufstellung eines Entwicklungsplans, für die einzelnen Komponenten einer Wirtschaftspolitik oder für Form und Gestalt eines regionalen Bündnisses.

Man sollte die Nixon-Doktrin mithin nicht in erster Linie als ein Instrument zur Verteilung der Lasten oder zur Erleichterung unserer Bürde ansehen. Sie hat für die anderen Länder wie für uns eine positivere Bedeutung.

Wir ermutigen in praxi andere Länder, voll an der Entwicklung der Pläne und an der Ausarbeitung der Programme mitzuwirken. Sie müssen das Wesen ihrer eigenen Sicherheit selbst definieren und den Weg für ihren eigenen Fortschritt selbst bestimmen. Nur auf diese Weise werden sie ihr Schicksal wirklich als ihre eigene Angelegenheit begreifen.

Diese neue gemeinsame Teilhabe erfordert eine neue und subtilere Form der Führung. Bisher haben wir oft so gehandelt, als bestünde unsere Rolle vor allem darin, amerikanische Pläne zu entwickeln und anderen zu verkaufen. Nunmehr müssen wir die anderen dazu bringen, eigene Ideen zu entwickeln, um uns dann gemeinsam Programme zu überlegen, die unseren gemeinsamen Erfordernissen entsprechen. Wir werden uns stärker darauf konzentrieren, andere Länder dazu zu veranlassen, sich zusammen mit uns um die Festlegung des politischen Kurses zu bemühen; sie werden dann weniger darauf aus sein, die Entscheidungen Amerikas zu beeinflussen, und statt dessen stärker darauf bedacht sein, eine eigene Einstellung zu gewinnen.

Mehr als je zuvor in der Zeit nach dem Zweiten Weltkrieg muß die Außenpolitik eine Angelegenheit vieler statt einzelner werden. Es kann kein Gebäude des Friedens zustande kommen, solange nicht andere Nationen mithelfen, es zu gestalten. In dieser zentralen Tatsache liegt in der Tat die damit verbundene Hoffnung und Ungewißheit: Dieser Bau kann nicht errichtet werden, es sei denn mit Hilfe der willigen Hände und Hirne aller.

Aus diesem Zusammenhang heraus habe ich im Sommer 1969 auf Guam und am 3. November 1969 in meiner Ansprache an die Nation die Grundlagen der neuen Partnerschaft umrissen:

„Erstens, *die Vereinigten Staaten werden alle ihre vertraglichen Verpflichtungen einhalten.*" Wir werden die Verpflichtungen honorieren, die wir übernahmen – einmal wegen ihres inneren Wertes und zum anderen wegen der Rückwirkungen, die ein plötzlicher Umschwung auf die Stabilität in einzelnen Regionen und in der ganzen Welt hätte. Diejenigen im Stiche zu lassen, die es gewohnt sind, sich auf uns zu verlassen, würde Spaltung hervorrufen und zur Aggression verlocken. Es liegt jedoch im Interesse aller – einschließlich jener, mit denen wir enge Bindungen eingegangen sind, – bindende Versprechen als einen dynamischen Prozeß zu begreifen. Die Aufrechterhaltung der Integrität unserer Verpflichtungen macht es notwendig, ihre greifbaren Manifestationen – Truppenstationierungen oder finanzielle Beiträge – den sich wandelnden Verhältnissen anzupassen.

Die konkreten Resultate sind unterschiedlich. In Korea werden weniger amerikanische Truppen benötigt; umgekehrt brauchen die koreanischen Streitkräfte modernere Ausrüstungen. In der NATO sind weiterhin amerikanische Truppen in gleicher Stärke und größere Beiträge seitens der Europäer am Platze. Die beste Methode, stabile Beziehungen zu unseren Verbündeten aufrechtzuerhalten, besteht darin, gemeinsam zu gemeinsamen Schlußfolgerungen zu gelangen und gemeinsam nach ihnen zu handeln.

Bei den Überlegungen, neue Verpflichtungen einzugehen, werden wir sehr strenge Maßstäbe anlegen. Was genau ist unser nationales Anliegen? Was genau ist die Bedrohung? Wie groß wäre die Wirkungskraft unseres Engagements? Wir schließen neue Verpflichtungen nicht aus, werden sie aber in Beziehung zu unseren Interessen setzen. Wie ich schon in meinem Bericht vom Vorjahr ausführte:

> „Unser Ziel ist es in erster Linie, unsere *Interessen* auf weite Sicht mit einer gesunden Außenpolitik zu unterstützen. Je stärker diese Politik auf einer realistischen Einschätzung unserer Interessen und der anderer Nationen basiert, desto wirksamer kann unsere Rolle in der Welt sein. Wir sind nicht am Weltgeschehen beteiligt, weil wir Verpflichtungen haben; wir haben Verpflichtungen, weil wir beteiligt sind. Unsere Verpflichtungen müssen an unseren Interessen orientiert sein, nicht aber umgekehrt."

„Zweitens, *wir werden einen schützenden Schild bieten, falls eine Atommacht die Freiheit einer mit uns verbündeten Nation oder einer Nation bedroht, deren Existenz wir als für unsere Sicherheit lebenswichtig erachten.*" Nukleare Macht ist das Element der Sicherheit, das unsere Freunde entweder überhaupt nicht oder nur unter großen und sie selbst zerrüttenden Anstrengungen aufbieten können. Deshalb haben wir gegenüber nichtnuklearen Ländern besondere Verpflichtungen. Ihre Sorgen wären erheblich größer, wollten wir sie im Falle einer nuklearen Erpressung oder einer von einer Nuklearmacht unterstützten Aggression mit konventionellen Streitkräften wehrlos sich selbst überlassen. Die Nationen, die in der Lage sind, eigene Kernwaffen zu bauen, würden dies dann wahrscheinlich tun. Eine weitere Ausbreitung nuklearer Kapazitäten wäre in sich ein destabilisierendes Element, das die Wahrscheinlichkeit vervielfachen würde, daß Konflikte zum katastrophalen Schlagabtausch eskalieren könnten.

Demgemäß haben wir, während wir selbst unsere nukleare Macht aufrechterhalten, andere Länder dazu ermutigt, auf eine eigene nukleare Bewaffnung gemäß dem Vertrag über die Nichtweiterverbreitung von Kernwaffen zu verzichten. Wir haben allen jenen, die diesen Vertrag unterzeichnen, versichert, daß sie keiner nuklearen Erpressung und keiner Aggression mit Nuklearwaffen ausgesetzt sein werden. Das gleiche hat auch die Sowjetunion getan.

„Drittens, *in Fällen, bei denen andere Arten der Aggression im Spiel sind, werden wir militärische und wirtschaftliche Hilfe gewähren, wenn wir in Einklang mit unseren vertraglichen Verpflichtungen darum ersucht werden. Aber wir werden darauf achten, daß die direkt bedrohte Nation die Hauptverantwortung für die Aufstellung der für ihre Verteidigung erforderlichen Streitkräfte trägt.*" Kein Präsident kann garantieren, daß künftige Konflikte niemals amerikanische Soldaten involvieren werden – aber auf manchen Schauplätzen wird der Schwellenwert für unser Engagement erhöht werden, und auf anderen wird ein Engagement wesentlich unwahrscheinlicher sein. Dieser Grundsatz, der zunächst auf Sicherheitsfragen Anwendung fand, gilt auch für die wirtschaftliche Entwicklung. Unsere Wirtschaftshilfe wird weiterhin beträchtlich sein. Wir werden jedoch von den Empfängerländern erwarten, daß sie ihre eigenen Kräfte und Hilfsquellen mobilisieren; und wir werden von anderen hochentwickelten Staaten erwarten, daß sie ihre Rolle bei der Gewährung von Hilfe voll und ganz übernehmen; und wir werden unsere Hilfe in zunehmendem Maße über multilaterale Kanäle leiten.

Wir werden auch weiterhin Elemente der militärischen Stärke und wirtschaftliche Hilfsquellen in einem Umfang bereitstellen, der unserem Land und unseren Interessen angepaßt ist. Es ist aber in unserem Zeitalter nicht mehr natürlich und nicht mehr möglich zu argumentieren, daß die Sicherheit oder die Entwicklung überall auf der Erde in erster Linie Sache Amerikas sei. Die Verteidigung und der Fortschritt anderer Länder müssen in erster Linie ihre eigene Sache und in zweiter Linie eine regionale Sache sein. Ohne die Grundlage der Selbsthilfe und der regionalen Hilfe wird amerikanische Hilfe nicht erfolgreich sein. Die Vereinigten Staaten können und werden mithelfen, wo unsere Interessen dies gebieten, aber nur als *ein* – und nicht *das* – Gewicht auf der Waage.

Methodik der Anwendung

Eine Politik kristallisiert sich erst im Verlauf ihrer Umsetzung in Programme und Aktionen klarer heraus.

Im gegenwärtigen Stadium versucht die Nixon-Doktrin nicht nur der Notwendigkeit der Kontinuität, sondern auch der Forderung nach einem Wandel Rechnung zu tragen. Wir haben es mit zwei nebeneinander bestehenden Aufgaben zu tun:

- unsere neue Politik so durchzuführen, daß das Vertrauen im Ausland erhalten bleibt;
- unsere neue Politik dem amerikanischen Volk klarzumachen, und es für sie zu gewinnen.

Der Übergang von einer Ära, in der wir die Hauptlast trugen, zu einer Ära, in der wir zu Anstrengungen anderer aufrufen und diese unterstützen, ist schwierig und heikel.

Manche Hinterlassenschaft der Vergangenheit besteht aus durchaus gesunden Beziehungen und gültigen Praktiken. Sie müssen wir beibehalten.

Andere wiederum müssen wir eliminieren, wobei es allerdings sehr auf die Methode ankommt. Sicherlich konnten wir die übernommene Politik bezüglich Vietnams nicht fortsetzen. Ebenso sicher hat die Art und Weise, in der wir an die Lösung dieses Problems herangehen, große Rückwirkungen auf unsere Glaubwürdigkeit im Ausland und unseren Zusammenhalt im eigenen Land. Das gleiche gilt für andere Gebiete, wo unsere militärische Präsenz zu gewichtig oder unsere wirtschaftliche Bürde unverhältnismäßig groß oder unsere Haltung patriarchalisch geblieben war.

Unsere Aufgabe ist es nicht nur, unsere Präsenz abzubauen, unsere Lasten umzuverteilen oder unsere Haltung zu ändern, sondern dies auf eine Art und Weise zu bewerkstelligen, die unsere eigentlichen Ziele nicht gefährdet.

Andere beurteilen uns nach unserer Beharrlichkeit in unserem Vorgehen und nach dem Wert unserer Ideen – und sie stimmen ihren Kurs darauf ab. Abrupte Veränderungen in unserer Politik schaffen – so gesund sie auch von der Konzeption her sein mögen – Verwirrung. Das gilt insbesondere für diejenigen, die sich auf Drängen der Vereinigten Staaten auf frühere Methoden festgelegt haben, wird doch ihre eigene politische Zukunft hiervon berührt. Sollten wir den Ruf der Unstetigkeit erwerben, würden wir uns selbst isolieren. Wir müssen es vermeiden, Beharrlichkeit wie Neuerungsstreben um ihrer selbst willen zu praktizieren.

Die Stimmung unter unseren Freunden ist schwankend. Sie erstreben die Autonomie, rechnen aber dabei noch immer auf amerikanische Initiative. Sie begreifen ohne weiteres die Notwendigkeit, eine neue, selbständige Rolle zu spielen; sie begrüßen dies, aber sie fürchten sich vor der damit verbundenen Verantwortung. Die Nixon-Doktrin erkennt an, daß wir Freunde nicht im Stiche lassen können und daß wir die Lasten nicht zu rasch umverteilen dürfen. Wir müssen das Gleichgewicht wahren und dürfen einerseits nicht zu viel tun und sie damit davon abhalten, sich auf eigene Füße zu stellen, und andererseits nicht zu wenig und damit ihr Selbstvertrauen untergraben.

Das Gleichgewicht, das wir im Ausland anstreben, ist von entscheidender Bedeutung. Wir verbreiten nur Unsicherheit, wenn wir unsere Verantwortung für die Gewährung von Schutz und Entwicklungshilfe modifizieren, ohne unseren Freunden die Zeit und die Mittel zu geben, sich materiell und psychologisch der neuen Form der amerikanischen Teilhabe an der Welt anzupassen.

Eine Reduzierung der amerikanischen Rolle zu überhasten, würde keinen Frieden bringen. Es würde den amerikanischen Einsatz in einer turbulenten Welt nicht verringern. Es würde unsere Probleme weder in Übersee noch im eigenen Land lösen.

Die Notwendigkeit, in Übersee standhaft zu bleiben, hat Nebenwirkungen auf die Situation im Inneren. So wie wir uns um ein Gleichgewicht in der Welt bemühen, so ist es auch notwendig und in mancher Hinsicht sogar schwieriger, ein vernünftiges Gleichgewicht im eigenen Lande zu finden.

Das amerikanische Volk ist es in 25 Jahren irgendwie überdrüssig geworden, internationale Lasten zu tragen. Dieser Überdruß wäre auf jeden Fall aufgetreten; aber die Qualen des Vietnamkriegs haben ihn beschleunigt oder zumindest bewußter gemacht. Zahlreiche, in ihren Erwartungen bezüglich des Konflikts in Südostasien enttäuschte Amerikaner fühlten sich versucht, die falschen Schlüsse zu ziehen. Es gibt Lehren, die man aus den Erfahrungen in Vietnam ziehen sollte – was unkonventionelle Formen der Kriegsführung und die Rolle von Drittländern angeht sowie das Wesen von Verpflichtungen, das Gleichgewicht der Verantwortlichkeiten und die Notwendigkeit des Verständnisses und der Unterstützung durch das Volk. Eine Lehre aber darf man *nicht* ziehen: daß es als Gegenmittel gegen ein undifferenziertes Engagement nichts anderes gebe, als blindlings den Rückzug anzutreten.

Die Erfahrung der sechziger Jahre unterstreicht die Tatsache, daß wir im Ausland nicht mehr unternehmen sollten, als die öffentliche Meinung in unserem Land zu unterstützen bereit ist. Wir dürfen aber das Pendel nicht in die andere Richtung schwingen und uns damit in den Isolationismus treiben lassen, der ebenso verhängnisvoll wäre wie der Übereifer.

Somit verlangt unsere neue Politik in einer Periode, in der wir unsere Präsenz in Übersee und unser direktes militärisches Engagement vermindern, eine neue Form der Führerschaft, nicht aber den Verzicht auf Führerschaft überhaupt. Diese Politik darf nicht nur lediglich den veränderten Willen der Öffentlichkeit zum Ausdruck bringen, sie muß einen neuen Konsensus bezüglich einer ausgewogenen und positiven Rolle Amerikas zustande bringen.

Während wir unsere Streitkräfte in Übersee vorsichtig verringern, müssen wir uns vor einer automatischen Reduzierung der amerikanischen Präsenz überall auf der Welt ohne Rücksicht auf die Konsequenzen hüten. Während wir unseren Verteidigungshaushalt wo immer angängig beschneiden und die Verteidigung den modernen Realitäten anpassen, müssen wir uns vor einer zum Ritual gewordenen Stimmabgabe gegen Verteidigungsausgaben hüten. Es darf kein Selbstzweck werden, sie bloß zu senken. Wir müssen die uns angemessene Rolle für unsere Streitkräfte in Übersee abstecken, ebenso wie das Ausmaß unserer Hilfe für die alliierten Streitkräfte und den Umfang unserer respektiven Verteidigungshaushalte.

Die Nixon-Doktrin wird es uns gestatten, so weit verpflichtet zu bleiben, wie wir es uns leisten können. Die Festigkeit der Unterstützung im Inneren wird ihr Echo im anhaltenden Vertrauen des Auslands zum Verhalten Amerikas finden.

Praxis der Anwendung

Unterschiedliche nationale und regionale Umstände diktieren Abweichungen im Stil, Tempo und Wesen der Anwendung der Nixon-Doktrin. Im vorigen Jahr schlug sich die Aufteilung der Verantwortung in verschiedenen Formen nieder.

In manchen Gebieten führte die Nixon-Doktrin zu einer Verringerung der amerikanischen Präsenz:

- In Vietnam gaben wir die Kampflast in einem im Gang befindlichen Krieg immer mehr ab. Die Vietnamisierung führte zu einer erheblichen Verbesserung der südvietnamischen Streitkräfte sowie zum Abzug von rund 260 000 Amerikanern bis zum 1. Mai dieses Jahres und einer Verminderung der amerikanischen Verluste im Jahre 1970 auf 70 Prozent unter den Stand von 1968.
- In Südkorea gingen wir dazu über, in dem anhaltenden Prozeß der Abschreckung vor einem neuen Krieg eine mehr auf Unterstützung ausgerichtete Rolle zu spielen. Wir kündigten in Verbindung mit einer Modernisierung der koreanischen Streitkräfte mittels der verstärkten Militärhilfe eine Verminderung der autorisierten amerikanischen Truppenstärke um 20 000 Mann an.
- In anderen Teilen Asiens verringerten wir im Hinblick auf unser vermindertes Engagement in Vietnam und die größere Stärke unserer Verbündeten unsere Streitkräfte. Die Truppenverminderungen und die Konsolidierung unserer Basen bis Juli dieses Jahres bringen einen Abbau der amerikanischen Präsenz um 12 000 Mann in Japan, um 5000 auf Okinawa, um 16 000 in Thailand und um 9000 auf den Philippinen.
- In der ganzen Welt reduzierten wir die offizielle amerikanische Präsenz, die zivile wie die militärische, um einen wirksameren und weniger augenfälligen Weg einzuschlagen. Ein im November 1969 eingeleitetes Programm führte zu einer Verminderung der Zahl der im Ausland im Regierungsdienst stehenden Personen um etwa 86 000.

In anderen Fällen nahm unser neuer Weg andere Richtungen:

- In Europa mobilisierten wir größere materielle und ideelle Beiträge seitens unserer Verbündeten. Wir haben die NATO-Strategie gemeinsam überprüft und einigten uns auf eine realistische Verteidigung, bei der der europäische Anteil an den konventionellen Streitkräften relativ größer sein wird. Hinsichtlich der laufenden SALT-Gespräche blieben wir in engem Kontakt mit unseren Verbündeten – nicht nur, was ihre Interessen, sondern auch was ihre Ideen angeht.
- In der westlichen Hemisphäre gaben wir unsere patriarchalische Haltung zugunsten einer ausgewogeneren Partnerschaft auf. Wir suchten uns die Ideen und Initiativen unserer Nachbarn zunutze zu machen und stärkten in Zusammenarbeit mit ihnen den Apparat für eine Aufteilung der Verantwortung auf die hemisphärische Entwicklung und Diplomatie.
- Unser Auslandshilfeprogramm versetzte uns in die Lage, Ländern zu helfen, die dabei sind, sich selbst zu helfen. Die gegen Jahresende erfolgte Zusatzbewilligung in Höhe von einer Milliarde Dollar durch den Kongreß stellt eine ermutigende

Anerkennung der Überlegung dar, daß die Nixon-Doktrin beträchtliche amerikanische Hilfe erforderlich macht.

- In unseren Vorschlägen bezüglich einer Neuorientierung der Auslandshilfe legten wir größten Nachdruck auf multinationale Institutionen und die multilaterale Zusammenarbeit. Wir werden im Zuge des Entwicklungsprozesses enger mit anderen zusammenarbeiten und mehr von anderen verlangen.

Im Jahre 1970 gab es auch Beispiele für eine Politik, die eine allzu vereinfachende Interpretation der Nixon-Doktrin als einer Formel für einen überstürzten Rückzug Lügen straften:

- Die Operationen gegen kambodschanische Schlupfwinkel waren nicht unvereinbar mit dem Plan für ein amerikanisches Disengagement. Sie dienten vielmehr der Förderung der strategischen Zielsetzung, Vietnamisierungs- und Abzugsprogramme sicherzustellen.
- Die Aufrechterhaltung der derzeitigen Truppenstärke der US-Streitkräfte in Europa widerspricht keineswegs dem Prinzip der Selbsthilfe und der Lastenverteilung in Asien. Sie ist vielmehr die beste Methode, im europäischen Bereich eine größere Partnerschaft herbeizuführen, und sie trägt gleichzeitig der Realität des Sicherheitsproblems Rechnung.
- Die besonnene Herausstellung der amerikanischen Präsenz im Mittelmeerraum während der jordanischen Krise hat die Wahrscheinlichkeit einer Intervention von außen nicht verstärkt. Sie diente vielmehr als ein Hinweis darauf, daß eine Intervention von außen mit großen Risiken verbunden gewesen wäre.

Die Nixon-Doktrin findet ihre direkteste Anwendung auf unseren Umgang mit Verbündeten und Freunden. Sie beflügelt jedoch alle Bereiche unserer neuen Außenpolitik:

- *Unsere wirtschaftliche Position:* Wir rechnen mit einer verstärkten amerikanischen Wirtschafts- und Militärhilfe in gewissen Gebieten, um unsere Freunde dabei zu unterstützen, ihre Hilfsquellen voll auszuschöpfen und auf dem Weg zu größerer Eigenständigkeit voranzukommen. Die internationale Handels- und Währungspolitik wird gegenseitige Rücksichtnahmen und Anpassungen erfordern.
- *Unsere Verteidigungsposition:* Wir werden den nuklearen Schild der Nixon-Doktrin zur Verfügung halten. Unsere allgemeinen Streitkräfte werden mehr und mehr auf das Potential unserer Partner abgestimmt, um eine wirklich abgestufte Reaktion [flexible response] zu ermöglichen, wenn immer unsere Verpflichtungen involviert sind. Und unser Sicherheitshilfsprogramm wird unseren Freunden die unerläßliche Unterstützung gewähren, insbesondere dort, wo es zu einer Verminderung der amerikanischen Mannschaftsstärke kommt.
- *Unsere Verhandlungsposition:* Wenn wir mit der UdSSR bilaterale Verhandlungen wie z. B. die SALT-Gespräche führen, bedeutet Partnerschaft enge Konsultation mit unseren Verbündeten, um sowohl ihre Interessen zu schützen als auch ihre Ansichten zu erfahren. Umgekehrt verlangt die Partnerschaft von unseren Verbündeten, daß sie bei ihren Verhandlungen einen Kurs verfolgen, der innerhalb des Rahmens unserer gemeinsamen Zielsetzungen liegt. Und es gibt Bereiche multilateraler Verhandlungen, die die Partnerschaft ganz unmittelbar berühren.

- *Unsere globale Position:* Nichtpolitische Weltprobleme erfordern eine Zusammenarbeit, die über nationale Rivalitäten hinausgreift. Hier besteht – stärker noch als auf traditionellen Gebieten der Politik – die Notwendigkeit für ein gemeinsames Vorgehen und eine gemeinsame Teilhabe.

Die Notwendigkeit des Dialogs

Die Nixon-Doktrin ist somit ein Mittel, unserer Verantwortung gegenüber der Welt auf einer dauerhaften Basis dadurch nachzukommen, daß wir sowohl unsere Freunde zu Beiträgen veranlassen als auch die Unterstützung unseres eigenen Volkes mobilisieren. Sie verlangt ihrem Wesen nach einen ständigen Dialog im Ausland und im eigenen Land.

Wir sind uns darüber im klaren, daß es sich bei der Nixon-Doktrin – wie bei jedem Denkmodell – nicht um einen detaillierten Plan handelt. Die Dinge sind in diesem Fall um so mehr im Fluß, als diese Doktrin ihre volle Bedeutung erst in einem Prozeß gewinnt, an dem auch andere Länder mitwirken. Wenn andere Länder fragen, inwieweit die Nixon-Doktrin hinsichtlich technischer Details auf sie zutrifft, dann erinnert allein schon diese Fragestellung an Schemata einer Vergangenheit, in der Amerika generell die technischen Rezepte lieferte. Die Antwort auf die Frage hängt, soll sie sinnvoll sein, zum Teil von den Fragenden selbst ab, weil die Nixon-Doktrin in ihrer Gesamtdarstellung deren Mitwirkung voraussetzt. Wollten wir versuchen, die neue Diplomatie völlig allein zu bestimmen, würden wir wieder in das heute als anmaßend empfundene Verhalten der vergangenen Zeit verfallen und damit gerade dem Geist unserer neuen Haltung zuwiderhandeln.

In den vor uns liegenden Jahren werden wir deshalb mit anderen eine umfassende und tiefgreifende Diskussion der Außenpolitik und des Wesens unserer respektiven Rollen führen. Neue Formen der Partnerschaft herauszuarbeiten und zu verwirklichen und ein neues Gefühl der Teilhabe zu entdecken, wird eine große intellektuelle Herausforderung für unsere Freunde und für uns darstellen.

Die Herausforderung in unserem eigenen Lande ist jener vergleichbar.

Es bestand für die amerikanische Führung stets die Notwendigkeit, ihre generelle Einstellung so deutlich wie möglich zu erklären. Wir mußten die Relation zwischen unseren spezifischen Handlungen und unseren grundlegenden Zielsetzungen schon immer überzeugend darlegen. Die amerikanische Führung kann ihrerseits von ihrem Volk ein gewisses Maß an Vertrauen und Verständnis für die Vielschichtigkeit der Außenpolitik erwarten. Das bedeutet kein Moratorium für Kritik, sondern daß man die Begründung spezifischer Maßnahmen anhört und zwischen Angriffen auf die Politik im allgemeinen und Angriffen auf taktische Beurteilungen unterscheidet.

Der Dialog zwischen Regierung und Volk ist in dieser Übergangszeit unerläßlicher denn je. Eine Außenpolitik, die auf der so einfachen psychologischen Prämisse beruht, daß wir uns in erster Linie darum sorgen, was wir für andere erreichen wollen, gehört der Vergangenheit an. An ihre Stelle ist eine Rolle getreten, die neue Formen beharrlicher Anstrengungen gemeinschaftlich mit anderen notwendig macht.

Diesen Dialog in Übersee und in Amerika zu beleben, ist ein Hauptzweck dieses Jahresberichtes.

Diesen Dialog zu beleben, heißt, die Aussichten zu verbessern, daß Amerika im Verein mit anderen Ländern seine entscheidend wichtige Rolle bei der Gestaltung eines weltweiten Gebäudes des Friedens spielt – eines Friedens, der dann kommen wird, wenn wir alle an seiner Gestaltung mitwirken, eines Friedens, der von Dauer sein wird, wenn alle ein Interesse an seinem Fortbestehen haben.

[. . .]

Quelle: Richard M. Nixon, Die amerikanische Außenpolitik für die siebziger Jahre. Aufbau des Friedens. Ein Bericht des Präsidenten der Vereinigten Staaten an den Kongreß vom 25. Februar 1971, o. O. 1971, S. 6–16.

D 55: Erneute Spannungen mit Westeuropa 1973

Bericht des Präsidenten Richard M. Nixon an den Kongreß vom 3. Mai 1973

[. . .]

Atlantische Partnerschaft und europäische Einheit

Die Vereinigten Staaten haben in der Nachkriegszeit immer die Konzeption eines vereinten Westeuropa unterstützt. Wir waren uns darüber im klaren, daß mit einem solchen Europa schwerer umzugehen wäre, aber wir erwarteten vielfältige Vorteile. An die Stelle der verheerenden Rivalitäten der Vergangenheit würde Einigkeit treten. Der wirtschaftliche Wiederaufbau Europas würde gestärkt, und die potentiellen Beiträge Europas für die freie Welt würden höher. Wir glaubten, daß letztlich ein fest zusammenhängendes Westeuropa den Vereinigten Staaten viele Lasten abnehmen würde. Wir nahmen an, daß die Einheit nicht auf die wirtschaftliche Integration begrenzt sein würde, sondern daß auch eine wesentliche politische Dimension zu ihr gehören würde. Wir sind – vielleicht zu unkritisch – davon ausgegangen, daß unsere grundlegenden Interessen durch unsere lange Geschichte der Zusammenarbeit, durch unsere gemeinsamen Kulturen und unsere politische Übereinstimmungen gewährleistet wären.

Die wirtschaftliche Dimension. Der Fortschritt auf das Ziel hin, das wir so lange unterstützt haben, schuf tatsächlich eine neue Dimension in den europäisch-amerikanischen Beziehungen. Auf dem Prinzip des relativ freien Handels entwickelte sich beiderseitige Prosperität. In dem Maße jedoch, in dem die Europäische Gemeinschaft gedieh, entwickelte sie Politiken zum Schutz ihrer eigenen Sonderinteressen. Darüber hinaus veranlaßte das wachsende wirtschaftliche Gewicht der Gemeinschaft andere Staaten, ihren Zugang zu dem aufstrebenden Markt von über 250 Millionen Menschen zu schützen. Die Entstehung eines relativ geschlossenen Handelssystems innerhalb Europas, vor allem auf dem Agrarsektor, und die Präferenzabkommen mit Drittländern traten zu einer Zeit auf, da die Vereinigten Staaten an einer zunehmend ungünstigen Zahlungsbilanz litten.

Auf dem Gebiet der Währungspolitik war die Europäische Gemeinschaft weitgehend von der Suche nach einem vernünftigen Weg zur inneren Währungsunion in Anspruch genommen. Gleichzeitig hat die wachsende Stärke einiger Volkswirtschaften – und die relative Schwächung anderer – diesen Fortschritt erschwert und den Willen und die

Fähigkeit Europas eingeschränkt, sich wirksam und zügig mit der fundamentalen Reform des Weltwährungssystems zu befassen.

Die Europäer haben also einen wirtschaftlichen Regionalismus verfolgt, aber sie wollen, daß der amerikanische Schutz in der Verteidigung und die unverminderte politische Verpflichtung Amerikas gewahrt bleibt. Dies wirft eine fundamentale Frage auf: Kann das Prinzip der atlantischen Einheit in der Verteidigung und Sicherheit mit der zunehmend regionalen Wirtschaftspolitik der Europäischen Gemeinschaft in Einklang gebracht werden?

Wir sahen uns auch bei der Neudefinition unserer Beziehungen zu dem anderen nordamerikanischen Mitglied des Atlantischen Bündnisses – Kanada – vor schweren Aufgaben. Unser Nachbar im Norden hat seine Position in der Welt einer Neuorientierung unterzogen, wie auch wir einen neuen eigenen Standpunkt bezogen haben. Eine freimütige Überprüfung unserer jeweiligen Interessen hat einige neue Probleme in den Vordergrund treten lassen, vor allem in den wirtschaftlichen Beziehungen zwischen den beiden Ländern. Als ich im April 1972 Ottawa besuchte, bekräftigte ich mit Premierminister Trudeau unsere gemeinsame Überzeugung, daß reife Partner eine autonome, unabhängige Politik verfolgen müßten, und sondierte mit ihm die Frage, wie wir unter Respektierung des Rechtes Kanadas auf Wahrung seiner eigenen Identität und auf Festlegung seines eigenen Wirtschaftskurses zusammenarbeiten könnten.

Ein umfassender Ansatz. Wir stehen also vor einer neuen Situation. Es sind Elemente eines wirtschaftlichen Konflikts vorhanden, und es hat an richtungweisender Politik gefehlt. Hier geht es um konkrete wirtschaftliche Fragen und nicht um abstrakte Prinzipien. Aber wenn die wirtschaftlichen Fragen völlig isoliert oder unter rein technischen Gesichtspunkten angepackt werden, wird jede Partei versuchen, ihre eigenen engen kommerziellen Interessen zu schützen. Das Ergebnis wird ein toter Punkt sein – mit der Aussicht auf einen ständigen Konflikt.

Die überragende Aufgabe ist die Entwicklung eines breiteren politischen Blickwinkels für die Behandlung dieser wirtschaftlichen Fragen – einer Perspektive, die eine Angleichung der Differenzen um der größeren Ziele willen fördert. Jeder Partner wird ein gewisses Maß an individueller oder regionaler Autonomie der Verfolgung gemeinsamer Ziele unterordnen müssen. Nur wenn wir Interessen verfolgen, die über regionalwirtschaftliche Erwägungen hinausgehen, können unvermeidliche tote Punkte überwunden werden.

Wir haben damit begonnen, in einen umfassenden europäisch-amerikanischen Dialog einzutreten. Ein wichtiger erster Schritt war die europäische Entscheidung über Art und Umfang der Beziehungen zu den Vereinigten Staaten. Im Oktober vorigen Jahres trafen sich die Führer der Europäischen Gemeinschaft, um ihren langfristigen Kurs abzustekken. Die Grundrichtung umriß Staatspräsident Pompidou mit den Worten:

„Unsere Verbindungen mit diesem großen Land, der ersten Wirtschaftsmacht, mit der acht unserer Staaten im Rahmen des Atlantischen Bündnisses vereint sind, sind so eng, daß die Vorstellung eines Europa, das in Opposition zu ihm stünde, absurd wäre. Aber gerade diese engen Verbindungen erfordern, daß Europa seine eigene individuelle Persönlichkeit gegenüber den Vereinigten Staaten bekräftigt. Westeuropa, das dank dem entscheidenden Beitrag der amerikanischen Soldaten von den Armeen befreit wurde, das mit amerikanischer Hilfe wiederaufgebaut wurde, für dessen Sicherheit im Bündnis mit Amerika gesorgt wird und das bisher die amerikanische Währung als

Hauptelement seiner Währungsreserven akzeptiert hat, darf und kann nicht seine Verbindungen mit den Vereinigten Staaten abbrechen. Aber genauso darf es auch nicht darauf verzichten, seine Existenz als eine neue Realität zu bekräftigen."

Dies war eine Aufforderung, mit dem komplexen Prozeß der Neudefinition unserer grundlegenden Partnerschaft zu beginnen – ein Ziel, das wir 1969 gesetzt hatten. Dementsprechend unterstützte ich am 27. Oktober mit allem Nachdruck die Erklärung der Europäischen Gemeinschaft:

„Es ist – und war immer – meine feste Überzeugung, daß Fortschritte in Richtung auf ein vereintes Europa den Frieden in der Welt, Sicherheit und Prosperität fördern.

Es ist ebenfalls von größter Wichtigkeit, daß die Vereinigten Staaten und Europa eng zusammenarbeiten. Aus diesem Grunde begrüße ich besonders die erklärte Absicht der Gemeinschaft, mit uns in einem konstruktiven, aufgeschlossenen Dialog zu bleiben . . . Ich möchte erneut unsere Verpflichtung bekräftigen, mit den Mitgliedern der Europäischen Gemeinschaft in einer Reform des Weltwirtschaftssystems zusammenzuarbeiten, und zwar in einer Weise, durch die eine Freiheit des Welthandels, eine neue Fairneß im internationalen wirtschaftlichen Verhalten sowie wirksame Lösungen der Probleme der Entwicklungswelt erreicht werden.

Dies sind die Ziele, die die Vereinigten Staaten bei den bevorstehenden Verhandlungen über eine Währungs- und Handelsreform leiten werden. Wir werden bereit sein, mit unseren europäischen Partnern kühne Maßnahmen für eine gerechtere und offenere Weltwirtschaft zu ergreifen."

Die Basis für umfassende Verhandlungen mit unseren europäischen Partnern ist jetzt gelegt. Praktisch begannen diese Verhandlungen bereits mit meinen Zusammenkünften mit Premierminister Heath, NATO-Generalsekretär Luns, Ministerpräsident Andreotti und Bundeskanzler Brandt. Sie werden fortgesetzt werden, wenn ich mit Staatspräsident Pompidou zusammentreffe und wenn ich später in diesem Jahr Europa besuchen werde.

Die Fragen, denen wir uns gegenübersehen, sind nicht abstrakt. Es geht nicht um die europäische Einheit. Es geht auch nicht um die Bedingungen gemeinsamer Innen- und Außenpolitiken, die diese Einheit stärken. Uns geht es vielmehr darum, konkrete Probleme zu prüfen, die sich auf die spezifischen Interessen der Vereinigten Staaten auswirken, und Übereinstimmung über einen umfassenden Weg zur Lösung dieser Fragen zu erzielen.

Im Herbst dieses Jahres werden wichtige Verhandlungen über den internationalen Handel beginnen. Unser Grundziel ist, die Integrität eines offeneren Handelssystems wiederherzustellen, das das tragende Prinzip des Allgemeinen Zoll- und Handelsabkommens (GATT) war, sowie dem Abtreiben in einen wirtschaftlichen Protektionismus auf beiden Seiten des Atlantiks Einhalt zu gebieten. Wir sind der Ansicht, daß Zölle und andere Handelsschranken sowohl bei industriellen als auch bei landwirtschaftlichen Erzeugnissen Schritt für Schritt abgebaut werden müssen. Wir sind ferner der Ansicht, daß die nachteiligen Auswirkungen der Präferenz-Handelsabkommen zwischen Europa und den Entwicklungsländern beseitigt werden müssen. Solche Abmachungen dürfen nicht die Fähigkeit der Vereinigten Staaten oder anderer Länder beeinträchtigen, auf den europäischen Märkten oder auf den Märkten von Ländern, mit denen Europa besondere Handelsvereinbarungen hat, zu konkurrieren.

Diese und zahlreiche umfassendere Probleme, die in dem Kapitel „Internationale Wirtschaftspolitik“ dieses Berichts erörtert werden, erfordern tiefgreifende Reformen. Die Verhandlungen werden langwierig und schwierig sein. Wenn wir jedoch an unsere wirtschaftlichen Meinungsverschiedenheiten in dem gleichen Geiste der Partnerschaft herangehen können, wie er sich auf dem Gebiet der Verteidigung entwickelt hat, dann können wir die atlantische Einheit stärken.

[. . .]

Quelle: Europa-Archiv, 1973, D 274 – D 276.

D 56: Nixons Aufkündigung der Goldkonvertibilität 1971

Rundfunk- und Fernsehansprache des Präsidenten Richard M. Nixon am 15. August 1971 zur Wirtschafts- und Währungspolitik

Guten Abend! Ich habe während der letzten zwei Jahre oft zur Nation über die Probleme der Beendigung eines Krieges gesprochen. Wegen des Fortschritts, den wir in Richtung auf dieses Ziel gemacht haben, ist der heutige Sonntagabend ein angemessener Zeitpunkt, unsere Aufmerksamkeit den Herausforderungen des Friedens zuzuwenden.

Amerika hat die beste Chance in diesem Jahrhundert, zwei seiner höchsten Ideale zu verwirklichen – eine volle Generation des Friedens hervorzubringen und eine neue Prosperität ohne Krieg zu schaffen. Dazu bedarf es nicht nur einer kühnen Führung, bereit zu kühnem Handeln, es erfordert auch die Größe eines großen Volkes.

Prosperität ohne Krieg erfordert ein Handeln an drei Fronten: Wir müssen mehr und bessere Arbeitsplätze schaffen; wir müssen dem Ansteigen der Lebenshaltungskosten Einhalt gebieten; wir müssen den Dollar vor den Angriffen internationaler Währungsspekulanten schützen.

Wir werden diese Maßnahmen treffen; nicht zaghaft, nicht halbherzig und nicht hier und da. Wir werden zu der neuen Prosperität ohne Krieg voranschreiten, wie es sich für ein großes Volk geziemt: alle geschlossen und auf breiter Front.

Jetzt ist die Zeit für eine neue Wirtschaftspolitik der Vereinigten Staaten gekommen; sie richtet sich gegen Arbeitslosigkeit, Inflation und internationale Spekulation. Und so werden wir die Dinge anpacken:

Erstens, Arbeitsplätze. Wir alle wissen, warum wir das Problem der Arbeitslosigkeit haben: Zwei Millionen Arbeitskräfte sind aus den Streitkräften und der Verteidigungsindustrie freigesetzt worden, weil es uns gelang, den Krieg in Vietnam herunterzuschrauben. Diese Menschen wieder in den zivilen Arbeitsprozeß einzugliedern, ist eine Aufgabe des Friedens, und wir haben begonnen, hier Fortschritte zu erzielen. Unsere Arbeitslosenrate liegt heute unter dem Durchschnitt der vier Friedensjahre in den sechziger Jahren. Aber wir können und müssen Besseres leisten.

Für die amerikanische Industrie, die mehr Arbeitsplätze bei höheren Reallöhnen bereitgestellt hat als irgendeine andere Industriegesellschaft in der Geschichte, ist nunmehr die Zeit gekommen, ein kühnes Programm neuer Investitionen für die Friedensproduktion zu beginnen.

Um dieser Industriegesellschaft einen nachhaltigen neuen Auftrieb zu geben, werde ich den Kongreß, sobald er nach seiner Sommerpause wieder zusammentritt, ersuchen, mit Vorrang das Arbeitsbeschaffungsgesetz [Job Development Act] von 1971 zu verabschieden.

Ich schlage vor, für Investitionen in neue Maschinen und Ausrüstungen den in unserer Geschichte stärksten kurzfristigen Anreiz zu geben und so neue Arbeitsplätze für Amerikaner zu schaffen: nämlich mit Wirkung von heute einen zehnprozentigen Arbeitsbeschaffungskredit für ein Jahr und nach dem 15. August 1972 einen fünfprozentigen Kredit. Dieser Steuerkredit für Investitionen in neue Ausrüstungen wird nicht nur neue Arbeitsplätze schaffen, sondern wird auch die Produktivität steigern und unsere Erzeugnisse in den kommenden Jahren wettbewerbsfähiger machen.

Ich schlage die Aufhebung der siebenprozentigen Verkaufssteuer auf Automobile mit dem heutigen Tage vor. Dies wird eine Preissenkung von etwa 200 Dollar pro Wagen bedeuten. Ich werde darauf bestehen, daß die amerikanische Automobilindustrie diese Steuersenkung an ihre fast acht Millionen Kunden weitergibt, die dieses Jahr Kraftfahrzeuge kaufen werden. Niedrigere Preise bedeuten, daß mehr Menschen sich neue Wagen leisten können, und ein Mehr von je 100 000 verkauften Kraftwagen bedeutet 25 000 neue Arbeitsplätze.

Ich schlage die Vorverlegung der für den 1. Januar 1973 vorgesehenen Einkommensteuervergünstigungen auf den 1. Januar 1972 vor, so daß der Steuerzahler bereits ein Jahr früher als vorgesehen zusätzlich 50 Dollar pro Freibetrag absetzen kann. Diese Steigerung der Verbraucherkaufkraft wird der Wirtschaft im allgemeinen und dem Arbeitsmarkt im besonderen einen starken Auftrieb geben.

Die von mir empfohlenen Steuersenkungen zusammen mit dem allgemeinen Wirtschaftsaufschwung, wie er in der ersten Hälfte dieses Jahres Platz gegriffen hat, werden uns erheblich einem Ziel näherbringen, das Amerika seit 1956 nicht mehr erreicht hat: einer Prosperität mit Vollbeschäftigung in Friedenszeiten.

Im Hinblick auf die Zukunft habe ich den Finanzminister angewiesen, dem Kongreß im Januar neue Steuervorschläge zur Förderung der Forschung und Entwicklung neuer Industrien und Technologien zu empfehlen, um zur Bereitstellung der 20 Millionen neuen Arbeitsplätze beizutragen, die Amerika für die jungen Menschen benötigt, die in den nächsten zehn Jahren neu in das Berufsleben eintreten werden.

Um den Einnahmeausfall auszugleichen, den diese, die Bereitstellung neuer Arbeitsplätze direkt fördernden Steuersenkungen mit sich bringen werden, habe ich eine Kürzung der Regierungsausgaben um 4,7 Milliarden Dollar angeordnet. Steuersenkungen zur Erhöhung des Beschäftigtenstandes müssen entsprechende Ausgabenkürzungen zur Eindämmung der Inflation gegenüberstehen. Um den steigenden Regierungskosten Einhalt zu gebieten, habe ich einen Aufschub der Gehaltserhöhungen und eine fünfprozentige Kürzung der Zahl der im Regierungsdienst Beschäftigten angeordnet.

Ich habe eine zehnprozentige Kürzung der wirtschaftlichen Auslandshilfe verfügt.

Darüber hinaus werde ich den Kongreß, der ohnehin die Behandlung von zwei der großen Initiativen dieser Administration vertagt hat, ersuchen, meine Vorschläge dahingehend zu ändern, daß die Verwirklichung der Pläne über den Finanzausgleich um drei Monate und die Reform der Wohlfahrtsunterstützung um ein Jahr hinausgeschoben werden. Auf diese Weise setze ich eine neue Dringlichkeitsskala für unsere Haushaltsausgaben fest, die mehr auf das Ziel der Vollbeschäftigung ausgerichtet sein sollen.

Das zweite unerläßliche Element der neuen Prosperität besteht darin, dem Anstieg der Lebenshaltungskosten Einhalt zu gebieten. Die Inflation gehört zu dem grausamen Erbe der künstlichen Prosperität, die der Krieg hervorgebracht hat. Die Inflation beraubt jeden einzelnen Amerikaner, und sie trifft vor allem jene 20 Millionen, die Altersrenten beziehen und von einem festen Einkommen leben müssen. Den Familien fällt es heute schwerer als je zuvor, mit dem Geld auszukommen. Und 80 Millionen Lohnempfänger sind in eine Tretmühle eingespannt: In den vier Jahren zwischen 1965 und 1969 wurden die ihnen gewährten Lohnerhöhungen vollständig von Preissteigerungen aufgezehrt. Ihre Lohnstreifen wiesen steigende Beträge aus, aber es ging ihnen nicht besser.

Wir haben in unseren Bemühungen, den Lebenshaltungskostenanstieg zu bremsen, Erfolge erzielt: Vom Höchstwert von jährlich 6 Prozent im Jahre 1969 wurde der Anstieg der Verbraucherpreise auf 4 Prozent in der ersten Jahreshälfte 1971 vermindert. Doch hier wie in unserem Kampf gegen die Arbeitslosigkeit können und müssen wir Besseres leisten.

Die Zeit für entscheidende Maßnahmen ist gekommen, um den circulus vitiosus der Preis-Kosten-Spirale zu durchbrechen. Ich ordne heute die Einfrierung aller Preise und Löhne im gesamten Gebiet der Vereinigten Staaten für einen Zeitraum von 90 Tagen an. Darüber hinaus fordere ich die Unternehmen auf, diesen Lohn- und Preisstop auf alle Dividenden auszudehnen.

Ich habe heute innerhalb der Regierung einen Rat für Lebenshaltungskosten ernannt. Ich habe diesen Rat angewiesen, mit führenden Vertretern der Gewerkschaften und der Unternehmerseite zusammenzuarbeiten, um einen Mechanismus zu schaffen, der geeignet ist, den Fortbestand der Preis- und Lohnstabilität nach Ablauf der 90-Tage-Periode zu gewährleisten.

Lassen Sie mich zwei Wesensmerkmale dieser Maßnahme besonders hervorheben: Erstens, sie ist befristet. Die starke und lebensfähige amerikanische Wirtschaft auf die Dauer in eine Zwangsjacke stecken zu wollen, hieße die Unbilligkeit zementieren und die Expansion unseres Systems des freien Wettbewerbs unterbinden. Zweitens, mit dem Lohn- und Preisstop wird nicht die Einrichtung einer gewaltigen Preiskontroll-Bürokratie verbunden sein, obschon hinter ihm nötigenfalls staatliche Sanktionen stehen werden. Ich vertraue auf die freiwillige Mitarbeit aller Amerikaner – Arbeiter, Unternehmer, Verbraucher –, die dafür sorgen werden, daß dieser Stop funktioniert.

Wir werden in enger Zusammenarbeit der Inflation das Rückgrat brechen, und wir werden dies ohne die zwangsweisen Lohn- und Preiskontrollen erreichen, die die wirtschaftliche und die persönliche Freiheit zunichte machen.

Das dritte unerläßliche Element in der Erzielung der neuen Prosperität steht in engem Zusammenhang mit der Schaffung neuer Arbeitsplätze und der Abbremsung der Inflation. Wir müssen die Position des US-Dollar als eines Stützpfeilers der Währungsstabilität überall in der Welt schützen.

In den letzten sieben Jahren kam es durchschnittlich jedes Jahr zu einer internationalen Währungskrise. Wer profitiert von solchen Krisen? Nicht der Arbeiter, nicht der Kapitalanleger, nicht die wahren Produzenten von Vermögenswerten. Die Gewinner sind die internationalen Geldspekulanten. Weil sie von Krisen leben, helfen sie mit, Krisen zu schaffen.

In den letzten Wochen haben die Spekulanten einen Krieg mit allen Mitteln gegen den amerikanischen Dollar entfacht. Die Stärke der Währung einer Nation beruht auf der Stärke ihrer Wirtschaft – und die amerikanische Wirtschaft ist die bei weitem stärkste der ganzen Welt. Dementsprechend habe ich den Finanzminister beauftragt, die zur Verteidigung des Dollar gegen die Spekulanten erforderlichen Maßnahmen zu ergreifen.

Ich habe Finanzminister Connally angewiesen, vorübergehend die Konvertibilität des Dollar in Gold oder andere Reservemittel auszusetzen, ausgenommen bei Beträgen und unter Bedingungen, die als im Interesse der Währungsstabilität und als im besten Interesse der Vereinigten Staaten liegend angesehen werden.

Lassen Sie mich das Schreckgespenst der Abwertung bannen. Was bedeutet ein solches Vorgehen für Sie alle? Wenn jemand ein ausländisches Auto kaufen will oder ins Ausland reisen möchte, dann mag er aufgrund der Marktlage mit seinem Dollar etwas weniger kaufen können. Wenn er aber zur überwältigenden Mehrheit derjenigen gehört, die in Amerika produzierte Waren in Amerika kaufen, dann wird sein Dollar morgen genausoviel wert sein wie heute. Dieser Schritt wird zu einer Stabilisierung des Dollar führen.

Diese Maßnahme wird uns keine Freunde unter den internationalen Geldhändlern einbringen, aber unsere Sorge gilt in erster Linie den amerikanischen Arbeitern und einem fairen Wettbewerb überall auf der Welt.

Unseren Freunden im Ausland, darunter den zahlreichen verantwortungsbewußten Mitgliedern der internationalen Bankwelt, die sich der Stabilität und dem Fluß des Handels verschrieben haben, versichere ich: Die Vereinigten Staaten werden weiterhin, so wie sie dies bisher stets waren, ein der Zukunft zugewandter und vertrauenswürdiger Handelspartner bleiben. In enger Zusammenarbeit mit dem Internationalen Währungsfonds und jenen, die mit uns Handel treiben, werden wir auf die erforderlichen Reformen drängen, um ein dringend benötigtes neues internationales Währungssystem zu schaffen. Stabilität und gleiche Behandlung liegen im besten Interesse eines jeden. Ich bin entschlossen, dafür zu sorgen, daß der amerikanische Dollar nie wieder ein Spielball in den Händen der internationalen Spekulanten sein wird.

Ich ergreife einen weiteren Schritt zum Schutz des US-Dollar, zur Verbesserung unserer Zahlungsbilanz und zur Vermehrung der Arbeitsplätze in den USA. Als befristete Maßnahme habe ich heute eine zusätzliche, zehnprozentige Steuer für in die Vereinigten Staaten eingeführte Güter verfügt. Dies ist für den Welthandel eine bessere Lösung als direkte, mengenmäßige Importkontrollen.

Diese Importsteuer ist eine befristete Maßnahme, die sich nicht gegen irgendein anderes Land richtet. Sie soll vielmehr sicherstellen, daß amerikanische Erzeugnisse nicht aufgrund unfairer Wechselkurse benachteiligt werden. Sobald die unfaire Behandlung aufhört, wird auch die Importsteuer wegfallen.

Als Folge dieser Maßnahmen werden die Erzeugnisse der amerikanischen Arbeiter wettbewerbsfähiger sein, und der unfaire Vorteil, den ein Teil unserer ausländischen Konkurrenz besaß, wird beseitigt sein. Dies ist einer der Hauptgründe gewesen, warum unsere Handelsbilanz im Laufe der letzten 15 Jahre ausgehöhlt wurde.

Am Ende des Zweiten Weltkrieges waren die Volkswirtschaften der großen Industrienationen in Europa und Asien zerschlagen. Um ihnen wieder auf die Beine zu helfen und ihre Freiheit zu schützen, haben die Vereinigten Staaten 143 Milliarden Dollar an Auslandshilfe gewährt. Es war das einzig Richtige, was wir tun konnten.

Heute haben sie weitgehend mit unserer Hilfe ihre Lebenskraft zurückgewonnen. Sie sind zu starken Konkurrenten geworden, und wir begrüßen ihren Erfolg. Jetzt aber, da diese anderen Nationen wirtschaftlich wieder stark sind, ist der Zeitpunkt gekommen, daß sie ihren fairen Anteil an den Lasten der Verteidigung der Freiheit überall in der Welt übernehmen. Es ist an der Zeit, daß die Wechselkurse ins Lot gebracht werden und daß die großen Länder den Wettbewerb auf gleicher Basis untereinander führen. Es besteht keinerlei Notwendigkeit mehr, daß die Vereinigten Staaten den Wettbewerb mit einer auf den Rücken gefesselten Hand antreten.

Die Vielzahl der Maßnahmen, die ich heute abend ergriffen und vorgeschlagen habe – auf dem Arbeitsmarkt, an der Inflationsfront und auf dem Währungssektor – stellt die umfassendste neue Wirtschaftspolitik dar, die diese Nation seit vier Jahrzehnten in Angriff genommen hat.

Wir haben das Glück, in einem Land mit einem Wirtschaftssystem zu leben, das seiner Bevölkerung den höchsten Lebensstandard auf der Welt geben kann; das flexibel genug ist, seinen Kurs auf dramatische Weise zu ändern, wenn die Umstände eine Änderung erfordern; und das – was am wichtigsten ist – über ausreichende Hilfsquellen verfügt, um Wohlstand in Freiheit zu schaffen und Möglichkeiten zu eröffnen, wie sie in der Geschichte der Völker noch nie dagewesen sind. Zweck der von mir heute abend verkündeten Regierungsmaßnahmen ist es, eine neue Vertrauensbasis zu schaffen, die uns in die Lage versetzt, in einen fairen Wettbewerb mit der übrigen Welt einzutreten und die Tür zu einer neuen Prosperität aufzustoßen.

Aber eine Regierung besitzt bei all ihren Machtbefugnissen nicht den Schlüssel für den Erfolg eines Volkes. Dieser Schlüssel, meine amerikanischen Mitbürger, liegt in Ihren Händen. Ein Volk muß, wie ein Mensch, einen gewissen inneren Antrieb zum Erfolg haben. In der Wirtschaft nennt man diesen inneren Antrieb Wettbewerbsdenken. Jede der von mir heute abend ergriffenen Maßnahmen ist darauf abgestellt, ein solches Wettbewerbsdenken zu nähren und zu fördern. Es soll uns dabei helfen, aus jenen Zweifeln an uns selbst und jenem Selbstmitleid herauszufinden, die unsere Kräfte verzehren und unser Selbstvertrauen untergraben. Ob diese Nation in der Weltwirtschaft weiterhin an erster Stelle bleiben oder von sich aus auf den zweiten, dritten oder vierten Platz zurücktreten wird, ob wir die Stärke bewahren, die in dieser Welt Frieden und Freiheit sichert, oder ob wir die Zügel aus der Hand verlieren – all das hängt von Ihrem Wettbewerbsdenken ab, von Ihrem Sinn für Ihr persönliches Schicksal, von Ihrem Stolz auf Ihr Land und auf sich selbst.

Über eines können wir sicher sein: je geringer die Gefahr eines Krieges wird, um so größer wird die Herausforderung, vor die der friedliche Wettbewerb uns stellt. Wir begrüßen diesen Wettbewerb, denn Amerika ist immer dann am stärksten, wenn es eine

Herausforderung bestehen muß. Und kein Land hat etwas durch den Wettbewerb mit uns zu befürchten, weil wir die anderen im Wettbewerb mit uns Stehenden zu neuen Höhen für ihre eigenen Völker führen.

Wie stets in unserer Geschichte gibt es Stimmen, die uns auffordern, vor dieser Herausforderung zurückzuweichen, einen Schutzwall um uns herum zu errichten, uns abzukapseln, während die übrige Welt weiter voranschreitet.

Vor 200 Jahren schrieb ein Mann in sein Tagebuch: „Viele denkende Menschen glauben, Amerika habe seine besten Zeiten hinter sich." Das war im Jahre 1775, unmittelbar vor der amerikanischen Revolution, als die erregendste Epoche in der Geschichte der Menschheit anbrach. Heute hören wir das Echo dieser Stimmen, die von Finsternis und Niedergang predigen und das gleiche sagen: „Wir haben unsere besten Zeiten hinter uns." Wir Amerikaner wollen darauf antworten: „Unsere besten Zeiten liegen vor uns."

Wenn wir jetzt in eine Generation des Friedens eintreten, wenn wir den Weg in Richtung auf eine neue Prosperität beschreiten, so möchte ich jedem Amerikaner zurufen: Wir wollen unseren Geist erheben. Wir wollen unseren Blick weiten. Wir wollen alle das in unseren Kräften Stehende beitragen zu diesem großen und guten Land, das so viel zum Fortschritt der Menschheit beiträgt.

Wir wollen in die Zukunft unseres Landes investieren; wir wollen den Glauben in uns selbst neu beleben, der in der Vergangenheit ein großes Land geschaffen hat und der die künftige Welt gestalten wird.

Quelle: Europa-Archiv, 1971, D 425 – D 429.

D 57: Das Kriegsvollmachtengesetz von 1973

Joint Resolution[1] *betreffend die Kriegsvollmachten des Kongresses und des Präsidenten*

Beschlossen vom Senat und Repräsentantenhaus der Vereinigten Staaten, im Kongreß versammelt

Kurztitel

Abschnitt 1. Diese joint resolution soll zitiert werden als Kriegsvollmachtengesetz.

Zweck und Politik

Abschnitt 2. (a) Zweck dieser joint resolution ist es, die Absichten der Schöpfer der Verfassung der Vereinigten Staaten zu verwirklichen und sicherzustellen, daß für den Einsatz von Streitkräften der Vereinigten Staaten in Kampfhandlungen, oder in Situationen, in denen eine unmittelbar bevorstehende Verwicklung in Kampfhandlungen sich deutlich aus den Umständen ergibt, und für das Andauern einer solchen Verwendung

---

[1] Siehe Anm. [1] auf S. 297.

derartiger Streitkräfte in Kampfhandlungen oder in solchen Situationen eine gemeinsame Beurteilung durch Kongreß und Präsident erforderlich ist.

(b) Art. I, Abschnitt 8 der Verfassung sieht ausdrücklich vor, daß der Kongreß die Kompetenz zum Erlaß aller Gesetze hat, die notwendig und angemessen sind zur Ausübung nicht nur seiner eigenen Befugnisse, sondern auch aller anderen Befugnisse, die der Regierung der Vereinigten Staaten oder einer ihrer Abteilungen oder einem ihrer Funktionsträger durch die Verfassung zugewiesen sind.

(c) Die verfassungsmäßige Kompetenz des Präsidenten als Oberbefehlshaber, Streitkräfte der Vereinigten Staaten in Kampfhandlungen oder in Situationen einzusetzen, in denen eine unmittelbar bevorstehende Verwicklung in Kampfhandlungen sich deutlich aus den Umständen ergibt, werden ausgeübt: (1) aufgrund einer Kriegserklärung, (2) ausdrücklicher gesetzlicher Ermächtigung, oder (3) eines nationalen Notstands, der verursacht ist durch einen Angriff auf die Vereinigten Staaten, ihr Territorium oder ihre Besitzungen oder ihre Streitkräfte.

Beratung

Abschnitt 3. In allen möglichen Fällen soll der Präsident sich mit dem Kongreß beraten, bevor er Streitkräfte der Vereinigten Staaten in Kampfhandlungen oder in Situationen einsetzt, in denen eine unmittelbar bevorstehende Verwicklung in Kampfhandlungen sich deutlich aus den Umständen ergibt, und nach jedem solchen Einsatz soll er sich regelmäßig mit dem Kongreß beraten, bis Streitkräfte der Vereinigten Staaten nicht mehr an Kampfhandlungen beteiligt sind, oder aus solchen Situationen zurückgezogen worden sind.

Berichterstattung

Abschnitt 4. (a) Beim Fehlen einer Kriegserklärung, soll der Präsident in jedem Falle, in dem Streitkräfte der Vereinigten Staaten eingesetzt werden:

(1) in Kampfhandlungen oder in Situationen, in denen eine unmittelbar bevorstehende Verwicklung in Kampfhandlungen sich deutlich aus den Umständen ergibt;

(2) in Gefechtsausrüstung auf dem Territorium, im Luftraum oder in den Gewässern eines fremden Staates, mit Ausnahme von Stationierungen, die allein mit der Versorgung, dem Ersatz, der Reparatur oder der Ausbildung solcher Streitkräfte im Zusammenhang stehen; oder

(3) in einer Zahl, die die Zahl der bereits in Gefechtsausrüstung in einem fremden Staat stationierten Streitkräfte wesentlich erhöht,

innerhalb von 48 Stunden dem Speaker[2] des Repräsentantenhauses und dem President pro tempore[3] des Senats einen schriftlichen Bericht vorlegen, der deutlich macht:

(A) die Umstände, die den Einsatz von Streitkräften der Vereinigten Staaten erforderlich gemacht haben;

---

[2] *Speaker* des Repräsentantenhauses ist der gewählte Präsident dieser Kammer.

[3] *President pro tempore* ist der gewählte amtierende Präsident des Senats, der den Vize-Präsidenten der USA, der nach Artikel I, Abschnitt 3, Paragraph 4 der amerikanischen Verfassung dem Senat präsidiert, im Falle seiner Verhinderung vertritt; ebd. Paragraph 5.

(B) die verfassungsmäßige und gesetzliche Ermächtigung, auf deren Grundlage der Einsatz erfolgte; und

(C) den voraussichtlichen Umfang und die voraussichtliche Dauer der Kampfhandlungen oder der Verwicklung.

(b) Der Präsident soll alle anderen Informationen geben, die der Kongreß anfordert in der Erfüllung seiner verfassungsmäßigen Verantwortlichkeiten, die sich auf die Verwicklung der Nation in einen Krieg und auf den Einsatz von Streitkräften der Vereinigten Staaten im Ausland beziehen.

(c) Wann immer Streitkräfte der Vereinigten Staaten in Kampfhandlungen oder in einer Situation, wie sie im Unterabschnitt (a) dieses Abschnitts beschrieben ist, eingesetzt werden, soll der Präsident, solange sich diese Streitkräfte in derartigen Kampfhandlungen oder Situationen befinden, dem Kongreß regelmäßig über den Stand der Kampfhandlungen oder der Situation wie auch über Umfang und Dauer der Kampfhandlungen oder der Situation Bericht erstatten, aber unter keinen Umständen soll er dem Kongreß weniger oft als einmal alle sechs Monate Bericht erstatten.

Abschnitt 5. (a) Jeder Bericht gemäß Abschnitt 4 (a) (1) soll dem Speaker des Repräsentantenhauses und dem President pro tempore des Senats am gleichen Kalendertag übermittelt werden. Jeder auf diese Weise übermittelte Bericht ist an den Auswärtigen Ausschuß des Repräsentantenhauses und an den Ausschuß für Auswärtige Beziehungen des Senats zum Zwecke angemessener Maßnahmen weiterzuleiten. Sollte sich zum Zeitpunkt der Übermittlung des Berichts der Kongreß unbefristet vertagt haben, oder sich für einen Zeitraum von mehr als drei Kalendertagen vertagt haben, dann sollen der Speaker des Repräsentantenhauses und der President pro tempore des Senats, falls sie dies für ratsam halten (oder falls mindestens dreißig Prozent der Mitglieder ihrer jeweiligen Häuser dies verlangen), gemeinsam den Präsidenten auffordern, den Kongreß einzuberufen, so daß er den Bericht beraten kann und angemessene Maßnahmen, wie in diesem Abschnitt vorgesehen, ergreifen kann.

(b) Innerhalb von sechzig Kalendertagen, nachdem der Bericht übermittelt wurde, oder gemäß Abschnitt 4 (a) (1) hätte übermittelt werden sollen, was immer der frühere Zeitpunkt ist, soll der Präsident jeden Einsatz von Streitkräften der Vereinigten Staaten beenden, im Hinblick auf den der Bericht vorgelegt wurde (oder hätte vorgelegt werden müssen), wenn nicht der Kongreß (1) den Krieg erklärt hat oder für diesen Einsatz von Streitkräften der Vereinigten Staaten eine ausdrückliche Ermächtigung erteilt hat, (2) durch Gesetz die Frist von sechzig Tagen verlängert hat, oder (3) physisch am Zusammentreten gehindert ist als Folge eines bewaffneten Angriffs auf die Vereinigten Staaten. Die Frist von sechzig Tagen soll um nicht mehr als zusätzliche dreißig Tage verlängert werden, wenn der Präsident der Auffassung ist und dem Kongreß schriftlich bestätigt, daß unabweisbare militärische Nowendigkeit im Hinblick auf die Sicherheit der Streitkräfte der Vereinigten Staaten die Fortsetzung des Einsatzes dieser Streitkräfte bei der Durchführung des sofortigen Rückzugs der Streitkräfte erfordert.

(c) Ungeachtet der Vorschriften des Unterabschnitts (b) sollen, wenn immer Streitkräfte der Vereinigten Staaten an Kampfhandlungen außerhalb des Staatsgebiets der Vereinigten Staaten, ihrer Besitzungen und Territorien ohne Kriegserklärung oder ausdrückliche gesetzliche Ermächtigung beteiligt sind, diese Streitkräfte vom Präsidenten zurückgezogen werden, wenn der Kongreß dies in einer concurrent resolution[4] bestimmt.

Vorrangverfahren im Kongreß für eine joint resolution oder für einen Gesetzentwurf

Abschnitt 6. (a) Jede joint resolution oder Gesetzesvorlage, die gemäß Abschnitt 5 (b) mindestens dreißig Kalendertage vor dem Ablauf der in diesem Abschnitt festgelegten Sechzigtagefrist eingebracht wird, soll dem Auswärtigen Ausschuß des Repräsentantenhauses oder dem Senatsausschuß für Auswärtige Beziehungen übermittelt werden, was immer der Fall sein mag, und dieser Ausschuß soll über eine solche joint resolution oder Gesetzesvorlage, zusammen mit seinen Empfehlungen, nicht später als vierundzwanzig Kalendertage vor dem Ablauf der in diesem Abschnitt festgelegten Sechzigtagefrist berichten, wenn nicht das jeweilige Haus durch namentliche Abstimmung etwas anderes bestimmt.

(b) Jede joint resolution oder Gesetzesvorlage, über die auf diese Weise berichtet wurde, wird auf die Tagesordnung [pending business] des entsprechenden Hauses gesetzt (falls es sich um den Senat handelt, soll die Redezeit gleichmäßig zwischen Befürwortern und Gegnern aufgeteilt werden), und es soll über sie innerhalb der folgenden drei Kalendertage abgestimmt werden, falls nicht das jeweilige Haus durch namentliche Abstimmung etwas anderes bestimmt.

(c) Eine solche joint resolution oder Gesetzesvorlage, die von einem Haus verabschiedet wurde, soll dem in Unterabschnitt (a) genannten Ausschuß des anderen Hauses vorgelegt werden und soll nicht später als vierzehn Kalendertage vor dem Ablauf der in Abschnitt 5 (b) festgelegten Sechzigtagefrist abschließend behandelt sein. Die so behandelte joint resolution oder Gesetzesvorlage wird auf die Tagesordnung des jeweiligen Hauses gesetzt, und es soll über sie innerhalb von drei Kalendertagen, nachdem sie behandelt wurde, abgestimmt werden, falls nicht das jeweilige Haus durch namentliche Abstimmung etwas anderes bestimmt.

(d) Falls keine Übereinstimmung zwischen beiden Häusern des Kongresses hinsichtlich einer von beiden Häusern verabschiedeten joint resolution oder Gesetzesvorlage besteht, sollen unverzüglich Unterhändler bestimmt werden, und der Konferenzausschuß soll nicht später als vier Kalendertage vor dem Ablauf der in Abschnitt 5 (b) festgelegten Sechzigtagefrist einen Bericht über diese Entschließung oder Vorlage erstellen und vorlegen. Falls die Unterhändler sich nicht innerhalb von 48 Stunden einigen können, sollen sie ihren jeweiligen Häusern ohne Einigung Bericht erstatten. Ungeachtet irgendwelcher Vorschriften eines der beiden Häuser über den Abdruck von Konferenzberichten in den Akten oder über Verzögerungen bei der Behandlung solcher Berichte soll ein solcher Bericht nicht später als mit Ablauf der Sechzigtagefrist zur Grundlage von Maßnahmen gemacht werden.

Abschnitt 7. (a) Jede gemäß Abschnitt 5 (c) eingebrachte concurrent resolution soll an den Auswärtigen Ausschuß des Repräsentantenhauses oder den Senatsausschuß für Auswärtige Beziehungen, was immer der Fall sein mag, weitergeleitet werden, und eine solche concurrent resolution soll durch diesen Ausschuß zusammen mit seinen Empfehlungen innerhalb von fünfzehn Kalendertagen abschließend behandelt werden, falls nicht das jeweilige Haus durch namentliche Abstimmung etwas anderes bestimmt.

---

[4] Siehe Anm. [2] auf S. 298.

(b) Eine so behandelte concurrent resolution soll auf die Tagesordnung des jeweiligen Hauses gesetzt werden (falls es sich um den Senat handelt, soll die Redezeit gleichmäßig zwischen Befürwortern und Gegnern aufgeteilt werden), und soll innerhalb der drei folgenden Kalendertage zur Abstimmung gebracht werden, falls nicht das jeweilige Haus durch namentliche Abstimmung etwas anderes bestimmt.

(c) Eine derartige concurrent resolution, die von einem Haus verabschiedet wurde, soll dem in Unterabschnitt (a) genannten Ausschuß des anderen Hauses vorgelegt werden, und soll von diesem Ausschuß zusammen mit seinen Empfehlungen innerhalb von fünfzehn Tagen abschließend behandelt werden, und soll daraufhin auf die Tagesordnung dieses Hauses gesetzt werden und soll innerhalb von drei Kalendertagen zur Abstimmung gebracht werden, falls nicht das jeweilige Haus durch namentliche Abstimmung etwas anderes bestimmt.

(d) Falls keine Übereinstimmung zwischen beiden Häusern des Kongresses hinsichtlich einer von beiden Häusern verabschiedeten concurrent resolution besteht, sollen unverzüglich Unterhändler bestimmt werden, und der Konferenzausschuß soll nicht später als sechs Kalendertage, nachdem die Vorlage dem Konferenzausschuß zugeleitet wurde, einen Bericht über diese concurrent resolution erstellen und vorlegen. Ungeachtet irgendwelcher Vorschriften eines der beiden Häuser über den Abdruck von Konferenzberichten in den Akten oder über Verzögerungen bei der Behandlung solcher Berichte soll ein solcher Bericht nicht später als sechs Kalendertage,nachdem der Konferenzbericht vorgelegt wurde, zur Grundlage von Maßnahmen gemacht werden. Für den Fall, daß die Unterhändler sich nicht innerhalb von 48 Stunden einigen können, sollen sie ihren jeweiligen Häusern ohne Einigung Bericht erstatten.

Auslegung der joint resolution

Abschnitt 8. (a) Die Ermächtigung zum Einsatz von Streitkräften der Vereinigten Staaten in Kampfhandlungen oder in Situationen, in denen eine unmittelbar bevorstehende Verwicklung in Kampfhandlungen sich deutlich aus den Umständen ergibt, kann nicht abgeleitet werden:

(1) aus einer gesetzlichen Bestimmung (ungeachtet der Frage, ob sie vor dem Inkrafttreten dieser joint resolution gegolten hat oder nicht), einschließlich jeder Bestimmung, die in einem Bewilligungsgesetz enthalten ist, falls nicht diese Bestimmung ausdrücklich zum Einsatz von Streitkräften der Vereinigten Staaten in Kampfhandlungen oder in entsprechenden Situationen ermächtigt und feststellt, daß dies als eine ausdrückliche gesetzliche Ermächtigung im Sinne dieser joint resolution gemeint ist; oder

(2) aus irgendeinem Vertrag, der vorher oder nachher ratifiziert wurde, falls nicht dieser Vertrag durch gesetzliche Bestimmungen umgesetzt wurde, die ausdrücklich zum Einsatz von Streitkräften der Vereinigten Staaten in Kampfhandlungen oder in entsprechenden Situationen ermächtigen und feststellen, daß dies als eine ausdrückliche gesetzliche Ermächtigung im Sinne dieser joint resolution gemeint ist.

(b) Nichts in dieser joint resolution darf so ausgelegt werden, daß irgendeine weitere ausdrückliche gesetzliche Ermächtigung erforderlich ist, um Mitgliedern der Streitkräfte der Vereinigten Staaten zu gestatten, gemeinsam mit Mitgliedern der Streitkräfte eines oder mehrerer fremder Länder bei der Arbeit der Hauptquartiere höchster militärischer

Kommandostellen mitzuwirken, die vor dem Datum des Inkrafttretens dieser joint resolution eingerichtet wurden und die der Charta der Vereinten Nationen oder Abkommen, die von den Vereinigten Staaten vor diesem Datum ratifiziert wurden, entsprechen.

(c) Für Zwecke dieser joint resolution umfaßt die Formulierung „Einsatz von Streitkräften der Vereinigten Staaten" die Abordnung von Mitgliedern dieser Streitkräfte zum Befehlen, Koordinieren und zur Beteiligung an Bewegungen von oder das Begleiten von regulären oder irregulären Streitkräften eines fremden Landes oder einer fremden Regierung, wenn diese Streitkräfte sich in Kampfhandlungen befinden, oder wenn die unmittelbare Gefahr besteht, daß diese Streitkräfte in Kampfhandlungen verwickelt werden.

(d) Nichts in dieser joint resolution

(1) beabsichtigt, die verfassungsmäßigen Befugnisse des Kongresses oder des Präsidenten oder die Bestimmungen bestehender Verträge zu ändern; oder

(2) soll so ausgelegt werden, daß es dem Präsidenten Befugnisse gibt hinsichtlich des Einsatzes von Streitkräften der Vereinigten Staaten in Kampfhandlungen oder in Situationen, in denen eine Verwicklung in Kampfhandlungen sich deutlich aus den Umständen ergibt, wenn er solche Befugnisse ohne diese joint resolution nicht gehabt hätte.

Klausel über die unabhängige Gültigkeit

Abschnitt 9. Falls eine Bestimmung dieser joint resolution oder ihre Anwendung auf irgendeine Person oder Situation für ungültig erklärt wird, dann sollen die übrigen Teile dieser joint resolution und die Anwendung dieser Bestimmung auf eine andere Person oder Situation davon nicht berührt werden.

Inkrafttreten

Abschnitt 10. Diese joint resolution tritt in Kraft am Tage ihrer Erhebung zum Gesetz.

Quelle: Legislation on Foreign Relations Through 1981, Vol. 2, Washington 1982, S. 603–607.

D 58: Der Rogersplan zur Lösung des Nahost-Konflikts 1969

Erklärung des Außenministers William P. Rogers vor der Galaxy Conference on Adult Education in Washington am 9. Dezember 1969 zum Frieden im Nahen Osten

[. . .]

Die Vereinigten Staaten haben beschlossen, daß sie eine Verantwortung haben, bei der Suche nach einer Lösung unmittelbar mitzuwirken.

Deshalb haben wir einen von der französischen Regierung und vom Generalsekretär der Vereinten Nationen gemachten Vorschlag angenommen. Wir haben zugestimmt, daß die

Großmächte – die Vereinigten Staaten, die Sowjetunion, das Vereinigte Königreich und Frankreich – zusammenarbeiten sollen in der Unterstützung von Botschafter Jarring, dem Vertreter des Generalsekretärs, bei der Ausarbeitung eines auf der Grundlage der Entschließung des Sicherheitsrates der Vereinten Nationen vom November 1967 beruhenden Lösungsvorschlags. Weiter haben wir uns entschieden, direkte Beratungen mit der Sowjetunion zu führen, wobei wir hoffen, möglichst große Übereinstimmung zwischen uns herzustellen.

Diese Entscheidungen wurden im vollen Bewußtsein der folgenden wichtigen Sachverhalte getroffen:

Erstens wußten wir, daß nicht direkt betroffene Staaten keinen dauerhaften Frieden für die tatsächlich betroffenen Völker und Regierungen erreichen können. Frieden ist eine Angelegenheit der Konfliktparteien. Anstrengungen der Großmächte können dazu beitragen, sie können als Katalysator wirken, sie können die Parteien zu Gesprächen anregen, sie können ermutigen, sie können helfen, einen realistischen Rahmen für eine Einigung abzustecken; aber ein Abkommen zwischen anderen Mächten kann kein Ersatz für ein Abkommen zwischen den Parteien selbst sein.

Zweitens wußten wir, daß dauerhafter Frieden auf die berechtigten Befürchtungen beider Seiten eingehen muß.

Drittens war uns klar, daß als Rahmen für eine Verhandlungslösung nur etwas in Frage kam, was mit dem gesamten Wortlaut der Entschließung des Sicherheitsrats der Vereinten Nationen vereinbar war. Über diese Entschließung war nach langen und schwierigen Verhandlungen Übereinkommen erzielt worden; sie ist sorgfältig ausgewogen; sie bietet die Grundlage für einen gerechten und dauerhaften Frieden – für eine endgültige Beilegung – und nicht nur für ein Zwischenspiel zwischen Kriegen.

Viertens sind wir der Auffassung, daß eine langdauernde Phase, in der weder Krieg noch Frieden herrscht, mit immer wieder aufflammender Gewalt und sich ausbreitendem Chaos, im Interesse keiner Nation, ob im mittleren Osten oder außerhalb, liegen kann.

Die Diskussionen zwischen den Vereinigten Staaten und der Sowjetunion

Acht Monate lang haben wir uns in Viermächtegesprächen im Rahmen der Vereinten Nationen und in bilateralen Diskussionen mit der Sowjetunion beraten.

In unseren Gesprächen mit den Sowjets gingen wir von der Annahme aus, daß so viel auf dem Spiel steht, daß wir eine Verantwortung haben, festzustellen, ob wir parallele Auffassungen erreichen können, die die Parteien zur Ausarbeitung einer dauerhaften und gerechten Lösung veranlassen könnten. Wir machen uns keine Illusionen: Wir sind uns der Schwierigkeiten der Vergangenheit und der gegenwärtigen Realitäten voll bewußt. Unsere Gespräche mit den Sowjets führten zu einer gewissen Verständigung, es bleiben aber sehr wesentliche Meinungsverschiedenheiten. Wir bedauern, daß die Sowjets die Anwort auf neue, ihnen am 28. Oktober unterbreitete Formulierungen verzögert haben. Wir werden jedoch weiterhin mit der Sowjetunion diese Probleme diskutieren, solange es eine realistische Hoffnung gibt, daß derartige Diskussionen der Sache des Friedens dienlich sein könnten.

Die wesentlichen Inhalte der Gespräche, die wir mit der Sowjetunion geführt haben, sind den interessierten Seiten auf diplomatischem Wege mitgeteilt worden. Dieser Vorgang hat dazu beigetragen, die Haupthindernisse für den Beginn nützlicher Verhandlungen zwischen den Konfliktparteien deutlich zu machen.

Einerseits fürchten die arabischen politischen Führer, daß Israel nicht wirklich bereit ist, sich aus im Krieg von 1967 besetzten arabischen Gebieten zurückzuziehen.

Andererseits fürchten die israelischen politischen Führer, daß die arabischen Staaten nicht wirklich zu einem friedlichen Zusammenleben mit Israel bereit sind.

Beide Seiten können aus ihrer Sicht gewichtige Tatsachen zur Stützung ihrer Befürchtungen anführen. Beide Seiten haben es zugelassen, daß sich ihre Aufmerksamkeit vor allem, und in gewissem Umfang ausschließlich, auf diese Befürchtungen konzentriert hat. Was können die Vereinigten Staaten tun, um zu der Überwindung dieser Hindernisse beizutragen?

Unsere Politik ist *ausgewogen*, und wird dies auch weiterhin sein.

Wir haben freundschaftliche Beziehungen sowohl zu den Arabern wie auch zu den Israelis. Einen Rückzug der Israelis zu fordern, wie dies in der Entschließung der Vereinten Nationen vorgesehen ist, ohne daß es zu einer Friedensübereinkunft kommt, würde bedeuten, die Partei der Araber zu ergreifen. Die Araber aufzufordern, Frieden zu schließen ohne einen Rückzug der Israelis, würde bedeuten, die Partei Israels zu ergreifen. Deswegen ist es unsere Politik, die Araber zu veranlassen, einen dauerhaften Frieden auf der Grundlage eines verpflichtenden Abkommens hinzunehmen, und die Israelis zu drängen, sich aus besetzten Gebieten zurückzuziehen, wenn die Unantastbarkeit ihres Territoriums gesichert ist, wie es die Entschließung des Sicherheitsrates vorsieht.

[. . .]

Quelle: U. S. Congress 94/1, Senate Committee on Foreign Relations: A Select Chronology and Background Documents Relating to the Middle East, 2nd revised ed., Washington 1975, S. 263–265.

D 59: Committee on the Present Danger: Was hat die Sowjetunion vor?

[. . .]

Eine herrschende Elite

Sowjetrußland ist heute ein Land, in dem eine herrschende Elite und diejenigen, die sie dazu bestimmt, komfortabel leben, während die restlichen 250 Millionen Bürger nicht nur wenige materielle Vorteile besitzen, sondern auch ihrer grundlegenden menschlichen Freiheiten beraubt sind. Diese Elite kann sich ihres Monopols an Vorteilen nur so lange erfreuen, wie sie in der Lage ist, die beraubte Bevölkerung unter einer effektiven Kontrolle zu halten – ein bedeutender Abbau dieser Kontrolle könnte das Ende ihrer bevorzugten Stellung und ihrer Vorteile bedeuten. Dennoch ist die Elite nicht ausschließlich von selbstsüchtigen Motiven geleitet. Die sowjetische Führung behauptet, daß sie die Vorhut einer revolutionären Gesellschaft sei, die die grundlegenden Gesetze der Geschichte entdeckt hat. Das offen ausgesprochene letztendliche Ziel der Sowjetunion ist der weltweite Triumph des Kommunismus. Dieser Triumph würde der sowjetischen Elite den leichten Zugang zu den Ressourcen der Welt – sowohl den menschlichen als auch den materiellen – ermöglichen; er würde darüber hinaus alle äußeren Bedrohungen ihrer privilegierten Position durch die endgültige Eliminierung aller alternativen politischen und sozialen Systeme beseitigen.

Durch ihre stark autoritäre Herrschaftsausübung ist die sowjetische herrschende Elite in der Lage, ihre internationalen Zielsetzungen relativ kohärent zu koordinieren und zu verfolgen. Das bedeutet nicht, daß sie „Fahrpläne" entwickelt oder „Blaupausen" für Eroberung oder Beherrschung entworfen hat. Derart genaue Pläne sind in einer nicht voraussagbaren Welt einfach nicht möglich. Aber es bedeutet, daß die sowjetische Elite unter der Führung des Politbüros eine totale Kontrolle über die politischen Institutionen, die wirtschaftlichen Ressourcen und die Medien des Landes ausüben und sich sowohl kurz- als auch langfristige Zielsetzungen vornehmen kann, ohne die Bedürfnisse der eigenen Bevölkerung zu berücksichtigen. Indem sie ihre Taktik variiert, um sie veränderten Umständen anzupassen, kann sie diese Zielsetzungen organisiert und entschieden verfolgen und dabei Vorteile aus jeder Möglichkeit zur Vergrößerung ihrer Macht in der Welt ziehen.

Da Rußland das erste Land war, das eine kommunistische Revolution erlebte und wahrscheinlich der mächtigste kommunistische Staat bleiben wird, glaubt die sowjetische Elite, daß sie in einer kommunistischen Welt führen und herrschen sollte. Dennoch deutet die sowjetische Elite gegenwärtig an – vielleicht aus taktischen Gründen – daß sie mit weniger zufrieden sein könnte. Einige außenstehende Beobachter glauben, daß sie keine andere Wahl habe, als in das Kompromißideal einer polyzentristischen globalen kommunistischen Gesellschaft einzuwilligen, in der die Sowjetunion nicht so sehr das bestimmende Zentrum als vielmehr der Erste unter Gleichen ist. Wie dem auch sei, die Vorstellung einer stabilen Weltordnung, in der auf unterschiedlichen politischen Prinzipien aufbauende Nationen eher kooperieren als miteinander ringen, ist der sowjetischen Psychologie und Doktrin fremd. Der sowjetischen Theorie zufolge ist „friedliche Koexistenz" kein Konzept, das eine stabile Weltordnung bedingt, sondern eine Strategie, die die Methoden des internationalen Konfliktaustrags an das Nuklearwaffenzeitalter anpaßt; ein Zeitalter, das wegen seiner ihm eigenen Gefahren mehr denn je nach einer geduldigen und vorsichtigen Verfolgung globaler Zielsetzungen verlangt.

Die sowjetische „Grand Strategy"

Das Erreichen der letztendlichen sowjetischen Zielsetzung – eine kommunistische Weltordnung – verlangt die Reduzierung der Macht, des Einflusses und des Ansehens der Vereinigten Staaten, jenes Landes, das die sowjetischen Führer als die zentrale Bastion des „kapitalistischen" oder feindlichen Lagers ansehen. Sie betrachten den globalen Konflikt als einen umfassenden Prozeß, mit der Sowjetunion und den Vereinigten Staaten als den beiden Hauptkontrahenten. In diesem Wettkampf sehen sie ihre Aufgabe in der Isolierung und – ungeachtet einiger zeitweiser Rückschläge für ihre Seite – in der Schwächung Amerikas bis zur Machtlosigkeit.

In ihren globalen Aktivitäten verfolgt die Sowjetunion eine „Grand Strategy", die den Einsatz einer Vielzahl von Mitteln beinhaltet, um das letztendliche Ziel zu erreichen: die Reduzierung der Widerstandsfähigkeit jedes möglichen Gegners. Diese Mittel umfassen wirtschaftliche, diplomatische, politische und ideologische Strategien vor dem Hintergrund militärischer Stärke, die jeweils getrennt voneinander oder zusammengefaßt zur Instrumentalisierung der Macht genutzt werden können. Der sowjetische Eifer, den Handel mit der westlichen Welt zu vergrößern oder an Rüstungsbegrenzungsverhandlungen teilzunehmen, schließt politisch-militärische Kampagnen zur Aushebelung und Einkreisung von Zentren nichtkommunistischen Einflusses nicht aus; so etwa die langen und geduldigen sowjetischen Anstrengungen, den Mittleren Osten zu durchdringen und zu beherrschen, und nun der Drang, mit der Unterstützung abhängiger Staaten Regime zu errichten, die einer sowjetischen Beherrschung Afrikas freundlich gegenüberstehen.

Es wäre falsch, die amerikanisch-sowjetische Rivalität ausschließlich in Begriffen des militärischen Gleichgewichts zu sehen. Der Konflikt dehnt sich über das gesamte Spektrum politischer, kultureller und wirtschaftlicher Beziehungen aus. Propaganda ist eine Waffe. Handel ist eine Waffe. In Theorie und Praxis begreift die sowjetische „Grand Strategy" militärische Macht nur als eine (allerdings als eine zentrale und unverzichtbare) Waffe in einem ausgedehnten Arsenal an Mitteln der Überredung und des Zwangs.

Die Völker der Sowjetunion haben in vergangenen Weltkriegen enorm gelitten. Ihre Herrscher würden es zweifellos vorziehen, ihre Ziele ohne einen weiteren Weltkrieg zu erreichen. Aber sie glauben, daß sie einen Krieg überleben und gewinnen können, wenn er kommen sollte, und sie sind deshalb nicht abgeneigt, die Konfrontation zur Durchsetzung ihrer Ziele zu riskieren.

Mittelfristige Zielsetzungen

Die grundlegenden mittelfristigen Zielsetzungen der sowjetischen „Grand Strategy" beinhalten:

1. Stärkung der sowjetischen Volkswirtschaft durch einen intensiven Modernisierungsprozeß als wesentliche Voraussetzung für die Verbesserung der militärischen Fähigkeiten des Landes. Dieses Ziel soll zum Teil durch umfassende Anleihen von Kapital und Technologie in den entwickelten „kapitalistischen" Ländern und zum Teil durch die Beschleunigung der Integration der Volkswirtschaften der kommunistischen Staaten erreicht werden. Der Wunsch nach Zugang zu ausländischem Kapital, Kredit und Know-how war ein wichtiger Faktor bei der Unterstützung des westlichen Interesses an der „Entspannung" durch die sowjetische Elite.

2. Vermehrung und Stärkung der Beziehungen, die Westeuropa mit der Sowjetunion und ihren abhängigen Gebieten verbinden, bei gleichzeitiger Loslösung von den Vereinigten Staaten. Die teilweise oder vollständige Integration westeuropäischer Volkswirtschaften in eine expandierende kommunistische Wirtschaft würde dem Sowjetblock dasjenige Maß an produktiven und technologischen Fähigkeiten geben, das er benötigt, um mit den Vereinigten Staaten von einer Position potentiell einschüchternder Stärke aus umgehen zu können. Angesichts dieses vitalen Interesses hat es die UdSSR hingenommen, daß die führenden westeuropäischen kommunistischen Parteien sich flexiblere Programme und Taktiken zugelegt haben. Die Erfahrungen von Chile und Portugal zeigen, daß kommunistische Parteien nur durch einen solchen Ansatz an die Macht kommen und den Weg für die sowjetische Hegemonie in Westeuropa bereiten können. Sie hoffen, von der wachsenden Perzeption in Westeuropa zu profitieren, daß Wille und Macht der Vereinigten Staaten abnehmen und gleichzeitig die sowjetische Bedrohung beendet sei. Dies würde eine fatale Schwächung der NATO mit sich bringen und das Hinausdrängen der Vereinigten Staaten aus Europa erleichtern.

3. Unterbrechung der wirtschaftlichen Verbindungen der „kapitalistischen" Welt, insbesondere der Vereinigten Staaten, mit den Ländern der Dritten Welt aus der Annahme heraus, daß der fehlende Zugang zu den Rohstoffen, Arbeitskräften und Märkten dieser Länder die industrialisierten Demokratien in eine Serie von schwerwiegenden Erschütterungen stürzen würde. Besondere Aufmerksamkeit wird den Energiequellen, speziell dem Öl, gewidmet. Die UdSSR will sowohl das Öl verteuern (teilweise, um selbst von ihren eigenen Ölexporten zu profitieren) und – noch wichtiger – in eine Position gelangen, die es ihr ermöglicht, die für den Westen notwendige Ölzufuhr zu kontrollieren, um dadurch politischen und wirtschaftlichen Druck ausüben zu können.

4. Eindämmung und Isolierung Chinas, das die UdSSR gegenwärtig nicht als Militärmacht fürchtet, vor dem sie jedoch als einer langfristigen Bedrohung tiefreichende, fast atavistische Ängste hat. Obwohl Moskau noch immer auf eine Verbesserung der Beziehungen mit dem nachmaoistischen Regime hofft, fürchtet die sowjetische Führung, daß China, wenn es nicht durch die Abtrennung von Grenzregionen (wie die Mandschurei und Tibet) und durch die Bildung von Pufferstaaten verstümmelt wird, eine wachsende langfristige Bedrohung bilden wird. Die UdSSR unterhält in Sibirien noch immer eine geschätzte Zahl von 45 Divisionen entlang der Grenze zu China.

Das letzte Instrument – Militärische Macht

Obwohl die Verfolgung dieser vier Zielsetzungen grundsätzlich die Anwendung wirtschaftlicher und politischer Mittel verlangt, ist militärische Macht das letztendliche Instrument – und das Rückgrat – der sowjetischen Strategie. Das grundlegende Instrument, das dieser Strategie zur Verfügung steht, um realistischerweise hoffen zu können, die Vereinigten Staaten, deren Verbündete und Freunde an Gesamtstärke zu überholen, ist militärische Macht.

Zwar liegt die Sowjetunion gegenwärtig sowohl in der Produktivität als auch auf vielen Gebieten der Waffentechnologie hinter den Vereinigten Staaten zurück, aber unser Vorsprung auf diesen Teilbereichen muß nicht ewig Bestand haben. Mehr noch: Die UdSSR kann gegenwärtig bestehende Nachteile durch andere Vorteile ausgleichen. Ihre Führung ist nicht durch demokratischen Widerspruch, legislative Beschränkungen oder die öffentliche Meinung an der Ausdehnung der Ressourcen für das Militär gehindert, und sie kann einen unverhältnismäßig hohen Anteil ihrer begrenzten Ressourcen ihren Zielsetzungen widmen – und sie tut das auch. Sie kann auch die Bevölkerung ganz nach ihrem Willen mobilisieren, sei es zu zwangsweiser militärischer Ausbildung oder zur Teilnahme an der Zivilverteidigung. Darüber hinaus ist sie aus internen Gründen nicht an der Verfügungsgewalt über die Streitkräfte gehindert: Sie kann Militärhilfe vergeben oder Streitkräfte in jeden Teil der Welt verlegen, wo dazu die Möglichkeit besteht. Sie kann auch abhängige Staaten zu ähnlichen Aktionen veranlassen. Diese darin liegenden Vorteile veranlassen die sowjetische Führung dazu, als Mittel der „Grand Strategy" stark auf Militärpolitik zu setzen, nicht nur im strengen militärischen Sinn der Unterwerfung und Eroberung, sondern auch im politischen Sinn der Einschüchterung möglicher Gegner.

Die sowjetische Aufrüstung

Die sowjetische Aufrüstung aller ihrer Teilstreitkräfte über das vergangene Vierteljahrhundert hinweg erinnert zum Teil an die Wiederaufrüstung Nazi-Deutschlands in den dreißiger Jahren. Die sowjetische Aufrüstung betrifft alle Teilstreitkräfte: die Armee, die Luftwaffe und die Marine. Darüber hinaus sind die sowjetischen nuklearen Offensiv- und Defensivstreitkräfte darauf ausgelegt, einen allgemeinen Nuklearkrieg – sollte er eintreten – führen, überleben und gewinnen zu können.

Die SALT-I-Rüstungsbegrenzungsabkommen hatten keine sichtbaren Auswirkungen auf die sowjetische Aufrüstung. Tatsächlich lag ihr wesentlicher Effekt bis jetzt darin, die Vereinigten Staaten in der Entwicklung derjenigen Waffensysteme zu beschränken, bei denen sie einen Vorsprung genießt. Auch hat die selbstauferlegte Zurückhaltung der Vereinigten Staaten während des letzten Jahrzehnts bei der Entwicklung und Ausrüstung ihrer strategischen Nuklearstreitkräfte keine vergleichbare Zurückhaltung auf seiten der UdSSR hervorgerufen. Im Gegenteil: Die Sowjetunion hat ihre Entschlossenheit gezeigt, die Entwicklung und Einführung aller derjenigen Waffensysteme voranzutreiben, die ihre weltweite militärische Position auszubauen versprechen. Weder die sowjetische Militärmacht noch ihre Wachstumsrate kann mit Gründen der Selbstverteidigung erklärt oder gerechtfertigt werden.

Durch ihre fortgesetzte nuklearstrategische Aufrüstung zeigt die Sowjetunion, daß sie nicht gewillt ist, amerikanische Vorstellungen von einer ausreichenden Kernwaffenrüstung [nuclear sufficiency] und wechselseitig gesicherter Abschreckung zu übernehmen, die davon ausgehen, daß nach dem Erreichen einer bestimmten Anzahl und Qualität von strategischen Nuklearwaffen beide Seiten zu der Einsicht kommen werden, daß ein weiterer Ausbau oder eine weitere Verbesserung bedeutungslos ist und sich entsprechend verhalten. Sowjetische Strategen betrachten den Besitz von mehr und besseren strategischen Waffen als klare militärische und politische Aktivposten und möglicherweise als letztes Zwangsmittel. Die intensiven Programme der Zivilverteidigung und der Härtung von Befehls- und Führungsstellen gegen einen Nuklearangriff, die in der Sowjetunion in den letzten Jahren unternommen wurden, legen nahe, daß sie die Möglichkeit eines Nuklearkrieges ernstnehmen und glauben, ihn – sollte er ausbrechen – eher überleben und sich schneller erholen zu können als wir.

Strategische Überlegenheit

In den letzten Jahren hat die Sowjetunion ihre Militärausgaben jährlich um inflationsbereinigt wenigstens 3 bis 4 Prozent gesteigert, während die Vereinigten Staaten bis vor kurzem ihre Militärausgaben jährlich und inflationsbereinigt um 3 Prozent gesenkt haben. Die Fachleute sind sich darüber uneinig, ob die Sowjetunion die Vereinigten Staaten in der militärischen Stärke bereits überholt hat, sei es insgesamt oder in bestimmten Regionen. Wie dem auch sei, wir sind davon überzeugt – und darin besteht weitgehende Übereinstimmung unter qualifizierten Fachleuten – daß *bei einem Anhalten bisheriger Trends die UdSSR innerhalb einiger Jahre eine strategische Überlegenheit über die Vereinigten Staaten erreichen wird.* Die UdSSR erfreut sich bereits einer konventionellen Überlegenheit auf einigen wichtigen Schauplätzen.

Überlegenheit sowohl an strategischen als auch an konventionellen Waffen könnte die Sowjetunion in die Lage versetzen, in Konfliktsituationen entscheidenden Druck auf die Vereinigten Staaten auszuüben. Die UdSSR könnte dann die Vereinigten Staaten zum Rückzug zwingen, ebenso wie sie selbst 1962 während der kubanischen Raketenkrise zum Rückzug gezwungen war. Als Beispiel könnte man sich einen weiteren Krieg im Mittleren Osten vorstellen, in dessen Verlauf die UdSSR, nachdem sie die örtliche konventionelle und allgemeine nukleare Überlegenheit erlangt hat, die Vereinigten Staaten zur Zurücknahme ihres Einflusses von dieser Weltregion zwingen könnte.

Ein sowjetischer Druck, der von strategischer und konventioneller Überlegenheit unterstützt wird, würde sich darauf richten, unseren allgemeinen Rückzug von einer Weltführungsrolle zu erzwingen und uns von anderen demokratischen Gesellschaften zu isolieren, die dann nicht lange überleben könnten.

So begriffen, würde die sowjetische Überlegenheit grundsätzlich offensiven Zielen dienen und es der UdSSR ermöglichen, Macht in verschiedenen Teilen der Welt auszuüben, ohne notwendigerweise eine große physische Präsenz in jedem einzelnen Land zu unterhalten. Sowjetische strategische Überlegenheit könnte die UdSSR dazu führen zu glauben, daß – sollte es ihr schließlich gelingen, die Vereinigten Staaten von ihren Verbündeten und der Dritten Welt zu isolieren – es weniger wahrscheinlich wäre, daß die Vereinigten Staaten im Falle einer größeren Krise bei dem verzweifelten Versuch, der Unterwerfung zu entgehen, mit strategischen Nuklearwaffen um sich schlagen würden.

Das sowjetische Streben

Die sowjetische Doktrin erfordert ehrgeizige Zielsetzungen, und die sowjetischen Aktionen bestätigen, daß sie darin fortfährt, diese Zielsetzungen beharrlich zu verfolgen. Ihre Ressourcen sind begrenzt, sie sieht sich vor großen inneren Schwierigkeiten, und ihre Eingriffe in die Weltpolitik erleiden oft Rückschläge. Dennoch wird sie durch inneren, geschichtlich bedingten und ideologischen Druck zu einer expansionistischen Politik getrieben, die sie wegen ihrer enormen militärischen Stärke zu einem einmalig gefährlichen Gegner macht. Es gibt keinen Hinweis darauf, daß SALT, ausgedehnte wirtschaftliche und kulturelle Beziehungen, das Helsinki-Abkommen oder irgendeines der anderen Elemente der „Entspannung" das sowjetische Streben abgeschwächt hätten. Seine Zielsetzungen sind global, seine Mittelkataloge unterschiedlich, und seine Fähigkeit, langfristige Zielsetzungen zu verfolgen und gleichzeitig kurzfristige Gelegenheiten auszunutzen, bleibt unverändert.

Die Herausforderung Amerikas

Es könnte sich als fatale Kurzsichtigkeit erweisen, die erklärten sowjetischen Absichten und ihre demonstrierten Fähigkeiten aus der irrtümlichen Überzeugung heraus zu ignorieren, daß wir „genug" haben, um uns zu verteidigen, und daß immer „Zeit" zum Ausbau unserer Stärke vorhanden ist. Im Nuklearzeitalter könnte „genug" nicht genug sein und die „Zeit" könnte auslaufen, wenn unsere Bemühungen nicht mit ihr Schritt halten.

Wir leben in einer Zeit, in der es auf den entscheidenden Ebenen eines möglichen Konflikts keine Alternative zu Wachsamkeit und glaubwürdiger Abschreckung gibt. Sie sind in der Tat die Voraussetzung für das Streben nach echter Entspannung und das

Aushandeln von vernünftigen und verifizierbaren Rüstungskontrollabkommen, die wirksam der Reduzierung der Kriegsgefahr dienen.

Schwäche lädt zur Aggression ein, Stärke schreckt sie ab. Deshalb hält die amerikanische Stärke den Schlüssel bereit zu unserer Suche nach Frieden und zu unserem Überleben als eine freie Gesellschaft in einer Welt, die unseren Hoffnungen und Idealen freundlich gesinnt ist.

Quelle: Committee on the Present Danger: What is the Soviet Union up to?, Washington, 4. 4. 1977, S. 3 und S. 5–14.

D 60: Neue Wege in der Dritte-Welt-Politik unter Carter?

Rede des Außenministers Cyrus Vance vor der Jahresversammlung der US-Junior Chamber of Commerce in Atlantic City am 20. Juni 1978

Ich freue mich über diese Gelegenheit, vor der Jahresversammlung der Junioren-Handelskammer zu sprechen.

Ich möchte heute über einen Teil der Welt sprechen, aus dem in jüngster Zeit viele Nachrichten kamen: Afrika.

Die heutigen Schlagzeilen beschäftigen sich mit den sogenannten „Unruheherden" – Südafrika, Äthiopien, Zaïre, und noch einige andere. Die tiefere Realität Afrikas umfaßt jedoch sehr viel mehr als diese Konflikte, Krisen und ausländischen Einmischungen, die unsere Aufmerksamkeit sofort auf sich ziehen. Afrika ist ein großer Kontinent mit großen natürlichen und menschlichen Ressourcen. Die meisten seiner Völker leben gegenwärtig in Frieden und machen stetige Fortschritte beim Aufbau der wirtschaftlichen und politischen Stärke ihrer Nationen. Wir bemühen uns, den Völkern und Nationen Afrikas bei dieser Aufgabe zu helfen.

Die afrikanischen Staaten spielen eine Schlüsselrolle in den Vereinten Nationen und auf anderen internationalen Schauplätzen. Ihr Verhalten kann für unsere Bemühungen, die Ausbreitung von Kernwaffen zu stoppen, die Anhäufung konventioneller Waffen unter Kontrolle zu bringen, Hunger und Unterernährung zu beenden, den Unterschied zwischen Erfolg und Mißerfolg ausmachen und kann dazu beitragen, daß mit den Ressourcen der Welt in Zukunft sorgfältiger umgegangen wird.

Afrika gewinnt auch in noch unmittelbarerer Hinsicht zunehmend an Bedeutung. Einige von Ihnen kaufen und verkaufen Waren, zu deren Herstellung man Kupfer, Mangan, Kobalt oder Pottasche braucht. Sie haben Kaffee und Kakao in Ihren Küchen. Afrika versorgt uns mit zwischen einem Viertel und der Hälfte unserer Importe dieser und vieler anderer Rohstoffe, einschließlich 40 Prozent unserer Rohölimporte.

Ebenso steigen unsere Exporte nach Afrika rasch an. Viele von Ihnen kommen aus landwirtschaftlich geprägten Staaten. Sie haben ein direktes Interesse daran, daß Afrika im letzten Jahr von den Vereinigten Staaten für mehr als 1000 Millionen Dollar landwirtschaftliche Produkte gekauft hat.

Ich möchte heute unsere Afrikapolitik darstellen und erläutern, inwiefern sie auf amerikanischen Interessen und afrikanischen Realitäten beruht.

Im letzten Juli sagte ich in einer Rede über die Zukunft der Afrikapolitik der Vereinigten Staaten, daß es weder richtig noch zweckmäßig ist, wenn wir Afrika allein als einen Kampfplatz zur Austragung des Ost-West-Wettbewerbs ansehen. Unsere Afrikapolitik hat sich nicht geändert. Ihre Ziele bleiben zukunftsorientiert und positiv.

Präsident Carter hat unsere Festlegung auf eine positive Strategie in seiner kürzlich in Annapolis gehaltenen Rede bestätigt. Er sagte, unsere Afrikapolitik sei im Grundsatz auf Bejahung ausgerichtet – eine Ausrichtung, die die Zusammenarbeit mit den afrikanischen Nationen bei der Lösung afrikanischer Probleme und der Verwirklichung afrikanischer Wünsche betont. Weiter sagte der Präsident, daß unser Ziel ein freies Afrika ist: „Frei von der Beherrschung durch ausländische Mächte, frei von der Bitterkeit rassischer Ungerechtigkeit, frei von Konflikten, und frei von den Bürden Armut, Hunger und Krankheit."

Dies ist unsere Vision der Zukunft Afrikas – eine Vision, die wir mit den Völkern Afrikas teilen. Aber ihre Verwirklichung ist in den letzten Monaten durch Konflikte und Einmischungen von außen schwieriger geworden.

Die fortdauernde Anwesenheit großer Mengen sowjetischer Waffen und von Tausenden kubanischer Soldaten in bestimmten Teilen Afrikas gibt Anlaß zu ernster Besorgnis. Größe und Dauer dieser militärischen Präsenz gefährden die Unabhängigkeit afrikanischer Staaten. Hieraus erwächst bei afrikanischen Staaten die Sorge, daß ausländische Waffen und Truppen eingesetzt werden, um den Ausgang jeden Konflikts auf dem Kontinent zu entscheiden. Und es erschwert die Anstrengungen der Afrikaner, diese Streitigkeiten friedlich beizulegen.

Es wird nicht unsere Politik sein, uns in Afrika genauso zu verhalten wie die Sowjets und die Kubaner, weil ein solches Vorgehen auf lange Sicht keinen Erfolg haben würde und lediglich den militärischen Konflikt verschärfen würde mit der Folge großen menschlichen Leidens. Unser bester Weg ist, zur Lösung der Probleme beizutragen, die als Vorwand auswärtiger Einmischung dienen, und die Fähigkeit der Afrikaner zur Selbstverteidigung zu stärken.

Was sind die Elemente einer positiven Afrikapolitik? In einfachen Worten sind es die folgenden:

- eine feste Verpflichtung auf soziale Gerechtigkeit und wirtschaftliche Entwicklung in Afrika;
- Anstrengungen, um dazu beizutragen, daß afrikanische Streitfälle friedlich beigelegt werden;
- Achtung vor dem afrikanischen Nationalismus;
- Unterstützung für legitime afrikanische Verteidigungsnotwendigkeiten;
- und schließlich dazu beizutragen, daß die Achtung für die Menschenrechte sich verstärkt, was die politischen Strukturen afrikanischer Nationen festigt.

Wir sind bereit, mit allen afrikanischen Staaten auf die Verwirklichung dieser gemeinsamen Ziele hinzuarbeiten. Wir haben zur Zeit gute Beziehungen zu fast jedem Staat in dieser Region. Wir waren nicht voreingenommen wegen Bezeichnungen oder Kategorien, denn diese sind im Zusammenhang mit Afrika besonders irreführend. Wir wollen nicht, daß Afrika entlang ideologischer oder anderer Grenzen geteilt wird.

[. . .]

In diesen Konfliktbereichen, und bei der friedlichen Entwicklung des Kontinents, verfolgen wir eine feste und vernünftige Strategie zur Förderung unserer langfristigen Interessen und zur Festigung unserer Verbindungen mit afrikanischen Staaten. Sie vereinigt in sich Bemühungen zur Vermeidung einer Ost-West-Konfrontation, und in den Regionen eine positive Politik, die auf die örtlichen Verhältnisse eingeht.

Lassen Sie mich zu den wesentlichen Elementen unserer Strategie zurückkehren:

- Als erstes werden wir uns auf unsere Stärken verlassen – unseren Handel, unsere Hilfe, die wirtschaftlichen und kulturellen Bindungen –, die sich in all den Jahren entwickelt haben. Diesen haben wir unsere gemeinsame Festlegung auf soziale Gerechtigkeit und menschliche Entwicklung hinzugefügt. Dies sind die beständigsten Elemente in der Beziehung zwischen Afrika und Amerika. Sie verbinden uns mit Nationen auf dem gesamten Kontinent.

  Für den Erfolg unserer Politik ist es wesentlich, daß die Afrikaner wissen, daß wir mit ihrem Ziel der wirtschaftlichen Entwicklung übereinstimmen. Dies bedeutet Zunahme von Handel und Investitionen in einer Weise, daß sowohl Afrika wie auch die Vereinigten Staaten davon Vorteile haben. Und es bedeutet, daß wir weiterhin unsere Hilfe für afrikanische Staaten erhöhen. Wir werden dies tun, weil dort ein echter Bedarf besteht, weil es für unser eigenes wirtschaftliches Wohlergehen wichtig ist, und weil es die Unabhängigkeit der afrikanischen Staaten festigen wird.

- Das zweite Element unserer Strategie ist es, mit anderen Nationen in und außerhalb Afrikas auf eine friedliche Beilegung von Streitfällen hinzuarbeiten. Wir können afrikanischen Staaten dabei helfen, menschliches Elend zu vermeiden, und eine Fehlleitung von Ressourcen in nicht der menschlichen Entwicklung dienende Zwecke zu verhindern. Darüber hinaus: Ein vorab erledigter möglicher Konflikt ist ein Konflikt, den andere nicht für ihre Zwecke ausnutzen können. Wir werden dazu beitragen, die Wirksamkeit der Vereinten Nationen und regionaler Organisationen, wie beispielsweise die Organisation für Afrikanische Einheit, die beim Hinarbeiten auf den Frieden eine wichtige Rolle spielen können, zu stärken. Letztlich sind es die Afrikaner selbst, die ihrem Kontinent Frieden bringen werden.

- Drittens werden wir weiterhin das wachsende Gefühl afrikanischer nationaler Unabhängigkeit achten, weil es wichtig ist für wirtschaftlichen und politischen Fortschritt und weil die Afrikaner einem Aufgeben ihrer schwer erkämpften Unabhängigkeit zugunsten auswärtiger Mächte festen Widerstand entgegensetzen werden. Die Geschichte der letzten 20 Jahre macht diese Tatsache deutlich.

- Viertens ist es seit Regierungsantritt immer unsere Politik gewesen, Bitten um Beistand, wenn sie von afrikanischen Staaten mit legitimen Verteidigungsbedürfnissen kamen, in Erwägung zu ziehen. Unsere Freunde in Afrika sollen wissen, daß wir ihre Möglichkeiten, sich selbst zu verteidigen, stärken können und stärken werden. Erhöhungen der amerikanischen Militärhilfe wird es nur nach sorgfältigen

Überlegungen geben, und sie werden vereinbar sein mit der von dieser Regierung verfolgten Politik, die eine Begrenzung der Rüstung und eine Konzentration unserer Hilfe auf wirtschaftliche Entwicklung anstrebt.

- Fünftens haben wir in privaten Treffen und in der Öffentlichkeit unsere Besorgnis über das Wesen der sowjetischen Aktivität in Afrika betont, und wir stehen in Verbindung mit europäischen, arabischen und afrikanischen Ländern, sowie mit Mitgliedern der Blockfreien-Bewegung, die unsere Besorgnis teilen. Wir haben den Sowjets die Probleme deutlich gemacht, die sich aus ihren Aktivitäten für Afrika und für die Gesamtheit unserer Beziehungen ergeben. Unser Vorgehen wird sich weiterhin orientieren an unserer Festlegung auf eine friedliche Beilegung von Streitpunkten und an dem erforderlichen Verständnis für die Besorgnis der betroffenen afrikanischen Staaten.
- Und schließlich werden wir, in Afrika und auch anderswo, zusammen mit Angehörigen aller Rassen darauf hinarbeiten, die Achtung für individuelle Menschenrechte zu stärken. Wir sind der Auffassung, daß bürgerliche und politische Freiheitsrechte und das Recht jedes einzelnen auf elementare Güter wie angemessene Krankenversorgung, Erziehung und Nahrungsmittel auf dem ganzen Kontinent geachtet werden sollten.

Die von uns verfolgte Strategie geht die Dinge realistisch an, insofern sie unsere Stärken hervorhebt und eine Entwicklung der Dinge fördert, die sowohl im Interesse Afrikas wie auch in unserem eigenen Interesse liegt. Es ist eine Strategie, die sich die Unterstützung afrikanischer Führungspersönlichkeiten auf dem ganzen Kontinent verdient hat.

Wir verschließen nicht die Augen davor, daß es bei einigen Afrikanern, die gegen den Kolonialismus gekämpft haben, einen Rest von Mißtrauen gibt, daß unsere Politik allein taktisch bestimmt ist, und nicht von einer echten Festlegung auf afrikanische Bedürfnisse geprägt ist. Nur die Zeit und der ständige Beweis, daß wir meinen, was wir sagen, wird dieses Problem lösen.

Wir sind überzeugt, daß eine positive Einstellung zu den afrikanischen Wünschen und Problemen gleichzeitig die wirksamste Antwort auf die sowjetischen und kubanischen Aktivitäten in Afrika darstellt. Jede andere Strategie würde Afrika schwächen, weil es gespalten würde; und sie würde uns schwächen dadurch, daß wir von anderen unsere Politik bestimmen ließen.

Unsere Nation und die Nationen Afrikas haben vieles gemeinsam. Wir kämpften hart um unsere Unabhängigkeit, und wir wollen frei bleiben.

Wir sind mit großen menschlichen und natürlichen Ressourcen gesegnet, und wir wollen diese voll entwickeln.

Wir sind auf Gleichberechtigung der Rassen festgelegt, und wir wollen sie zu unseren Lebzeiten verwirklichen.

Und uns verbindet die gleiche Vision von Afrikas Zukunft: in der die afrikanischen Hoffnungen und Träume von einem besseren Leben und vom Frieden Wirklichkeit geworden sind.

Quelle: Wireless Bulletin, No. 115 vom 21. 6. 1978, S. 1–2 u. S. 6–8.

D 61: Die Wende in der US-Ostpolitik unter Carter

Rede des Präsidenten Jimmy Carter vor Absolventen der Marineakademie in Annapolis (Maryland) am 7. Juni 1978 über das Verhältnis zur Sowjetunion

[. . .]

. . . Ich möchte heute zu Ihnen über einen der wichtigsten Aspekte dieses internationalen Zusammenhangs sprechen – das Verhältnis zwischen den beiden größten Mächten der Welt, den Vereinigten Staaten und der Sowjetunion.

Wir müssen erkennen, daß unser Verhältnis zur Sowjetunion auf sehr lange Zeit hinaus ein Konkurrenzverhältnis sein wird. Diese Konkurrenz muß konstruktiv sein, wenn wir Erfolg haben wollen. Anderenfalls könnte sie gefährlich und potentiell verheerend sein. Dann muß unser Verhältnis auch ein kooperatives sein. Wir müssen uns vor übertriebenen Ausschlägen in der Stimmung der Öffentlichkeit hüten – vor Euphorie, wenn es gut läuft, und Verzweiflung, wenn es schlecht läuft; vor übertriebener Sympathie mit der Sowjetunion bis zu offenem Ausdruck der Feindseligkeit.

Die Entspannung zwischen unseren beiden Ländern ist von zentraler Bedeutung für den Weltfrieden. Es ist wichtig, daß die Welt, die amerikanische Öffentlichkeit und Sie als künftige Führer der Marine verstehen, wie kompliziert und empfindlich sie ist. Das Wort Entspannung kann vereinfacht als „die Lockerung von Spannungen zwischen Nationen“ definiert werden. In der Praxis geht die Definition erfahrungsgemäß weiter, wenn diese Nationen neue Mittel und Wege entwickeln, wie sie in Frieden miteinander leben können. Wenn die Entspannung stabil sein soll, wenn sie vom amerikanischen Volk unterstützt werden soll und wenn sie die Grundlage für eine erweiterte Zusammenarbeit sein soll, dann muß sie weitreichend definiert werden und auf echter Gegenseitigkeit beruhen. Beide Nationen müssen in unruhigen Gebieten und unruhigen Zeiten Zurückhaltung üben. Beide müssen haargenau jene Abkommen einhalten, die bereits erzielt worden sind, um die Zusammenarbeit auszuweiten, selbstverständlich und wechselseitig die Produktion von Kernwaffen zu begrenzen, die Freizügigkeit von Personen und die Gedankenfreiheit zu erlauben und die Menschenrechte zu schützen.

Keiner von uns beiden sollte die Vorstellung hegen, daß er militärische Überlegenheit gewinnen könne oder daß irgendein vorübergehender militärischer Vorteil politisch ausgeschlachtet werden könne. Unser Hauptziel besteht darin, zur Gestaltung einer Welt beizutragen, die stärker auf den Wunsch der Menschen überall nach wirtschaftlichem Wohlergehen, sozialer Gerechtigkeit, politischer Selbstbestimmung und den grundlegenden Menschenrechten eingeht. Wir streben nach einer Welt des Friedens. Aber in einer solchen Welt muß die soziale, politische und ideologische Vielfalt wohnen. Nur dann kann es eine echte Zusammenarbeit unter Nationen und Kulturen geben.

Wir wollen niemanden beherrschen. Wir werden weiterhin unsere Zusammenarbeit mit den positiven neuen Kräften in der Welt ausweiten. Wir wollen unsere Zusammenarbeit mit der Sowjetunion ausbauen, aber auch mit den aufstrebenden Nationen, mit den Ländern Osteuropas und mit der Volksrepublik China. Wir haben uns besonders der echten Selbstbestimmung und Mehrheitsherrschaft in jenen Teilen der Welt verschrieben, wo diese Ziele noch nicht erreicht worden sind. Unser langfristiges Ziel muß darin bestehen, die Sowjetunion von den Vorteilen der Zusammenarbeit und den Folgen eines störenden Verhaltens zu überzeugen.

Wir erinnen uns, daß die Vereinigten Staaten und die Sowjetunion im Zweiten Weltkrieg Verbündete waren. Eine der großen historischen Leistungen der amerikanischen Marine bestand darin, die gewaltigen Lieferungen von Rüstungs- und Versorgungsgütern von unserem Lande nach Murmansk und anderen sowjetischen Häfen zur Unterstützung unserer gemeinsamen Anstrengung zur Überwindung der Nazi-Bedrohung zu leiten und zu schützen. In der Tragödie dieses Massenkonflikts verloren 20 Millionen sowjetische Bürger ihr Leben. Weitere Millionen Menschen, die in der Sowjetunion leben, erinnern sich noch an den Schrecken und an den Hunger jener Zeit. Ich bin überzeugt, daß die Bevölkerung der Sowjetunion den Frieden will. Ich kann nicht glauben, daß sie möglicherweise den Krieg wollte.

Im Laufe der Jahre hat unser Land eine Annäherung an die Sowjetunion gesucht, wie aus dem österreichischen Friedensvertrag, dem Viermächte-Abkommen über Berlin, der Einstellung von Kernversuchen in der Atmosphäre, der gemeinsamen wissenschaftlichen Erforschung des Weltraums, Handelsabkommen, dem Vertrag über die Raketenabwehr-(ABM-)Systeme und aus dem Interimsabkommen über strategische Offensivwaffen und dem Abkommen über das begrenzte Versuchsverbot hervorgeht.

Die Bemühungen gehen heute weiter mit Verhandlungen über ein SALT-II-Abkommen, ein umfassendes Versuchsverbot für nukleare Sprengkörper, eine Verringerung des Transfers konventioneller Waffen an andere Länder, ein Verbot von Angriffen auf Satelliten im Weltraum, ein Abkommen zur Stabilisierung des Standes der Dislozierung von Streitkräften im Indischen Ozean und über verstärkten Handel und wissenschaftlichen und kulturellen Austausch. Wir müssen bereit sein, trotz der grundlegenden Fragen, die uns trennen, solche Wege der Zusammenarbeit zu erschließen. Allein die Risiken eines Nuklearkrieges treiben uns in diese Richtung.

Die Anzahl und die Zerstörungskraft der Kernwaffen haben sich in einem alarmierenden Tempo erhöht. Darum ist ein SALT-Abkommen, das die Sicherheit beider Nationen fördert, von fundamentaler Bedeutung. Wir und die Sowjetunion verhandeln fast jeden Tag in gutem Glauben, weil wir beide wissen, daß ein Mißerfolg eine Wiederaufnahme eines massiven nuklearen Wettrüstens heraufbeschwören würde. Ich freue mich, Ihnen heute berichten zu können, daß die Aussichten für ein SALT-II-Abkommen gut sind.

Über diese wichtige Bemühung hinaus gehören ein verbesserter Handelsaustausch und ein verbesserter technologischer und kultureller Austausch zu den unmittelbaren Vorteilen der Zusammenarbeit zwischen unseren Ländern. Diese Bemühungen um Zusammenarbeit löschen jedoch unsere signifikanten Unterschiede nicht aus. Worin bestehen diese Unterschiede? Für die Sowjetunion scheint Entspannung ein dauernder aggressiver Kampf mit verschiedenen Mitteln um politische Vorteile und wachsenden Einfluß zu bedeuten. Die Sowjetunion betrachtet militärische Macht und Militärhilfe offensichtlich als das beste Mittel, ihren Einfluß in der Welt auszudehnen. Es liegt auf der Hand, daß Gebiete der Instabilität in der Welt ein verlockendes Ziel für diese Bemühungen bieten, und nur allzu oft scheint sie bereit zu sein, jede solche Gelegenheit zu nutzen. Wie sich in Korea, Angola und, wie Sie wissen, in jüngerer Zeit auch in Äthiopien gezeigt hat, zieht die Sowjetunion es vor, Stellvertreter-Streitkräfte einzusetzen, um ihre Ziele zu erreichen.

Anderen Ländern in der Welt erscheint die militärische Aufrüstung der Sowjetunion übertrieben, weit über alle legitimen Verteidigungsbedürfnisse für die Sowjetunion selbst oder ihre Verbündeten hinausgehend. Seit über 15 Jahren hat sie dieses Programm des militärischen Wachstums aufrechterhalten und fast 15 Prozent ihres Bruttosozialprodukts in die Rüstung investiert, und dieses anhaltende Wachstum geht weiter.

Die Mißachtung grundlegender Menschenrechte in ihrem eigenen Lande, unter Verletzung des in Helsinki erreichten Übereinkommens, hat der Sowjetunion die Verurteilung durch all die Menschen eingebracht, die die Freiheit lieben. Durch ihre Handlungen hat sie gezeigt, daß das sowjetische System frei geäußerte Meinungen, die Gedanken einer loyalen Opposition und die Freizügigkeit von Menschen nicht tolerieren kann.

Die Sowjetunion versucht, eine totalitäre und repressive Regierungsform zu exportieren, die zu einer geschlossenen Gesellschaft führt. Einige dieser Eigenschaften und Ziele schaffen Probleme für die Sowjetunion. Außerhalb eines streng kontrollierten Blocks hat die Sowjetunion schwierige politische Beziehungen zu anderen Nationen. Ihre kulturellen Verbindungen zu anderen sind gering und sporadisch. Ihre Regierungsform wird immer unattraktiver für andere Nationen, so daß selbst marxistisch-leninistische Gruppen die Sowjetunion nicht mehr als ein nachahmenswertes Modell betrachten. Viele Länder geraten in große Besorgnis, daß die Blockfreien-Bewegung durch Kuba unterwandert wird, das ganz offensichtlich eng mit der Sowjetunion verbunden und in seinem wirtschaftlichen Bestand und hinsichtlich der politischen und militärischen Führung und Leitung von dieser abhängig ist.

Obwohl die Sowjetunion über das zweitgrößte Wirtschaftssystem der Welt verfügt, läßt ihr Wachstum stark nach und ihr Lebensstandard steht in keinem günstigen Vergleich zu dem anderer Nationen auf einer entsprechenden Entwicklungsstufe. Die landwirtschaftliche Erzeugung bleibt noch immer ein ernstes Problem für die Sowjetunion, so daß sie sich in Zeiten durchschnittlicher oder schlechter Erntebedingungen wegen Lebensmittellieferungen an uns oder andere Länder wenden muß.

Wir sind in unserem Lande in einer sehr viel günstigeren Position. Unsere industrielle Basis und unsere Produktivität sind unerreicht. Unsere wissenschaftliche und technologische Fähigkeit ist der aller anderen überlegen. Unsere Bündnisse mit anderen freien Nationen sind stark und werden zunehmend stärker. Unsere militärische Schlagkraft steht heute hinter keiner anderen zurück und wird hinter keiner zurückstehen. Im Gegensatz zur Sowjetunion sind wir von freundlichen Nachbarn und weiten Meeren umgeben. Unsere gesellschaftliche Struktur ist stabil und zusammenhaltend, und unsere Außenpolitik erfreut sich einer überparteilichen öffentlichen Unterstützung, die ihr Kontinuität verleiht. Wir sind stark aufgrund der Dinge, für die wir als Nation einstehen: die realistische Chance für jedermann, sich ein besseres Leben zu schaffen; Schutz durch Recht und Gewohnheit vor willkürlicher Ausübung der Regierungsmacht; das Recht jedes einzelnen, seine Meinung zu sagen, sich voll am Regierungsprozeß zu beteiligen und politische Macht zu übernehmen.

Unsere Lebensanschauung beruht auf persönlicher Freiheit, der mächtigsten aller Ideen, und unsere demokratische Lebensweise verdient die Bewunderung und die Nacheiferung durch andere Völker in der Welt. Unser Eintreten für die Menschenrechte läßt uns Teil einer ständig stärker werdenden internationalen Woge werden. Indem wir ein Teil dieser Bewegung sind, werden wir selbst gestärkt.

Unsere wachsende wirtschaftliche Stärke ist ebenfalls ein wichtiger politischer Faktor und potentieller Einfluß zum Wohle anderer. Unser Bruttosozialprodukt übersteigt das aller neun in der Europäischen Gemeinschaft zusammengeschlossenen Länder und ist doppelt so hoch wie das der Sowjetunion. Darüber hinaus beginnen wir jetzt zu lernen, unsere Ressourcen klüger zu nutzen, indem wir eine neue Harmonie zwischen unserer Bevölkerung und unserer Umwelt schaffen.

Unsere Analyse der militärischen Stärke Amerikas bietet ebenfalls eine Basis des Vertrauens. Wir wissen, daß weder die Vereinigten Staaten noch die Sowjetunion einen nuklearen Angriff gegen den anderen vornehmen können, ohne einen vernichtenden Gegenangriff hinnehmen zu müssen, der den Angreiferstaat zerstören könnte. Obwohl die Sowjetunion über mehr Raketenabschußvorrichtungen, größeres Wurfgewicht und ein größeres kontinentales Luftverteidigungspotential verfügt, besitzen die Vereinigten Staaten mehr Gefechtsköpfe, eine allgemein größere Treffsicherheit, mehr schwere Bomber, eine ausgewogenere Kernstreitmacht, bessere Raketen-Unterseeboote und ein überlegenes Unterseeboot-Abwehrpotential. Ein erfolgreiches SALT-II-Abkommen wird beide Nationen auf einen gleichen, aber niedrigeren Höchststand von Raketenabschußvorrichtungen und Flugkörpern mit Mehrfachgefechtsköpfen bringen. Wir rechnen bei SALT III sogar mit einer noch größeren beiderseitigen Verringerung der Kernwaffen.

Bei einer im wesentlichen nuklearen Gleichwertigkeit hat die relative Stärke der konventionellen Streitkräfte jetzt an Bedeutung gewonnen. Tatsache ist, daß das militärische Potential der Vereinigten Staaten und ihrer Verbündeten ausreicht, um jeder vorhersehbaren Bedrohung begegnen zu können. Es ist möglich, daß jede Seite dazu neigt, das militärische Potential der anderen zu überschätzen. Genaue Analysen sind wichtig als Grundlage für die Entscheidungen der Zukunft. Falsche oder übertriebene Einschätzungen der sowjetischen Stärke oder der amerikanischen Schwäche tragen zur Wirksamkeit der sowjetischen Propagandaanstrengungen bei. So haben beispielsweise kürzlich alarmierende Zeitungsberichte über Vorschläge im Verteidigungshaushalt für die amerikanische Marine die Tatsache außer acht gelassen, daß wir den höchsten Verteidigungshaushalt in unserer Geschichte haben und daß der größte Teil dieser Mittel an die Marine gehen wird. Sie hier reihen sich in eine lange Tradition überlegener Führung, Seemannskunst, Taktik und Schiffsbaukunst ein. Ich bin zuversichtlich, daß die amerikanische Marine heute auf den Meeren unvergleichlich und ohnegleichen ist und daß Sie, ich und andere immer dafür sorgen werden, daß die Marine stark bleibt. Niemand soll an unserer heutigen und künftigen Stärke zweifeln. Dieser kurze Überblick, den ich gegeben habe, zeigt, daß wir wegen unserer Fähigkeit, konkurrieren und erfolgreich konkurrieren zu können, keine übergroße Sorge haben müssen. Es gibt sicherlich keinen Grund zur Panik. Die gesunde Selbstkritik und die freie Debatte, die in einer Demokratie wesentlich sind, sollten niemals mit Schwäche, Verzweiflung oder mangelnder Zielsetzung verwechselt werden.

Welches sind die Hauptelemente der amerikanischen Außenpolitik gegenüber der Sowjetunion? Ich möchte sie kurz aufzählen. Wir werden auch weiterhin eine gleichwertige nukleare Stärke aufrechterhalten, weil wir der Überzeugung sind, daß angesichts des Fehlens einer weltweiten nuklearen Abrüstung ein derartiges Gleichgewicht die am wenigsten bedrohliche und damit stabilste Situation für die Welt bedeutet. Wir halten ein kluges und tragbares Maß an Militärausgaben aufrecht, das auf eine stärkere NATO, mehr mobile Streitkräfte und eine unverminderte Präsenz im Pazifik ausgerichtet ist. Wir und unsere Verbündeten müssen und werden imstande sein, jeder vorhersehbaren Herausforderung unserer Sicherheit entweder durch strategische Nuklearstreitkräfte oder durch konventionelle Streitkräfte zu begegnen. Amerika besitzt die Fähigkeit, diese Verpflichtung zu erfüllen, ohne übermäßige Opfer von unseren Bürgern verlangen zu müssen. Diese Verpflichtung auf militärische Stärke wird erfüllt werden.

Über unsere Bündnisse hinaus werden wir weltweite und regionale Organisationen unterstützen, die sich der Stärkung des internationalen Friedens widmen, wie beispielsweise die Vereinten Nationen, die Organisation Amerikanischer Staaten (OAS) und die Organisation der Afrikanischen Einheit (OAU). Wir und unsere afrikanischen Freunde wünschen uns Afrika als einen Kontinent, der frei ist von der Herrschaft fremder Mächte, frei von der Bitterkeit rassischer Ungerechtigkeit, frei von Konflikten und frei von den Bürden der Armut, des Hungers und der Krankheit. Wir sind überzeugt, daß die beste Methode, auf diese Ziele hinzuarbeiten, in einer positiven Politik besteht, die den afrikanischen Hoffnungen Rechnung trägt. Das anhaltende und zunehmende militärische Engagement der Sowjetunion und Kubas in Afrika könnte diese hoffnungsvolle Vision zunichte machen. Wir sind zutiefst besorgt über diese Bedrohung des regionalen Friedens und der Autonomie von Ländern, in denen diese ausländischen Truppen permanent stationiert zu sein scheinen. Aus diesem Grunde habe ich dieses Thema heute aufgegriffen. Das ist auch der Grund, warum ich und das amerikanische Volk die afrikanischen Bemühungen unterstützen werden, ein solches Vordringen einzudämmen, wie wir dies kürzlich in Zaïre getan haben. Ich appelliere noch einmal an alle anderen Mächte, sich uns in dem Bemühen anzuschließen, Werken des Friedens statt Waffen des Krieges Vorrang einzuräumen. Möge sich die Sowjetunion jetzt in ihrer Hilfe für Afrika uns anschließen in der Suche nach einem friedlichen und raschen Übergang zur Herrschaft der Mehrheit in Rhodesien und in Namibia. Wollen wir doch unsere Anstrengungen darauf richten, die Streitigkeiten in Eritrea und Angola auf friedlichem Wege beizulegen. Wollen wir uns doch alle anstrengen – nicht um Afrika zu teilen und die Herrschaft über es zu gewinnen –, sondern um jenen Nationen zu helfen, ihre großen Möglichkeiten voll auszuschöpfen.

Wir streben nach Frieden, nach besserer Kommunikation und besserem Verständnis, nach kulturellem und wissenschaftlichem Austausch und einer Ausweitung des Handels mit der Sowjetunion und anderen Nationen. Wir werden den Versuch unternehmen, die Weiterverbreitung von Kernwaffen in jene Länder zu verhindern, die heute diese Fähigkeit nicht besitzen. Wir werden auch weiterhin konstruktiv und beharrlich auf ein faires Abkommen zur Begrenzung der strategischen Rüstungen hinarbeiten. Wir wissen, daß keine Seite durch die Anwendung von Kernwaffen einen ideologischen Sieg davontragen kann. Wir haben nicht den Wunsch, diese Verhandlungen mit anderen Konkurrenzverhältnissen zu verknüpfen oder diesem Prozeß andere, besondere Bedingungen aufzuerlegen. In einer demokratischen Gesellschaft, in der die öffentliche Meinung integraler Faktor bei der Gestaltung und Verfolgung der Außenpolitik ist, müssen wir jedoch einsehen, daß Spannungen, scharfe Streitigkeiten oder Bedrohungen des Friedens die Suche nach einem erfolgreichen Abkommen erschweren. Das ist keine Frage, wie wir es gerne hätten, sondern einfach eine Anerkennung der Tatsachen. Die Sowjetunion kann wählen zwischen Konfrontation oder Kooperation. Die Vereinigten Staaten sind hinreichend darauf vorbereitet, mit beidem fertig zu werden. Wir würden der Zusammenarbeit durch Entspannung den Vorzug geben, die in zunehmendem Maße ähnliche Beschränkungen für beide Seiten mit sich bringt, eine ähnliche Bereitschaft,

Streitigkeiten durch Verhandlungen statt durch Gewalt zu bereinigen und den ähnlichen Willen, friedlich und nicht militärisch miteinander zu konkurrieren. Alles was darunter bleibt, ist nur dazu angetan, die Entspannung zu unterminieren. Das ist der Grund, warum ich hoffe, daß niemand die Besorgnisse unterschätzen möge, die ich heute hier zum Ausdruck gebracht habe. Ein Wettstreit ohne Mäßigung und ohne gemeinsam anerkannte Regeln wird in noch größere Spannungen ausarten, und unsere Beziehungen zur Sowjetunion als Ganzes werden darunter leiden. Ich wünsche nicht, daß dies geschieht – und ich glaube nicht, daß Herr Breschnew dies wünscht. Das ist der Grund, warum es heute für uns an der Zeit ist, offen zu sprechen und die bestehenden Probleme unmittelbar anzugehen . . .

[. . .]

Quelle: Europa-Archiv, 1978, D 426–D 430.

D 62: Carters Antwort auf den sowjetischen Einmarsch in Afghanistan

Botschaft des Präsidenten Jimmy Carter vom 23. Januar 1980 an den Kongreß über die Lage der Nation

[. . .]

Die achtziger Jahre wurden im Umsturz und Wandel geboren. Wir leben in einer Zeit der Herausforderung unserer Interessen und Werte – einer Zeit, die unsere Klugheit und unseren Willen auf die Probe stellt. In diesem Augenblick werden in Iran noch immer 50 Amerikaner, unschuldige Opfer des Terrorismus und der Anarchie, gefangengehalten. In diesem Augenblick versuchen massive sowjetische Invasionsstreitkräfte, das stolze, unabhängige und tiefreligiöse Volk von Afghanistan zu unterjochen. Diese beiden Akte – ein Akt des internationalen Terrorismus und ein Akt der militärischen Aggression – stellen eine ernste Herausforderung für die Vereinigten Staaten und die anderen Länder der Welt dar. Gemeinsam werden wir diese Bedrohungen des Friedens meistern.

Ich bin entschlossen, daß die Vereinigten Staaten die stärkste aller Nationen bleiben, aber unsere Macht wird niemals benutzt werden, um von uns aus die Sicherheit irgendeines Landes oder die Rechte irgendeines Menschen zu bedrohen. Wir wollen sicher sein und sicher bleiben – eine Nation in Frieden in einer stabilen Welt. Aber um sicher zu sein, müssen wir uns der Welt stellen, so wie sie ist.

Drei grundlegende Entwicklungen haben mitgewirkt, um diese Herausforderungen an uns Gestalt annehmen zu lassen:

- das stetige Anwachsen sowjetischer Militärmacht und ihre zunehmende Projektion über die eigenen Grenzen hinweg;
- die überwältigende Abhängigkeit der demokratischen Industriestaaten von der Ölversorgung aus dem Mittleren Osten; und
- der Druck sozialen, religiösen, wirtschaftlichen und politischen Wandels in vielen Ländern der Entwicklungswelt, beispielhaft demonstriert durch die Revolution in Iran.

Jeder dieser Faktoren ist für sich allein von Bedeutung. Jeder wirkt sich auf die anderen aus. Alle drei konzentrieren sich jetzt auf ein Unruhegebiet der Welt. Alle diese Faktoren müssen zusammen gemeistert werden – klar und mutig. Wir werden uns diesen Herausforderungen stellen. Wir werden sie mit dem Besten meistern, was wir haben. Und wir werden nicht versagen.

Als Antwort auf den abscheulichen Akt in Iran hat sich unsere Nation erhoben und vereint wie niemals zuvor in Friedenszeiten. Unser Standpunkt ist klar. Wir werden der Erpressung niemals nachgeben. Wir verfolgen weiterhin diese spezifischen Ziele:

- die gegenwärtigen und künftigen Interessen der Vereinigten Staaten zu schützen;
- das Leben der amerikanischen Geiseln zu erhalten und auf jede mögliche Weise ihre sichere Freilassung zu erreichen;
- wenn möglich Blutvergießen zu vermeiden, das das Leben unserer amerikanischen Mitbürger noch mehr gefährden könnte;
- die Hilfe anderer Länder zu gewinnen, um diese verbrecherische Verletzung der moralischen und rechtlichen Normen einer zivilisierten Welt zu beenden; und
- die iranischen Führer zu überzeugen, daß die wirkliche Gefahr für ihr Land vom Norden, von den sowjetischen Truppen in Afghanistan ausgeht und daß der ungerechtfertigte iranische Streit mit uns ihre Antwort auf diese größere Gefahr behindert.

Wenn die amerikanischen Geiseln Schaden erleiden, wird dafür ein hoher Preis bezahlt werden. Wir werden nicht ruhen, bis jedes der Opfer freigelassen ist.

Aufgrund der jüngsten militärischen Aktion der Sowjetunion stehen wir nunmehr einer umfassenderen, grundlegenderen Herausforderung in der Region gegenüber. Wie im Verlauf der letzten dreieinhalb Jahrzehnte stellt die Beziehung zwischen den Vereinigten Staaten und der Sowjetunion den wichtigsten Faktor bei der Entscheidung dar, ob die Welt in Frieden leben oder in einen weltweiten Konflikt stürzen wird. Seit dem Ende des Zweiten Weltkriegs ist Amerika anderen Staaten dabei vorangegangen, sich der Herausforderung wachsender sowjetischer Macht zu stellen. Dies ist keine einfache oder statische Beziehung gewesen. Zwischen uns gab es Zusammenarbeit, es gab Wettstreit, und es gab Zeiten der Konfrontation.

- In den vierziger Jahren übernahmen wir die Führung bei der Schaffung des Atlantischen Bündnisses als Antwort auf die Unterdrückung und die Konsolidierung des osteuropäischen Machtbereichs der Sowjetunion und der sich daraus ergebenden Bedrohung Westeuropas.
- In den fünfziger Jahren halfen wir mit, weitere sowjetische Herausforderungen in Korea und im Nahen Osten einzudämmen, und wir rüsteten auf, um diese Eindämmung zu garantieren.
- In den sechziger Jahren stellten wir uns den sowjetischen Herausforderungen in der Berlin- und der kubanischen Raketen-Krise; daraufhin versuchten wir, die Sowjetunion an der bedeutenden Aufgabe zu beteiligen, den Kalten Krieg zu beenden und von der Konfrontation wegzukommen.

- Und in den siebziger Jahren verhandelten drei amerikanische Präsidenten mit der sowjetischen Führung in dem Versuch, dem zunehmenden nuklearen Wettrüsten Einhalt zu gebieten. Wir versuchten, Verhaltensregeln einzuführen, die das Risiko eines Konflikts vermindern, und wir suchten nach Gebieten der Zusammenarbeit, die unsere Beziehungen reziprok und produktiv machen könnten – nicht nur zum Nutzen unserer beiden Länder, sondern auch für die Sicherheit und den Frieden der Welt.

Bei allen diesen Schritten haben wir zwei Verpflichtungen eingehalten: bereit zu sein, uns jeder Herausforderung durch die sowjetische Militärmacht zu stellen, und Wege zu finden, um Streitigkeiten beizulegen und den Frieden zu erhalten. Die Vermeidung eines Atomkriegs ist die oberste Verantwortung der beiden Supermächte. Aus diesem Grund handelten wir die Verträge über die Begrenzung der strategischen Rüstungen aus – SALT I und SALT II. Gerade jetzt in einer Zeit großer Spannung wird die Beachtung der durch die Bedingungen dieser Verträge gegenseitig auferlegten Beschränkungen im besten Interesse beider Länder sein – und dazu beitragen, den Weltfrieden zu bewahren. Ich werde bei unserem Bemühen um die Kontrolle der Kernwaffen eng mit dem Kongreß zusammenarbeiten. Diese Anstrengung wird nicht aufgegeben.

Wir Supermächte haben auch eine Verantwortung, uns beim Einsatz militärischer Macht Zurückhaltung aufzuerlegen. Die Integrität und die Unabhängigkeit schwächerer Staaten darf nicht bedroht werden. Aber jetzt hat die Sowjetunion einen radikalen und aggressiven neuen Schritt unternommen. Sie setzt ihre große militärische Macht gegen ein verhältnismäßig schutzloses Land ein. Die Implikationen der sowjetischen Invasion Afghanistans könnten die ernsthafteste Bedrohung des Weltfriedens seit dem Zweiten Weltkrieg darstellen. Die große Mehrheit der Staaten der Welt hat diesen neuesten Versuch der Sowjets verurteilt, ihre Kolonialherrschaft über andere auszuweiten, und den sofortigen Abzug der Invasionsstreitkräfte gefordert. Die islamische Welt ist besonders und zu Recht über diese Aggression gegen ein islamisches Volk empört. Kein Schritt einer Weltmacht wurde jemals so rasch und so überwältigend verurteilt. Aber verbale Verurteilung ist nicht genug. Die Sowjetunion muß einen konkreten Preis für ihre Aggression bezahlen. Solange die Invasion anhält, können wir und andere Länder gegenüber der Sowjetunion nicht so tun, als sei nichts geschehen.

Aus diesem Grund haben die Vereinigten Staaten der Sowjetunion harte wirtschaftliche Strafmaßnahmen auferlegt. Ich werde sowjetischen Schiffen keine Fischfangrechte in den Küstengewässern der Vereinigten Staaten gewähren. Ich habe den sowjetischen Zugang zu hochtechnologischer Ausrüstung und zu Agrarprodukten abgeschnitten. Ich habe anderen Handel mit der Sowjetunion begrenzt und unsere Verbündeten und Freunde aufgefordert, sich uns in der Zurückhaltung im Handel mit der Sowjetunion anzuschließen und keinen Ersatz für unsere eigenen, vom Embargo betroffenen Produkte zu liefern. Ich habe das Olympische Komitee darüber informiert, daß weder das amerikanische Volk noch ich selbst es unterstützen, ein olympisches Team nach Moskau zu entsenden, solange die sowjetischen Invasionsstreitkräfte in Afghanistan stehen.

Die Sowjetunion muß einige grundlegende Fragen beantworten: Will sie mithelfen, ein stabileres internationales Umfeld zu fördern, in dem ihre eigenen legitimen, friedlichen Anliegen verfolgt werden können? Oder will sie fortfahren, ihre militärische Macht weit über ihre echten Sicherheitsbedürfnisse hinaus auszudehnen und diese Macht für koloniale Eroberungen auszunützen? Die Sowjetunion muß einsehen, daß ihre Entscheidung, militärische Gewalt in Afghanistan zu gebrauchen, jeder von ihr geschätzten politischen und wirtschaftlichen Beziehung teuer zu stehen kommt.

Die jetzt durch die sowjetischen Truppen in Afghanistan bedrohte Region ist von großer strategischer Bedeutung: In ihr liegen mehr als zwei Drittel des exportierbaren Öls der Welt. Die sowjetischen Anstrengungen, Afghanistan zu beherrschen, haben die sowjetischen Streitkräfte bis auf 300 Meilen an den Indischen Ozean herangebracht und nahe an die Straße von Hormuz – einen Seeweg, durch den ein Großteil des Öls der freien Welt transportiert werden muß. Die Sowjetunion versucht, eine strategische Position zu konsolidieren, die eine schwere Bedrohung für die freie Bewegung des Mittelostöls darstellt.

Diese Situation verlangt sorgfältige Überlegungen, gute Nerven und entschlossenes Handeln – nicht nur in diesem Jahr, sondern auf viele Jahre hinaus. Sie erfordert kollektive Anstrengungen, um dieser neuen Bedrohung der Sicherheit im Persischen Golf und in Südwestasien zu begegnen. Sie verlangt die Beteiligung all jener, die vom Öl aus dem Mittleren Osten abhängig und um den Frieden und die Stabilität in der Welt besorgt sind. Und sie erfordert Konsultationen und enge Zusammenarbeit mit Ländern der Region, die bedroht sein könnten.

Diese Herausforderung zu meistern, wird nationalen Willen, diplomatische und politische Klugheit, wirtschaftliche Opfer und selbstverständlich militärische Schlagkraft erfordern. Wir müssen das Beste in uns fordern, um die Sicherheit dieser entscheidend wichtigen Region zu erhalten. Unser Standpunkt muß absolut klar sein: Ein Versuch irgendeiner auswärtigen Macht, die Kontrolle über die Region des Persischen Golfes zu erlangen, wird als ein Angriff auf die lebenswichtigen Interessen der Vereinigten Staaten betrachtet werden. Und solch ein Angriff wird unter Einsatz aller notwendigen Mittel, einschließlich militärischer Macht, zurückgewiesen werden.

Während der letzten drei Jahre haben wir Maßnahmen ergriffen, um unsere eigene Sicherheit und die Aussichten auf Frieden zu verbessern – nicht nur in den lebenswichtigen ölerzeugenden Gebieten am Persischen Golf, sondern in der ganzen Welt.

- Wir haben unsere realen Aufwendungen für die Verteidigung jährlich erhöht, und wir werden diese verstärkte Anstrengung während unseres Fünfjahre-Verteidigungsprogramms durchhalten. Es ist eine zwingende Notwendigkeit, daß der Kongreß diesen starken Verteidigungshaushalt für 1981, der einen fünfprozentigen Realzuwachs an Bewilligungen vorsieht, ohne jede Kürzung billigt.
- Wir verbessern unsere Kapazität, amerikanische Streitkräfte rasch in entfernt gelegene Gebiete zu dislozieren.
- Wir haben mitgeholfen, die NATO und unsere anderen Bündnisse zu stärken. Wir und unsere NATO-Verbündeten haben beschlossen, modernisierte nukleare Mittelstreckensysteme zu entwickeln und zu dislozieren, um einer ungerechtfertigten und wachsenden Bedrohung durch die Kernwaffen der Sowjetunion entgegenzutreten.
- Wir arbeiten mit unseren Verbündeten daran, einen Konflikt im Nahen Osten zu verhüten. Der Friedensvertrag zwischen Ägypten und Israel ist ein bemerkenswerter Erfolg, der einen strategischen Pluspunkt für Amerika darstellt und der auch die Aussichten auf einen regionalen und weltweiten Frieden fördert. Wir sind

gegenwärtig an weiteren Verhandlungen beteiligt, um für die Bevölkerung des Westjordanlands und Gazas die volle Autonomie zu erreichen, die Palästina-Frage in all ihren Aspekten zu lösen und den Frieden und die Sicherheit Israels zu bewahren. Möge niemand an unserer Verpflichtung auf die Sicherheit Israels zweifeln! In wenigen Tagen werden wir ein historisches Ereignis erleben, wenn Israel einen weiteren Rückzug aus Sinai vornimmt und Botschafter zwischen Israel und Ägypten ausgetauscht werden.

- Wir haben unsere eigene Sphäre der Freundschaft ausgeweitet. Unsere tiefe Verpflichtung gegenüber den Menschenrechten und der Erfüllung menschlicher Bedürfnisse hat unser Verhältnis zu einem Großteil der Dritten Welt verbessert. Unsere Entscheidung, unsere Beziehungen zur Volksrepublik China zu verbessern, wird dazu beitragen, Frieden und Stabilität in Asien und im westlichen Pazifik zu erhalten.

- Wir haben unsere Flottenpräsenz im Indischen Ozean erhöht und verstärkt, und wir treffen gegenwärtig Abmachungen, daß entscheidend wichtige Flotten- und Luftwaffeneinrichtungen in der Region des nordöstlichen Afrikas und des Persischen Golfes von unseren Streitkräften benutzt werden können.

- Wir haben unser Abkommen von 1959 bekräftigt, Pakistan bei der Erhaltung seiner Unabhängigkeit und Integrität zu helfen. Die Vereinigten Staaten werden – in Übereinstimmung mit unseren eigenen Gesetzen – Maßnahmen ergreifen, um Pakistan bei dem Widerstand gegen jede Aggression von außen zu unterstützen. Ich ersuche den Kongreß ausdrücklich, diese Verpflichtung zu bestätigen. Ich arbeite ferner, zusammen mit anderen Ländern, daran, zusätzliche militärische und wirtschaftliche Hilfe für Pakistan zu leisten. Dieser Antrag wird Ihnen in einigen Tagen zugehen.

- In den kommenden Wochen werden wir unsere politischen und militärischen Bindungen mit anderen Ländern in der Region weiter verstärken.

- Wir sind der Überzeugung, daß es keine unüberwindlichen Differenzen zwischen uns und irgendeinem islamischen Volk gibt. Wir achten den islamischen Glauben, und wir sind bereit, mit allen moslemischen Ländern zusammenzuarbeiten.

- Und wir sind schließlich bereit, mit anderen Ländern der Region zusammenzuarbeiten, um einen kooperativen Sicherheitsrahmen zu schaffen, der unterschiedliche Werte und politische Überzeugungen respektiert, jedoch die Unabhängigkeit, die Sicherheit und das Wohlergehen aller fördert.

Alle diese Anstrengungen bekräftigen unsere Verpflichtung, die lebenswichtigen Interessen unserer Nation und die unserer Verbündeten zu verteidigen und zu wahren – nicht nur in Europa und im Pazifik, sondern auch in dem Teil der Welt, der für uns eine so große strategische Bedeutung hat und der sich vom Nahen Osten bis nach Südwestasien erstreckt. Ich werde diese Anstrengungen mit Kraft und Entschlossenheit verfolgen und so handeln, wie es nötig ist, um die Sicherheit unserer Nation zu bewahren.

[. . .]

Quelle: Europa-Archiv, 1980, D 101 – D 105.

VI.

Die achtziger Jahre Zurück zur Konfrontation?

Einführung

Die siebziger Jahre der amerikanischen Außenpolitik hatten, unter den Präsidenten Nixon, Ford und – jedenfalls teilweise – Carter, den Höhepunkt der Entspannungspolitik mit Moskau erlebt. Die Vereinigten Staaten verkündeten die Nixon-Doktrin, ihren Rückzug aus einem globalen Engagement; sie hatten mit der Kontaktaufnahme zu China das Konfliktsystem mit der Sowjetunion um einen dritten Partner erweitert und sich auf diese Weise größere Flexibilität verschafft. Das internationale System war dadurch stark beruhigt worden, der Ost-West-Konflikt wies Bereiche der Kooperation auf. Allerdings hatte die Sowjetunion ihr Aufrüstungsprogramm, das sie Mitte der sechziger Jahre begonnen hatte, unverändert weitergeführt. Es hatte ihr Mitte der siebziger Jahre die nuklearstrategische Parität mit den Vereinigten Staaten gebracht, hatte ihr auch zu einer maritimen Macht verholfen. Diese Aufrüstungspolitik verstieß nicht gegen die Rüstungskontrollabkommen, auch nicht gegen SALT II. Sie widersprach auch keinem der Abkommen, die mit den Vereinigten Staaten geschlossen worden waren. Aber die Aufrüstung enttäuschte selbstverständlich die Vereinigten Staaten, die sich von der Entspannungspolitik eine Beruhigung der Rüstung versprochen hatten. Die sowjetische Aufrüstung warf damit die Frage auf, ob Moskau wirklich an einer Entspannungspolitik interessiert oder auf dem Wege war, sie zur Verstärkung der eigenen militärischen Macht auszunutzen. Die Sowjetunion griff auch den politischen Status quo an; mit ihren Hilfeleistungen an Angola und die Kubaner dort, mit ihrer Luftbrücke für kubanische Truppen in Äthiopien und mit ihrem Auftreten in Zentralamerika stellte sie den Status quo der Machtverteilung deutlich in Frage.

Zu Beginn der achtziger Jahre war damit die Grundfrage der amerikanischen Außenpolitik erneut aufgeworfen worden. Der dritte Entwurf hatte sich nicht bewährt, weil die Sowjetunion auf die Verknüpfung von politisch-wirtschaftlicher Zusammenarbeit und außenpolitischem Wohlverhalten nicht eingegangen war. Sie war offensichtlich entschlossen, auch die politische Parität für sich zu beanspruchen und diesen Anspruch mit militärischer Macht zu unterstreichen. Blieb demnach den Vereinigten Staaten nichts anderes übrig, als wieder zur militärischen Konfrontation zurückzukehren?

Dies war jedenfalls die Antwort, die der Präsidentschaftskandidat Ronald Reagan zu geben versprach und nach seiner Wahl auch gab. Diese Wahl wäre ohne die Afghanistan-Invasion der Sowjetunion kaum, und ganz gewiß nicht ohne das Geiseldrama in Teheran zustande gekommen. Ronald Reagan vertritt vor allem den rechten Flügel der republikanischen Partei, der kaum als repräsentativ für das politische Spektrum der USA gelten kann. Die ihn tragende Koalition, durchweg kleinbürgerlich und eher populistisch orientiert, war an der Beseitigung der Inflation und der Arbeitslosigkeit interessiert, weniger an der Außenpolitik. Diese Gruppen setzten auf Reagan, weil Carter die wirtschaftspolitischen Probleme nicht gelöst hatte. Das außenpolitische Programm wurde von den konservativen Eliten beigesteuert, die innenpolitisch an einer Korrektur des Wohlfahrtstaates interessiert waren. Konsequent hat sich die Reagan-Administration in den ersten beiden Jahren um die Wirtschafts- und Sozialpolitik gekümmert und mit den angebotsorientierten „Reaganomics" die Inflationsrate gesenkt, damit freilich die Arbeitslosenquote erhöht und zahlreiche sozialpolitische Programme nach unten korrigiert. Hierfür war ihr bis zu einem gewissen Grade die Zustimmung auch des breiten Mittelfeldes der amerikanischen Gesellschaft gewiß. Die sozialpolitischen Programme der „großen Gesellschaft" (Johnson) waren, von ihren administrativen Unzulänglichkeiten abgesehen, über die im amerikanischen Politikverständnis herrschende Verbindung von Leistung und Wohlstand zu weit hinausgegangen.

In der Außenpolitik war ein solcher Konsens nicht vorhanden. Reagan hatte auch kein Konzept angeboten, lediglich eine verstärkte Aufrüstung gefordert, weit über das von Carter schon verwirklichte Maß hinaus. Von 1978 bis 1982 gab es in der öffentlichen Meinung der USA eine gewisse Tendenz zur Erhöhung des Verteidigungsbudgets; sie hatte 1981 ihren Höhepunkt erreicht und überschritten, war im November dieses Jahres auf die Hälfte zurückgefallen. Das Interesse an der friedlichen Zusammenarbeit zwischen den Vereinigten Staaten und der Sowjetunion hatte sich ohnehin nicht geändert, auch durch die Ereignisse in Iran und Afghanistan nicht merklich abgeschwächt.

Zugenommen hatte hingegen die Angst vor einem Nuklearkrieg und dementsprechend das Interesse an der Rüstungskontrolle. Drei Viertel aller Amerikaner und fast ihre gesamte politische Elite begrüßen Rüstungskontrollabkommen mit der Sowjetunion[1]. Diese Stimmung drückt sich im Zulauf für die „Freeze"- und Friedensbewegung in den USA aus. Die amerikanische Öffentlichkeit setzt damit für die achtziger Jahre zwei Rahmendaten: militärische Stärke für die USA und Rüstungskontrolle zusammen mit der Sowjetunion. Zwischen diesen beiden Polen wird sich der vierte Entwurf der amerikanischen Nachkriegspolitik zu bewegen haben.

1. Aufrüstung und Re-Konfrontation

Die Politik einer amerikanischen Administration kann nicht nach ihrer ersten Halbzeit beurteilt werden. Die bei einem Amtswechsel einströmenden neuen Entschcidungsträger müssen sich erst mit ihren Aufgaben und den Problemen vertraut machen; andererseits macht sich um die Mitte der Amtsperiode der Einfluß der Bürokratie, in der zweiten Hälfte der der kommenden Wahlen bemerkbar. Aller Erfahrung nach kann eine amerikanische Administration nur im zweiten Amtsjahr die Ziele zu verwirklichen suchen, zu deren Gunsten sie angetreten ist. Ebenso gilt, daß alle amerikanischen Präsidenten außenpolitisch in die Mitte gedrängt wurden. Das traf für Carter seit 1978 zu und zeichnete sich 1983 bei Reagan durch die Wiederannäherung an die Sowjetunion in Umrissen ab.

Das außenpolitische Ziel der Administration Reagan war ganz eindeutig auf massive Aufrüstung und auf die politische Konfrontation mit der Sowjetunion gerichtet. Vorgesehen war ein fünfjähriges Rüstungsprogramm mit einem Aufwand von 1,5 Billionen Dollar und jährlichen Steigerungraten um 15 Prozent. Die Schwerpunkte lagen auf der Nuklearrüstung sowie auf der maritimen Rüstung. Im Gegensatz zu den vorhergehenden Administrationen sah diejenige Reagans den bisherigen amerikanischen Verteidigungsaufwand als unzureichend an und bewertete die politische Funktion von Rüstung außerordentlich hoch.

Entsprechend niedrig wurde von ihr die Rüstungskontrolle eingestuft. Es dauerte fast ein Jahr, bis sie die INF-Verhandlungen über nukleare Mittelstrek-

1 Alle Angaben nach John E. Rielly (Ed.), American Public Opinion and U. S. Foreign Policy 1983, Chicago Council on Foreign Relations, 1983, S. 5–6.

kenwaffen mit den Sowjets in Genf aufnahm, mehr als eineinhalb Jahre, bevor die START-Verhandlungen über die strategischen Waffen begannen. Verteidigungsminister Weinberger bezeichnete die Rüstungskontrolle als ein „trauriges Kapitel", das den USA nur Enttäuschung gebracht und das Fenster ihrer Verwundbarkeit weit geöffnet habe[2] (D 63). Die amerikanischen Vorschläge einer Nulloption im Mittelstreckenbereich sowie die Vorstellung des Kräfteverhältnisses im strategischen Bereich, wie sie Präsident Reagan am 9. Mai 1982 in seiner Rede in Eureka grob skizziert hatte[3], stellten amerikanische Optimalpositionen dar; sie wurden später modifiziert. Stillschweigend hielten die Vereinigten Staaten auch unter Reagan den SALT-II-Vertrag ein.

Muß bei jeder amerikanischen Administration zwischen Rhetorik und Politik deutlich unterschieden werden, so gilt dies für Reagan ganz besonders. Der Präsident vertritt nicht nur selbst stark ausgeprägte ideologische Positionen, in denen der Kommunismus und die Sowjetunion sehr wohl als „Reich des Bösen"[4] erscheinen; er wird darin von großen Teilen seiner Anhängerschaft noch übertroffen, muß aus Konsensbildungsgründen darauf Rücksicht nehmen. Er ist darauf um so mehr angewiesen, als er in der politischen Praxis die Wünsche dieser Anhänger kaum erfüllt, auch in der Rüstungspolitik nicht. Präsident Carter hatte 200 MX-Raketen geplant, um die strategischen Offensivkräfte der USA zu stärken; Reagan forderte von Anfang an nur 100. Im Oktober 1981 besaßen die USA acht Raketen-Unterseeboote weniger als ein Jahr zuvor und blieben bei dem langsamen Tempo der Produktion der Trident-II-Raketen. Die Bewegungen der Reagan-Administration im Rüstungsbereich verliefen also faktisch sehr vorsichtig. Diese Tendenz wurde verstärkt durch das Interesse des Kongresses, das Maß der auch von ihm akzeptierten Aufrüstung nicht ausufern zu lassen. 1983 traf der neue Verteidigungshaushalt der Regierung auf erhebliche Kürzungsinteressen im Kongreß.

Nichtsdestoweniger ist unverkennbar, daß die strategischen Konzepte der Reagan-Administration sich von denen ihrer Vorgänger deutlich unterscheiden. Sie erteilten dem Versuch der beiden vorangegangenen Administrationen, sich mit der Sowjetunion politisch zu verständigen, von vornherein eine radikale Absage. Sie verweigerten der Sowjetunion auch den Anschein der politischen Parität, diagnostizierten vielmehr einen globalen Konflikt, in dem die amerikanischen Interessen „auf die der Sowjetunion stoßen . . ., deren Weltpolitik der

---

2 Department of Defense, Annual Report of the Secretary of Defense to the Congress, for Fiscal Year 1983, Washington, 8. 2. 1982; Europa-Archiv, 1982, D 364. Der politische Teil des Berichts ist auszugsweise als D 63 abgedruckt.

3 Text in: Wireless Bulletin 88, 10. 5. 1982, S. 1–9.

4 Rede Präsident Reagans vom 8. 3. 1983, Auszüge in: Wireless Bulletin 46, 9. 3. 1983, S. 1.

unseren feindlich gegenübersteht"[5]. Die Reagan-Administration sprach nicht einmal mehr von Koexistenz (geschweige denn von der partiellen Kooperation), sie kehrte zur totalen Konfrontation zurück. Ihr diente die Aufrüstungspolitik, die die Vereinigten Staaten in Stand setzen sollte, gegebenenfalls auch einen längeren Kernwaffenkrieg mit der Sowjetunion zu überstehen und zu gewinnen; Präsident Reagan bezog in seiner „Star War"-Rede vom 23. März 1983[6] auch den Weltraum mit ein. Der Konfrontation diente die Einstellung der – wenigen, noch verbliebenen – gemeinsamen amerikanisch-sowjetischen Arbeitsgruppen, schließlich auch die erkennbare Zurückhaltung hinsichtlich der Rüstungskontrolle. Auch die Mitarbeit an dem umfassenden Atomteststopabkommen (CTB) wurde Mitte 1982 eingestellt.

In die Konfrontationspolitik wurde auch die Wirtschaft mit einbezogen. Die USA drängten darauf, die COCOM-Liste, in der die strategisch wichtigen Produkte enthalten sind, die nicht in die Sowjetunion exportiert werden dürfen, zu erweitern und ihre Kriterien zu verengen. Auf der westlichen Gipfelkonferenz in Versailles im Juni 1982 verlangten die USA von ihren Verbündeten, in den Wirtschaftsbeziehungen mit der Sowjetunion auf strikter Gegenseitigkeit zu bestehen und ihr keine Sonderkonditionen einzuräumen, da sie nicht als Entwicklungsland zu gelten habe. Kurz darauf verschärften die USA ihre Opposition gegen die sowjetisch-europäische Erdgasröhrenleitung und verhängten Sanktionen gegen die europäischen Niederlassungen amerikanischer Firmen, die sich trotz des Verbotes an dem Geschäft beteiligten. Die Sanktionen wurden erst im November 1982 nach massiven Interventionen der europäischen Regierungen und der amerikanischen Handelskammer in Washington wieder aufgehoben. Die europäisch-amerikanischen Spannungen dieses Sommers hatten zum Rücktritt des amerikanischen Außenministers Haig und zu seiner Ersetzung durch George P. Shultz geführt.

Die Konfrontationspolitik mit der Sowjetunion war für die Reagan-Administration nicht so vorrangig, daß dahinter auch bedeutende wirtschaftliche Interessen hätten zurücktreten müssen. Im Gegenteil, Präsident Reagan hob am 10. April 1981 das von Jimmy Carter am 4. Januar 1980 wegen der Afghanistan-Invasion verhängte Lieferungsverbot für landwirtschaftliche Produkte auf. Er zögerte zwar die Wiederaufnahme von Verlängerungsverhandlungen über ein Jahr hinaus, ließ aber doch die Lieferungen nicht unterbrechen und schloß im Herbst 1983 ein neues, umfangreicheres Getreidelieferungsabkommen mit der Sowjetunion. Das Interesse der amerikanischen Farmer, die infolge des von Carter verhängten Boykotts große Teile des sowjetischen Getreidemarktes bereits

5 Rede des Sicherheitsberaters Clark am 21. 5. 1982, abgedruckt in: Wireless Bulletin 97, 24. 5. 1982, S. 1–8.

6 Abgedruckt in: Wireless Bulletin 57, 24. 3. 1983, S. 1–10, und Wireless Bulletin 58, 25. 3. 1983, S. 1 a.

verloren hatten, wog auch für die Reagan-Administration schwerer als die Konsistenz der Konfrontation.

Sie wurde andererseits auf dem ideologischen Gebiet profiliert und intensiviert. Die – bisher nicht bekanntgegebene – National Security Decision Directive 75 vom Januar 1983 bezog auch die Auslandspropaganda in die Konfrontation mit ein. Eine „öffentliche Diplomatie“ sollte die Demokratisierung in den Ländern der Dritten Welt vorantreiben und das „Project Democracy“ unterstützen, zu dem sich die beiden großen Parteien und die Gewerkschaften zusammengefunden hatten. Die Reagan-Administration nahm damit auf der ganzen Breite der Beziehungen zur Sowjetunion den Konflikt mit ihr auf. In seiner Rede vor dem Auswärtigen Ausschuß des Senats am 15. Juni 1983 gab Außenminister Shultz die erste zusammenhängende und autoritative Darstellung dieser Politik (D 64).

In den Augen der Reagan-Administration strebt die Sowjetunion nach militärischer Superiorität und politischer Expansion. Sie mischt sich direkt und indirekt in den instabilen Gegenden der Dritten Welt ein und versucht, ihnen wie den osteuropäischen Alliierten das sowjetische Gesellschaftsmodell aufzuzwingen. Moskau scheut auch nicht davor zurück, internationale Verträge und Übereinkommen so weit zu dehnen, daß es einer Verletzung gleichkommt. Einem solchen Gegner bringt die Reagan-Administration nicht Vertrauen, sondern Macht entgegen. Sie erwartet sich davon, daß die Sowjetunion, „wenn sie mit der Demonstration einer erneuerten Entschlossenheit des Westens konfrontiert wird . . ., Zurückhaltung als die attraktivste, wenn nicht die einzige Option“ ansehen wird. Shultz brachte die Strategie der Reagan-Administration auf den Begriff, „daß es eine größere Wahrscheinlichkeit gibt, die Sowjetunion durch unsere Handlungen, die ihr das Risiko ihrer Aggression vermitteln, abzuschrekken, als durch ein delikates Gewebe von Interdependenz“. Deutlicher ließ sich die Distanz zu den Administrationen von Nixon und Carter, ja bis zu Kennedy, nicht ausdrücken.

Dennoch wird man die Konfrontationspolitik weniger als eine geschlossene Strategie, sondern mehr als eine Attitüde anzusehen haben. Im Unterschied zu den vorangegangenen Administrationen hat die Reagans keinen erkennbaren Architekten der Außenpolitik. Sie reagiert mehr auf innenpolitische Bedürfnisse und Möglichkeiten, als auf die Anforderungen einer außenpolitischen Strategie. Im Sommer 1983 vereinbarten die USA mit der Sowjetunion ein neues Konsular- und ein Kulturabkommen. Je näher das Wahljahr 1984 rückt, desto mehr Rücksicht wird Reagan auf die in der amerikanischen Gesellschaft und im Kongreß vorhandenen Interessen an der Rüstungskontrolle zu nehmen haben. Nähert sich die Ekliptik, die jede amerikanische Präsidentschaft durchläuft, wieder dem Wahltermin, gewinnen die Anforderungen der Gesellschaft zunehmend an Gewicht.

Die Geschlossenheit der Reagan-Administration gegenüber der Sowjetunion wird auch gestört durch ihre China-Politik. Präsident Carter hatte sich hier logisch und konsequent verhalten: Er versuchte, den Druck auf die Sowjetunion zu erhöhen, indem er sich China annäherte. Reagan hätte diese Politik also konsequent fortsetzen und intensivieren müssen. Statt dessen förderte er die Beziehungen zu Taiwan, zu allererst rhetorisch, aber dann auch praktisch durch vermehrte Waffenlieferungen. Sie wurden in Peking als Signal einer Distanzierung Washingtons von der amerikanisch-chinesischen Zusammenarbeit verstanden und mit einer leichten Wiederannäherung an die Sowjetunion beantwortet. In dem „Gemeinsamen Kommunique" vom 18. August 1982 wurden die Beziehungen wieder geglättet. Die USA sagten zu, ihre Waffenlieferungen an Taiwan allmählich zu vermindern, und China betonte erneut, daß nur eine friedliche Wiedervereinigung mit Taiwan sein Ziel sei. Dennoch blieben die Beziehungen belastet. Reagan hatte zwar sein Wahlkampfversprechen, mit Taiwan wieder diplomatische Beziehungen aufzunehmen, nicht verwirklicht; er hat aber andererseits die Kooperation mit China nicht zu dem Grad vorangetrieben, der von Peking gewünscht wurde und sich in eine umfassende Konfrontationspolitik mit der Sowjetunion logisch einfügen würde.

Es läßt sich damit nach den ersten Jahren der Amtszeit Reagans nicht absehen, in welchem Maße sich die zweifellos intendierte Konfrontationspolitik in die Praxis umsetzt. Zunächst fehlt es an einem beide miteinander verknüpfenden Konzept; die Administration Reagan reagiert in einem stärkeren Maße als ihre Vorgänger auf Anforderungen amerikanischer Interessengruppen und Lobbies. Deren Bedeutung ist in den Vereinigten Staaten ohnehin sehr viel größer als in den westeuropäischen Demokratien. Da in den USA jedenfalls auf Bundesebene die politischen Parteien die Funktion, gesellschaftliche Anforderungen aufzunehmen, zu formulieren und in das politische System zur Bearbeitung einzuführen, nicht zureichend erfüllen, lassen sie Platz für die zahlreichen Interessenvertretungen. Sie sind registriert, haben ihre definierte Stellung in der Willensbildung von Kongreß und Bürokratie. Ihre Durchsetzungskraft hängt freilich von der politischen Stärke der einzelnen Administrationen, von der Prägnanz oder eben Konturschwäche ihrer Programme ab. Hier ist die Reagan-Administration, wie auch übrigens die Carters, nicht besonders profilstark. Sie ist nicht imstande, den bürokratischen Entscheidungsprozeß nachhaltig zu beeinflussen und damit die mittelfristige Richtung der amerikanischen Außenpolitik zu verändern. Vor allem der Kongreß erweist sich, seinem Verfassungsauftrag und seinem Selbstverständnis nach, als ein besonderes Trägheitselement, das gegenüber dem raschen Selbstverwirklichungsbedürfnis der Präsidenten für Kontinuität und Stabilität sorgt. Die Legislative teilt den einseitigen Verlaß der Reagan-Administration auf die militärische Stärke der USA nicht, drängt statt dessen auf das Komplement aktiver Rüstungskontrolle. Insbesondere die Demokraten im Kongreß haben den Teilbewilligungen des MX-Projektes nur deswegen zugestimmt, weil sie damit die von Reagan genannte Voraussetzung für einen Erfolg in der Rüstungskontrolle schaffen wollten. Allerdings zeigt sich gerade hier noch einmal, wie groß der Klimawechsel in den USA von der Carter- hin zur Reagan-Administration ist. Präsident Carter mußte einem konservativen Kongreß die MX anbieten, um ihn für die Ratifizierung des SALT-II-Vertrages zu gewinnen. Der in seinem Konservativismus unveränderte Kongreß muß dem Präsidenten Reagan die MX bewilligen, um ihn zur Rüstungskontrolle zu veranlassen.

Die ausgangs der siebziger Jahre einsetzende Verschlechterung der amerikanisch-sowjetischen Beziehungen geht damit nicht allein auf das Konto der Reagan-Administration. Der Prozeß setzte früher ein, hat andere, tieferliegende Ursachen, und wurde von Reagan lediglich akzeptiert und etwas beschleunigt. Es geht in diesem Prozeß um die Frage, wie die USA – und der Westen – sich einer Sowjetunion gegenüber verhalten sollen, die sich aufgrund ihrer militärischen Aufrüstung die militärische Parität mit den Vereinigten Staaten gesichert hat und die politische anstrebt. Nachdem das Verhalten Moskaus durch Allianzbildung wie durch das Angebot einer Verknüpfungspolitik nur teilweise und jedenfalls nicht befriedigend beeinflußt werden konnte, muß der noch ausstehende vierte Entwurf der amerikanischen Außenpolitik eine neue Konzeption entwickeln. Unter diesem Aspekt muß die Konfrontationspolitik Reagans eher als Zwischenphase gewertet werden.

2. Die neue Weltpolitik

Die Betonung der militärischen Stärke und der Konfrontation hatte für die Beziehungen der Reagan-Administration zu Westeuropa, zum Nahen Osten und zu Lateinamerika unterschiedliche Folgen. Die Westeuropäer waren einerseits erfreut über die neue Aufmerksamkeit, die ihnen von Washington entgegengebracht wurde, zeigten sich andererseits besorgt über die verstärkte Neigung der neuen Administration zum Alleingang. Die erste große Auslandsreise Präsident Reagans führte ihn im Juni 1982 nach Europa, zum Wirtschaftsgipfel in Versailles, zur NATO-Konferenz in Bonn und zum Besuch in Berlin, London und Rom. Die Reise konnte jedoch ebenso wenig wie der Wirtschaftsgipfel in Williamsburgh 1983 die europäischen Sorgen über die amerikanische Zins- und Entspannungspolitik beruhigen. Die Wirtschaftspolitik der Administration Reagan, die eine Steuersenkung mit einer Ausgabensteigerung, vor allem auf dem Rüstungssektor, verband, hatte die internationalen Kreditmärkte stark in Anspruch genommen und zu einem entsprechenden Anstieg des Dollarkurses geführt. Er belastete dementsprechend die Zahlungsbilanzen der westeuropäischen Verbündeten, verlangsamte die Überwindung der Rezession, die auch in Westeuropa zu hohen Arbeitslosenzahlen geführt hatte. Auf den Gipfelkonferenzen konnte hier keine Einigkeit erzielt werden.

Das galt auch für die Absicht der Reagan-Administration, das Exportverhalten amerikanischer Tochterfirmen in Europa und gegebenenfalls sogar das europäischer Firmen gegenüber der Sowjetunion stärker zu kontrollieren. Der Streit über die sibirische Erdgasleitung konnte zwar beigelegt werden, der amerikanische Anspruch, dokumentiert im Export Control Act, blieb jedoch bestehen. Die von der Administration geförderte Exportoffensive der amerikanischen Wirtschaft, insbesondere der Landwirtschaft, rief in Europa, ähnlich wie der schon traditionelle Streit über den Protektionismus der amerikanischen Stahlindustrie, wiederum Kritik auf den Plan. Als weitaus schwerwiegender erwiesen sich die unterschiedlichen Einschätzungen der Entspannung. Sie wird von den Westeuropäern nach wie vor für unentbehrlich gehalten, als einzige Alternative zum militärischen Zusammenstoß angesehen. Sämtliche politischen und strategischen Konzeptionen Westeuropas beruhen auf ihr als der einen Säule der 1967 im Harmel-Bericht festgelegten Doppelstrategie der NATO; die andere Säule bildet die Verteidigungspolitik.

Die Aufgabe der Entspannungspolitik durch die Reagan-Administration drohte diese Rahmendaten zu verändern. Damit bekam auch die Nachrüstung, auf die die Europäer gedrängt hatten, einen anderen Stellenwert. Innerhalb der noch unter Carter geltenden Entspannungspolitik war der Doppelbeschluß dazu bestimmt, das europäische Verteidigungsdefizit im Mittelstreckenbereich zu beseitigen. Im Zeichen der amerikanischen Konfrontationspolitik, deren inneramerikanische Diskussion sehr häufig keine Rücksicht auf die Perzeptionen und die Interessen der Westeuropäer nahm, schien sich der Stellenwert der Nachrüstung zu ändern. Sie konnte jetzt auch als Instrument der Konfrontation und als Mittel regionaler Kriegführung ausgegeben werden. Darauf reagierte die öffentliche Meinung Westeuropas, allen voran die Friedensbewegung, mit zunehmender Besorgnis. Den Westeuropäern gelang es im Kommuniqué der NATO-Tagung im Dezember 1982, die USA wieder in das gemeinsame Interesse an der Entspannung und sogar an der Zusammenarbeit mit der Sowjetunion einzubinden. Entscheidend für das Schicksal der Entspannung in Europa wird jedoch der Ausgang der INF-Verhandlungen in Genf sein.

Im Nahen Osten wurde die Konfrontationsbereitschaft der Reagan-Administration von Israel dazu benutzt, seine Position in der Region auszubauen und zu verbessern. Nach dem Rückzug der Vereinigten Staaten aus Indochina hatte sich der Akzent ihres strategischen Interesses auf den Indischen Ozean verlagert. Die USA förderten die verstärkte Aufrüstung Japans und die Zusammenarbeit mit den südostasiatischen Staaten (ASEAN), um damit die „power projection“ der USA vom westlichen Pazifik in den Indischen Ozean und bis zum Golf zu unterstützen[7]. Der Nahe und Mittlere Osten, für die USA schon

---

7 Vgl. den Bericht über die Verteidigungsrichtlinien in: International Herald Tribune, 8. 6. 1982, S. 7.

immer aus Gründen der Solidarität mit Israel und dem Interesse an der kontinuierlichen Ölversorgung interessant, erhielt damit auch als Gegenküste eine zusätzliche strategische Relevanz. Die sowjetische Invasion in Afghanistan hatte gezeigt, zu welchen militärischen Aktionen in dieser Region die Sowjetunion im Stande war; die Verhinderung eines weiteren sowjetischen Ausgriffs in diesem Raum wurde damit zum vorrangigen Ziel der Reagan-Administration. Sie hoffte gleichzeitig, damit auch den arabisch-israelischen Konflikt etwas zu relativieren, beide Parteien im gemeinsamen Interesse an der Abwehr der Sowjetunion einander annähern zu können (vgl. D 32 c).

Am 30. November 1981 hatten die USA und Israel in Washington ein „Memorandum of Understanding" unterzeichnet, das dazu dienen sollte, „die strategische Kooperation zur Abschreckung sowjetischer Drohungen zu verbessern"[8]. Vierzehn Tage später annektierte Israel die Golanhöhen, so daß sich die USA gezwungen sahen, die Implementierung des Abkommens bis auf weiteres auszusetzen. Die israelisch-ägyptischen Gespräche über das Interimsabkommen für die Westbank und den Gaza-Streifen wurden durch diesen israelischen Schritt weiter belastet; sie hatten mit der Ermordung des ägyptischen Ministerpräsidenten Sadat am 6. Oktober 1981 ohnehin ihren wichtigsten Anwalt verloren.

Ein halbes Jahr später setzte Israel mit der Invasion des Libanon dem wichtigsten Erfolg der amerikanischen Nahost-Politik, dem Camp-David-Abkommen, praktisch ein Ende. Die amerikanisch-israelischen Beziehungen sanken auf einen Tiefpunkt, weil die Aktion Israels das amerikanische Ansehen in der arabischen Welt stark gefährdet hatte. Präsident Reagan versuchte, durch einen eigenen Friedensplan hier Abhilfe zu schaffen und die Grundlinien der Verabredungen von Camp David wieder herzustellen. Reagan lehnte die Idee eines unabhängigen palästinensischen Staates ebenso ab wie den Fortgang der israelischen Siedlungspolitik. Er trat für die fünfjährige Übergangsperiode ein, an deren Ende nach freien Wahlen eine Selbstregierung der Palästinenser in der Westbank und im Gaza-Streifen stehen sollte (D 65).

Mit der Invasion des Libanon hatte Israel zwar die PLO aus Beirut vertrieben, aber deren politische Bedeutung nicht mindern können. Israel hatte vor allem die ohnehin sehr fragile und schon stark beschädigte Einheit des Libanon zerstört. Nach dem Teilrückzug der Israelis blieb nicht nur der Bürgerkrieg, sondern auch ein Machtvakuum zurück. Es kann durch die multinationale Streitmacht, an der auch amerikanische Truppen beteiligt sind, kaum ausgefüllt werden. Die Präsenz amerikanischer Truppen im Libanon engagiert zum ersten Mal nach 1945 die Vereinigten Staaten direkt und militärisch im Nahen Osten. Der Handlungsspielraum wird sich dementsprechend verringern.

---

8 Wireless Bulletin 227, 2. 12. 1981, S. 17.

In Lateinamerika hingegen, dem anderen großen Krisenherd, sind die amerikanischen Handlungsmöglichkeiten, die militärischen jedenfalls, fast unbegrenzt. Wie im Nahen Osten stellt sich jedoch auch hier die Frage, ob der Einsatz militärischer Macht die existierenden Probleme zu lösen imstande ist. Präsident Carter hatte mit seiner Menschenrechtspolitik und seiner faktischen Unterstützung der Revolution in Nicaragua politisch zugunsten von mehr Freiheit und sozialer Gerechtigkeit einzugreifen versucht. Die Reagan-Administration diagnostizierte hingegen auch hier vor allem den kommunistischen Einfluß, hinter ihm den der Sowjetunion. Sie unterstützte daher in El Salvador die Rechtsregierung, ebenso in Guatemala. In Nicaragua näherte sie sich zunehmend der Hilfe für eine antisandinistische Bewegung, die sie auch in Guatemala abzustützen versuchte.

Parallel dazu aber setzte die Reagan-Administration auch die Wirtschaftshilfe ein, um mit der größten Armut auch das sozialrevolutionäre Potential in diesen Ländern zu mildern. Die Administration wurde dabei unterstützt vom Kongreß, der die von Jimmy Carter eingeschlagene Menschenrechtspolitik weiter verfolgte und mit der amerikanischen Wirtschaftshilfe zu instrumentalisieren versuchte. Reagans Plan, besonders die Anrainer des karibischen Beckens durch eine Kombination von Wirtschaftshilfe und Exporterleichterungen wirtschaftlich zu stabilisieren, blieb freilich andererseits im Kongreß stecken.

Die Lateinamerika-Politik der Reagan-Administration hat 1982/83, wie die Nahost-Politik, ihr Profil noch nicht voll entfaltet. Dies wird sich in der Zukunft deutlicher zeigen, zumal die wichtigsten Entscheidungsträger für beide Regionen in der amerikanischen Administration abgelöst und durch Vertrauensmänner Reagans ersetzt worden sind. Die amerikanischen Flottenmanöver in der Karibik, Sommer 1983, beweisen, daß sich auch in dieser Region die Reagan-Administration stärker als ihre Vorgänger auf das Instrument militärischer Macht verlassen will.

Dokumente 63–65

D 63: Abkehr von der Détentepolitik unter Reagan

Jahresbericht des Verteidigungsministers Caspar W. Weinberger vom 8. Januar 1982

[. . .]

1. Die Notwendigkeit des Wandels

Viele unserer früheren Erwartungen sind leider enttäuscht worden. Die vielleicht verhängnisvollste Enttäuschung betrifft die Rolle, die militärische Macht nach wie vor in der Welt spielt. Im Westen wurde von vielen erwartet, daß Rüstungsabkommen und sonstige ausdrückliche oder stillschweigende Übereinkünfte allgemein, nicht unilateral, bewirken würden, die Anhäufung von Waffen zu begrenzen und die Verteidigungsausgaben einzuschränken, und zwar in Ost und West. Von der amerikanischen Aufrüstung im Zusammenhang mit Vietnam abgesehen, haben die Vereinigten Staaten und ihre Verbündeten Mitte und Ende der fünfziger und sechziger Jahre den Anteil ihrer Verteidigungsausgaben am Nationaleinkommen (d. h. Bruttoinlandsprodukt und Bruttosozialprodukt) allmählich verringert. Die Sowjets setzten ihre Aufrüstung unablässig fort, und sie haben bereits aus ihrer wachsenden Macht in mehreren Gebieten der Welt Kapital geschlagen.

Die Sowjets haben in Angola und Äthiopien militärische Gewalt durch Dritte angewandt, und sie haben eigene Truppen für die Invasion und noch andauernde Besetzung Afghanistans eingesetzt. Wir mußten erneut erfahren, daß unsere Gegner ein Übergewicht an militärischer Macht ausnutzen können, selbst ohne zu schießen. Sie können – wie in Polen – durch versteckte oder offene Androhung militärischer Gewalt Zwang ausüben. Auf diese Art und Weise können sie weiterhin Völker unterdrücken, die eindeutig frei sein wollen. Und wenn sich ihnen eine Gelegenheit bietet, wie beispielsweise im Iran, könnten sie versuchen, ihren Herrschaftsbereich auszudehnen.

Eine zweite und ähnliche Erwartung des Westens, die sich nicht erfüllte, hängt damit zusammen, daß sich der Westen langfristig auf eine fortdauernde nukleare Überlegenheit der Vereinigten Staaten verließ, mit der die konventionelle Übermacht der Sowjets in Mitteleuropa ausgeglichen werden sollte. Als es den Sowjets nicht gelang, das nukleare Gleichgewicht durch die Stationierung von Flugkörpern auf Kuba zu verändern, glaubten in den Vereinigten Staaten viele Leute, daß sie nichts unternehmen würden, unsere strategische Überlegenheit anzutasten. Aber sie unternahmen es doch. Bis Ende der siebziger Jahre hatten wir unsere Ausgaben für strategische Rüstung (zum konstanten Dollarwert) auf ein Drittel von dem reduziert, was viele Jahre vor Beginn der sechziger

Jahre dafür aufgebracht wurde, während die Sowjets ihre Aufwendungen für strategische Rüstung seit Anfang der sechziger Jahre verdreifacht hatten.

Ebenso wie unser Verteidigungsaufwand unzureichend geworden ist, so ist unsere geistige Einstellung durch die Ereignisse überholt worden. Unsere Verteidigungspolitik ist nicht nur durch neue Bedrohungen unserer Sicherheit veraltet, sie ist auch in Mißkredit geraten, weil es ihr nicht gelang, die Verschlechterung der globalen militärischen Lage zu erkennen und damit fertigzuwerden. Tatsächlich haben überholte strategische Konzeptionen den notwendigen Reformen im Wege gestanden. Wir müssen daher mit einigen früheren Vorstellungen brechen und eine neue Politik und neue Konzeptionen entwickeln.

Die erste Veränderung unserer Vorstellungen besteht darin, klar zu erkennen, daß wir uns Gegnern mit ernsthaften langfristigen Zielen gegenübersehen, die mit den unsrigen unvereinbar sind, und daß wir uns daher anhaltend anstrengen müssen, die Fähigkeit der Vereinigten Staaten und unserer Verbündeten zum Schutz unserer gemeinsamen Interessen und zur Abschreckung vor Gewaltanwendung zu verbessern.

Auch wenn wir unsere Verteidigungspolitik unbedingt reformieren müssen, darf man eine solche Reform nicht als Ersatz für vermehrte Verteidigungsanstrengungen ansehen. Neue Ideen und Vorstellungen werden manchmal als Alternative zu stetiger Erhöhung des Verteidigungshaushaltes dargestellt. Sie sind aber keine Alternative. Ein Teil der nötigen Reform im strategischen Denken ist gerade die neue Erkenntnis, daß wir für die Verteidigung mehr Ressourcen aufwenden müssen.

Wenn ich die Bedeutung des Wandels hervorhebe, möchte ich nicht die wesentliche Kontinuität unserer strategischen Ziele und Auffassungen herabsetzen. Die Vereinigten Staaten sind nach wie vor der defensiven Anwendung militärischer Stärke verpflichtet. Unser Ziel besteht nicht darin, einen Krieg zu beginnen oder „vorwegnehmende" Angriffe zu führen, sondern vor einer Aggression abzuschrecken oder darauf zu reagieren, falls die Abschreckung versagt. In der Taktik wird oft gesagt, daß Angriff das beste Mittel sei; aber die Verteidigungspolitik der Vereinigten Staaten muß eindeutig defensiv bleiben. Seit dem Zweiten Weltkrieg, ja sogar seit der Zeit davor, ist das ein fundamentaler Grundsatz der amerikanischen nationalen Strategie. Aus dieser Voraussetzung folgt, daß unsere Streitkräfte, nachdem der Feind die Initiative ergriffen hat, darauf vorbereitet sein müssen, zu reagieren, und zwar so stark zu reagieren, daß unsere Gegenangriffe einem Feind unannehmbar hohe Verluste zufügen – eine Forderung, die im Hinblick auf unsere Einsatzbereitschaft und Fähigkeit zur Feindaufklärung eine schwere Bürde darstellt. Eine Verteidigungsstrategie muß auf die besonderen Bedrohungen seitens potentieller Feinde reagieren können; anders gesagt: Wir müssen unsere Streitkräfte und unsere Taktik auf das Ausmaß und die Art der sich im Laufe der Zeit ergebenden Bedrohungen einstellen.

Eine weitere grundlegende Kontinuität unserer Verteidigungsstrategie sind die Bedeutung der amerikanischen Verpflichtungen gegenüber Verbündeten und die Tradition militärischer Zusammenarbeit innerhalb von Bündnissen, insbesondere in der NATO. Die notwendige Neugestaltung unserer Strategie muß soweit wie möglich in enger Zusammenarbeit mit unseren Verbündeten erfolgen. Die Beiträge der einzelnen Verbündeten zur gemeinsamen Verteidigung werden sich selbstverständlich im Laufe der Zeit ändern. Es ist klar, daß einige unserer Verbündeten einen größeren Anteil übernehmen müssen, um die Belastung der Wirtschaft und der Steuerzahler der Mitgliedstaaten gerechter zu verteilen und mehr Sicherheit für uns alle zu erzielen.

[. . .]

Quelle: Europa-Archiv, 1982, D 355 – D 357.

D 64: Die Konzeption der neuen Ostpolitik Reagans

Erklärung des Außenministers George P. Shultz vor dem Außenpolitischen Ausschuß des Senats am 15. Juni 1983

[. . .]

Die Handhabung unserer Beziehungen mit der Sowjetunion ist von höchster Bedeutung. Diese Beziehungen berühren buchstäblich sowohl jeden Aspekt unserer internationalen Interessen und Ziele – politisch, wirtschaftlich und militärisch – als auch jeden Teil der Welt.

Wir müssen unsere Interessen und Wertvorstellungen gegen einen mächtigen sowjetischen Gegner verteidigen, der beides bedroht. Und wir müssen dies im Nuklearzeitalter tun, in dem ein weltweiter Krieg diese Interessen und Wertvorstellungen noch gründlicher bedrohen würde. Wie Präsident Reagan am 31. Mai festgestellt hat: „Wir müssen beides tun: die Freiheit verteidigen und den Frieden erhalten. Wir müssen unseren Grundsätzen und unseren Freunden treu bleiben, und gleichzeitig einen Holocaust verhindern." Es ist, wie er sagte, „eine der vielschichtigsten moralischen Herausforderungen, der sich jemals eine Generation gegenübersah".

Wir und die Sowjets haben völlig verschiedene Ziele und Vorstellungen von politischer und moralischer Ordnung; diese Unterschiede werden nicht bald verschwinden. Jede andere Annahme ist wirklichkeitsfremd. Gleichzeitig haben wir das grundlegende gemeinsame Interesse, Krieg zu vermeiden. Dieses gemeinsame Interesse veranlaßt uns, auf Beziehungen zwischen unseren Staaten hinzuarbeiten, die für die ganze Menschheit zu mehr Sicherheit in der Welt führen können.

Eine sichere Welt wird nicht durch guten Willen verwirklicht. Unsere Zukunftshoffnungen müssen sich gründen auf eine realistische Einschätzung der Herausforderung, der wir uns gegenübersehen, und auf eine entschlossene Anstrengung, Verhältnisse herbeizuführen, die ihre Verwirklichung möglich machen. Einen Anfang haben wir gemacht. Jeder amerikanische Präsident der Nachkriegszeit ist früher oder später zu der Einsicht gekommen, daß Frieden auf Stärke aufgebaut werden muß; Präsident Reagan hat diese Realität schon vor langer Zeit erkannt. In den vergangenen zwei Jahren ist diese Nation – der Präsident im Zusammenwirken mit dem Kongreß – eine grundlegende Verpflichtung eingegangen, ihre militärische und wirtschaftliche Macht und ihre moralische und geistige Stärke wiederherzustellen. Und nachdem wir dabei sind, unsere Stärke wiederzugewinnen, streben wir jetzt einen konstruktiven Dialog mit der sowjetischen Führung an – einen Dialog, durch den wir hoffen, politische Lösungen für offene Fragen zu finden.

Dies ist das zentrale Ziel, das wir angestrebt haben, seit diese Regierung im Amt ist. Wir wollen nicht – und wir müssen nicht – die Aussicht einer endlosen und gefährlichen Konfrontation mit der Sowjetunion als unausweichlich hinnehmen. Denn wenn wir das tun, dann werden viele der großen Ziele, die die Vereinigten Staaten in weltweiten Fragen anstreben – Frieden, Menschenrechte, wirtschaftlicher Fortschritt, nationale Unabhängigkeit –, ebenfalls außer Reichweite bleiben. Wir können – und müssen – mehr erreichen.

Lassen Sie mich nach dieser Einführung diesem Ausschuß kurz darlegen, was ich als während der letzten Jahre durch das Verhalten der Sowjetunion in weltweiten Fragen geschaffene Herausforderung ansehe, und auch die Strategie, die diese Herausforderung von uns verlangt. Danach möchte ich die Maßnahmen erläutern, die diese Regierung in Ausfüllung dieser Strategie getroffen hat. Schließlich werde ich mich mit den besonderen Fragen beschäftigen, die die Tagesordnung für den Dialog und die Verhandlungen zwischen den Vereinigten Staaten und der Sowjetunion bilden.

Zusammengenommen ergibt sich aus diesen Elementen eine Politik, die die Tatsachen der sowjetischen Macht und des sowjetischen Verhaltens in Rechnung stellt, die die für die Verteidigung unserer Interessen erforderlichen Ressourcen bereitstellt, und die eine Tagesordnung für einen auf die Lösung konkreter internationaler Probleme gerichteten konstruktiven Dialog darstellt. Wir sind der Auffassung, daß diese Politik, wenn sie durchgehalten wird, internationale Zurückhaltung zu Moskaus realistischem Verhalten machen wird, und daß sie die Grundlage für verbesserte Beziehungen zwischen unseren Völkern schaffen kann.

I. Die sowjetische Herausforderung

Manchmal wird gesagt, die Amerikaner hätten eine zu einfache Vorstellung von der Weltpolitik, und daß wir von der Annahme ausgehen, alle Probleme seien lösbar. Sicherlich haben wir eine einfache Vorstellung davon, wie die Welt sein sollte – freie, über ihr Schicksal selbst entscheidende Völker, die ihr wirtschaftliches Wohlergehen fördern, die Konflikte friedlich lösen. Dies ist die Vision, die das amerikanische Verhalten in der Welt leitet. Sie veranlaßt uns jedoch nicht dazu, wechselseitige Feindschaft mit der UdSSR als eine unabänderliche Tatsache des internationalen Lebens anzusehen.

Sicherlich tragen viele Faktoren zur Ost-West-Spannung bei. Durch ihre strategische Position in Europa und Asien ist die Sowjetunion sehr nahe an wichtigen westlichen Interessen auf zwei Kontinenten. Ihr Streben nach mehr internationalem Einfluß führt sie dazu, diese Interessen herauszufordern. Ihre marxistisch-leninistische Ideologie gibt ihren Führern eine Sicht der Geschichte und eine Vorstellung von der Zukunft, die sich grundlegend von der unseren unterscheidet. Aber wir sind nicht so deterministisch, daß wir glaubten, geopolitischer und ideologischer Wettstreit müsse unentrinnbar zu einer ständigen und bedrohlichen Konfrontation führen. Und es ist auch nicht auf ewig unvermeidlich, daß Streit zwischen den Vereinigten Staaten und der Sowjetunion die internationale Politik beherrscht und verzerrt.

Eine friedliche Weltordnung erfordert nicht, daß wir und die Sowjetunion in allen Grundsätzen der Moral oder der Politik übereinstimmen. Es erfordert jedoch, daß Moskau sich in seinem Verhalten die Zurückhaltung auferlegt, die für das Zusammenleben auf diesem Planeten im Nuklearzeitalter angemessen ist. Nicht alle die vielen äußeren und inneren Faktoren, die für das sowjetische Verhalten von Bedeutung sind, können von uns beeinflußt werden. Aber wir sehen es als Teil unserer Verpflichtung zum Frieden an, die allmähliche Entwicklung des sowjetischen Systems in Richtung auf eine stärker pluralistische politische und wirtschaftliche Ordnung zu führen, und vor allem, dem sowjetischen Expansionismus durch andauernden und wirksamen politischen, wirtschaftlichen und militärischen Wettbewerb entgegenzutreten.

Bedauerlicherweise hat sich das Verhalten der Sowjets in der vergangenen Dekade zum schlechteren verändert. Sowjetische Maßnahmen kamen mit vielen unserer Ziele in Konflikt. Sie haben die Aufgabe der Handhabung der sowjetisch-amerikanischen Beziehungen erheblich erschwert, und haben unnötigerweise mehr und mehr internationale Probleme in die Ost-West-Rivalität hineingezogen.

Deutlich gesagt: Die folgenden Entwicklungen haben uns die größten Sorgen bereitet:

- Die erste ist das fortdauernde Streben der Sowjets nach militärischer Überlegenheit selbst angesichts stark steigender wirtschaftlicher Schwierigkeiten im eigenen Land.

  In den siebziger Jahren ging die Verwendung von Ressourcen zum Ausbau des sowjetischen Militärpotentials nicht nur zu Lasten des sowjetischen Konsumenten. Sie ging sogar zu Lasten der Industrieinvestitionen, von denen die langfristige Entwicklung der Volkswirtschaft abhängt. Diese Entscheidung, die künftige industrielle Entwicklung des Landes mit einer Hypothek zu belasten, ist ein schlagender Beweis für den übermäßigen Stellenwert, den die Sowjets der Erhaltung des Tempos des schonungslosen militärischen Aufbaus, in dem sie sich seit Mitte der sechziger Jahre befinden, beimessen. Dieser Aufbau nahm schätzungsweise diese ganze Zeit hindurch pro Jahr im Durchschnitt mindestens 12 Prozent des sowjetischen Bruttosozialprodukts in Anspruch, und hat in jüngster Zeit als Folge des scharfen Rückgangs des sowjetischen Wirtschaftswachstums einen noch höheren Anteil in Anspruch genommen. Wie Sie wissen, ist während des größten Teils dieser gleichen Periode der Anteil der Verteidigungsausgaben an unserem eigenen Bruttosozialprodukt tatsächlich zurückgegangen.

- Die zweite beunruhigende Entwicklung ist die wenig konstruktive sowjetische Einmischung, sei es direkt oder indirekt, in instabilen Regionen der Dritten Welt. Waffenexporte haben einen größeren Prozentanteil an den Gesamtexporten der Sowjets als dies für die Exporte irgend eines anderen Landes zutrifft. Die Sowjets haben zu oft versucht, in für uns wichtigen Regionen die Rolle des Spielverderbers oder des Aasgeiers zu spielen, zuletzt im Mittleren Osten.

  Darüber hinaus betraten die Sowjets in den siebziger Jahren im größeren Umfang Neuland hinsichtlich der Art von militärischer Intervention im Ausland, die sie bereit waren, für sich selbst oder ihre Stellvertreter zu riskieren. Dies eskalierte von der Entsendung großer Zahlen von Militärberatern zum stärker ausgedehnten und aggressiven Einsatz von Stellvertreter-Streitkräften wie in Angola, Äthiopien und Indochina, und schließlich zum massiven Einsatz sowjetischer Landstreitkräfte bei der Invasion Afghanistans. Auf diese Weise hat die Sowjetunion versucht, friedliche Lösungen zu verhindern und hat Ost-West-Spannungen in Gebiete der Welt hineingetragen, die früher frei davon waren.

- Die dritte ist die unnachgiebige Anstrengung, nominal unabhängigen sowjetischen Schützlingen und Verbündeten ein fremdes sowjetisches „Modell“ aufzuzwingen. Einer der wichtigsten Erfolge in den Ost-West-Beziehungen war in der jüngeren Vergangenheit das Aushandeln der Schlußakte von Helsinki mit ihren Zusagen im Bereich der Menschenrechte und der nationalen Unabhängigkeit in Europa. Die Erfahrungen, die Polen in den letzten zwei Jahren gemacht hat, können als ein wichtiger Prüfstein für die Achtung – oder den Mangel an Achtung – gelten, die die Sowjets für diese Verpflichtungen haben. Offensichtlich ist Moskau weiterhin nicht bereit, bei seinen Satelliten echte nationale Selbstbestimmung zu fördern, von wirklicher Unabhängigkeit gar nicht zu reden.

  Anderswo in der Welt hat die Übernahme der Macht durch von den Sowjets unterstützte Regime üblicherweise (wie in Afghanistan) die gewaltsame Schaffung von Institutionen nach sowjetischem Muster und die rücksichtslose Einschränkung und Unterdrückung freier Meinungen und freien Handelns bedeutet – all dies unter enormen menschlichen, kulturellen und wirtschaftlichen Opfern.

- Die vierte ist Moskaus andauernde Praxis, eine Reihe von Verträgen und Abkommen bis an den Rand der Verletzung und darüber hinaus extensiv auszulegen. Die Verletzung von ihr gegebener Zusagen und eingegangener gesetzlicher Verpflichtungen durch die Sowjetunion beschränkt sich nicht auf isolierte Einzelfälle. Wir mußten unsere Besorgnis über sowjetische Übertretungen bei ständig neuen Sachverhalten zum Ausdruck bringen – Menschenrechte und die Schlußakte von Helsinki, „gelber Regen“ und biologische Kriegsführung. Wir sind zunehmend besorgt über Handlungen der Sowjets – einschließlich der kürzlich erfolgten Tests von Interkontinentalraketen –, die Fragen aufwerfen nach dem Wert ihrer Zusicherung, sich an die existierenden SALT-Vereinbarungen zu halten. Es gibt kaum etwas anderes, was das internationale Vertrauen so zermürbt wie diese ständig gleiche sowjetische Vorgehensweise.

II. Die amerikanische Antwort: jenseits von Eindämmung und Entspannung

Diese Einschätzung des sowjetischen Verhaltens in internationalen Fragen legt zum einen die Art und Weise fest, in der wir die Ost-West-Beziehungen angehen müssen und gibt zum anderen einen Hinweis auf das Ausmaß der Aufgaben.

- Wenn wir uns Sorgen machen über die sowjetische Festlegung auf militärische Macht, dann müssen wir Maßnahmen zur Wiederherstellung des militärischen Gleichgewichts ergreifen, vorzugsweise auf der Grundlage nachprüfbarer Abkommen, die das militärische Potential auf beiden Seiten verringern, aber, falls dies nötig wird, auch durch eigene und im Bündnis durchgeführte Verteidigungsprogramme.

- Wenn wir uns Sorgen machen um die sowjetische Neigung zur Gewaltanwendung und zur Förderung von Instabilität, dann müssen wir klarstellen, daß wir Beeinträchtigungen unserer vitalen Interessen und derer unserer Verbündeten und Freunde Widerstand entgegensetzen werden.

- Wenn wir uns Sorgen machen um den Verlust von Freiheit, der sich ergibt, wenn sowjetische Schützlinge an die Macht kommen, dann müssen wir sicherstellen, daß diejenigen, die eine positive Alternative zum sowjetischen Modell haben, von uns unterstützt werden.
- Schließlich, wenn wir uns Sorgen machen darüber, ob Moskau seine internationalen Verpflichtungen einhält, dann dürfen wir Moskau keine Gelegenheit geben, unsere eigenen Absichten zu verzerren oder falsch auszulegen. Wir werden unsere Interessen verteidigen, wenn das sowjetische Verhalten uns keine Alternative läßt; gleichzeitig werden wir legitime sowjetische Sicherheitsinteressen respektieren und sind bereit, gerechte Lösungen für offene politische Fragen auszuhandeln.

Beim Entwurf einer auf die Verwirklichung dieser Ziele gerichteten Strategie haben wir uns selbstverständlich teilweise an früheren Strategien – von der Eindämmung bis zur Entspannung – orientiert. Es gibt schließlich eine beträchtliche Kontinuität der Politik der Vereinigten Staaten. Diese Kontinuität spiegelt die Beständigkeit der amerikanischen Wertvorstellungen und der amerikanischen Interessen wider. Allerdings haben wir ohne Zögern Vorstellungen über die Beziehungen zwischen den Vereinigten Staaten und der Sowjetunion aufgegeben, die durch die Erfahrung widerlegt oder durch die Realität überholt worden sind.

Halten Sie sich vor Augen, wie sehr die Welt sich geändert hat, seit die Regierung Truman die Doktrin der Eindämmung entwickelt hat. Die sowjetischen Machtinteressen und Möglichkeiten haben seit langem die geographischen Grenzen überschritten, von denen diese Doktrin ausging. Heute bezieht sich die Militär- und Außenpolitik Moskaus auf die ganze Welt, woraus sich ergibt, daß jede ihr entgegengerichtete Politik ebenfalls weltweit orientiert sein muß. Während es früher unser Ziel war, die sowjetische Präsenz auf die Grenzen, die sie unmittelbar nach dem Kriege erreicht hatte, zu beschränken, muß es jetzt unser Ziel sein, unsere eigenen Ziele zu fördern, und dabei sowjetischen Herausforderungen, wenn es möglich ist, vorab zu begegnen, und wenn es nötig ist, ihnen entgegenzutreten, wo auch immer unsere Interessen von ihnen bedroht werden.

Die Entspannungspolitik stellte selbstverständlich einen Versuch dar, die Sowjets zu mehr Zurückhaltung zu veranlassen. Obwohl sie in einigen ihrer Fassungen die Notwendigkeit anerkannte, den geopolitischen Übergriffen der Sowjets Widerstand entgegenzusetzen, so war in ihr doch auch die Hoffnung enthalten, daß die Aussicht auf die Vorteile aus der Ausweitung der wirtschaftlichen Beziehungen und aus Rüstungsbeschränkungsabkommen das sowjetische Verhalten in Schranken halten würde.

Unglücklicherweise hat die Erfahrung etwas anderes bewiesen. Die wirtschaftlichen Beziehungen könnten sogar einige der heimischen wirtschaftlichen Schwierigkeiten der Sowjets erleichtert haben, die sonst möglicherweise das Verhalten der Sowjets mindestens in einem gewissen Umfang beschränkt hätten. Sie führten auch zum Gespenst einer möglichen künftigen Abhängigkeit des Westens vom Handel mit dem Sowjetblock, die die Handlungsfreiheit des Westens gegenüber dem Osten stärker einschränken könnte, als es die Vorsicht im Umgang mit der UdSSR ratsam erscheinen läßt. Auch die SALT-I- und SALT-II-Prozesse haben den sowjetischen Aufbau im Bereich strategischer Waffen nicht begrenzt, aber doch in vielen Menschen im Westen die Vorstellung gefördert, daß Sicherheitsfragen jetzt nicht mehr die gleiche Dringlichkeit hätten wir vorher.

Angesichts dieser in der Vergangenheit aufgetretenen Schwierigkeiten war es uns nicht möglich, frühere Vorgehensweisen nur geringfügig zu ändern. Anders als die Politik der Eindämmung geht unsere Politik von der klaren Erkenntnis aus, daß die Sowjetunion eine Supermacht mit weltweiten Interessen ist und bleiben wird. Als Reaktion auf die Lektionen, die uns durch das Verhalten dieser Supermacht in den letzten Jahren erteilt wurden, geht unsere Politik – anders als einige Fassungen von Entspannungspolitik – von der Annahme aus, daß es wahrscheinlicher ist, daß die Sowjetunion von unseren Maßnahmen, die ihr die mit einer Aggression verbundenen Risiken verdeutlichen, eher abgeschreckt wird als durch ein zerbrechliches Netz der Interdependenz.

Unsere Politik beruht weder auf Vertrauen noch auf einem sowjetischen Sinneswandel. Sie beruht auf der Erwartung, daß die Sowjetunion, wenn sie sich der erneuerten Entschlossenheit des Westens zur Verstärkung seiner Verteidigungskraft, zur Förderung seines politischen und wirtschaftlichen Zusammenhalts, und der Absage an politische Abenteuer gegenübersieht, Zurückhaltung als die vorteilhafteste oder auch als die einzige Option ansehen wird.

Möglicherweise wird diese Zurückhaltung mit der Zeit zu einer festen Gewohnheit; möglicherweise auch nicht. In beiden Fällen bleibt unsere Verantwortung, wachsam zu sein, die gleiche.

[. . .]

Quelle: Wireless Bulletin 108, 15. 6. 1983, S 1–6.

D 65: Reagans Friedensplan für den Nahen Osten 1982

Rundfunk- und Fernsehrede des Präsidenten Ronald Reagan am 1. September 1982

[. . .]

Die Vereinigten Staaten haben bisher versucht, die Rolle eines Mittlers zu spielen. Wir haben öffentliche Kommentare zu den entscheidenden Fragen vermieden. Wir waren stets der Ansicht – und sind dies auch weiterhin –, daß nur eine freiwillige Vereinbarung zwischen den unmittelbar in den Konflikt verstrickten Parteien eine dauerhafte Lösung bieten kann. Aber es ist für mich offenkundig geworden, daß eine etwas klarere Darstellung der Haltung Amerikas zu den entscheidenden Fragen notwendig ist, um zu größerer Unterstützung des Friedensprozesses zu ermutigen.

Erstens: Wie in den Camp-David-Vereinbarungen dargelegt, muß es einen Zeitraum geben, innerhalb dessen die palästinensischen Einwohner des Westjordanlandes und des Gaza-Streifens volle Autonomie über ihre eigenen Angelegenheiten haben. Dabei müssen das Prinzip der Selbstverwaltung durch die Einwohner dieser Gebiete und die legitimen Sicherheitsanliegen der betroffenen Parteien in angemessener Weise berücksichtigt werden.

Zweck der fünfjährigen Übergangsperiode, die nach freien Wahlen zu einer palästinensischen Selbstverwaltungs-Körperschaft einsetzen würde, ist es, den Palästinensern zu beweisen, daß sie sich um ihre Angelegenheiten selbst kümmern können, und zu beweisen, daß eine solche palästinensische Autonomie keine Bedrohung der Sicherheit Israels darstellt.

Die Vereinigten Staaten werden die Verwendung weiterer Landstriche zum Zweck der Siedlung während der Übergangsperiode nicht unterstützen. Ja, die unverzügliche Einstellung der Siedlung durch Israel könnte – mehr als jede andere Maßnahme – das Vertrauen schaffen, das für eine breiter angelegte Beteiligung an diesen Gesprächen notwendig ist. Eine weitere Siedlungstätigkeit ist für die Sicherheit Israels in gar keiner Weise notwendig und verringert nur das Vertrauen der Araber darauf, daß ein endgültiges Ergebnis frei und fair ausgehandelt weden kann.

Ich möchte, daß die amerikanische Position klar verstanden wird: Der Zweck dieser Übergangsperiode ist die friedliche und geordnete Übertragung der inneren Verwaltung von Israel auf die palästinensischen Einwohner des Westjordanlandes und des Gaza-Streifens. Gleichzeitig darf eine solche Übertragung nicht die Sicherheitserfordernisse Israels beeinträchtigen.

Beim Blick über die Übergangsperiode hinaus in die Zukunft des Westjordanlandes und des Gaza-Streifens ist mir klar, daß es einen Frieden nicht durch die Bildung eines unabhängigen palästinensischen Staates auf diesen Territorien geben kann. Es kann aber auch kein Frieden auf der Grundlage israelischer Souveränität oder permanenter Kontrolle über das Westjordanland und den Gaza-Streifen erreicht werden. Darum werden die Vereinigten Staaten nicht die Errichtung eines unabhängigen palästinensischen Staates im Westjordanland und im Gaza-Streifen unterstützen – und wir werden nicht die Annexion oder die permanente Kontrolle durch Israel unterstützen.

Es gibt jedoch einen anderen Weg zum Frieden. Der endgültige Status dieser Gebiete muß natürlich durch das Geben und Nehmen bei Verhandlungen erreicht werden. Es ist jedoch die feste Überzeugung der Vereinigten Staaten, daß Selbstverwaltung der Palästinenser im Westjordanland und im Gaza-Streifen in Assoziierung mit Jordanien die beste Möglichkeit für einen dauerhaften, gerechten und beständigen Frieden bildet.

Wir gründen unsere Haltung voll und ganz auf das Prinzip, daß der arabisch-israelische Konflikt durch Verhandlungen gelöst werden sollte, die den Austausch von Territorium gegen Frieden beinhalten. Dieser Austausch ist in der Resolution 242 des Sicherheitsrats der Vereinten Nationen enthalten, die wiederum in allen ihren Bestandteilen Eingang in die Camp-David-Vereinbarungen gefunden hat. Die UN-Resolution 242 behält als Grundstein der amerikanischen Friedensbemühungen im Nahen Osten ihre volle Gültigkeit.

Es ist die Position der Vereinigten Staaten, daß – im Austausch für einen Frieden – die Rückzugsbestimmungen der Resolution 242 für alle Fronten gelten, einschließlich des Westjordanlandes und des Gaza-Streifens.

Wenn es zu Verhandlungen über die Grenze zwischen Jordanien und Israel kommt, so wird unserer Ansicht nach das Ausmaß, in welchem Israel aufgefordert werden sollte, Territorium aufzugeben, in starkem Umfang von dem Maß an echtem Frieden, Normalisierung und Sicherheitsvereinbarungen abhängen, die im Gegenzug angeboten werden.

Schließlich sind wir weiterhin davon überzeugt, daß Jerusalem ungeteilt bleiben muß, aber sein endgültiger Status sollte durch Verhandlungen entschieden werden.

Im Zuge der künftigen Verhandlungen werden die Vereinigten Staaten Positionen unterstützen, die uns als faire und vernünftige Kompromisse erscheinen und ein sinnvolles Abkommen fördern dürften. Wir werden auch eigene detaillierte Vorschläge unterbreiten, wenn dies nach unserer Ansicht nützlich sein kann. Und, damit keine Mißverständnisse entstehen, die Vereinigten Staaten werden jeden Vorschlag ablehnen – von welcher Seite und zu welchem Punkt im Laufe des Verhandlungsprozesses er auch kommen mag –, der die Sicherheit Israels bedroht. Amerikas Verpflichtung für die Sicherheit Israels ist unverbrüchlich. Und ich möchte hinzufügen, auch die meine.

[. . .]

Quelle: Europa-Archiv, 1982, D 560 – D 562.

Anhang

Zeittafel

Zusammengestellt von Rudolf Witzel

Die folgende Zeittafel ist nach Jahren getrennt synoptisch angeordnet. Sie enthält außenpolitisch relevante Ereignisse in den USA sowie wichtige weltpolitische Daten aus der internationalen Umwelt für den Zeitraum von 1945 bis 1983. Im politischen System der USA werden nur wesentliche Personal- und Sachentscheidungen auf der obersten Ebene erfaßt. Ereignisse innerhalb der amerikanischen Gesellschaft wurden nicht, Reden, Pressekonferenzen und Erklärungen hochgestellter Politiker nur in Ausnahmefällen berücksichtigt. Vorrangiges Kriterium bei der Datenauswahl war die Relevanz eines politischen Sachverhalts für den Ost-West-Konflikt. Ereignisse auf anderen Feldern der internationalen Politik sind nur aufgenommen worden, wenn sie für die Entwicklung der Weltpolitik grundlegende Bedeutung hatten.

Politisches System der USA		Internationale Umwelt	
		1945	
22. 01.	Rücktritt von Handelsminister Jesse Jones. Nachfolger Henry Wallace	4.–11. 02.	Konferenz von Jalta zwischen Roosevelt, Churchill und Stalin
12. 02.	Präsident Roosevelt empfiehlt dem Kongreß Annahme der Ergebnisse der Konferenz von Bretton Woods (Internat. Währungsfonds, Weltbank)	8. 05.	Bedingungslose Kapitulation Deutschlands
12. 04.	Tod Roosevelts. Harry S. Truman wird neuer Präsident	26. 06.	Unterzeichnung der Charta der Vereinten Nationen auf der Konferenz von San Francisco
28. 06.	Rücktritt von Außenminister Edward Stettinius	17. 07.–2. 08.	Potsdamer Konferenz zwischen Truman, Churchill (ab 29. 07. Clement R. Attlee) und Stalin
1. 07.	Arthur F. Byrnes neuer Außenminister	6. 08.	Abwurf der ersten Atombombe auf Hiroshima
16. 07.	Zündung der ersten amerikanischen Atombombe	8. 08.	Bildung des Alliierten Kontrollrats der vier Siegermächte
		9. 08.	Abwurf der zweiten Atombombe auf Nagasaki

21. 08. Truman verkündet die Einstellung der amerikanischen Leih- und Pachthilfe

18./19. 09. Rücktritt von Kriegsminister Henry Lewis Stimson. Nachfolger Robert Patterson

14. 10. Truman ersucht den Kongreß um die Einsetzung einer Atomenergie-Kontrollkommission

2. 09. Kapitulation Japans

10. 09.–2. 10. Außenministerkonferenz der USA, Großbritanniens und der UdSSR in London

24. 10. Inkrafttreten der Charta der Vereinten Nationen

16.–26. 12. Außenministerkonferenz der USA, Großbritanniens und der UdSSR in Moskau

1946

15. 02. Rücktritt von Botschafter Harrison in Moskau. Nachfolger Walter Biddle Smith

9. 03. US-Kriegsministerium gibt bekannt, daß Kommunisten in Zukunft keine Offiziersränge in der Armee mehr bekleiden dürfen

23. 09. Averell Harriman wird neuer Handelsminister

29. 10. David Lilienthal wird Vorsitzender der US-Atomenergie-Kommission

4. 11. Die Kongreßwahlen enden mit deutlichen Gewinnen der Republikaner in beiden Häusern (Repräsentantenhaus: 246 R : 188 D; Senat: 51 R : 45 D)

25. 04.–12. 07. Außenministerkonferenz der USA, Frankreichs, Großbritanniens und der UdSSR in Paris

14. 06. Vorlage des amerikanischen Baruch-Plans zur Kontrolle der Atomenergie. UdSSR lehnt ab

24. 06. Gründung der Atomenergie-Kommission der UN

29. 07.–15. 10. Pariser Friedenskonferenz

6. 09. Rede von US-Außenminister Byrnes in Stuttgart (Neuorientierung der westlichen Besatzungspolitik)

4. 11.–11. 12. Außenministerkonferenz der vier Siegermächte in New York

10. 11. Nach einem für die Kommunisten katastrophalen Wahlausgang in Rumänien werden die Wahlergebnisse zugunsten des „Blocks Demokratischer Parteien“ gefälscht

1947

7. 01. Rücktritt von Außenminister Byrnes. Nachfolger George C. Marshall

4. 02. Truman ersucht den Kongreß um Aufrechterhaltung der Kriegsvollmachten

10. 01. Wahlen in Polen mit deutlichen Manipulationen durch die Kommunisten

13. 02. Gründung der UN-Kontrollkommission für konventionelle Rüstung

7. 02. Repräsentantenhaus beschließt Verfassungsänderung, die nur noch eine einmalige Wiederwahl des Präsidenten zuläßt

12. 03. Verkündung der Truman-Doktrin (außenpolit. Leitlinie der USA im Kalten Krieg)

26. 03. Truman ordnet die Entfernung „subversiver Elemente" aus der Verwaltung an. Ausschuß zur Untersuchung antiamerikanischer Umtriebe des Repräsentantenhauses befaßt sich mit dem Einfluß des Kommunismus auf die Innenpolitik

3. 06. Rede des US-Außenministers Marshall in der Harvard-Universität (Marshall-Plan)

19. 07. Rücktritt von Kriegsminister Patterson. Nachfolger Kenneth C. Royall

26. 07. Kongreß verabschiedet den National Security Act (Neuordnung des amerikanischen Verteidigungswesens, Einrichtung des Nationalen Sicherheitsrates [NSC])

10. 03. –24. 04. Außenministerkonferenz der vier Siegermächte in Moskau (scharfe Auseinandersetzungen in der Reparations- und Deutschlandfrage)

31. 08. Bei den Wahlen in Ungarn kommt es zu schweren Behinderungen für die bürgerlich-protestantische Kleinlandwirtepartei, die dennoch 35 Prozent der Stimmen erhält

30. 10. Unterzeichnung des GATT-Abkommens in Genf (Allgemeines Zoll- und Handelsabkommen)

25. 11. –15. 12. Außenministerkonferenz der vier Siegermächte in London (Differenzen in allen wesentlichen Punkten)

1948

15. 03. Senat billigt einstimmig den Marshall-Plan (ERP)

27. 03. Truman unterzeichnet eine Proklamation zur Ausfuhrkontrolle militärisch wichtiger Waren

21. 04. Rücktritt von Handelsminister Harriman. Nachfolger Charles Sawyer

2. 11. Truman gewinnt die Präsidentschaftswahlen. Die Kongreßwahlen bringen Gewinne für die Demokraten mit Mehrheiten in beiden Häusern

23. 02. –7. 06. Londoner Sechsmächtekonferenz (USA, Frankreich, Großbritannien, Benelux-Staaten). Verhandlungen über Errichtung eines westdeutschen Staates und über Einbeziehung der Westzonen in Marshall-Plan-Hilfe

25. 02. Kommunistische Machtübernahme in der Tschechoslowakei

17. 03. Unterzeichnung des Brüsseler Vertrages (Großbritannien, Frankreich, Benelux-Staaten). Vorläufer der Westeuropäischen Union

20. 03. Auszug der UdSSR aus dem Alliierten Kontrollrat

24. 03. Unterzeichnung der Havanna-Charta von 53 Staaten aus Ost und West (Grundsätze für den internat. Handelsverkehr)

2. 05. Unterzeichnung der Charta von Bogotá zwischen den USA und zwanzig lateinamerikanischen Staaten (Gründung der Organisation Amerikanischer Staaten [OAS])

14. 05. Gründung des Staates Israel

15. 05.–11. 06. Israelisch-arabischer Krieg

24. 06. Beginn der Berlin-Blockade

26. 06. Beginn der Berliner Luftbrücke

10. 12. Unterzeichnung der Allgemeinen Erklärung der Menschenrechte der UN

1949

7. 01. Rücktritt von Außenminister Marshall. Nachfolger Dean Acheson

13. 02. General Eisenhower wird militärischer Hauptberater des Präsidenten und des Verteidigungsministers

4. 03. Rücktritt von Verteidigungsminister James Forrestal. Nachfolger Louis A. Johnson

21. 04. Alan Kirk neuer Botschafter in Moskau

10. 08. Truman unterzeichnet das Gesetz zur Vereinheitlichung des Wehrwesens

24. 11. Rücktritt des Vorsitzenden der US-Atomenergie-Kommission Lilienthal

4. 04. Unterzeichnung des NATO-Vertrages

6. 04. UdSSR stellt die Lieferung von Mangan an die USA ein

12. 05. Ende der Berlin-Blockade

23. 05. Verkündung des Grundgesetzes der Bundesrepublik Deutschland

23. 05.–20. 06. Außenministerkonferenz der vier Siegermächte in Paris (Differenzen in der Deutschlandfrage)

23. 09. Zündung der ersten sowjetischen Atombombe

1. 10. Gründung der Volksrepublik China

7. 10. Erklärung der sowjetischen Besatzungszone zur Deutschen Demokratischen Republik

1950

22. 02. Auf Antrag von Senator Joseph McCarthy beschließt der Senat die Einsetzung eines Untersuchungsausschusses zur Prüfung der von McCarthy gegen das Außenministerium erhobenen Vorwürfe unter Vorsitz von Senator Millard Tydings

25. 04. Truman billigt die NSC-Richtlinie 68

18. 08. US-Handelsministerium beschließt Ausfuhrbeschränkungen gegenüber Osteuropa

21. 08. Senat verabschiedet das Kriegswirtschaftliche Ermächtigungsgesetz

13. 09. Rücktritt von Verteidigungsminister Johnson. Nachfolger George Marshall

7. 11. Kongreßwahlen bringen für die Republikaner Gewinne in beiden Häusern, die Demokraten behaupten jedoch ihre Mehrheiten

26. 01. Abkommen zwischen den USA und der Bundesrepublik Deutschland über den Beitritt zum Europäischen Wiederaufbauprogramm

11.–13. 05. Westliche Außenministerkonferenz der USA, Frankreichs und Großbritanniens in London (Eingliederung der Bundesrepublik Deutschland in das westliche Bündnis und Wiederbewaffnung erwogen)

25. 06. Beginn des Koreakrieges

1. 08. USA verdreifachen ihre in Großbritannien stationierten Bomberverbände

12.–18. 09. Westliche Außenministerkonferenz der USA, Frankreichs und Großbritanniens in New York (Forderung nach deutscher Wiederbewaffnung im Rahmen einer Koalitionsarmee)

1951

7. 02. US-Regierung billigt den Pleven-Plan zur Aufstellung einer europäischen Armee

1. 03. US-Handelsministerium erklärt sämtliche Exporte in die UdSSR und die östlichen Volksdemokratien für genehmigungspflichtig

11. 04. Entlassung General Douglas MacArthurs als Oberbefehlshaber in Korea. Nachfolger General Matthew Ridgway

7. 07. USA kündigen die Tarifkonzessionen der UdSSR und der osteuropäischen Staaten für Exporte in die USA

30. 08. Unterzeichnung eines Beistandspakts zwischen den USA und den Philippinen

1. 09. Unterzeichnung eines Beistandspakts zwischen den USA, Australien und Neuseeland

4.–8. 09. Konferenz von San Francisco zur Unterzeichnung eines Friedensvertrages mit Japan

10.–14. 09. Westliche Außenministerkonferenz der USA, Frankreichs und Großbritanniens in Washington (Empfehlung der Aufstellung westdeutscher Streitkräfte und ihre Eingliederung in eine europäische Armee)

12. 09. Rücktritt von Verteidigungsminister Marshall. Nachfolger Robert Lovett

26. 11. Truman ordnet die Aufhebung sämtlicher Zollkonzessionen für die UdSSR und Polen an

22. 11. Kommuniqué der Pariser Außenministerkonferenz empfiehlt die Eingliederung der Bundesrepublik Deutschland in die sich entwickelnde Europäische Gemeinschaft und das atlantische Bündnis

1952

25. 02. USA verhängen eine weitere Einschränkung der Ostexporte. Zehn weitere westliche Staaten folgen

4. 11. Dwight D. Eisenhower gewinnt die Präsidentschaftswahlen. Die Kongreßwahlen bringen Gewinne für die Republikaner (republikanische Mehrheit im Repräsentantenhaus und im Senat)

11. 01. Bildung der UN-Abrüstungskommission

6. 02. Auflösung der UN-Kontrollkommission für konventionelle Rüstung

11. 02. Auflösung der UN-Atomenergie-Kommission

10. 03. Angebot der UdSSR zur Wiedervereinigung und Wiederbewaffnung Deutschlands auf der Basis der Neutralität (Stalin-Note)

26. 05. Unterzeichnung des Vertrags über die Europäische Verteidigungsgemeinschaft (EVG)

1953

23. 01. Senat bestätigt die Ernennung der Minister John F. Dulles (Äußeres), Sinclair Weck (Handel) und Charles E. Wilson (Verteidigung)

28. 03. Senat stimmt der Ernennung von Charles E. Bohlen zum Botschafter in Moskau zu

4. 08. Kongreß verabschiedet ein Verlängerungsgesetz zum Reciprocal Trade Agreements Act (Gegenseitiges Handelsvertragsgesetz von 1934)

5. 03. Tod Stalins

6. 03. Georgij M. Malenkow sowjetischer Ministerpräsident

16./17. 06. Volksaufstand in der DDR. Einmarsch sowjetischer Truppen

27. 07. Waffenstillstand von Panmunjon, Ende des Koreakrieges

13. 09. Nikita S. Chruschtschow wird Erster Sekretär der KPdSU

1. 10. Unterzeichnung eines Sicherheitspaktes zwischen den USA und Südkorea

1954

6. 01. Harold Stassen, Direktor der amerikanischen Auslandshilfebehörde, kündigt eine Lockerung des Ostembargos an

25. 06. Senat beschließt einjährige Verlängerung des Reciprocal Trade Agreements Act

2. 11. Kongreßwahlen enden mit Gewinnen für die Demokraten (Repräsentantenhaus: 232 D : 203 R; Senat: 48 D : 47 R)

2. 12. Senat billigt einen Tadelsantrag gegen Senator McCarthy wegen Mißachtung des Senats

21. 12. Außenminister Dulles hält eine Vorwärtsstrategie zur Verteidigung Europas erstmalig für möglich

25. 01.–18. 02. Außenministerkonferenz der vier Mächte in Berlin

26. 04.–21. 07. Genfer Indochinakonferenz

30. 08. Scheitern des EVG-Vertrags in der französischen Nationalversammlung

8. 09. Abschluß des SEATO-Paktes in Manila

23. 10. Unterzeichnung der Pariser Verträge (Bildung der Westeuropäischen Union unter Einschluß Italiens und der Bundesrepublik Deutschland, die als Mitglied in die NATO aufgenommen wird)

1955

16. 03. Eisenhower kündigt für den Kriegsfall den Einsatz taktischer Nuklearwaffen gegen militärische Ziele an

22. 03. Ernennung von Harold Stassen zum Sonderbeauftragten für Abrüstung

5. 05. Senat beschließt dreijährige Verlängerung des Reciprocal Trade Agreements Act

19. 12. Rücktritt des Sonderberaters für außenpolitische Fragen Nelson Rockefeller

8. 02. Nikolaj A. Bulganin neuer sowjetischer Ministerpräsident

24. 02. Abschluß des Bagdad-Paktes zwischen der Türkei und dem Irak. Im gleichen Jahr treten Großbritannien, Pakistan und der Iran bei

18.–24. 04. Konferenz von Bandung (Beginn der Bewegung der Blockfreien Staaten)

5. 05. Inkrafttreten der Pariser Verträge

14. 05. Unterzeichnung des Warschauer Vertrages (Warschauer Pakt)

15. 05. Unterzeichnung des Österreichischen Staatsvertrages

18.–23. 07. Gipfelkonferenz der USA, Großbritanniens und der UdSSR in Genf (Deutschlandfrage, europäische Sicherheit, „Geist von Genf“)

27. 10. –16. 11.	Außenministerkonferenz der vier Mächte in Genf (Deutschlandproblem, Abrüstung und europäische Sicherheit)

1956

6. 11.	Eisenhower gewinnt die Präsidentschaftswahlen gegen den Demokraten Adlai Stevenson. Die Kongreßwahlen bringen den Demokraten im Repräsentantenhaus einen Zugewinn von 2 Mandaten; die Mandatsverteilung im Senat bleibt unverändert

28./ 29. 06.	Unruhen in Polen
21. 10. –11. 11.	Aufstand in Ungarn. Einmarsch sowjetischer Truppen
29. 10. –2. 11.	Suezkrieg. Britisch-französische Aktion gegen Ägypten, Krieg zwischen Israel und seinen arabischen Nachbarn

1957

5. 01.	Botschaft Eisenhowers an den Kongreß bezüglich des Nahen („Mittleren“) Ostens (Eisenhower-Doktrin)
29. 04.	Llewellyn E. Thompson neuer Botschafter in Moskau anstelle von Charles E. Bohlen
7. 08.	Rücktritt von Verteidigungsminister Wilson. Nachfolger Neil H. McElroy
27. 11.	Gaither-Report warnt vor einem sowjetischen Raketenvorsprung

13. 03.	US-Hauptquartier in der Bundesrepublik Deutschland gibt den Beginn der Ausrüstung der US-Truppen mit Nuklearbewaffnung bekannt
25. 03.	Unterzeichnung der Verträge über die Europäische Wirtschaftsgemeinschaft (EWG) und die Europäische Atomgemeinschaft (EURATOM) in Rom
29. 07.	Gründung der Internationalen Atomenergie-Behörde (IAEA) in Wien
3. 10.	Vorschlag des polnischen Außenministers Rapacki zur Errichtung einer atomwaffenfreien Zone in Mitteleuropa (Rapacki-Plan)
4. 10.	Start des „Sputnik“ durch die UdSSR

1958

15. 02.	Rücktritt von Abrüstungsberater Stassen. Nachfolger James Wadsworth

25. 08.	Beginn der Krise um Quemoy und Matsu

5. 07. Rücktritt des Vorsitzenden der US-Atomenergiekommission Lewis L. Strauss. Nachfolger John A. McCone

15. 07. Eisenhower gibt US-Intervention im Libanon bekannt

8. 08. Kongreß bewilligt Rekord-Verteidigungshaushalt

5. 11. Kongreßwahlen bringen Demokraten Gewinne in beiden Häusern (Repräsentantenhaus: 282 D : 152 R; Senat: 62 D : 34 R)

19. 09. Erste US-Mittelstreckenraketen vom Typ Thor in Großbritannien aufgestellt

10. 11. Berlin-Ultimatum Chruschtschows (Forderung nach Umwandlung West-Berlins in eine entmilitarisierte „selbständige politische Einheit“)

1959

18. 04. Rücktritt von Außenminister Dulles, Nachfolger wird Christian Herter

16. 11. Außenminister Herter erläutert den neuen Kurs der US-Außenpolitik: Abkühlung akuter politischer Krisen, Betonung der wirtschaftlichen Konkurrenz mit dem Osten unter Mitwirkung der anderen westlichen Staaten

1. 12. Ernennung von Thomas S. Gates zum neuen Verteidigungsminister

16. 02. Sturz der Regierung Batista in Kuba. Regierungsübernahme durch Fidel Castro

11. 05.–5. 08. Außenministerkonferenz der vier Mächte in Genf (Verhandlungen über Abrüstung, europäische Sicherheit, die Deutschlandfrage und Berlin ergebnislos)

15.–27. 09. Besuch Chruschtschows in den USA

31. 10. Türkei stimmt der Aufstellung von US-Mittelstreckenraketen zu

1. 12. Unterzeichnung des Antarktis-Vertrags (Verbot von Atomversuchen, Raketen- und Militärstützpunkten; in Kraft getreten: 23. 6. 1961)

1960

1. 01. Erstes Atom-U-Boot der Polaris-Klasse in Dienst gestellt

21. 04. USA bieten der NATO die Lieferung von Polaris-Raketen an

14. 05. USA erweitern die Exportliste für den Handel mit der UdSSR

19. 01. Unterzeichnung eines neuen amerikanisch-japanischen Sicherheitsabkommens in Washington

13. 02. Zündung der ersten französischen Atombombe

12. 10. Außenminister Herter gibt einen Plan zur Schaffung einer nuklearen Abschreckungsmacht innerhalb der NATO bekannt

8. 11. John F. Kennedy gewinnt die Präsidentschaftswahlen gegen den Republikaner Richard Nixon. Die Kongreßwahlen bringen den Republikanern leichte Gewinne in beiden Häusern, die Mehrheiten der Demokraten bleiben jedoch bestehen

17. 12. Der neugewählte Präsident gibt sein Kabinett bekannt: Dean Rusk (Äußeres), Robert S. McNamara (Verteidigung), Luther H. Hodges (Handel), Robert F. Kennedy (Justiz)

31. 12. Kennedy ernennt McGeorge Bundy zum Sicherheitsberater

16./17. 05. Scheitern der Pariser Gipfelkonferenz wegen des U2-Zwischenfalls

11. 07. Sezession Katangas. Beginn der Kongo-Krise

12. 10. NATO-Oberbefehlshaber General Norstad schlägt die NATO als vierte Atommacht vor

10. 11.–1. 12. Moskauer Konferenz von 81 kommunistischen und Arbeiter-Parteien; sowjetisch-chinesische Kontroverse über die Vermeidbarkeit von Kriegen

1961

30. 01. Erster erfolgreicher Teststart einer Minuteman-Interkontinentalrakete (ICBM) aus einem verbunkerten Silo

10. 08. Kongreß bewilligt Rekord-Verteidigungshaushalt in Höhe von 46,6 Mrd. Dollar

26. 09. Gründung der Arms Control and Disarmament Agency (ACDA). Ernennung von William C. Foster zum Leiter der Behörde

11. 10. Kennedy gibt die Entsendung von General Maxwell D. Taylor und einer kleinen Gruppe von Militärexperten nach Südvietnam bekannt

22. 12. Erster erfolgreicher Test einer Abwehrrakete vom Typ Nike-Zeus

6. 01. Rede Chruschtschows über die sowjetische Unterstützung nationaler Befreiungskriege

10. 04. Kennedy betont vor dem Militärausschuß der NATO die Verstärkung der konventionellen Kampfkraft und die Notwendigkeit der Kontrolle nuklearer Waffen

15.–17. 04. Gescheiterter Invasionsversuch von Exilkubanern mit amerikanischer Unterstützung in der Schweinebucht auf Kuba

9. 05. Außenminister Rusk gibt auf der NATO-Ministerratstagung in Oslo die Abordnung von Polaris-U-Booten an die NATO bekannt

3./4. 06. Treffen zwischen Kennedy und Chruschtschow in Wien

13. 08. Beginn des Mauerbaus in Berlin

1962

3. 02. USA verhängen ein totales Handelsembargo gegenüber Kuba

15. 03. Verteidigungsminister McNamara gibt die Anwesenheit von US-Soldaten in Südvietnam und ihre „gelegentliche Verwicklung“ in Kampfhandlungen bekannt

15. 06. Rede McNamaras in Ann Arbor, Michigan: Entwicklung einer Counterforce-Doktrin zur offensiven Schadensbegrenzung für die amerikanischen strategischen Nuklearstreitkräfte

4. 07. Rede Präsident Kennedys in Philadelphia: Entwicklung eines Programms für die Zusammenarbeit der USA mit einem vereinten Westeuropa (Hantel-Konzeption)

5. 07. Foy D. Kohler neuer Botschafter in Moskau anstelle von Llewellyn E. Thompson

26. 07.–1. 08. Kongreß verabschiedet Verteidigungshaushalt in Höhe von 48,1 Mrd. Dollar

6. 11. Kongreßwahlen bringen den Republikanern leichte Gewinne im Repräsentantenhaus und den Demokraten leichte Gewinne im Senat, keine Änderung der Mehrheiten in beiden Häusern

14. 03. Wiederaufnahme der Verhandlungen der UN-Abrüstungskommission in Genf

8. 06. Unterzeichnung einer amerikanisch-sowjetischen Vereinbarung über die gemeinsame friedliche Nutzung des Weltraums auf dem Gebiet der Meteorologie, der Bestimmung des geomagnetischen Feldes und der Fernmeldesatellitentechnik

20. 07. Rücktritt des NATO-Oberbefehlshabers General Norstad wegen Differenzen über die künftige NATO-Strategie. Nachfolger General Lyman L. Lemnitzer

14.–28. 10. Kubakrise (Stationierung sowjetischer Mittelstreckenraketen auf Kuba, Verhängung einer Blockade Kubas durch die USA, Abzug der Raketen durch die UdSSR)

1963

24. 01. Kennedy bestätigt die geplante Aufhebung der Thor- und Jupiter-Raketenbasen in Großbritannien, Italien und der Türkei und ihre Ersetzung durch seegestützte Polaris-Raketen (SLBM)

10. 06. Friedensrede Kennedys vor der Universität von Washington

14. 01. Der französische Staatspräsident de Gaulle lehnt EWG-Beitritt Großbritanniens ab

8. 03. Verschärfung des chinesisch-sowjetischen Konflikts wegen der chinesischen Forderung nach Rückgabe in „ungleichen Verträgen“ abgetretener Gebiete

8. 10. Kongreß verabschiedet Verteidigungshaushalt in Höhe von 47,2 Mrd. Dollar

9. 10. Kennedy genehmigt Weizenverkäufe zu Weltmarktpreisen an die UdSSR

22. 11. Ermordung Kennedys. Nachfolger wird Lyndon B. Johnson

20. 06. Unterzeichnung der amerikanisch-sowjetischen Vereinbarung über die Errichtung eines „heißen Drahts" zwischen Weißem Haus und Kreml (Hot-Line-Agreement)

5. 08. Unterzeichnung eines Abkommens zwischen den USA, Großbritannien und der UdSSR über die teilweise Beendigung der Kernwaffenversuche in der Atmosphäre, im Weltraum und unter Wasser (in Kraft getreten: 10. 10. 1963)

1964

28. 01. Indienststellung des ersten Atom-U-Boots mit Polaris A3-SLBM (MRV)

4. 08. Kongreß bewilligt Verteidigungshaushalt in Höhe von 46,7 Mrd. Dollar

10. 08. Kongreß verabschiedet mit großer Mehrheit die Tonkin-Gulf-Resolution

3. 11. Präsident Johnson gewinnt die Präsidentschaftswahlen gegen den Republikaner Barry M. Goldwater. Die Kongreßwahlen bringen den Demokraten leichte Gewinne in beiden Häusern

16. 12. Nach Rücktritt von Luther H. Hodges wird John T. Connor zum neuen Handelsminister ernannt

2. 08. Zwischenfall im Golf von Tonkin (Angriff nordvietnamesischer Seestreitkräfte auf Einheiten der 7. US-Flotte; Eskalation des Vietnam-Krieges durch amerikanische Luftangriffe)

15. 10. Sturz Chruschtschows. Kollektive Führung: Leonid I. Breschnew Erster Sekretär der KPdSU, Alexej A. Kossygin Ministerpräsident

16. 10. Zündung der ersten chinesischen Atombombe

1965

18. 01. Sonderbotschaft Präsident Johnsons zur Verteidigungspolitik an den Kongreß: Ankündigung des Poseidon-Programms und von Durchdringungshilfen für die amerikanischen Nuklearsprengköpfe

8. 02. Erster amerikanischer Luftangriff auf Nordvietnam

28. 04. US-Intervention in der Dominikanischen Republik

3. 05. Fernsehansprache Johnsons, in der er ankündigt, daß die USA die Errichtung eines weiteren kommunistischen Regimes in der westlichen Hemisphäre auf jeden Fall und notfalls allein verhindern werden (Johnson-Doktrin)

8. 12. Bekanntgabe des Rücktritts von Sicherheitsberater McGeorge Bundy zum 28. 2. 1966

28. 07. Erhöhung der amerikanischen Streitkräfte in Vietnam auf 125 000 Mann; endgültige Verwicklung der USA in den Landkrieg

9. 12. Nikolaj Podgorny wird Staatspräsident der UdSSR

1966

31. 01. Johnson gibt die Wiederaufnahme der Bombardierung Nordvietnams bekannt

6. 10. Ernennung von Llewellyn E. Thompson zum neuen Botschafter in Moskau anstelle von Foy D. Kohler

8. 11. Kongreßwahlen bringen den Republikanern geringe Gewinne im Senat und erhebliche Gewinne im Repräsentantenhaus, keine Änderung der demokratischen Mehrheiten in beiden Häusern

29. 06. US-Luftwaffe greift erstmals Ziele in der Nähe von Hanoi und Haiphong an

1. 07. Austritt Frankreichs aus der militärischen Integration der NATO

4.–6. 07. Tagung des Politischen Beratenden Ausschusses des Warschauer Paktes in Bukarest (Vorschlag einer europäischen Sicherheitskonferenz)

1967

2. 03. Johnson gibt die Bereitschaft der UdSSR zu Verhandlungen über offensive und defensive Nuklearwaffensysteme bekannt

22. 05. Ernennung von Alexander B. Trowbridge zum neuen Handelsminister

18. 09. Rede von Verteidigungsminister McNamara in San Francisco: Erläuterung des nuklearstrategischen Konzepts der „wechselseitig gesicherten Zerstörung“

27. 01. Unterzeichnung des Vertrags über die friedliche Erforschung und Nutzung des Weltraums in Washington, London und Moskau (in Kraft getreten: 10. 10. 1967)

14. 02. Unterzeichnung des Vertrags von Tlatelolco zur Errichtung einer kernwaffenfreien Zone in Lateinamerika

5.–10. 06. Dritter israelisch-arabischer Nahostkrieg

23.–25. 06. Treffen zwischen Präsident Johnson und dem sowjetischen Ministerpräsidenten Kossygin in Glassboro/USA

16. 11.	Der außenpolitische Senatsausschuß beschließt einstimmig, daß der Präsident künftig im Kongreß um die Ermächtigung nachsuchen muß, Truppen im Ausland einzusetzen	12.–14. 12.	NATO-Ministerratstagung in Brüssel: Formelle Bestätigung des Dokuments MC 14/3 (Strategie der flexible response). Bericht des Nordatlantikrats über die künftigen Aufgaben der Allianz (Harmel-Bericht: Formulierung der „Zwei-Pfeiler-Doktrin" über militärische Sicherheit und Entspannung)

1968

21. 01.	Ernennung von Clark M. Clifford zum neuen Verteidigungsminister anstelle des zurückgetretenen Robert S. McNamara	23. 01.	Pueblo-Affäre: Kaperung des US-Spionageschiffes „Pueblo" durch nordkoreanische Streitkräfte
31. 03.	Rede Präsident Johnsons, in der er Nordvietnam ein Friedensangebot unterbreitet, die Bombenangriffe weitgehend einstellt und seinen Verzicht auf eine erneute Präsidentschaftskandidatur bekanntgibt	13. 05.	Beginn der Pariser Vietnamverhandlungen. US-Delegationsleiter ist Averell Harriman
1. 07.	Präsident Johnson kündigt die Aufnahme von Gesprächen mit der UdSSR über die Begrenzung der Nuklearrüstung an	24./25. 06.	NATO-Ministerratstagung in Reykjavik: Erklärung über beiderseitige und ausgewogene Truppenverminderung (Signal von Reykjavik)
31. 10.	Johnson gibt die Einstellung der Bombenangriffe auf Nordvietnam bekannt	1. 07.	Unterzeichnung des Vertrages über die Nichtweiterverbreitung von Kernwaffen in Washington, London und Moskau (in Kraft getreten: 5. 3. 1970)
5. 11.	Richard M. Nixon gewinnt die Präsidentschaftswahlen gegen den Demokraten Hubert Humphrey. Die Kongreßwahlen bringen den Republikanern leichte Gewinne in beiden Häusern (Repräsentantenhaus: 243 D : 192 R; Senat: 58 D : 42 R)	21. 08.	Einmarsch von Truppen des Warschauer Pakts in die Tschechoslowakei (Ende des „Prager Frühlings")
2. 12.	Nixon ernennt Henry A. Kissinger zu seinem Sicherheitsberater	12. 11.	Verkündigung der Breschnew-Doktrin über die begrenzte Souveränität sozialistischer Länder

1969

5. 01. Henry Cabot Lodge wird neuer Delegationsleiter bei den Pariser Friedensverhandlungen

20. 01. Amtseinführung Richard Nixons. Senat bestätigt die Ernennung von William P. Rogers (Äußeres), Melvin R. Laird (Verteidigung), Maurice H. Stans (Handel)

30. 01. Jacob D. Bean wird neuer Botschafter in Moskau anstelle von Llewellyn E. Thompson

14. 03. Nixon teilt seine Entscheidung zur Errichtung eines Sentinel-Raketenabwehr-Systems mit

19. 09. Nixon gibt den Abzug von 60 000 Mann aus Südvietnam bekannt

23. 02. Beginn der ersten Europareise Nixons

2. 03. Gefechte zwischen sowjetischen und chinesischen Grenztruppen am Ussuri

17. 03. „Budapester Apell" des Politischen Beratenden Ausschusses des Warschauer Paktes: Vorschlag einer Konferenz über Sicherheit und Zusammenarbeit in Europa

17. 11. Beginn der SALT-Verhandlungen in Helsinki über die Begrenzung strategischer Waffen

1970

22. 01. Nixons Botschaft zur Lage der Nation kündigt die „Vietnamisierung" des Krieges in Vietnam an und wünscht die Zusammenarbeit mit der UdSSR

18. 02. Sonderbotschaft Nixons über die Grundlinien der Außenpolitik für die 70er Jahre (Nixon-Doktrin)

20. 04. Nixon kündigt den Abzug von weiteren 150 000 Mann aus Südvietnam bis zum Frühjahr 1971 an

3. 11. Die Kongreßwahlen bringen den Republikanern den Zugewinn von 1 Sitz im Senat, die Demokraten können ihre Mehrheit im Repräsentantenhaus noch ausbauen

16. 04. Beginn der SALT-Verhandlungen in Genf

30. 04. Beginn der Intervention amerikanischer und südvietnamesischer Truppen in Kambodscha

29. 06. Abzug der US-Truppen aus Kambodscha

12. 08. Unterzeichnung des Moskauer Vertrags zwischen der Bundesrepublik Deutschland und der UdSSR

27. 10. Beginn der zweiten Europareise Nixons

7. 12. Unterzeichnung des Warschauer Vertrages zwischen der Bundesrepublik Deutschland und Polen

1971

1. 04. US-Verteidigungsministerium gibt die Indienststellung des ersten Atom-U-Boots mit Poseidon-Raketen (MIRV) bekannt

8. 04. Nixon gibt den Abzug weiterer 100 000 Mann aus Südvietnam bekannt und bezeichnet den vollständigen Rückzug aller US-Truppen als Ziel seiner Politik

10. 06. USA heben die meisten Handelsbeschränkungen gegenüber der VR China auf und erleichtern Getreideexporte nach Osteuropa und die VR China

13. 06. Beginn der Veröffentlichung der „Pentagon-Papiere" in der New York Times

15. 07. Nixon gibt bekannt, daß er auf Einladung des chinesischen Ministerpräsidenten vor Mai 1972 die VR China besuchen wird

15. 08. Nixon gibt in einer Rundfunk- und Fernsehrede die Aufhebung der Goldkonvertibilität des Dollar sowie die Verhängung eines Lohn- und Preisstops bekannt

12. 10. Nixon kündigt seinen Besuch in der UdSSR für die zweite Maihälfte 1972 an

12. 11. Nixon gibt den Abzug weiterer 45 000 Mann aus Südvietnam bis Februar 1972 bekannt

11. 02. Unterzeichnung des Vertrags über das Verbot der Verbringung von Kernwaffen und anderer Massenvernichtungsmittel auf den Meeresboden und den Meeresgrund in Washington, London und Moskau (in Kraft getreten: 18. 05. 1972)

2.–
8. 05. Nahostreise von Außenminister Rogers zur Sondierung einer Friedensregelung

14. 05. Breschnew bietet dem Westen in einer Rede in Tiflis Verhandlungen über eine Truppenreduzierung an

9.–
11. 07. Geheimbesuch von Sicherheitsberater Kissinger in Peking

3. 09. Unterzeichnung des Viermächteabkommens über Berlin

30. 09. Unterzeichnung eines amerikanisch-sowjetischen Abkommens zur Verminderung der Gefahr des Ausbruchs eines Nuklearkrieges infolge eines nuklearen Unfalls

1972

13. 01. Nixon gibt den Abzug von weiteren 70 000 Mann aus Südvietnam bekannt und kündigt die Beendigung des amerikanischen Engagements bis Ende 1972 an

22. 01. EWG-Beitritt Großbritanniens, Irlands und Dänemarks

21.–
28. 02. Besuch Nixons in der VR China

27. 01. Ernennung von Peter G. Peterson zum neuen Handelsminister anstelle des zurückgetretenen Maurice H. Stans

8. 05. Nixon kündigt die Verminung der nordvietnamesischen Häfen an

17. 06. Einbruch in das Wahlkampfhauptquartier der Demokratischen Partei im Watergate-Komplex in Washington (Beginn der Watergate-Affäre)

7. 11. Richard Nixon gewinnt die Präsidentschaftswahlen gegen den Demokraten George McGovern. Die Kongreßwahlen bringen den Republikanern leichte Gewinne im Repräsentantenhaus bei leichten Verlusten im Senat, die demokratischen Mehrheiten in beiden Häusern bleiben bestehen

9. 12. Vorstellung des 2. Kabinetts Richard Nixons: William P. Rogers (Äußeres), Elliot L. Richardson (Verteidigung), Frederick P. Dent (Handel)

30. 03. Beginn einer Großoffensive Nordvietnams. US-Luftwaffe verstärkt die Bombardierung Nordvietnams

9. 04. Unterzeichnung einer Konvention über das Verbot von Entwicklung, Herstellung und Lagerung bakteriologischer und chemischer Waffen sowie über die Vernichtung solcher Waffen in Genf (in Kraft getreten: 26. 3. 1976)

2. 05. Geheimtreffen zwischen Kissinger und Le Duc Tho in Paris

22.–30. 05. Besuch Nixons in der UdSSR

25. 05. Unterzeichnung eines amerikanisch-sowjetischen Abkommens zur Vermeidung von Zwischenfällen auf und über dem offenen Meer

26. 05. Unterzeichnung des SALT-I-Abkommens (ABM-Vertrag und Interimsabkommen zur Begrenzung der strategischen Offensivwaffen)

8. 07. Abschluß eines Dreijahresabkommens über Getreidelieferungen in Höhe von 750 Mio. Dollar zwischen USA und UdSSR

21. 12. Unterzeichnung des Grundlagenvertrags zwischen der Bundesrepublik Deutschland und der DDR

1973

23. 04. Kissinger erklärt das Jahr 1973 zum Jahr Europas und schlägt eine neue Atlantikcharta vor

30. 04. Rücktritt der Präsidentenberater Harry Haldeman und John Ehrlichman sowie von Justizminister Richard Kleindienst aufgrund der Watergate-Affäre

27. 01. Unterzeichnung eines Waffenstillstandsabkommens zwischen den USA, Nordvietnam und der Nationalen Befreiungsfront Südvietnams in Paris

26. 02.–2. 03. Pariser Vietnam-Konferenz

29. 03. Abzug der letzten 2500 US-Soldaten aus Saigon und Da Nang

10. 05.	Ernennung von James Schlesinger zum neuen Verteidigungsminister
22. 05.	Nixon gibt Täuschungsmanöver im Weißen Haus im Zusammenhang mit der Watergate-Affäre zu, leugnet aber jede Beteiligung und Mitwisserschaft
22. 08.	Rücktritt von Außenminister Rogers. Nachfolger wird Henry Kissinger
10. 10.	Rücktritt von Vizepräsident Spiro Agnew. Nachfolger wird Gerald Ford
7. 11.	Kongreß verabschiedet gegen das Veto Präsident Nixons die War Powers Resolution
6. 12.	Ernennung von Walter J. Stoessel zum neuen Botschafter in Moskau
18.–25. 06.	Besuch Breschnews in den USA
22. 06.	Unterzeichnung eines amerikanisch-sowjetischen Abkommens zur Verhinderung eines Nuklearkrieges
3.–8. 07.	Eröffnungssitzung der KSZE auf Außenministerebene in Helsinki
25. 09.	Beginn der SALT-II-Verhandlungen in Genf
6.–25. 10.	Arabisch-israelischer (Jom-Kippur-)Krieg. Ölboykott und -verteuerung durch die arabischen OPEC-Staaten
30. 10.	Beginn der MBFR-Verhandlungen in Wien über beiderseitige ausgewogene Truppenreduzierung in Europa
6.–8. 11.	Erste Nahostreise Kissingers nach Ägypten, Jordanien und Saudi-Arabien
11. 12.	Unterzeichnung des deutsch-tschechoslowakischen Vertrages in Prag
13.–17. 12.	Zweite Nahostreise Kissingers

1974

10. 01.	Verteidigungsminister Schlesinger gibt auf einer Pressekonferenz erstmals die Grundzüge der neuen amerikanischen nuklearen Zielplanung (Schlesinger-Doktrin) bekannt
27.–29. 07.	Rechtsausschuß des Repräsentantenhauses empfiehlt die Einleitung eines Amtsenthebungsverfahrens gegen Präsident Nixon
8. 08.	Rücktritt Nixons. Nachfolger wird Gerald Ford
10.–20. 01.	Dritte Nahostreise Kissingers. Abschluß eines Truppenentflechtungsabkommens zwischen Israel und Ägypten
11.–13. 02.	Washingtoner Energiekonferenz der westlichen Industriestaaten
26. 02.–31. 05.	Vierte und fünfte Nahostreise Kissingers. Abschluß eines Truppenentflechtungsabkommens zwischen Israel und Syrien
27. 06.–3. 07.	Besuch Nixons in der UdSSR

4. 10. Ford ordnet die Annullierung sämtlicher Getreideausfuhren bis zu einer endgültigen Regelung des Gesamtkomplexes an

26. 10. Erster Prototyp des B1-Bombers vorgestellt

5. 11. Die Kongreßwahlen bringen den Demokraten eine Zwei-Drittel-Mehrheit im Repräsentantenhaus und eine große Mehrheit (61 : 39) im Senat

13. 12. Senat verabschiedet einstimmig das Jackson-Amendment zum Trade Reform Act

20. 12. Kongreß verabschiedet den neuen amerikanisch-sowjetischen Handelsvertrag

20. 07. Landung türkischer Truppen auf Zypern

14. 08. Austritt Griechenlands aus der militärischen Integration der NATO

15. 10. Abschluß eines neuen Getreidelieferungsabkommens zwischen den USA und der UdSSR

23./24. 12. Gipfeltreffen zwischen Ford und Breschnew in Wladiwostok. Abschluß eines Zwischenabkommens für SALT-II

1975

14. 01. US-Verteidigungsminister Schlesinger gibt den Dislozierungsbeginn von Mehrfachsprengkörpern auf sowjetischen SS-18 Raketen bekannt

27. 03. Ernennung von Rogers C. Ballard zum neuen Handelsminister

23. 07. US-Landwirtschaftsministerium gibt den Verkauf von 9,8 Mio. t Getreide an die UdSSR bekannt

3. 11. Ernennung von Donald H. Rumsfeld zum neuen Verteidigungsminister, Elliot Richardson wird neuer Handelsminister. Henry Kissinger gibt sein Amt als Sicherheitsberater an Brent Scowcroft ab, bleibt aber weiterhin Außenminister

11. 01. Kündigung des amerikanisch-sowjetischen Handelsvertrages durch die UdSSR

März: Ausbruch des Bürgerkrieges in Angola. Intervention kubanischer Truppen zugunsten der moskauorientierten MPLA

9.–23. 03. Scheitern der Vermittlungsbemühungen auf Kissingers neunter Nahostreise

17. 04. Kapitulation der Regierung Lon Nol in Kambodscha

30. 04. Kapitulation Südvietnams

30. 07.–1. 08. Gipfeltreffen zum Abschluß der KSZE in Helsinki

1. 08. Unterzeichnung der KSZE-Schlußakte

4. 09. Paraphierung des Zweiten Sinai-Truppenentflechtungsabkommens. USA übernehmen erstmals Kontrollfunktionen

20. 10. Unterzeichnung eines amerikanisch-sowjetischen Abkommens über die Lieferung von mindestens 30 Mio. t Getreide in fünf Jahren an die UdSSR. Angebot der Lieferung von mindestens 10 Mio. t Erdöl an die USA im selben Zeitraum

15.–17. 11. Gipfeltreffen der sieben führenden westlichen Industriestaaten in Rambouillet

1.–7. 12. Besuch Fords in der VR China

1976

1. 03. Ford weist den Begriff „détente" zurück und ersetzt ihn durch „Politik der Stärke"

11. 03. Kissinger warnt die UdSSR vor „neuen Angolas"

5. 04. Veröffentlichung der Äußerungen des Beraters im Außenministerium Helmut Sonnenfeld über die Grundsätze der US-Außenpolitik gegenüber Osteuropa (Sonnenfeld-Doktrin)

28. 04. US-Landwirtschaftsministerium gibt umfangreiche Getreidekäufe der UdSSR bekannt

19. 05. Senat beschließt die Einsetzung eines Aufsichtsgremiums für die US-Geheimdienste

2. 11. Der Demokrat James E. Carter gewinnt die Präsidentschaftswahlen gegen Gerald Ford. Die Kongreßwahlen bringen den Demokraten Gewinne in beiden Häusern

11. 11. Gründung des „Committee of the Present Danger" in Washington, das für eine Politik der Stärke gegenüber der UdSSR eintritt

24. 11. Ernennung von Malcolm Toon zum neuen Botschafter in Moskau

23. 04.–8. 05. Afrikareise Kissingers, Grundsatzrede über die US-Afrikapolitik in Lusaka

28. 05. Ford und Breschnew unterzeichnen gleichzeitig in Washington und Moskau einen Vertrag über unterirdische Kernexplosionen zu friedlichen Zwecken, der Inspektionen vor Ort vorsieht (nicht in Kraft getreten)

1. 06. Der französische Staatspräsident Giscard d'Estaing kündigt in einer Rede die frühzeitige Beteiligung Frankreichs an der Vorneverteidigung der NATO im Verteidigungsfall an

27./28. 06. Gipfeltreffen der sieben führenden westlichen Industriestaaten auf Puerto Rico

Ende 1976 Erste SS-20-Mittelstreckenraketen in der westlichen UdSSR erkannt

1977

13. 01. Verteidigungsminister Rumsfeld ordnet die Produktion des Mark-12A-Sprengkopfes für die Minuteman Interkontinentalraketen an

20. 01. Amtseinführung Carters. Wichtige Regierungsposten: Cyrus R. Vance (Äußeres), Harold Brown (Verteidigung), Juanita M. Kreps (Handel), Paul C. Warnke (ACDA), Zbigniew Brzezinski (Sicherheitsberater). In seiner Inauguralrede bezeichnet Carter die Beseitigung aller Nuklearwaffen als das Ziel seiner Politik

8. 02. Carter betont auf seiner ersten Pressekonferenz sein Eintreten für die Menschenrechte auch gegenüber der UdSSR

23. 06. USA stoppen Computer-Verkauf an UdSSR wegen Sicherheitsbedenken

30. 06. Carter teilt Einstellung des B1-Bomberprojekts mit

12. 07. Carter gibt die Verschiebung seiner Entscheidung über die Produktion der Neutronenbombe bekannt

10. 08. Lieferung von 750 000 t Getreide an die UdSSR

25. 11. US-Außenministerium gibt Einigung mit der UdSSR über die Aufnahme von Gesprächen zur Einschränkung des internationalen Waffenhandels bekannt

28.–30. 03. Vance unterbreitet in Moskau im Rahmen von SALT-II drastische Reduzierungsvorschläge. Brüske Ablehnung durch die UdSSR

8. 05. Gipfelkonferenz der sieben führenden westlichen Industriestaaten in London

18. 05. Unterzeichnung einer Konvention über ein Verbot der militärischen Verwendung von Umweltveränderungstechniken

7. 09. Unterzeichnung des Panamakanal-Vertrages in Washington

22./23. 09. Besuch Außenminister Gromykos in Washington. Verlängerung der Geltungsdauer von SALT-I vereinbart

27. 09. Beginn von Verhandlungen über ein Verbot von Strahlenwaffen und anderen Massenvernichtungswaffen in Genf

3. 10. Beginn von Verhandlungen zwischen den USA, Großbritannien und der UdSSR über ein umfassendes Kernwaffenversuchsverbot

4. 10. Beginn des KSZE-Folgetreffens in Belgrad

28. 10. Rede von Bundeskanzler Helmut Schmidt vor dem Internationalen Institut für Strategische Studien in London. Betonung der wachsenden Disparität im Mittelstreckenbereich bei gleichzeitiger nuklearstrategischer Parität zwischen den Supermächten

19. 11. Der ägyptische Staatspräsident Sadat besucht Israel

1978

17. 03. Rede Carters vor der Wake Forest-Universität in North Carolina: keine Duldung einer militärischen Überlegenheit über die USA, Ankündigung der Aufstellung einer Schnellen Eingreiftruppe

18. 04. Senat ratifiziert mit knappestmöglicher Mehrheit den Panamakanal-Vertrag

7. 06. Rede Carters vor der Marineakademie in Annapolis: Vorwurf des Expansionismus in Afrika und der Mißachtung der Menschenrechte an die UdSSR

21. 06. Erster öffentlicher Testflug eines Tomahawk-Marschflugkörpers

18. 10. Carter ordnet die Produktion von Elementen der Neutronenwaffe an

20. 10. Nachfolger des zurückgetretenen Paul Warnke als Chef der ACDA wird George M. Seignious, neuer SALT-Delegationsleiter wird Ralph Earle

8. 11. Die Kongreßwahlen bringen den Republikanern deutliche Gewinne in beiden Häusern (Repräsentantenhaus: 256 D : 159 R; Senat: 58 D : 41 R)

15. 12. Carter gibt die Aufnahme diplomatischer Beziehungen mit der VR China zum 1. 1. 1979 bekannt. Gleichzeitig Abbruch aller offiziellen Beziehungen mit Taiwan

9. 03. Beendigung des KSZE-Folgetreffens in Belgrad

15. 03. Einmarsch israelischer Truppen in den Südlibanon

11. 04. Beginn des israelischen Rückzugs aus dem Südlibanon

30./31. 05. NATO-Gipfelkonferenz in Washington: Verabschiedung des langfristigen Verteidigungsprogramms

8. 06. Beginn der Verhandlungen zwischen den USA und der UdSSR über ein Verbot von Killer-Satelliten

16./17. 07. Gipfelkonferenz der sieben führenden westlichen Industriestaaten in Bonn

17. 09. Unterzeichnung des Abkommens von Camp David zwischen Israel, Ägypten und den USA

18./19. 10. Nukleare Planungsgruppe der NATO diskutiert über Fragen der Abschreckungskapazität gegenüber den nuklearen Kräften des Warschauer Pakts in Europa (Modernisierung der NATO-Mittelstreckenwaffen)

6. 06. Senat verabschiedet eine Resolution, die die Zustimmung des Senats zur Kündigung von Verteidigungspakten festlegt

18. 06. Carter verfügt den Bau der neuen MX-Interkontinentalrakete

20. 07. Ernennung von Thomas Wilson zum neuen Botschafter in Moskau

30. 08. US-Senator Frank Church gibt die Anwesenheit von sowjetischen Kampfbrigaden auf Kuba bekannt

3. 10. US-Landwirtschaftsministerium gibt bekannt, daß die UdSSR bis zum 30. 9. 1980 insgesamt 25 Mio. t Getreide in den USA bestellen darf

4. 10. Verteidigungsminister Brown gibt ein Verbot von Computerzubehörlieferungen an die UdSSR bekannt

12. 11. Die USA verhängen ein Importverbot für Erdöl aus dem Iran

14. 11. Einfrieren der iranischen Geldeinlagen in den USA

16. 11. Philip M. Klutznick neuer Handelsminister anstelle der zurückgetretenen Juanita M. Kreps

12. 12. Carter kündigt höhere Verteidigungsausgaben innerhalb der nächsten fünf Jahre an

5./6. 01. Gipfeltreffen der USA, Frankreichs, Großbritanniens und der Bundesrepublik Deutschland auf Gouadeloupe. Carter erklärt auf Drängen der Europäer seine Bereitschaft zur Aufstellung von US-Mittelstreckenwaffen in Europa

7. 01. Vietnamesische Streitkräfte erobern die Hauptstadt Kambodschas, Phnom Penh

16. 01. Sturz des Schah in Iran

26. 03. Unterzeichnung eines Friedensvertrags zwischen Ägypten und Israel in Washington

26./27. 04. Tagung der Nuklearen Planungsgruppe der NATO in Homestead/Florida: Einsetzung eines Gremiums zur Sondierung von Rüstungskontrollmöglichkeiten im Mittelstreckenbereich

30. 04. Beschluß zur Auflösung des CENTO-Paktes in Ankara

18. 06. Unterzeichnung des SALT-II-Vertrages zwischen den USA und der UdSSR in Wien

28./29. 06. Weltwirtschaftsgipfel der führenden westlichen Industriestaaten in Tokio

20. 07. Machtübernahme der Sandinisten in Nicaragua

6. 10. Breschnew kündigt einseitige Reduzierung der sowjetischen Truppen in der DDR an und fordert als Gegenleistung einen Verzicht der NATO auf die Stationierung von US-Mittelstreckenwaffen in Europa

4. 11. Geiselnahme von rund 100 Personen in der US-Botschaft in Teheran

12. 12. Beschluß der NATO-Ministerratstagung in Brüssel über die Aufstellung von 572 US-Mittelstreckenwaffen in Europa ab Ende 1983; gleichzeitig Angebot zu Rüstungskontrollverhandlungen mit der UdSSR im Mittelstreckenbereich (NATO-Doppelbeschluß)

28. 12. Beginn der sowjetischen Invasion in Afghanistan

1980

4. 01. Carter unterbricht wegen der sowjetischen Intervention in Afghanistan den Ratifizierungsprozeß des SALT-II-Vertrags

15. 01. Carter entsendet einen starken US-Flottenverband in den Indischen Ozean

20. 01. Carter spricht sich für eine Verlegung, Absage oder Verschiebung der Olympischen Spiele in Moskau aus, falls die UdSSR ihre Truppen nicht innerhalb eines Monats aus Afghanistan abzieht

8. 02. Carter kündigt die Wiedereinführung der Wehrerfassung an

28. 04. Rücktritt von Außenminister Vance wegen der gescheiterten Geiselbefreiungsaktion in Iran. Nachfolger wird Edmund S. Muskie

8. 08. Verteidigungsminister Brown erläutert in einem Brief an die Verteidigungsminister der NATO die Präsidentendirektive 59 über eine Änderung der amerikanischen nuklearen Zielplanung (Verstärkte Hinwendung zu counterforce-Optionen)

4. 01. Carter verkündigt drastische Handelsbeschränkungen gegenüber der UdSSR

24./25. 04. Gescheiterte US-Militäraktion zur Befreiung der Geiseln in Teheran

3. 06. Beginn des Krieges zwischen Irak und Iran

22./23. 06. Weltwirtschaftsgipfel der sieben führenden westlichen Industriestaaten in Venedig

25. 09. Am Rande der UN-Vollversammlung in New York vereinbaren die Außenminister Muskie und Gromyko die Aufnahme von Verhandlungen über die Begrenzung von Mittelstreckenraketen ab Mitte Oktober in Genf

17. 10. Beginn der Vorgespräche über eine Begrenzung eurostrategischer Kernwaffen in Genf

11. 11. Beginn der 2. KSZE-Nachfolgekonferenz in Madrid

22. 09. US-Landwirtschaftsministerium gibt die Lieferung von weiteren 750 000 t Getreide an die UdSSR bekannt

4. 11. Der Republikaner Ronald Reagan gewinnt die Präsidentschaftswahlen gegen Jimmy Carter. Die Kongreßwahlen bringen den Republikanern erhebliche Stimmengewinne im Repräsentantenhaus und eine Mehrheit im Senat (Repräsentantenhaus: 243 D : 190 R; Senat: 54 R : 46 D)

1981

20. 01. Amtseinführung Ronald Reagans. Wichtige Kabinettsposten: Alexander M. Haig (Äußeres), Caspar W. Weinberger (Verteidigung), Malcolm Baldridge (Handel), Richard V. Allen (Sicherheitsberater)

10. 04. Reagan kündigt die Aufhebung des amerikanischen Getreideboykotts gegenüber der UdSSR an

2. 10. Reagan verkündet sein Programm der strategischen Erneuerung: 100 MX, 100 B1, Entwicklung des Stealth-Bombers, Einführung der Trident II-SLBM ab 1989, Einführung von 3000 ALCM

16. 10. Reagan hält die Begrenzbarkeit eines Krieges auf Europa für möglich

12. 11. Indienststellung des ersten Atom-U-Boots der Ohio-Klasse (24 Trident I-SLBM, MIRV)

18. 11. Rede Reagans vor dem National Press Club in Washington. Bekanntgabe der „Null-Option“ als Verhandlungsgrundlage für die INF-Gespräche in Genf

20. 01. Freigabe der letzten 52 US-Geiseln in Teheran

3.–12. 04. Nahostreise von Außenminister Haig. Aufforderung an Israel und die arabischen Länder, zusammen mit den USA den Nahen Osten zu einem Abwehrblock gegen die sowjetische Bedrohung am Persischen Golf auszubauen (strategischer Konsens)

20./21. 07. Weltwirtschaftsgipfel der sieben führenden westlichen Industriestaaten in Ottawa

6. 10. Ermordnung von Anwar Sadat. Nachfolger wird Hosni Mubarak

20. 11. Unterzeichnung des Erdgas-Röhren-Vertrages zwischen der Bundesrepublik Deutschland und der UdSSR

30. 11. Beginn der INF-Verhandlungen zwischen den USA und der UdSSR in Genf

13. 12. Der polnische Partei- und Regierungschef Jaruzelski gibt in einer Fernsehrede die Verhängung des Kriegsrechts über ganz Polen bekannt

24. 11. Beginn der Serienproduktion von Marschflugkörpern

15. 12. Kongreß billigt Verteidigungshaushalt in Höhe von 199,7 Mrd. Dollar

30. 12. Reagan verhängt drastische Handelssanktionen gegenüber der UdSSR im Zusammenhang mit dem Erdgas-Röhren-Geschäft

1982

4. 01. Rücktritt von Sicherheitsberater Allen. Nachfolger wird William C. Clark

9. 05. Rede Reagans im Eureka-College, Illinois: START-Vorschlag: Reduzierung der nuklearen Sprengköpfe auf ein Drittel des jetzigen Standes (gleichgewichtig), davon nicht mehr als 50% auf ICBM.
2. Phase: Reduzierung der Nutzlast auf weniger als das derzeitige amerikanische Niveau

18. 06. Reagan verschärft die Handelssanktionen gegenüber der UdSSR

25. 06. Rücktritt von Außenminister Haig. Nachfolger wird George P. Shultz

30. 07. Reagan stimmt einer Verlängerung des Getreideabkommens mit der UdSSR um ein Jahr zu

16. 08. Der Vermittlungsausschuß beider Häuser im Kongreß stimmt dem Verteidigungshaushalt in Höhe von 178 Mrd. Dollar zu

1. 09. Reagan gibt seinen Nahost-Plan bekannt

2. 11. Die Kongreßwahlen bringen den Demokraten einen Zugewinn von 25 Mandaten im Repräsentantenhaus. Die Sitzverteilung im Senat (54 Republikaner : 46 Demokraten) bleibt unverändert

24. 03. Argentinien besetzt die Falkland-Inseln

1.– 15. 06. Krieg zwischen Argentinien und Großbritannien um die Falkland-Inseln

6. 06. Beginn der israelischen Invasion des Libanon

29. 06. Beginn der START-Verhandlungen in Genf

16. 07. Kompromiß der beiden Unterhändler Nitze und Kwizinsky bei den Genfer INF-Verhandlungen (Waldspaziergangslösung):
UdSSR: 75 SS-20 (225 Sprengköpfe) im westlichen Teil, 90 SS-20 im östlichen Teil der UdSSR
USA: 75 Startgeräte für landgestützte Marschflugkörper (300 Sprengköpfe) in Europa, Verzicht auf Pershing II; keine Einberechnung der britischen und französischen Systeme
Moskau und Washington lehnen ab

21. 08. Beginn des Abzugs der PLO aus dem Libanon

10. 11. Tod Breschnews

12. 11. Jurij W. Andropow wird neuer Generalsekretär der KPdSU

16. 11. Reagan kündigt die Aufhebung der Handelsbeschränkungen gegenüber der UdSSR im Zusammenhang mit dem europäischen Erdgas-Röhren-Geschäft an

22. 11. Reagan kündigt die Stationierung von 100 MX in „dichten Bündeln" in Wyoming an

1983

12. 01. Entlassung von ACDA-Chef Eugene V. Rostow. Nachfolger wird Kenneth L. Adelman

7. 02. USA testen erfolgreich eine neue Raketetenabwehrrakete

22. 02. Rede Reagans vor der American Legion: Festhalten an der „Null-Option", aber keine Forderung des Alles oder Nichts in Genf

8. 03. Reagan bezeichnet die UdSSR in einer Rede vor der National Association of Evangelicals als „Zentrum des Bösen in der modernen Welt"

23. 03. Fernsehrede Reagans, in der er eine „Vision der Zukunft" ankündigt, die in laserbetriebenen ABM-Schutzschirmen für die USA besteht

30. 03. Reagan kündigt vor den versammelten NATO-Botschaftern in Washington seine Bereitschaft zu einer Zwischenlösung bei den Genfer INF-Verhandlungen an

5. 04. Reagan legt dem Kongreß eine Neufassung des Exports Administration Act vor, die eine schärfere Kontrolle des Technologietransfers in den Ostblock vorsieht

4./5. 01. Tagung der Warschauer Pakt-Staaten in Prag schlägt den Abschluß eines Gewaltverzichtsabkommens zwischen NATO und WP vor

30. 01.–10. 02. Europareise von US-Vizepräsident Bush

März: Kämpfe im Grenzgebiet zwischen Honduras und Nicaragua

25. 04.–8. 05. Nahostreise von US-Außenminister Shultz

3. 05. Andropow erklärt sich in Moskau bereit, bei den Genfer INF-Verhandlungen für beide Seiten gleiche Obergrenzen für Trägersysteme und Sprengköpfe zu akzeptieren, allerdings unter Einbezug der britischen und französischen Systeme

17. 05. Unterzeichnung eines israelisch-libanesischen Abkommens über die Beendigung des Kriegszustandes und den Abzug aller ausländischer Truppen aus dem Libanon

28.–30. 05. Weltwirtschaftsgipfel der sieben führenden westlichen Industriestaaten in Williamsburgh

9. 06. Kommuniqué der NATO-Ministerratstagung in Paris betont den Zusammenhang zwischen Verteidigungsfähigkeit und Entspannung

19. 04. Reagan billigt den Abschlußbericht der Scowcroft-Kommission über einen Stationierungsmodus für die MX-ICBM: 100 MX in superharten Minuteman III- und Titan II-Silos, Empfehlung der Einführung von leichten Midgetman-ICBM (1 Sprengkopf) zu Beginn der 90er Jahre

22. 04. Reagan erklärt seine Bereitschaft zu einem langfristigen Getreideabkommen mit der UdSSR

27. 04. Mittelamerika-Rede Reagans vor beiden Häusern des Kongresses: Bedrohung der Region durch Nicaragua, Aufforderung an den Kongreß, 110 Mio. Dollar zusätzliche Militärhilfe für El Salvador zu bewilligen, Ablehnung der Entsendung von Kampftruppen

4. 05. Repräsentantenhaus verabschiedet die Freeze-Resolution mit 278 : 149 Stimmen

18. 07. Reagan ernennt Henry Kissinger zum Vorsitzenden der unabhängigen Mittelamerika-Kommission

21. 07. Repräsentantenhaus bewilligt die Gelder für den Bau von 27 MX-Interkontinentalraketen

25. 07. US-Luftwaffe gibt den erfolgreichen Test einer luftgestützten Laserkanone zur Raketenabwehr bekannt

27. 07. Senat bewilligt Gelder für den Bau der MX-Raketen

27. 07. Repräsentantenhaus weist einen Antrag auf ein Verbot der Entsendung von Kampftruppen nach Mittelamerika zurück

29. 09. Repräsentantenhaus schließt sich der Joint Resolution 159 des Senats vom 28. 9. an, mit der es dem Präsidenten für weitere 18 Monate gestattet wird, Truppen im Libanon zu stationieren

16. 06. Der Oberste Sowjet wählt Andropow zum Staatsoberhaupt der UdSSR

28. 06. Gipfelkonferenz der Warschauer Pakt-Staaten in Moskau. Angebot eines Nichtangriffspaktes an die NATO

28. 07. Abschluß eines neuen Getreidelieferungsabkommens mit der Laufzeit von fünf Jahren zwischen den USA und der UdSSR in Wien

27. 08. Andropow erklärt die Bereitschaft der UdSSR zur Senkung des SS-20-Bestandes auf das Niveau der britischen und französischen Systeme (sowohl bei Trägersystemen als auch bei Sprengköpfen) bei gleichzeitiger Verschrottung der überzähligen SS-20-Raketen

1. 09. Abschuß einer südkoreanischen Verkehrsmaschine über Sachalin durch sowjetische Abfangjäger

17. 09. US-Kriegsschiffe beschießen erstmals Stellungen der Syrer in der Nähe der libanesischen Hauptstadt Beirut

26. 09. Reagan gibt vor der UN-Vollversammlung in New York seinen neuen INF-Vorschlag bekannt: Verzicht auf den Ausgleich des weltweiten sowjetischen Raketenbestandes durch Dislozierung in Europa vorbehaltlich des Rechts der USA, überall auf der Welt Raketen zu stationieren; Flexibilität in der Frage der Einbeziehung von Flugzeugen bei den Genfer Verhandlungen; Bereitschaft zur Verringerung des Nachrüstungsbedarfs, aber Festhalten am Waffen-mix (Pershing II und Marschflugkörper)

9. 10. William Clark wird neuer Innenminister anstelle des zurückgetretenen James Watt

17. 10. Robert McFalane zum neuen Sicherheitsberater ernannt

18. 11. Vermittlungsausschuß des Kongresses einigt sich auf Verteidigungshaushalt in Höhe von 249 Milliarden Dollar

23. 10. Sprengstoffanschläge auf die Hauptquartiere der amerikanischen und französischen Friedenstruppen im Libanon

25. 10. US-Invasion der Karibikinsel Grenada

27. 10. Neuer Vorschlag Andropows für die Genfer INF-Verhandlungen: Reduzierung der SS-20-Raketen auf 140 Systeme; Gleichstand bei Trägersystemen und Sprengköpfen mit britischen und französischen Nuklearwaffen

14. 11. Stationierungsbeginn von amerikanischen Marschflugkörpern in Großbritannien im Rahmen des NATO-Doppelbeschlusses

23. 11. Bundestag stimmt der Aufstellung von amerikanischen Mittelstreckenwaffen im Rahmen des NATO-Doppelbeschlusses zu

24. 11. Stationierungsbeginn von Pershing-II-Raketen in der Bundesrepublik

24. 11. Abbruch der Genfer INF-Verhandlungen durch die UdSSR

24. 11. Andropow kündigt in einer im Fernsehen verlesenen Erklärung Maßnahmen gegen die begonnene Aufstellung amerikanischer Mittelstreckenwaffen in Europa an

8. 12. Abbruch der Genfer START-Verhandlungen durch die UdSSR

Auswahlbibliographie

Zusammengestellt von Rudolf Witzel

Vorbemerkung: Die Auswahlbibliographie enthält vorwiegend Monographien, Memoiren und Sammelbände zur amerikanischen Weltpolitik aus der Perspektive des Ost-West-Konflikts, die nach 1975 erschienen sind. Früher datierte Titel sind nur berücksichtigt worden, wenn sie noch heute von Relevanz sind. Für die siebziger und achtziger Jahre sind in begrenztem Umfang auch Zeitschriftenartikel aufgenommen worden.

Gliederung

1. Bibliographien, Nachschlage- und Referenzwerke

1.1. Bibliographien
1.2. Nachschlage- und Referenzwerke

2. Wichtige Zeitschriften

3. Der außenpolitische Entscheidungsprozeß

3.1. Allgemeine Literatur, Einführungen und Gesamtdarstellungen
3.2. Die Exekutive
3.3. Die Legislative

4. Allgemeine Literatur zur amerikanischen Weltpolitik nach 1945

4.1. Außenpolitik und Diplomatie
4.2. Rüstungs- und Sicherheitspolitik

5. Amerikanische Außenwirtschafts- und Handelspolitik 1945–1983

6. Spezielle Literatur zu den Perioden der amerikanischen Weltpolitik nach 1945

6.1. Genese und Verlauf des Kalten Krieges, 1945–1960
6.1.1. Außenpolitik und Diplomatie
6.1.2. Rüstungs- und Sicherheitspolitik
6.2. Von der Konfrontation zur Koexistenz, 1961–1970
6.2.1. Außenpolitik und Diplomatie
6.2.2. Rüstungs- und Sicherheitspolitik
6.3. Von der Koexistenz zur Kooperation, 1971–1980
6.3.1. Außenpolitik und Diplomatie
6.3.2. Rüstungs- und Sicherheitspolitik
6.4. Die achtziger Jahre: Aufrüstung und Re-Konfrontation, 1981–1983
6.4.1. Außenpolitik und Diplomatie
6.4.2. Rüstungs- und Sicherheitspolitik

1. Bibliographien, Nachschlage- und Referenzwerke

1.1. Bibliographien

Aldridge, Robert C.: The Counterforce Syndrome: A Guide to U.S. Nuclear Weapons and Strategic Doctrine, Santa Clara ²1979

Arkin, William M.: Research Guide to Current Military and Strategic Affairs, Washington 1981

Bibliographic Guide to Government Publications, Boston 1976 ff.

Burns, Richard D.: Arms Control and Disarmament. A Bibliography, Santa Barbara 1977

Council on Foreign Relations, New York: Foreign Affairs Bibliography: 1942–1952, New York 1955; 1952–1962, New York 1964; 1962–1972, New York 1976

Fowler, Wilton B.: American Diplomatic History since 1880, Northbrook 1975

Goehlert, Robert K./Sayre, John R.: The United States Congress. A Bibliography, New York/London 1982

Greenstein, Fred I./Berman, Larry/Felzenberg, Alvin S.: Evolution of the Modern Presidency. A Bibliographical Survey, Washington 1977

Hoover, Robert A.: The MX Controversy. A Guide to Issues and References, Claremont 1982

Krell, Gert/Brauch, Hans Günter: Bibliographie zur Rüstung der USA, in: Gert Krell (Hrsg.): Die Rüstung der USA. Gesellschaftliche Interessen und politische Entscheidungen, Baden-Baden 1981, S. 268–287

Plischke, Elmer: American Foreign Relations. A Bibliography of Official Sources, New York 1966

Recent Books on International Relations, in: Foreign Affairs, vierteljährlich

Roberts, Henry L.: Foreign Affairs Bibliography. A Selected and Annotated List of Books on International Relations 1942–1952, New York 1955

Schwarz, Günter/Lutz, Dieter S.: Sicherheit und Zusammenarbeit. Eine Bibliographie zu MBFR, SALT und KSZE, Baden-Baden 1980

United Nations, Dag Hammarskjöld Library: Disarmament. A Select Bibliography 1973–1977, New York 1978

Wolpin, Miles D.: United States Intervention in Latin America. A Selected and Annotated Bibliography, New York 1971

1.2. Nachschlage- und Referenzwerke

International Institute for Strategic Studies (IISS), London: The Military Balance, jährlich

Lutz, Ernst: Lexikon zur Sicherheitspolitik, München 1980

Stockholm International Peace Research Institute (SIPRI): World Armaments and Disarmament Yearbook, jährlich

U.S. Arms Control and Disarmament Agency (ACDA): Arms Control and Disarmament Agreeements. Texts and Histories of Negotiations, Washington (GPO) ⁵1982

U.S. Congress, Committee on Printing: Official Congressional Directory, jährlich

U.S. Congress, House: Jefferson's Manual and Rules of the House of Representatives of the United States, jährlich

U.S. Congress, House Committee on Foreign Affairs: Congress and Foreign Policy, jährlich

U.S. Congress, House Committee on Foreign Affairs and Senate Committee on Foreign Relations: Legislation on Foreign Relations, 3 Vols., Band 1 und 2 jährlich, Band 3 unregelmäßig (erstmals 1978)
U.S. Congress, Senate: Senate Manual, Containing the Standing Rules, Orders, Laws and Resolutions Affecting the Business of the United States Senate, jährlich
U.S. Department of Commerce: Statistical Abstract of the United States, jährlich
U.S. Department of State: Treaties in Force. A List of Treaties and Other International Agreements of the United States in Force January 1, 1983, Washington (GPO) 1983
U.S. Department of State: Treaties and Other International Agreements Series, jährlich
U.S. Department of State: Foreign Relations of the United States, jährlich mehrere Bände
U.S. Office of the Federal Register u. a.: United States Government Manual, jährlich

2. Wichtige Zeitschriften

Adelphi Papers, London, monatlich
American Political Science Review, Menasha, vierteljährlich
Arms Control Today, Washington, monatlich
Aus Politik und Zeitgeschichte. Beilage zu „Das Parlament", Bonn, wöchentlich
Bulletin of the Atomic Scientists, Chicago, monatlich
Europa-Archiv, Bonn, vierzehntägig
Foreign Affairs, New York, vierteljährlich
Foreign Policy, Washington, vierteljährlich
Friedensanalysen, Frankfurt/M., vierteljährlich
International Security, Cambridge/Mass., vierteljährlich
Journal of Conflict Resolution, Beverly Hills, vierteljährlich
Journal of Peace Research, Oslo, vierteljährlich
Österreichische Militärische Zeitschrift, Wien, zweimonatlich
Orbis, Philadelphia, vierteljährlich
Politische Vierteljahresschrift, Opladen, vierteljährlich
Survival, London, monatlich
World Politics, Princeton, vierteljährlich

3. Der außenpolitische Entscheidungsprozeß

3.1. Allgemeine Literatur, Einführungen und Gesamtdarstellungen

Berkowitz, Morton u. a.: The Politics of American Foreign Policy. The Social Context of Decisions, Englewood Cliffs 1977
Bloomfield, Lincoln P.: The Foreign Policy Process: A Modern Primer, Englewood Cliffs 1982
Burch, Philip H. Jr.: Elites in American History, 3 Vols.: 1. The Federalist Years to the Civil War; 2. The Civil War to the New Deal; 3. The New Deal to the Carter Administration, New York/London 1981
Cohen, Bernard C.: The Press and Foreign Policy, Westport 1983
Ders.: The Public's Impact on Foreign Policy, Boston 1973

Corson, Raymond W.: Executive-Legislative Consultation on Foreign Policy, Washington (GPO) 1982
Czempiel, Ernst-Otto: Amerikanische Außenpolitik. Gesellschaftliche Anforderungen und politische Entscheidungen, Stuttgart u. a. 1979
Dickson, Paul: Think Tanks, New York 1972
Donovan, John C.: The Cold Warriors. A Policy-Making Elite, Lexington/Mass. 1974
Fraenkel, Ernst: Das amerikanische Regierungssystem. Eine politologische Analyse, Opladen [3]1976
Goodman, William: The Party System in America, Englewood Cliffs 1980
Halberstam, David: The Powers That Be, New York 1979
Halperin, Morton H.: Bureaucratic Politics and Foreign Policy, Washington 1974
Henkin, Louis: Foreign Affairs and the Constitution, Mineola 1972
Howe, Russell W./Trott, Sarah H.: The Power Peddlers. How Lobbyists Mold America's Foreign Policy, New York 1977
Hrebenar, Ronald J./Scott, Ruth K.: Interest Group Politics in America, Englewood Cliffs 1982
Hughes, Barry B.: The Domestic Context of American Foreign Policy, San Francisco 1978
Ippolito, Dennis S./Walker, Thomas G.: Political Parties, Interest Groups, and Public Policy. Group Influence in American Politics, Englewood Cliffs 1980
Irish, Marian D./Frank, Elke: U.S. Foreign Policy. Context, Conduct, Content, New York 1975
Jervis, Robert: Perception and Misperception in International Politics, Princeton 1976
Key, Vladimir Orlando Jr.: Politics, Parties, and Pressure Groups, New York [5]1969
Krippendorff, Ekkehart: Die amerikanische Strategie. Entscheidungsprozeß und Instrumentarium der amerikanischen Außenpolitik, Frankfurt/M. 1970
Ladd, Everett C. Jr./Hadley, Charles O.: Transformation of the American Party System: Political Coalitions from the New Deal to the 1970's, New York 1975
Leuenberger, Theodor: Herrschaftsstruktur und Machtverteilung im politischen System der USA, Berlin/München 1981
Levering, Ralph B.: The Public and American Foreign Policy, 1918–1978, New York 1978
Lösche, Peter: Politik in USA. Das amerikanische Regierungs- und Gesellschaftssystem und die Präsidentschaftswahlen 1976, Opladen 1977
Loewenstein, Karl: Verfassungsrecht und Verfassungspraxis der Vereinigten Staaten, Berlin 1959
Mennis, Bernard: American Foreign Policy Officials. Who They Are and What They Believe Regarding International Politics, Ohio State University Press 1971
Peters, Charles: How Washington Really Works, Reading 1980
Presthus, Robert: Elites in the Policy Process, New York 1974
Reveley, W. Taylor: War Powers of the President and Congress, Charlottesville 1981
Rourke, John T.: Congress and the Presidency in U.S. Foreign Policymaking, Boulder 1983
Saeger, Richard T.: American Government and Politics. A Neoconservative Approach, Glenview 1982
Said, Abdul Aziz (Hrsg.): Ethnicity and U.S. Foreign Policy, New York/London 1977
Schweigler, Gebhard: Politikwissenschaft und Außenpolitik in den USA. Am Beispiel der deutsch-amerikanischen Beziehungen, München 1977
Shell, Kurt L.: Das politische System der USA, Stuttgart u. a. 1975

Smith, Bruce L. R.: The RAND Corporation. Wissenschaftliche Politikberatung in den USA, Düsseldorf 1971

Sofaer, Abraham D.: War, Foreign Affairs, and Constitutional Powers. The Origins, Cambridge 1976

Spanier, John/Nogee, Joseph (Hrsg.): Congress, the Presidency, and American Foreign Policy, New York u. a. 1981

Spanier, John/Uslander, Eric M.: How American Foreign Policy Is Made, New York 1974

Steinfels, Peter: The Neo-Conservatives. The Men Who Are Changing America's Politics, New York 1979

Stern, Paula: Water's Edge. Domestic Politics and the Making of American Foreign Policy, Westport 1979

Stoessinger, John G.: Crusaders and Pragmatics: Movers of Modern American Foreign Policy, New York 1980

Wilcox, Francis O./Frank, Richard A. (Hrsg.): The Constitution and the Conduct of Foreign Policy, New York 1976

Woll, Peter/Binstock, Robert H.: America's Political System, New York ²1975

3.2. Die Exekutive

Besette, Joseph M./Tulis, Jeffrey (Hrsg.): The Presidency in the Constitutional Order, Baton Rouge 1981

Campbell, John F.: The Foreign Affairs Fudge Factory, New York 1971

Corwin, Edward S.: Presidential Power and the Constitution, Ithaka 1976

Cronin, Thomas E.: The State of the Presidency, Boston³ 1973

Destler, I. M.: Presdidents, Bureaucrats, and Foreign Policy. The Politics of Organizational Reform, Princeton 1972

Estes, Thomas S./Lightner, E. Allen Jr.: The Department of State, New York 1976

Falkowski, Lawrence S.: Presidents, Secretaries of State, and Crises Management in United States Foreign Relations, Boulder 1978

George, Alexander L.: Presidential Decisionmaking in Foreign Policy: The Effective Use of Information and Advice, Boulder 1980

Grossman, Michael B./Kumar, Martha J.: Portraying the President. The White House and the News Media, Baltimore/London 1981

Hartmann, Jürgen: Der amerikanische Präsident im Bezugsfeld der Kongreßfraktionen. Strukturen, Strategien und Führungsprobleme in den Beziehungen der Präsidenten Kennedy, Johnson und Nixon zu den Mehrheitsfraktionen im Kongreß 1961–1973, Berlin 1977

Heatherley, Charles L. (Hrsg.): Mandate for Leadership, Washington 1981

Heclo, Hugh/Salamon, Lester M. (Hrsg.): The Illusion of Presidential Government, Boulder 1981

Hess, Stephen: Organizing the Presidency, Washington 1976

Hoffmann, Nicholas von: Make-Believe Presidents. Illusion of Power from McKinley to Carter, New York 1978

Hunter, Robert E.: Presidential Control of Foreign Policy. Management or Mishap, New York 1982

Meltsner, Arnold J. u. a.: Politics and the Oval Office. Towards Presidential Governments, San Francisco 1981

Mullen, William F.: Presidential Power and Politics, New York 1976

Neustadt, Richard E.: Presidential Power. The Politics of Leadership, New York ²1976
Schlesinger, Arthur M.: The Imperial Presidency, Boston 1973
Sparks, Will: Who Talked to the President Last?, New York 1971
Stockwell, John: In Search of Enemies. A CIA Story, New York 1978
Wayne, Stephen J.: The Legislative Presidency, New York 1975

3.3. Die Legislative

Abshire, David M./Nurnberger, Ralph D. (Hrsg.): The Growing Power of Congress, Beverly Hills 1981
Davidson, Roger H./Oleszek, Walter J.: Congress Against Itself, Bloomington 1977
Dodd, Lawrence C./Schott, Richard L.: Congress and the Administrative State, New York 1979
Ders./Oppenheimer, Bruce L. (Hrsg.): Congress Reconsidered, New York 1977
Fiorina, Morris P.: Congress. Keystone of the Washington Establishment, New Haven/London 1977
Fisher, Louis: The Politics of Shared Power. Congress and the Executive, Washington 1981
Fox, Harrison W. Jr./Hammond, Susan W.: Congressional Staff. The Invisible Force in American Lawmaking, New York 1977
Franck, Thomas M./Weisband, Edward: Foreign Policy by Congress, New York 1979
Frye, Alton: A Responsible Congress. The Politics of National Security, New York 1975
Hodgson, Godfrey: Congress and American Foreign Policy, London 1979
Holt, Marjorie (Hrsg.): The Case Against the Reckless Congress, Ottawa 1976
Hughes, Kent H.: Trade, Taxes, and Transnationals. International Economic Decision Making in Congress, New York 1979
Jones, Charles O.: The United States Congress. People, Place, and Policy, Homewood/Georgetown 1982
Malbin, Michael J.: Unelected Representatives. Congressional Staff and the Future of Representative Government, New York 1980
Mansfield, Harvey C. Sr. (Hrsg.): Congress Against the President, New York 1975
Muravchik, Joshua: The Senate and National Security. A New Mood, Washington 1981
Oleszek, Walter J.: Congressional Procedure and the Policy Process, Washington 1978
Ripley, Randall B.: Congress. Process and Policy, New York/London ³1983
Sundquist, James L.: The Decline and Resurgence of Congress, Washington 1981
Whalen, Charles W.: The House and Foreign Policy. The Irony of Congressional Reform, Chapel Hill 1982

4. Allgemeine Literatur zur amerikanischen Weltpolitik nach 1945

4.1. Außenpolitik und Diplomatie

Abidi, Aqil Hyder Hasan: China, Iran, and the Persian Gulf, New Delhi 1982
Abu-Jaber, Faiz: American-Arab Relations from Wilson to Nixon, Washington 1979
Aron, Raymond: Die imperiale Republik. Die Vereinigten Staaten von Amerika und die übrige Welt seit 1945, Stuttgart/Zürich 1975
Ayoob, Mohammed (Hrsg.): The Middle East in World Politics, London 1981
Barnet, Richard C.: The Giants. Russia and America, New York 1977

Blasier, Cole: The Hovering Giant. U.S. Responses to Revolutionary Change in Latin America, Pittsburgh 1976
Brandon, Henry: The Retreat of American Power, Garden City 1973
Brown, Seyom: The Faces of Power. Constancy and Change in United States Foreign Policy from Truman to Johnson, New York/London [2]1969
Butterworth, Robert L./Scranton, Margaret E.: Managing Interstate Conflict 1945–1974, Pittsburgh 1976
Calvocoressi, Peter: World Politics since 1945, London [3]1977
Churba, Joseph: The Politics of Defeat. America's Decline in the Middle East, New York 1977
Connell-Smith, Gordon: The USA and Latin America, London 1974
Couloumbis, Theodore A.: The United States, Greece, and Turkey, New York 1983
Czempiel, Ernst-Otto/Ansprenger, Franz: Südafrika in der Politik Großbritanniens und der USA, München/Mainz 1977
Davis, Allen F. (Hrsg.): For Better or Worse. The American Influence in the World, Westport 1981
De Silva, Peer: Sub Rosa, the CIA and the Uses of Intelligence, New York 1978
Druks, Herbert: The United States and Israel 1945–1973, New York 1979
Etzold, Thomas H.: The Conduct of American Foreign Policy. The Other Side of Diplomacy, New York 1977
Fairbank, John K.: The United States and China, Cambridge/Mass. 1983
Finger, Seymour M./Herbert, Josef R. (Hrsg.): U.S. Policy in International Institutions: Defining Reasonable Options in an Unreasonable World, Boulder 1978
Fulbright, William J.: The Crippled Giant. American Foreign Policy and Its Domestic Consequences, New York 1972
Gaddis, John L.: Russia, the Soviet Union, and the United States. An Interpretative History, New York 1978
Godson, Robert: American Labor and European Politics. The AFL as a Transnational Force, New York 1977
Görtemaker, Manfred: Die unheilige Allianz. Die Geschichte der Entspannungspolitik 1943–1979, München 1979
Graebner, Norman A.: Cold War Diplomacy. American Foreign Policy 1945–1975, New York 1978
Greiner, Bernd: Amerikanische Außenpolitik von Truman bis heute. Grundsatzdebatten und Strategiediskussionen, Köln 1980
Gresor, A. James: The Republic of China and U.S. Policy, Washington 1983
Grosser, Alfred: Das Bündnis. Die westeuropäischen Länder und die USA seit dem Krieg, München/Wien 1978
Haines, Gerald K./Walter, J. Samuel (Hrsg.): American Foreign Relations. A Historiographical Review, Westport 1981
Hammond, Paul Y.: Cold War and Détente. The American Foreign Policy Process since 1945, New York 1975
Hartz, Louis: The Liberal Tradition in America. An Interpretation of American Political Thought Since the Revolution, New York 1955
Higham, Robin (Hrsg.): Intervention or Abstention. The Dilemma of American Foreign Policy, Lexington/Kent. 1975
Hirsch-Weber, Wolfgang: Lateinamerika. Abhängigkeit und Selbstbestimmung, Opladen 1972

Hodgson, Godfrey: America in Our Time. From World War II to Nixon, New York 1976
Hoelzle, Erwin: Amerika und Rußland. Entstehung ihres Weltgegensatzes, Frankfurt/M.–Zürich 1980
Hoffmann, Stanley: Primacy or World Order. American Foreign Policy since the Cold War, New York u. a. 1978
Hollick, Ann L.: United States Foreign Policy and the Law of the Sea, Princeton 1981
Howe, Russell W.: Along the Afric Shore. A Historic Review of Two Centuries of U.S.-African Relations, New York 1975
Irwin, Wallace: America and the World, New York 1983
Jo, Yung-hwan (Hrsg.): U.S. Foreign Policy in Asia. An Appraisal, Santa Barbara/Oxford 1978
Jones, Manfred: The United Staates and Germany, Ithaka 1984 (i. E.)
Kaiser, Karl/Schwarz, Hans-Peter (Hrsg.): Amerika und Westeuropa. Gegenwarts- und Zukunftsprobleme, Stuttgart 1977
Kennan, George F.: The Nuclear Delusion. Soviet-American Relations in the Atomic Age, New York 1982
Klingberg, Frank L.: Cyclical Trends in American Foreign Policy Moods, Lanham 1983
Knapp, Manfred u. a.: Die USA und Deutschland 1918–1975. Deutsch-amerikanische Beziehungen zwischen Rivalität und Partnerschaft, München 1978
Ders. (Hrsg.): Die deutsch-amerikanischen Beziehungen nach 1945, Frankfurt/M. 1975
Koen, Ross Y.: The China Lobby in American Politics, New York 1973
Krakau, Knud: Die Kubanische Revolution und die Monroe-Doktrin. Eine Herausforderung der Außenpolitik der USA, Frankfurt/M. 1968
Kratochwil, Friedrich von: International Order and Foreign Policy. A Theoretical Sketch for Post-War International Politics, Boulder 1978
Kutzner, Gerhard: Die Organisation der Amerikanischen Staaten (OAS), Hamburg 1970
Larson, Thomas B.: Soviet-American Rivalry, New York 1978
Link, Werner: Der Ost-West-Konflikt. Die Organisation der internationalen Beziehungen im 20. Jahrhundert, Stuttgart u. a. 1980
Ders.: Deutsche und amerikanische Gewerkschaften und Geschäftsleute 1945–1975. Eine Studie über transnationale Beziehungen, Düsseldorf 1978
McKay, Donald C.: The United States and France, Westport 1983
Meyer, Herrmann: USA-UdSSR. Entwicklung und Gegenwartsprobleme zweier Weltmächte, Hannover ^{2}1982
Morgan, Roger: Washington und Bonn. Deutsch-amerikanische Beziehungen seit dem Zweiten Weltkrieg, München 1975
Nathan, James A./Oliver, James K.: United States Foreign Policy and World Order, Boston/Toronto 1976
Needler, Martin C. (Hrsg.): The USA and the Latin American Revolution, Los Angeles ^{2}1977
Opitz, Peter J. (Hrsg.): Weltprobleme, München ^{2}1982
Osgood, Robert E.: Containment, Soviet Behavior, and Grand Strategy, Berkeley 1981
Quandt, William B.: Decade of Decision. American Policy Toward the Arab-Israeli Conflict 1967–1976, Berkeley 1977
Rainey, Gene E.: Patterns of American Foreign Policy, Boston 1975
Rositzke, Harry: The CIA's Secret Operations, New York 1977
Rothstein, Robert L.: The Third World and United States Foreign Policy, Boulder 1981
Ruehl, Lothar: Machtpolitik und Friedensstrategie, Hamburg 1974

Schaetzel, Robert: The Unhinged Alliance. America and the European Community, New York 1975
Schlesinger, Arthur M. (Hrsg.): The Dynamics of World Power. A Documentary History of United States Foreign Policy 1945–1973, 5 Vols., New York 1973
Schulzinger, Robert D.: American Diplomacy in the Twentieth Century, New York 1984 (i. E.)
Schwab, George (Hrsg.): United States Foreign Policy at the Crossroads, Westport 1982
Ders., (Hrsg.): Ideology and Foreign Policy, New York 1978
Schwabe, Klaus: Der amerikanische Isolationismus im 20. Jahrhundert. Legende und Wirklichkeit, Wiesbaden 1975
Schweitzer, Carl-Christoph: Weltmacht USA. Kontinuität und Wandel ihrer Außenpolitik nach 1945, München 1983
Serfaty, Simon: U.S. Foreign Policy in a Hostile World, Boulder 1983
Ders.: Fading Partnership. America and Europe after 30 Years, New York 1979
Shaked, Haim/Rabinovich, Istamar (Hrsg.): The Middle East and the United States. Perceptions and Politics, New Brunswick/London 1980
Spanier, John: American Foreign Policy since World War II, New York 1980
Stern, Lawrence: The Wrong Horse. The Politics of Intervention and the Failure of American Diplomacy, New York 1977
Stupak, Ronald J.: American Foreign Policy. Assumptions, Processes, and Projections, New York 1976
Taft, Philip: Gewerkschaftliche Außenpolitik. Das Beispiel der amerikanischen Gewerkschaften, Köln 1975
Tow, William T./Feeney, William R. (Hrsg.): U.S. Foreign Policy and Asian-Pacific Security, Boulder 1982
Tucker, Robert W.: The Radical Left and American Foreign Policy, Baltimore 1971
Ulam, Adam B.: The Rivals. America and Russia since World War II, London ^{2}1973
U.S. Congress, House Committee on Foreign Affairs: United States-Japan Relations, Washington (GPO) 1982
U.S. Congress, House Committee on Foreign Affairs, Subcommittee on Asian and Pacific Affairs: U.S. Policy toward Indochina since Vietnam's Occupation of Kampuchea, Washington (GPO) 1982
U.S. Congress, House Committee on Foreign Affairs, Subcommittee on Asian and Pacific Affairs: Kampuchea and American Foreign Policy Interests, Washington (GPO) 1982
U.S. Congress, House Committee on Foreign Affairs, Subcommittee on Europe and the Middle East: U.S. Policy toward the Persian Gulf, Washington (GPO) 1983
U.S. Congress, House Committee on Foreign Affairs, Subcommittee on Europe and the Middle East: Perspectives of the Middle East Peace Process, December 1981, Washington (GPO) 1982
U.S. Congress, House Committee on Foreign Affairs, Subcommittee on Inter-American Affairs: Latin America and the United States after the Falklands/Malvinas Crisis, Washington (GPO) 1982
U.S. Congress, Senate Committee on Foreign Relations, Subcommittee on East Asian and Pacific Affairs: U.S. Policies and Programs in Southeast Asia, Washington (GPO) 1982
Venkataramani, M.S.: The American Role in Pakistan, 1947–1958, New Delhi 1982
Wassmund, Hans: Grundzüge der Weltpolitik. Daten und Tendenzen von 1945 bis zur Gegenwart, München 1982

Weinstein, Franklin B. (Hrsg.): U.S. – Japan Relations and the Security of East Asia. The Next Decade, Boulder 1978
Williams, William A.: The Tragedy of American Diplomacy, New York 1959; deutsch: Die Tragödie der amerikanischen Diplomatie, Frankfurt/M. 1973
Zinner, Paul E.: East-West Relations in Europe, Boulder 1983

4.2. Rüstungs- und Sicherheitspolitik

Barton, John H.: The Politics of Peace. An Evaluation of Arms Control, Stanford 1981
Baylis, John: Anglo-American Defense Relations 1939–1980. The Special Relationship, London 1981
Bertram, Christoph (Hrsg.): Strategic Deterrence in a Changing Environment, Osmun 1981
Ders. (Hrsg.): Third-World Conflict and International Security, London/Hamden 1982
Beuter, Heinz-Jürgen: Von SALT zu START. Ein System antagonistischer Rüstungssteuerung, Baden-Baden 1982
Blechman, Barry M. (Hrsg.): Rethinking of the United States Strategic Posture, Cambridge/Mass. 1982
Ders./Kaplan, Stephen S.: Force Without War. U.S. Armed Forces as a Political Instrument, Washington 1978
Bracken, Paul: The Command and Control of Nuclear Forces, New Haven 1983
Brown, Harold: Thinking About National Security, Boulder 1983
Buschmann, Klaus: United States Army Special Forces 1952–1974. Untersuchung im Licht der verfügbaren Literatur und Quellen, Frankfurt/M.–Bern 1982
Buteux, Paul: The Politics of Nuclear Consultation in NATO 1965–1980, Cambridge 1983
Clark, Ian: Limited Nuclear War, Princeton 1982
Clarke, Duncan L.: Politics of Arms Control. The Role and the Effectiveness of the U.S.Arms Control and Disarmament Agency, New York 1979
Collins, John M.: U.S. Defense Planning. A Critique, Boulder 1983
Ders.: U.S.-Soviet Military Balance. Concepts and Capabilities 1960–1980, o. O. 1980
Daniel, Donald C. (Hrsg.): International Perceptions of the Superpower Military Balance, New York/London 1978
Dornan, James E. (Hrsg.): United States National Security Policy in the Decade Ahead, London 1978
Endicott, John/Stafford, Roy (Hrsg.): American Defense Policy, Baltimore ^{2}1978
Fahl, Gundolf: SALT II vor START. Die strategische Grenznachbarschaft von USA und UdSSR, Berlin 1983
Ders.: Rüstungsbeschränkung durch internationale Verträge, Berlin 1980
Forndran, Erhard: Abrüstung und Rüstungskontrolle. Historische Erfahrungen und theoretische Probleme, Berlin 1981
Freedman, Lawrence: The Evolution of Nuclear Strategy, London 1981
Ders.: U.S. Intelligence and the Soviet Strategic Threat, Boulder 1977
Frye, Alton: A Responsible Congress. The Politics of National Security, New York 1975
Gaddis, John L.: Strategies of Containment. A Critical Appraisal of Postwar American National Security Policy, New York/Oxford 1982
Geiling, Martin: Außenpolitik und Nuklearstrategie. Eine Analyse des konzeptionellen Wandels der amerikanischen Sicherheitspolitik gegenüber der Sowjetunion 1945–1963, Köln/Wien 1975

George, Alexander/Smoke, Richard: Deterrence in American Foreign Policy, New York 1974
Goldman, Ralph M.: Arms Control and Peace Keeping, New York 1982
Gray, Colin S.: Strategic Studies. A Critical Assessment, London 1982
Ders.: Strategic Studies and Public Policy. The American Experience, Lexington/Kent. 1982
Ders.: The Soviet-American Arms Race, Lexington/Mass. 1976
Halperin, Morton H. (Hrsg.): National Security Policy Making, Lexington 1975
Harkavy, Robert/Kolodziej, Edward A. (Hrsg.): American Security Policy and Policy-Making, Lexington/Mass. 1980
Head, Richard G./Rokke, Ervin J. (Hrsg.): American Defense Policy, Baltimore/London ³1973
Holst, Johan J./Nerlich, Uwe (Hrsg.): Beyond Nuclear Deterrence. New Aims, New Arms, New York 1977
Jordan, Amos A./Taylor, William J.: American National Security. Policy and Process, Baltimore 1981
Kahan, Jerome H.: Security in the Nuclear Age. Developing U.S. Strategic Arms Policy, Washington 1975
Kanter, Arnold: Defense Politics. A Budgetary Perspective, Chicago 1979
Kaplan, Fred: The Wizards of Armageddon, New York 1983
Kincade, William H./Porro, Jeffrey D. (Hrsg.): Negotiating Security. An Arms Control Reader, Washington 1979
Kinnard, Douglas: The Secretary of Defense, Lexington/Kent. 1980
Krell, Gert (Hrsg.): Die Rüstung der USA. Gesellschaftliche Interessen und politische Entscheidungen, Baden-Baden 1981
Ders./Lutz, Dieter S.: Nuklearrüstung im Ost-West-Konflikt. Potentiale, Doktrinen, Rüstungssteuerung, Baden-Baden 1980
Liska, George: Quest for Equilibrium. America and the Balance of Power on Land and Sea, Baltimore 1977
Mahncke, Dieter/Schwarz, Hans-Peter (Hrsg.): Seemacht und Außenpolitik, Frankfurt/M. 1974
Major U.S. Foreign and Defense Policy Issues, Washington (GPO) 1977
Mandelbaum, Michael: The Nuclear Question. The United States and Nuclear Weapons, 1946–1976, New York 1979
Martin, Laurence (Hrsg.): Strategic Thought in the Nuclear Age, Baltimore 1979
Mechtersheimer, Alfred: Rüstung und Frieden. Der Widersinn der Sicherheitspolitik, München 1982
Morgan, Patrick M.: Deterrence. A Conceptual Analysis, Beverly Hills 1977
Myrdal, Alva: The Game of Disarmament. How the United States and Russia Run the Arms Race, New York/Toronto 1978
Nash, Henry T.: American Foreign Policy. Changing Perspectives on National Security, Homewood 1978
Nerlich, Uwe (Hrsg.), unter Mitwirkung von *Falk Bomsdorf:* Sowjetische Macht und westliche Verhandlungspolitik im Wandel militärischer Kräfteverhältnisse, Baden-Baden 1982
Ders. (Hrsg.), unter Mitwirkung von *Falk Bomsdorf:* Die Einhegung sowjetischer Macht. Kontrolliertes militärisches Gleichgewicht als Bedingung europäischer Sicherheit, Baden-Baden 1982

O'Neill, Robert/Horner, David M.: New Directions in Strategic Thinking, Boston/London 1981
Osgood, Robert E.: Limited War Revisited, Boulder 1979
Payne, Keith B.: Nuclear Deterrence in U.S.-Soviet Relations, Boulder 1982
Pierre, Andrew J. (Hrsg.): Arms Transfers and American Foreign Policy, New York 1979
Platt, Alan/Weiler, Lawrence (Hrsg.): Congress and Arms Control, Boulder 1978
Prados, John: The Soviet Estimate. U.S. Intelligence Analysis and Russian Military Strength, New York 1982
Pringle, Peter/Arkin, William: SIOP. Nuclear War from the Inside, London 1983
Quester, George H. (Hrsg.): Navies and Arms Control, New York 1980
Ranger, Robin: Arms and Politics 1958–1978. Arms Control in a Changing Political Context, Toronto 1979
Raskin, Marcus G.: The Politics of National Security, New Brunswick 1979
Roberts, Chalmers M.: The Nuclear Years. The Arms Race and Arms Control, 1945–1970, New York 1970
Schnabel, James F./Condit, Kenneth W./Poole, Walter S.: The History of the Joint Chiefs of Staff. The Joint Chiefs of Staff and National Policy, Vol. 1: 1945–1947; Vol. 2: 1947–1949; Vol. 3: 1950–1952, Washington 1979/1980
Schwarz, Klaus-Dieter (Hrsg.): Sicherheitspolitik. Analysen zur politischen und militärischen Sicherheit, Bad Honnef-Erpel ³1978
Senghaas, Dieter: Abschreckung und Frieden. Studien zur Kritik organisierter Friedlosigkeit, Frankfurt/M. ³1981
Simonis, Georg: Außenpolitik und Abschreckung. Ansätze zu einer kritischen Theorie des internationalen Systems, Frankfurt/M. 1977
Smoke, Richard: National Security and the Nuclear Dilemma, Reading 1984 (i. E.)
Snow, Donald M.: Nuclear Strategy in a Dynamic World, Tuscaloosa 1981
Stern, Ellen P.: The Limits of Military Intervention, Beverly Hills 1977
Stratmann, K.-Peter: NATO-Strategie in der Krise? Militärische Optionen von NATO und Warschauer Pakt in Mitteleuropa, Baden-Baden 1981
Thiel, Elke: Dollar-Dominanz, Lastenteilung und amerikanische Truppenpräsenz in Europa. Zur Frage kritischer Verknüpfungen währungs- und stationierungspolitischer Zielsetzungen in den deutsch-amerikanischen Beziehungen, Baden-Baden 1979
U.S. Congress, House Committee on Foreign Affairs: The Role of International Security Assistance in U.S. Defense Policy, Washington (GPO) 1982
Wong-Fraser, Agatha S. Y.: The Political Utility of Nuclear Weapons. Expectations and Experience, Lanham 1980
York, Herbert F.: Race to Oblivion. A Participant's View of the Arms Race, New York 1970

5. Amerikanische Außenwirtschafts- und Handelspolitik 1945–1983

Bailey, Paul J.: Möglichkeiten der Kontrolle multinationaler Konzerne, München 1979
Behrmann, Jack N.: International Business-Government Communications, Lexington 1978
Bergsten, Fred C.: The Dilemma of the Dollar. The Economics and Politics of United States International Monetary Policy, New York 1975

Boarman, Patrick M. (Hrsg.): Multinational Corporations and Governments, New York 1975
Borner, Silvio: Die amerikanische Stabilitätspolitik seit 1946. Strategien und Erfahrungen des Council of Economic Advisors, Bern/Stuttgart 1976
Brookstone, Jeffrey M.: The Multinational Businessman and Foreign Policy. Entrepreneurial Politics in East-West Trade and Investment, New York u. a. 1976
Channon, Derek F.: Multinational Strategic Planning, Boston 1979
Cohen, Stephen D.: The Making of United States International Economic Policy. Principles, Problems, and Proposals for Reform, New York 1977
Czempiel, Ernst-Otto/Rustow, Dankwart A. (Hrsg.): The Euro-American System. Economic and Political Relations between North America and Western Europe, Frankfurt/M.–New York 1976
Daniel, Ute: Dollardiplomatie in Europa. Marshallplan, Kalter Krieg und US-Außenwirtschaftspolitik 1945–1952, Düsseldorf 1982
Destler, I. M.: Making Foreign Economic Policy, Washington 1980
Dickermann, C. Robert/Oberndörfer, Dieter: Die Wirtschaft der Vereinigten Staaten und der Bundesrepublik Deutschland. Verantwortung und Herausforderung in einer sich wandelnden Welt, Bonn 1977
Diebold, William Jr.: The United States and the Industrial World. American Foreign Economic Policy in the 1970's, New York 1972
Friedland, Edward/Seabury, Paul/Wildavsky, Adam: The Great Détente Disaster. Oil and the Decline of American Foreign Policy, New York 1975
Gilpin, Robert: U.S. Power and the Multinational Corporations. The Political Economy of Foreign Direct Investment, New York 1975
Gisselquist, David: Oil Prices and Trade Deficits. U.S. Conflicts with Japan and West Germany, New York 1979
Goldmann, Marshall L.: Détente and Dollars. Doing Business with the Soviets, New York 1975
Green, Robert T./Lutz, James M.: The United States and World Trade. Changing Patterns and Dimensions, New York 1978
Hager, Wolfgang (Hrsg.): Erdöl und internationale Politik, München 1975
Hurewitz, Jacob C. (Hrsg.): Oil, the Arab-Israel Dispute, and the Industrial World, Boulder 1976
Kegley, Charles W. Jr./McGovan, Patrick J. (Hrsg.): The Political Economy of Foreign Policy, Beverly Hills/London 1981
Kindleberger, Charles P.: America in the World Economy, New York 1977
Knapp, Manfred (Hrsg.): Von der Bizone zur politisch-ökonomischen Westintegration. Studien zum Verhältnis zwischen Außenpolitik und Außenwirtschaftsbeziehungen in der Entstehungsphase der Bundesrepublik Deutschland 1947–1952, Frankfurt/M. 1983
La Palombara, Joseph: Multinational Corporations and National Elites, New York 1976
Magdoff, Harry: Das Zeitalter des Imperialismus. Die ökonomischen Hintergründe der US-Außenpolitik, Frankfurt/M. 1968
Martel, Leon: Lend-Lease, Loans, and the Coming of the Cold War, Boulder 1979
Monroe, Wilbur F.: The New Internationalism: Strategies and Initiatives for U.S. Foreign Economic Policy, Lexington/Mass. 1976
Müller, Harald/Rode, Reinhard: Osthandel oder Wirtschaftskrieg? Die USA und das Gas-Röhren-Geschäft, Frankfurt/M. 1982
Neal, Alfred C.: Business Power and Public Policy, New York 1981

Negandhi, Anant R./Pousad, Benjamin S.: The Frightening Angels. A Study of U.S. Multinationals in Developing Nations, Kent 1975
Neilan, Edward/Smith, Charles R.: The Future of the China Market. Prospects for Sino-American Trade, Washington 1975
Olson, Robert K.: U.S. Foreign Policy and the New International Economic Order. Negotiating Global Problems 1974–1981, Boulder 1981
Pauw, John W. de: Soviet-American Trade Negotiations, New York 1979
Rode, Reinhard: Amerikanische Handelspolitik gegenüber Westeuropa. Von der Handelsreform zur Tokio-Runde, Frankfurt/M.–New York 1980
Russett, Bruce M./Hanson, Elizabeth C.: Interest and Ideology. The Foreign Policy Beliefs of American Businessmen, San Francisco 1975
Sampson, Anthony: Die Sieben Schwestern. Die Ölkonzerne und die Verwandlung der Welt, Hamburg 1976
Sauvant, Karl P./Lavipour, Farid G. (Hrsg.): Controlling Multinational Enterprises. Problems, Strategies, Counterstrategies, Frankfurt/M.–Boulder 1976
Sobel, Robert: The Age of Giant Corporations. A Microeconomic History of American Business 1964–1970, Westport 1972
Solomon, Lewis D.: Multinational Corporations and the Emerging World Order, Port Washington 1978
Stoff, Michael B.: Oil, War, and American Security. The Search for a National Policy on Foreign Oil, 1941–1947, Yale University Press 1980
Szyliowicz, Joseph S./O'Neill, Bard E. (Hrsg.): The Energy Crisis and United States Foreign Policy, New York 1975
Tetzlaff, Rainer: Die Weltbank: Machtinstrument der USA oder Hilfe für die Entwicklungsländer?, München/London 1980
Vernon, Raymond: The Economic and Political Consequences of Multinational Enterpise, Boston 1972
Volger, Gernot: Die Zahlungsbilanzpolitik der Vereinigten Staaten. Dominanz und Dependenz im internationalen Währungssystem, Berlin 1976
Wilczynski, Jozef: The Multinationals and East-West Relations. Towards Transideological Collaboration, London/Basingstoke 1976
Wyant, Frank: The United States, OPEC, and Multinational Oil, Lexington [2]1979

6. Spezielle Literatur zu den Perioden der amerikanischen Weltpolitik nach 1945

6.1. Genese und Verlauf des Kalten Krieges, 1945–1960

6.1.1. Außenpolitik und Diplomatie

Alperovitz, Gar: Atomare Diplomatie – Hiroshima und Potsdam, München 1965
Amen, Michael M.: American Foreign Policy in Greece 1944–1949, London 1979
Backer, John H.: The Decision to Divide Germany. American Foreign Policy in Transition, Durham 1978; deutsch: Die Entscheidung zur Teilung. Die amerikanische Deutschlandpolitik 1943–1948, München 1981
Brähler, Rainer: Der Marshallplan. Zur Strategie weltmarktorientierter Krisenvermeidung in der amerikanischen Westeuropapolitik 1933–1952, Köln 1983

Caute, David: The Great Fear. The Anti-Communist Purge under Truman and Eisenhower, New York 1979

Cook, Blanche W.: The Declassified Eisenhower. A Divided Legacy, Garden City/New York 1981

Cumings, Bruce: The Origins of the Korean War, Princeton 1981

Czempiel, Ernst-Otto: Das amerikanische Sicherheitssystem 1945–1949. Eine Studie zur Außenpolitik der bürgerlichen Gesellschaft, Berlin 1966

Davis, Lynn E.: The Cold War Begins. Soviet-American Conflict over Eastern Europe, Princeton 1974

Davison, W. Phillips: Die Blockade von Berlin. Modellfall des Kalten Krieges, Frankfurt/M.–Berlin 1959

De Santis, Hugh: The Diplomacy of Silence. The American Foreign Service, the Soviet Union, and the Cold War, 1933–1947, Chicago ²1983

Donovan, Robert J.: Conflict and Crisis. The Presidency of Harry S. Truman, 1945–1948, New York 1977

Etzold, Thomas S./Gaddis, John L. (Hrsg.): Containment. Documents on American Policy and Strategy, 1945–1950, Irvington 1979

Fleming, Donna F.: The Cold War and Its Origins, 1917–1960, 2 Vols., Garden City/New York 1961

Freeland, Richard M.: The Truman Doctrine and the Origins of McCarthyism. Foreign Policy, Domestic Politics, and International Security 1946–1948, New York 1972

Gaddis, John L.: The United States and the Origins of the Cold War 1941–1947, New York ²1976

Gardner, Lloyd G.: Architects of Illusion. Men and Ideas in American Foreign Policy 1941–1949, Chicago 1970

Gimbel, John: The Origins of the Marshall Plan, Stanford 1976

Ders.: Amerikanische Besatzungspolitik in Deutschland 1945–1949, Frankfurt/M. 1971

Griffith, Robert/Theoharis, Athan (Hrsg.): The Specter. Original Essay on the Cold War and the Origins of McCarthyism, New York 1974

Halle, Louis J.: Der Kalte Krieg. Ursachen, Verlauf, Abschluß, Frankfurt/M. 1969

Hammond, Thomas (Hrsg.): Witnesses to the Origins of the Cold War, Seattle 1982

Heller, Francis H. (Hrsg.): The Korean War. A 25 Year Perspective, Kansas 1977

Herz, Martin: Beginnings of the Cold War, Bloomington 1966

Hillgruber, Andreas: Europa in der Weltpolitik der Nachkriegszeit, 1945–1963, München/Wien 1981

Horn, Harald: Die Berlin-Krise 1958/61. Zur Funktion der Krise in der internationalen Politik, Frankfurt/M. 1970

Horowitz, David: Kalter Krieg. Hintergründe der US-Außenpolitik von Jalta bis Vietnam, Berlin ⁴1976

Kimball, Warren F. (Hrsg.): Swords or Ploughshares? The Morgenthau Plan for Defeated Nazi Germany, 1943–1946, Philadelphia 1976

Kirkendall, Richard S. (Hrsg.): The Truman Period as a Research Field. A Reappraisal 1972, Columbia/Mo. 1974

Kolko, Gabriel: The Politics of War. The World and United States Policy 1943–1945, New York 1968

Kolko, Joyce and Gabriel: The Limits of Power. The World and United States Policy 1945–1954, New York 1972

LaFeber, Walter: America, Russia, and the Cold War, New York ³1976

Loth, Wilfried: Die Teilung der Welt. Geschichte des Kalten Krieges 1941–1955, München 1980
Lundestad, Geir: The American Non-Policy towards Eastern Europe, 1943–1947, Tromsö/New York [2]1978
Maddox, Robert J.: The New Left and the Origins of the Cold War, Princeton 1973
Mahncke, Dieter: Berlin im geteilten Deutschland, München/Wien 1973
Marienfeld, Wolfgang: Das Deutschlandproblem in seiner geschichtlichen Entwicklung, Hannover 1981
May, Ernest R.: The Truman Administration and China 1945–1949, Philadelphia 1975
McCagg, William O. Jr.: Stalin Embattled 1943–1948, Detroit 1978
Messer, Robert L.: The End of an Alliance. James F. Byrnes, Roosevelt, Truman, and the Origins of the Cold War, Chapel Hill 1982
Morgan, Roger: The Unsettled Peace. A Study of the Cold War in Europe, London 1974
Nübel, Otto: Die amerikanische Reparationspolitik gegenüber Deutschland 1941–1945, Frankfurt/M. 1980
Overesch, Manfred: Deutschland 1945–1949. Vorgeschichte und Gründung der Bundesrepublik, Ein Leitfaden, Königstein 1979
Page, Glenn: The Korean Decision, New York 1964
Paterson, Thomas G.: Soviet-American Confrontation, Postwar Reconstruction, and the Origins of the Cold War, Baltimore/London 1973
Purifoy, Lewis McCarroll: Harry Truman's China Policy. McChartyism and the Diplomacy of Hysteria, 1947–1951, New York/London 1976
Riklin, Alois: Das Berlin-Problem. Historisch-politische und völkerrechtliche Darstellung des Viermächtestatus, Köln 1964
Rose, Lisle A.: The Coming of the American Age, 1945–1946: Vol. 1: Duvious Victory. The United States and the End of World War II, Kent 1973
Russell, Ruth B./Muther, Jeanette E.: A History of the United Nations Charter: The Role of the United States 1940–1945, Washington 1958
Schmitt, Hans A. (Hrsg.): U.S. Occupation in Europe after World War II. Papers and Reminiscenses from the April 23–24, 1976 Conference at the George C. Marshall Research Foundation, Lexington/Va., Lawrence 1978
Schwarz, Hans-Peter: Vom Reich zur Bundesrepublik. Deutschland im Widerstreit der außenpolitischen Konzeptionen in den Jahren der Besatzungsherrschaft 1945–1949, Neuwied/Berlin 1966 (Neuausgabe: Stuttgart 1980)
Sharp, Tony: The Wartime Alliance and the Zonal Division of Germany, Oxford 1975
Shlaim, Avi: The United States and the Berlin Blockade, 1948–1949, Berkeley 1983
Simmons, Robert R.: The Strained Alliance: Peking, Pyongyang, Moscow, and the Politics of the Korean Civil War, New York 1975
Smith, Jean E.: The Defense of Berlin, Baltimore 1963
Spanier, John: The Truman-MacArthur Controversy and the Korean War, New York 1965
Speier, Hans: Die Bedeutung Berlins. Eine Analyse der Berlin-Krise von 1958 bis heute, Köln/Berlin 1961
Taubmann, William: Stalin's American Policy. From Entente to Détente to Cold War, New York 1982
Theoharis, Athan: Seeds of Repression. Harry S. Truman and the Origins of McCarthyism, Chicago 1971
Ders.: The Yalta Myths. An Issue in U.S. Politics 1945–1955, Columbia 1970

Ullmann, Walter: The United States in Prague 1945–1948, New York 1978
U.S. Department of State, Policy Planning Staff: The State Department Policy Planning Staff Papers, 1947–1949, New York 1983
Walton, Richard J.: Henry Wallace, Harry Truman, and the Cold War, New York 1976
Westerfield, Holt B.: Foreign Policy and Party Politics from Pearl Harbor to Korea, Yale 1955
Winkler, Heinrich August (Hrsg.): Politische Weichenstellungen im Nachkriegsdeutschland 1945–1953, Göttingen 1979
Wittner, Lawrence S.: American Intervention in Greece, 1943–1949, New York 1982
Yergin, Daniel: Shattered Peace. The Origins of the Cold War and the National Security State, Boston 1977; deutsch: Der zerbrochene Frieden. Die Ursprünge des Kalten Krieges und die Teilung Europas, Frankfurt/M. 1977

6.1.2. Rüstungs- und Sicherheitspolitik

Bernstein, Barton J.: The Atomic Bomb. The Critical Issues, Boston/Toronto 1976
Borowski, Harry: A Hollow Threat: Containment and Strategic Air Power Before Korea, Westport 1982
DeVolpi, Alexander/Marsh, George E.: Born Secret. The H-Bomb, the Progressive Case, and National Security, New York 1981
Ford, Daniel: The Cult of the Atom. The Secret Papers of the Atomic Energy Commission, New York 1982
Geelhoed, E. Bruce: Charles E. Wilson and Controversity at the Pentagon, 1953 to 1957, Detroit 1979
Herken, Greg: The Winning Weapon. The Atomic Bomb in the Cold War, 1945–1950, New York 1980
Hewlett, Richard G./Anderson, Oscar E.: A History of the United States Atomic Energy Commission, Vol. 1: The New World, 1939–1946, University Park/Pa. 1962
Hewlett, Richard G./Duncan, Francis: A History of the United States Atomic Energy Commission, Vol. 2: Atomic Shield, 1947–1952, University Park/Pa. 1969
Dies.: Nuclear Navy, 1946–1962, Chicago 1974
Hurley, Alfred F./Ehrhardt, Robert C. (Hrsg.): Air Power and Warfare. The Proceedings of the 8th Military History Symposium, U.S. Air Force Academy, October 18–20, 1978, Washington (GPO) 1979
Killian, James R. Jr.: Sputniks, Scientists, and Eisenhower, Cambridge/Mass. 1977
Kinnard, Douglas: President Eisenhower and Strategy Management: A Study in Defense Politics, Lexington/Kent. 1977
Kissinger, Henry A.: Nuclear Weapons and Foreign Policy, New York 1957; deutsch: Kernwaffen und Auswärtige Politik, München/Wien 1974
Mai, Gunther: Westliche Sicherheitspolitik im Kalten Krieg. Der Korea-Krieg und die deutsche Wiederbewaffnung 1950, Boppard 1977
Militärgeschichtliches Forschungsamt (Hrsg.): Anfänge westdeutscher Sicherheitspolitik 1945–1956, Bd. 1: Von der Kapitulation bis zum Pleven-Plan, München 1982
Moss, Norman: Men Who Play God: The Story of the Hydrogene Bomb, New York ^{2}1972
Neal, Roy: Ace in the Hole. The Story of the Minuteman Missile, Garden City/New York 1962
Noack, Paul: Das Scheitern der Europäischen Verteidigungsgemeinschaft. Entscheidungsprozesse vor und nach dem 30. August 1954, Düsseldorf 1977

Pöttering, Hans-Gert: Adenauers Sicherheitspolitik 1955–1963. Ein Beitrag zum deutsch-amerikanischen Verhältnis, Düsseldorf 1975
Quester, George H.: Nuclear Diplomacy. The First Twenty-five Years, New York 1970
Sapolsky, Harvey M: The Polaris System Development: Bureaucratic and Programmatic Success in Government, Cambridge/Mass. 1972
Schubert, Klaus von: Wiederbewaffnung und Westintegration. Die innere Auseinandersetzung um die militärische und außenpolitische Orientierung der Bundesrepublik 1950–1952, Stuttgart ²1972
Sherwin, Martin J.: A World Destroyed. The Atomic Bomb and the Grand Alliance, New York 1975
Smith, Percy McCoy: The Air Force Plans for Peace, 1943–1945, Baltimore 1970
Wettig, Gerhard: Entmilitarisierung und Wiederbewaffnung in Deutschland. Internationale Auseinandersetzungen um die Rolle der Deutschen in Europa, 1943–1955, München 1967
York, Herbert F.: The Advisors: Oppenheimer, Teller, and the Superbomb, San Francisco 1976

6.2. Von der Konfrontation zur Koexistenz, 1961–1970

6.2.1. Außenpolitik und Diplomatie

Allison, Graham T.: Essence of Decision. Explaining the Cuban Missile Crisis, Boston 1971
Bachrack, Stanley D.: The Committee of One Million. „China Lobby" Politics 1953–1971, Columbia University Press 1976
Ball, George W.: The Past has another Pattern. Memoirs, New York 1982
Baral, Jaya Krishna: The Pentagon and the Making of U.S. Foreign Policy. A Case Study of Vietnam, 1960–1968, Atlantic Highlands 1978
Catudal, Honoré M.: Kennedy and the Berlin Wall Crisis. A Case Study in U.S. Decision Making, Berlin 1980; deutsch: Kennedy in der Mauer-Krise. Eine Fallstudie zur Entscheidungsfindung in den USA, Berlin 1981
Divine, Robert A. (Hrsg.): Exploring the Johnson Years, Austin 1981
Gelb, Leslie H./Betts, Richard K.: The Irony of Vietnam. The System Worked, Washington 1979
Graff, Henry F.: The Tuesday Cabinet, Englewood Cliffs 1970
Halberstam, David: The Best and the Brightest, New York 1972
Kearns, Doris: Lyndon Johnson and the American Dream, New York 1977
Kennedy, Robert F.: Dreizehn Tage. Die Verhinderung des Dritten Weltkriegs durch die Brüder Kennedy, Bern u. a. 1969
Knapp, Manfred: Die Stimme Amerikas. Auslandspropaganda der USA und der Regierung John F. Kennedys, Opladen 1972
Parmet, Herbert S.: JFK. The Presidency of John F. Kennedy, New York 1983
Pfeffer, Richard M. (Hrsg.): No More Vietnams? The War and the Future of American Foreign Policy, New York 1968
Rostow, Walt W.: View from the 7th Floor, New York 1964
Schandler, Herbert Y.: The Unmaking of a President. Lyndon Johnson and Vietnam, Princeton 1977
Schlesinger, Arthur M.: Robert Kennedy and his Times, Boston 1978

Schweitzer, Carl-Christoph: Amerikas chinesisches Dilemma. Fallstudie über außenpolitische Entscheidungen in einer offenen Gesellschaft, Köln 1969
Ders.: Die USA und der Vietnamkonflikt 1964–1967, Köln/Bonn 1969
Slusser, Robert M.: The Berlin Crisis of 1961. Soviet-American Relations and the Struggle for Power in the Kremlin, June–November 1961, Baltimore 1973
Sorensen, Theodore C.: Kennedy, München 1966
Wolf, Dieter O. A.: „Präsidenten-Krieg" in Vietnam? Kompetenzen, Entscheidungsverfahren und Verhalten von Präsident und Kongreß im Indochina-Konflikt, München 1973

6.2.2. Rüstungs- und Sicherheitspolitik

Armacost, Michael H.: The Politics of Weapons Innovation. The Thor-Jupiter Controversy, New York 1969
Art, Robert J.: The TFX Decision. McNamara and the Military, Boston 1968
Ball, Desmond: Politics and Force Levels. The Strategic Missile Program of the Kennedy Administration, London 1980
Beard, Edmund: Developing the ICBM. A Study in Bureaucratic Politics, New York 1976
Bottome, Edgar M.: The Missile Gap. A Study of the Formulation of Military and Political Policy, Rutherford 1971
Brennan, Donald G. (Hrsg.): Arms Control, Disarmament, and National Security, New York 1961; deutsch: Strategie der Abrüstung. Achtundzwanzig Problemanalysen, Gütersloh 1962
Bull, Hedley: The Control of the Arms Race. Disarmament and Arms Control in the Missile Age, New York 1961
Cahn, Anne H.: Eggheads and Warheads. Scientists and the ABM, Cambridge/Mass. 1961
Chayes, Abram/Wiesner, Jerome B.: Raketenkrieg. Expertenmeinungen zum antiballistischen Raketen-Abwehrsystem (ABM), Frankfurt/M.–Berlin 1970
Dettke, Dieter: Allianz im Wandel. Amerikanisch-europäische Sicherheitsbeziehungen im Zeichen des Bilateralismus der Supermächte, Frankfurt/M. 1976
Enthoven, Allain C./Smith, K. Wayne: How Much is Enough? Shaping the Defense Program, 1961–1969, New York 1971
Forndran, Erhard: Rüstungskontrolle. Friedenssicherung zwischen Abschreckung und Abrüstung, Düsseldorf 1970
Greenwood, Ted: Making the MIRV. A Study of Defense Decision Making, Cambridge/Mass. 1976
Holst, Jonan J./Schneider, William (Hrsg.): Why ABM?, New York 1969
Kaufmann, William W.: The McNamara Strategy, New York 1964
Kintner, William (Hrsg.): Safeguard. Why ABM makes Sense, New York 1969
Lambright, W. Henry: Shooting Down the Nuclear Plane, Indianapolis 1967
Moulton, Harland B.: From Superiority to Parity: The United States and the Strategic Arms Race 1961–1971, Westport/London 1973
Palmer, Gregory: The McNamara Strategy and the Vietnam War. Program Budgeting in the Pentagon, 1960–1968, Westport/London 1978
Schelling, Thomas C./Halperin, Morton H.: Strategy and Arms Control, New York 1961
Yaranella, Ernest J.: The Missile Defense Controversy. Strategy, Technology, and Politics 1955–1972, Lexington/Kent. 1977

6.3. *Von der Koexistenz zur Kooperation, 1971–1980*

6.3.1. *Außenpolitik und Diplomatie*

Alroy, Gil Carl: The Kissinger Experience. American Policy in the Middle East, New York 1975

Ashley, Richard K.: The Political Economy of War and Peace. The Sino-Soviet-American Triangle and the Modern Security Problematique, London/New York 1980

Barber, James D.: The Presidential Character. Predicting Performance in the White House, Englewood Cliffs ²1977

Bell, Coral: The Diplomacy of Détente. The Kissinger Era, New York 1977

Bernstein, Carl/Woodward, Bob: The Final Days, New York 1976

Bredthauer, Karl D./Paeck, Norman (Hrsg.): Mit Carter in den Kreuzzug? Die USA, die UdSSR, Westeuropa und die Afghanistan-Krise, Köln 1980

Breslin, Jimmy: How the Good Guys Finally Won, New York 1975

Brodie, Fawn M.: Richard Nixon. The Shaping of his Character, New York 1981

Brown, Seyom: The Crisis of Power. An Interpretation of United States Foreign Policy During the Kissinger Years, New York 1979

Brzezinski, Zbigniew: Power and Principle. Memoirs of the National Security Adviser, 1977–1981, New York 1983

Califano, Joseph A.: Governing America. An Insider's Report from the White House and the Cabinet, New York 1981

Carter, James E.: Keeping Faith. Memoirs of a President Jimmy Carter, New York/Toronto 1982

Dickson, Peter: Kissinger and the Meaning of History, New York 1978

Eisenmann, Peter: Mit oder ohne Konzept? Brzezinski und die Außenpolitik der USA, Krefeld 1979

Evans, Rowland Jr./Novak, Robert D.: Nixon in the White House. The Frustration of Power, New York 1971

Ford, Gerald R.: A Time to Heal, New York 1979

Gati, Charles und Tobi T.: The Debate over Détente, New York 1977

Germont, Jack W./Witcover, Jules: Blue Smoke and Mirrors. How Reagan Won and Why Carter Lost the Election of 1980, New York 1981

Glad, Betty: Jimmy Carter: In Search of the Great White House, New York 1980

Graubard, Stephen: Kissinger: Portrait of Mind, New York 1973; deutsch unter dem Titel: Kissinger: Zwischenbilanz einer Karriere, Hamburg 1974

Hacke, Christian: Die Ära Nixon-Kissinger 1969–1974. Konservative Reform der Weltpolitik, Stuttgart 1983

Haley, P. Edward: Congress and the Fall of South Vietnam and Cambodia, East Brunswick u. a. 1982

Harsch, Ernest: Angola. The Hidden History of Washington's War, New York 1976

Hartmann, Robert T.: Palace Politics. An Inside Account of the Ford Years, New York 1980

Hersh, Seymour M.: The Price of Power, New York 1983

Hoffmann, Stanley: Requiem, in: Foreign Policy No. 42, Spring 1981, S. 3 ff.

Holt, Pat M.: The War Powers Resolution. The Role of Congress in U.S. Armed Intervention, Washington 1978

Hsiao, Gene T. (Hrsg.): Sino-American Détente and Its Policy Implications, New York 1974

Johnson, Haynes: In the Absence of Power. Governing America, New York 1980
Joiner, Harry M.: American Foreign Policy. The Kissinger Era, Huntsville 1978
Kalb, Marvin und Bernard: Kissinger, Frankfurt/M. 1974
Kennan, George F.: The Cloud of Danger. Current Realities of American Foreign Policy, Boston 1977; deutsch: Wolken der Gefahr. Aktuelle Probleme der amerikanischen Außenpolitik, München 1978
Kissinger, Henry A.: White House Years, Boston 1979; deutsch: Memoiren 1968–1973, Bd. 1, München 1979
Ders.: Years of Upheaval, Boston 1982; deutsch: Memoiren 1973–1974, Bd. 2, München 1982
Kurland, Philip B.: Watergate and the Constitution, Chicago u. a. 1978
Lake, Anthony (Hrsg.): The Legathy of Vietnam. The War, American Society, and the Future of American Foreign Policy, New York 1976
Lasky, Victor: Jimmy Carter. The Man and the Myth, New York 1979
Ders.: It Didn't Start With Watergate, New York 1977
Ledeen, Michael/Lewis, William: Debacle. The American Failure in Iran, New York 1981
Lehman, John: The Executive, Congress, and Foreign Policy. Studies of the Nixon Administration, New York 1974
Liska, George: Beyond Kissinger. Ways of Conservative Statecraft, Baltimore 1975
Litwak, Robert: Détente and the Nixon Doctrine, Cambridge u. a. 1984 (i. E.)
Lukas, J. Anthony: Nightmare. The Underside of the Nixon Years, New York 1976
Masyk, Eva-Maria: Die Guam-Doktrin. Grundlegung und Strategie der Außenpolitik der Nixon-Regierung, München 1981
Mazlish, Bruce: Kissinger. The European Mind in American Policy, New York 1976
Ders.: In Search of Nixon. A Psychohistorical Inquiry, New York 1972
Meyer, Peter: James Earl Carter. The Man and the Myth, Kansas City 1978
Morris, Roger: Uncertain Greatness. Henry Kissinger and American Foreign Policy, New York u. a. 1977
Nathan, Richard E.: The Plot that Failed. Nixon and the Administrative Presidency, New York 1975
Neal, Fred W. (Hrsg.): Détente or Debacle. Common Sense in U.S.-Soviet Relations, New York 1979
Nessen, Ron: It Shure Looks Different From The Inside, New York 1978
Nixon, Richard M.: The Memoirs of Richard Nixon, New York 1978; deutsch: Memoiren, Frankfurt/M. u. a. 1981
Oksenberg, Michel O. (Hrsg.): Dragon and Eagle. United States-China Relations. Past and Future, New York 1978
Osborne, John: White House Watch. The Ford Years, Washington 1977
Osgood, Robert E. u. a.: Retreat from Empire? The First Nixon Administration, Baltimore/London 1973
Pflüger, Friedbert: Die Menschenrechtspolitik der USA. Amerikanische Außenpolitik zwischen Idealismus und Realismus 1972–1982, München/Wien 1983
Pipes, Richard: U.S.-Soviet Relations in the Era of Détente, Boulder 1981
Rather, Dan: The Palace Guard, New York 1974
Reeves, Richard: A Ford, Not a Lincoln, New York 1975
Safire, William: Before the Fall. An Inside View of the Pre-Watergate White House, Garden City 1975
Schell, Jonathan: The Time of Illusion, New York 1976

Schweigler, Gebhard: Von Kissinger zu Carter. Entspannung im Widerstreit von Innen- und Außenpolitik, 1969–1981, München/Wien 1982
Segal, Gerald: The Great Power Triangle, New York 1981
Shawcross, William: Sideshow. Kissinger, Nixon, and the Destruction of Cambodia, New York 1977; deutsch: Schattenkrieg. Kissinger, Nixon und die Zerstörung Kambodschas, Berlin u. a. 1980
Sheehan, Edward R. F.: The Arabs, Israelis and Kissinger. A Secret History of American Diplomacy in the Middle East, New York 1976
Sheldon, Della W. (Hrsg.): Dimensions of Détente, New York u. a. 1978
Snepp, Frank: Decent Interval. An Insider's Account of Saigon's Indecent End, New York 1978
Solomon, Richard (Hrsg.): The China Factor. Sino-American Relations and the Global Scene, Englewood Cliffs 1981
Starr, Harvey: Henry Kissinger, Lexington/Kent. 1983
Stoessinger, John G.: Henry Kissinger. The Anguish of Power, New York 1976
Szulc, Tad: The Illusion of Peace. Foreign Policy in the Nixon Years, New York 1978
Talbott, Strobe: U.S.-Soviet Relations. From Bad to Worse, in: Foreign Affairs Vol. 58, No. 3, Spring 1980, S. 515 ff.
Vance, Cyrus R.: Hard Choices. Critical Years in America's Foreign Policy, New York 1983
Velbinger, Hartmut: Eindämmung und Entspannung. George F. Kennan und die amerikanische Strategie in den 70er Jahren, München 1977
Vogelgesang, Sandy: American Dream, Global Nightmare. The Dilemma of U.S. Human Rights Policy, New York/London 1980
Weilemann, Peter: Weltmacht in der Krise. Isolationistische Impulse in der amerikanischen Außenpolitik der siebziger Jahre, Stuttgart 1982
White, Theodore H.: Breach of Faith. The Fall of Richard Nixon, New York 1975
Whiting, Alan: China and the United States. What Next?, New York 1976
Wooten, James: Dasher. The Roots and the Rising of Jimmy Carter, New York 1978

6.3.2. Rüstungs- und Sicherheitspolitik

Beres, Louis R.: Mimicking Sisyphus. America's Countervailing Strategy, Lexington 1982
Brauch, Hans Günter: Die Raketen kommen! Vom NATO-Doppelbeschluß bis zur Stationierung, Köln 1983
Bundeszentrale für politische Bildung (Hrsg.): Frieden und Sicherheit als Herausforderung. Informationen und Argumente, Bonn 1983
Cohen, Samuel T.: The Neutron Bomb. Political, Technological, and Military Issues, Washington 1978
Graham, Daniel O.: Shall America Be Defended? SALT II and Beyond, New Rochelle 1979
Huisken, Ronald: The Origin of the Strategic Cruise Missile, New York 1981
Katz, Amrom M.: Verification and SALT – The State of the Art and the Art of the State, Washington 1979
Kohler, Foy D.: SALT II. How Not to Negotiate with the Russians, Washington 1979
Korb, Lawrence C.: The Fall and Rise of the Pentagon. American Defense Policies in the 1970's, Westport 1979

Krell, Gert: Die SALT II-Debatte im amerikanischen Senat. Analyse und Dokumentation, Frankfurt/M. 1982
Ders.: Rüstungsdynamik und Rüstungskontrolle. Die gesellschaftlichen Auseinandersetzungen um SALT in den USA 1969–1975, Frankfurt/M. [2]1978
Ders./Schmidt, Hans-Joachim: Der Rüstungswettlauf in Europa. Mittelstreckensysteme, konventionelle Waffen, Rüstungskontrolle, Frankfurt/M.–New York 1982
Kubbig, Bernd W.: Nuklearenergie und nukleare Proliferation. Die inneramerikanischen Auseinandersetzungen um die Grundsätze der US-Nonproliferationspolitik 1974–1980, Frankfurt/M. 1981
Lehmann, John F./Weiss, Seymour: Beyond the SALT II Failure, New York 1981
Lutz, Dieter S.: Weltkrieg wider Willen? Die Nuklearwaffen in und für Europa, Reinbek 1981
Medick, Monika: Waffenexporte und auswärtige Politik der Vereinigten Staaten. Gesellschaftliche Interessen und politische Entscheidungen, Meisenheim 1976
Mies, Ullrich F. J.: Destabilisierungsfaktoren des gegenwärtigen Abschreckungssystems. Die Implikationen der 1974er Modifikation der US-Nuklearstrategie für die globalstrategische Stabilität, Frankfurt/M. 1979
Newhouse, John: Cold Dawn. The Story of SALT, New York u.a. 1973
Nitze, Paul H.: The Fateful Ends and Shades of SALT, New York 1979
Panovsky, Wolfgang K. H.: Arms Control and SALT II, Seattle 1979
Pfaltzgraff, Robert L. Jr./Davis, Jacquelyn U.: The Cruise Missile. Bargaining Chip or Defense Bargain?, Cambridge/Mass. 1977
Platt, Alan: The U.S. Senate and Strategic Arms Policy, 1969–1977, Boulder 1978
Porro, Jeffrey D. u. a. (Hrsg.): Nuclear Weapons in Europe, Lexington 1983
Potter, William C. (Hrsg.): Verification and SALT. The Challenge of Strategic Deception, Boulder 1980
Raven, Wolfram von: SALT oder Der Durchbruch in eine Sackgasse, Stuttgart 1976
Schlafly, Phyllis: Ambush at Vladivostok, Alton 1976
Senghaas, Dieter: Aufrüstung durch Rüstungskontrolle. Über den symbolischen Gebrauch von Politik, Stuttgart u. a. 1972
Slocombe, Walter: The Countervailing Strategy, in: International Security Vol. 5, No. 4, Spring 1981, S. 18 ff.
Smith, Gerard C.: Doubletalk. The Story of SALT I, Garden City/New York 1980
Sorley, Lewis: Arms Transfers under Nixon, Lexington/Kent. 1983
Talbott, Strobe: Endgame. The Inside Story of SALT II, New York u. a. 1979
Tammen, Ronald L.: MIRV and the Arms Race. An Interpretation of Defense Strategy, New York 1973
Willrich, Mason/Rhinelander, John B. (Hrsg.): SALT. The Moscow Agreements and Beyond, New York 1974
Wolfe, Thomas W.: The SALT Experience, Cambridge/Mass. 1979

6.4. Die achtziger Jahre: Aufrüstung und Re-Konfrontation, 1981–1983

6.4.1. Außenpolitik und Diplomatie

Bredow, Wilfried von/Brocke, Rudolf Horst: Das außenpolitische Konzept der Reagan-Administration. Darstellung, Hintergründe und Bewertung der neuen Außenpolitik der USA, in: Aus Politik und Zeitgeschichte, B 32/1981, S. 20 ff.

Brownstein, Ronald/Easton, Nina: Reagan's Ruling Class. Portraits of the President's Top One Hundred Officials, New York 1983
Cline, Ray S.: World Power Trends and U.S. Foreign Policy for the 1980's, Boulder 1980
Czempiel, Ernst-Otto (Hrsg.): Amerikanische Außenpolitik im Wandel. Von der Entspannungspolitik Nixons zur Konfrontation unter Reagan, Stuttgart u. a. 1982
Ders.: Die Zukunft der atlantischen Gemeinschaft. Kooperation und Konflikt zwischen den Vereinigten Staaten und Westeuropa in den achtziger Jahren, in: Aus Politik und Zeitgeschichte, B 13/1983, S. 10 ff.
Dippel, Horst: Die außenpolitischen Vorstellungen der amerikanischen Neokonservativen, in: Europa-Archiv, 1980, S. 529 ff.
Gerlach, Heribert: Präsident Ronald Reagan. Konturen seines außenpolitischen Profils, in: Aus Politik und Zeitgeschichte, B 6/1981, S. 3 ff.
Görtemaker, Manfred: Reagan-Amerika und Westeuropa. Plädoyer für eine konstruktive Zusammenarbeit, in: Aus Politik und Zeitgeschichte, B 32/1981, S. 3 ff.
Hacke, Christian: Die Außenpolitik der Regierung Reagan im Spannungsfeld von Kontinuität und Wandel, in: Aus Politik und Zeigeschichte, B 13/1982, S. 3 ff.
Harrison, Michael M.: Reagan's World, in: Foreign Policy No. 43, Summer 1981, S. 3 ff.
Hyland, William G.: U.S.-Soviet Relations. The Long Road Back, in: Foreign Affairs Vol. 60, No. 3, Spring 1982, S. 525 ff.
Klare, Michael T.: Jederzeit, überall, mit allen Waffen . . . Die Entwicklung der neuen Interventionspolitik der USA, Frankfurt/M. 1982
Legvold, Robert: Containment without Confrontation, in: Foreign Policy No. 40, Fall 1980, S. 74 ff.
Naumann, Robert G.: Toward a Reagan Middle East Policy?, in: Orbis Vol. 25, No. 3, Fall 1981, S. 491 ff.
Podhoretz, Norman: Der Riese taumelt. Amerika in der Bewährung, Stuttgart 1981
Rielly, John E. (Hrsg.): American Public Opinion and U.S. Foreign Policy 1983, Chicago Council on Foreign Relations 1983
Rühle, Hans: Die Außenpolitik der Regierung Reagan, in: Aus Politik und Zeitgeschichte, B 32/1981, S. 48 ff.
Schulze, Peter W.: Reaganism. Die Aufkündigung des Konsensus?, Bonn 1982
Stuart, Douglas T./Tow, William T. (Hrsg.): China, the Soviet Union, and the West. Strategic and Political Dimensions in the 1980's, Boulder 1982
U.S. Congress, House Committee on Foreign Affairs, Subcommittee on Europe and the Middle East: United States Relations with Europe and the Soviet Union – 1981, Washington (GPO) 1982

6.4.2. Rüstungs- und Sicherheitspolitik

Andelmann, David A.: Space Wars, in: Foreign Policy No. 44, Fall 1981, S. 94 ff.
Bundy, McGeorge/Kennan, George F./McNamara, Robert S./Smith, Gerard: Kernwaffen und das Atlantische Bündnis, in: Europa-Archiv, 1982, S. 183 ff.; engl. in: Foreign Affairs Vol. 60, No. 4, Spring 1982, S. 753 ff.
Carnegie Panel on U.S. Security and the Future of Arms Control: Challenges for U.S. National Security. A Third Report, Washington 1982
Dean, Robert W.: Die aktuelle Rüstungskontrollpolitik der USA, in: Aus Politik und Zeitgeschichte, B 13/1983, S. 3 ff.
Edwards, John: Superweapon. The Making of MX, New York/London 1982

Federation of the Atomic Scientists: Seeds of Promise. The First Real Hearings on the Nuclear Arms Freeze, Andover 1983

Gray, Colin S.: The MX ICBM and National Security, New York 1981

Herrmann, René: ABM in den achtziger Jahren. Technische Möglichkeiten und strategische Zwänge, in: Aus Politik und Zeitgeschichte, B 15-16/1983, S. 32 ff.

Johnson, Robert H.: Periods of Peril. The Window of Vulnerability and Other Myths, in: Foreign Affairs Vol. 61, No. 4, Spring 1983, S. 950 ff.

Kaiser, Karl/Leber, Georg/Mertes, Alois/Schulze, Franz-Joseph: Kernwaffen und die Erhaltung des Friedens. Stellungnahme zu einem amerikanischen Vorschlag über den Verzicht auf Ersteinsatz von Kernwaffen, in: Europa-Archiv, 1982, S. 357 ff., engl. in: Foreign Affairs Vol. 60, No. 5, Summer 1982, S. 1157 ff.

Karas, Thomas: The New High Ground: Systems and Weapons of Space Age War, New York 1983

Kennedy, Edward M./Hatfield, Mark O.: Stoppt die Atomrüstung, Reinbek 1982

Krepon, Michael: Assessing Strategic Arms Reduction Proposals, in: World Politics Vol. 35, No. 2, January 1983, S. 216 ff.

Krepon, Michael: Reagan's Approach. START Off From The Beginning, in: Arms Control Today Vol. 11, No. 8, October 1981, S. 1 ff.

Lodal, Jan M.: Finishing START, in: Foreign Policy No. 48, Fall 1982, S. 66 ff.

Potter, William C.: Von START zum Ziel. Bedingungen strategischer Rüstungskontrolle, in: Aus Politik und Zeitgeschichte, B 28–29/1983, S. 3 ff.

Scheer, Robert: With Enough Shovels. Reagan, Bush, and Nuclear War, New York 1982; deutsch: Und brennend stürzen Vögel vom Himmel. Reagan und der „begrenzte" Atomkrieg, München 1983

Sigal, Leon V.: Warming to the Freeze, in: Foreign Policy No. 48, Fall 1982, S. 54 ff.

Speed, Roger D.: Strategic Deterrence in the 1980's, Stanford 1979

Steinbruner, John D.: Nuclear Decapitation, in: Foreign Policy No. 45, Winter 1981/82, S. 16 ff.

Thompson, W. Scott (Hrsg.): National Security in the 1980's. From Weakness to Strength, San Francisco 1980

Wettig, Gerhard: Umstrittene Sicherheit. Friedenswahrung und Rüstungsbegrenzung in Europa, Berlin 1982

Zumwalt, Elmo R. Jr.: The Reagan Strategic Program and Foreign Policy, in: Orbis Vol. 25, No. 3, Fall 1981, S. 505 ff.

Personenregister

Acheson, Dean G. 27, 38, 55, 79, 116, 119
Adelman, Kenneth L. 26
Adenauer, Konrad 78, 117 f., 213, 226
Allende Gossens, Salvador 33
Anderson, Robert B. 190
Andreotti, Giulio 349
Arbenz Guzmán, Jakob 88, 151 f.
Arends, Leslie C. 223, 227
Armas, Carlos Castillo 88, 153
Attlee, Clement 29

Ball, George W. 259
Baruch, Bernard M. 75 f., 109
Batista, Fulgencio E. 230 f.
Begin, Menachem 317
Bismarck, Otto von 81, 166
Bohlen, Charles E. 36, 46
Bonsal, Philip W. 231
Bowie, Robert 131
Bradley, Omar N. 39, 57 f.
Brandt, Willy 349
Breschnew, Leonid 307, 312, 329, 334, 377
Bridges, Styles 58
Bruce, David K. E. 164
Brzezinski, Zbigniew 318, 320
Bulganin, Nikolai A. 167, 207
Byrnes, James F. 77

Carnahan, A. S. J. 223
Carter, James E. 25, 28, 75, 81, 244, 310–313, 317 f., 320 f., 336, 368 f., 372, 377, 383–391, 393
Castro, Fidel 41, 166, 230, 233–235, 261 f.
Ceauşescu, Nicolai 326
Chamberlain, Neville 226
Chiperfield, Robert B. 223, 227
Chruschtschow, Nikita 84, 162, 166 f., 201, 210, 219–221, 224, 226, 245, 251 f., 282
Churchill, Winston 24, 26, 29, 34, 39, 44 f., 47, 63, 165, 168, 193
Connally, John 353
Cutler, Robert 189

Deng Xiaoping 313
Diem, Ngo Dinh 259
Dirksen, Everett 219–221
Dulles, Allen 87, 158, 168, 219–221, 223 f.
Dulles, John Foster 32, 68, 76, 79, 81–83, 85, 87, 89, 91, 125, 131, 151, 161 f., 187, 190, 193 f., 200, 246, 258

Eden, Anthony 160 f.
Eisenhower, Dwight D. 32, 54, 71, 74–76, 79, 81, 83, 85, 88–91, 111, 125, 131 f., 153, 156–164, 166 f., 184, 186, 190, 193–195, 200, 206 f., 209, 219–227, 240 f.
Eisenhower, Milton 89

Ford, Gerald R. 312, 316, 319, 383
Foster, William 248
Fulbright, J. William 223, 226 f.

Gaitskell, Hugh 159
Gaulle, Charles de 26, 163, 226, 254–256
Gelb, Leslie H. 259
Gomulka, Wladyslaw 209
Greiner, Bernd 68–70

Haig, Alexander M. 387
Halleck, Charles A. 219
Harriman, W. Averell 46, 299
Heath, Edward 349
Herter, Christian 161, 164, 221, 223, 225, 232 f.
Hitler, Adolf 24, 210
Ho Chi Minh 41, 89, 299
Hopkins, Harry 30, 32, 46 f.
Hoover, Herbert 193
Hull, Cordell 286

Jackson, Henry M. 312
Jarring, Gunnar 361
Johnson, Louis 115
Johnson, Lyndon B. 195, 219, 222 f., 246, 249–251, 255, 257, 259 f., 299, 303 f., 306, 316, 319, 384

Kennan, George F. 29, 35 f., 38, 50, 73, 83, 159
Kennedy, John F. 67, 75, 166, 168, 243–264, 270, 277, 286, 301, 303–305, 319 f., 388
Kissinger, Henry A. 33, 91, 165, 260, 304–306, 308–310, 313 f., 317 f., 320

Lenin, Wladimir Iljitsch 132
Luns, Josef 349

MacArthur, Douglas 38, 73 f.
Macmillan, Harold 226, 254, 282
Mao Tse-tung 38, 55, 77
Marshall, George C. 56, 94
McCarthy, Joseph R. 81
McCloy, John J. 116–118, 248
McElroy, Neil H. 190, 219, 222–225
McNamara, Robert S. 247, 255, 284
Mikolajczyk, Stanislaw 49
Molotow, Wjatscheslaw 46, 48
Morgenthau, Henry L. 77
Murphy, Robert D. 92 f.

Nagy, Imre 209
Nasser, Gamal Abdel 317
Nehru, Pandit Jawaharlal 165
Nitze, Paul H. 102
Nixon, Richard M. 33, 72, 75, 88, 91, 165, 168, 219, 222 f., 246, 251, 257, 260, 304–310, 313–319, 322, 327, 329, 338, 347, 350, 383, 388

Pahlevi, Mohammad Reza 318
Peterson, Peter G. 332
Pompidou, Georges 348 f.
Prio Socarrás, Carlos 230

Radford, Arthur W. 157
Rapacki, Adam 159
Rayburn, Sam 219, 221, 223
Reagan, Ronald 29, 72, 80 f., 308, 319, 321, 384–394, 396, 401
Rogers, William P. 317, 360
Roosevelt, Franklin D. 23–25, 27, 29 f., 32, 34, 42, 46, 63, 286
Roosevelt, Theodore 41
Rostow, Walt W. 259
Russell, Richard B. 223, 225 f.

Sadat, Muhammad Anwar-as 317, 392
Saltonstall, Leverett 223, 226
Schwerin, Gerhard Graf v. 117
Shultz, George P. 387 f., 396
Smith, Walter B. 48
Sokolowsky, Wassili D. 92
Stalin, Josef W. 26, 30 f., 37, 44–47, 63, 95, 117, 128, 132, 178, 244 f.
Stassen, Harold 167
Strauss, Lewis L. 76
Sullivan, William H. 318

Taylor, Maxwell D. 157, 189, 259
Thompson, Llewellyn E. 299
Tito, Josip Broz 125, 137, 162
Trudeau, Pierre E. 348
Truman, Harry S. 24 f., 29 f., 32, 34, 36–38, 44–47, 50, 52, 55, 73 f., 79, 83, 95, 98, 116, 121, 157, 161, 400
Tschiang Kai-schek 25, 55, 63
Twining, Nathan F. 189

Vance, Cyrus 310–313, 320, 368
Vandenberg, Arthur H. 161
Vanik, Charles A. 312
Vinson, Carl 223–226

Weinberger, Caspar W. 386, 394
Wiley, Alexander 223
Williams, G. Mennen 261
Wilson, Woodrow 25
Winant, John G. 93

Sachregister

ABM-Vertrag (Anti-Ballistic Missile Defense, System zur Abwehr ballistischer Raketen) 306, 373
Abrüstung/Abrüstungspolitik 33, 75 f., 158 f., 167, 183, 186–189, 204, 213, 244, 248 f., 264, 270–277, 281 f., *siehe auch „Arms Control and Disarmament Agency“*
Abschreckung/Abschreckungspolitik 36, 75, 85, 103 f., 108, 122–125, 132, 144 f., 160, 167, 175, 180, 190, 192, 236–238, 240, 248, 255, 266, 280, 285, 304, 307, 310, 392, 395
Achsenmächte 23, 38, 40, 43 f.
Afghanistan 72, 399
– sowjetische Invasion 313, 319, 321, 377–379, 384 f., 387, 392, 394, 398
Afrika/Afrika-Politik der USA 33, 38, 165, 227–230, 244, 260 f., 303 f., 320, 368–371, 376
Ägypten 87, 146, 151, 193–195, 228, 317 f., 380 f., 392, *siehe auch „Naher Osten“*
Albanien 136, 142
Algerien 260, 332
„Allianz für den Fortschritt“ 89, 261 f., 303
Amerikanisch-englische Sonderbeziehungen 254
Amerikanisch-europäische Gemeinsamkeiten 28, 85, 258, *siehe auch „Verfassungsgrundwerte“*
– Differenzen/Interessenkonflikte 163, 254 f., 314, 347–350, 387, 391
Amtsenthebung 315
Angola 310, 373, 376, 384, 394, 398
Anti-Guerilla-Kriegführung 248, 261
Antikommunismus 37, 40 f., 89, 125 f., 136 f., 140, 166, 386
Arabisch-israelischer Konflikt, *siehe „Naher Osten“*
Argentinien 40, 262, 311
Arms Control and Disarmament Agency (ACDA, Rüstungskontroll- und Abrüstungsbehörde der USA) 113, 250
Asien, *siehe „Ferner Osten“*
Association of South-East Asian Nations (ASEAN/Vereinigung südostasiatischer Nationen) 391
Äthiopien 311, 320, 368, 373, 384, 394, 398
Atlantik-Charta 43, 126
Atlantische Gemeinschaft, *siehe „NATO“*
Atomenergie, Kontrolle der 184, 240
– Baruch-Plan (1946) 75 f., 109–111
– Eisenhower (1953) 75 f., 111–114, 159
Aufrüstung
– amerikanische 71 f., 111, 132, 157 f., 167, 248, 251, 265, 313, 319, 321, 380, 384–387
– sowjetische 72, 244 f., 247 f., 251, 253, 319–321, 366 f., 374, 377, 383, 390, 394, 398
Auslandshilfe/Auslandshilfeprogramme 38, 122, 182, 256 f., 262, 297, 344 f.
Ausschuß für Auswärtige Angelegenheiten
– Repräsentantenhaus 81
– Senat 125, 388
Australien 123, 154
Auswanderung aus der Sowjetunion, *siehe „Jackson/Vanik-Amendment“*

Bagdad-Pakt 87, 149, 316
Bakteriologische/biologische Waffen 157 f., 172 f., 273, 325, 399
Bandung-Konferenz (1955) 165
Baruch-Plan, *siehe „Atomenergie, Kontrolle der“*
Bedrohungsvorstellungen 30 f., 33, 36, 42, 68, 71, 78, 129
– amerikanische 32, 34, 36–38, 40, 54, 68–70, 73 f., 76 f., 86, 90, 103, 124 f., 156, *siehe auch „Sicherheit“*
– sowjetische 31, 46–48

„Befreiungspolitik“ der USA 82–84, 125 f., 138, 142, 162
Belgien 47, 216, 256, 285
Berlin/Berlin-Politik der USA 33, 66–68, 79, 84–86, 133–135, 137, 144, 164, 245, 281, 303, 305
– Berlin-Blockade (1948/49) 39, 66 f., 92–96
– Berlin-Krise (1958/59) 162 f., 210–212, 219–227, 251
– Berlin-Krise (1961) 164, 246, 248, 251–253, 378
– Viermächtekontrolle 66
– Viermächteabkommen (1971) 252, 306, 373
Berliner Außenministerkonferenz (1954) 159 f.
„bipartisanship“ 161
Blockfreie Staaten 165, 371, 374
Bolivien 262
Brasilien 262
Britisch-sowjetische Gespräche 1944 26
Brüsseler Abkommen (1948) 144, 218
Budgetbüro im Amt des Präsidenten der USA 70
Bulgarien 48, 53, 136, 140
Bundeswahlen USA 80
Burma 154

Camp-David-Abkommen (1979) 318, 380, 392, *siehe auch „Naher Osten“*
Carter-Doktrin 321, 377–381
Central Intelligence Agency (CIA) 31, 41, 83, 88, 155, 158, 168, 170, 263
Chemische Waffen 157 f., 172 f., 273, 325
Chile 33, 364
China/China-Politik der USA bis 1949 25, 38 f., 55–57
China, Volksrepublik/China-Politik der USA 39, 57 f., 73, 77, 82, 84, 90 f., 96, 154, 165, 170, 174, 205, 236 f., 249, 258, 305, 309, 365, 372, 381, 383, 389
– Aufnahme diplomatischer Beziehungen 313, 320
– „chinesische Karte“ 308, 320
– Zwei-China-Lösung 309
siehe auch „Ferner Osten“, „Taiwan“
Chinesisch-sowjetisches Schisma 165 f., 308, 325
Chruschtschow-Besuch in den USA (1959) 166 f., 245, 251
– Ultimatum (1958) 162–164, 210, 219, 251
COCOM-Liste (Coordinating Committee for East-West Trade Policy) 387
Committee on the Present Danger 319, 362–368
Commonwealth, britisches 90, 256
Containment, *siehe „Eindämmungspolitik“*
Costa Rica 337
„covert actions“ 88
Cruise Missiles (Marschflugkörper) 312

Dänemark 188
Defense, Department of 31 f., 40, 85, 159, 240
Demographisches Schwergewicht USA 80
Demokraten/Demokratische Partei 79, 84, 161, 389
Despotismus, sowjetischer 82, 129, 152
Deutsch-amerikanische Gemeinsamkeiten 67, 79, 86
Deutsche Demokratische Republik 66, 79, 84 f., 133, 136 f., 139, 141, 163, 210 f., 216 f., 219, 224, 226, 245, 249, 251 f., 305, *siehe auch „Sowjetische Besatzungszone“*
Deutschland (Gesamt-)/Deutschland-Politik der USA 29, 42, 44–48, 63, 66 f., 73, 77 f., 146
– deutsche Frage/Teilung, Wiedervereinigung 44 f., 75, 78, 120, 133, 137, 144–146, 159, 164, 184 f., 212–215, 252
– Neutralisierung/Neutralität 78, 146, 214 f., 219
Deutschland, Bundesrepublik/Deutschland-Politik der USA 68, 77–79, 81, 85, 107, 137, 164, 211–219, 226, 245, 249, 252 f., 255–257, 285, 305
– Bundespolizei 116–118
– Integration in die NATO 115, 119, 144, 162, 214–216, 218

– Kernwaffenverzicht 218, 254
– Wiederaufrüstung/Wiederbewaffnung 77f., 115–121, 144, 178
Deutsch-französischer Vertrag (1963) 254
Deutsch-polnischer Vertrag (1970) 305
Devisenausgleichsabkommen, deutsch-amerikanisches 257
Dien Bien Phu 90
„direkter (heißer) Draht“ 307
Dominikanische Republik 40f., 262
– Santo Domingo 87
Dominotheorie (1954) 90, 153f.
Doppelbeschluß, *siehe „NATO“*
Dreieck, weltpolitisches 165, 305, 308f.,320
Dritte Welt 248, 258, 260–263, 303, 310f., 319f., 368, 381, 388, 398
Duopol, partielles 304–306, 308

Eindämmungspolitik/-theorie 35f., 38f., 50–52, 79, 81f., 91, 128f., 244, 320, 378, 400f.
Einflußerweiterung, sowjetische, *siehe „Machtausdehnung“*
Einflußsphären 25–27, 37, 40, 42
Eisenhower-Doktrin 160, 161f., 199
El Salvador 393
Eingreifverbände 160, 191f., *siehe auch „Rapid Deployment Force“*
Entkolonialisierung/-spolitik der USA 41, 63, 261, 304
Entscheidungsprozeß, außenpolitischer der USA 25–27, 32, 39, 79f., 90, 161, 311, 315, 320, 389, *siehe auch „legalistischer Ansatz“, „moral- und idealpolitischer Ansatz“*
Entspannung/-spolitik 219, 303, 305–308, 310–313, 317, 319f., 367, 372f., 376f., 383f., 390f., 400f.
– „Entspannungsgesellschaft“ 319f.
Entstalinisierung 84, 201
Entwicklungspolitik/-programme der USA 229, 369f.
Erdgasröhrenleitung, sowjetisch-europäische 387, 391
Erklärung über die befreiten Gebiete Europas, *siehe „Jalta-Konferenz“*
Erstschlag, nuklearer 156f., 173, 264f.
Europapolitik der USA, *siehe „Westeuropa“*
Europäische Freihandelszone (EFTA) 218, 256
Europäische Gemeinschaft (EG) 143, 256, 314, 347–349, 375
– Europäische Atomgemeinschaft (EURATOM) 216, 218
– Europäische Gemeinschaft für Kohle und Stahl (Montanunion, EGKS) 216, 218
– Europäische Wirtschaftsgemeinschaft (EWG)/Gemeinsamer Markt 163, 216, 218, 254, 256f., 284, 287–289, 291–297
Europäische Integration/europäischer Einigungsprozeß 122, 139, 143, 145, 213, 215f., 218, 347, *siehe auch „Westeuropa“*
Europäische Verteidigungsgemeinschaft (EVG) 135, 143f.
Executive Agreements 25, 315, *siehe auch „Ratifizierung von Verträgen“*
Expansion, sowjetische, *siehe „Machtausdehnung“*

Ferner Osten/Fernostpolitik der USA 24f., 38f., 58, 65, 73f., 77, 82, 86, 89, 91, 106f., 122f., 128, 154, 263, 300f., 313, 316, 343, *siehe auch „China“, „Japan“, „Taiwan“*
Finnland 73
Flexible Antwort (flexible response) 247, 255, 284f., 307, 345
Force de frappe 163, 253
Formosa, *siehe „Taiwan“*
Frankreich 26, 28, 41, 63, 66, 78, 89, 94, 104, 108, 115, 123, 134f., 144–146, 153, 160, 163, 193–196, 211, 216, 225f., 253–258, 261, 284, 316f., 361
„Freeze“-/Friedensbewegung 385, 391
Freie Wahlen 26f., 43, 48–50, 185, *siehe auch „Jalta-Konferenz“*
Freie Welt 36f., 53, 68, 74, 77, 101–104, 107f., 112, 115, 122–124, 132, 137, 146f., 150, 152, 154, 156, 164, 174, 178, 182f., 196f., 206, 236–239, 266, 286, 291, 380

– Weltführungsrolle der USA 37, 69, 77, 141, 163, 198, 201, 227, 234 f., 237, 241, 258, 291, 314 f., 339 f.
Freundschaftsabkommen, ägyptisch-sowjetisches 317
„Friede durch Stärke“ 319, 396
„Friedensrede“ Kennedys (1963) 246, 249, 277–283
Friedensvertrag, ägyptisch-israelischer, *siehe „Camp-David-Abkommen“*
Friedenssicherung 23 f., 72, 274, 276, 304 f., 324, 327
Friedliche Koexistenz, *siehe „Koexistenz“*
Fulton-Rede (1947), Churchill 34

„Garnisonsstaat“ 191, 224
„Geist von Genf“ (1955) 159
Geiselnahme/-drama, Teheraner, *siehe „Iran“*
Genfer Außenministerkonferenz (1955) 214
Genfer Außenministerkonferenz (1959) 164, 219
Genfer Gipfelkonferenz (1955) 158, 184–186, 243
Genfer Indochina-Konferenz (1954) 89, 258, 300
Genfer Nahost-Konferenz (1973) 317
Getreidelieferungen an die Sowjetunion 333, 387
Gewaltverzichtsvertrag, deutsch-sowjetischer 305
Ghana 228
Gipfelkonferenzen USA – Sowjetunion
– Paris 1960 167, 245
– Wien 1960 251
– Moskau 1972 306
– Washington 1973 307
– Wladiwostok 1975 312
– Wien 1979 312
Gipfelkonferenz des Westens, Versailles (1982) 387, 390
Gleichgewicht, militärisches 71, 75, 130, 156, 160, 169–177, 244 f., 253, 308, 310, 312, 375, 390, 399, *siehe auch „Kräfteverhältnis“, „Patt“*
Goldkonvertibilität des Dollar/Goldreserven 257, 287, 314, 350–355
Golf von Tonkin-Resolution (1964) 259, 297 f.
„Grand Design“ (Kennedy) 254, 256, 258
Griechenland 38, 52 f., 73, 248, 258
Großbritannien 26, 28, 31, 38 f., 41, 46, 52, 66, 73, 78, 90, 93 f., 96, 104, 112, 123, 134f., 144–146, 148, 159 f., 193–196, 211, 216, 225 f., 229, 248, 250, 253 f., 256 f., 284 f., 299, 316 f., 361
Guatemala 40, 87, 151–153, 262, 393
Guinea 261, 281

Haiti 41
Handelspolitik der USA 142, 257, 286–297, *siehe auch „Wirtschaftspolitik“, „Zollsenkungsverhandlungen“*
Handelsbeziehungen, amerikanisch-sowjetische 309, 332–336, 373, 379
– Handelsvertrag (1972) 306, 312
Herter-Plan 164
Holland, *siehe „Niederlande“*
Horn von Afrika 310, 320, *siehe auch „Äthiopien“*

Images (Eigen- und Fremdbilder) 80
– Sowjetbild (Dulles) 125 f.
Impeachment, *siehe „Amtsenthebung“*
Imperiale Politik 37
„imperiale Präsidentschaft“ 259, 315 f.
Indien 58, 122
Indischer Ozean 391
Indochina 41, 58, 63, 89, 123, 154, 245, 261, 305, 391, 398, *siehe auch „Ferner Osten“, „Vietnam“*
Indonesien 41, 123, 154, 258, 300
INF-Verhandlungen (Intermediate Range Nuclear Forces, Begrenzung nuklearer Mittelstreckenwaffen in Europa) 385 f., 391
Interessengruppen und Außenpolitik USA 389
Interkontinentalraketen (ICBM, Intercontinental Ballistic Missiles) 156, 158, 173, 175, 248, 251, 253, 306, 312
Internationale Energieagentur (International Energy Agency) 314

Interventionen/Interventionspolitik der USA 40 f., 59, 87, 233, 235, 303, *siehe auch „Nicht-Einmischung"*
Iran/Persien 73, 146, 149, 222 f., 316, 318
– Teheraner Geiselnahme 1979 318 f., 321, 377 f., 384 f.
Irak 149, 200, 316
Israel 86 f., 123, 147, 149–151, 195–197, 199 f., 316–318, 362, 380 f., 391 f., 402 f., *siehe auch „Naher Osten"*
Italien 38, 108, 216, 256

Jackson/Vanik-Amendment 312
Jalta-Konferenz 24–27, 34, 43 f., 46–49, 53, 127, 140, 185
Japan 23 f., 38, 46, 63, 77, 107, 123, 154, 157, 287 f., 295 f., 344
– bilateraler Sicherheitsvertrag mit USA 77, 114 f.
Jom-Kippur-Krieg (1973) 317, *siehe auch „Naher Osten"*
Jordanien 87, 200, 345, 402
Jüdischer Bevölkerungsanteil in den USA 87
Jugoslawien 73, 125

Kalter Krieg 29 f., 34, 69, 71, 77, 79, 103, 125, 144, 146, 190, 243, 277, 279 f., 288, 304, 308 f., 378
– revisionistische Interpretation 29 f., 37
Kambodscha 345
Kanada 112, 188, 281, 287, 296, 348
Koexistenz 50, 179, 206, 246, 253, 305, 308, 327, 363, 387
Kollektive Sicherheit 106, 114
Kolonialismus 165, 194, 228 f., 311, 371, *siehe auch „Entkolonialisierung"*
Kolumbien 262
Kommunismus, internationaler, *siehe „Weltkommunismus"*
Konfrontation, amerikanisch-sowjetische 308, 311, 320, 322, 376, 378, 384 f., 387–391, *siehe auch „Kalter Krieg"*
– Konfrontationsverzicht 253, 328
Kongo 260, 281
Kongreß 25, 53 f., 80–82, 160 f., 257, 259, 297 f., 310, 313, 315 f., 378, 386, 388, 390, 393
– und Außenpolitik 25 f., 39, 80, 161, 259, 306, 315, 389
– und Haushaltskontrolle 26, *siehe auch „Kriegsvollmachtengesetz", „Ratifizierung", „Senat", „Ausschuß für Auswärtige Angelegenheiten"*
Konservative Kräfte in den USA 310, 319, 384
Kontinuität (Thesen) zur Außen- und Verteidigungspolitik der USA 79, 84, 86 f., 262, 342, 400
Kooperation/partielle Kooperation USA-Sowjetunion 243, 246, 249 f., 305–309, 312 f., 320, 372, 376, 383, 387
Korea/Korea-Politik der USA 25, 58, 73, 75, 96–98, 117, 344, 373, 378
– Koreakrieg 25, 36, 38 f., 58, 65, 67 f., 73 f., 77 f., 98, 119, 127 f., 258, 315
– Nordkorea 39, 67 f., 97
– Südkorea 67 f., 96–98, 103, 311, 340, 344
Kräfteverhältnis, militärisches 31, 33 f., 70, 74, 103, 107 f., 124 f., 170–179, 236, 268–270, 321, 375, *siehe auch „Gleichgewicht", „Patt"*
Kriegserklärung/-führung, *siehe „Kriegsvollmachtengesetz"*
Kriegsplanung/Kriegsszenarien 31, 84, 157, 285
Kriegsvollmachtengesetz (War Powers Act) 25, 259, 315 f., 355–360
Kuba-Politik der USA 41, 165 f., 230–235, 245, 261 f., 320, 369, 374, 376, 384
– Kuba-Krise (1962) 166, 246, 248 f., 251–253, 307, 378

„Langes Telegramm" 35 f.
Langstreckenraketen, *siehe „Interkontinentalraketen"*
Lateinamerika/-politik der USA 33, 40 f., 59, 86–89, 123 f., 165 f., 244, 261–263, 287, 296, 303, 384, 390, 393, *siehe auch einzelne lateinamerikanische Staaten*

– Unterstützung von „Rechtsregierungen“ 40 f., 89, 393
Lebensmittelhilfe („Food for Peace“-Programm) 263
Legalistischer Ansatz der US-Außenpolitik 27–29
Legislative und Außenpolitik, *siehe „Kongreß und Außenpolitik“*
Lend-lease Act (Pacht- und Leihgesetz) 30, 336
Libanon 87, 146, 160, 200, 392
„linkage“, *siehe „Verknüpfungspolitik“*
Lubliner Komitee 48
Luxemburg 215

Machtausdehnung, sowjetische 27, 31, 34 f., 42, 57, 69, 75, 85, 87, 102, 144, 160, 202, 206, 244, 309 f., 313, 319 f., 373, 377 f., 384, 388
Malaya 123, 248
Marokko 146
Marschflugkörper, *siehe „Cruise Missiles“*
Marshallplanhilfe 27, 37 f., 122, 291
Massive Vergeltung („massive retaliation“) 82, 85, 132, 157, 160, 189, 191, 247, 255
McCarthyismus 81
Mehrfachsprengköpfe (MIRV, Multiple Independently Targetable Reentry Vehicles) 248, 306, 375
Meistbegünstigungsklausel 296, 312
Menschenrechte/Menschenrechtspolitik der USA 28, 311 f., 336–338, 369, 372, 374, 393, 399
Mexiko 281
Militärbudget, *siehe „Aufrüstung“*
Militärhilfe/-gesetzgebung 38, 77, 89, 148, 153, 199, 259, 261, 263, 310 f., 345, 370
Militärisch-industrieller Komplex 71, 168, 241 f.
„Missionarische“ Tendenz in der US-Außenpolitik, *siehe „Moral- und idealpolitischer Ansatz“*
Mittelamerika/-politik der USA, *siehe „Lateinamerika“*
Mitteleuropa/-politik der USA, *siehe „Westeuropa“*
Mittelstreckenrüstung/Mittelstreckenwaffen 72, 160, 163, 167, 380, 386, 391, *siehe auch „NATO-Doppelbeschluß“*
Mittlerer Osten, *siehe „Naher Osten“*
MLF, *siehe „Multilaterale Atomstreitmacht“*
Monroe-Doktrin 40, 59, 68, 152
Moral- und idealpolitischer Ansatz in der US-Außenpolitik 28 f., 67
Morgenthau-Plan 77
Moskauer Außenministerratstagung (1947) 37
Multilaterale Atomstreitmacht (MLF, Multilateral Force) 163, 249 f., 254 f.
MX-Rakete 386, 389 f.

Namibia 376
Nachrüstung, *siehe „NATO-Doppelbeschluß“*
Naher Osten/Nahost-Politik der USA 33, 73, 86 f., 106 f., 123, 146–151, 159, 162, 171, 193–201, 227, 248, 260, 281, 316–318, 321, 332, 378, 380 f., 390–393, *siehe auch einzelne arabische Länder*
– arabisch-israelischer Konflikt 123, 146 f., 149–151, 196–199, 316 f., 392
– Palästinenser-Problem/PLO (Palestinian Liberation Organization; Palästinensische Befreiungsorganisation) 86, 149 f., 197, 318, 381, 392, 401 f.
– Reagan-Plan 392, 401–403
– Rogers-Plan 317, 360–362
– strategische Kooperation USA-Israel 392
Nationaler Sicherheitsrat (National Security Council, NSC), 31–33, 40, 71, 73–75, 894, 86, 88 f., 96, 100, 102, 119, 121, 133, 135, 143, 145 f., 155, 157, 165, 258, 315
– National Security Act 1947 258
– Nationaler Sicherheitsberater 26, 33, 320
Nationalchina, *siehe „Taiwan“*
NATO (North Atlantic Treaty Organization) 36, 38, 54, 68, 73, 75, 91, 104, 108, 120, 122, 135, 138 f., 144, 162 f., 188, 192, 215 f., 218, 224, 229, 247, 251, 253–256, 258, 284–286, 290, 297, 304, 307, 321, 340, 344, 365, 375, 380, 395,

siehe auch „Flexible Antwort", „Massive Vergeltung"
- atomare Bewaffnung in Europa 163, 254, 286
- Doppelbeschluß (1979) 72, 313, 320, 391
- Harmel-Bericht 391
- nukleare Planungsgruppe 286
- Rückzug Frankreichs 163, 254, 284
- Tagung (1982) 391

Neuseeland 123, 154
Neutralismus/Neutralität Europas 105, 108, 121, 145, 234, *siehe auch „Deutschland-Neutralisierung"*
Nicaragua 41, 393
Nicht-Einmischung, US-Politik der ~ 230–232, 260, 262, *siehe auch „Interventionen"*
Nichtverbreitung nuklearer Waffen/Nonproliferation 249–251, 253, 255, 303, 325, 341
Niederlande 47, 216, 256
Nixon-Doktrin 91, 305, 313–316, 321, 338–347, 383
Nonproliferation, *siehe „Nichtverbreitung"*
Nordkorea, *siehe „Korea"*
Nordvietnam, *siehe „Vietnam"*
Norwegen 188
Nukleargarantie/Atomgarantie der USA 255, 314, 341, 345
Nuklearkrieg/nukleare Konfrontation 70, 111, 124, 171, 180 f., 240, 247, 249 f., 252 f., 277, 304, 307, 328, 330 f., 366, 385, 387
Nuklearwaffeneinsatz 73
- Mitspracherecht der Europäer 163, 254 f.
- Monopolstellung des US-Präsidenten/Verfügungsgewalt 158, 163

Nuklearwaffenproduktion, Einstellung der 273
Nuklearwaffenversuche, Einstellung der (Versuchsstop, Teststopabkommen) 167, 249, 273, 282, 303, 373, 387

Oder-Neiße-Linie 29, 141, 217, 305
Öffentliche Meinung und Außenpolitik der USA 46 f., 54, 80, 90, 259, 306, 312, 319
Öl/-versorgung 87, 123, 146, 193, 196, 365, 368, 377, 380, 392
- Ölembargo/Ölkrise 1973 314, 317
- Ölkartell-Politik der USA 314

Österreich 73, 75, 159, 373
Offene Tür/Doktrin der offenen Tür 41, 55
Olympia-Boykott 379
OPEC (Organization of Petroleum Exporting Countries, Organisation erdölexportierender Länder) 333
Organisation für Afrikanische Einheit (OAU, Organization of African Unity) 370, 376
Organisation der Amerikanischen Staaten (OAS, Organization of American States) 40, 59, 68, 87, 151, 153, 231 f., 261, 376
Organisation für europäische wirtschaftliche Zusammenarbeit (OEEC, Organization for European Economic Cooperation) 38, 139, 256
Organisation für wirtschaftliche Zusammenarbeit und Entwicklung (OECD, Organization for Economic Cooperation and Development) 256, 289 f.
Ostblock, *siehe „Osteuropa"*
Ostdeutschland *siehe „Deutsche Demokratische Republik", „Sowjetische Besatzungszone"*
Osteuropa/-Politik/Ostpolitik der USA 26 f., 31, 34, 42, 82–84, 87, 135–143, 159, 162, 185, 194, 201–209, 214, 238 f., 244, 326, 372–377, 396–401

Pacht- und Leihgesetz, *siehe „Lend-lease Act"*
Pakistan 73, 123, 149, 316, 381
Pakt von Rio, *siehe „Organisation der Amerikanischen Staaten", siehe auch „Lateinamerika"*
Palästina/Palästinenser, *siehe „Naher Osten"*
Panama 41
Parität, politische (USA–Sowjetunion) 244 f., 310, 384, 386
Patt, nukleares/nukleare Parität 155, 160, 173, 192, 237, 244, 248, 253, 308,

312, 321 f., 375, 383, *siehe auch „Gleichgewicht", „Kräfteverhältnis"*
Pax Americana 277
Peace Corps (Friedenskorps) 263, 282
Pentagon, *siehe „Defense, Department of"*
Pentagon-Papiere 88
Persien, *siehe „Iran"*
Persischer Golf 201, 318, 321, 380 f., 391
Peru 262
Philippinen 64, 123, 154, 344
Planungsabteilung, Department of State (Policy Planning Staff) 35 f., 82 f., 100, 129
Polaris-Raketen 254
Polen 26, 29, 34, 42, 47–49, 53, 127, 136, 159, 162, 207–209, 217, 394, 399
Portugal 229, 261, 364
Potsdamer Konferenz 25, 29 f., 37, 44 f., 127
– Potsdamer Abkommen 48 f., 211
– „Potsdamer Formel" 44
Präsenz, militärische (USA), *siehe „Truppenstationierung"*
Präsidentschaftswahlen USA 72, 80 f., 166, 168, 243, 248, 260, 308, 319 f.
Präventivkrieg/-schlag 72 f., 103, 181, 192, 237, 279
Prioritätensetzungen, außenpolitische 38, 41, 65, 67, 244 f., 261, 304, 312, 319
Proliferation 254, 304
„Punkt-Vier"-Programm 38

Raketenkrise, *siehe „Kuba-Krise"*
Raketenlücke 34, 168, 246, 248
Rapid Deployment Force (Schnelle Eingreiftruppe) 321
Ratifizierung von Verträgen/Ratifikationskompetenz 25, 161, 315, *siehe auch „Kongreß und Außenpolitik", „Senat"*
„Reaganomics" 384
Reagan-Plan, *siehe „Naher Osten"*
„Realistische Schule" der Politikwissenschaft 29
Realpolitik/Mangel an Realpolitik in der US-Außenpolitik 29
Reparationen 29 f.
Republikaner/Republikanische Partei 79, 81 f., 84 f., 126–129, 310, 319, 384
Revisionistische Interpretation, *siehe „Kalter Krieg"*
Rhodesien 376
Rohstoffe 40, 154, 165, 198, 368
Rogers-Plan, *siehe „Naher Osten"*
Roll-back-Politik der USA 79, 82, 84 f., *siehe auch „Befreiungspolitik"*
Roosevelt-Doktrin 41
Rumänien 38, 136, 140, 326
Rüstungsindustrie, *siehe „Militärisch-industrieller Komplex"*
Rüstungskontrolle/Rüstungskontrollpolitik 75, 178, 184–186, 237–242, 244, 246, 248–253, 255, 262, 281, 303, 305 f., 308–313, 320, 325, 328, 376, 383, 385 f., 388–390
Rüstungsspirale/Rüstungswettlauf 111, 113, 160, 249, 267, 270, 280–283, 306, 373, 378

Satellitenstaaten, sowjetische 82–84, 104, 106, *siehe auch „Osteuropa"*
Saudi-Arabien 87, 146, 200, 317 f.
Schweinebuchtunternehmen 166, 230, 261, *siehe auch „Kuba"*
Schwelle, nukleare 248, 255, 285
SEATO (South East Asia Treaty Organization, Südostasien-Pakt) 91, 258, 297
Sechstagekrieg (1967) 195, 316
Seegestützte Raketen (SLBM, Sea-Launched Ballistic Missiles) 306
Selbstbestimmung 26 f., 43, 138, 229, 281, 300, 372
„self-containment" der Sowjetunion 310
Senat 25, 39, 54, 80, 161, 250, 312, 315, 320, *siehe auch „Kongreß", „Ratifizierung von Verträgen"*
– Personalhoheit 25 f.
Shanghai-Kommuniqué (1972) 91, 308 f.
Sicherheit/nationale Sicherheitslage/Sicherheitspolitik 32 f., 42, 53 f., 70 f., 74, 88, 90, 99–108, 121–125, 136 f., 140, 146, 177–184, 196, 201–203, 235–238, 258, 264–267, 284–286, 301, 104, 311, 380

– „Sicherheitsgesellschaft“ 319
– Sicherheitsmarge der Überlegenheit 72, 75, 121, 125
– ubiquitärer Sicherheitsbegriff 36, 38, 42
Sicherheitspartnerschaft 42
Siedlungspolitik Israels 392, 402
Sinai-Abkommen 317
Skybolt-Projekt 254
Somalia 320
Sowjetische Besatzungszone (SBZ)/Ostzone 78, 86, 118, *siehe auch „Deutsche Demokratische Republik“*
Sozialliberale Koalition in der Bundesrepublik Deutschland 305
Sozialpolitik USA 248, 319, 384
Spanien 116
Sputnikschock (1957) 156, 165, 246 f.
Stalin-Note (1952) 78
State, Department of 32, 35 f., 39, 68, 86, 89, 119, 151, 159, 163, 166, 183, 320, *siehe auch „Planungsabteilung“*
Stellvertreterkrieg 90, 373
Strategic Arms Limitation Talks (SALT, Verhandlungen über die Begrenzung strategischer Waffensysteme), *siehe auch „ABM-Vertrag“*
– SALT I-Abkommen 306, 312, 344 f., 366 f., 378, 400
– SALT II-Abkommen 25, 312 f., 320, 373, 375, 378, 383, 386, 390, 399 f.
– SALT III 312, 375
– Wladiwostok-Abkommen 312
Strategic Arms Reduction Talks (START, Verhandlungen über die Reduktion strategischer Rüstungssysteme) 386
Strategiediskussion 1958 157
Strategiekonzepte, militärische, *siehe „Flexible Antwort“, „Massive Vergeltung“*
Südafrika 229, 261, 368
Südamerika, *siehe „Lateinamerika“*
Südkorea, *siehe „Korea“*
Südostasien, *siehe „Ferner Osten“*
Südosteuropa, *siehe „Osteuropa“*
Südvietnam, *siehe „Vietnam“*
Suez-Kanal 146, 151
Suez-Konflikt/-Krise (1956) 160–162, 193–195, 253, 316, *siehe auch „Naher Osten“*
Syrien 146

Tacheninseln 90
Taiwan/Nationalchina 39, 90 f., 98, 123, 154, 248, 309, 314, 320, 389, *siehe auch „China“, „Ferner Osten“*
Taylor/Rostow-Mission 259
Technologietransfer 309
Teheraner Konferenz 1943 64, 127
Teststopabkommen, *siehe „Nuklearwaffenversuche“*
Thailand/Siam 58, 154, 344
Tonkin-Zwischenfall (1964), *siehe „Golf von Tonkin-Resolution“*
Truman-Doktrin 36–38, 52 f., 400
Truppenstationierung der USA im Ausland 54, 67, 114 f., 214, 257, 289, 314, 340, 342–345
Truppenverdünnung in Europa/militärisch verdünnte Zonen 159, 187–189, 214 f., 224
Tschechoslowakei 47 f., 84, 127, 136, 250, 253
Türkei 36, 38, 52 f., 73, 148, 252, 258, 316
Tunesien 146

Überlegenheit, militärische, *siehe auch „Gleichgewicht“, „Kräfteverhältnis“, „Patt“*
– der USA 71 f., 75, 156, 169, 171, 246–248, 372
– der Sowjetunion 158, 366 f., 388, 398
– konventionelle Überlegenheit 34, 70, 75, 156, 171, 255, 394
– nukleare Überlegenheit 31, 34, 36, 71 f., 74 f., 112, 124 f., 155 f., 246–248, 394
Ungarn 48, 84, 136, 140, 160 f., 206–209
United Fruit Company 151 f.
United Nations, *siehe „Vereinte Nationen“*
Uruguay 311
U2-Zwischenfall 1960 167, 246

Venezuela 262, 332
Verdünnungszonen, militärische, *siehe „Truppenverdünnung“*
Vereinigte Stabschefs (Joint Chiefs of Staff, JCS) 31, 33, 38, 54, 57 f., 77, 85, 115 f., 155, 158, 170, 183, 224
Vereinte Nationen/UNO (United Nations Organization) 23–25, 39, 44, 53, 57, 68, 75 f., 86, 98, 109, 128, 134, 138, 142, 149, 165, 200, 221, 228, 250, 271 f., 276, 281, 297, 304, 312, 337
- Friedenstruppen 271, 275 f., 316
- General-/Vollversammlung 25, 76, 97, 111, 113, 165, 270
- Sicherheitsrat 25, 98, 113, 151, 153, 208, 250, 299, 309, 361, 402
- UNRWA (Hilfswerk für Palästina-Flüchtlinge) 150
Verfassungsgrundwerte/Verfassungssystem der USA 25, 27 f., 32, 41, 235, 237, 311, 315 f., *siehe auch „Amerikanisch-europäische Gemeinsamkeiten“*
Verknüpfungspolitik der USA 305, 309–311, 313, 322–327, 384, 390
Versailler Gipfelkonferenz 1982, *siehe „Gipfelkonferenz des Westens“*
Versuchsstop, *siehe „Nuklearwaffenversuche“*
Verteidigungsetat der USA, *siehe „Aufrüstung“*
Verteidigungsministerium, *siehe „Defense, Department of“*
Vertrauensbildende Maßnahmen 158
Viermächte-Abkommen/-Kontrolle, *siehe „Berlin“, „Potsdamer Konferenz“*
Vietnam/Vietnam-Politik der USA 25, 89–91, 259 f., 297–302, 309, 314–317, 342, 344, *siehe auch „Ferner Osten“*
- Amerikanisch-nordvietnamesischer Krieg 25 f., 90 f., 246, 250, 253, 257–260, 263, 299, 303, 310 f., 314, 319–321
- Bombardierung Nordvietnams 259, 299
- „Vietnamisierung“ des Krieges 260, 344 f.
- Französisch-nordvietnamesischer Krieg 41, 89 f., 153
- Nord-Vietnam 90, 259, 297, 325
- Süd-Vietnam 259, 300 f., 313

Warschauer-Pakt-Staaten 162, 209, 284–286, 321, *siehe auch „Osteuropa“*
Washingtoner Energiekonferenz (1974) 314
Washingtoner Finanzkonferenz (1968) 257
Watergate 316, 320
Weltfrieden/Weltordnung 24, 28, 41 f., 44, 53, 57, 62, 166, 241, 270, 277 f., 283, 325, 330 f., 372, 378, *siehe auch „Friedenssicherung“*
Welthandel 23, 27, 37, 286, 295, 349, *siehe auch „Handelspolitik“, „Handelsbeziehungen“, „Offene Tür“*
Weltkommunismus/internationaler Kommunismus 35 f., 38 f., 57, 62, 67 f., 77, 81 f., 90 f., 151 f., 162, 166, 168, 178, 197 f., 202, 205, 232, 234, 238 f., 322, 363
Weltraum 274, 373, 387
Wertsetzungen, außenpolitische, *siehe „Prioritätensetzungen“*
Westdeutschland, *siehe „Deutschland, Bundesrepublik“*
Westeuropa/-Politik der USA 33, 38 f., 41 f., 65, 74, 77, 82, 85, 91, 103, 106, 108, 119–121, 128, 143–146, 158 f., 163, 171, 212, 214, 245, 253–258, 281, 284, 289, 291 f., 313 f., 316, 364 f., 378, 390 f., *siehe auch einzelne westeuropäische Länder*
Westeuropäische Integration, *siehe „Europäische Integration“*
Westeuropäische Union 254
Wettrüsten, *siehe „Rüstungsspirale“*
Wiedervereinigung, *siehe „Deutschland“*
Wirtschaftsbeziehungen, amerikanisch-europäische 256 f., 347–350, 390 f., *siehe auch „Handelspolitik“, „Zollsenkungsverhandlungen“*
- amerikanisch-sowjetische/wirtschaftliche Kooperation 305 f., 308–310, 328, 387, 400, *siehe auch „Verknüpfungspolitik“, „Handelsvertrag“*
- Wirtschaftsexpansionismus der USA 41

Wirtschaftshilfe der USA 27, 36, 38, 41, 89, 148, 150, 153, 199, 209, 228, 259, 262 f., 341, 345, 351, 354, 393, *siehe auch „Auslandshilfe“ „Marshallplanhilfe“*
Wirtschaftspolitik der USA 256, 350–355, 390, *siehe auch „Handelspolitik“, „Wirtschaftsbeziehungen“*
Wladiwostok-Abkommen (1974), *siehe „Strategic Arms Limitation Talks“*
Zahlungsbilanz USA 257, 287, 289, *siehe auch „Goldkonvertibilität“*
Zaïre 368, 376
Zollsenkungsverhandlungen (Kennedy-Runde) 257, 287, 289, 292, 295 f.
Zweitschlag, nuklearer 156, 179, 266

Die Autoren

Ernst-Otto Czempiel, Dr. phil., geb. 1927, Professor für Auswärtige und Internationale Politik an der Universität Frankfurt; Forschungsgruppenleiter an der Hessischen Stiftung Friedens- und Konfliktforschung, Frankfurt.

Veröffentlichungen u. a.: Amerikanische Außenpolitik. Gesellschaftliche Anforderungen und politische Entscheidungen, Stuttgart 1979; Internationale Politik. Ein Konfliktmodell, Paderborn 1981; (zusammen mit Gert Krell, Harald Müller und Reinhard Rode), United States Interests and Western Europe: Arms Control, Energy and Trade, Frankfurt 1981; (Hrsg.), Amerikanische Außenpolitik im Wandel. Von der Entspannungspolitik Nixons zur Konfrontation unter Reagan, Stuttgart 1982.

Carl-Christoph Schweitzer, Dr. phil., geb. 1924, Professor für Politikwissenschaft an der Universität Bonn, Direktor des dortigen Seminars für Politikwissenschaft, Honorarprofessor (Internationale Politik) an der Universität Köln.

Veröffentlichungen u. a.: Amerikas chinesisches Dilemma, Opladen 1969; Die USA und der Vietnamkonflikt 1964–67, Köln/Bonn 1969; Chaos oder Ordnung. Eine Einführung in die Probleme der internationalen Politik, Köln 1973; Weltmacht USA. Kontinuität und Wandel ihrer Außenpolitik nach 1945, München 1983.